Cases for the General Part of the Law of Obligation

民法債編總論
實例研習

陳啓垂　著

三民書局

國家圖書館出版品預行編目資料

民法債編總論實例研習╱陳啟垂著.－－初版一
刷.－－臺北市：三民，2016
　　　面；　公分

　ISBN 978-957-14-6152-6　（平裝）
　　1.債法

584.3　　　　　　　　　　　　　　　105007368

ⓒ　民法債編總論實例研習

著 作 人	陳啟垂
責任編輯	戴學玫
美術設計	郭雅萍
發 行 人	劉振強
著作財產權人	三民書局股份有限公司
發 行 所	三民書局股份有限公司
	地址　臺北市復興北路386號
	電話　(02)25006600
	郵撥帳號　0009998-5
門 市 部	（復北店）臺北市復興北路386號
	（重南店）臺北市重慶南路一段61號
出版日期	初版一刷　2016年5月
編　　　號	S 586240

行政院新聞局登記證局版臺業字第○二○○號

有著作權·不准侵害

ISBN　978-957-14-6152-6　　（平裝）

http://www.sanmin.com.tw　三民網路書店
※本書如有缺頁、破損或裝訂錯誤，請寄回本公司更換。

序

　　民法債編通則可謂是整部民法中最難理解與掌握的一章，常見學生有學習上的困難。本書撰寫的目的，主要以初習民法或民法債編的法律學系學生為對象，藉由相對簡單的案例，依序解釋及適用民法債編通則中的相關條文，引導學生認識並理解各該法條的意義及實際適用。本書選擇使用淺顯的口語敘述，避用脫離現實生活的法條用語，一方面希望有助於讀者的理解，一方面也希望自學者能利用本書有效學習。

　　本書寫作，有參酌國內學者著述及司法判解，以及德國相關學說。然基於篇幅考量，本書未如撰寫論文式地詳實附註所有參考資料或出處，僅選擇部分較有必要者以註腳註明，供讀者進一步檢索探究。

　　因作者才學與時間俱有限，本書疏漏舛誤之處，在所難免，敬請讀者不吝指正，以使本書經後續修正，而有所改善與進步。

陳啓垂

2016 年 04 月 6 日於臺中市

民法債編總論
實例研習

目　次

序

第 1 章　債之發生

第一節　概　說 ……………………………………… 3
第二節　契　約 ……………………………………… 8
第三節　代理權的授與 ……………………………… 77
第四節　無因管理 …………………………………… 99
第五節　不當得利 …………………………………… 139
第六節　侵權行為 …………………………………… 181

第 2 章　債之標的

第一節　概　說 ……………………………………… 297
第二節　種類之債 …………………………………… 310
第三節　貨幣之債 …………………………………… 316
第四節　利息之債 …………………………………… 319
第五節　選擇之債 …………………………………… 328
第六節　損害賠償之債 ……………………………… 336

第 3 章　債之效力

第一節　給　付 ……………………………………… 359
第二節　延　遲 ……………………………………… 395
第三節　保　全 ……………………………………… 411
第四節　契　約 ……………………………………… 428

第4章 多數債務人與債權人

第一節　可分的債 …………………………… 515
第二節　連帶債務 …………………………… 524
第三節　連帶債權 …………………………… 555
第四節　不可分的債 ………………………… 571

第5章 債之移轉

第一節　債之讓與 …………………………… 581
第二節　債務承擔 …………………………… 611

第6章 債之消滅

第一節　概　說 ……………………………… 631
第二節　清　償 ……………………………… 638
第三節　提　存 ……………………………… 682
第四節　抵　銷 ……………………………… 688
第五節　免　除 ……………………………… 700
第六節　混　同 ……………………………… 705

第　章

1

債之發生

第一節　概　說

問題 1-01

債的發生原因有哪些?

甲向乙借款 10 萬元,約定於 3 月 31 日清償本金及利息。至 4 月 10 日,甲仍未還款,經乙催討,甲表示目前無力償還,並開始避不見面。數日後,乙夥同友人丙半路攔阻甲,聯手將甲所騎機車搗毀,並痛毆甲,造成甲身上傷痕累累。請問當事人間是否發生任何債的關係?

提　示

一、何謂債的關係?

二、借貸金錢,是否會發生債的關係?

三、毀損他人財物,是否會發生債的關係?

四、傷害他人身體,是否會發生債的關係?

解　析

一、債的關係

　　債,從權利人的角度觀察,為債權;從義務人的角度觀察,為債務。雙方當事人,分別稱為債權人與債務人,此雙方之間債權、債務關係,亦稱為債的關係。基於債權,債權人得向債務人請求為一定的行為,即請求為一定的給付(民法 199 I);基於債務,債務人應向債權人為一定的行為。換句話說,債的關係,就是債權人得向債務人請求為一定行為(給付)的法律關係。

二、意定之債與法定之債

債的發生原因繁多，其可歸納為二類，一為法律行為，一為法律規定。基於法律行為所發生的債，稱為意定之債；基於法律規定所發生的債，稱為法定之債。

意定之債，以契約為最主要的發生原因，而單獨行為雖亦得為債的發生原因，但相對少見，例如遺贈（民法 1200）❶。

法定之債，其主要的發生原因，有侵權行為（民法 28、184–198）、不當得利（民法 179–183）、無因管理（民法 172–178）、締約上過失（民法 245 之 1）。此外，相鄰關係（民法 779 II、782、786、787）、遺失物的拾得（民法 805 II）、婚約無效、解除或撤銷（民法 979 之 1）、特定的親屬關係（民法 1114–1117）、遺產的管理（民法 1183）等，皆依法律規定而有一定的請求權關係，即發生債的關係。

民法債編通則章第一節「債之發生」列有五款債的發生原因：契約、代理權授與、無因管理、不當得利、侵權行為，其並未將所有之債的發生原因列舉，且其中「代理權授與」並非債的發生原因，因此，體例上實非妥當。

債的關係發生原因之契約，稱為債權契約，民法債編於第二章「各種之債」中，就較常見的典型債權契約分設規定，而借貸契約亦列其中。

🔍 案例分析

在上述案例事實中，甲向乙借款 10 萬元，約定於 3 月 31 日清償的約定，屬於民法第 474 條第 1 項所規定的消費借貸契約，甲負有依其消費借

---

❶ 至於「共同行為」是否為債的發生原因，頗有疑義，學者於論述債的發生原因時，一般多未提及共同行為。因共同行為主要為法人合議機關所為，該共同行為構成法人意思，或僅為其意思表示的基礎，因而不直接發生債的關係，或僅能成為債的間接發生原因，例如股東會對董事競業所得為歸入決議（公司法 209 V）、對會計表冊的決議承認（公司法 230–231）。

貸契約如期返還借款及利息的義務，即負有返還借款及利息的債務，此為意定之債。

　　另外，乙、丙二人聯手，故意搗毀甲的機車，係侵害甲機車所有權（對物的排他性支配權利），造成甲的財產上損害；其故意毆傷甲，係侵害甲的身體權，造成甲財產上（如醫療費用）與非財產上（如精神痛苦）損害。因此，乙、丙二人對於甲的共同侵權行為，所造成的財產上與非財產上損害，負有連帶的損害賠償的義務（民法 184 I、185 I、193 I、195 I、196），即連帶的損害賠償債務，此為法定之債。

結論 甲、乙間發生意定之債，甲與乙、丙間發生法定之債。

相關法條

▶民法第 184 條第 1 項

因故意或過失，不法侵害他人之權利者，負損害賠償責任。故意以背於善良風俗之方法，加損害於他人者亦同。

▶民法第 185 條第 1 項

數人共同不法侵害他人之權利者，連帶負損害賠償責任；不能知其中孰為加害人者，亦同。

練習題

一、甲男央求乙女為其媒介適婚對象，雙方約定，若是甲因乙媒介而締結良緣，甲應支付乙 8 萬元酬金。經過乙的努力介紹，甲終於與乙女介紹的丙女締結婚姻。試問：甲對乙是否負有支付 8 萬元酬金的債務？

二、18 歲的丁男，未經法定代理人允許，以 2 萬元向戊男購買 M 二手機車，雙方並同時完成交車及付款行為。試問：丁、戊二人間發生哪些債的關係？

問題 1–02

施惠關係是否屬於債的關係?

甲男邀請鄰居乙女,明天早上由甲載她一起到東北岸郊遊並請吃海鮮,乙女欣然答應。隔日,乙女做好出遊準備,依約到甲住所,甲卻表示今天心情不佳,不想出門。請問甲、乙二人之間,是否因此有債的關係存在?

提 示

一、何謂施惠關係?

二、施惠關係與債的關係有何差別?

解 析

一、施惠關係

所謂施惠關係,乃一種當事人不負法律上義務,所為純粹社交上的約定,而形成的關係,亦稱好意施惠關係❷。

在施惠關係,當事人不負有履行其所承諾的施惠之義務,相對人無履行的請求權,也無因不履行而產生的損害賠償請求權。換句話說,施惠關係不構成債的關係;然而,其雖無主要給付義務,但仍可以存在注意及保護義務,相對人得因其違反注意義務而取得損害賠償請求權。

二、施惠關係與債的關係之區別

施惠關係與基於債權契約所生債的關係,主要差異有二:㈠就其基礎而言,債權契約由二個意思表示合致而成立,目的在於發生特定的法律效果,而施惠關係卻欠缺法效意思,亦即無受其約定拘束的意思;㈡就其效力而言,債的關係屬於一種法律關係,存在有法律上的給付義務(民法

---

❷ 王澤鑑,《債法原理》,2012,頁 222–223。

199 I），而在施惠關係，則不是一種法律關係，無法律義務，僅社交上的履行義務。

　　區別施惠關係與債的關係，在理論上似乎容易，惟實際上有時可能發生困難。一般而言，若相對人對允諾的實現，有特別的利益，應解為法律關係，即有債的關係存在，例如允諾隔天載鄰居赴一個重要約會。至於是否有對價，雖可作為判別的基礎，例如甲、乙二人約定，甲每天送同事乙上下班，並由乙支付一半的加油錢；但是否有對價並非絕對的標準，例如在上班時，甲職員身體不適，約定由乙同事提早載送回家，在此情況通常因當事人欠缺法律上的拘束意思，應認定僅為施惠關係。

🔍 案例分析

　　在上述案例事實中，甲男邀請乙女出遊並請吃海鮮的約定，甲顯然並無受其約定拘束的意思，僅屬純粹社交上的約定，因此所形成的關係，僅構成施惠關係，並無債的關係存在。

結論 甲男與乙女之間僅存有施惠關係，並無債的關係存在。

📂 相關法條

▶民法第 153 條第 1 項
當事人互相表示意思一致者，無論其為明示或默示，契約即為成立。

▶民法第 199 條第 1 項
債權人基於債之關係，得向債務人請求給付。

練習題

一、甲邀請乙於 9 月 5 日到家裡吃大拜拜，乙欣然接受。試問：甲、乙二人之間，是否因此有債的關係存在？

二、在上班時，甲職員交給同事乙 200 元，託乙下班後代為購買甲選定號碼的大樂透彩券 4 注，惟乙因急著回家而忘了買彩券。豈知，當

晚開獎結果，甲所選號碼中竟中二獎號碼。試問：乙是否對甲負有購買甲所指示號碼的彩券之債務？

第二節　契　約

問題 1−03

何謂契約？

甲對乙表示，要以 50 萬元購買乙所有的 A 車；乙回答，願意以 40 萬元讓售其所有的另一輛 B 車。請問甲、乙間有無買賣契約的成立？

提　示

一、何謂契約？

二、契約的成立，是否以意思表示合致為必要？

解　析

一、契約的概念

私法上契約，乃當事人以發生私法上效果為目的，所為的意思表示合致（合意）。換句話說，契約，是依雙方當事人的合意，而產生一定法律上效果的法律行為，依其效力可分為財產契約與身分契約；財產契約包括負擔契約及處分契約，負擔契約即債權契約，而處分契約則又可分為物權契約與準物權契約二種。

二、契約的成立

民法第 153 條第 1 項規定：「當事人互相表示意思一致者，無論其為明

示或默示，契約即為成立。」亦即契約的成立，原則上以當事人雙方互相表示意思一致為必要❸。因此，不僅當事人雙方須相互向對方為意思表示，而且雙方意思表示也必須合致，契約才能成立。若雙方雖然互相表示意思，但並未達成一致的情形，契約並不能成立。

　　成立契約的意思表示，得為明示或默示。明示者，表意人以語言、文字、符號，或其他習用的表示方法，直接表示意思；默示者，表意人以使人推知的方法，間接表示意思。應與默示的表示意思嚴格區別的，是單純的沈默。原則上單純的沈默既非同意，亦非拒絕，其根本不是意思表示。僅於例外情形，可經無所為表現其效果意思。若是當事人事先約定，或依法律規定，例如民法第 386 條、第 387 條、第 530 條，尤其依誠信原則有表示義務時，例如長久商業往來當事人之間，則沈默得被認定為意思表示❹。

案例分析

　　在上述案例事實中，甲對乙表示，要以 50 萬元購買乙所有的 A 車，而乙則回答，願意以 40 萬元讓售其所有的另一輛 B 車。雙方雖均欲與他方成立買賣契約，惟對於買賣契約的「必要之點」，亦即標的物與價金，皆未達成一致，因此其買賣契約未成立（民法 345 II）。

結論　甲、乙間的買賣契約，因意思表示未達一致，而不成立。

相關法條

▶民法第 153 條第 1 項

當事人互相表示意思一致者，無論其為明示或默示，契約即為成立。

▶民法第 345 條

稱買賣者，謂當事人約定一方移轉財產權於他方，他方支付價金之契約。

當事人就標的物及其價金互相同意時，買賣契約即為成立。

---

❸　民法第 161 條規定的意思實現為例外情形。
❹　施啟揚，《民法總則》，2009，頁 276–277。

一、甲對 H 屋的所有人乙表示，願以月租 2 萬元承租 H 屋，乙則回答要以月租 2 萬 2 千元出租 H 屋。試問：甲、乙二人是否成立 H 屋的租賃契約？

二、B 圖書有限公司主動寄給丙「30 天英語速成」書籍及影音光碟 (DVD) 一套，標價 6000 元，並註明未於 7 天內以掛號退回者，視為同意購買，丙無意購買，但因忙碌而超過 7 天始以普通包裹退回。B 公司主張基於關於該套「30 天英語速成」買賣契約，向丙要求支付 6 千元，丙以契約不成立而拒絕付款。試問：B 與丙間是否有關於該套「30 天英語速成」之買賣契約存在？

問題 1–04

何謂契約自由原則？契約自由有無限制？

甲新建 V 別墅完成，向台灣電力股份有限公司（以下稱台電公司）請求提供用電，台電公司卻表示，甲過去拒絕讓台電公司在其所有的 L 地上設置變電箱，因此現在也拒絕甲的提供電力要求。請問台電公司有無拒絕與甲簽訂供電契約的自由？甲有何權利可以主張？

 提 示

一、何謂契約自由原則？

二、契約自由有無限制？

三、違反契約自由的限制，有何法律效果？

解　析

一、契約自由原則

　　自十九世紀以來，契約自由、所有權絕對與過失責任並列為私法的三大原則。在私法範圍，當事人得自主決定，經由意思合致而規律彼此間的法律關係。

　　契約自由，其主要內容有下列五項：

㈠**締約自由**：締結契約與否，任由當事人的意思決定，在法律上不予以干涉。通常契約是由要約與承諾合致而成立，因而締約自由，又可分為要約自由與承諾自由。

㈡**相對人自由**：究竟與何人締結契約，任憑當事人自由選擇，即任何人皆無與特定人締結契約的義務。

㈢**內容自由**：契約內容，在不違反強行法規及公序良俗前提下，任由當事人自由決定。

㈣**方式自由**：契約原則上僅依當事人的合意，即可成立，而不要求具備特定的方式。

㈤**變動自由**：對於已經成立的契約，當事人亦得透過合意變更其內容，甚至廢棄該契約。

二、契約自由的限制

　　隨著社會政經與文化思潮的改變，逐漸擴大對契約自由原則的限制或修正，以保障人民得享有必要的基本民生物資及國民安全，而達到與契約正義（合理公平的契約訂定與內容）的調和，契約正義與契約自由並為當代契約法的基本原則。相對於契約自由，其主要限制亦可從下列五項為觀察：

㈠**締約自由的限制**：可分為要約自由與承諾自由二方面的限制。前者，例如行政院農業委員會依糧食管理法第 12 條第 3 款，為避免糧食供需失調或有失調之虞，所課予糧商的要約義務❺。更為常見者，則是承諾自由

的限制，例如民法第 839 條第 2 項課以地上權人對土地所有人購買其工作物要約，為承諾的義務，以利於所有人對土地的使用；電業法第 57 條禁止無正當理由而拒絕供電，課以強制承諾的義務，以保障人民的用電需求。

⑵**相對人自由的限制**：部分法令對於契約的相對人，設有特別的限制，例如農產品市場交易法第 18 條對於農產品批發市場供應人所設的資格限制❻；合作社法第 3 條之 1 對於特定種類的合作社，設有業務的經營對象以社員為限的規定❼。

----

❺ 糧食管理法第 12 條：「主管機關因天然災害或突發事變，致糧食供需失調或有失調之虞時，對於下列事項應報請行政院核備公告管理：

一、關於糧食買賣之期限、數量及價格。

二、關於糧食儲藏、運輸及加工。

三、關於糧食之緊急徵購及配售。」

❻ 農產品市場交易法第 18 條：「凡合於左列各款之一者，得向農產品批發市場登記為該農產品批發市場之供應人：

一、農民。

二、農民團體。

三、農業企業機構。

四、經直轄市、縣（市）主管機關核准之農產品生產者。

五、販運商。

六、農產品進口商。

前項第二款至第六款之供應人，應備置交易資料；必要時直轄市、縣（市）主管機關得查閱之，供應人不得拒絕或有妨礙之行為。

未依第一項登記為供應人之農民，得憑其身分證向農產品批發市場供應其農產品。但農產品批發市場不得規定農民之最低供應數量。」

❼ 合作社法第 3 條之 1 第 1 項至第 3 項：「信用合作社、保險合作社，分別依信用合作社法、保險法之規定；其未規定者，依本法之規定。

合作社經營之業務以提供社員使用為限。但政府、公益團體委託代辦及為合作社發展需要，得提供非社員使用。

前項提供非社員使用應受下列限制：

一、政府、公益團體委託代辦業務須經主管機關許可，且非社員使用不得超過營業額百分之五十。

㈢**內容自由的限制：**契約的內容，除不得違背公序良俗（民法 72）外，亦不得違反強制或禁止規定（民法 71）。部分法律對於契約的內容，設有一定的限制或禁止的強行規定，例如民法第 205 條關於最高利息的限制，及其第 206 條巧取利益的禁止；依消費者保護法第 17 條公告定型化契約之應記載或不得記載的條款內容。

㈣**方式自由的限制：**法律基於公益的理由，或基於保護特定人的理由，要求一定的契約方式，例如民法第 166 條之 1 要求關於不動產物權的負擔契約，必須做成公證書；同法第 422 條對於期限逾一年的不動產租賃契約，要求訂立字據；同法第 756 條之 1 第 2 項之人事保證契約的書面方式。

㈤**變動自由的限制：**部分法律對於當事人契約的變動，設限制或其他特別規定，例如民法第 227 條之 2 賦予法院變更契約內容的權限；行政院公平委員會依公平交易法第 40 條所為對違反第 20 條行為的限期停止或改正違法行為的命令或更正措施❽。

🔍 案例分析

　　在上述案例事實中，台電公司以甲過去拒絕讓台電公司在其所有的 L 地上設置變電箱為由，拒絕甲的提供電力要求。因電力供應屬於公用事業，為民生所不可或缺，且目前的經營者台電公司又近乎獨占，因此電業法第 57 條規定，電業在其營業區域內，對於請求供電者，非有正當理由，不得拒絕，亦對其締約自由設有限制，即設有承諾強制，台電公司有承諾義務，而無決定對甲的要約是否承諾的自由。

　　二、為合作社發展需要提供非社員使用之業務，不得超過營業額百分之三十。」。

❽　公平交易法第 40 條第 1 項：「主管機關對於違反第九條、第十五條、第十九條及第二十條規定之事業，得限期令停止、改正其行為或採取必要更正措施，並得處新臺幣十萬元以上五千萬元以下罰鍰；屆期仍不停止、改正其行為或未採取必要更正措施者，得繼續限期令停止、改正其行為或採取必要更正措施，並按次處新臺幣二十萬元以上一億元以下罰鍰，至停止、改正其行為或採取必要更正措施為止。」

惟電業法第 57 條課予台電公司的承諾義務，屬於公法上義務，若有違反，除得報請主管機關（經濟部；直轄市、縣或市政府）依同法第 77 條限期改善，甚或撤換負責人或撤銷其電業權外，並無直接的處罰規定；另一方面，甲與台電公司間的供電契約，因台電公司未作承諾而仍未成立，請求供電人甲若因台電公司違背承諾義務及拒絕供電，而受有損害，得依民法第 184 條第 2 項規定，以台電公司違反保護他人的法律，致生損害於甲，請求損害賠償❾。

另外，值得注意的是有學者主張，有締約義務的事業無正當理由拒絕締約，請求供應的相對人得訴請履行締約義務，並依強制執行法規定強制執行（強制執行法 130）❿。若依此說，則甲起訴台電公司，請求法院判決命為履行締約義務，即為締約的承諾，並得依強制執行法第 130 條強制執行。

結論 台電公司依電業法第 57 條有承諾義務，而無拒絕與甲簽訂供電契約的自由。台電公司違背承諾義務，拒絕與甲簽訂供電契約，在公法方面，甲得報請中央主管機關限期改善；在私法方面，得對台電公司依侵權行為的規定請求損害賠償。

相關法條

▶電業法第 57 條

電業在其營業區域內，對於請求供電者，非有正當理由，不得拒絕。

▶民法第 184 條第 2 項

違反保護他人之法律，致生損害於他人者，負賠償責任。但能證明其行為無過失者，不在此限。

---

❾ 相同見解，孫森焱，《民法債編總論（上）》，2004，頁 40。
鄭玉波、陳榮隆，《民法債編總論》，2002，45 頁，則謂有時可認為構成民法第 184 條第 1 項後段，故意以背於善良風俗的方法，加損害於他人；另王澤鑑，《債法原理(一)》，2005，頁 87，亦認為在「間接強制締約」的情形，應以民法第 184 條第 1 項後段作為請求權基礎。

❿ 王澤鑑，《債法原理(一)》，2005，頁 87。

一、花蓮縣某鄉鄉民甲與附近 P 郵局全體局員素有嫌隙，一日，甲持數郵件到 P 郵局要求掛號郵寄，P 郵局全體局員均拒絕接受。試問：甲主張 P 郵局有義務接受其掛號郵寄要求，是否有理由？

二、H 屋的所有人乙與承租人丙口頭約定，乙將 H 屋以月租 2 萬元出租給丙，水、電費由丙另行自付，租期 5 年。試問：乙、丙間是否存在一個有效之關於 H 屋的 5 年定期租賃契約？

問題 1-05

契約的成立要件為何？

甲因計畫與家人一同到梨山旅遊，需要使用一輛休旅車，於 3 月 20 日分別傳送一份電子郵件 (email) 給朋友乙、丙，各向對方表示，請求下個月初出借其所有的休旅車 3 天，並請對方盡快回覆，告知是否願意出借。乙、丙收到並開啟甲的請求借車電子郵件，乙未作回覆，丙則於次日上午回覆，表示願意將自己所有的 F 休旅車借予甲使用，並請甲月底到丙住處取車。請問甲與乙或丙間，是否已經成立各該休旅車的使用借貸契約？

提 示

一、何謂契約的成立要件？

二、契約的一般成立要件與特別成立要件為何？

🧠 解 析

一、法律行為的要件

　　法律行為，係以意思表示為要素，因意思表示而發生一定私法上效果的法律事實。契約，乃是雙方當事人對於一定法律效果，所達成意思表示一致（合意）的法律行為。因為契約屬於法律行為的一種，關於法律行為要件的分類，原則上亦適用於契約。

　　法律行為要發生一定私法上效果，必須具備一定的要件，國內民法學界與實務，傳統上將法律行為的要件，區分為「成立要件」與「生效要件」二類❶；成立要件又分為一般的與特別的成立要件，生效要件亦分為一般的與特別的生效要件。

二、一般的成立要件與特別的成立要件

　　法律行為的成立要件，指構成該法律行為之必要條件。法律行為的成立要件中，對所有法律行為都屬於必要的成立要件，即其共通的成立要件，稱為一般的成立要件。另外，對於某些特定的法律行為，除一般的成立要件外，特別須額外具備的成立要件，則為特別的成立要件。

　　法律行為的一般成立要件有三：當事人、標的（內容）及意思表示。

---

❶　按法律行為的「不成立」與「無效」，就其結果並無差別，即該法律行為當事人所期待的法律效果，同樣地不會發生，因此將法律行為的要件區分為「成立要件」與「生效要件」，理論上並非絕對必要。惟因為我國民法規定，仍有「不成立」與「無效」的不同規定，例如民法第71條、第72條、第166條、第464條、第474條等，而實務上亦一貫作此區分，例如最高法院即表示，股東會決議的瑕疵，與法律行為的瑕疵相近，有「不成立、無效、得撤銷」等態樣。所謂決議不成立，係指自決議的成立過程觀之，顯然違反法令，在法律上不能認為有股東會召開或有決議成立的情形而言；因必須先有符合「成立要件」的股東會決議存在，始有探究股東會決議是否有「無效或得撤銷」事由的必要，故「股東會決議不成立」應為股東會決議瑕疵的獨立類型。此外，「成立要件」與「生效要件」區分，對於法律行為概念的認識，亦頗有助益。

法律行為係人（權利主體）的行為，當事人乃所有法律行為的必要條件。依照各該法律行為是一方或多方行為，當事人的人數便有所不同，例如契約必須至少雙方各有一個當事人；法律行為之標的（內容），指行為人於行為時所欲發生之一定的法律效果，例如買賣契約，買受人願意負擔支付價金的債務，而取得請求交付買受物並移轉其所有權的債權；意思表示，乃行為人（表意人）把要發生一定私法上效果的意思，表示於外部的行為，例如買受人向出賣人表示，願以 100 萬元購買出賣人所擁有的 P 油畫。

　　至於法律行為的特別成立要件，則分別依各該法律或當事人意思為決定，最常見者，為要式行為之一定方式的實踐（民法 73、166、166 之 1、730、756 之 1）❷，或者要物行為之標的物的交付（民法 464、474、589）。

成立要件	一般成立要件	當事人	民法 6、7；26、27
		標的（內容）	
		意思表示	民法 75；94–98
	特別成立要件	要式行為的一定方式；要物行為之標的物的交付	民法 73、166；982 I、1050；民法 464、474
生效要件	一般生效要件	當事人有行為能力	民法 75–85
		標的適當（確定、可能、合法、妥當）	民法 246、71、72、74
		意思表示健全（無瑕疵）	民法 86–92
	特別生效要件	法定代理人的承認（事後同意）；停止條件的成就、始期的屆至；遺囑的立遺囑人死亡	民法 79；民法 99、102；民法 1199

▲法律行為的要件及其分類

❷　民法第 73 條規定，法律行為，不依法定方式者，無效。在學理上，此類欠缺法定方式的法律行為，係欠缺特別的成立要件，其效果應係「不成立」，而非「無效」，比較民法第 166 條，似歸因於立法者的用語不精確。孫森焱，《民法債編總論（上）》，2004，頁 67，亦認為民法第 73 條規定其法律效果為無效，是因為「將成立要件與生效要件混淆」。

三、欠缺成立要件的效果

法律行為欠缺成立要件，該法律行為尚未成立，不能發生該法律行為所得預期的法律效力❸；惟若該原欠缺的成立要件嗣後具備，進而使該法律行為成立，則仍有可能發生預期的法律效力❹。

民法第 153 條第 1 項規定，雙方當事人互相表示意思一致，契約成立。通常構成（債權）契約內容的意思表示，在先者稱為「要約」，在後者稱為「承諾」，而此指承諾在特別情況，亦得由「可認為承諾之事實」（意思實現）（民法 161）或另一個合致的要約（交錯要約）所取代。

案例分析

在上述案例事實中，甲於 3 月 20 日分別傳送一份電子郵件 (email) 給乙、丙，請求下個月初出借其所有的休旅車 3 天，是為欲締結各該休旅車的使用借貸契約的要約。

乙對甲的要約未作回覆，其單純的沈默原則上不構成意思表示，即乙未承諾，因此甲、乙間僅有甲單方面的要約存在，欠缺乙的意思表示（承諾），其休旅車的使用借貸契約，因欠缺一般的成立要件，不成立。

丙則於 3 月 21 日上午回覆甲的要約，表示願意將自己所有的 F 休旅車借予甲使用，並請甲月底到丙住處取車，即為承諾，雙方意思表示一致，其休旅車的使用借貸契約具備一般成立要件。惟民法第 464 條對於使用借貸契約，規定以標的物的交付為特別成立要件，而丙尚未將其 F 休旅車交付於甲，則甲、丙間的休旅車使用借貸契約，因其特別成立要件欠缺，亦尚未成立。

結論 甲與乙間對於該休旅車的使用借貸契約不成立；而甲丙間對於 F 休旅車的使用借貸契約，在丙將 F 車交付給甲之前，亦尚未成立。

---

❸ 就此不生效力而言，與法律行為的無效相同。
❹ 就此仍得生效而言，與法律行為的確定無效不同。

相關法條

▶民法第 153 條第 1 項

當事人互相表示意思一致者，無論其為明示或默示，契約即為成立。

▶民法第 73 條

法律行為，不依法定方式者，無效。但法律另有規定者，不在此限。

▶民法第 464 條

稱使用借貸者，謂當事人一方以物交付他方，而約定他方於無償使用後返還其物之契約。

練習題

一、甲、乙約定，彼此間關於 M 工業原料的買賣契約，全部必須使用書面方式，雙方也一直遵循此約定方式。有一天，甲臨時以行動電話向乙表示需要 M 原料 100 公斤，請乙 10 天內送到甲的工廠，乙答稱沒問題。過了約定期間，甲未收到該批 M 原料，向乙詢問，乙則以未簽訂書面契約，因此沒有準備該批原料，而且目前市場上 M 原料極度缺貨。試問：甲、乙間關於該批 M 原料 100 公斤的買賣契約，是否成立？

二、丁受僱於丙，為丙駕駛貨車送貨至各經銷商，丁的親戚戊則與丙口頭約定，戊於丁將來因執行其職務的行為而應對丙負損害賠償時，由戊代負賠償責任。請問：丙與戊之間，是否成立人事保證契約？

問題 1–06

契約的成立，是否以書面方式為必要？

甲想在上班地點附近租一間套房，3 月 1 日上午看到乙所貼「套房出租」紅紙廣告，經過電話聯絡，甲、乙二人約定當晚八點看房間。在看過乙所有的 R 套房後，乙表示租金每月 1 萬元，押金 2 萬元，水、電另付；甲雖覺得有點貴，但因急著找個住處，答應乙所開條件，兩人並同意該月 11 日遷入及計算租金，並互留聯絡電話及地址。

次日，甲的同事丙告訴甲，他的親戚有一間雅致的 A 套房要出租，月租 8 千元包水、電，如果經丙介紹可能連押金都不用。甲將自己跟乙的約定告訴丙，丙表示還沒有簽訂「租賃契約書」，契約還沒成立，甲不必受拘束。請問甲、乙間的租賃契約，是否真的如丙所說還未成立？

💡 提　示

一、租賃契約的成立，是否以契約書的簽訂為必要？

二、口頭約定能否成立租賃契約？

⚙ 解　析

一、契約的方式

契約種類	方式的依據	相關法條
要式契約	法律規定	民法 73
	當事人約定	民法 166
不要式契約	除法律規定或當事人約定外，契約無須以一定方式作成	

　　雙方當事人互相表示意思一致，契約即為成立（民法 153 I），而契約依其是否以作成一定的方式為必要，可以區分為要式契約與不要式契約。

要式契約，又依其方式是由法律規定，或是由當事人約定，區分為法定的要式契約與約定的要式契約。法定的要式契約，若未完成法定方式，則該契約原則上無效（民法 73）❶；約定的要式契約，若未完成約定方式，則該契約推定為不成立（民法 166）。

二、契約以不要式為原則

基於契約自由原則，除法律規定或當事人約定契約必須完成一定的方式外，例如作成公證書、書面等，原則上契約不以完成一定方式為必要，亦即契約以不要式為原則。

案例分析

所謂租賃契約，指當事人約定，一方（出租人）以物出租給予他方（承租人）使用、收益，他方支付租金的契約（民法 421 I）。在本案例事實中，甲、乙二人對於乙自約定 3 月 11 日起提供 R 套房給甲居住，甲支付每月 1 萬元的租金，並付押金 2 萬元及水、電費另付，已經達成合意，即互相表示意思一致（民法 153 I）。

對於租賃契約，除民法第 422 條及第 425 條第 2 項有就契約方式特別規定外❶，並未要求使用一定方式為必要。因此，原則上租賃契約為不要式契約（諾成契約），當事人雙方口頭約定，亦得成立租賃契約。若是當事人約定，契約成立必須完成一定方式，則必須雙方當事人對於該方式，達到意思表示一致，才構成約定的要式契約。

在上述案例事實中，當事人甲、乙雙方並未對於契約方式有任何表示，不存在約定方式的問題；此外，雙方並非約定期限逾一年的不動產租賃契

---

❶ 法定的要式契約，若未具備法定方式，其效果究為不成立或無效，學說見解並不一致。國內多數民法學者將要式法律行為的必要方式，歸類為法律行為的「特別成立要件」，成立要件欠缺，造成契約不成立的結果。但不論契約不成立或契約無效，當事人依該契約原想要發生的法律效果皆不發生，就此結論而言，兩者並無實際差別。

❶ 應注意該二規定皆不以一定方式為租賃契約的成立或生效要件。

約，亦不生法定要式「字據」的問題（民法 422）。因此，甲、乙間的租賃契約，不以簽訂「租賃契約書」為必要，雙方口頭約定，只要當事人對於租賃標的物及租金達成合意，即已成立 R 套房租賃契約❶。

結論 甲、乙二人之間，已經於 3 月 1 日晚上成立關於 R 套房的租賃契約。

相關法條

▶民法第 153 條第 1 項

當事人互相表示意思一致者，無論其為明示或默示，契約即為成立。

▶民法第 421 條

稱租賃者，謂當事人約定，一方以物租與他方使用收益，他方支付租金之契約。

前項租金，得以金錢或租賃物之孳息充之。

練習題

一、甲委託乙加工染料至今已有三年，雙方基於長期承攬契約關係，甲每次購進一批染料即全部交付乙加工，其加工的時間、數量，再由甲按其需要分次指示處理，而歷來的交易行為，均由甲對乙下達工作命令單後，乙即為加工行為。甲於今年 2 月 12 日以傳真方式對乙下達工作命令單，並於翌日送所需染料到乙公司倉庫，由乙受領。然而，該批染料卻在 2 月 15 日凌晨零時被竊，在此之前，乙未曾表示不願加工。試問：甲、乙間關於染料加工的承攬契約是否成立？❶

二、丙與丁口頭約定，丁為丙駕駛貨車送貨至各經銷商，一週工作 5 天，月薪 3 萬元。另外，丁的親戚戊則與丙約定，戊於丁將來因上述駕駛送貨職務的行為而應對丙負損害賠償時，由戊代負賠償責任，

---

❶ 最高法院 85 年臺上字第 165 號判決。

❶ 最高法院 86 年臺上字第 442 號判決。

但亦僅為口頭約定，未簽訂書面契約。試問：丙與丁間是否成立僱傭契約？丙與戊間是否成立人事保證契約？

問題 1–07

關於契約的「非必要之點」未經表示，契約能否成立？

住在臺北市的甲寄給住在桃園的乙一封電子郵件，請求乙將其所有的一套古董家具 A 以 20 萬元讓售，乙同樣以電子郵件簡單回覆同意以 20 萬元成交。請問甲、乙間對於交付 A 家具及付款的時間、地點、方式等都未曾表示意思，則二人間的 A 家具買賣契約是否已經成立？

提 示

一、買賣契約的「必要之點」為何？

二、雙方當事人對於買賣契約的「必要之點」意思表示一致，但對於「非必要之點」未經表示，效果如何？

解 析

一、意思表示一致（合意）

當事人互相表示意思一致（合意），不論是明示的或是默示的意思表示，契約即因此合意而成立（民法 153 I）。然而契約的內容常不僅只有單純的一個事項（點），則當事人間究竟應對哪些事項（契約內容）達成合意，契約才成立，就成為契約成立的先決問題。關於此一問題，民法第 153 條第 2 項規定：「當事人對於必要之點，意思一致，而對於非必要之點，未經表示意思者，推定其契約為成立，關於該非必要之點，當事人意思不一致時，法院應依其事件之性質定之。」依此規定，契約要成立，關於

契約的「必要之點」必須當事人意思表示一致，而關於契約的「非必要之點」，則因當事人是否經表示意思而不同：若是經表示，仍以達成合意為必要，否則契約仍不能成立；若是未經表示，則僅「推定」❶契約為成立。

必要之點	非必要之點	契約	對不合意部分的決定
未表示		不成立	
不合意		不成立	
合意	合意	成立	
	不合意	不成立	
	未經表示	推定成立	依事件的性質

▲民法第 153 條第 2 項的解析

對於「非必要之點」未經表示而推定成立的契約，當事人仍必須對於該非必要之點意思表示一致，事實上才能履行，若是（事後）當事人關於「非必要之點」的意思表示不一致（不合意）時，則由法院依事件的性質為決定。法院在依事件的性質決定該契約的非必要之點時，亦應參酌任意法規、習慣及法理等判斷標準，例如民法第 314 條、第 315 條的規定。

二、必要之點與非必要之點

至於契約內容的「必要之點」與「非必要之點」，應依契約的種類、當事人意思及其他具體情形為判斷。概括而言，契約的要素，屬於其必要之點，而契約的常素或偶素，則屬於非必要之點。就買賣契約而言，在當事人間無特別表示意思下，買賣標的物所有權的移轉及價金的支付，為其契約要素，屬於必要之點（民法 345 II）；至於契約的履行期、履行地或瑕疵擔保等，則僅為買賣契約的常素，屬於非必要之點。

---

❶ 對於此推定，當事人得舉反證推翻，例如證明該契約對於非必要之點也必須要合意，契約才能成立。

🔍 案例分析

　　在上述案例事實中，甲、乙間對於買賣契約的必要之點，互相意思表示一致（合意），即就買賣標的物 A 家具及價金 20 萬元互相同意，而關於非必要之點，如 A 家具及價金交付的時間、地點與方式等，皆未曾表示，買賣契約即推定為成立。若當事人事後關於非必要之點，因意見不一致而有爭執時，法院應依事件的性質解決當事人間的爭執，例如依該交易係由哪一方主動提出、一般的個人古董家具交易常態，以及民法第 314 條、第 315 條規定等，作為決定的基礎。

結論　甲、乙在其買賣契約中，雙方對於交付 A 家具及付款的時間、地點、方式等都未曾表示意思，而此等事項屬於買賣契約的「非必要之點」；甲、乙雙方的 A 家具買賣契約，關於契約的必要之點，即就買賣標的物 A 家具及價金 20 萬元，互相意思表示一致，該買賣契約推定為成立。

📚 相關法條

▶民法第 153 條第 2 項

當事人對於必要之點，意思一致，而對於非必要之點，未經表示意思者，推定其契約為成立，關於該非必要之點，當事人意思不一致時，法院應依其事件之性質定之。

▶民法第 345 條

稱買賣者，謂當事人約定一方移轉財產權於他方，他方支付價金之契約。當事人就標的物及其價金互相同意時，買賣契約即為成立。

一、甲欲聘僱私人司機，其舊識乙的兒子丙前來應徵，雙方相談融洽，二人對工作內容及時間雖有簡要討論並且達成合意，但卻忽略約定

工作報酬。試問：甲、丙間的僱傭契約是否成立？

二、屋主丁擁有 10 間套房，出租該等套房的租金為其主要收入。目前其套房租金有月租 8 千元及 1 萬元二種等級，皆包水、電。6 月 20 日戊在電話中向丁表示要承租 8 千元套房一間，7 月 1 日遷入，丁答應後，戊即掛斷電話。月租 8 千元的套房尚餘二間，而且雙方亦未就租賃期間作約定。試問：丁、戊間的套房租賃契約是否成立？

問題 1-08

要約發生哪些拘束力？

8 月 1 日，甲寄給乙一封信，信中表示要將自己最近買的 M 拍照手機（市價 1 萬 6 千元）以 1 萬元廉售給乙，請乙在 8 月 8 日以前答覆是否購買。8 月 4 日，丙向甲出價 1 萬 2 千元請求出讓該 M 手機，甲很想將該 M 手機賣給丙，但因想到先前對乙的要約而感到為難。請問甲想知道自己給乙的要約有無拘束力？該拘束力何時發生？

提 示

一、要約有哪些拘束力？

二、要約拘束力何時發生？

解 析

一、要約的拘束力

雙方當事人互相表示意思一致，契約成立（民法 153 I）。通常構成（債權）契約內容的意思表示，在先的為要約，在後的為承諾。

要約係一須相對人受領的意思表示，透過此意思表示要求他方簽訂契

約，而契約的成立唯有取決於他方的同意（承諾）。要約的內容，須達到只要相對人同意即可成立契約的程度（民法 153 I）；原則上必須確定相對人，但例外也可以對不確定的大眾要約。在具體情況，究為要約，或為要約的引誘，須經由解釋求得（民法 98）。民法第 154 條第 2 項明文規定，貨物標價陳列，視為要約；而價目表的寄送，不視為要約，僅屬於要約的引誘[20]。

要約生效後，即發生一定的效力，即要約人因其要約而受拘束的效力（民法 154–158）。此有效要約所發生的法律上拘束效力，稱要約的拘束力，又可區分為形式拘束力與實質拘束力。

所謂要約的形式拘束力，指要約生效後的存續期間內，要約人不可撤回或加以變更（民法 154），即要約的不可撤回性。至於要約的引誘，目的在於引誘他方向自己為要約，本身並無法律上效力。

所謂要約的實質拘束力，指要約一經相對人承諾，契約即成立，此種拘束力，又有稱為要約的承諾能力或承諾適格，民法第 155 條至第 158 條規定，要約因拒絕或未於承諾期間內為承諾而失其拘束力，此所指喪失的拘束力，即要約的實質拘束力。

二、要約拘束力的發生

如上所述，要約生效後，即發生拘束力，換句話說，當要約的意思表示生效時，發生要約拘束力。而要約的生效時點，如為對話的意思表示，發生於相對人了解時（民法 94）；非對話的意思表示，發生於通知達到相對人時（民法 95 I 本文）。

🔍 案例分析

在上述案例事實中，甲於 8 月 1 日寄給乙一封信，表示要將自己最近買的 M 拍照手機（市價 1 萬 6 千元）以 1 萬元廉售給乙，請乙在 8 月 8 日以前答覆是否購買。此構成甲對乙為關於 M 手機買賣契約的非對話要約，

---

[20]　要約的引誘，尚不生法律上拘束力，參閱下述問題 1–09。

其內容的確定，已達到只要相對人乙同意即可成立契約的程度（民法153 I），因此要約在該信件達到乙時，發生要約的拘束力（民法95），要約人甲須受拘束。

而在甲的要約中，明白要求乙在 8 月 8 日以前答覆是否購買，即定有承諾期限，乙必須於該期限內為承諾（民法158），否則，甲的要約失其拘束力。

結論 甲對乙為關於 M 手機買賣契約的非對話要約，在該信件達到乙時，發生要約的拘束力。在甲的要約中，定有承諾期限至 8 月 8 日，在此之前，甲受到自己要約的拘束，只能等待相對人乙確答為承諾或拒絕，而不得撤回或變更其要約。

相關法條

▶民法第 94 條

對話人為意思表示者，其意思表示，以相對人了解時，發生效力。

▶民法第 95 條

非對話而為意思表示者，其意思表示，以通知達到相對人時，發生效力。但撤回之通知，同時或先時到達者，不在此限。

▶民法第 154 條第 1 項

契約之要約人，因要約而受拘束。但要約當時預先聲明不受拘束，或依其情形或事件之性質，可認當事人無受其拘束之意思者，不在此限。

▶民法第 155 條

要約經拒絕者，失其拘束力。

▶民法第 156 條

對話為要約者，非立時承諾，即失其拘束力。

▶民法第 157 條

非對話為要約者，依通常情形可期待承諾之達到時期內，相對人不為承諾

時，其要約失其拘束力。

▶民法第 158 條

要約定有承諾期限者，非於其期限內為承諾，失其拘束力。

一、A 公司有一批 E 電子零件庫存要出清，乃向其客戶 B 公司為要約，表示要出售該批 E 電子零件 1 萬單位，單價 81 元，請 B 公司盡速回覆是否購買。在發出要約不久，B 公司尚未表示是否購買前，C 公司向 A 公司表示要採購 E 電子零件 9 千單位，並願意支付單價 90 元。試問：A 公司是否得對 B 公司提高其要約的單位售價至 90 元，或是撤回對 B 公司的要約？

二、丁有一部福斯的 K 古董金龜車，數月前戊曾表示購買意願。4 月 1 日下午，丁以掛號信向戊發出通知，要以 30 萬元讓售其 K 金龜車，請戊在 4 月 20 日前以掛號信答覆是否購買。丁的掛號信於 4 月 6 日上午 10 時由郵差送到戊住所時，因家中無人接信，郵差留下領信通知單，請戊自 4 月 7 日上午 8 時起，於一週內，攜帶該通知單、身分證及印章至 P 郵局領取。戊於 4 月 9 日下午 4 時，始從 P 郵局領取丁所寄的掛號信，而於該日下午 6 時拆信閱讀。試問：丁的要約，何時發生拘束力？

問題 **1-09**

要約的引誘有無拘束力？

A 百貨公司寄送週年慶特價商品專刊（價目表）給甲女，甲對其中 X 美容商品標價 3 萬元，僅約市價一半感到動心，蹺班驅車趕至 A 百貨公司，當她向該 A 公司的售貨小姐乙表示，要購買 X 商品 3 份時，乙表

示該種 X 美容商品昨日已售罄。請問甲與 A 公司是否成立 X 商品 3 份的買賣契約?

提 示

一、何謂要約的引誘?

二、要約的引誘與要約,有無差別?

解 析

一、要約的引誘之概念

要約的引誘,係引誘人表現其意思,使他人向自己為要約;亦即引誘人欠缺受自己的表示拘束之意思,而是僅在於引誘相對人向引誘人自己為要約。

要約的引誘,屬於契約的準備行為,無法律上拘束力,性質上屬意思通知,即使相對人對之表示同意,並不會成立契約❷。

依民法第 154 條第 2 項但書規定,價目表寄送的目的在於引誘相對人對自己提出要約,而引誘人因對方要約而取得承諾的資格,性質上僅屬要約的引誘,並無要約的拘束力;因此若是被引誘人對該價目表所列事項為同意的表示,並不會成立契約。

二、要約的引誘與要約之差別

要約的引誘,係引誘人表現其意思,使他人向自己為要約,性質上屬於意思通知;而要約則是一個須相對人受領的意思表示,透過此意思表示要求他方簽訂契約;要約的引誘,並無法律上拘束力,而要約則有要約拘束力,包括形式拘束力與實質拘束力。

---

❷ 最高法院 85 年臺上字第 2681 號判決,即明白表示:「要約之引誘,乃以喚起他人向自己要約為作用之意思通知,必須經自己承諾後,契約始能成立。」

表示種類	目的	性質	效力
要約	要求他方簽訂契約	意思表示	形式及實質拘束力
要約的引誘	引誘他人向自己為要約	意思通知	無拘束力

▲要約的引誘與要約之差別

案例分析

在上述案例事實中，A 公司寄送週年慶特價商品專刊（價目表）給甲女，依民法第 154 條第 2 項但書，不被視為要約，而僅是一種要約的引誘，目的在於引誘相對人甲對自己為要約。該特價商品專刊中 X 美容商品標價 3 萬元，當甲對 A 公司的特定專櫃的售貨小姐乙（代理人）表示，要購買 X 商品 3 份時，係受到 A 公司的引誘而對 A 公司提出以單價 3 萬元購買 X 商品 3 份的要約，此係對話的要約，當 A 公司的售貨小姐乙了解時，該要約即生效，要約人甲即受該要約的拘束（民法 154 I 本文），A 公司取得承諾要約的資格，得為承諾而成立契約，亦得拒絕而使要約喪失其拘束力（民法 155）。當乙對甲表示該種 X 美容商品昨日已售罄，顯然並無與甲成立該買賣契約的意思，而是拒絕甲的要約。因此，甲與 A 公司之間，因乙代理 A 公司拒絕甲的要約，關於該 X 商品 3 份的買賣契約因而並未成立。

結論 甲與 A 公司之間，關於該 X 商品 3 份的買賣契約並未成立。

相關法條

▶民法第 154 條

契約之要約人，因要約而受拘束。但要約當時預先聲明不受拘束，或依其情形或事件之性質，可認當事人無受其拘束之意思者，不在此限。
貨物標定賣價陳列者，視為要約。但價目表之寄送，不視為要約。

一、甲於網路上經營各種數位相機的販賣，並在電子虛擬商店的網頁上，將部分數位相機商品，以圖文、表格方式詳列其編號、種類、價格，

顧客可直接點選欲購買的商品，並於點選完成及填寫送貨地點後，按送出訂單。試問：甲的上述行為係成立要約或僅成立要約的引誘？

二、乙於上午發 email 告知丙，將以低價售出自己剛買的 N 手機，丙極喜愛該手機，當晚即打電話向乙表示要購買，但乙卻表示在當天中午時已經將 N 以 1 萬元賣給丁。丙主張，乙應受到自己對丙所為買賣 N 手機的要約的拘束，而丙現在表示購買即為承諾，雙方的 N 手機買賣契約即為成立。試問：丙的主張有無理由？

問題 1-10

要約的拘束力何時喪失？

8 月 1 日，甲寄給乙一封信，信中表示要將自己最近買的 M 拍照手機（市價 1 萬 6 千元）以 1 萬元廉售給乙，請乙在 8 月 8 日以前答覆是否購買。8 月 4 日，丙向甲出價 1 萬 2 千元請求出讓該 M 手機，甲很想將該 M 手機賣給丙，但因想到先前對乙的要約而感到為難。請問甲何時始不必再繼續受到其對乙要約的拘束？

提　示

一、要約拘束力喪失的原因為何？
二、要約拘束力喪失的結果為何？

解　析

一、要約拘束力喪失的原因

此所謂要約拘束力的喪失，指要約所生的拘束力，嗣後歸於消滅，其原因可歸納為二種：

㈠**要約經拒絕**：要約經拒絕者，失其拘束力（民法 155）。要約的拒絕，是要約的受領人對於要約人所為不承諾之「意思通知」。若是要約的受領人將要約擴張、限制或為其他變更而為承諾，視為拒絕原要約（民法 160 II），則該原要約亦歸於消滅。

㈡**承諾期間已經終了**：要約生效後，有使相對人得為承諾的存續期間，此為承諾人的承諾期間，若其承諾期間已經終了，而承諾人未為承諾，要約拘束力即喪失，要約歸於消滅。承諾期間的終了，依其要約人是否有明定承諾的期限，而有所不同。

　　1.**定有承諾期限**：依民法第 158 條規定，要約定有承諾期限者，非於其期限內為承諾，失其拘束力。此規定不論是對話的要約，或非對話的要約，都適用。

　　2.**未定承諾期限**：若要約人的要約未定有承諾期限，則該要約拘束力的存續期間，即為承諾人的承諾期間，依其為對話的要約，或為非對話的要約，而有所不同。若為對話的要約，依民法第 156 條規定，非立時承諾，即失其拘束力，所謂立時，應依交易上的一般觀念為具體決定；若為非對話的要約，依民法第 157 條規定，依通常情形可期待承諾的達到時期內，相對人不為承諾時，其要約失其拘束力，此所謂依通常情形可期待承諾的達到時期，應為相對人的考慮期間加上承諾到達要約人所需期間所得的總期間❷，而其考慮期間應依事件的性質及輕重而為決定。

二、要約拘束力喪失的結果

　　要約拘束力喪失後，要約即歸於消滅，要約的相對人無法再以其同意的意思表示（承諾），而使契約成立。

---

❷　不同見解，鄭玉波、陳榮隆，《民法債編總論》，2002，頁 58–59，主張其為下列三種期間的總和：1. 要約到達相對人之期間；2. 相對人考慮承諾之期間；3. 承諾達到要約人之期間。惟要約到達相對人之前，尚未生效，並無拘束力，因此原則上應不列入承諾期間的計算。

🔍 案例分析

　　在上述案例事實中，甲於 8 月 1 日寄給乙一封信，表示要將自己最近買的 M 拍照手機（市價 1 萬 6 千元）以 1 萬元廉售給乙，請乙在 8 月 8 日以前答覆是否購買。此構成甲對乙為關於 M 手機買賣契約的非對話要約，其內容的確定，已達只要相對人乙同意即可成立契約的程度（民法 153 I），因此要約成立，而在該信件達到乙時，產生效力（民法 95），而發生要約的拘束力，要約人甲必須受到自己要約的拘束。

　　在甲的要約中，明白要求乙在 8 月 8 日以前答覆是否購買，即定有承諾期限，依民法第 158 條規定，相對人乙必須於要約人甲所定期限內為承諾，否則，甲的要約就會喪失拘束力，亦即歸於消滅。

結論 在甲的要約中，明定 8 月 8 日以前為承諾期限，則超過此 8 月 8 日的承諾期限，甲的要約即喪失拘束力，自此時起甲就不必再繼續受到其對乙要約的拘束。

📚 相關法條

▶民法第 154 條第 1 項

契約之要約人，因要約而受拘束。但要約當時預先聲明不受拘束，或依其情形或事件之性質，可認當事人無受其拘束之意思者，不在此限。

▶民法第 155 條

要約經拒絕者，失其拘束力。

▶民法第 156 條

對話為要約者，非立時承諾，即失其拘束力。

▶民法第 157 條

非對話為要約者，依通常情形可期待承諾之達到時期內，相對人不為承諾時，其要約失其拘束力。

▶民法第 158 條

要約定有承諾期限者，非於其期限內為承諾，失其拘束力。

一、甲購得新屋 H 一間，向裝潢承包商乙表示裝潢的要求及相關事項，請其先予以估價，並開立估價單。乙經估算後，開立一張裝潢估價單，總價額 80 萬元，施工期間 20 個工作天，並註明該估價單僅於 15 天內有效。惟甲經過多方諮詢與比價，直到第 18 天，才向乙表示以估價單所列條件，開始施工。此時乙基於種種因素，已經不願依該估價單條件承攬該裝潢工程。試問：乙得否拒絕甲的施工要求？

二、丙當面向丁表示，願將自己手上的平板電腦以 6 千元售讓給丁，丁未當場答應。翌日，丁向丙表示接受昨日 6 千元售讓該平板電腦的要約，但丙已經將該平板電腦暫時借給女友戊使用，目前已無意出售。試問：丙現在是否仍受昨日自己對丁所為要約的拘束？

問題 **1−11**

遲到的承諾，有何效力？

甲對收藏家乙發出 email，表示要以 80 萬元廉售一明代瓷盤 V，若乙有意購買珍藏，請於 8 月 15 日前送達表示承購的書面信件。乙對 V 瓷盤極為喜愛，但因出國開會及之前忙於其行前準備，竟疏忽為承購的答覆。等到 8 月 15 日回國時，乙立即以限時掛號書面回覆，表示願意以 80 萬元購買 V 瓷盤，此函件於 8 月 16 日下午 2 時寄達甲的住所。但 8 月 14 日，丙在鑑賞過 V 瓷盤後，對甲表示願意以 82 萬元購買，並請甲在 5 天內給與答覆。請問甲得否選擇將 V 瓷盤出售給丙？

提　示

一、何謂承諾?

二、承諾有無時間上的限制?

三、遲到的承諾,能否使契約成立?

解　析

一、承諾的概念

　　所謂承諾,係要約的相對人答覆同意要約的意思表示;要約的受領人(相對人)以此意思表示,使要約人了解承諾人同意其所要求之契約的簽訂。承諾是一個原則上須相對人受領的意思表示,於要約人了解(對話)時或到達要約人(非對話)時生效(民法 94、95)。

二、承諾期間[23]

三、遲到承諾的效力

　　要約的相對人要使契約成立,必須在「承諾期間」內為承諾,否則將無法使契約成立。因此,承諾遲到,原則上不能使契約成立,並且依民法第 160 條第 1 項規定,視為新要約,亦即原承諾人成為新要約人,而原要約人則成為該新要約的相對人,得於其「承諾期間」內為承諾,而使契約成立。

　　但民法第 159 條規定例外情形:「承諾之通知,按其傳達方法,通常在相當時期內可達到而遲到,其情形為要約人可得而知者,應向相對人即發遲到之通知。要約人怠於為前項通知者,其承諾視為未遲到。」依此,承諾雖然事實上已經遲到,如果按其傳達方法,通常在相當時期內可達到,而此情形為要約人可得而知,要約人即負有通知義務,若是要約人有履行其

---

[23]　參閱上述問題 1–10【解析】一、㈡。

通知義務，則該遲到的承諾不能使原契約成立，而被擬制為「新要約」（民法 160）；若是要約人未履行其通知義務，則該遲到的承諾被擬制為「未遲到」，契約並因而成立。

案例分析

在上述案例事實中，甲對收藏家乙發出 email，表示要以 80 萬元廉售一明代瓷盤 V，若乙有意購買珍藏，請於 8 月 15 日前送達表示承購的書面信件。要約人甲的要約定有 8 月 15 日的承諾期限，自該要約到達相對人乙時起，至 8 月 15 日止之期間，為承諾期間。乙表示願意以 80 萬元購買 V 瓷盤的限時掛號函件，為乙的承諾通知，但於 8 月 16 日下午 2 時始寄達甲的住所，已經逾越上述承諾期間，此遲到的承諾，依民法第 160 條第 1 項規定，視為新要約，此新要約的相對人甲，並無承諾義務，得自由決定是否對乙的新要約為承諾而使契約成立。

而在 8 月 14 日丙鑑賞過 V 瓷盤後，對甲表示願意以 82 萬元購買，並請甲在五天內給與答覆。當甲對乙要約的承諾期間已經終了，即不再受自己的要約之拘束，因此自 8 月 16 日起，甲得自由選擇是否將 V 瓷盤出售給丙，並不會對乙負有履行 V 瓷盤買賣契約的債務之疑慮。

結論 甲得選擇將 V 瓷盤出售給丙。

相關法條

▶民法第 159 條

承諾之通知，按其傳達方法，通常在相當時期內可達到而遲到，其情形為要約人可得而知者，應向相對人即發遲到之通知。

要約人怠於為前項通知者，其承諾視為未遲到。

▶民法第 160 條

遲到之承諾，除前條情形外，視為新要約。

將要約擴張、限制或為其他變更而承諾者，視為拒絕原要約而為新要約。

A公司向B公司發出要約，要將一批G貨品以1千單位單價5百元出售給B公司，並明定至遲於9月20日以書面答覆。B公司直到9月19日下午，始確定要購買該批G貨品，因此委託C快遞公司遞送承諾函，C公司確認會在9月20日下午3時前送達A公司。但因C公司快遞員甲錯按電鈴多次無人應答，於是將該承諾函攜回，並於9月21日下午3時再次遞送，終於完成遞送任務，甲告知A公司人員昨日按錯電鈴一事，並誠懇表示歉意，A公司人員則表示因其電鈴標示不甚清楚，A公司也有責任。試問：

㈠若是A公司確實收到承諾函但一直未通知B公司其承諾函遲到的事實，則B公司的承諾函有何效力？

㈡若是A公司收到承諾函後立即通知B公司其承諾函遲到的事實，則B公司的承諾函有何效力？

問題 1–12

要約應該如何撤回？撤回要約的通知如果遲到，能不能發生撤回的效力？

3月1日上午，甲寄一封信給乙，信中表示要將自己最近買的60吋液晶電視L（市價6萬元）以4萬2千元廉售給乙，請乙在3月10日以前答覆是否購買，信中並留有電子信箱。3月1日中午，丙得知甲有意出售L電視，表示願以4萬8千元收購，甲表示希望能在3月4日答覆丙，丙同意。甲隨即寫信給乙，表示該L電視想留著自用，因此撤回先前給乙的要約，並以限時信寄出。此限時信按照通常情形應較前一封要約信早一天送達乙的住所，但因郵差誤遞，導致該表示撤回的信在3月6日才投入乙的信箱，而乙在3月5日晚上即以email表示照價購

買，3 月 7 日中午甲在上班的公司開啟電子信箱，閱讀了乙傳送的電子郵件。乙在 3 月 6 日接獲甲的撤回通知信，雖然已經注意到甲信中註明的寫信日期及信封上所蓋郵戳日期，覺得此信的送達時間有異常，但因前一天已經承諾購買 L 電視，也就不以為意，未對甲發出通知，以告知遲到一事。請問甲、乙之間，該 L 電視的買賣契約是否成立？

提　示

一、要約得否撤回？若得撤回，其方式為何？

二、受要約人接受遲到的「撤回要約通知」，是否必須將遲到一事告知要約人？

解　析

一、要約的撤回

　　要約的撤回，係要約人所為使其要約不生效力的通知，亦即阻止其要約發生效力的通知。要約亦為意思表示，因此，要約的撤回，亦適用民法關於意思表示撤回的規定。要撤回要約的意思表示，必須在該意思表示尚未生效時才有可能，亦即該要約發生拘束力之前。

　　意思表示依其表示方式，可分為對話的與非對話的意思表示二種，就對話的意思表示而言，我國採取了解主義，於相對人了解時即發生效力，而因對話的意思表示稍縱即逝，於表示時相對人立即了解而生效，或因不了解而消滅，因此並無撤回的問題；僅有非對話的要約，在發出到生效之間有一定的時間間隔，才有撤回的可能與必要。

意思表示	表示方式	可否撤回	撤回通知	效力	相關法條
要約	對話	不可			民法 94、95
	非對話	可以	同時或先時到達	撤回	民法 95 I 但書
			遲到	(擬制) 撤回	民法 162 II
				未撤回	民法 95 I、162

▲對話要約與非對話要約的撤回

二、撤回方法

如上所述，只有非對話的要約，才有撤回的可能與必要，而且必須在該要約生效前，亦即發生拘束力之前，才得撤回。

民法第 95 條第 1 項規定：「非對話而為意思表示者，其意思表示，以通知達到相對人時，發生效力。但撤回之通知，同時或先時到達者，不在此限。」依此，撤回要約，必須要約人的撤回要約通知，較其要約「先時到達」相對人，或與其要約「同時到達」相對人，才會發生撤回的效果，即有效阻止其要約生效。

惟民法第 162 條又規定：「撤回要約之通知，其到達在要約到達之後，而按其傳達方法，通常在相當時期內應先時或同時到達，其情形為相對人可得而知者，相對人應向要約人即發遲到之通知。相對人怠於為前項通知者，其要約撤回之通知，視為未遲到。」要約人的撤回要約通知，較其要約為晚到達於相對人，雖不發生撤回要約的效力，但若是此遲到的撤回通知，按其傳達方法，通常在相當時期內應先時或同時到達，而且此情形為相對人可得而知，則相對人對要約人有立即發遲到通知的義務；若違背此義務，則該實際上遲到的要約撤回通知，視為未遲到，因而發生撤回要約的效力。應注意的是，民法第 162 條第 1 項僅要求相對人就該遲到的撤回要約通知，按其傳達方法，通常在相當時期內應先時或同時到達的情形，「可得而知」即為已足，至於此相對人是否確實知情，並無影響。

綜合上述，撤回要約有以下二種類型：

㈠**現實上撤回**：對於非對話的要約，要約人的撤回通知，現實上較其要約

「先時到達」相對人，或與其要約「同時到達」相對人（民法 95 I 但書）。

㈡**擬制的撤回**：要約的相對人對於遲到的撤回要約通知，未盡其立即發遲到通知的義務，該遲到的撤回要約通知因而被擬制為未遲到，發生撤回的效力（民法 162 II）。

案例分析

在上述案例事實中，甲在 3 月 1 日上午對乙寄發以 4 萬 2 千元廉售 60 吋液晶電視 L 的要約信，是為非對話的要約。當甲對乙發出要約後，丙對甲表示願以 4 萬 8 千元收購該 L 電視，乃丙對甲為買賣契約的要約。

甲寫信表示撤回先前給乙的要約，並以限時信寄出，此限時信按照通常情形應較前一封要約信早一天送達乙的住所，但因郵差誤遞，導致該表示撤回的信，在 3 月 6 日才投入乙的信箱。限時信通常應會較早送達的情形，若是為乙「可得而知」，乙就有在 3 月 6 日立即發遲到通知的義務（民法 162 I）。而乙在接獲甲的撤回通知信時，已經注意到甲信中註明的寫信日期及信封上所蓋郵戳日期，覺得此信的送達時間有異常，因而此撤回通知信異常遲到情形，是為乙「可得而知」，依民法第 162 條第 1 項規定，乙有立即發遲到通知的義務。然而，乙卻未對甲發出遲到通知，因此依民法第 162 條第 2 項規定，該撤回通知視為未遲到，所以發生撤回要約的效力（民法 95 I 但書）。

甲的要約因有效撤回而不生效力，即無要約拘束力，乙無從對一個不生效的要約為承諾，因而甲、乙之間該 L 電視的買賣契約不成立。

結論 甲、乙之間，該 L 電視的買賣契約不成立。

相關法條

▶民法第 95 條

非對話而為意思表示者，其意思表示，以通知達到相對人時，發生效力。但撤回之通知，同時或先時到達者，不在此限。

▶民法第 162 條

撤回要約之通知，其到達在要約到達之後，而按其傳達方法，通常在相當時期內應先時或同時到達，其情形為相對人可得而知者，相對人應向要約人即發遲到之通知。

相對人怠於為前項通知者，其要約撤回之通知，視為未遲到。

練習題

一、承上案例，乙在 3 月 6 日接獲甲的撤回通知信，雖然已經注意到甲信中註明的寫信日期及信封上所蓋郵戳日期，覺得此信的送達時間有異常，隨即以電子郵件回覆，告知甲的撤回通知遲到一事。試問：甲、乙之間，是否成立該 L 電視的買賣契約？

二、丁在電話中，表示願意將自己收藏的 P 油畫以 50 萬元讓售給同好戊，答應給戊 10 天的考慮期間，但要求戊必須使用掛號信承諾。二日後，丁對售畫一事反悔，因出國洽公在即，寫了一封平信給戊，表示撤回前日的要約，此信在戊尚未為承諾前寄達戊的住所。試問：丁是否有效撤回自己對戊的要約？

問題 **1-13**

承諾是否得撤回？ 如果撤回承諾的通知遲到，是否會發生撤回的效力？

7 月 1 日甲在電話中，表示願意將自己收藏的 P 油畫以 50 萬元讓售給同好乙，答應給乙 10 天的考慮期間，但要求承諾必須使用掛號信。7 月 6 日，乙寄出掛號信，表示願意購買 P 油畫。翌日，乙檢視帳目才發覺目前周轉有困難，因此立即寄出限時掛號信，表示撤回自己前封信中表示願意購買 P 油畫的意思。乙寄出的第一封掛號信於 7 月 8 日中

午到達甲的住所，而第二封表示撤回的限時掛號信於同日下午到達甲的住所。請問甲、乙之間，P 油畫的買賣契約是否成立？

提　示

一、承諾應如何撤回？

二、撤回承諾的通知遲到，能否發生撤回的效力？

解　析

一、承諾的撤回

如上所述，承諾乃是要約的相對人（承諾人）答覆要約之同意的意思表示；要約的受領人以此意思表示，使要約人了解到，承諾人同意其所要求之契約的簽訂。

與要約相同，承諾，原則上須相對人受領，於要約人了解（對話）時或到達要約人（非對話）時生效（民法 94、95）。承諾的撤回，亦適用一般意思表示撤回的規定，只有非對話的承諾，才有撤回的可能與必要，而且必須在該承諾生效前，亦即契約因承諾而成立之前，才得撤回。

依民法第 95 條第 1 項規定，撤回承諾，必須承諾人的撤回承諾通知，較其承諾「先時到達」要約人，或與其承諾「同時到達」要約人，才會發生撤回的效果，即有效阻止其承諾生效。

二、撤回承諾的通知遲到

另外，民法第 162 條的規定：「撤回要約之通知，其到達在要約到達之後，而按其傳達方法，通常在相當時期內應先時或同時到達，其情形為相對人可得而知者，相對人應向要約人即發遲到之通知。相對人怠於為前項通知者，其要約撤回之通知，視為未遲到。」此撤回要約遲到的通知義務規定，依民法第 163 條規定，準用於承諾的撤回。因而同樣地，承諾人的撤

回承諾通知，較其承諾為晚到達於要約人，雖不發生撤回承諾的效力，但若是此遲到的撤回承諾通知，按其傳達方法，通常在相當時期內應先時或同時到達，而且此情形為要約人可得而知，則要約人對承諾人有立即通知後者撤回承諾遲到事實的義務；要約人違背對承諾人此立即發遲到通知的義務，則該實際上遲到的撤回承諾通知，視為未遲到，因而發生撤回承諾的效力。撤回承諾的通知遲到，準用民法第 162 條第 1 項，亦僅要求要約人就該遲到的撤回承諾通知，按其傳達方法，通常在相當時期內應先時或同時到達的情形，「可得而知」即為已足，至於此要約人是否確實知情，並無影響。

因此撤回承諾與撤回要約相同，分為以下二種類型：

㈠**現實上撤回：** 對於非對話的承諾，承諾人的撤回通知，現實地較其承諾「先時到達」要約人，或與其承諾「同時到達」要約人（民法 95 I 但書）。

㈡**擬制的撤回：** 要約人對於遲到的撤回承諾通知，未盡其立即發遲到通知的義務，該遲到的撤回承諾通知因而被擬制為未遲到，發生撤回的效力（民法 163、162 II）。

🔍 案例分析

在上述案例事實中，甲 7 月 1 日在電話中，表示願意將自己收藏的 P 油畫以 50 萬元讓售給同好乙，答應給乙 10 天的考慮期間，但要求承諾必須使用掛號信，此為甲對乙的對話的要約。7 月 6 日，乙寄出掛號信，表示願意購買 P 油畫，則是對甲的要約所為之非對話的承諾。此承諾依民法第 95 條第 1 項於到達要約人時，發生效力，除非承諾人乙的撤回承諾通知，較其承諾「先時到達」要約人甲，或與其承諾「同時到達」甲，才會發生撤回的效果，而有效阻止其承諾生效。

7 月 7 日乙寄出限時掛號信，表示撤回自己前封信之表示願意購買 P 油畫的意思，此信為撤回其承諾的通知。乙寄出的第一封承諾掛號信於 7 月 8 日中午到達甲的住所，而第二封撤回通知的限時掛號信於同日下午始

到達甲的住所，較其承諾的第一封信晚到達於要約人甲，因此依民法第 95 條第 1 項不生撤回的效力。本案例也不存在民法第 163 條準用第 162 條第 2 項規定擬制為遲到而撤回的情形。

　　乙對於甲的要約有效為承諾，雙方對於買賣 P 油畫及價金 50 萬元互相同意，因此其買賣契約成立（民法 345 II）。

結論 甲、乙之間，P 油畫的買賣契約成立。

相關法條

▶民法第 95 條

非對話而為意思表示者，其意思表示，以通知達到相對人時，發生效力。但撤回之通知，同時或先時到達者，不在此限。

▶民法第 162 條

撤回要約之通知，其到達在要約到達之後，而按其傳達方法，通常在相當時期內應先時或同時到達，其情形為相對人可得而知者，相對人應向要約人即發遲到之通知。

相對人怠於為前項通知者，其要約撤回之通知，視為未遲到。

▶民法第 163 條

前條之規定，於承諾之撤回準用之。

練習題

一、承上案例，甲雖然推想此第二封限時掛號信依通常情形最遲應於 7 月 7 日下午送達其住所，但卻忽略通知乙該撤回遲到情形。試問：甲、乙之間，P 油畫的買賣契約是否成立？

二、就讀法研所的丙於 8 月 1 日傳送一封電子郵件給他校法律系應屆畢業生丁，信中表示，要將某補習班的整套原價逾 3 萬元的國考教材 L，以 1 萬元廉售給丁。丁於 8 月 2 日晚上 11 時以電子郵件回

覆，表示成交。隔日，丁從幾位同學口中得知，該套教材風評不佳，於是當晚立即以手機聯絡丙，問他有沒有看過自己的電子回郵，丙表示幾天前與朋友南下墾丁遊玩，直到現在人還在墾丁，已經好幾天沒有上網開電子信箱了，因此還沒有看到丁的回信。丁聞言大喜，表示要撤回自己的承諾。試問：丙、丁之間對於該套 L 教材的買賣契約是否成立？

問題 1-14

交錯要約能否成立契約？

甲聽聞乙有意將新買的 N 筆記型電腦出售，於是發函給乙，表示願以 4 萬元購買；恰巧在甲向乙寄出要約函後，乙亦對甲寄出一封電子郵件表示願以 4 萬元價格，出售 N 筆記型電腦給甲。乙、甲的要約函件先後到達對方。請問雙方間關於該 N 筆記型電腦的買賣契約是否因而成立？

提　示

一、交錯要約的概念為何？
二、交錯要約的效力為何？

解　析

一、交錯要約的概念

交錯要約，又稱要約交錯或要約的吻合，謂當事人偶然地相互為要約，而其要約的內容卻完全一致的情形。

二、交錯要約的效力

　　契約，原則上是一方向他方為要約，他方對該要約為承諾而成立。交錯要約，係雙方互為要約，而欠缺對要約的承諾，僅基於雙方意思表示偶然的一致，其能否成立契約，學理上頗有疑義；惟基於交錯要約雙方當事人間，不僅客觀上意思表示內容一致，主觀上亦皆有與對方締結契約的意思，國內學界普遍肯定交錯要約發生契約成立的效力[24]。

🔍 案例分析

　　依國內學界的普遍見解，交錯要約雙方當事人間，不僅客觀上意思表示內容一致，主觀上亦皆有與對方締結契約的意思，因此成立契約。甲向乙發函，表示願以 4 萬元購買乙的 N 筆記型電腦，乙亦對甲傳送出一封電子郵件，表示願以 4 萬元價格出售 N 筆記型電腦給甲，雙方客觀上意思表示內容一致，主觀上亦皆有與對方成立買賣 N 筆記型電腦的意思，因此交錯要約而成立 N 筆記型電腦的買賣契約。

結論 甲、乙雙方間，關於該 N 筆記型電腦的買賣契約因其交錯要約而成立。

📁 相關法條

▶民法第 153 條第 1 項

當事人互相表示意思一致者，無論其為明示或默示，契約即為成立。

練 習 題

一、布袋戲迷丙收藏有素還真、葉小釵等多尊霹靂布袋戲偶，最近因手頭拮据，於是寫了二封信，一封寄給丁，表示願意將「素還真」以 1 萬 2 千元廉售給丁；另一封寄給戊，表示願意將「葉小釵」以 1 萬 2 千元廉售給戊。丁、戊常羨慕丙有許多「霹靂珍藏」，最近傳

[24]　鄭玉波、陳榮隆，《民法債編總論》，2002，頁 68。

聞丙缺錢有意割愛，在不知道丙已經對自己寄出要約函的情形下，同時對丙發信，丁的信中表示，願意出價 1 萬 2 千元買下丙的最愛「素還真」；戊的信中則表示，願意出價 1 萬元買丙的刀狂劍癡「葉小釵」。試問：丙與丁或戊之間，是否成立該「素還真」或「葉小釵」戲偶的買賣契約？

二、戊於 6 月 1 日向雕刻家庚發函，表示願意出價 10 萬購買之前展出的作品「無相」，此函於 6 月 4 日中午到達庚；6 月 2 日，庚在不知戊的要約情形下發函給戊，表示願以 10 萬出售自己前日展出的作品「無相」，此函於 6 月 5 日上午 10 時到達戊。庚於 6 月 4 日下午 3 時，以電話向戊確認「無相」以 10 萬元成交。試問：戊、庚之間關於該「無相」的買賣契約何時成立？

問題 **1-15**

契約是否會因意思實現而成立？

甲在自助旅行途中，3 月 27 日在 A 地的網咖對 B 地的 H 旅館寄一封電子郵件，內容為：「訂 3 月 28 日晚單人房一間，請務必保留一間，房價高些不成問題，無須答覆。」H 旅館人員收到甲的郵件後，即在登記簿上為甲登記 R 單人房，一日含早餐一客 1500 元。3 月 28 日中午，甲打電話到 H 旅館詢問所訂房間，櫃臺小姐乙答覆，確認甲訂妥 R 房間 3 月 28 日一晚，含早餐一客房價 1500 元。3 月 28 日下午 4 時，甲到達 H 旅館櫃臺辦理入住手續。請問甲與 H 旅館間的 R 房租賃契約何時成立？

提 示

一、意思實現有哪些要件？

二、意思實現有何效力？

解析

一、意思實現的要件

民法第 161 條規定:「依習慣或依其事件之性質, 承諾無須通知者, 在相當時期內, 有可認為承諾之事實時, 其契約為成立。前項規定, 於要約人要約當時預先聲明承諾無須通知者, 準用之。」此種基於要約人要約及在相對人有可認為承諾的事實而成立契約的情形, 稱為意思實現。

因意思實現而成立契約, 須具備下列要件:

㈠**要約存在**: 要約係一須相對人受領的意思表示, 透過此意思表示要求他方簽訂契約。要約為契約成立不可或缺的要件, 即使在意思實現的情形, 仍以要約存在為必要。

㈡**在相當時期內, 有可認為承諾的事實**: 所謂可認為承諾的事實, 指要約相對人在客觀上足以推論有承諾意思存在的行為, 此種行為, 常見的有履行契約債務的準備行為, 以及契約權利的實行行為。前者例如旅館人員對於客人以信函訂定房間, 將客人資料填寫入訂房登記簿, 或懸掛客人名牌、開始整理所訂房間等; 後者例如將要約人因為要約所送來的物品, 加以處分。

有爭議的是契約的履行行為, 例如要約的相對人寄送要約所訂購的商品, 究竟是屬於默示的承諾 (意思表示), 或是屬於意思實現。若是認為默示的承諾[25], 則仍須將該商品到達要約人才生效 (民法 95 I 本文), 契約因而成立; 若是認為意思實現[26], 則只要有包裝、交寄等足以認為承諾的事實 (行為) 存在時, 契約就會成立, 並不以商品到達要約人為必要。本書認為, 契約的履行行為, 在通常情形應解釋為默示的承諾 (意思表示), 除非確實有承諾無須通知的習慣或事件性質之特別情形存在,

---

[25] 鄭玉波、陳榮隆,《民法債編總論》, 2002, 頁 69-70。

[26] 戴修瓚,《民法債編總論 (上)》, 1955, 頁 73; 陳自強,《契約之成立與生效》, 2002, 頁 96-97。

或是要約人要約當時確有預先聲明承諾無須通知,才可認定為意思實現。唯有如此,默示的承諾(意思表示)與意思實現才得以區別,並兼顧要約人的利益。

㈢**依習慣或依其事件的性質,承諾無須通知,或要約人要約當時預先聲明承諾無須通知:** 此為意思實現與默示的意思表示最主要的不同點,因意思實現無須通知,因此不生是否「到達」的問題,只要有上述可認為承諾的事實,即可使契約成立。依民法第 161 條規定,承諾無須通知的情形有三:依習慣承諾無須通知、依其事件性質承諾無須通知,以及要約人要約當時預先聲明承諾無須通知。

二、意思實現的效力

意思實現時,依民法第 161 條規定,其契約為成立,此即為意思實現的效力。契約於有可認為承諾的事實發生時,就已經成立,至於要約人是否已經得知該事實發生(意思實現),不影響其成立。

🔍 案例分析

在上述案例事實中,甲於 3 月 27 日在 A 地對 B 地的 H 旅館寄一封電子郵件,表示訂 3 月 28 日晚單人房一間,請務必保留一間,房價高些不成問題且表明無須答覆。此為甲對於 H 旅館為客房租賃契約的要約,且因要約人甲於要約郵件中表明承諾無須答覆,依民法第 161 條第 2 項規定準用同條第 1 項規定,於有可認為承諾的事實時,其客房租賃契約成立。H 旅館人員收到甲的郵件後,即在登記簿上為甲登記 R 單人房,此登記行為足以推論 H 旅館對甲的要約有承諾的意思,構成民法第 161 條第 1 項的有可認為承諾的事實,甲與 H 旅館之間,關於 R 單人房的租賃契約即因意思實現而成立。至於事後的電話詢問與確認,以及辦理入住手續,僅為契約成立後的確認行為及履行行為,與該 R 房租賃契約的成立無關。

結論 甲與 H 旅館間的 R 房租賃契約,於 H 旅館人員收到甲的郵件後,在登記簿上為甲登記 R 單人房時,即因此意思實現而成立。

相關法條

▶民法第 161 條

依習慣或依其事件之性質，承諾無須通知者，在相當時期內，有可認為承諾之事實時，其契約為成立。

前項規定，於要約人要約當時預先聲明承諾無須通知者，準用之。

丙經營進口洋酒專賣店，常主動將各種洋酒寄送至客戶家中推銷及供選買。12 月 18 日指示雇員戊將一瓶 B 白蘭地（標價 5000 元）及一瓶 W 威士忌（標價 3800 元），送至顧客丁處推銷，並將該 2 瓶酒暫時留置於丁的住處，利其作購買的決定。12 月 24 日晚間，丁因有親友拜訪，取出 B 白蘭地開啟，讓諸親友分享與品嚐。12 月 27 日戊再次造訪丁時，丁表示其親友對 B 白蘭地非常滿意，請戊再送同樣的白蘭地兩瓶，並將 W 威士忌也留下，自己於明日至店中刷卡支付價金，戊答應並表示感謝。試問：丙、丁之間關於各瓶酒的買賣契約各於何時成立？

問題 1−16

何謂懸賞廣告？懸賞廣告契約何時成立？

甲的母親乙患有輕微失憶症，乙於 5 月 20 日外出之後即失去音訊。經多日苦尋未獲，6 月 1 日，甲在各處公告欄張貼及在報紙刊登「尋人啟事」，詳述乙的長相及資料，並聲明若帶領乙回到甲的住所，或提供線索給甲而致其尋獲乙，願給與 2 萬元的報酬。丙於 6 月 5 日提供線索，甲依該線索尋找但未尋獲。丁於 6 月 6 日時開車載乙到甲住所，甲見到流浪多日的母親乙，喜極而泣。請問甲與何人於何時成立懸賞廣告契約？

提　示

一、懸賞廣告的性質為何?

二、懸賞廣告契約何時成立?

解　析

一、懸賞廣告的性質

懸賞廣告,係廣告人以廣告聲明,對完成一定行為的人給與報酬之意思表示(民法 164 I 前段)。

關於懸賞廣告的性質,在 1999 年民法債編修正前,有單獨行為說與契約說(或稱要約說)的爭議[27]。

㈠**單獨行為說:** 主張懸賞廣告在性質上屬於單獨行為,係基於廣告人一方的意思表示而負擔債務;至於一定行為的完成,並非對於廣告的承諾,而是其債權債務發生的停止條件[28]。

㈡**契約說:** 認為懸賞廣告的意思表示僅是一種要約,必須與其所指定的一定行為相結合,始能成立懸賞廣告契約(或稱懸賞契約)。然而對於懸賞契約的性質,採契約說的學者間,亦無一致的見解[29]。

就懸賞廣告本身及當事人間關係而言,以單獨行為說較為合理而具說服力[30]。惟國內通說則基於立法編制、日本學說及 1999 年修法者意思而採契約說,在此暫依此說論述。

---

[27] 黃茂榮,〈懸賞廣告〉,《植根雜誌》第 15 卷第 10 期,1999 年 10 月,頁 1–14。

[28] 王澤鑑,《債法原理㈠》,2005,頁 286–287。

[29] 鄭玉波、陳榮隆,《民法債編總論》,2002,頁 72;孫森焱,《民法債編總論 (上)》,2004,頁 72–75。

[30] 王澤鑑,《債法原理㈠》,2005,頁 289–291。

二、懸賞廣告契約的成立

　　依契約說，廣告人的懸賞廣告行為，即以廣告聲明，對完成一定行為的人給與報酬之意思表示，僅是要約，而非獨立的法律行為，必須等到有完成一定行為的人之通知，始能成立「懸賞廣告契約」。

　　惟關於懸賞廣告契約的成立方法，主要有「要約與承諾說」（或稱承諾說），以及「要約與意思實現說」（或稱意思實現說）二學說。

㈠**要約與承諾說：**認為懸賞廣告契約係依要約與承諾而成立，其最先通知的人始能與廣告人成立契約，而取得報酬請求權，此通知即為承諾；若是僅有完成一定行為但未通知，因欠缺承諾，原則上仍不能成立契約**❸❶**。

㈡**要約與意思實現說：**主張懸賞廣告契約係依要約與意思實現而成立，認為一定行為的完成，即為意思實現，當有此可認為承諾的事實發生時，契約即為成立**❸❷**。就民法第 164 條第 1 項及第 2 項規定而言，廣告人對於完成該一定行為的人，負有給付報酬的義務，且數人先後分別完成該一定行為時，由最先完成該行為的人取得報酬請求權，不因通知先後而有差別。此說顯然符合立法旨趣，另一方面也兼有調和「契約說」與「單獨行為說」的功能，較為可採。

🔍 案例分析

　　在上述案例事實中，甲張貼及刊登「尋人啟事」並聲明給與報酬 2 萬元的行為，符合民法第 164 條第 1 項懸賞廣告的規定，但依契約說，此僅係構成懸賞廣告契約的要約，其必須等到有完成一定行為的人之通知，始能成立「懸賞廣告契約」。

　　丙雖然提供線索予甲，但甲依該線索尋找卻未尋獲，因此丙並未完成甲於廣告中指定的一定行為，甲、丙間不成立懸賞廣告契約。丁開車載乙

---

❸❶　鄭玉波、陳榮隆，《民法債編總論》，2002，頁 75。

❸❷　孫森焱，《民法債編總論（上）》，2004，頁 74–75；王澤鑑，《債法原理㈠》，2005，頁 293。

到甲住所，即完成甲於廣告中指定的一定行為，而甲當面見到乙及丁，即事實上也完成通知行為。因此，不論就懸賞廣告契約的成立方法採「要約與承諾說」（或稱承諾說），或是採「要約與意思實現說」（或稱意思實現說），結論相同，甲、丁之間在該時成立懸賞廣告契約。

結論 6月6日，當丁開車載乙到甲住所，而甲當面見到乙及丁時，甲、丁之間即成立懸賞廣告契約。

相關法條

▶民法第 164 條

以廣告聲明對完成一定行為之人給與報酬者，為懸賞廣告。廣告人對於完成該行為之人，負給付報酬之義務。

數人先後分別完成前項行為時，由最先完成該行為之人，取得報酬請求權；數人共同或同時分別完成行為時，由行為人共同取得報酬請求權。

前項情形，廣告人善意給付報酬於最先通知之人時，其給付報酬之義務，即為消滅。

前三項規定，於不知有廣告而完成廣告所定行為之人，準用之。

數學系教授戊在其自設的 N 網站上公布一題數學題目 X，並註明能在 10 日內正確解答並將答案貼在該網站上的同學，將贈送《數學百科全書》第一卷。學生庚苦思多日仍不能解出，於是將該 X 題目以電子郵件傳給另一同學辛請求解答，但未告知「懸賞」一事，隔日辛即作成正確解答回傳給庚，庚佩服之餘將該答案貼在戊的該 N 網站，並表示是辛同學所解。試問：唯一正確解答但不知「懸賞」一事的辛，是否與戊成立懸賞廣告契約？

懸賞廣告有何效力？

A 野生動物保護基金會於 7 月 1 日在各大報上刊登廣告，徵求 7 月 1 日至 7 月 15 日，在 Y 山區以自己數位相機拍攝的臺灣黃喉貂[33]清晰照片二張，以證明該山區目前仍有黃喉貂蹤跡，並供作展覽暨宣導黃喉貂保護之用，報酬為新臺幣 5 萬元。愛好自然生態攝影的甲，7 月 2 日到 Y 山區登山及攝影，偶然發現一隻黃喉貂，於是以數位相機迅速拍下二張清晰照片。返家後，甲如同往常地將自己此行的攝影佳作，沖洗多張照片附電子檔贈送給女友乙，其中包括那兩張黃喉貂的照片。乙於 7 月 3 日在舊報紙中發現 A 基金會的廣告，於是將甲贈與的黃喉貂照片附電子檔，以甲的名義掛號寄送 A 基金會，該郵件於 7 月 7 日到達 A 基金會。

丙於 7 月 1 日偶然看到 A 基金會的廣告，於是在 7 月 3 日前往 Y 山區尋找攝影目標黃喉貂，直至 7 月 5 日總算發現黃喉貂蹤跡，而以數位相機拍得三張照片，並於 7 月 6 日迅速洗出照片，挑出其中兩張亦附電子檔以限時掛號寄送 A 基金會，湊巧與乙的郵件同時於 7 月 7 日到達 A 基金會。請問何人對於 A 基金會有該懸賞廣告的報酬請求權？

提 示

一、完成懸賞廣告所指定行為的人，有何權利？

二、若數人完成懸賞廣告所指定行為，則廣告人應如何給與其報酬？

---

[33] 「黃喉貂」被農委會列為珍貴稀有的保育類野生動物，為臺灣特有亞種，體重在二公斤以下，體長約八十公分，尾巴約占一半長度，體型瘦長，跟家貓相近；因黃喉貂數量稀少，生性害羞，國內學術界目前對其了解相當有限。詳閱李宗祐，《中國時報》，2007 年 6 月 25 日，A9 版報導。

解　析

民法第 164 條規定：「以廣告聲明對完成一定行為之人給與報酬者，為懸賞廣告。廣告人對於完成該行為之人，負給付報酬之義務。數人先後分別完成前項行為時，由最先完成該行為之人，取得報酬請求權；數人共同或同時分別完成行為時，由行為人共同取得報酬請求權。前項情形，廣告人善意給付報酬於最先通知之人時，其給付報酬之義務，即為消滅。前三項規定，於不知有廣告而完成廣告所定行為之人，準用之。」此規定包含懸賞廣告所可能發生的二項主要效力：懸賞廣告契約的成立、給付報酬的義務。

一、懸賞廣告契約的成立[34]

二、給付報酬的義務

懸賞廣告契約成立且生效後，則廣告人對於該完成一定行為的人，負有給付報酬的義務（民法 164 I）。

然而，因為懸賞廣告係對不特定多數人為要約，可能發生多數人皆完成該一定行為的情形，亦可能發生有人不知廣告，卻完成該一定行為的情形，就此，民法第 164 條第 2 項及第 4 項設有規定，以下詳述：

㈠**數人皆完成該一定行為**：數人皆完成該一定行為，又可分為下列三種情況：

1. **先後分別完成**：依民法第 164 條第 2 項前段規定，數人先後分別完成該一定行為時，由最先完成該行為的人，取得報酬請求權。惟同條第 3 項規定，廣告人善意給付報酬於最先通知的人時，其給付報酬的義務，即為消滅。然而此規定係為保護善意的廣告人所設的免責規定，並非謂該最先通知的人取得報酬請求權，最先完成行為的人，仍得依不當得利規定，請求該最先通知而受領報酬的人返還該報酬[35]。

---

[34] 參閱上述問題 1–16【解析】二。

[35] 相同見解，王澤鑑，《債法原理㈠》，2005，頁 295–296；孫森焱，《民法債編總論（上）》，2004，頁 75–76。

2.同時分別完成：依民法第 164 條第 2 項後段規定，數人同時分別完成行為時，由行為人共同取得報酬請求權。至於報酬的給與，依報酬為可分或不可分，分別適用民法第 271 條可分債權，或民法第 293 條不可分債權規定。上述民法第 164 條第 3 項規定，廣告人善意給付報酬於最先通知的人時，其給付報酬的義務，即為消滅，在此亦適用。

3.共同完成：依民法第 164 條第 2 項後段規定，數人共同完成行為時，由行為人共同取得報酬請求權。

㈡**不知廣告而完成該一定行為**：民法第 164 條第 4 項規定：「前三項規定，於不知有廣告而完成廣告所定行為之人，準用之。」此規定符合上述「要約與意思實現說」（或稱意思實現說），蓋因意思實現而成立契約，以要約的相對人知有要約存在為要件，而此完成廣告所定行為的人不知有廣告（要約）存在，因而有規定準用的必要。依該準用規定，不知有廣告而完成廣告所定行為的人，亦能取得報酬請求權。

🔍 案例分析

在上述案例事實中，A 基金會於 7 月 1 日在各大報上刊登廣告，徵求 7 月 1 日至 7 月 15 日，在 Y 山區自己以數位相機拍攝的臺灣黃喉貂照片 2 張，報酬為新臺幣 5 萬元，其係以廣告聲明對完成一定行為的人給與報酬，構成民法第 164 條第 1 項懸賞廣告契約的要約。

甲於 7 月 2 日在 Y 山區以數位相機拍下 2 張清晰而珍貴的黃喉貂照片，已經完成 A 基金會懸賞廣告所指定的行為，雖不知該廣告的存在，但依民法第 164 條第 4 項準用第 1 項規定，仍可取得報酬請求權。

丙於 7 月 1 日看到 A 基金會的廣告，而後於 7 月 5 日以數位相機拍得三張黃喉貂照片，亦完成 A 基金會懸賞廣告所指定的行為，亦可依民法第 164 條第 1 項後段取得報酬請求權。

惟因甲、丙先後分別完成 A 基金會懸賞廣告所指定的行為，依民法第

不同見解，鄭玉波、陳榮隆，《民法債編總論》，2002，頁 76，謂該先通知的人取得報酬請求權，其他人不論其完成該行為先後，即不能取得報酬請求權。

164 條第 2 項、第 4 項規定，由最先完成該一定行為的人取得報酬請求權，即由甲取得報酬請求權。至於甲、丙二人的照片雖同時寄達 A 基金會，即甲、丙二人的通知同時到達，但對於其報酬請求權的取得與分配，並無影響。所以僅有甲對於 A 基金會有該懸賞廣告的 5 萬元報酬請求權。

結論 甲對於 A 基金會有該懸賞廣告的 5 萬元報酬請求權。

相關法條

▶民法第 164 條

以廣告聲明對完成一定行為之人給與報酬者，為懸賞廣告。廣告人對於完成該行為之人，負給付報酬之義務。

數人先後分別完成前項行為時，由最先完成該行為之人，取得報酬請求權；數人共同或同時分別完成行為時，由行為人共同取得報酬請求權。

前項情形，廣告人善意給付報酬於最先通知之人時，其給付報酬之義務，即為消滅。

前三項規定，於不知有廣告而完成廣告所定行為之人，準用之。

▶民法第 165 條

預定報酬之廣告，如於行為完成前撤回時，除廣告人證明行為人不能完成其行為外，對於行為人因該廣告善意所受之損害，應負賠償之責。但以不超過預定報酬額為限。

廣告定有完成行為之期間者，推定廣告人拋棄其撤回權。

練習題

P 出版公司在其出版的 M 雜誌中刊登廣告，聲明該 M 雜誌於 6 月份連續 4 期印有一枚刻意隱匿的 M 雜誌標誌的小印花，剪下共 4 枚印花並最早寄達 P 公司的讀者，將致贈總額 12 萬元的獎金。讀者丁女於 6 月 25 日剪齊 4 枚印花，並以平信寄出；戊男於 6 月 26 日完成，並以限時信寄出；庚則於 6 月 27 日完成，委由快遞公司寄送。丁與戊的信件於 6

月 28 日上午 10 時，由郵差同時送達 P 公司；庚的信件則於同日 14 時送達。試問：何人對於 P 公司取得其懸賞廣告的報酬請求權？

問題 **1-18**

因為懸賞廣告行為而可取得一定權利，此權利歸屬於何人？

私立 U 大學（財團法人）在各大報及網路上刊登廣告，聲明對於編寫出一套適合上課教學用的軟體提供 U 大學教學使用之人，將給與 100 萬元報酬，該教學軟體的著作權由 U 大學與著作人共同享有。畢業於 U 大學的軟體工程師甲利用上班之餘，編寫出 S 教學軟體，經 U 大學試用結果極為適合，便提供教師上課使用。請問該 S 教學軟體的著作權歸屬於何人所有？

提　示

一、懸賞廣告所指定行為的完成，是否可取得一定的權利？

二、如果基於懸賞廣告行為而可取得一定權利，如何決定此權利的歸屬？

解　析

一、懸賞廣告的概念

懸賞廣告，係廣告人以廣告聲明，對完成一定行為的人給與報酬之意思表示（民法 164 I 前段）。完成該一定行為的人（以下稱行為人），因其完成該一定行為而與廣告人成立懸賞廣告契約（或稱懸賞契約）。廣告人因該契約而應給付行為人於廣告中所聲明的報酬，此報酬的給付與行為人的完成一定行為間，有對價關係存在。

二、可取得權利的歸屬

　　行為人完成廣告中所指定的行為，因行為本身性質的不同，有些行為並不會因而產生一定的權利，例如為廣告人打撈沈沒物、尋找失物或失蹤的親人等；然而，有些行為卻可因而產生一定的權利，例如譜曲、繪圖、編寫電腦程式、發明一定的物品等，即可能因而產生著作權、專利權等權利。對於其歸屬，民法第 164 條之 1 規定：「因完成前條之行為而可取得一定之權利者，其權利屬於行為人。但廣告另有聲明者，不在此限。」依此，該因懸賞廣告所指定行為而可取得的一定權利，原則上由行為人自己享有。惟此並非強制規定，廣告人得藉由其懸賞廣告作特別的聲明，例如聲明由廣告人享有或雙方共同享有，該權利即應依廣告聲明決定其歸屬。

🔍 案例分析

　　在上述案例事實中，U 大學（財團法人）在各大報及網路上刊登廣告，聲明對於編寫出一套適合上課教學用的軟體提供 U 大學教學使用之人，將給與 100 萬元報酬，即為民法第 164 條所規定的懸賞廣告行為。

　　甲編寫出合適的 S 教學軟體，完成 U 大學廣告所指定的行為，對 U 大學取得 100 萬元的報酬請求權。此外，基於該 S 教學軟體的著作，亦可產生著作權而受法律保護，而此 S 軟體的著作權，因為 U 大學於懸賞廣告中聲明「由 U 大學與著作人共同享有」，依民法第 164 條但書規定，應依該廣告聲明決定其歸屬。因此，該 S 軟體的著作權，由 U 大學與著作人共同享有。

結論 該 S 教學軟體的著作權，由 U 大學與著作人共同享有。

📚 相關法條

▶民法第 164 條之 1

因完成前條之行為而可取得一定之權利者，其權利屬於行為人。但廣告另有聲明者，不在此限。

一、A 運動器材公司在某報紙上連續 3 天刊登一廣告，聲明對於研發出耐風吹、雨打、日曬之籃球框網的材料及結構之人，將給與 100 萬元報酬，但因該網的設計所得申請的專利權，應歸屬於 A 公司。發明人乙經過一個月的研究與測試，果然設計出極為耐風吹、雨打、日曬之籃球框網的材料及結構，而此網的材料及結構得申請專利權登記。試問：該專利權應由何人申請及取得？

二、B 衛生器材公司在各大媒體刊登廣告，聲明對於研發出「免水沖洗式小便池」的人，將給與 80 萬元報酬。M 大學的化學教授看到該廣告後，在授課之餘，思考可能的解決方法，終於研究出「免水沖洗式小便池」，經由化學分解方法，潔淨效果比沖水式佳，成本亦較沖水式低。又此產品設計符合專利法第 21 條的「發明」得申請專利。試問：該可能取得的專利權，應由何人申請及取得？

問題 1–19

何謂優等懸賞廣告？優等評定的方法應由何人決定？

C 文化出版公司刊登徵文啟事，載明徵選關於「溫馨友誼」的散文，經該公司聘請文學專家 5 人評定成績後，前三名分別頒與獎牌一面，以及第一名 10 萬元，第二名 5 萬元，第三名 2 萬元的獎金，另選出佳作 5 名，各頒獎金 1 萬元。因投稿踴躍，共計收到稿件 120 篇。請問關於此 120 篇稿件的成績評定之方法，應如何決定？

提 示

一、優等懸賞廣告與一般的懸賞廣告有何區別？

二、何人得決定優等評定的方法?

解析

一、優等懸賞廣告

㈠**概念**: 民法第 165 條之 1 前段規定:「以廣告聲明對完成一定行為,於一定期間內為通知,而經評定為優等之人給與報酬者,為優等懸賞廣告。」依此,優等懸賞廣告係廣告人以廣告聲明,對完成一定行為,於一定期間內為通知,而經評定為優等的人給與報酬的懸賞廣告。

㈡**特點**: 優等懸賞廣告,雖亦屬於懸賞廣告的一種,但其具有不同於一般的懸賞廣告的特點。

　1.廣告中聲明,對完成一定行為的人,必須經評定為優等始給與報酬。此所謂優等,不必限定於一人或一行為,即使同屬優等,也可更進一步細分高低。

　2.訂有應徵期間。

　3.須有應徵的通知。完成一定行為的人,必須對廣告人為應徵的通知,以接受評定,才可評定等級。其與一般的懸賞廣告的行為人,即使不知有懸賞廣告,亦得請求報酬(民法 164 IV),顯然不同。

　　因此,在此宜解釋為,廣告人的廣告聲明為「要約」,行為人完成一定行為後,對廣告人的通知為「承諾」,優等懸賞廣告契約因此而成立,至於該行為被評定為優等,則為優等懸賞廣告契約的特別生效要件,即其被評定為優等時,當事人之間的優等懸賞廣告契約才生效,而發生報酬請求權。

二、優等評定方法的決定

　　因為優等懸賞廣告,行為人的行為必須經評定為優等,才取得報酬請求權,因此其行為必須經特定人依一定的方法為評定。就此,民法第 165 條之 2 規定:「前條優等之評定,由廣告中指定之人為之。廣告中未指定者,由廣告人決定方法評定之。依前項規定所為之評定,對於廣告人及應

徵人有拘束力。」其評定方法，即因於廣告中有無指定評定人而有所不同。

廣告中指定有評定人，由該被指定的評定人依其方法為評定（民法 165 之 2 I 前段）。

廣告中未指定有評定人，則由廣告人決定方法為評定（民法 165 之 2 I 後段）。

而不論係由廣告指定的評定人為評定，或由廣告人決定方法所為的評定，對於廣告人及應徵人均有拘束力（民法 165 之 2 II）。

🔍 案例分析

在上述案例事實中，C 文化出版公司刊登徵文啟事，載明徵選關於「溫馨友誼」的散文，經該公司聘請文學專家五人評定成績後，針對優等者頒發獎牌與獎金的廣告行為，符合民法第 165 條之 1 前段所規定，以廣告聲明對完成一定行為，於一定期間內為通知，而經評定為優等的人給與報酬，是為優等懸賞廣告。

C 公司的廣告徵文活動，共計收到稿件 120 篇，其對此 120 篇稿件有為成績評定的義務。至於其成績評定的方法，在廣告中僅表示「聘請文學專家 5 人評定成績」，並未指定特定的人選，因此廣告人得依其自由選擇聘請文學專家 5 位為評定；至於評定方法，則應委由該五位文學專家自行決定。

結論 廣告人得依其自由選擇聘請文學專家 5 位為評定，至於評定方法，則應委由該 5 位文學專家自行決定。

📚 相關法條

▶民法第 165 條之 1

以廣告聲明對完成一定行為，於一定期間內為通知，而經評定為優等之人給與報酬者，為優等懸賞廣告。廣告人於評定完成時，負給付報酬之義務。

▶民法第 165 條之 2

前條優等之評定，由廣告中指定之人為之。廣告中未指定者，由廣告人決

定方法評定之。

依前項規定所為之評定，對於廣告人及應徵人有拘束力。

一、K照相器材公司在報紙上刊登啟事，聲明於4月1日至4月30日期間，以K公司品牌的數位相機拍攝並沖洗照片，寄至該公司，將選出佳作10張，分別頒給獎金1萬元。試問：K公司總計收到符合評選條件的照片3200張，應如何決定評定為「佳作」的方法？

二、承上題，假設甲經評定為其中一張「佳作」F照片的拍照人，則其對於K公司有何權利？該F照片的著作權歸屬於何人？

問題 1-20

契約沒有依照當事人約定方式簽訂，能否成立或生效？

甲、乙明確約定，彼此間關於M工業原料的買賣契約，全部必須使用書面方式才能成立，雙方也一直遵循此約定方式。8月1日，甲臨時以行動電話向乙表示需要每公斤價格1千元M原料100公斤，請乙10天內送到甲的工廠，乙答稱沒問題。但到8月12日，甲仍未收到該批M原料，詢問乙，乙則回答因為未簽訂書面契約，所以沒有準備該批原料，而且目前市場上M原料極度缺貨。請問乙有無義務對甲交付100公斤的M原料並移轉其所有權？

提 示

一、當事人雙方約定，雙方間的契約必須使用一定方式，該契約是否為要式契約？

二、欠缺一定的方式的要式契約，是否能成立並且生效？

🧠 解　析

一、契約的方式

契約，依其是否須完成一定方式，區分為要式契約與不要式契約。要式契約的必要方式，若是基於法律規定，稱為法定方式，例如民法第 166 條之 1、第 422 條、第 709 條之 3、第 730 條、第 756 條之 1、第 982 條、第 1050 條、第 1079 條第 1 項、保險法第 43 條、海商法第 39 條等所規定的方式；若是基於當事人約定，則稱為約定方式，例如約定作成書面契約、公證書契約等，民法第 166 條所指的即是約定方式。

二、契約的約定方式

在區分契約（法律行為）的要件為成立要件與生效要件的前提下，要式契約的法定或約定方式，究竟是契約的成立要件，或是生效要件，頗有爭議。過去通說將要式契約的必要方式，劃歸為契約的特別成立要件，依此，則契約未完成該必要方式前，契約不成立；惟亦有將其劃歸為契約的特別生效要件，進而主張契約未完成該必要方式，該契約原則上無效。

關於此問題，其爭議的原因，在於民法第 73 條本文與第 166 條法條用語上的不一致，前者規定：「法律行為，不依法定方式者，無效。」此亦適用於契約，依此規定文義，契約不依法定方式，即為「無效」；然而民法第 166 條卻規定：「契約當事人約定其契約須用一定方式者，在該方式未完成前，推定其契約不成立。」即契約不依約定方式，推定為「不成立」。民法第 73 條規定似乎將法律行為（含契約）的法定方式，劃歸為「生效要件」，而第 166 條則將契約的約定方式，劃歸為「成立要件❸⑥」。而不管契約是不成立，或是無效，其當事人所想要發生的法律上效果都不會發生，就此點

---

❸⑥　孫森焱，《民法債編總論（上）》，2004，頁 67，認為民法第 73 條規定「謂為無效，係將成立要件與生效要件混淆之故」。

而言，並無不同，而基於理論上的一貫，本書在此依傳統見解，將契約的必要方式，不論其為法定的方式或是約定的方式，一律劃歸為契約的「特別成立要件」，有欠缺則該契約原則上不成立。

三、契約未完成約定方式的效力

當事人約定，彼此間的特定契約應依一定的方式作成，此契約是否屬於所謂的要式契約，不得一概而論，而應依該「約定方式」的目的而決定。當事人之所以會「約定方式」，主要目的有二種，其一為保全契約的方法，另一為契約的（成立）要件。在前者情形，其約定方式僅是作為證明之用，雖未作成，契約仍得成立而生效；在後者，約定方式有欠缺，該契約原則上即不成立。當事人之「約定方式」的目的既有不同，其效力亦因之有區別，因此，應確定當事人的目的為何，若當事人間有明確表示其意思，即應依其明確的意思[37]。若是未明確表示其意思，應先依意思表示的方法確定當事人的意思；若是經由解釋仍無法確定當事人的意思，依民法第166條規定：「契約當事人約定其契約須用一定方式者，在該方式未完成前，推定其契約不成立。」即將該約定方式推定為「成立要件」，若有欠缺，則該契約即推定為不成立，此推定可舉反證推翻。

🔍 案例分析

在上述案例事實中，甲、乙雙方已經明確表示其買賣契約，必須使用書面方式才能成立，即以書面方式為其間買賣契約的成立要件，因此全部的買賣契約皆為要式契約。

8月1日，甲臨時以行動電話向乙表示需要每公斤價格1千元的M原料100公斤，請乙10天內送到甲的工廠，乙答稱沒問題。雙方以對話的意思表示，就買賣契約的標的物及價金互相同意，其買賣契約本應已經成立（民法345 II），但因雙方有約定，該買賣契約應作成書面方式才成立，而甲乙間就該次買賣並未作成約定的書面契約，欠缺特別成立要件，因此買

---

[37] 最高法院28年滬上字第110號判例。

賣契約不成立，故亦不能發生效力。所以，乙並無義務對甲交付 100 公斤
的 M 原料並移轉其所有權。

結論 乙並無義務對甲交付 100 公斤的 M 原料並移轉其所有權。

相關法條

▶民法第 73 條

法律行為，不依法定方式者，無效。但法律另有規定者，不在此限。

▶民法第 166 條

契約當事人約定其契約須用一定方式者，在該方式未完成前，推定其契約
不成立。

練 習 題

A 公司與 B 公司在初次交易時，雙方約定，為謀將來雙方交易明確，並
保存證據以減少無謂爭執，彼此間所有契約，一概以書面方式作成。剛
開始，雙方都遵照約定作成書面契約，但經過相當時日的交易，因彼此
的信賴，或因承辦人員的替換，偶而有僅作口頭約定的情形。某日，A
公司在電話中向 B 公司請求緊急提供 1 萬單位的貨品，B 公司承辦人戊
答應一週內運抵 A 公司。後因戊隨即離職，一週經過，B 公司亦未提供
A 公司該 1 萬單位的貨品。當 A 公司向 B 公司要求立即履行雙方的前述
供貨契約時，B 公司估算短期無法趕製完成，遂主張雙方的契約應作成
書面才生效，該供貨契約頂多只有電話中的口頭約定，連訂貨單都沒有，
因此 B 公司並無履行義務。試問：B 公司的主張是否有理由？

問題 1-21

不動產債權契約的簽訂，應具備何種必要方式？

甲將自己所有的 H 屋以 600 萬元出售給乙，雙方僅填寫買賣契約書。嗣後房屋行情穩定揚升，當甲向乙要求將 H 屋所有權移轉並辦理過戶時，乙主張雙方買賣未作成公證書，買賣契約無效，因此拒絕履行。假設民法第 166 條之 1 已經施行，請問乙的主張是否有理由？

提 示

一、何謂「不動產債權契約」？
二、不動產債權契約與不動產物權契約有何差別？
三、欠缺法定方式的契約，其效力如何？

解 析

一、不動產債權契約的概念

契約，依其是否須完成一定方式，區分為要式契約與不要式契約；而要式契約的必要方式，若是基於法律規定，稱為法定方式。民法第 166 條之 1 規定：「契約以負擔不動產物權之移轉、設定或變更之義務為標的者，應由公證人作成公證書。未依前項規定公證之契約，如當事人已合意為不動產物權之移轉、設定或變更而完成登記者，仍為有效。」此所指以負擔不動產物權的移轉、設定或變更之義務為標的之契約，得簡稱為「不動產債權契約」，若該契約成立且生效，契約當事人一方即對他方負有移轉、設定或變更不動產物權的債務。因此，此類契約的性質為債權契約，亦即為負擔契約。

民法第 166 條之 1 規定適用的不動產債權契約，包括三種契約：負擔不動產物權移轉的契約、負擔不動產物權設定的契約，以及負擔不動產物

權變更的契約。

契約種類	法定方式	適用對象
不動產債權契約	公證書	負擔不動產物權移轉的契約
		負擔不動產物權設定的契約
		負擔不動產物權變更的契約

▲民法第 166 條之 1 規定適用的三種不動產債權契約

二、不動產債權契約與不動產物權契約的主要差別

不動產債權契約，係以負擔不動產物權的移轉、設定或變更之義務為標的之契約，其性質為債權契約（負擔契約），如民法第 166 條之 1 第 1 項規定「應由公證人作成公證書」；不動產物權契約，則是以不動產物權的移轉、設定或變更為標的之契約，其性質為物權契約（處分契約），依民法第 760 條規定「應以書面為之」，且依民法第 758 條規定「非經登記，不生效力」。前者契約生效，在當事人之間僅發生不動產物權的移轉、設定或變更之債權債務關係（債的關係）；後者契約生效，在當事人之間則直接發生不動產物權的移轉、設定或變更之效力，即不動產物權變動的效果。不動產債權契約經常是不動產物權契約的原因行為，而不動產物權契約則經常是不動產債權契約的履行行為。惟基於物權行為的無因性，不動產物權契約的生效，並不受其原因的不動產債權契約是否成立或生效而影響。

另民法第 118 條關於無權處分的規定，得適用於不動產物權契約，而不得適用於不動產債權契約。

	意義	性質	契約生效之結果	兩者關係	民法第118條無權處分之適用
不動產債權契約	以負擔不動產物權的移轉、設定或變更之義務為標的之契約	債權契約（負擔契約）	當事人之間僅發生不動產物權的移轉、設定或變更之債權債務關係（債的關係）	不動產物權契約的原因行為	無
不動產物權契約	以不動產物權的移轉、設定或變更為標的之契約	物權契約（處分契約）	當事人之間則直接發生不動產物權的移轉、設定或變更之效力，即不動產物權變動的效果	不動產債權契約的履行行為	有

三、不動產債權契約未作成公證書的效力

民法第 166 條之 1 第 1 項規定「不動產債權契約」，應由公證人作成公證書，依通說係屬於法定的要式契約，即以作成公證書為要件。惟對於此法定的公證書方式，究竟其性質及效力為何，在學界眾說紛紜，主要可歸納為下列三說：

㈠**成立要件說**：此說認為，公證書的作成，為不動產債權契約的「特別成立要件」，若契約欠缺此法定方式，則契約不成立[38]。

㈡**生效要件說**：國內多數說，以作成公證書為不動產債權契約的生效要件，欠缺此公證書方式的契約，依民法第 73 條本文規定為無效[39]。

㈢**執行要件說**：此說亦稱「有效但無強制實現力說」，其認為未作成公證書

---

[38] 孫森焱，《民法債編總論（上）》，2004，頁 67–68。

[39] 黃立，《民法債編總論》，1999，頁 39；林誠二，《民法債編總論（上）》，2000，頁 57–58；王澤鑑，《債法原理㈠》，2005，頁 134；陳自強，《契約之成立與生效》，2002，頁 174–175。

的不動產債權契約並非無效，僅是無強制實現力，而將該類契約劃歸為英美法上所謂的無強制實現力的契約 (unenforceable contract)❹。

基於維持上述關於要式契約的一貫見解，在此採「成立要件說」，以公證書為不動產債權契約的特別成立要件，若契約欠缺此法定方式，則契約不成立，而將民法第 73 條本文所稱的無效，解釋為「不成立」。附帶一提，不動產債權契約若因欠缺法定方式而不成立，有適用民法第 245 條之 1 關於締約過失規定的可能❹。

惟應注意的是，民法債編施行法第 36 條第 2 項規定：「……但民法第一百六十六條之一施行日期，由行政院會同司法院另定之。」將民法第 166 條之 1 施行日期，授權由行政院會同司法院另行訂定。在該（目前尚未定的）施行日期之前，不動產債權契約仍屬不要式契約，不以具備一定方式為要件；僅有在該施行日期之後，不動產債權契約才改為要式契約，上述論述方得適用❹。

🔍 案例分析

假設民法第 166 條之 1 已經施行，則在上述案例事實中，甲將自己所有的 H 屋以 600 萬元出售給乙，雙方僅填寫買賣契約書，此契約係以負擔不動產物權的移轉為標的，依民法第 166 條之 1 第 1 項規定應作成公證書，即以作成公證書為法定方式，未作成公證書，並不具備要式行為的特別成立要件，應係「不成立」。而因甲、乙之間的 H 屋契約不成立，當甲向乙要求將 H 屋所有權移轉並辦理過戶時，乙主張雙方買賣未作成公證書，買賣契約無效（應係不成立），因此拒絕履行，在法律上有理由❹。

---

❹　謝哲勝，《財產法專題研究㊂》，2002，頁 111–117，認為民法第 166 條之 1 第 2 項即屬於民法第 73 條但書所指的「法律另有規定者」。

❹　若採「生效要件說」，不動產債權契約欠缺法定方式，雖成立卻「無效」，即無適用民法第 245 條之 1 的可能。

❹　最高法院 95 年台上字第 986 號判決；臺中地院 92 年簡上字第 35 號判決。

❹　就本案例而言，即使採取所謂的「生效要件說」，該買賣契約因未作成公證書而「無效」，乙拒絕履行，在法律上同樣有理由，因此結論並無不同。

結論 乙以雙方買賣 H 屋未作成公證書而拒絕履行，在法律上有理由。

相關法條

▶民法第 166 條之 1

契約以負擔不動產物權之移轉、設定或變更之義務為標的者，應由公證人作成公證書。

未依前項規定公證之契約，如當事人已合意為不動產物權之移轉、設定或變更而完成登記者，仍為有效。

▶民法債編施行法第 36 條第 2 項

民法債編修正條文及本施行法修正條文自中華民國八十九年五月五日施行。但民法第一百六十六條之一施行日期，由行政院會同司法院另定之。

▶民法第 73 條

法律行為，不依法定方式者，無效。但法律另有規定者，不在此限。

▶民法第 758 條

不動產物權，依法律行為而取得設定、喪失、及變更者，非經登記，不生效力。

▶民法第 760 條

不動產物權之移轉或設定，應以書面為之。

練 習 題

一、丙向丁借款 100 萬元，年息 1 分，丙並同意事後在其所有的 L 地上為丁設定擔保該 100 萬元債權的抵押權。惟後來丙並未為丁設定抵押權，當丁向丙要求為其在 L 地上設定抵押權時，丙表示當初雙方的設定抵押權約定，並未作成公證書，他已經作過法律諮詢，自己並無法律上義務要為丁設定抵押權，所以不想作無義務的事情。試問：丙的主張是否有理由？

二、戊經銷 A 公司的商品，戊原在庚所有的 H 屋為 A 公司設定 200 萬元的最高限額抵押權。後因戊經銷商品數量逐漸增加，而貨款亦漸有遲延給付情形，A 公司要求戊及庚，將 H 屋上的最高限額抵押權由原來的 200 萬元提高至 300 萬元，庚口頭承諾 A 公司的要求。不久，庚因與戊漸生嫌隙，無意再為戊多提供擔保。試問：當 A 公司要求庚履行之前的口頭承諾時，庚得否以無義務而拒絕提高抵押權的擔保額度？

問題 1–22

經公證而偽填金額的不動產買賣契約，效力如何？

甲將其所有的 L 地以 1000 萬元出售給乙，但為逃漏增值稅及其他費用支出，雙方互相同意於買賣公證書上價金僅填寫為 500 萬元。嗣後雙方亦如約定地作成 L 地所有權的書面移轉契約，並經地政機關完成 L 地所有權移轉登記。假設民法第 166 條之 1 已經施行，請試分析甲、乙之間成立的法律行為，以及各該法律行為的效力。

提 示

一、不動產債權契約若是欠缺法定方式，則其效力如何？

二、欠缺法定方式的不動產債權契約之瑕疵，能否補正？

解 析

一、不動產債權契約的法定方式[44]

---

[44] 參閱上述問題 1–21【解析】三。

二、不動產債權契約欠缺法定方式的效力

民法第 166 條之 1 第 2 項規定：「未依前項規定公證之契約，如當事人已合意為不動產物權之移轉、設定或變更而完成登記者，仍為有效。」此規定的增訂理由，係因不動產債權契約縱未經登記，但當事人間如已有變動物權的合意，且申請地政機關辦理完成物權變動的登記，則物權變動的效力業已發生，不宜因該債權契約未經公證而否認其效力，致該物權的變動成為不當得利，於是模仿德國民法第 313 條第 2 項規定，該債權契約仍為有效。學者有謂此係以物權契約發生效力為「停止條件」，使原本未成立的債權契約因而成立並發生效力，以維護交易安全❹。本書則以為，在採「成立要件說」的前提下，公證書的作成為不動產債權契約的特別成立要件，若契約欠缺此法定方式，則契約不成立，此欠缺法定方式的瑕疵，並無法因嗣後再作成公證書而補正❹。民法第 166 條之 1 第 2 項規定當事人已合意為不動產物權的移轉、設定或變更而完成登記為前提，使該原未成立的不動產債權契約仍然發生效力。簡單地說，是以其後不動產物權契約的有效，補正原不動產債權契約欠缺法定方式的瑕疵，此乃民法規定中，唯一以另一個法律行為（在此為不動產物權契約）的成立且生效，而補正其前一個法律行為（在此為不動產債權契約）所欠缺的「特別成立要件」，因此將其解為「停止條件」顯然不妥❹。

惟若是採多數說的「生效要件說」，以作成公證書為不動產債權契約的生效要件，欠缺此公證書方式的契約，依民法第 73 條文義原為「無效」，但法律另有規定其不為無效時，則並非無效，進而將民法第 166 條之 1 第 2 項規定解釋為屬於民法第 73 條但書的規定，則以嗣後的不動產

---

❹ 孫森焱，《民法債編總論（上）》，2004，頁 68。

❹ 蓋嗣後作成公證書的不動產債權契約，與其前的未作成公證書的不動產債權契約，係二個不同的契約，而非前者補正後者的關係。

❹ 按停止條件，乃當事人以將來不確定的客觀事實的「成就」，決定其法律行為「發生效力」的一種法律行為附款；在停止條件前，該法律行為已經成立，但尚未生效。詳閱鄭玉波、黃宗樂，《民法總則》，2003，頁 294-295。

物權契約成立且生效，作為其前不動產債權契約生效的「停止條件」，則並無不妥。

🔍 案例分析

在上述案例事實中，甲將其所有的 L 地以 1000 萬元出售給乙，但為逃漏增值稅及其他費用支出，雙方互相同意於買賣公證書上價金僅填寫為 500 萬元；嗣後雙方亦如約定地作成 L 地所有權的書面移轉契約，並經地政機關完成 L 地所有權移轉登記。為便於了解，先以下面圖表列出當事人間所作的法律行為（契約）：

甲、乙之間一共作有四個契約，一為以 500 萬元買賣 L 地的契約（不動產債權契約）；二為以 1000 萬元買賣 L 地的契約（不動產債權契約）；三為 L 地的所有權移轉契約（不動產物權契約）；四為 1000 萬元價金的所有權移轉契約（動產物權契約）❹❽。

第一個價金 500 萬元的 L 地買賣契約，雖已經作成公證書，但因是基於當事人間的通謀虛偽意思表示所成立的契約，依民法第 87 條第 1 項本文規定為無效，因而該買賣契約亦為無效。第二個價金 1000 萬元的 L 地買賣契約，則為民法第 87 條第 2 項的隱藏行為，此契約卻因未依民法第 166 條之 1 第 1 項規定由公證人作成公證書，欠缺法定方式而「不成立」（民法第 73 條本文）❹❾。第三個 L 地的所有權移轉契約，已分別依民法第 760 條

---

❹❽ 1000 萬元的支付，可由轉帳、匯款、給與支票（含所謂的臺支）等各種不同方式，亦因而會各自成立不同的法律行為，其相關問題在此不作討論，此暫以最簡單的現金支付方式為基礎。

規定作成書面、第 758 條規定完成所有權移轉登記，故為有效。第四個 1000 萬元價金的所有權移轉契約亦無瑕疵（民法 761 I）而有效。

民法第 166 條第 2 項規定：「未依前項規定公證之契約，如當事人已合意為不動產物權之移轉、設定或變更而完成登記者，仍為有效。」依此規定，甲、乙之間第二個價金 1000 萬元的 L 地買賣契約，雖因未依民法第 166 條之 1 第 1 項規定由公證人作成公證書而不成立，但雙方已經依民法第 760 條規定作成書面的 L 地所有權移轉契約，並依第 758 條規定完成所有權移轉登記，故此價金 1000 萬元的 L 地買賣契約（不動產債權契約）欠缺法定方式的瑕疵已因該物權契約及登記而補正而為有效。

結論 甲、乙之間一共作有四個契約，一為以 500 萬元買賣 L 地的契約（不動產債權契約），依民法第 87 條第 1 項本文規定為無效；二為以 1000 萬元買賣 L 地的契約（不動產債權契約），依民法第 87 條第 2 項、第 166 條之 1 第 2 項規定為有效；三為 L 地的所有權移轉契約（不動產物權契約），依民法第 760 條、第 758 條規定為有效；四為 1000 萬元價金的所有權移轉契約（動產物權契約），依民法第 761 條第 1 項規定為有效。

相關法條

▶民法第 166 條之 1

契約以負擔不動產物權之移轉、設定或變更之義務為標的者，應由公證人作成公證書。

未依前項規定公證之契約，如當事人已合意為不動產物權之移轉、設定或變更而完成登記者，仍為有效。

▶民法第 87 條

表意人與相對人通謀而為虛偽意思表示者，其意思表示無效。但不得以其無效對抗善意第三人。

---

❹ 依多數說，則為「無效」。

虛偽意思表示，隱藏他項法律行為者，適用關於該項法律行為之規定。

▶民法第 73 條

法律行為，不依法定方式者，無效。但法律另有規定者，不在此限。

▶民法第 758 條

不動產物權，依法律行為而取得設定、喪失、及變更者，非經登記，不生效力。

▶民法第 760 條

不動產物權之移轉或設定，應以書面為之。

練習題

丙與丁通謀為虛偽意思表示，將丙所有的 H 屋以 500 萬元出售給丁，並作成 H 屋所有權移轉契約書及完成其所有權移轉登記，實際上丙是將 H 屋贈送給丁。請試分析當事人間的法律關係。

第三節　代理權的授與

問題 1-23

代理權的發生，有哪二種原因？

18 歲的甲女剛自高職商科畢業，徵得父母親乙、丙二人的同意，前往丁所經營的商店應徵銷售員，並經丁僱用，丁指示甲負責店中商品的銷售。請問：

(一)父母親乙、丙二人是以何種法律上地位，同意甲至丁商店應徵工作？

(二)甲以何種法律上地位，為丁銷售店中的商品？

提 示

一、何謂代理權?

二、代理權的發生,有哪二種原因?

解 析

一、代理權的概念

所謂代理權,是一種以本人名義,代本人為(積極代理)或受(消極代理)意思表示的權限。

代理權的性質,是一種資格權,亦即僅是一種法律上地位或資格,得代本人為法律行為。因代理權對於代理人並無法律上利益可言,與其他的權利均以利益為依歸有別。

二、代理權的發生原因

代理權的發生,有基於法律規定者,稱為法定代理權;有基於本人以法律行為授與者,稱為意定代理權。

㈠**法定代理權:** 法定代理權是基於法律規定所生的代理權,有法定代理權者,稱為法定代理人。民法第 1086 條第 1 項規定:「父母為其未成年子女之法定代理人。」以及第 1098 條第 1 項規定:「監護人於監護權限內,為受監護人之法定代理人。」法定代理人基於法律所授與的法定代理權及其保護權利、義務(民法 1084 II),代理其無行為能力的子女為法律行為,即代理其為或受意思表示(民法 76),或對其有限制行為能力的子女所為法律行為(即其為或受意思表示),給與必要的允許或承認(民法 77–79)。

此外,民法第 1003 條第 1 項規定的夫妻日常家務相互代理的權限,性質上雖屬法定代理權,但其行使的方式及限制,則與意定代理權較近似。

㈡**意定代理權:** 法定代理權是基於法律行為而授與,有意定代理權者,稱

為意定代理人。民法第 167 條規定：「代理權係以法律行為授與者，其授與應向代理人或向代理人對之為代理行為之第三人，以意思表示為之。」即為對意定代理權的授與所設規定。意定代理人於其代理權範圍內，代理本人為或受意思表示（民法 103）。

案例分析

在上述案例事實中，18 歲的甲女徵得父母親乙、丙二人的同意，前往丁所經營的商店應徵銷售員，依民法第 1086 條第 1 項規定：「父母為其未成年子女之法定代理人。」18 歲的甲女為未成年人，僅有限制行為能力（民法 13 II），其為意思表示及受意思表示，依民法第 77 條本文規定，應得其法定代理人的允許，亦即其父母親乙、丙二人的事前同意，甲的父母親乙、丙二人給與甲應徵銷售員的同意，即是基於法定代理人的地位。

甲女經丁僱用，丁指示甲負責店中商品的銷售，此指示銷售行為，含有授與甲代理權的意思，而父母親乙、丙二人給與甲應徵銷售員的同意，同時含有允許其獨立營業的意思，在此允許獨立營業的範圍內，其有行為能力（民法 85 I），得有效地接受僱用人丁所為授與代理權的意思表示，因而有效取得意定代理權。因此，甲經丁的授權，為丁銷售店中的商品，即是基於其意定代理人的地位。

結論 ㈠父母親乙、丙二人是以法定代理人的地位，同意甲至丁商店應徵工作。

　　　㈡甲以丁的意定代理人的地位，為丁銷售店中的商品。

相關法條

▶民法第 167 條

代理權係以法律行為授與者，其授與應向代理人或向代理人對之為代理行為之第三人，以意思表示為之。

▶民法第 1086 條第 1 項

父母為其未成年子女之法定代理人。

▶民法第 1098 條第 1 項
監護人於監護權限內，為受監護人之法定代理人。

戊女因病導致心神喪失，由法院宣告其受監護，其夫庚被指定為監護人。戊的祖父辛一直最疼愛戊，戊心神喪失後，對戊更顯憐愛，今有意將自己所有的 H 屋贈與戊。試問：辛應如何完成必要的法律行為及其他行為？❺⓪

問題 1–24

代理權如何授與?

甲欲租賃居住用房屋一間，得知乙有一間條件頗佳的房屋 H，於是打電話給乙，表示自己現在授權丙，由丙代理甲，與乙簽訂 H 屋的租賃契約，乙表示同意。隔日，甲委任丙與乙簽訂 H 屋的租賃契約，租期自下個月一號起 2 年，月租 3 萬元以下。

丙遂以甲的名義，與乙簽訂 H 屋的書面租賃契約，租期自下個月一號起 2 年，月租 2 萬 8 千元。惟事後甲反悔，於是主張未以書面授權丙，因此丙並無代理權，甲可以不承認該 H 屋的租賃契約。請問甲的主張是否有理由？

提　示

一、授與代理權應對何人為表示?

---

❺⓪　禁治產制度於 2007 年修改為監護、輔助雙軌制，此新制於 2009 年 11 月 23 日施行。

二、授與代理權是否為要式行為？

解　析

一、授權行為的表示對象

依民法第 167 條規定，代理權係以法律行為授與時，其授與應向代理人（內部授權）或向代理人對之為代理行為的第三人（外部授權），以意思表示為之。此授權行為，是為有相對人的單獨行為，不論是明示或是默示皆可[51]。

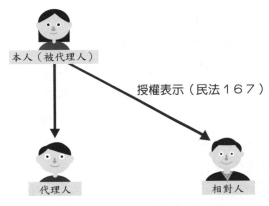

本人（被代理人）

授權表示（民法167）

代理人　　　　　　　　　相對人

二、授權行為的方式

授權行為的方式，基於自由原則，原則上並無限制，亦即授權行為原則上為不要式行為，即使代理之行為依法應以書面或其他一定方式為之，授與此種行為的代理權仍不必用同一方式[52]。法律上設有特別規定者，例如民法第 531 條：「為委任事務之處理，須為法律行為，而該法律行為，依法應以文字為之者，其處理權之授與，亦應以文字為之。其授與代理權者，代理權之授與亦同。」

---

[51]　最高法院 32 年上字第 5188 號判例；最高法院 73 年臺上字第 1727 號判決。

[52]　最高法院 44 年臺上字第 1290 號判例；最高法院 77 年臺上字第 248 號判決。

🔍 案例分析

在上述案例事實中，甲欲租賃乙所有的 H 屋，於是打電話給乙表示自己現在授權丙，由丙代理甲，與乙簽訂 H 屋的租賃契約，乙表示同意。此係甲以法律行為授權丙，而以對乙為意思表示的方法為授權，符合民法第 167 條規定的第二種情形，「向代理人對之為代理行為的第三人」，以意思表示為授權，即採所謂的外部授權方式。甲對乙為授權的意思表示後，乙表示同意，已經了解並受領甲的意思表示。因此，甲的授權行為成立並亦有效。

丙應為的代理行為，為代替甲與乙簽訂 H 屋的租賃契約，而丙與乙則約定月租 2 萬 8 千元，與乙簽訂 H 屋的租賃契約，雖然依民法第 422 條規定，不動產租賃契約期限逾一年者，應以字據為之，屬於法定要式行為，然而授權行為的不要式性不因代理行為屬要式行為而有所影響，甲的授權行為並不須以字據為之，仍得成立並有效。因此丙基於甲有效授與的代理權，在其代理權限內為甲與乙簽訂 H 屋的租賃契約，依民法第 103 條規定，直接對本人甲發生效力。

甲主張未以書面授權丙，丙並無代理權，自己可以不承認該 H 屋的租賃契約為無理由。

結論 甲主張未以書面授權丙，丙並無代理權，自己可以不承認該 H 屋的租賃契約，並無理由。

📁 相關法條

▶民法第 167 條

代理權係以法律行為授與者，其授與應向代理人或向代理人對之為代理行為之第三人，以意思表示為之。

▶民法第 103 條

代理人於代理權限內，以本人名義所為之意思表示，直接對本人發生效力。

前項規定，於應向本人為意思表示，而向其代理人為之者，準用之。

▶民法第 531 條

為委任事務之處理，須為法律行為，而該法律行為，依法應以文字為之者，其處理權之授與，亦應以文字為之。其授與代理權者，代理權之授與亦同。

練 習 題

一、A 公司僱用丁為該公司所經營商品的售貨員，A 公司董事對丁口頭表示，授權丁以 A 公司名義販售公司商品，並要求對於單價 5 萬元以上商品，應與顧客簽訂定型化書面契約。試問：丁有無代理 A 公司的權限得以有效與顧客締結關於其商品交易的契約？

二、承上題，假設丁僅 18 歲，並在瞞著父母親的情形下，受 A 公司僱用。丁有無代理 A 公司的權限，有效與顧客締結關於其商品交易的契約？

問題 1-25

代理權的授與是否是債的發生原因？

甲欲向丙借用 M 機器，但因自己無暇處理，遂授與乙代理權，由乙以甲的名義與丙締結使用借貸契約。乙接受甲的授權後，卻遲遲未有簽約舉動。請問甲是否有權請求乙代理自己與丙簽訂契約？

💡 提 示

一、債的發生，有哪些原因？

二、代理權的授與，法律上有何效力？

三、代理權的性質為何？

解 析

一、債的發生原因

債的發生原因繁多，可歸納為二類，一為法律行為，一為法律規定。基於法律行為所發生的債，稱為意定之債；基於法律規定所發生的債，稱為法定之債。

意定之債，以契約為最主要的發生原因，而單獨行為雖亦得為債的發生原因，但相對少見，例如遺贈（民法 1200）❸。

法定之債，其主要的發生原因，有侵權行為（民法 28、184–198）、不當得利（民法 179–183）、無因管理（民法 172–178）、締約上過失（民法 245 之 1）。此外，相鄰關係（民法 779 II、782、786、787）、遺失物的拾得（民法 805 II）；婚約無效、解除或撤銷（民法 979 之 1）、特定的親屬關係（民法 1114–1117）、遺產的管理（民法 1183）等，皆依法律規定而有一定的請求權關係，即發生債的關係。

民法債編通則章第一節「債之發生」中，雖列舉五款債的發生原因，包括契約、代理權授與、無因管理、不當得利、侵權行為，但並未將所有之債的發生原因全部列舉。

二、代理權授與的效力

代理權的授與行為，依民法第 167 條規定，應向代理人（內部授權）或向代理人對之為代理行為的第三人（外部授權），以意思表示為之。由此可知，授權行為是一種有相對人的單獨行為。有效的代理權授與行為，僅

---

❸ 至於「共同行為」是否為債的發生原因，頗有疑義，學者於論述債的發生原因時，一般多未提及共同行為。因共同行為主要為法人合議機關所為，該共同行為構成法人意思，或僅為其意思表示的基礎，因而不直接發生債的關係，或僅能成為債的間接發生原因，例如股東會對董事競業所得為歸入決議（公司法 209 V）、對會計表冊的決議承認（公司法 230–231）。

賦予該被授權人（代理人）一種法律上的地位或資格，得以本人（授權人）的名義為法律行為，即有代理本人的權限；至於被授權人本身，並不因此而享有債權或負擔債務❺❹。因此國內通說認為，代理權的授與非為債的發生原因，民法債編通則章第一節將「代理權授與」列為「債之發生」的五種原因之一，體例上並不恰當❺❺。

三、代理權的性質

如上所述，代理權是一種以本人名義，代本人為（積極代理）或受（消極代理）意思表示的權限，就其性質而言，是一種資格權，僅是一種得代理本人為法律行為的法律上地位或資格，因此代理權對於代理人並無法律上利益可言，與其他的權利均以利益為依歸有別。

案例分析

在上述案例事實中，甲授與乙代理權，由乙以本人甲的名義，與丙締結 M 機器的使用借貸契約（民法 464）。乙雖有代理權，但並不因此而負有代理甲與丙簽訂契約的債務❺❻，因此，乙接受甲的授權後，遲遲未有簽約舉動，甲並無權請求乙與丙簽訂契約。

結論 甲無權請求乙代理自己，與丙簽訂其所期望的 M 機器使用借貸契約。

---

❺❹　不同見解，鄭玉波、陳榮隆，《民法債編總論》，2002，頁 87–88，認為代理人有為代理的權利，而本人則有容認代理人為其代理的不作為義務，即發生債權、債務。

❺❺　通說，胡長清，《中國民法債篇總論》，1977，頁 64；王澤鑑，《債法原理㈠》，2005，頁 329；孫森焱，《民法債編總論（上）》，2004，頁 85–86；黃茂榮，《債法總論㈠》，2002，頁 54–55。
　　反對說，鄭玉波、陳榮隆，《民法債編總論》，2002，頁 87–88。

❺❻　即使在此採少數學者見解，認為代理權授與亦為債的發生原因，依此說僅被授權人（代理人）是債權人，授權人（本人）為債務人，結論仍然相同，被授權人（代理人）乙不因該授權而負有代理甲與丙簽訂契約的債務。

相關法條

▶民法第 167 條

代理權係以法律行為授與者，其授與應向代理人或向代理人對之為代理行為之第三人，以意思表示為之。

汽車商丁僱用戊，負責為其商行買賣新、舊自用車。客戶庚有意將自己目前擁有的 M 車換購丁欲銷售的新車 N。因戊過去曾與庚有過交易經驗，對庚頗有成見，因而對丁表示此次無意代理丁與庚進行交易。試問：丁是否得要求戊代理丁與庚進行該項交易？如果是，基於何種關係呢？

問題 1-26

本人同時授給數人代理權，該數人應如何為代理行為？

甲有一間 H 屋急於出售，同時以書面委託乙、丙二人尋找合適買主，並授權簽訂買賣契約。不久，乙以 600 萬元將 H 屋出售給第三人丁，當丁以該買賣契約，向甲要求辦理 H 屋的所有權移轉登記時，甲覺得售價偏低，因此對丁表示，自己是書面授權乙、丙二人，因此該二人必須共同代理，乙無單獨代理權，其所簽訂的買賣契約對自己不生效力。請問甲的主張有無理由？

提 示

一、何謂共同代理？

二、數人有代理權時，是否必須共同代理？

解　析

　　所謂共同代理，指代理人有數人時，應由該數代理人共同行使其代理權的代理，其代理權只有一個。與此相對的，若是數人各自擁有獨立代理權的代理，稱集合代理，則是多數單獨代理權的集合。

　　民法第 168 條規定：「代理人有數人者，其代理行為應共同為之。但法律另有規定或本人另有意思表示者，不在此限。」依此規定，當代理人有數人時，必須該數人共同代理為法律行為，才有代理權，僅有數代理人中的一人或部分人，並不具有代理權，若其代理本人為法律行為，構成無權代理；除非法律另有規定或本人另有意思表示時，例外地得單獨代理❺❼。惟共同代理並不要求同時為代理，數代理人先後為代理亦可。

案例分析

　　在上述案例事實中，甲同時以書面授權乙、丙二人簽訂 H 屋買賣契約，依民法第 168 條規定，乙、丙二人應共同為代理行為才有甲的代理權。乙未與丙共同為代理行為，而是單獨代理甲以 600 萬元將 H 屋出售給第三人丁，因此構成無權代理。乙無權代理甲與丁簽訂買賣契約，依民法第 170 條第 1 項規定，非經本人甲承認，對於甲不生效力。所以，甲對丁主張，自己是以書面授權乙、丙二人，因此該二人必須共同代理，乙無單獨代理權，其所簽訂的買賣契約對自己不生效力為有理由。

結論 甲的主張，乙、丙二人必須共同代理，乙無單獨代理權，其所簽訂的買賣契約對自己不生效力，有理由。

相關法條

▶民法第 168 條

代理人有數人者，其代理行為應共同為之。但法律另有規定或本人另有意思表示者，不在此限。

---

❺❼　最高法院 28 年上字第 1532 號判例（此判例中所引用條文已經修正）。

▶民法第 170 條

無代理權人以代理人之名義所為之法律行為，非經本人承認，對於本人不生效力。

前項情形，法律行為之相對人，得定相當期限，催告本人確答是否承認，如本人逾期未為確答者，視為拒絕承認。

練習題

> A 公司經營不動產買賣、租賃，同時聘請 6 位交易員甲、乙、丙、丁、戊、庚，並授權該 6 人單獨代理公司為不動產交易，惟指示平時應分甲乙、丙丁及戊庚 3 組，由各組與客戶接洽。4 月 1 日，乙請病假，由甲單獨代理 A 公司，與客戶辛女簽訂 H 屋的租賃契約。試問：此 H 屋的租賃契約對 A 公司有無效力？

問題 1−27

何謂表見代理？其被代理人（本人）對相對人應負何種責任？

在一次交誼性聚會中，乙在酒酣耳熱之際，當著眾人的面表示甲想要購買一輛高級轎車，並委託他全權處理。甲雖確實曾對乙談到購買轎車的念頭，但並無委託乙處理一事，心想乙可能臨時吹噓，為免傷情誼，當場隱忍未予以反駁。參與聚會的丙從事車輛買賣，事後向乙展示一輛全新 V 進口轎車，表示本是一位客戶所預定，但因決定移民而放棄，因此願以低於市價 20 萬元出售給甲，因其與甲並不相識，既然乙有甲的代理權，就由乙代理購買，至於車款晚點付無所謂。乙在丙的慫恿下，竟表示以甲的代理人名義，與丙簽下 V 車的買賣契約。請問丙得否以該由乙代理簽訂的 V 車買賣契約，向甲請求支付車款？

提　示

一、何謂表見代理?

二、表見代理的要件為何?

三、構成表見代理的法律行為，是否會對本人發生效力?

解　析

一、表見代理的概念

　　所謂表見代理，指無代理權人，有相當的理由足以令人相信其有代理權，因而就其所為的代理行為，本人必須負授權人責任的一種代理。換句話說，就是代理人雖然無代理權，但因為有可信其有代理權的正當理由，而法律上視同有代理權的情形（民法 169）❸。

　　依民法第 169 條規定，表見代理有二種型態：一為由自己的行為表示以代理權授與他人的表見代理，又稱為「表象代理」；另一為知他人表示為其代理人而不為反對表示的表見代理，又稱為「容受代理」。

二、表見代理的要件

　　民法第 169 條規定：「由自己之行為表示以代理權授與他人，或知他人表示為其代理人而不為反對之表示者，對於第三人應負授權人之責任。但第三人明知其無代理權或可得而知者，不在此限。」依此，表見代理必須具備下列要件：

㈠**代為或代受意思表示**：代理僅能代為法律行為，但解釋上準法律行為亦得代理。

㈡**以本人（被代理人）名義**：亦即代理人以本人代理人的名義為法律行為，而非以自己的名義。

㈢**欠缺代理權限**：表見代理屬於廣義無權代理的一種，必須代理人無代理

---

❸　最高法院 55 年臺上字第 1054 號判例。

權，若其有代理權，即無適用表見代理的必要與可能。

㈣**表面上有使人相信其有代理權的事實：** 亦即本人由自己的行為表示以代理權授與他人，或是知他人表示為其代理人而不為反對的表示，有此種情形，足以令人相信代理人有代理權。

因民法第 169 條關於表見代理的規定，其效力為本人必須負「授權人責任」，因此唯有「意定代理」始能適用，至於代表或法定代理，則皆無適用餘地❺❾。

三、表見代理的效力

依民法第 169 條規定可知，表見代理的本人（被代理人）對於第三人應負授權人的責任；惟若第三人明知表見代理人無代理權或是可得而知，則本人無須負責。因此，表見代理的本人僅須對於「善意且無過失」的第三人負責，亦即第三人（相對人）得直接對本人主張該代理行為的效力（民法 103），至於本人是否有過失，並非所問❻⓿。惟該條文僅規定應負授權人的「責任」，而非應承擔基於該代理行為的「法律關係」或「權利、義務」，因此並非將該無權代理視為有權代理，解釋上僅是當第三人主張有權代理時，本人不得以未授權而與該第三人對抗而已，該第三人亦得選擇主張其係無權代理❻❶。

🔍 案例分析

在上述案例事實中，乙在酒酣耳熱之際，當著眾人的面表示甲想要購買一輛高級轎車，並委託他全權處理，雖無委託乙處理一事，甲卻當場隱忍未予以反駁。事後，乙以甲的代理人名義，與當時參與聚會的丙簽下 V 車的買賣契約。甲並未授與乙代理購車的權限，乙卻擅自以甲的代理人名義，與第三人丙簽下 V 車的買賣契約，乙對甲構成無權代理。但是乙雖無

---

❺❾　最高法院 79 年臺上字第 2012 號判例。

❻⓿　最高法院 44 年臺上字第 1424 號判例。

❻❶　鄭玉波、陳榮隆，《民法債編總論》，2002，頁 93。

代理權，在聚會時表示自己是甲的代理人，甲卻沒有反對的意思表示，容易使人相信乙的確是甲的代理人，因而符合民法第 169 條本文規定的「知他人表示為其代理人而不為反對之表示」（所謂的容受代理），而丙係善意無過失之第三人，該條但書規定第三人明知或可得而知無權代理的情形不存在。因此丙得對甲主張，該由乙代理簽的 V 車買賣契約對甲發生效力，而向甲請求支付車款。

結論 丙得以該由乙代理簽訂的 V 車買賣契約，向甲請求支付 160 萬元的車款。

相關法條

▶民法第 169 條

由自己之行為表示以代理權授與他人，或知他人表示為其代理人而不為反對之表示者，對於第三人應負授權人之責任。但第三人明知其無代理權或可得而知者，不在此限。

練習題

一、丁將印章及身分證交付戊，委託戊代領郵局掛號郵件。然而戊代為領取掛號郵件後，持該丁的印章，代理丁為戊自己對丙所負的債務，蓋章為保證，並出示丁的身分證，謊稱丁已經授權給他代為保證。試問：丁是否要對債權人丙負保證責任？ ❷

二、庚僅將 C 數位相機借給辛使用，辛卻向壬稱庚授權自己，將該相機廉售。隨後，辛與壬簽訂 C 相機的 1 萬元買賣契約，同時也完成 C 的交付以及付款。試問：庚得否對壬主張，辛、壬二人所為法律行為對自己不生效力？

---

❷　最高法院 70 年臺上字第 657 號判例。

問題 1-28

無代理權人為被代理人所為的法律行為，效力如何？

乙曾聽好友甲提到有意要購買一部二手休旅車,得知丙有一部 F 休旅車要以相對低廉的價格 50 萬元出售, 於是就自稱為甲的代理人, 向丙表示要代理甲購買該輛 F 車,二人並簽訂書面的 F 車買賣契約。請問乙為甲與丙所訂立的 F 車買賣契約,效力如何？

提　示

一、何謂無權代理?

二、無權代理的代理行為是否能生效?

解　析

一、無權代理的概念

無代理權的人, 以代理人的名義, 代理本人為法律行為, 是為狹義的無權代理, 亦即欠缺代理權的代理。此所謂的無代理權, 指既無法定代理權, 亦無意定代理權的人。

發生無權代理有下列四種的情形: ㈠本人的授權行為無效; ㈡代理人逾越其代理權的範圍為代理, 又稱越權代理; ㈢代理人的代理權已經消滅; ㈣代理人無代理權, 且不具備民法第 169 條表見代理的要件。

二、無權代理行為的效力

民法第 170 條第 1 項規定:「無代理權人以代理人之名義所為之法律行為, 非經本人承認, 對於本人不生效力。」依此, 無代理權的人以代理人名義, 而代理本人為法律行為, 此法律行為在未經本人承認之前, 對於本人不生效力; 若經本人承認, 則溯及地對本人發生效力 (民法 115); 若本人

表示拒絕承認，則確定無效。換句話說，該代理行為在本人承認或拒絕承認之前，係處於效力未定的狀態，並非無效。

案例分析

　　在上述案例事實中，乙得知丙有一部 F 休旅車要以相對低廉的價格 50 萬元出售，就自稱為甲的代理人，向丙表示要代理甲購買該輛 F 車，並與相對人丙簽訂書面的 F 車買賣契約。此乃乙無權代理甲，而以甲的代理人名義與丙簽訂買賣契約，依民法第 170 條第 1 項規定，該 F 車買賣契約非經本人甲承認，對於甲不生效力，亦即處於效力未定的狀態。

結論　乙無代理甲的權限，其為甲與丙所訂立的 F 車買賣契約，效力未定。

相關法條

▶民法第 170 條

無代理權人以代理人之名義所為之法律行為，非經本人承認，對於本人不生效力。

前項情形，法律行為之相對人，得定相當期限，催告本人確答是否承認，如本人逾期未為確答者，視為拒絕承認。

練習題

一、丁授與戊代理權，代為購買 42 吋液晶電視一臺，但戊卻私自以丁的代理人名義，為丁向第三人庚購買重型機車一輛，雖尚未付款，但雙方已完成機車所有權的移轉契約及交付行為。試問：戊代理丁為哪些法律行為，及其效力各是如何？

二、A 公司聘僱辛女為銷貨員，並授與代理權銷售公司產品。後辛因多次背信、詐欺行為，遭 A 公司解僱後，卻仍以 A 公司代理人的名義，將手上持有應交還 A 公司的 3 套產品，一併以 5 折的低價出售給壬，並完成該 3 套產品的所有權移轉行為及支付價金。試問：辛女與壬所為的法律行為，其效力如何？

問題 1–29

無權代理的相對人為早日確定法律關係，可以行使哪些權利？

A 公司的員工乙並無代理權，卻私自以 A 公司代理人的名義，與甲訂立承攬契約，約定 A 公司為甲在 2 個月內完成 P 工程後，甲支付 200 萬元的報酬。請問事後甲始得知乙竟係無代理權人，則其在法律上得作何主張？

提 示

一、何謂無權代理？

二、相對人的催告權與撤回權。

解 析

一、無權代理的概念❻❸

二、相對人的催告及撤回權

依民法第 170 條第 1 項規定，無代理權人以代理人的名義所為的法律行為，在本人承認前，為效力未定，雙方當事人間的法律關係，即處於不確定的狀態。因本人有承認權，得自由決定該法律行為是否生效，而使其法律關係確定，為平衡本人與相對人雙方的利益，民法則賦予相對人催告權與撤回權，使相對人亦得藉此而使其法律關係盡早確定。

民法第 170 條第 2 項規定：「前項情形，法律行為之相對人，得定相當期限，催告本人確答是否承認，如本人逾期未為確答者，視為拒絕承認。」依此，經催告後若本人表示承認，則該法律行為溯及於其成立時發生效力

❻❸　參閱上述問題 1-28【解析】一。

（民法 115）；若本人表示拒絕承認，則該法律行為確定無效；但如果本人逾期而未為確答是否承認，則視為拒絕承認，該法律行為亦確定無效。該無權代理行為效力如何，即得因此而早日確定。

此外，民法第 171 條又規定：「無代理權人所為之法律行為，其相對人於本人未承認前，得撤回之。但為法律行為時，明知其無代理權者，不在此限。」即賦予相對人，在本人就該無權代理行為承認或拒絕前的撤回權。與前述催告權不論相對人是否善意不同，此撤回權僅限於善意不知情的相對人才得享有，至於其係可得而知但是否有因過失而不知則無影響；若其明知該代理人係無代理權（惡意），即不得為撤回。該法律行為經相對人撤回後，其效力因被阻止而確定無法生效，其法律關係因而確定。

依通說，催告權與撤回權，性質上皆屬於形成權，惟催告本身則為「意思通知」，而撤回本身則是「意思表示」❻❹。

案例分析

在上述案例事實中，A 公司的員工乙並無代理權，卻私自以 A 公司代理人的名義，與甲訂立承攬契約，構成無權代理。事後甲始得知乙係無代理權人，則該承攬契約在本人 A 公司表示承認或拒絕承認前，為效力未定（民法 170 I），甲得依民法第 170 條第 2 項規定，對 A 行使催告權；此外，甲於簽訂承攬契約時，並不知道乙無代理權，因此亦得依民法第 171 條行使撤回權。不論甲行使催告權或撤回權，皆可使該承攬契約的生效與否，盡早確定，進而早日確定甲與 A 公司及乙相互間的法律關係。

結論 甲可行使催告權或撤回權，使該承攬契約的生效與否，盡早確定，進而早日確定其與 A 公司及乙相互間的法律關係。

相關法條

▶民法第 170 條

無代理權人以代理人之名義所為之法律行為，非經本人承認，對於本人不

❻❹　鄭玉波、黃宗樂，《民法總則》，2003，頁 255-256。

生效力。

前項情形，法律行為之相對人，得定相當期限，催告本人確答是否承認，如本人逾期未為確答者，視為拒絕承認。

▶民法第 171 條

無代理權人所為之法律行為，其相對人於本人未承認前，得撤回之。但為法律行為時，明知其無代理權者，不在此限。

一、丙未授與丁代理權，丁卻以丙的名義，與 B 公司簽訂 L 地的租賃契約。試問：當 B 公司得知丁無代理權後，急欲知道是否須履行該契約，其應採取何種措施？

二、戊要購買住屋，庚無權代理 H 屋的所有權人辛，將 H 屋以 800 萬元出售給戊。當雙方作成 H 屋買賣契約的公證書後，戊發現附近有更佳條件的房屋而感懊悔。試問：若當初訂定 H 屋的買賣契約時，戊雖可得而知但因過失而不知庚為無權代理人，是否能夠撤回該買賣契約？

問題 1–30

在無權代理情形，當事人彼此間的法律關係如何？

甲未經 H 屋的所有權人乙的授權，卻以乙的代理人名義，與相對人丙簽訂 H 屋的書面租賃契約。當丙要遷入時，遭到知悉該書面租賃契約簽訂一事的屋主乙嚴詞拒絕。請問丙是否得要求乙履行該 H 屋租賃契約，將 H 屋供其使用，或得向甲請求履行該租賃契約或損害賠償？

提 示

一、無代理權人以代理人名義所為的法律行為，效力如何？

二、無代理權人對其法律行為的相對人，是否應負一定的法律責任？

解 析

　　無代理權人以代理人的名義，與相對人（第三人）為法律行為，涉及到本人、無代理權人及相對人（第三人）三者相互間的法律關係。

一、本人與相對人（第三人）之間的關係

　　本人與相對人（第三人）之間的關係，主要為該無代理權人以代理人的名義，與相對人（第三人）所為法律行為，是否生效，以及該相對人是否有權利及早確定其法律關係。

㈠依民法第 170 條第 1 項規定，本人有承認權。

㈡依民法第 170 條第 2 項及第 171 條之規定，相對人有催告權與撤回權。

二、無代理權人與相對人（第三人）之間的關係

　　無代理權人與相對人（第三人）之間的關係，取決於本人是否對於該無權代理行為為承認。若本人承認該法律行為，其所生法律效果僅存在本人與相對人（第三人）之間，無代理權人與相對人（第三人）之間不因此而生任何法律關係。若本人對該法律行為拒絕承認，則該法律行為確定無效，相對人如果因此而受有損害，則依民法第 110 條規定：「無代理權人，以他人之代理人名義所為之法律行為，對於善意之相對人，負損害賠償之責。」即以相對人善意不知該代理人並無代理權為限，得請求該無權代理人賠償其因之所受損害。此所指的損害，依國內通說，包括信賴（利益的）損害及履行利益損害，惟信賴（利益的）損害的賠償，不得大於履行利益損害的賠償❻❺。又此損害賠償責任，不以無權代理人有過失為必要，性質

---

❻❺　鄭玉波、黃宗樂，《民法總則》，2003，頁 339；王澤鑑，《民法總則》，2009，頁 504–

上為屬於法定的無過失責任[66]。

三、本人與無代理權人之間的關係

本人與無代理權人之間的關係，原則上依其是否有內部的基礎關係存在而不同。若有內部的基礎關係存在，例如委任、僱傭、承攬等，則該無代理權人對本人通常應負債務不履行的責任；若其間並無任何的內部基礎關係存在，則分別依其是否有為本人管理事務的意思，得構成無因管理或不法管理（民法 172、176、177 I 或 177 II）。

附帶一提，於無代理權人構成無因管理情形，本人對管理事務為承認，通常對其無權代理亦為承認，但若本人對無權代理為承認，則未必對管理事務為承認。

案例分析

於上述案例事實中，甲未經 H 屋的所有權人乙的授權，卻以乙的代理人名義，與丙簽訂 H 屋的書面租賃契約，依民法第 170 條第 1 項規定，非經本人乙承認，對乙不生效力。當丙要遷入時，遭到知悉該書面租賃契約簽訂一事的屋主乙嚴詞拒絕，由此推知乙對該租賃契約拒絕承認，此契約因而確定無效。所以丙不得要求乙履行該 H 屋租賃契約，將 H 屋供其使用。

而因無代理權人甲非該租賃契約的當事人，丙不得向甲請求履行該租賃契約，而僅得依民法第 110 條規定，向甲請求損害賠償。

結論 丙不得要求甲履行該 H 屋租賃契約，將 H 屋供其使用，或得向甲請求履行該租賃契約或損害賠償。

相關法條

▶民法第 170 條

505。

[66] 最高法院 56 年臺上字第 305 號判例；王澤鑑，《債法原理㈠》，2005，頁 343–344。

無代理權人以代理人之名義所為之法律行為，非經本人承認，對於本人不生效力。

前項情形，法律行為之相對人，得定相當期限，催告本人確答是否承認，如本人逾期未為確答者，視為拒絕承認。

▶民法第 171 條

無代理權人所為之法律行為，其相對人於本人未承認前，得撤回之。但為法律行為時，明知其無代理權者，不在此限。

練　習　題

一、剛取得駕照的 18 歲的丁，未經父母的允許，授權戊代理丁向 A 公司購買中古車一輛。戊以代理人名義，為丁與 A 公司簽訂 C 汽車的買賣契約，價金 25 萬元，約定雙方於一週內付款及交車。試問：事後丁拒絕履行該買賣契約，A 公司得否要求丁支付 25 萬元價金？

二、B 公司的員工庚並無代理權，卻私自以 B 公司代理人的名義，與辛訂立承攬契約，約定 B 公司為辛在 2 個月內完成 P 工程後，辛支付 200 萬元的報酬。事後辛始得知庚係無代理權人，經催告 B 公司確答是否承認該承攬契約後，B 公司迅速表示拒絕承認。試問：辛在法律上有何救濟？

第四節　無因管理

問題 **1-31**

何謂無因管理？無因管理可劃分為哪些基本類型？

甲經營汽車行，從事汽車買賣與汽車美容。甲的朋友乙及第三人丙，分別將各自所有的 A、B 二進口轎車送到甲的車行，委託甲做板金，以及

全車烤漆、美容。當甲剛將 A、B 二車完成烤漆及美容，丁向甲表示願意承租 A、B 二車充當朋友的結婚禮車。對於 A 車，甲明白表示為車主乙出租的意思，而對於 B 車則以為自己的意思，同時出租給丁 3 日，租金每輛車一日 5 千元。丁並依約定預先支付共計 3 萬元租金。請問甲對乙與甲對丙的法律關係各為何？

提　示

一、無因管理的概念。

二、無因管理的分類基礎為何？其得作哪些分類？

解　析

一、無因管理的概念

　　所謂無因管理，指民法第 172 條前半段所規定的「未受委任，並無義務，而為他人管理事務」。

　　管理他人事務，管理人可能負有法律上義務，例如基於僱傭契約、承攬契約或父母子女關係等，此為有法律上原因的管理，當事人間的法律關係，即依其原因為決定；管理人亦可能並不負有法律上義務，此即屬於（廣義的）無因管理，則依民法第 172 條至第 178 條決定當事人之間的法律關係。

　　無因管理本身，性質上屬於事實行為，惟實施無因管理的各個方法行為，可能是事實行為，例如為本人修牆、滅火、救人等，亦可能是法律行為，例如為本人簽訂買賣契約、租賃契約、承攬契約等。

二、無因管理的分類

　　無因管理，依管理人是否有為事務的本人管理事務之意思（所謂的管理意思），可區分為「真正的無因管理」與「不真正的無因管理」。

　　「真正的無因管理」，係管理人有為事務的本人管理事務之意思，而為

事務管理，其又可以管理人承擔管理事務是否具有正當理由（民法 176 I 前半段、174 II），再區分為「正當的無因管理」與「不正當的無因管理」❻❼。

　　「不真正的無因管理」，則係管理人欠缺為事務的本人管理事務之意思，而是以為自己的意思為事務管理，又可依管理人是否知悉其所管理的是屬於他人的事務為基礎，再區分為「不法管理」與「誤信（或誤認）管理」❻❽。

事務管理	義務	管理目的	類型		民法相關條文
管理他人事務	有法律上義務		有因管理		
	無法律上義務	為他人（管理意思）	真正的無因管理	正當的無因管理	民法 172、173；176 I；174 II、176 II；175
				不正當的無因管理	民法 174 I、177 I；175
		為自己	不真正的無因管理	誤信管理	
				不法管理	民法 177 II、179；184；953

▲有因管理及無因管理的類型

🔍 案例分析

　　在上述案例事實中，車行老闆甲將屬於乙的 A 車及屬於丙的 B 車，出租予丁充當結婚禮車，係管理他人事務行為，但對此管理行為甲並無法律

---

❻❼　國內學界使用的名稱並不一致，王澤鑑，《債法原理(一)》，2005，頁 369、374，除將此所稱的「不正當的無因管理」稱為「不當的無因管理」外，與此所作分類及名稱相同；林誠二，《民法債編總論（上）》，2000，頁 174–175，對此「真正的無因管理」稱為「適法之無因管理」，其下再區分為「適當無因管理」與「不適當無因管理」，但認為後者「不適當無因管理」不構成違法阻卻事由，實際上並不「適法」，所以將此「真正的無因管理」稱為「適法之無因管理」，容易造成誤導而不宜。
　　不同見解，孫森焱，《民法債編總論（上）》，2004，頁 117–119，認為此所謂的「不正當的無因管理」亦屬合法，即亦構成違法阻卻事由。

❻❽　此外，亦有學者將誤認自己事務為他人事務而為管理的「幻想管理」，列入「不真正的無因管理」或「準無因管理」，例如鄭玉波、陳榮隆，《民法債編總論》，2002，頁 115。

上義務。

就出租 A 車而言，甲明白表示為車主乙出租的意思，表現出其為乙管理事務的意思，構成「真正的無因管理」。再依管理人甲承擔管理事務是否具有正當理由（民法 176 I 前半段、174 II），而對車主乙成立「正當的無因管理」（民法 172-174、176），或成立「不正當的無因管理」（民法 172-174、177 I）。

就出租 B 車而言，甲並無為車主丙出租的意思，即無為丙管理事務的意思，而是為甲自己的利益而為管理行為，構成「不真正的無因管理」。且因甲明知所管理事務是屬於車主丙的事務，因此對丙成立「不法管理」（民法 177 II），丙得依侵權行為或不當得利規定，對甲主張其權利。

結論 就出租 A 車而言，甲對乙構成「真正的無因管理」，再依甲承擔管理事務是否具有正當理由而成立「正當的無因管理」，或成立「不正當的無因管理」。就出租 B 車而言，對丙成立「不法管理」，亦發生侵權行為、不當得利關係。

相關法條

▶民法第 172 條

未受委任，並無義務，而為他人管理事務者，其管理應依本人明示或可得推知之意思，以有利於本人之方法為之。

▶民法第 174 條

管理人違反本人明示或可得推知之意思，而為事務之管理者，對於因其管理所生之損害，雖無過失，亦應負賠償之責。

前項之規定，如其管理係為本人盡公益上之義務，或為其履行法定扶養義務，或本人之意思違反公共秩序善良風俗者，不適用之。

▶民法第 176 條

管理事務，利於本人，並不違反本人明示或可得推知之意思者，管理人為本人支出必要或有益之費用，或負擔債務，或受損害時，得請求本人償還

其費用及自支出時起之利息，或清償其所負擔之債務，或賠償其損害。

第一百七十四條第二項規定之情形，管理人管理事務，雖違反本人之意思，仍有前項之請求權。

▶民法第 177 條

管理事務不合於前條之規定時，本人仍得享有因管理所得之利益，而本人所負前條第一項對於管理人之義務，以其所得之利益為限。

前項規定，於管理人明知為他人之事務，而為自己之利益管理之者，準用之。

練 習 題

辛見農人壬的葡萄園結實纍纍，於探知壬因癌症住院開刀後，心想葡萄不採收也是爛掉，因此就私自採收，並出售給水果攤商，所得價金據為己有。試問：辛對壬是否構成無因管理，屬於哪一種類型？

問題 1-32

為他人管理事務的意思之有無，對無因管理的成立是否有影響？

甲所有的一座圍牆 W，在大風雨過後向鄰居乙的住屋傾斜，有倒下並壓垮乙住屋的可能，甲出國未歸，乙為避免甲的 W 圍牆倒塌使自己房屋因之受損，遂自行僱工修繕甲的 W 圍牆。請問乙對甲是否成立無因管理？

💡 提　示

一、何謂為他人管理事務的意思？

二、管理意思是否為真正的無因管理之要件？

三、管理意思的有無，如何判斷？

🧠 解 析

一、為他人管理事務的意思

管理人為他人管理事務的意思，簡稱管理意思，指管理人認識所管理的事務屬於他人，且有為該他人管理的意思，亦即有使管理行為所生的利益，歸屬於其事務本人的意思。

二、管理意思是為真正無因管理之要件

民法第 172 條前段規定「未受委任，並無義務，而為他人管理事務者」，係真正的無因管理之構成要件，其可分解為四部分：

㈠**管理事務**：須有管理事務的行為。

㈡**管理他人的事務**：須所管理的事務，為他人的事務。

㈢**「為他人」管理事務**：即謂無因管理以管理人有為他人管理事務的意思（管理意思）為必要。

㈣**未受委任，並無義務**。

為他人管理事務的意思（管理意思），除作為無因管理的要件外，同時具有決定無因管理，以及限定無因管理適用範圍的功能。因此，當管理人誤認他人的事務為自己的事務，而為管理時，不成立（真正）無因管理，而是構成學說上所稱的「誤信管理」或「誤認管理」；或者管理人雖認識其所管理的事務係屬於他人，但卻出於為自己的利益而為管理時，亦不成立（真正）無因管理，而是構成學說上所稱的「不法管理」。此二者皆欠缺為他人管理事務的意思（管理意思），屬於「不真正無因管理」，除民法第 177 條第 2 項規定外，原則上並不適用民法關於無因管理的規定，而是適用不當得利或侵權行為規定。

三、管理意思的判斷基礎

管理人有無「為他人」管理事務的意思（管理意思），其判斷基礎因事務的性質而有所不同。

事務，依其性質可分為客觀的他人事務、純粹的自己事務與中性事務三種，而構成無因管理的他人事務，須為客觀的他人事務，或是主觀的他人事務；管理人管理純粹的自己事務，不成立無因管理。

在判斷管理人有無管理意思時，若該事務為「客觀的他人事務」，即其性質上當然與他人有結合關係的事務，例如修繕屬於他人因颱風而受損的屋頂或門窗、扶養他人的父母、將跌傷的他人年幼子女送醫急救等，則管理意思有無存在，可依外在情形為判斷。若該事務性質上為「中性事務」，即其性質上或內容上，不當然與特定人有結合關係的事務，例如購買音樂會門票、限量套幣、藝術品等，因為此類事務得屬於任何人，所以管理人通常必須外觀上顯現其為他人的意思，使該中性事務成為主觀的他人事務；管理人就其為他人管理事務的意思之存在，訴訟上負有舉證責任❻⑨。

無因管理的成立，雖以管理人有為他人管理的意思為要件；惟依通說「為他人」的意思與「為自己」的意思可以併存，故若為圖自己的利益，但同時具有為他人利益的意思，仍得成立無因管理❼⓪。

🔍 案例分析

在上述案例事實中，乙自行僱工修繕 W 圍牆，係管理事務之行為。而 W 圍牆屬於甲所有，僱工修繕 W 圍牆是客觀上甲的事務，因此應認為乙因甲出國未歸，為避免圍牆倒塌而僱工修繕 W 圍牆，有為甲管理事務的意思；雖然乙另一方面也為避免自己房屋因 W 圍牆倒塌而受損，而有為自己

---

❻⑨　王澤鑑，《債法原理㈠》，2005，頁 377。

❼⓪　最高法院 86 年臺上字第 1820 號判決；高雄地方法院 93 年簡上字第 137 號判決；鄭玉波、陳榮隆，《民法債編總論》，2002，頁 115；王澤鑑，《債法原理㈠》，2005，頁 379。

管理事務的意思，惟此並不妨礙其對甲成立無因管理。乙自行僱工修繕 W 圍牆，其並未受甲委任，無法律上義務存在。具備無因管理的要件，乙對甲成立真正的無因管理。

結論 乙自行僱工修繕甲的 W 圍牆，對甲成立真正的無因管理。

相關法條

▶民法第 172 條

未受委任，並無義務，而為他人管理事務者，其管理應依本人明示或可得推知之意思，以有利於本人之方法為之。

▶民法第 174 條

管理人違反本人明示或可得推知之意思，而為事務之管理者，對於因其管理所生之損害，雖無過失，亦應負賠償之責。

前項之規定，如其管理係為本人盡公益上之義務，或為其履行法定扶養義務，或本人之意思違反公共秩序善良風俗者，不適用之。

▶民法第 176 條

管理事務，利於本人，並不違反本人明示或可得推知之意思者，管理人為本人支出必要或有益之費用，或負擔債務，或受損害時，得請求本人償還其費用及自支出時起之利息，或清償其所負擔之債務，或賠償其損害。

第一百七十四條第二項規定之情形，管理人管理事務，雖違反本人之意思，仍有前項之請求權。

▶民法第 177 條

管理事務不合於前條之規定時，本人仍得享有因管理所得之利益，而本人所負前條第一項對於管理人之義務，以其所得之利益為限。

前項規定，於管理人明知為他人之事務，而為自己之利益管理之者，準用之。

一、颱風過後，丙發現好友丁院子中的大樹 T 嚴重傾斜，有壓垮比鄰住戶戊的房屋及台電公司的供電設施的可能，因丁發生車禍陷於重度昏迷住院中，丙自行僱請工人庚、辛二人將 T 鋸除並清運，共計花費 8 千元。試問：丙得否向何人主張無因管理而請求償還該筆費用？

二、甲為 L 地的信託人，丙為受託人，丙提供該 L 地予第三人乙向 A 農會為借款 500 萬元的擔保，而設定抵押權。嗣後，甲為免去 L 地因 A 農會實行抵押權而遭拍賣，遂代替乙清償其對 A 農會的 500 萬元債務。試問：甲對乙得否基於無因管理請求返還該筆清償予 A 農會的款項？ **❼**

問題 1-33

無因管理是否以正確認識本人為必要？

豪雨期間，甲見淹水地區停放一輛 C 自用轎車，以為是鄰居乙所有，因聯絡不上乙，緊急僱用丁以拖吊車將 C 車拖吊至高處放置，C 車因而避免遭大洪水淹沒。大水退後，確認 C 車並非乙所有，而是另一位鄰居丙所有，乙、丙二人數日前一起參加加拿大旅行團，丙將其所有的 C 車停放在前述淹水區。請問甲因僱用丁以拖吊車將 C 車拖吊移置所支出的費用，是否得向乙或向丙請求償還？

提　示

一、何謂為他人管理事務的意思？

二、管理人是否以正確認識事務歸屬的本人為必要？

---

❼　最高法院 86 年臺上字第 1820 號判決。

解　析

一、為他人管理事務的意思[72]

二、誤認事務本人

　　作為無因管理的要件之管理意思，雖以管理人認識所管理的事務屬於他人，且有為該他人管理的意思為必要，亦即管理人必須有使管理行為所生的利益，歸屬於其事務本人的意思。惟此管理意思，並不要求管理人正確認識事務的本人，即使其認識有誤，仍不妨礙（真正的）無因管理的成立，而且此無因管理的關係，應是存在於管理人與真實的事務本人之間[73]，例如甲誤認乙為事務本人而管理該事務，但事實上丙才是真正的事務本人，則甲仍得對丙成立無因管理，而對乙則不成立無因管理[74]。

案例分析

　　在上述案例事實中，甲僱用丁以拖吊車將 C 車拖吊至高處放置，是為管理 C 車車主事務的行為。因 C 車停放於淹水區，有可能遭洪水淹沒或沖走，甲僱用丁以拖吊車將 C 車拖吊至高處放置，以免 C 車車主遭受損害，此足以認定有使管理行為所生的利益，歸屬於其事務本人的意思，即有為車主管理事務的意思。雖然甲對於 C 車的車主認識有誤，將該車主丙誤以為是乙，甲仍得對於真正的車主丙成立無因管理（民法 172 前段）。

　　甲僱用丁以拖吊車將 C 車拖吊至高處放置的行為，符合民法第 176 條第 1 項規定「管理事務，利於本人，並不違反本人明知或可得推知之意思」，管理人甲因而所支出的必要費用，即僱用丁以拖吊車所支出的費用，

---

[72]　參閱上述問題 1-32【解析】一。

[73]　德國民法第 686 條亦規定：「管理人對於事務本人其人認識錯誤者，由其真實的事務本人享受權利及負擔義務。」

[74]　王澤鑑，《債法原理㈠》，2005，頁 378。

得向事務本人即車主丙請求償還。

附帶一提，案例事實中甲緊急僱用丁以拖吊車將 C 車拖吊至高處放置，此管理事務，亦符合民法第 175 條規定的「為免除本人之財產上之急迫危險」，而得減輕因管理事務所可能發生的損害賠償責任。惟此非本案例問題範圍，在此不予探究。

結論 甲因僱用丁以拖吊車，將 C 車拖吊移置所支出的費用，得依民法第 176 條第 1 項向車主丙請求償還。

相關法條

▶民法第 172 條

未受委任，並無義務，而為他人管理事務者，其管理應依本人明示或可得推知之意思，以有利於本人之方法為之。

▶民法第 175 條

管理人為免除本人之生命、身體或財產上之急迫危險，而為事務之管理者，對於因其管理所生之損害，除有惡意或重大過失者外，不負賠償之責。

▶民法第 176 條

管理事務，利於本人，並不違反本人明示或可得推知之意思者，管理人為本人支出必要或有益之費用，或負擔債務，或受損害時，得請求本人償還其費用及自支出時起之利息，或清償其所負擔之債務，或賠償其損害。

第一百七十四條第二項規定之情形，管理人管理事務，雖違反本人之意思，仍有前項之請求權。

練 習 題

一、 6 歲幼童戊在社區公園盪鞦韆摔成重傷，社區居民庚誤以為戊是同社區居民辛的兒子，而緊急招計程車將戊送往醫院急救，嗣後才得知戊是辛的來訪親戚壬的兒子。試問：庚得否對辛或壬，基於無因

管理，主張民法第 176 條的費用償還請求權或債務清償請求權？

二、地主甲有 A 農地，以日計酬僱用工人丙翻鬆泥土並施肥。丙於工作時誤將毗鄰 A 地之乙所有 B 地，認作 A 地的一部分，並為翻鬆泥土及施肥，乙因而減省應有的翻鬆泥土及施肥一事，甲卻因此而多付丙 3 日的工資及 12 包的肥料。試問：甲、乙、丙三人之間，誰對誰得基於無因管理規定而主張何種請求權？

問題 1–34

管理人承擔管理事務的正當理由為何？

甲向乙借用一輛進口的名貴老爺車 W，欲作為親友的結婚禮車使用。但是甲發現 W 車身有輕微刮痕，烤漆也顯得老舊，有意予以重新烤漆，當甲向乙表示自己的意圖時，乙表示令 W 車繼續保有原出廠烤漆。甲覺得 W 車若重新烤漆，必更為美觀大方，更適於當禮車，乙也一定會贊同自己的作法。當甲事後將重新烤漆而顯得煥然一新的 W 車送還乙時，沒想到乙大為憤怒，責怪甲擅作主張。請問甲是否還能向乙請求返還已經支出的烤漆費用 4 萬元？

提 示

一、民法規定承擔管理事務的正當理由為何？

二、管理人有無承擔管理事務的正當理由，對其權利是否有影響？

解 析

一、承擔管理事務的正當理由

民法第 176 條第 1 項前半段所規定「管理事務，利於本人，並不違反

本人明示或可得推知之意思者」，與第 172 條後段所規定「其管理應依本人明示或可得推知之意思，以有利於本人之方法為之」有別，前者係就管理人之管理事務的「承擔」為規定，條文中「利於本人，並不違反本人明示或可得推知之意思」，乃管理人承擔的正當理由；而後者則是就其管理事務行為的「實施」所設的規定，條文中「依本人明示或可得推知之意思，以有利於本人之方法為之」，乃管理人為適當管理的（實施）方法❼❺。管理人於承擔管理事務時，具有民法第 176 條第 1 項前半段所規定的正當理由，即有同條項後半段的請求權；而管理人於實施其管理事務行為時，有符合第 172 條後半段所規定的義務。

民法第 176 條第 2 項又規定：「第一百七十四條第二項規定之情形，管理人管理事務，雖違反本人之意思，仍有前項之請求權。」即管理人於承擔管理事務，「係為本人盡公益上之義務，或為其履行法定扶養義務，或本人之意思違反公共秩序善良風俗者」，雖違反本人的意思，仍有民法第 176 條第 1 項的請求權。因此，民法第 174 條第 2 項之規定，亦屬於管理人承擔管理事務的正當理由❼❻。

綜合上面所述，管理人承擔管理事務，有下列二個正當理由：一為利於本人，並不違反本人明示或可得推知的意思（民法 176 I）；另一為雖違反本人的意思，但其管理係為本人盡公益上義務，或履行法定扶養義務，或本人的意思違反公序良俗（民法 176 II、174 II）。

二、管理人有承擔管理事務的正當理由

管理人於承擔管理事務時，具有上述正當理由之一，依民法第 176 條第 1 項或第 2 項規定，管理人為本人支出必要或有益的費用，或負擔債務、遭受損害時，得請求本人償還其費用及自支出時起的利息、清償其所負擔的債務，或賠償其損害。即管理人具有承擔管理事務的正當理由，對於事務的本人取得下列權利：

---

❼❺　相同見解，王澤鑑，《債法原理㈠》，2005，頁 371–372。
❼❻　王澤鑑，《債法原理㈠》，2005，頁 372。

㈠**償還費用請求權:** 管理人為本人支出必要或有益的費用時，得請求本人償還其費用及自支出時起的利息。至於管理人所支出的費用是否為必要或有益，並非取決於管理人或本人的主觀意思，而是依支出時的客觀情事為標準。例如第三人丙明知自己無清償義務而清償甲對乙的債務，其因清償所支付的金錢❼。所謂有益費用，指因管理人利用或改良的行為，致管理事務增加其價值的費用，例如汽車的烤漆、房屋的裝潢或修建。

㈡**清償債務請求權:** 管理人為本人負擔必要或有益債務時，得請求本人清償其所負擔的債務。必要或有益債務指因管理行為而負擔該債務的結果，對於事務的管理為必要或有益，例如甲借款為乙及時繳納稅款或罰鍰，使乙免於被加計高額滯納金或加倍處罰。

㈢**賠償損害請求權:** 管理人為本人受損害時，得請求本人賠償其損害。管理人損害的發生，必須與其管理行為有相當的因果關係，例如甲緊急援救溺水的乙，援救過程中甲的手錶因拉扯脫落，遺失於河水中。

三、管理人無承擔管理事務的正當理由

民法第 177 條第 1 項規定:「管理事務不合於前條之規定時，本人仍得享有因管理所得之利益，而本人所負前條第一項對於管理人之義務，以其所得之利益為限。」依此，管理人無第 176 條所規定承擔管理事務的正當理由時，則本人對於管理人所負之義務，亦即管理人上述的償還費用、清償債務及賠償損害三種請求權，在範圍上以本人享有因管理所得的利益為限。此與上述有承擔的正當理由時，僅以該費用、債務係必要或有益，或該損害有相當因果關係為要件外，並無範圍上的限制，有所不同，另外尚受到本人因管理所得利益的限制；若是本人並未因其事務管理而受有利益，本人對於管理人所支出的費用、所負的債務或所受損害，即不負任何的償還、清償或賠償的義務。

另外，民法第 174 條規定:「管理人違反本人明示或可得推知之意思，而為事務之管理者，對於因其管理所生之損害，雖無過失，亦應負賠償之

---

❼ 最高法院 91 年臺上字第 2544 號判決。

責。前項之規定，如其管理係為本人盡公益上之義務，或為其履行法定扶養義務，或本人之意思違反公共秩序善良風俗者，不適用之。」可知若是管理人欠缺上述承擔管理事務的正當理由時，對於因其管理行為所造成本人的損害，應負無過失的損害賠償責任。

🔍 案例分析

在上述案例事實中，甲向乙借用一輛進口的名貴老爺車 W，欲作為親友的結婚禮車使用，進而對 W 車重新烤漆。甲對乙所有的 W 車重新烤漆，係未受乙的委任，並無義務，而為乙管理事務，成立民法第 172 條前半段規定的無因管理。

有疑問的是，當事前甲發現 W 車身有輕微刮痕，烤漆也顯得老舊後，向乙表示自己有意對 W 車重新烤漆的意圖時，乙表示令 W 車繼續保有原出廠烤漆，即反對重新烤漆；惟甲不顧乙的反對意思仍將 W 車施以重新烤漆，其承擔管理事務違反明知乙不願烤漆的意思。因此，甲欠缺民法第 176 條所規定承擔管理事務的正當理由，不得依該條第 1 項規定請求償還因烤漆所支出的費用 4 萬元。

而依民法第 177 條第 1 項，乙事前已經表示令 W 車繼續保有原出廠烤漆，而反對甲所提重新烤漆的意見，事後亦對重新烤漆一事大為憤怒，責怪甲擅作主張。就老爺車而言，依通常觀念原廠烤漆有特殊的價值，而對乙而言，主觀上亦以原廠烤漆為重，因而 W 車重新烤漆不論客觀上或主觀上都沒有利益存在，甚至有降低保存價值的損害[78]。因此，乙並不因甲之管理而享有利益，依民法第 177 條第 1 項甲亦不能向乙請求返還已經支出的烤漆費用 4 萬元。

結論 甲不能向乙請求返還已經支出的烤漆費用 4 萬元。

📁 相關法條

▶民法第 174 條

---

[78]　就此損害，乙得依侵權行為規定向甲請求損害賠償。

管理人違反本人明示或可得推知之意思，而為事務之管理者，對於因其管理所生之損害，雖無過失，亦應負賠償之責。

前項之規定，如其管理係為本人盡公益上之義務，或為其履行法定扶養義務，或本人之意思違反公共秩序善良風俗者，不適用之。

▶民法第 176 條

管理事務，利於本人，並不違反本人明示或可得推知之意思者，管理人為本人支出必要或有益之費用，或負擔債務，或受損害時，得請求本人償還其費用及自支出時起之利息，或清償其所負擔之債務，或賠償其損害。

第一百七十四條第二項規定之情形，管理人管理事務，雖違反本人之意思，仍有前項之請求權。

▶民法第 177 條

管理事務不合於前條之規定時，本人仍得享有因管理所得之利益，而本人所負前條第一項對於管理人之義務，以其所得之利益為限。

前項規定，於管理人明知為他人之事務，而為自己之利益管理之者，準用之。

練 習 題

一、丙親眼目睹丁在公園遺棄自己所飼養的小狗 D 後，即將 D 帶回家照顧，並買狗糧一包及一個木製狗屋。後來丙再度遇見丁，當面向丁請求償還為暫時收養 D 狗所支出的費用。試問：丙之主張是否有理由？

二、戊未受庚的委任，亦無代庚繳稅義務，卻基於為庚的利益，而不顧庚的事前反對表示，代其繳納土地增值稅。試問：戊是否可主張庚須返還其所支出之費用？㉙

㉙ 最高法院 72 年臺上字第 1468 號判決。

問題 1-35

無因管理得否構成違法阻卻事由？

甲在山中的 V 別墅，因地震而有廊柱斷裂現象，被熱心的建築師傅乙發現。乙通知甲 V 別墅的損害情形，並表示自己有能力修復，但為甲所婉拒。乙不知甲正緊急與原承建商丙進行聯繫與諮詢，認為 V 可能撐不過再一次的餘震或其他地震，不顧甲的先前反對而進行修繕工作。工作進行中，因乙未發現 V 的設計與結構特殊，在修理該斷裂廊柱時沒有使用足夠的支撐，結果使整棟 V 別墅受力不均而倒塌。請問若是甲依侵權行為規定向乙請求損害賠償，乙得否主張自己的管理行為是適法（合法）行為而構成阻卻違法事由？

💡 提　示

一、無因管理有哪些類型？

二、何種類型的無因管理構成違法阻卻事由？

🧠 解　析

一、無因管理的分類[80]

二、違法阻卻事由

　　無因管理制度，在管理人的行為屬於他人的權利範圍情況，製造利益平衡，其目的除保護本人利益外，同時兼顧社會整體利益。原則上，自己（本人）有處理事務的權利，本人應優先於「自作聰明者」受到保護；惟若是管理人的措施，為該他人期待且有利，則法律上給予行為人特權，即責任與危險由本人承擔，而且在一定條件下，無因管理為阻卻違法事由，

---

[80]　參閱上述問題 1-31【解析】二。

管理人不僅不負損害賠償責任，更可請求償還費用。

無因管理既然干涉他人事務，有時亦侵害他人權利，例如收留迷失的幼童，侵害其自由權；修繕他人房屋，侵害其所有權。因此無因管理雖可能構成侵權行為，惟基於鼓勵義行，並在兼顧本人利益及社會公益的前提下，應使無因管理阻卻違法，轉為適法行為，而對於其侵害權利所造成的損害，不必負損害賠償責任。

在上述所列的各種無因管理類型中，真正的無因管理下之「正當的無因管理」（民法 176），係一違法阻卻事由，即屬適法行為，而不真正的無因管理下之「不法管理」與「誤信管理」，則不是違法阻卻事由，不屬適法行為，此為一致見解。有爭議的是，真正的無因管理下之「不正當的無因管理」（民法 177 I）（或稱「不適當無因管理」、「不適法的無因管理」）是否亦是一違法阻卻事由。

主張「不正當的無因管理」亦有阻卻違法效力者認為，「鑑於無因管理制度係為圖謀他人之利益，促進社會連帶，達成互助合作之理想，若予限縮無因管理規定之適用，難認允當」，以及「將無因管理分為適法與不適法，其法律效果對於本人權利之保護，未必更為周全」，「民法第一七三條第一項規定之通知義務即無從適用，對本人顯然不利」，因而謂「不適法之無因管理不屬於無因管理之一種，其事務之管理，即非不法」❽❶。

但此見解並未合理釐清民法第 172 條、第 176 條、第 177 條規定的內容與目的。如上所述，民法第 172 條前半段「未受委任，並無義務，而為他人管理事務者」，乃是無因管理的構成要件；第 176 條第 1 項前半段「管理事務，利於本人，並不違反本人明示或可得推知之意思者」，係就管理人之管理事務的「承擔」為規定，條文中「利於本人，並不違反本人明示或可得推知之意思」，乃管理人承擔的正當理由；第 172 條後半段「其管理應依本人明示或可得推知之意思，以有利於本人之方法為之」，則是就其管理事務行為的「實施」所設的規定，條文中「依本人明示或可得推知之意思，以有利於本人之方法為之」，乃規定管理人實施適當管理的義務；至於第

---

❽❶　孫森焱，《民法債編總論（上）》，2004，頁 118–119。

177 條第 1 項則是規定管理人欠缺第 176 條所規定承擔的正當理由，其請求權的範圍限制。因此，合理的解釋應是，「不正當的無因管理」因具備民法第 172 條前半段的要件，管理人亦有同條後段的適當管理義務，以及第 173 條的通知義務。但是因為其欠缺「承擔」管理事務的正當理由（民法 177 I、176），因此對於此任意干涉他人事務的「自作聰明者」，基於兼顧本人及社會利益，不應認為其具有阻卻違法性，若其管理行為有侵害本人的權利而造成損害，仍應負侵權行為的損害賠償[82]。至於本人得否享有管理利益，以及管理人的上述權利與義務，並不以管理行為合法為要件。

🔍 案例分析

在上述案例事實中，乙不顧 V 別墅的所有權人甲之反對而對 V 進行修繕工作，但並未發現 V 的設計與結構特殊，在修理該斷裂廊柱時沒有使用足夠的支撐，結果使整棟 V 別墅受力不均而倒塌。乙未受甲的委任並無義務，而為甲修繕 V 別墅，成立無因管理（民法 172 前半段）；其並違背甲的明示的意思，且無民法第 174 條第 2 項所規定情形，因此乙並無承擔管理事務的正當理由（民法 176、177），成立「不正當的無因管理」，不構成違法阻卻事由。所以，乙的管理行為侵害甲的 V 別墅所有權，不能阻卻違法，屬於違法行為；乙的行為是侵害甲的 V 別墅所有權，並造成損害，甲依侵權行為規定向乙請求損害賠償，乙不得主張自己的管理行為是適法（合法）行為。

結論 乙不得主張自己的管理行為是適法行為。

📚 相關法條

▶民法第 174 條

管理人違反本人明示或可得推知之意思，而為事務之管理者，對於因其管理所生之損害，雖無過失，亦應負賠償之責。

---

[82]　結論相同，洪文瀾，《民法債編通則釋義》，1954，頁 89；王澤鑑，《債法原理㈠》，2005，頁 373–374。

前項之規定，如其管理係為本人盡公益上之義務，或為其履行法定扶養義務，或本人之意思違反公共秩序善良風俗者，不適用之。

▶民法第 175 條
管理人為免除本人之生命、身體或財產上之急迫危險，而為事務之管理者，對於因其管理所生之損害，除有惡意或重大過失者外，不負賠償之責。

▶民法第 176 條
管理事務，利於本人，並不違反本人明示或可得推知之意思者，管理人為本人支出必要或有益之費用，或負擔債務，或受損害時，得請求本人償還其費用及自支出時起之利息，或清償其所負擔之債務，或賠償其損害。
第一百七十四條第二項規定之情形，管理人管理事務，雖違反本人之意思，仍有前項之請求權。

練 習 題

一、丙代收鄰居丁的郵寄包裹 P，隨手將 P 放置於陽臺，打算於丁返家時送交。因丙家的陽臺當日下午陽光強烈，P 包裹中的生鮮食品經曝曬而變質。試問：丙應否對丁負損害賠償責任？

二、戊在河邊騎腳踏車時，見到婦人庚跳河尋短，急忙拋下腳踏車躍入河中救庚，因庚死意堅決，屢次推開戊的手，最後戊雖將庚拖回岸上而成功救其一命，卻也因援救時拉扯，將庚的左手臂拉脫臼，且戊自己的名貴皮鞋也被水沖走一隻。試問：戊是否應對庚負侵權行為的損害賠償責任？

問題 1–36

無因管理的管理人對於本人，有無法律上義務？

8 歲男童甲在社區公園盪鞦韆，因擺盪過度不慎掉落，摔得傷痕累累，當場嚎啕大哭，社區居民乙路過發現，招來計程車載往附近神壇，由神壇主持人戊予以收驚，並餵食符水，乙支付戊 1200 元報酬後，將甲送回家交給甲的父母親丙、丁。丙、丁見到甲身上多處傷痕，緊急送往醫院，經醫師診斷，證實甲除多處嚴重擦傷外，尚有腦震盪現象，因延誤就醫，而使病情惡化。請問乙是否已經盡到對甲及其父母丙、丁的法律上義務？

提　示

一、成立真正的無因管理之要件為何？

二、無因管理的管理人對本人有無法律上義務？

三、管理人對本人未盡其法律上義務的效果為何？

解　析

一、真正的無因管理之要件[83]

二、無因管理的管理人對本人的法律上義務

　　無因管理成立後，基於法律規定，當事人間即發生債權債務關係，此係無因管理是一個法定之債的發生原因。依民法第 172 條及第 173 條規定，管理人對於本人負有下列義務（債務）：

㈠**適當管理義務**：管理人實施事務的管理時，應依本人明示或可得推知的意思，以有利於本人的方法管理事務（民法 172 後半段），此為管理人的

---

[83]　參閱上述問題 1–32【解析】二。

主給付義務。惟管理人管理事務後，通常無繼續管理的義務，除非基於誠實信用原則，而在個案中有繼續管理事務的義務。

應注意的是，此民法第 172 條後半段規定「應依本人明示或可得推知之意思，以有利於本人之方法」，係規定管理人於實施管理事務時，所應盡的適當管理義務，管理人違背此義務則構成對本人的債務不履行；而第 176 條第 1 項前半段規定的「利於本人，並不違反本人明示或可得推知之意思」，則是指管理人於承擔管理事務時，所具備的正當理由，此理由的存在，直接影響管理人對於本人的請求權範圍。

㈡**通知及計算義務**：依民法第 173 條規定：「管理人開始管理時，以能通知為限，應即通知本人。如無急迫之情事，應俟本人之指示。第五百四十條至第五百四十二條關於委任之規定，於無因管理準用之。」此通知及計算義務為管理人的從給付義務，可分為通知義務與計算義務兩者。

1.**通知義務**：民法第 173 條第 1 項規定管理人的通知義務，管理人於開始管理時，應即通知本人，並俟本人的指示；除非其不能通知，或有急迫情事。管理人通知本人後，應等候本人的指示，若本人拒絕其管理或無指示時，管理人就不應繼續管理，否則其管理事務即違反本人明知或可得而知的意思，有民法第 174 條第 1 項及第 177 條第 1 項的適用；若本人指示繼續管理時，依其具體情形可解為承認其管理行為，依民法第 178 條適用關於委任的規定。

有學者主張此通知義務不適用於不正當的無因管理[84]，本書基於以下理由採反對見解：

(1)與民法第 176 條、第 177 條第 1 項不同，民法第 173 條第 1 項未就管理人義務設有區別及限制；

(2)基於周全保護本人利益的考慮[85]。

2.**計算義務**：依民法第 173 條第 2 項，將第 540 條至第 542 條委任契約受任人的計算義務準用於管理人，因此管理人有下列三種義務：

---

[84] 王澤鑑，《債法原理㈠》，2005，頁 398。

[85] 孫森焱，《民法債編總論（上）》，2004，頁 109，亦認為均有適用。

⑴報告義務：管理人應將管理事務進行的狀況，報告本人，管理關係終止時，應明確報告其顛末（準用民法 540）。

⑵交付或移轉義務：管理人因處理委任事務，所收取之金錢、物品及孳息，應交付於本人；管理人以自己的名義，為本人取得的權利，應移轉於本人（準用民法 541）。

⑶支付利息及損害賠償義務：管理人為自己的利益，使用應交付於本人的金錢或使用應為本人利益而使用的金錢時，應自使用日起，支付利息；如有損害，並應賠償（準用民法 542）。

三、管理人未盡其法律上義務的效果

管理人未盡其對本人的法律上義務，構成債務不履行，如果因而侵害本人的權利，亦可能成立侵權行為；若是造成本人的損害，管理人即同時負有債務不履行及侵權行為的損害賠償責任（競合）❽❻。

管理人原則上應盡到善良管理人的注意義務，即負抽象輕過失責任；惟民法第 175 條設有例外規定，若管理人係為免除本人的生命、身體或財產上的急迫危險，而為事務的管理情形，對於因其管理所生的損害，除有惡意或重大過失者外，不負賠償責任，即僅負重大過失責任。此所謂惡意，指有加害事務本人的意思，使其發生損害之故意。民法第 175 條僅要求管理人「主觀目的」在於免除本人的急迫危險，並不以該急迫危險事實上客觀存在為要件。

🔍 案例分析

在上述案例事實中，乙招來計程車將摔傷的 8 歲男童甲載往附近神壇，由神壇主持人戊予以收驚，並餵食符水，在支付戊 1200 元報酬後，再將甲送回家交給甲的父母親丙、丁。乙係未受委任，並無義務，而為甲及其父母（即法定代理人）丙、丁管理事務，成立無因管理。管理人乙對於甲、丙、丁負有民法第 172 條後半段的適當管理義務（主給付義務）、第 173 條

---

❻　最高法院 55 年臺上字第 228 號判例。

的通知及計算義務（從給付義務）。

兒童摔傷，應將之送往醫院救治，不應載到神壇施以收驚，甲就其管理行為的實施，或具有安撫作用，但對於身體上的傷害卻無治療效果，且更有延誤醫治而使傷勢惡化的可能。所以，乙顯然未依本人甲、丙、丁可得推知的意思，而其方法亦不利於本人，亦即違背適當管理義務，乙對於甲、丙、丁成立債務不履行。

至於乙的通知義務，依案例事實尚不能判斷是否不能通知；但在本案例中，依其具體情形，應認為有急迫情事，假設管理人乙通知本人丙、丁後，乙無須等候丙、丁的指示。

結論 乙對於事務的本人，違背民法第 172 條後半段規定的適當管理義務。

📁 相關法條

▶民法第 172 條

未受委任，並無義務，而為他人管理事務者，其管理應依本人明示或可得推知之意思，以有利於本人之方法為之。

▶民法第 173 條

管理人開始管理時，以能通知為限，應即通知本人。如無急迫之情事，應俟本人之指示。

第五百四十條至第五百四十二條關於委任之規定，於無因管理準用之。

▶民法第 174 條

管理人違反本人明示或可得推知之意思，而為事務之管理者，對於因其管理所生之損害，雖無過失，亦應負賠償之責。

前項之規定，如其管理係為本人盡公益上之義務，或為其履行法定扶養義務，或本人之意思違反公共秩序善良風俗者，不適用之。

▶民法第 175 條

管理人為免除本人之生命、身體或財產上之急迫危險，而為事務之管理者，

對於因其管理所生之損害，除有惡意或重大過失者外，不負賠償之責。

一、甲看見在湍急的溪流中溺水的乙女，急忙設法救援，奮力搶救中不慎撕破乙女身上衣物，並折斷其左手腕骨。試問：甲對乙因衣物撕破及左手腕骨的損害，應否負損害賠償責任？

二、丙鄰居丁外出不在家，但家中突然失火，丙緊急破壞門鎖進入滅火，使用滅火器不慎將泡沫噴灑到丁收藏的 P 國畫，致該畫毀損。試問：丁得否向丙主張損害賠償？依何規定？

問題 **1–37**

無行為能力人或限制行為能力人為無因管理時，其法律責任有無特別的限制？

10 歲的男童甲見聞鄰居乙屋中冒出越來越濃的煙與燒焦味，經確定乙家中無人，因擔心發生火災，就打破窗戶玻璃爬進去，拿起滅火器使用，因不諳使用方法，結果噴灑到多件電器及畫作，造成嚴重損害。事後得知，原來乙使用烤箱烤食物並定時過久，因臨時急事外出而疏於察看，以致食物烤焦，但絕不至於釀成火災。請問甲童對於其行為造成乙的損害，是否須負完全的損害賠償責任？

提　示

一、管理人是否必須有行為能力？

二、不具備完全行為能力的人為管理行為時，其法律責任與有行為能力人是否不同？

解　析

一、管理人不須具有行為能力

　　因無因管理以管理人的管理意思為要件,因此管理人必須具意思能力;至於其是否有行為能力, 基於無因管理性質上屬於事實行為, 不影響無因管理的成立,故無行為能力人或限制行為能力人亦得為無因管理的管理人。另外, 本人是否有意思能力或行為能力, 對於無因管理的成立及效果, 完全無影響。

二、無行為能力人或限制行為能力人的法律責任

　　民法對於無因管理的成立及當事人間的法律關係, 並未因當事人有無行為能力而設區別的規定。就無因管理成立後, 管理人對於本人負有一定的法律義務(債務)(民法 172 後半段、173), 若未依債務本旨履行, 則將構成債務不履行; 此外, 在不正當的無因管理, 管理人甚至要負無過失責任 (民法 174 I)。此等法律責任, 對於欠缺完全行為能力的管理人而言, 顯然過重而不合理; 尤其鑑於無行為能力人、限制行為能力人若要發生契約上義務, 原則上須由其法定代理人代為訂立契約或給與同意(允許或承認)(民法 76、77、79), 而在無因管理毫不考慮其法定代理人是否給與必要的輔助, 即令其負相當於委任契約的義務 (民法 173 II), 更為不公平。因此本書認為, 管理人欠缺完全行為能力時, 應不負債務不履行責任及無過失責任。

案例分析

　　在上述案例事實中, 10 歲的男童甲見聞鄰居乙屋中冒出越來越濃的煙與燒焦味, 經確定乙家中無人, 因擔心發生火災, 就打破窗戶玻璃爬進去, 拿起滅火器噴灑。因甲未受乙委任, 並無義務, 而為乙管理事務, 成立無因管理 (民法 172 II)。

　　乙使用烤箱烤食物並定時過久，因臨時急事外出而疏於察看，以致食物烤焦，但絕不至於釀成火災，由此推知乙應不欲他人破窗而入企圖撲滅不可能發生的火災。因此，甲童係違背本人乙可得推知的意思而承擔管理事務，欠缺承擔管理事務的正當理由，構成不正當的無因管理（民法 174、177 I）**❽**，而另一方面則應對其管理所生損害，負無過失的賠償責任（民法 174）。

　　惟民法第 175 條規定「管理人為免除本人之生命、身體或財產上之急迫危險，而為事務之管理者，對於因其管理所生之損害，除有惡意或重大過失者外，不負賠償之責。」依文義解釋，此規定僅要求管理人「主觀目的」在於免除本人的急迫危險，並不以該急迫危險事實客觀上存在為要件。甲因擔心發生火災而有企圖滅火的舉動，其主觀目的在於免除乙的財產上急迫危險，因此有民法第 175 條規定的適用，僅就其因惡意或重大過失所造成的損害，才負賠償責任。甲因不諳滅火器使用方法，結果噴灑到多件電器及畫作，雖有抽象輕過失，但並無惡意或重大過失情形存在，對於所造成損害，應不負賠償責任。而甲雖可能同時成立侵權行為，但民法 175 條減輕賠償責任的規定適用於侵權行為，因此甲亦無須負侵權行為的損害賠償。

　　另外，甲的實施管理事務，並未符合「本人可得推知之意思，以有利於本人之方法」，似有債務不履行的成立。但基於保護未成年人的立法精神，管理人甲僅有限制行為能力，應不負債務不履行責任。

結論 甲童對於其行為造成乙的損害，不須負任何的損害賠償責任。

📚 相關法條

▶民法第 172 條
未受委任，並無義務，而為他人管理事務者，其管理應依本人明示或可得

---

❽ 不正當的無因管理是否構成違法阻卻事由，具有爭議。若是認為其有阻卻違法性，即不可能成立侵權行為；若是認為其不具阻卻違法性，即可能同時成立侵權行為。參閱上述問題 1–35【解析】二。

推知之意思，以有利於本人之方法為之。

▶民法第 173 條

管理人開始管理時，以能通知為限，應即通知本人。如無急迫之情事，應俟本人之指示。

第五百四十條至第五百四十二條關於委任之規定，於無因管理準用之。

▶民法第 174 條

管理人違反本人明示或可得推知之意思，而為事務之管理者，對於因其管理所生之損害，雖無過失，亦應負賠償之責。

前項之規定，如其管理係為本人盡公益上之義務，或為其履行法定扶養義務，或本人之意思違反公共秩序善良風俗者，不適用之。

▶民法第 175 條

管理人為免除本人之生命、身體或財產上之急迫危險，而為事務之管理者，對於因其管理所生之損害，除有惡意或重大過失者外，不負賠償之責。

練習題

一、讀國小六年級的丙女在路上拾獲丁男遺落的 B 皮夾，裡面有 1 萬多元及多張證件、信用卡，丙女首先看到一張戊男的名片，以為是戊遺失 B 皮夾，憨厚的她想起父母及師長的教誨，未再查閱其他證件，即好心地將皮夾用大信封裝好，以「平信」將該皮夾寄給戊男，但抄地址時卻漏抄巷次，致該平信不知被何人收取。試問：女童丙是否應對丁負損害賠償責任？

二、小學生庚騎腳踏車，發現路邊坐著一位 5 歲小女童辛，因為走失而哭泣，他好心上前詢問，但辛無法完整記得住址及電話。庚想先依辛所講的不完全地址找找看，於是叫辛爬上腳踏車後座，欲載她回家。因辛未坐過腳踏車，感覺不舒服而移動臀部，結果車身晃動，庚因年幼抓不穩把手而摔倒，庚僅有輕微擦傷，辛則頭部擦撞路面，傷勢嚴重。試問：庚須否對辛負如何的損害賠償責任？

問題 1-38

管理人欠缺承擔管理事務的正當理由，本人得否享有因管理事務所得的利益？

甲業餘投資油畫，最近以 100 萬元購買到已過世的名畫家丙之 P 畫，並將 P 畫借給經營畫廊的乙展覽，出借當時甲對乙明示該畫目前無意售讓。展覽期間，大客戶丁不知 P 畫為甲所有，向乙表示願意以高於市價的 120 萬元購買，乙以為甲購買 P 畫時僅約付出 80 萬代價而已，若是讓售給丁可以馬上獲取近 40 萬元利潤，於是違背甲的意思，將 P 畫以自己的名義賣給丁並完成所有權移轉。請問甲得否請求乙交付丁所支付的 120 萬元價金？

提　示

一、欠缺承擔管理事務的正當理由之不正當的無因管理。

二、本人是否得享有因管理事務所得的利益？

解　析

一、不正當的無因管理

「真正的無因管理」，係管理人有為事務的本人管理事務之意思，而為事務管理，其又可以管理人承擔管理事務是否具有正當理由（民法 176 I 前半段、174 II），再區分為「正當的無因管理」（民法 176）與「不正當的無因管理」（民法 177 I）。此所謂承擔管理事務的正當理由有二：一為利於本人，並不違反本人明示或可得推知的意思（民法 176 I），另一為雖違反本人的意思，但其管理係為本人盡公益上義務，或履行法定扶養義務，或本人的意思違反公序良俗（民法 176 II、174 II）。

管理人於承擔管理事務時，具有上述正當理由之一，稱為「正當的無

因管理」或「適當的無因管理」。又管理人於承擔管理事務時，不具有任何上述的正當理由，稱為「不正當的無因管理」或「不適當的無因管理」。

二、本人得享有因管理事務所得的利益

符合民法第 176 條第 1 項或第 2 項規定「正當的無因管理」的要件，管理人為本人支出必要或有益的費用，或負擔債務、遭受損害時，得請求本人償還其費用及自支出時起的利息、清償其所負擔的債務，或賠償其損害。

不正當的無因管理雖仍得請求本人償還其費用及自支出時起的利息，或清償其所負擔的債務，或賠償其損害，但與第 176 條規定不同，第 177 條第 1 項則規定「本人仍得享有因管理所得之利益，而本人所負前條第一項對於管理人之義務，以其所得之利益為限」，即當本人主張享有無因管理所得的利益時，管理人對於本人的費用償還、債務清償及損害賠償的請求權，以本人因無因管理所得的利益為限制。若是本人不主張享有因無因管理所得的利益時，則本人與管理人之間的法律關係，依不當得利的規定處理。

案例分析

在上述案例事實中，乙違背甲的意思將 P 畫以自己的名義賣給丁並完成所有權移轉，目的在使甲獲取轉售的利潤 40 萬元。乙未受甲的委任，並無義務，而為甲將 P 畫售讓予丁，對甲成立無因管理。甲在出借 P 畫當時，對乙明示該畫目前無意售讓，乙為甲出售該畫，係違背甲明示的意思，欠缺承擔管理事務的正當理由，依民法第 177 條第 1 項則規定「本人仍得享有因管理所得之利益」。因此，甲得主張享有乙無因管理所得的利益，請求乙交付丁所支付的 120 萬元價金[88]。

結論 甲得主張享有乙無因管理所得的利益，請求乙交付丁所支付的 120 萬元價金。

---

[88] 本案例雖亦構成無權處分、侵權行為及不當得利的關係，對甲而言以主張無因管理較為有利。

相關法條

▶民法第 176 條

管理事務，利於本人，並不違反本人明示或可得推知之意思者，管理人為本人支出必要或有益之費用，或負擔債務，或受損害時，得請求本人償還其費用及自支出時起之利息，或清償其所負擔之債務，或賠償其損害。

第一百七十四條第二項規定之情形，管理人管理事務，雖違反本人之意思，仍有前項之請求權。

▶民法第 177 條

管理事務不合於前條之規定時，本人仍得享有因管理所得之利益，而本人所負前條第一項對於管理人之義務，以其所得之利益為限。

前項規定，於管理人明知為他人之事務，而為自己之利益管理之者，準用之。

丁有一批滯銷的 G 貨物，因無處堆放，暫時寄放戊的倉庫中。戊知道丁有意將該批 G 貨物出售，花 1 萬元運費將整批 G 貨物託運至庚的廠房，並以 20 萬元出售給庚。試問：丁得否請求戊交付庚所支付的 20 萬元價金，以及戊得否請求丁償還所支出的 1 萬元運費？

問題 1-39

不法管理的法律效果為何？

住臺北市的甲因工作需要，向朋友乙借用一臺 N 筆記型電腦（現值 2 萬 5 千元），事後因一時缺錢，竟將 N 電腦透過網路拍賣以 3 萬元售讓給住臺中市的丙，並親自從臺北搭遊覽車到臺中市，與丙一手交錢、一手交貨。請問當乙探知甲將自己的 N 電腦以 3 萬元售出後，得否請求甲交付 3 萬元價金？

提 示

一、何謂不法管理?

二、本人得否主張享有不法管理的利益?

解 析

一、不法管理

　　所謂不法管理，係指管理人「明知」為他人的事務，專為自己的利益而管理（民法 177 II），即管理人欠缺為他人管理事務的意思，而為事務管理的情形。

　　若管理人「過失」不知為他人事務，而為自己的利益而管理（過失的不法管理），則為誤信（或誤認）管理，與不法管理不同，其適用侵權行為及不當得利規定，並不屬民法第 177 條第 2 項適用對象。

二、不法管理所得利益的享有

　　不法管理，在管理人與本人間，可能構成侵權行為或不當得利，原可適用各該相關規定，以解決當事人間的法律關係。惟為使本人不因侵權行為損害賠償請求權及主張不當得利所能獲致的賠償，反較主張無因管理小，致本人遭受不利，所以民法第 177 條第 2 項規定：「前項規定，於管理人明知為他人之事務，而為自己之利益管理之者，準用之。」準用同條第 1 項關於不正當無因管理的效力之規定。因此準用結果，本人得對不法管理人主張享有因（不法）管理所得的利益，而相對地也僅在此所得利益範圍內，對於管理人負有償還費用、清償債務及賠償損害的責任。

案例分析

　　在上述案例事實中，甲將向乙借用的現值 2 萬 5 千元 N 筆記型電腦，以 3 萬元售讓給住臺中市的丙，係因自己缺錢需用，乃「明知」為乙的事

務，而專為自己的利益而為管理（民法 177 II），亦即管理人甲欠缺為乙管理事務的意思，而為事務管理的情形，對乙成立不法管理。

　　因乙難於或因善意取得而不得向丙請求返還 N 電腦（民法 801、948），雖得向甲主張侵權行為的損害賠償或不當得利的返還，惟均以所受損害為限，亦即原則上僅得請求償還該 N 電腦的現值（市價）2 萬 5 千元；但乙亦得依民法第 177 條第 2 項主張享有因管理所得的利益 3 萬元（或 5 千元）[89]，雖應在此所得利益的範圍內償還甲所支出的必要費用（從臺北搭遊覽車到臺中），仍較主張侵權行為的損害賠償或不當得利的返還為有利。

結論　乙探知甲將自己的 N 電腦以 3 萬元售出後，得主張享受不法管理的利益而請求甲交付 3 萬元價金。

相關法條

▶民法第 176 條

管理事務，利於本人，並不違反本人明示或可得推知之意思者，管理人為本人支出必要或有益之費用，或負擔債務，或受損害時，得請求本人償還其費用及自支出時起之利息，或清償其所負擔之債務，或賠償其損害。

第一百七十四條第二項規定之情形，管理人管理事務，雖違反本人之意思，仍有前項之請求權。

▶民法第 177 條

管理事務不合於前條之規定時，本人仍得享有因管理所得之利益，而本人所負前條第一項對於管理人之義務，以其所得之利益為限。

前項規定，於管理人明知為他人之事務，而為自己之利益管理之者，準用之。

---

[89]　此管理所得的「利益」，究竟是該電腦的全部價金 3 萬元，或是僅指超出 N 電腦價值（2 萬 5 千元，此部分價金本即應歸屬於本人）的部分 5 千元，不無疑義。

一、丙原經營 T 觀光農莊，因利潤微薄，轉而到中國上海市開設餐廳，因經常居住上海，T 農莊便無人管理。附近居民丁探知此情，私自進入 T 農莊居住，並請裝潢公司作一番整修後，開始經營民宿，因住房率高，利潤頗佳。試問：丁經營民宿的利益，應歸屬丙或丁所享有？

二、庚為自己的利益，擅自使用戊的 M 商標及 P 專利，因而獲利 10 萬元。試問：戊得否對庚請求交付該所獲利益 10 萬元？

問題 **1-40**

誤認他人的事務為自己的事務而為管理，有無民法關於無因管理規定的適用？

甲將一批洋酒 W 暫時寄放於酒商乙的酒倉庫，後來乙忘記有寄放一事，將甲所寄放的該批 W 洋酒連同自己的一批洋酒，出售給零售商。請問甲得否依無因管理規定向乙請求給付出售該批 W 洋酒的價金？

提 示

一、何謂誤信管理？

二、誤信管理的法律效果為何？

解 析

一、誤信管理

誤信管理，或稱誤認管理，指管理人誤認他人的事務為自己的事務，

而為管理，學說上將其歸類為不真正的無因管理之一種。

　　誤信管理與真正的無因管理的主要不同點，在於管理人並無為他人管理事務的意思；其與不法管理的主要不同點，則在於其不知所管理的事實係屬於他人，而誤認是屬於自己的事務。

二、誤信管理的效果

　　對於誤信管理，因其欠缺為他人管理事務的意思（民法 172 前半段），因此不成立真正的無因管理，而民法又未如就不法管理設有民法第 177 條第 2 項的類似規定，因此其第 172 條至第 178 條關於無因管理的規定，不適用於誤信管理，而僅得適用關於侵權行為或不當得利的規定。例如在「第三人清償」情形，若是「明知」自己無清償義務而為他人清償，且不違反他人的意思並利於該他人，雖以自己的名義為清償，如果具有管理的意思，得成立無因管理（民法 172、176 I）；惟若是「誤認」他人的債務為自己的債務而為清償，屬「非債清償」，如果該他人確實有彼項應負責的債務，因第三人的清償而受有利益，就屬「誤信管理」，該第三人僅得依「不當得利」規定請求返還，不適用無因管理規定❾⓿。此外，民法第 953 條以下關於善意占有人與所有人關係的規定，亦可能適用。

🔍 案例分析

　　在上述案例事實中，乙將甲所寄放的該批 W 洋酒連同自己的一批洋酒，出售給零售商，其並無為甲管理事務的意思，因此不符合真正的無因管理之要件。雖該批 W 洋酒事實上屬於甲所有，但乙誤認屬於自己所有而將之出售，是將屬於甲的事務，誤認為是屬於乙自己的事務而為管理，構成誤信（或誤認）管理，並不適用無因管理的規定。甲僅得依債務不履行、侵權行為或不當得利的規定，請求乙賠償損害或返還得利❾①。

---

❾⓿　最高法院 91 年臺上字第 2544 號判決。

❾①　另外，史尚寬，《債法總論》，1990，頁 68，及孫森焱，《民法債編總論（上）》，2004，頁 138，均認為民法第 178 條的承認，不僅對於真正的無因管理，對於不真正的無因管

結論 乙的行為構成誤信管理，不適用無因管理的規定，因此甲不得依無
因管理規定向乙請求給付出售該批 W 洋酒的價金。

相關法條

▶民法第 172 條

未受委任，並無義務，而為他人管理事務者，其管理應依本人明示或可得
推知之意思，以有利於本人之方法為之。

▶民法第 177 條

管理事務不合於前條之規定時，本人仍得享有因管理所得之利益，而本人
所負前條第一項對於管理人之義務，以其所得之利益為限。

前項規定，於管理人明知為他人之事務，而為自己之利益管理之者，準用之。

一、丙誤認丁的機車為自己所有，而更換機油、輪胎及煞車皮。試問：
丙得否向丁請求償還更換機油、輪胎及煞車皮的費用？

二、戊將乙所有的 H 屋誤為自己所有，而親自加以重新粉刷及裝潢。試
問：乙是否有償還戊為 H 屋所付出的勞力與費用的義務？

問題 **1-41**

無因管理經本人承認後，當事人間法律關係有何變動？

在中國東莞設廠的甲多年來大部分時間居住東莞，其所有之位於新竹縣
的透天厝 H 屋頂、牆面及窗戶因強烈颱風受損。多年鄰居乙在颱風過
後，見 H 屋岌岌可危，一時又無法聯絡人在東莞的甲，為避免 H 屋衍

理，亦有適用。若依此（本書不贊同）見解，事務本人對於「誤信管理人」的管理行
為，亦得經由承認，而使當事人間的關係原則上適用民法關於委任的規定。

生更大損害甚至傾倒毀壞，以自己的名義僱請 C 修繕公司修理屋頂、牆面及窗戶的損害（費用 15 萬元），並在 C 公司的建議下，增加補強設施（費用 7 萬元），以減少下次颱風所可能造成的損害。修繕、增建施工仍在進行期間，甲自東莞趕回，發現鄰居乙已經先行為己妥善處理房屋修繕事宜，由衷感激，親自帶一份禮物上門道謝，並明白表示完全同意乙為自己所做的決定及作法。請問甲是否及應依何規定，償還乙所支付給 C 公司的全部費用？

 提　示

一、何謂無因管理的承認？
二、無因管理的承認有何效力？

解　析

一、無因管理的承認

民法第 178 條規定：「管理事務經本人承認者，除當事人有特別意思表示外，溯及管理事務開始時，適用關於委任之規定。」依此，事務本人得使當事人間的無因管理法律關係，轉變為委任關係。斟酌立法目的及法律體系，應認為民法第 178 條規定，僅於「真正的無因管理」有適用，包括正當的無因管理及不正當的無因管理；至於不真正的無因管理，不論是不法管理或誤信管理，則無適用，亦不應類推適用❷。

❷　蓋委任關係是一種契約關係，任何契約關係必須基於雙方的合意才能夠成立，在真正的無因管理，先有管理人單方的管理意思，欠缺本人的委任意思，本人承認後，雙方在主觀上即類似於「合意」，因此發生委任關係為合理；在不真正的無因管理，管理人自始即無管理意思，卻以本人單方的承認而發生委任關係，並不合理。此外，民法第 172 條至第 178 條，除 177 條第 2 項外，應僅係就真正的無因管理為規定，第 177 條第 2 項係基於特殊立法目的，為使本人不因侵權行為損害賠償請求權及主張不當得利所能獲致的賠償，反較主張無因管理少，致本人遭受不利，於 1999 年民法債編修正所

廣義的無因管理?			
真正的無因管理（狹義的）		不真正的無因管理?	
正當的無因管理	不正當的無因管理	不法管理?	誤信管理?

▲民法第 178 條承認的適用範圍

本人的承認，應以意思表示為之（類推適用民法 116 I），性質上為單獨行為，當事人之間並不因之成立（委任）契約。

二、無因管理承認的效力

依民法第 178 條規定，管理事務經本人承認，即適用關於委任的規定。如上所述，本人的承認屬單獨行為，當事人之間並不因之成立契約。因此所謂適用關於委任的規定，並非將事實行為的無因管理更改為委任契約，而是僅謂無因管理經本人承認後，適用民法關於委任契約的規定而發生效力。

依通說，在經本人承認而適用關於委任的規定時，不應使管理人的法律地位，比未經承認而適用無因管理的規定情形更為不利。因此，若適用關於委任的規定將對管理人更形不利時，則應不適用該較不利的規定，而仍維持適用原來較為有利之無因管理的規定，例如適用民法第 176 條第 1 項得請求「有益及必要費用」，比適用第 546 條僅得請求「必要費用」為有利；無因管理人原則上無繼續管理義務，比適用民法第 551 條有繼續處理義務的規定有利❸。

增訂的「例外」準用規定。因此，民法第 178 條所指的管理事務，應解釋為僅限於管理人有為本人管理事務的意思（管理意思）之情形，亦即僅適用於真正的無因管理。相同見解，王澤鑑，《債法原理(一)》，2005，頁 405–406。

不同見解，史尚寬，《債法總論》，1990，頁 68，認為對於真正的無因管理及不真正的無因管理，均得承認；孫森焱，《民法債編總論（上）》，2004，頁 138，亦認為對於民法第 176 條（正當的無因管理）及第 177 條（不正當的無因管理及不法管理）規定情形，均有適用。

❸ 通說，史尚寬，《債法總論》，1990，頁 68；鄭玉波、陳榮隆，《民法債編總論》，2002，頁 114；王澤鑑，《債法原理(一)》，2005，頁 407。

民法第 178 條規定「除當事人有特別意思表示外，溯及管理事務開始時」，目的在於明確規定承認效力的發生時點，原則上承認具有溯及效力，使無因管理自管理事務開始時，即適用關於委任的規定（民法 528–552）；惟本人亦得限定嗣後始適用關於委任的規定，而承認之前則仍然適用無因管理規定❾❹。

無因管理本身的性質雖然屬事實行為，但其實施管理的方法行為，可能是事實行為，例如修理物品、整理物品等，也可能是法律行為，例如簽訂租賃契約、買賣契約、移轉所有權契約等。若是該法律行為是無權處分（民法 118 I）或無權代理（民法 170 I），則本人究竟是對無因管理，或是其無權處分或無權代理為承認，必須嚴格區別，原則上應依本人的意思表示為決定。惟對管理事務為承認，通常對其無權處分或無權代理亦為承認；對無權處分或無權代理為承認，則未必亦對管理事務為承認。

🔍 案例分析

在上述案例事實中，乙為避免鄰居甲所有的受損 H 屋衍生更大損害甚至傾倒毀壞，以自己的名義僱請 C 修繕公司修理屋頂、牆面及窗戶的損害，並增加補強設施，係未受委任，並無義務，而為甲管理事務，成立民法第 172 條前半段的無因管理。甲明白表示完全同意乙為自己所做的決定及作法，即承認乙為自己管理事務，且並無特別的意思表示限制承認效力的發生時點，因此依第 178 條規定，甲的承認溯及於管理事務開始時，適用關於委任的規定，當事人間發生委任的效力。

依民法第 546 條第 1 項規定，本人應償還管理人因處理委任事務，所支出的「必要費用」及自支出時起的利息；但也可適用第 176 條第 1 項規定，本人應償還管理人為本人支出「必要或有益費用」。如上所述，在經本人承認而適用關於委任的規定時，不應使管理人的法律地位，比未經承認而適用無因管理的規定情形更為不利，若管理人為本人支出「有益費用」時，應認為仍得依第 176 條第 1 項規定請求償還。因此，乙為甲僱請 C 公

---

❾❹　在 1999 年民法債編修正前，透過類推適用民法第 115 條，亦可得到相同效果。

司修理屋頂、牆面及窗戶的損害，其費用 15 萬元，係屬於「必要費用」，得依第 546 條第 1 項規定連同自支出時起的利息一併請求償還；至於增加補強設施的費用 7 萬元，則是屬於有益費用，雖不得適用民法第 546 條第 1 項規定，但得適用第 176 條第 1 項規定，連同自支出時起的利息一併請求償還。

結論 乙為甲僱請 C 修繕公司修理屋頂、牆面及窗戶的損害的費用 15 萬元，及增加補強設施的費用 7 萬元，均得連同自其支出時起的利息，一併請求償還。

相關法條

▶民法第 178 條

管理事務經本人承認者，除當事人有特別意思表示外，溯及管理事務開始時，適用關於委任之規定。

計程車司機丁在山區小路遇見 18 歲的機車女騎士戊摔倒受傷，緊急用自己的計程車將戊載到市鎮診所醫治。經過檢驗及包紮，幸無大礙，丁代為繳交全數醫療費用後（戊未帶健保卡），再將戊載回家交由其父母庚、辛照顧。庚、辛感激丁的善行，因丁有急事必須先行離開，遂請丁先自己計算所有費用，明天下午抽空到家中拿取，他們會預先準備好。試問：丁究竟依法可以向庚、辛請求支付哪些費用？

第五節　不當得利

不當得利有無類型化的必要？其可分為哪些基本類型？

建商甲與 L 地所有權人乙約定，甲為乙以 500 萬元價格，在 L 地上建築二層樓房 H 一棟，材料由甲自行設法採購。甲以自己的名義向建材供應商丙訂購建築 H 樓的鋼筋、水泥及磚等必要建材，建築完成後，當丙向甲要求支付上述買賣建材的價金時，甲已無支付能力。請問丙能否以不當得利向乙請求支付該批建材的價金？

提　示

一、何謂不當得利的統一說與非統一說？

二、非統一說將不當得利區分為哪些基本類型？

解　析

一、「統一說」與「非統一說」

　　過去，在德國民法學界對於是否能對所有不當得利的型態以統一的構成要件予以涵括，以及其區分不同類型是否為必要或至少為適當，曾有激烈的爭執。此學說的爭執主要涉及的，不在於其結論，而在於其原因或理由。

㈠**統一說**：法學家薩維尼 (Friedrich Carl von Savigny, 1779–1861) 首先嘗試將之前流傳的各種不當得利型態，建立在一個固定的教義基礎上，而創建今日德國的不當得利理論。隨後，德國民法的起草人亦致力於將所有的不當得利型態，盡可能地歸納為一個基本的構成要件，因此，在德國法律中僅見有極少數的特別型態。此理論被稱為「統一說」(Einheitstheorie)。

德國民法第 812 條第 1 項規定:「無法律上原因,由於他人之給付或以其他方式犧牲他人而有所取得者,應負返還之義務。」此條文依其結構,有二種解釋可能:一為「犧牲他人」(致他人受損害) 的要件,不論對因他人的給付而有所取得情形,及對以其他方式而有所取得情形,皆屬必要;另一為「犧牲他人」(致他人受損害) 的要件,僅對「以其他方式而有所取得」情形,才屬必要,而對於因他人的給付而有所取得情形,則無必要。統一說的支持者採取前一種解釋。

㈡**非統一說:** 學說及實務原來採取統一說,直到 1934 年奧國學者威勒布爾克 (Wilburg, 1905–1991) 及 1954 年德國學者卡耶美剌 (von Caemmerer) 先後提出基於給付而得利與基於其他方式 (或事由) 而得利的「區分說」(Trennungstheorie),其結論謂德國民法第 812 條第 1 項事實上規定二個完全不同的得利情形,並有其各別的功能[95]。此說主張,德國民法第 812 條第 1 項「犧牲他人」(致他人受損害) 的要件,僅對「以其他方式而有所取得」情形,才屬必要。

此「區分說」在我國一般被稱為「非統一說」,雖後來在德國及我國被廣泛地接受,但近年來仍舊不斷地受到支持統一說學者的批評,部分學者仍堅持統一說,謂不論德國或我國的民法,皆是建立在一個概括的不當得利構成要件上。

就我民法規定及立法理由觀,雖與德國民法不同就不當得利為一般地概括規定,顯係採取統一說;惟不當得利有出於各種不同原因,統一說尋求統一公式 (或構成要件) 而期能套用於所有不當得利的情形,以致形成高度的抽象,而於實際上難以適用;其相較於非統一說,不能對所有的不當得利的情形,全面地作適當、合理的說明及解決,尤其是對於「無法律上原因」此一要件,非統一說較能適當地合理說明[96];而民法第 180 條設有不當得利返還的例外規定,排除得請求返還的「給付」,因其僅限於基於

---

[95] 王澤鑑,《債法原理㈡》,2004,頁 28。

[96] 例如王伯琦,《民法債篇總論》,1962,頁 58,即謂依我民法解釋,應以採統一說為宜;惟因統一說中,無一能作概括的說明,與其削足就屨,不如採非統一說而分別說明。

給付的不當得利才有適用，亦有必要區分得利人的得利是否基於給付。目前，國內學者多傾向「非統一說」。

二、「非統一說」下不當得利的基本類型

「非統一說」將不當得利區分為「基於給付」的不當得利與「非基於給付」的不當得利[97]二大類型。非基於給付的不當得利，其得利的方法，又有侵害他人得利、基於他人支費得利與可求償的得利三種，而成立三種不同的不當得利請求權類型。

不當得利的類型	得利的原因		不當得利的返還請求權
基於給付的不當得利	給付		因給付的得利返還請求權
非基於給付的不當得利	給付以外的方法	侵害他人權益	因侵害他人的得利返還請求權
		他人支出費用	因他人支費的得利返還請求權
		求償關係	因求償關係的得利返還請求權

▲非統一說的不當得利基本類型

🔍 **案例分析**

在上述案例事實中，甲以自己的名義向建材供應商丙購買建築 H 樓的鋼筋、水泥及磚等必要建材，關於該批建材，在當事人間各有給付關係存在，即首先丙對甲給付該批建材，甲受領丙所給付的建材後，由甲用之於 H 樓的建築，乃甲對於乙的給付，但丙對乙並無給付關係存在。因此，乙、丙間不發生基於給付的不當得利之問題，丙不能以基於給付的不當得利為理由，向乙請求支付該批建材的價金。

此外，乙取得甲所為的給付，係基於雙方有效的承攬契約，有法律上原因，亦不構成不當得利。

結論 丙不能以不當得利向乙請求支付該批建材的價金。

---

[97] 或稱基於其他方法的不當得利。

相關法條

▶民法第 179 條

無法律上之原因而受利益，致他人受損害者，應返還其利益。雖有法律上之原因，而其後已不存在者，亦同。

▶民法第 180 條

給付，有左列情形之一者，不得請求返還：

一、給付係履行道德上之義務者。

二、債務人於未到期之債務因清償而為給付者。

三、因清償債務而為給付，於給付時明知無給付之義務者。

四、因不法之原因而為給付者。但不法之原因僅於受領人一方存在時，不在此限。

一、丁以 1 萬元向 15 歲的戊購買其筆記型電腦 N，同時雙方並完成 N 的所有權移轉與交付，及 1 萬元的支付的行為。嗣後，戊的父母親明確拒絕承認戊與丁間的交易。試問：丁、戊彼此間是否成立何種類型的不當得利？

二、庚未經辛的同意，擅自拿取辛的名貴葡萄酒給流浪漢壬飲用。試問：庚或壬是否對辛構成不當得利？是何種類型？

問題 1-43

基於給付的不當得利中，給付的意義為何？

甲受乙的委任，為乙清償其積欠 B 銀行的信用卡債務 15 萬元，清償完畢後才證實，甲、乙間的委任契約係無效。請問當事人之間是否有給付關係存在？

提　示

一、不當得利中，給付的概念為何？

二、給付關係如何認定？

解　析

一、給付的概念

我民法第 179 條雖不似德國民法第 812 條第 1 項規定，以給付為不當得利的構成要件之一，但我民法第 180 條規定不當得利返還的排除（例外）規定，則明文規定被排除的給付。因此，「給付」除了是非統一說下「基於給付的不當得利」之核心概念，即使採統一說，在我國民法亦屬極重要的法律概念。

過去關於不當得利，德國普遍採所謂之自然的給付概念，一般認為給付是明知地增加他人的財產。自第二次世界大戰後，所謂之「目的性給付」概念取代該舊的給付概念，而謂給付指明知並有目的地增加他人財產[98]。此新的給付概念尤其有助於簡化多人關係間所發生給付的無法律上原因之問題；此外，其同時也基於該考量，增加他人的財產應是給付人明知且符合其意思，才能稱得上是法律規定的給付。目前德國通說所採之「目的性給付概念」，在我國則僅為少數學者所採取，其原因或在於我國民法第 179 條將給付一併規定於不當得利的要件中，因而即使區分不當得利為基於給付與非基於給付二類型的學者，亦多不重視給付的概念。

其實「目的性給付概念」兼具二項功能：一為以給付關係決定不當得利債權的當事人，並組成「基於給付的不當得利」類型；二為以當事人所欲實現之給付目的是否達成，認定其得利是否無法律上原因。

---

[98]　德國聯邦最高法院 BGHZ 58, 184, 188: "die bewusste und zweckgerichtete Mehrung fremden Vermögens"。王澤鑑，《債法原理(二)》，2004，頁 43，則譯為「有意識地，基於一定目的而增加他人的財產」。

二、給付關係

依上述目的性給付概念，給付乃謂明知並有目的地增加他人財產，在此概念下，給付關係的判斷有兩個標準：一是客觀上他人財產是否有所增加，而財產有所增加，不限於得以金錢計算價值者，例如給與情書、相片，或移轉物的占有、不動產登記，亦皆得構成給付。二是主觀上給付人是否明知並有目的地為該財產增加，「明知」謂給付人必須積極認識自己係增加他人財產，例如甲誤自己的狗飼料為乙所有，持以餵乙的狼犬，由於甲並「不知」在增加乙的財產，不構成給付；而「有目的地」謂給付有特定的目的，例如丙指示 B 銀行支付給丁 10 萬元，因 B 對丁「無給付目的」，僅B、丙間（履行契約）與丙、丁間（清償債務）分別存有給付目的，而有給付關係。給付之目的，不必在於取得對價，為清償債務或贈與，均得構成給付。在目的性給付概念下，例如甲將 C 車的所有權移轉給乙，或乙將價金匯入甲的帳戶，或丙為丁粉刷牆壁等，都成立給付關係；若是乙擅自將甲的 C 車占為己有，或丙因加工而取得原屬於丁的材料之所有權，均無給付關係存在。

案例分析

在上述案例事實中，甲受乙的委任，為乙清償其積欠 B 銀行的信用卡債務 15 萬元。甲對 B 銀行支付 15 萬元，客觀上增加 B 銀行的財產；另一方面，因甲的支付，使乙對丙債務因清償而消滅，使乙債務減少亦為增加乙的財產。對此二種財產增加的情形，皆為甲所明知；但具決定性者為甲支付 B 銀行 15 萬元之目的，因其目的在於履行自己基於委任契約對乙的債務，因此甲係對乙為給付，而非對 B 銀行為給付，亦即給付關係係存在於甲、乙間，而不存在於甲、B 間。

另外，乙透過甲支付 15 萬元，目的在於清償自己對 B 銀行的債務。因此乙係對 B 為給付，彼此間有給付關係存在。

結論 當事人間的給付關係存在於甲與乙間，以及乙與 B 間，至於甲與 B 之間則無給付關係。

相關法條

▶民法第 179 條

無法律上之原因而受利益，致他人受損害者，應返還其利益。雖有法律上之原因，而其後已不存在者，亦同。

▶民法第 180 條

給付，有左列情形之一者，不得請求返還：

一、給付係履行道德上之義務者。

二、債務人於未到期之債務因清償而為給付者。

三、因清償債務而為給付，於給付時明知無給付之義務者。

四、因不法之原因而為給付者。但不法之原因僅於受領人一方存在時，不在此限。

練習題

一、出賣人甲基於與乙間的買賣契約，將標的物 T 的所有權移轉並交付予買受人乙。嗣後，甲以當初被第三人丙脅迫為由，而撤銷該買賣契約的意思表示。試問：乙是否對甲構成基於給付的不當得利？

二、在颱風及所造成土石流過後，農人甲為自己的 A 農地清除土石淤積、除草、整地及施肥，因誤以為相鄰而屬乙所有的 B 農地為 A 農地的一部分，亦一併地予以清除土石淤積、除草、整地及施肥。試問：事後當甲得知該 B 地是屬於乙所有時，得否向乙主張返還基於給付的不當得利？

三、在網路拍賣網站上，電器商家丙欲出售價金 2 萬 8 千元全新 S 高級影音設備一套（市價在 3 萬 2 千元以上），甲佯裝自己為丙而向買方乙指示將 2 萬 8 千元匯到電器商家丙所有的 A 帳戶。當甲接到乙

通知已經將錢匯入 A 帳戶後，即佯充買家乙向丙要求將特價促銷的 S 高級影音設備一套，寄到甲所指定的地點，甲並收領該 S 設備，而乙則等候多日未見送貨，經調查後才知上當受騙。試問：乙是否得向丙依不當得利規定請求返還匯入的 2 萬 8 千元？

問題 1-44

基於給付而得利，其無法律上原因有哪些類型？

建商甲與 L 地所有權人乙約定，甲為乙以 500 萬元代價，在 L 地上建築二層樓房 H 一棟，材料由甲自行設法採購。甲以自己的名義向建材供應商丙購買建築 H 樓的鋼筋、水泥及磚等必要建材。事後才證實，甲於 2 年前因精神疾病而受監護宣告，至今尚未被撤銷。請問丙能否向甲或向乙請求支付該批建材的價金，或是請求返還不當得利？

提 示

一、給付是否以特定目的為必要？
二、給付目的與無法律上原因的關係為何？

解 析

一、給付須有特定目的

在舊說「自然的給付」概念下，只要給付人明知地增加他人的財產為已足，不必有特定的給付目的。在新說「目的性給付」概念下，給付則須明知並有目的地增加他人財產，即給付必須有特定的目的；惟給付不必在於取得對價，例如其目的在於清償債務或贈與。

二、給付目的與無法律上原因的關係

在區分不當得利為基於給付的不當得利與非基於給付的不當得利二類型，並採取「目的性給付」概念的前提下，給付若欠缺目的，其給付及因該給付而受利益，即為無法律上原因。

給付欠缺目的，又可區分為自始無給付目的、給付目的嗣後不存在及給付目的不達三種情形。

㈠**自始無給付目的**：自始無給付目的，指給付所要履行的債務不存在，包含廣義及狹義的非債清償情形，及基於不成立或無效的債權行為所為的清償，皆為自始欠缺法律上原因。請求權的義務人若有永久抗辯權（拒絕給付權）時，例如民法第 198 條規定，若對該請求權已為給付，仍得請求返還❾❾；惟應注意民法第 180 條關於不當得利返還請求權的排除規定。

㈡**給付目的嗣後不存在**：給付目的嗣後不存在，指給付時存在的目的，嗣後確定地喪失，乃嗣後喪失法律上原因，屬於民法第 179 條後段所規定之「雖有法律上之原因，而其後已不存在者」情形。給付目的之喪失，亦可基於當事人雙方的約定，例如解除條件的成就、契約的期前終止。

而若債權行為的當事人已經完成給付，該債權行為雖因撤銷權的行使而溯及地歸於無效，依國內多數說亦劃歸給付目的嗣後不存在的情形❿。

㈢**給付目的不達**：給付目的不達，謂依法律行為內容，給付所欲達到的結果終未實現，例如對於附停止條件的債務，預期條件成就而為給付，豈知該條件竟未成就。

處理不當得利，應先檢驗得利人取得利益是否基於給付行為，若是基於給付而得利，得利人即無庸對給付人以外的第三人，負非基於給付的不

---

❾❾　基於民法第 144 條第 2 項的特別規定，消滅時效抗辯則為例外。參閱鄭玉波，《民商法問題研究㈣》，1991，頁 50。

❿　王澤鑑，《債法原理㈡》，2004，頁 64；孫森焱，《民法債編總論（上）》，2004，頁 155。

當得利之返還義務（基於給付不當得利的優先原則）；當確定得利並非基於給付時，則仍可能基於其他方法而構成不當得利（非基於給付不當得利的次位原則）[101]。

🔍 案例分析

在上述案例中，建商甲與 L 地所有權人乙約定，甲為乙以 500 萬元價格，在 L 地上建築二層樓房 H 一棟，材料由甲自行設法採購，甲、乙間成立由甲提供材料的承攬契約（民法 490），承攬人甲負有為乙完成建築 H 樓房的義務，乙負有支付甲 500 萬元的給付義務。

甲以自己的名義向建材供應商丙購買建築 H 樓的鋼筋、水泥及磚等必要建材，則甲與丙間成立關於該批建材的買賣契約（民法 345 I），出賣人丙應依約對買受人甲交付買受建材並移轉其所有權。丙將甲所購買的建材直接運送到 L 地交付與甲，其係履行與甲的買賣契約，亦即為履行自己的契約上義務而明知並有目的地增加甲的財產。因此，丙與甲間存在給付關係，丙與乙間則並不存在給付關係。而因甲受監護宣告而無行為能力，其所為的意思表示無效（民法 15、75 前段），以致甲、乙間的承攬契約亦為無效，甲對乙的給付為自始無法律上原因，乙對甲成立基於給付的不當得利。

同樣地，因甲受監護宣告以致甲、丙間的買賣契約亦為無效，丙對甲的給付乃無法律上原因，甲對丙成立基於給付的不當得利。

依照給付不當得利的優先原則，若是基於給付而得利，得利人即無庸對給付人以外的第三人，負非基於給付的不當得利之返還義務。因此，得利人乙僅對其給付人甲構成不當得利，而不對其他第三人亦構成不當得利。

因為丙與甲的買賣契約無效，與乙間又未成立買賣契約，丙不論對甲或對乙均無該批建材的價金給付請求權。丙對甲給付的建材並無法律上原因，得對甲主張不當得利的返還請求權，而對乙並無給付關係存在，不得直接對乙主張任何（基於給付或非基於給付的）不當得利返還請求權[102]。

---

[101]　王澤鑑，《債法原理㈡》，2004，頁 229–232；劉昭辰，〈非給付型不當得利（上）〉，《月旦法學教室》第 24 期，2004 年 10 月，頁 59–60。

結論 丙不論對甲或對乙均無該批建材的價金給付請求權；丙僅得對甲主張不當得利的返還請求權，但不得對乙主張不當得利的返還請求權。

▌▌▌▌相關法條

▶民法第 179 條

無法律上之原因而受利益，致他人受損害者，應返還其利益。雖有法律上之原因，而其後已不存在者，亦同。

一、丁向戊購買 A 古董，並支付約定價金 10 萬元。不久，丁知悉自己被戊詐欺，於是撤銷為買賣的意思表示。試問：丁得否以基於給付的不當得利，向戊請求返還所支付的價金 10 萬元及其法定利息？

二、庚承租辛的 H 屋，租期 5 年，庚並預先支付辛 5 年租金。一年後，庚基於約定事由而終止租約，並就預收的租金，對辛主張不當得利返還請求權。試問：是否有理由？

問題 1-45

不當得利的受利益，包括哪些情形？其與受害人間的損害必須有何種關係？

甲所僱用的工人丙，誤將乙寄存的 200 公斤稻穀，混入甲倉庫中屬於甲的稻穀裡，甲在不知情下，將其倉庫中全部約 1000 公斤的稻穀出售並交付給米商丁。請問乙是否得對甲主張不當得利的返還請求權？

---

102 在此無庸討論代位權問題。

提　示

一、得利人的受利益，可能有哪些情形？

二、得利人的受利益，與受害人的損害，需有何種關係存在？

解　析

一、受利益

　　得利人的受利益，為不當得利的構成要件要素。所謂受利益，乃指得利人取得任何財產上的利益，而有較好的財產狀態。得利人的受利益，可能有下列二種型態，或進一步細分為三種情形：

㈠**積極的增加財產**：積極的增加財產，指得利人的財產，與取得利益前比較，積極地有所增加，亦即得利人有取得財產價值的情形，例如取得某動產或不動產所有權。

㈡**消極的不減少財產**：消極的不減少財產，指得利人的財產，預計原應減少，而事實上卻並未減少，其又可區分為二種情形，一為所負債務或負擔的消除，例如債務人所負的某債務因他人清償而消滅；另一為原應支出費用的減免，例如原應支出的房屋租金或其他費用，因使用他人房屋或物品而未現實支出。

二、受利益與受損害之間的直接損益變動關係

　　民法第 179 條前段規定：「無法律上之原因而受利益，致他人受損害者，應返還其利益。」文義上不區別基於給付或非基於給付的不當得利，且對於所有的不當得利情形，均以得利人的受利益，致他人受損害為構成要件要素。

㈠**損害**：若依國內通說，所謂損害，包括現有財產的積極減少（積極損害），以及現有財產應增加而未增加，即應得利益的喪失（消極損害）。

　　基於不當得利與侵權行為為不同制度，其分別有返還利益與填補損

害二種不同的規範功能，因此民法第 179 條所謂致他人受「損害」，與侵權行為法所謂損害，應有所區別。在不當得利，一方所受利益及他方的受損害，並非就財產總額計算，以其差額作為一方所受利益或他方所受損害，而是應採取個別具體的計算方法❶❸。例如在已履行的買賣契約卻無效情形，出賣人所受的損害，為買受人所受領的給付，即出賣人貨物的交付及所有權的移轉。

　　依德國通說，基於給付的不當得利並無「受損害」此一要件，因藉由採用「目的性給付」之概念，已更妥善地解決其損益變動關係❶❹。雖然我民法第 179 條前段文義上以「致他人受損害」為不當得利的構成要件要素，國內通說也將其列為各類型不當得利的要件❶❺，惟若在對「給付」亦採取新的「目的性給付概念」前提下，「致他人受損害」亦應僅於非基於給付的不當得利為必要之構成要件，而對於基於給付的不當得利則為多餘。

㈡**直接損益變動關係：** 對於條文所要求的受利益「致」他人受損害，國內多數說解為受利益與受損害間須有「直接因果關係」，而少數說則解為「直接損益變動關係」，即得利益、受損害二者間須基於同一「給付」或「其他方式」的事實。理論上，不當得利構成要件的二要素受利益與受損害二者，均由於給付，或給付以外的其他方式所造成的結果，而非受損害是受利益所直接造成的結果，彼此間未必存在因果關係，因此稱為「直接損益變動關係」，較「直接因果關係」為合理。

---

❶❸ 最高法院 63 年度第 2 次（63 年 4 月 9 日）民庭庭推總會決議㈡採「財產總額計算方法」，謂：「因受詐欺而為之買賣，在經依法撤銷前，並非無效之法律行為，出賣人交付貨物而獲有請求給付價金之債權，如其財產總額並未因此減少，即無受損害之可言。即不能主張買受人成立侵權行為而對之請求損害賠償或依不當得利之法則而對之請求返還所受之利益。」對此決議，王澤鑑，《債法原理㈡》，2004，頁 75–76 的反對理由，可資贊同。

❶❹ 劉昭辰，〈不當得利的基本問題〉，《月旦法學教室》第 13 期，2003 年 11 月，頁 119。

❶❺ 最高法院 47 年臺上字第 303 號判例；最高法院 65 年臺再字第 138 號判例。

案例分析

　　在上述案例事實中，甲因所僱用的工人丙，誤將乙寄存的 200 公斤稻穀，混入甲中屬於甲的稻穀裡，而在不知情下，將其倉庫中全部約 1000 公斤的稻穀出售並交付給米商丁。因為第三人丙的行為，使甲取得原屬於乙的 200 公斤稻穀的所有權（民法 812、813），依民法第 816 條規定，其因之利受損害者，得依關於不當得利的規定請求償還價金[106]。民法第 812 條、第 813 條雖令甲因共有而取得該 200 公斤稻穀的所有權，但並不同時賦予法律上原因，得利人甲無其他受益權，其受利益是為無法律上原因。因此，乙得依民法第 816 條及第 179 條前段規定，向甲請求償還價金。

結論 乙得對甲主張不當得利的返還請求權，請求償還該 200 公斤稻穀的價金。

相關法條

▶民法第 179 條

無法律上之原因而受利益，致他人受損害者，應返還其利益。雖有法律上之原因，而其後已不存在者，亦同。

練習題

一、丁在拍賣場以 100 萬元買下一幅明末的國畫 P，因家中無適當設備而暫寄存好友戊的保險櫃中。不久，戊因心臟病突發而死亡，戊的二繼承人庚、辛不知 P 為丁所有，共同以 60 萬元將 P 售讓某收藏家，並均分而各得 30 萬元。試問：丁是否得對庚或辛主張不當得利？請求返還的利益為何？

二、甲在一個聚會場合中擅自喝光乙所有的葡萄酒 W 一瓶（市價 4 千元），因誤以為該 W 酒原屬於丙所有，於是掏出 5 千元塞給在場的

---

[106]　關於民法第 816 條的適用，參閱下述問題 1–46。

丙，並表示因未經告知而喝掉丙的 W 酒的歉意，丙將該 5 千元據為己有。試問：乙得否主張不當得利，對丙請求償還 5 千元，或對甲請求償還 4 千元？

問題 1-46

不當得利的法律效果為何？

甲將自己所有的 S 物以 10 萬元出售予乙，並已經交付 S 物及移轉其所有權。嗣後，甲以當初被第三人丙脅迫為由，而撤銷該 S 物買賣契約的意思表示。請問甲是否得對乙主張不當得利並請求返還該 S 物？如果乙已經將 S 以 12 萬元售讓並交付予善意的丁，甲得否向丁請求返還 S 物？

提　示

一、因不當得利是否發生何種債權債務關係？

二、何人為基於不當得利所生債的關係之債權人與債務人？

解　析

一、不當得利返還請求權

　　民法第 179 條規定：「無法律上之原因而受利益，致他人受損害者，應返還其利益。雖有法律上之原因，而其後已不存在者，亦同。」構成不當得利，其法律效果為一方負有不當得利返還義務，而他方則取得不當得利返還請求權，即發生不當得利返還的債權債務關係。

　　因不當得利而發生債權債務關係，乃是基於法律規定而生，而非當事人意思，故此債的關係是一種法定之債的關係。

二、當事人

（一）**債務人**：不當得利的返還義務人（債務人），依民法第 179 條規定，原則上為利益的受領人。

惟民法第 183 條有例外規定，若是不當得利的受領人，以其所受的利益無償讓與第三人，而受領人因此免返還義務時，該受讓的第三人於原受領人所免返還義務的限度內，負返還利益的義務。此所謂受領人因此免返還義務，係指不當得利的受領人，不知無法律上的原因，而其所受的利益已不存在，依民法第 182 條第 1 項規定免負返還或償還價額的責任之情形。

（二）**債權人**：不當得利返還請求權的權利人（債權人），依民法第 179 條規定為該受損害的他人。如上所述，在不當得利，一方所受利益及他方的受損害，並非就財產總額計算，以其差額作為一方所受利益或他方所受損害，而應係採個別具體的計算方法[107]。

案例分析

在上述案例事實中，甲將自己所有的 S 物以 10 萬元出售予乙，並已經交付 S 物及移轉其所有權。至此乙取得 S 物的占有及所有權，有當事人間買賣契約的法律上原因。惟嗣後，甲以當初被第三人丙脅迫為由，而撤銷該 S 物買賣契約的意思表示，甲乙間 S 物的買賣契約因此視為自始無效（民法 114 I），乙取得 S 物的占有及所有權的法律上原因隨而喪失，甲對乙的給付目的乃嗣後不存在（多數說）[108]，符合民法第 179 條後段規定「雖有法律上之原因，而其後已不存在者」，甲得依不當得利規定，對乙請求返

---

[107] 相同見解，王澤鑑，《債法原理（二）》，2004，頁 75–76。
惟最高法院 63 年度第 2 次（63 年 4 月 9 日）民庭庭推總會決議則採「財產總額計算方法」。

[108] 王澤鑑，《債法原理（二）》，2004，頁 64；孫森焱，《民法債編總論（上）》，2004，頁 155。

還因甲的給付所取得的利益，亦即 S 物的占有及所有權。

　　如果乙已經將 S 以 12 萬元售讓並交付予善意的丁，不當得利的受讓第三人僅於民法第 183 條所規定情形，才例外的對不當得利的受害人負有返還責任。乙係以 12 萬元對丁售讓 S 物，屬於有償讓與，非為無償讓與，並不符民法第 183 條規定的要件，因而甲並不得依不當得利規定向丁請求返還 S 物。

結論　㈠甲得對乙主張不當得利並請求返還該 S 物（占有及所有權）。

　　　　㈡甲不得依不當得利規定向丁請求返還 S 物（占有、所有權）。

相關法條

▶民法第 179 條

無法律上之原因而受利益，致他人受損害者，應返還其利益。雖有法律上之原因，而其後已不存在者，亦同。

▶民法第 182 條

不當得利之受領人，不知無法律上之原因，而其所受之利益已不存在者，免負返還或償還價額之責任。

受領人於受領時，知無法律上之原因或其後知之者，應將受領時所得之利益，或知無法律上之原因時所現存之利益，附加利息，一併償還；如有損害，並應賠償。

▶民法第 183 條

不當得利之受領人，以其所受者，無償讓與第三人，而受領人因此免返還義務者，第三人於其所免返還義務之限度內，負返還責任。

練 習 題

一、甲贈與乙 C 汽車一輛，在完成交付及移轉所有權後，乙隨即將 C 車轉贈予丙，亦經交付 C 車及移轉其所有權。嗣後甲因乙有民法第

416 條第 1 項第 1 款規定情形，撤銷對乙的贈與契約。試問：甲得否向乙或丙依不當得利規定請求返還 C 車或償還其價額？

二、為便利於經濟上周轉，丁與戊互相開立支票予對方使用。丁以戊的面額 120 萬元的 A 支票，向車商 C 公司購買自用車 M。一個月後，戊持丁的面額 125 萬元 B 支票，向銀行請求付款遭受退票。戊得向丁主張多少金額的不當得利返還請求權？ [109]

問題 1-47

因添附而取得權利或利益，是否構成不當得利？

甲向乙購買 A 農地，在 A 農地交付後，在上種滿鬱金香、玫瑰等多種花卉。後因 A 地買賣契約及所有權移轉契約無效，乙索還 A 地，並將 A 地上種植的花卉以 30 萬元售予花商丙採收。請問甲在 A 農地上種植的鬱金香、玫瑰等花卉之所有權屬於何人？甲可否對乙主張不當得利返還請求權？

提 示

一、權利如何因添附而取得或喪失？

二、因添附而喪失權利的人，得向取得該權利或利益的人主張何種權利？

三、民法第 816 條規定「得依關於不當得利之規定，請求償金」，究竟是「構成要件」或者只是「法律效果」的準用？

---

[109] 改編自最高法院 49 年臺上字第 851 號判例。

惟王澤鑑，《債法原理㈡》，2004，頁 73-74，對於請求返還利益的內容，見解與最高法院不同。

解　析

一、權利因添附而取得及喪失

　　添附，為附合、混合及加工三者的總稱，是動產所有權的取得原因，另一方面也是存在於該動產上權利的喪失原因。

㈠**附合**：民法第 811 條規定：「動產因附合而為不動產之重要成分者，不動產所有人，取得動產所有權。」因此，該附合前動產的所有權人即因附合而喪失其所有權。

　　民法第 812 條：「動產與他人之動產附合，非毀損不能分離，或分離需費過鉅者，各動產所有人，按其動產附合時之價值，共有合成物。前項附合之動產，有可視為主物者，該主物所有人，取得合成物之所有權。」因此，該非可視為合成物主物的原動產之所有權人，即因附合而喪失其所有權。

㈡**混合**：民法第 813 條：「動產與他人之動產混合，不能識別，或識別需費過鉅者，準用前條之規定。」依此，一方面混合的動產而有可視為主物的情形，該主物所有人取得混合物的所有權；另一方面，該非可視為混合物主物的原動產之所有權人，即因混合而喪失其所有權。

㈢**加工**：民法第 814 條：規定「加工於他人之動產者，其加工物之所有權，屬於材料所有人。但因加工所增之價值顯逾材料之價值者，其加工物之所有權屬於加工人。」因此，加工於他人的動產，若是因加工所增的價值顯然逾越材料的價值時，其加工物的所有權屬於加工人，而原材料（動產）的所有權人即喪失其所有權。

　　此外，民法第 815 條規定：「依前四條之規定，動產之所有權消滅者，該動產上之其他權利，亦同消滅。」動產所有權如果因添附而消滅，則該動產上的其他權利，例如質權、留置權、租賃權等，亦隨同消滅。

二、喪失權利的人之不當得利返還請求權

　　民法關於添附規定的立法目的，在於鼓勵經濟價值的創造，並避免回復原狀，以維護社會的經濟，其將動產所有權歸由當事人中的一人取得，僅是基於法律技術上的便宜措施，並非實質上賦予終局的利益，他方更無因之無端喪失其權利，而忍受損害的理由。因此，為平衡有關當事人的損益，民法第 816 條明文規定：「因前五條之規定而受損害者，得依關於不當得利之規定，請求償還價金。」依此，該喪失權利的人可能取得不當得利請求權❿。另外，該喪失權利的人亦不排除得依其他的法律規定而取得其他的權利，例如侵權行為的損害賠償請求權。

㈠**不當得利規定之「構成要件」的準用**：民法第 816 條所指的「依關於不當得利之規定」，國內通說認為不是不當得利規定之「法律效果」的準用，而是「構成要件」的準用⓫。最高法院表示：「按民法第八百十六條之規定係一闡釋性之條文，旨在揭櫫依同法第八百十一條至第八百十五條規定因添附喪失權利而受損害者，仍得依不當得利之法則向受利益者請求償金，故該條所謂『依不當得利之規定，請求償金』，係指法律構成要件之準用。易言之，此項償金請求權之成立，除因添附而受利益致他人受損害外，尚須具備不當得利之一般構成要件始有其適用。」⓬尤其是必須具備民法第 179 條規定的構成要件。取得添附物所有權的人，因其財產有所增加而受有利益；基於添附的結果，他人因而喪失權利，受有損害；前者受有利益與後者受有損害之間，存在有「直接的損益變動關係」（或一般所稱的直接因果關係）；最後，取得添附物所有權的人取得

---

❿ 最高法院 77 年臺上字第 2615 號判決：「因契約無效所致之土地無權占有人，在無權占有土地上所種作物，未與土地分離前，雖屬土地之一部分，應與土地一併交還與土地所有人，但土地所有人如因此受有利益，種植作物之無權占有人就所用費用及人力等項，非不得依民法第一百七十九條規定，請求土地所有人返還。」可供參考。

⓫ 王澤鑑，《債法原理㈡》，2004，頁 220–222；王澤鑑，《民法物權》，2010，頁 262；謝在全，《民法物權論（上）》，1997，頁 306。

⓬ 最高法院 88 年臺上字第 419 號判決。

利益，如上所述，法律並非實質上賦予終局的利益，即並未賦予取得利益的法律上原因，因此其取得利益並無法律上原因。因此，因添附而取得權利或利益的人，通常構成民法第 179 條規定的不當得利。

(二)**僅得請求償還價額：** 民法第 816 條明文規定，不當得利請求權人僅得請求償還價額，而不得請求回復原狀（或返還原物），立法意旨在於避免減損物的價值。至於其價額的計算，應以受損人因添附喪失其所有權時，該動產的客觀價值為準❶❸。

案例分析

在上述案例事實中，甲向乙購買 A 農地，在 A 農地交付後，在上種植鬱金香、玫瑰等花卉。在種植之前，甲原有鬱金香種籽、玫瑰花苗等動產所有權，當其將之種植於 A 地後，即因附合於不動產而成為不動產的一部分，喪失為動產的性質。若 A 地屬於甲所有，則該權利變動係基於權利人自由處分的結果，與他人無涉。惟因 A 地買賣契約及所有權移轉契約無效，該 A 地始終屬於乙所有，因此發生甲的鬱金香種籽、玫瑰花苗等動產附合於乙的不動產 A 地，雖非不得分離，但其分離需大量人工及費用，甚至分離後若無適當土地種植，花卉必將枯死，因此依民法第 811 條規定，動產因附合而為不動產的重要成分者，不動產所有人，取得動產所有權，由 A 地所有權人乙取得鬱金香種籽、玫瑰花苗等動產的所有權，甲喪失其動產所有權，僅得依不當得利的規定，向乙請求償還價金（民法 816）。

乙取得甲所種植的花種、花苗的所有權，其財產價值有所增加，係取得利益；甲在乙的 A 地上種植花種、花苗，損失其勞力及動產所有權，係受有損害；乙的受有利益及甲的受有損害都是基於甲的種植花種、花苗事實，二者具有直接的損益變動關係（或稱直接的因果關係）。民法第 811 條雖然規定不動產所有權人取得附合的不動產之所有權，並未賦予法律上取得權利的原因，因此乙取得上述花種、花苗的所有權係無法律上原因，因此符合民法第 179 條前段的構成要件，應返還其所受的利益❶❹。惟依民法

❶❸　最高法院 88 年臺上字第 419 號判決；王澤鑑，《民法物權》，2010，頁 263。

第 816 條規定，不當得利債權人甲僅得向乙請求償金，即返還該所種植花種、花苗的價值，而不得請求回復原狀。

結論 (一)甲在 A 農地上種植的鬱金香、玫瑰等花卉，所有權屬於 A 地所有權人乙。

(二)甲可對乙主張不當得利返還請求權，請求償還價金。

相關法條

▶民法第 179 條

無法律上之原因而受利益，致他人受損害者，應返還其利益。雖有法律上之原因，而其後已不存在者，亦同。

▶民法第 811 條

動產因附合而為不動產之重要成分者，不動產所有人，取得動產所有權。

▶民法第 816 條

因前五條之規定，喪失權利而受損害者，得依關於不當得利之規定，請求償還價額。

練 習 題

一、丁收藏數張清初所遺留下來的高級宣紙與棉紙，每張市價行情 5 萬元。知名摹畫家戊擅自取用丁的棉紙一張，摹作八大山人畫一幅，成為幾可亂真的名畫贗品 P 一幅，3 日後以 20 萬元售讓給收藏家庚該 P 摹作。試問：該 P 畫的所有權屬於何人？丁得否向戊請求返還 P 畫使用棉紙的價金？

二、某辛向屋主壬租用其 H 透天屋，充作住宅及家庭工廠。辛為使用便利及舒適，私自僱請工人換新浴室磁磚、浴缸、馬桶等設備，並附於一樓側增建水泥磚造廚房及車庫各一，H 屋的價值因而有顯著增

⑭ 最高法院 77 年臺上字第 2615 號判決。

加。辛、壬租約到期時，出乎辛預期地屋主壬竟然表示絕不再續約，因為其子、媳一家人即將從國外遷回國內定居，H 屋要供其一家人居住之用。試問：辛對 H 屋所更新的浴廁設備及增建的廚房、車庫之所有權歸屬於何人？辛對屋主壬有何請求權？

三、甲有 A 屋一棟，出租與乙使用。嗣後該 A 屋經颱風吹毀，乙未徵得甲的同意，自行出資就原有 A 屋一部分舊材料重新建築 B 屋一棟。試問：甲得否就其喪失材料部分向乙請求返還不當得利？⑮

問題 1-48

為履行道德上義務的給付與為履行法律上義務的給付二者，就不當得利而言，有無差別？

年紀老邁的甲、乙為親姊妹，均守寡數十年，兩人同居於父親所遺留的祖厝，甲的獨子丙在外地工作，每月給甲 1 萬元、給乙 8 千元作為生活費。數年後，甲、乙二人合買的大樂透中二獎，扣除稅金後各分得 340 萬元。請問丙得知甲、乙一夕致富，對二人主張不當得利，請求返還數年來每月給二人的生活費，是否有理由？

提　示

一、民法第 179 條所稱的法律上原因與給付義務，有無關係？

二、何謂特殊不當得利？

三、就不當得利而言，為履行道德上義務與為履行法律上義務而給付，有無差別？

---

⑮　最高法院 48 年度第 2 次（48 年 6 月 9 日）民、刑庭總會決議㈠。

🔍 解 析

一、得利的法律上原因與給付義務

民法第 179 條所規定的不當得利，可以區分為基於給付的不當得利與非基於給付的不當得利。如上述基於給付的不當得利，其核心概念乃為給付，且依「目的性給付概念」，給付乃謂明知並有目的地增加他人財產，此目的性給付概念兼具二項功能，一為以給付關係決定不當得利債權的當事人，並組成「基於給付的不當得利」類型，二為以當事人所欲實現之給付目的是否達成，認定其得利是否無法律上原因。因此，給付目的是決定得利是否無法律上原因的標準。

至於給付人有無給付義務，與得利是否無法律上原因，並無絕對關係。雖然如此，給付人若是為履行一定的給付義務而為給付，該給付義務的存在及其範圍，也會影響其給付目的存在及達成之判斷，因而間接決定因給付而得利之有無法律上原因。例如在非債清償，受領人的得利無法律上原因，雖謂是自始無給付目的，但根本原因是給付人並無給付義務存在。

另外，給付人為履行其給付義務，卻為超出其給付義務範圍的給付，就超出部分的給付而言，亦欠缺其給付目的，因該給付而得利即無法律上原因，而構成不當得利。

由上可知，給付義務的存在及其範圍，可以當作判斷是否給付目的之存在與達成的重要客觀基礎，間接地得據以客觀判斷因該給付而得利之有無法律上原因❶❻。

二、特殊不當得利

依民法第 179 條前段規定，無法律上的原因而受利益，致他人受損害的受領人，應返還其利益。對於此一原則，民法於第 180 條設有四款情形，其雖然符合不當得利的要件,卻例外地排除給付人的不當得利返還請求權：

---

❶❻　史尚寬，《債法總論》，1990，頁 81。

㈠給付係履行道德上之義務者。㈡債務人於未到期之債務因清償而為給付者。㈢因清償債務而為給付，於給付時明知無給付之義務者。㈣因不法之原因而為給付者；但不法之原因僅於受領人一方存在時，仍得請求返還。

上述四種基於給付的不當得利，而卻不得請求返還的情形，學說上稱為「特殊不當得利」❶❼，其本質上仍為不當得利，只不過基於其他立法上的政策或目的，禁止為給付的受害人向受領人請求返還。此特殊不當得利屬於權利障礙抗辯，法院應依職權斟酌，且就該特殊不當得利事實的存在，應由受領人負舉證責任❶❽。

三、為履行道德上義務與為履行法律上義務

不當得利的給付義務，僅指法律上義務，不包括道德上義務，給付人的道德上義務，並不構成受領人得利的法律上原因。因此，為履行道德上義務所為的給付，受領人仍得成立不當得利。然立法者另一方面又明文排除給付人的返還請求權，學者多稱此為特殊不當得利之一，認為可調和法律與道德，使法律規定符合一般道德觀念❶❾。此禁止規定避免給付人若得請求返還，則又將發生法律與道德脫節的不當結果。

另外，此所謂之「為履行道德上義務的給付」，應與「為履行道德上義務而贈與」（民法 400 II）嚴格區別。首先，在後者，受贈人受領給付有法律上原因，根本不成立不當得利；在前者，受領人得利，本無法律上原因而成立不當得利，只因民法第 180 條第 1 款的特別規定，給付人不得請求返還而已。其次，在後者，受贈人對於贈與人有民法第 416 條、第 417 條所定的不義行為時，贈與人得撤銷其贈與，並得依不當得利的規定請求返

---

❶❼　鄭玉波、陳榮隆，《民法債編總論》，2002，頁 136；孫森焱，《民法債編總論（上）》，2004，頁 167–168。

❶❽　王澤鑑，《債法原理㈡》，2004，頁 129，關於「不法原因給付」情形，見解有所不同。

❶❾　立法理由僅稱：「此種義務，本不能強制執行，（例如破產率所謂依協諧契約而得免除之債務是。）而債務人既已任意履行以後，則不得請求返還。」參閱王澤鑑，《債法原理㈡》，2004，頁 130，惟其表示該規定係「以道德上的義務作為法律上義務」，並無足夠的依據。

還贈與物（民法 419）；而在前者則無民法第 416、417 及 419 條等贈與規定的適用。

至於當事人的給付，究竟是「為履行道德上義務的給付」，或是「為履行道德上義務而贈與」，原則上應依當事人意思表示為決定，意思不明確時，斟酌標的物的價值及交易習慣而為認定，例如對於旁系血親給予僅足以維持基本生活的費用或提供居住處所，可認為履行道德上的義務，但給予房屋所有權，則應認為贈與❿。

🔍 案例分析

在上述案例事實中，丙每月給母親甲 1 萬元、給姨媽乙 8 千元作為生活費，應認定其為為履行道德上義務而給付。

依民法第 1115 條第 1 項第 1 款、第 1116 條第 1 項第 1 款，丙、甲間有法律上的扶養義務與受扶養權利，甲受領丙的給付乃依法應有的權利，故有法律上原因，不成立不當得利。因此，丙對甲主張不當得利，請求返還數年來每月給甲的生活費，無理由。

丙每月給姨媽乙 8 千元作為生活費，丙、乙並無民法第 1115 條、第 1116 條所規定的扶養義務人與受扶養權利人的關係，乙為丙的旁系血親尊親屬，丙給付乙的生活費非為履行法律上義務，應認為是在履行道德上義務，雖然成立不當得利的關係（特殊不當得利），但依民法第 180 條第 1 款規定，丙不得對得利人乙主張不當得利返還請求權。因此，丙對乙主張不當得利，請求返還數年來每月給乙的生活費，無理由。

結論　丙、甲間不成立不當得利，而丙、乙間雖成立特殊不當得利，丙卻不得對乙請求返還得利。所以，丙對甲、乙二人主張不當得利，請求返還數年來每月給二人的生活費，均無理由。

---

❿　王澤鑑，《債法原理㈡》，2004，頁 132；孫森焱，《民法債編總論（上）》，2004，頁 168。

相關法條

▶民法第 179 條

無法律上之原因而受利益，致他人受損害者，應返還其利益。雖有法律上之原因，而其後已不存在者，亦同。

▶民法第 180 條

給付，有左列情形之一者，不得請求返還：

一、給付係履行道德上之義務者。

二、債務人於未到期之債務因清償而為給付者。

三、因清償債務而為給付，於給付時明知無給付之義務者。

四、因不法之原因而為給付者。但不法之原因僅於受領人一方存在時，不在此限。

一、丁酒後駕駛小客車，不甚撞倒騎腳踏車的戊，戊因擦破皮而有大片血跡，丁以為闖了大禍，擔心負重大刑責，當場簽了一張 10 萬元支票表示賠償，並要求戊不要報警。丁事後得知戊只有輕微破皮傷口，到診所包紮，總共只付了 1 百元掛號費。試問：丁得否要求戊返還以該支票所取得的 10 萬元中的 9 萬 9 千 9 百元？

二、知名人物庚確信，和自己有婚外情的辛女所生女兒癸不是由己受胎，事實亦然。但因辛女表示癸是庚的女兒，要求庚支付一筆扶養費，庚為保護自己聲譽，付了 1000 萬元扶養費。不久，辛女又要求庚買給辛、癸母女倆豪宅一棟。庚不堪其擾，與辛激烈爭執後，以不當得利為由，要求辛返還先前被迫支付的 1000 萬元扶養費。試問：庚的要求是否有理？

問題 **1–49**

因不法原因而為給付，該給付人得否請求返還？

請問下列情形，給付人得否對受領人主張不當得利，請求返還所受的利益：

(一)甲報名參加律師高考後，得到乙參與該次律師考試出題的訊息，甲支付乙 20 萬元，約定在考前二天，乙應設法將民法、民事訴訟法考題洩漏予甲得知。應考時，甲才發現乙所提供的試題非真正的考題，並因考試不理想而落榜。甲得否向乙要求退還所支付的 20 萬元？

(二)丙女與男友丁在 M 汽車旅館過夜，遭戊男以針孔攝影偷拍做愛過程。戊以該偷拍光碟，向丙女脅迫付款 10 萬元贖回該偷拍光碟得逞。事後，丙得否向戊請求返還自己被迫支付的 10 萬元？

提　示

一、何謂不法原因的給付？

二、不法原因存在於給付人或受領人，其效果有無不同？

解　析

一、不法原因的給付

依民法第 180 條第 4 款本文規定，「因不法之原因而為給付者」，不得請求返還。所謂不法原因的給付，謂給付的內容（標的及目的）具有不法性[121]。

對於「不法」此一概念，學者間解釋不一，通說採廣義說，認為包括公序良俗的違背及強行法的違反二種情形[122]。

---

[121]　王澤鑑，《債法原理(二)》，2004，頁 147。

[122]　史尚寬，《債法總論》，1990，頁 147；王伯琦，《民法債篇總論》，1962，頁 196；鄭玉

　　對於給付原因的不法，民法未明文規定給付人主觀上必須有認識，但鑑於不當得利返還的排除規定，具有對給付人法律上制裁的性質，因此宜解為給付人必須明知（德國多數說[123]）或可得而知（德國實務[124]）其給付有不法原因[125]。

二、不法原因存在於給付人或受領人的效果

　　依民法第 180 條第 4 款規定，「因不法之原因而為給付者」，原則上不得請求返還；但如果不法的原因僅於受領人一方存在時，則仍得請求返還。

㈠**不法原因僅存在於給付人：** 適用民法第 180 條第 4 款本文規定，給付人的不當得利返還請求權被排除。

㈡**不法原因僅存在於受領人：** 適用民法第 180 條第 4 款但書規定，給付人的不當得利返還請求權例外地不被排除，即仍得主張民法第 179 條的不當得利返還請求權。

㈢**不法原因存在於給付人與受領人雙方：** 適用民法第 180 條第 4 款本文規定，給付人的不當得利返還請求權亦被排除。

🔍 案例分析

　　㈠甲對乙給付 20 萬元，其目的在於不法取得其報考的律師考試試題，意圖以違法的方式影響國家考試的公平與結果，此不僅違反法律禁止規定（刑法 137），亦違背公序良俗。因此，甲支付 20 萬元給乙，構成乙的不

波、陳榮隆，《民法債編總論》，2002，頁 140；黃立，《民法債編總論》，1999，頁 196；林誠二，《民法債編總論（上）》，2000，頁 216。

採狹義說者則認為，僅指違背公序良俗的情形，例如孫森焱，《民法債編總論（上）》，2004，頁 173-174。

[123] Musielak, BGB (1994), Rn. 621。

[124] BGH NJW 1983, 1420, 1423；1989, 3217, 3218；1992, 310, 311；Palandt/Thomas, §817 Rn. 19。

[125] 多數說，王澤鑑，《債法原理㈡》，2004，頁 150；孫森焱，《民法債編總論（上）》，2004，頁 174。

當得利。但乙的不當得利，是基於甲因不法原因而為給付，而其不法的原因非僅於受領人一方存在，是存在於當事人雙方，所以依民法第 180 條第 4 款規定，甲不得請求乙返還所支付的 20 萬元。

　　㈡丙在戊以偷拍光碟的脅迫下，支付戊 10 萬元贖款，戊取得該 10 萬元係屬不當得利，惟丙之給付，是基於戊偷拍之不法原因（刑法 315 之 1 ②；民法 184），並以偷拍製成的光碟脅迫丙支付贖款（刑法 346 I；民法 184），則此不法原因僅於受領人戊一方存在，丙的支付贖款行為並無不法。因此，依民法第 180 條第 4 款但書規定，給付人的不當得利返還請求權並不被排除。丙得向戊請求返還自己被迫支付的 10 萬元。

結論　㈠甲不得向乙要求返還所支付的 20 萬元。

　　　　㈡丙得向戊請求返還自己被迫支付的 10 萬元。

相關法條

▶民法第 179 條

無法律上之原因而受利益，致他人受損害者，應返還其利益。雖有法律上之原因，而其後已不存在者，亦同。

▶民法第 180 條

給付，有左列情形之一者，不得請求返還：

一、給付係履行道德上之義務者。

二、債務人於未到期之債務因清償而為給付者。

三、因清償債務而為給付，於給付時明知無給付之義務者。

四、因不法之原因而為給付者。但不法之原因僅於受領人一方存在時，不在此限。

練習題

一、甲、乙約定，甲以高於市價行情 3 倍的租金將所有的 H 屋出租予乙經營違法應召站。3 個月後，因警方取締嚴格，該應召站生意清淡，

乙連續數月未依約支付租金。試問：甲得否向乙請求支付租金，或以不當得利請求使用 H 屋的代價？又甲得否向乙基於所有權請求返還 H 屋？【提示：民法 767 I 前段】

二、丙報名參加中醫師考試，丁於考前對丙表示手中持有部分典試委員洩露的考題，丙、丁約定以 10 萬元買賣該批考題資料。丙取得丁交付的考題後，連日努力研讀習作，信心滿滿地應考，卻發現資料與實際考題完全無關。試問：丙得否對丁主張不當得利，請求返還自己給付的 10 萬元？ ⑫⑥

問題 1–50

不當得利的受領人應返還受害人之標的為何？

甲無法律上原因而受領乙 H 屋的所有權移轉後，隨即將 H 屋以月租 2 萬元出租予第三人丙。8 個月後，乙對甲要求不當得利的返還。請問甲對乙的返還標的有哪些？

💡 提　示

一、不當得利的所受利益，是指哪些客體？

二、利益的受領人本於該利益更有所取得時，應否一併返還？

三、利益的受領人已經不能返還原來所受的利益，則應如何償還？

🧠 解　析

關於不當得利之返還標的（或方法），民法第 181 條規定：「不當得利之受領人，除返還其所受之利益外，如本於該利益更有所取得者，並應返還。但依其利益之性質或其他情形不能返還者，應償還其價額。」依此，得

---

⑫⑥　最高法院 56 年臺上字第 2232 號判例。

利人原則上應原物返還，而返還的標的包括其所受的利益，以及本於該所受利益而更有所取得者；若不能返還原物，則應償還其價額，則此返還標的即為金錢。

一、原物返還

㈠**所受的利益**：所受的利益，指基於該不當得利事實而取得的利益，例如債權、物的所有權或占有、專利權等。解釋上應包括該利益的代償物，例如基於受讓債權而討取的現金、原物毀損的損害賠償。

　　至於受領人因法律行為所取得的標的，是否屬於此所指的代償物，例如買賣的價金、互易所取得的對價，國內實務及多數學者採肯定說❶，在德國則以否定說為通說。本書認為宜採否定說，並適用民法第181條但書，由得利人償還其價額。

㈡**本於該所受利益更有所取得者**：此指由所受領的物或權利所生的孳息，例如債權的利息、母牛生的小牛，以及其他所得，例如企業的利潤、獎券的中獎、埋藏物的發現。

二、價額償還

　　得利人的所得利益不能償還時，須償還其價額（民法181但書）❷。此價額，指償還義務成立時（受益時）的客觀價值（市價），而非受領人於實際交易所取得的代價❸。例如就勞務而言，為適當的報酬；若土地受領人已設定抵押權，則為該負擔的價額。

---

❶　肯定說，最高法院30年上字第40號判例；鄭玉波、陳榮隆，《民法債編總論》，2002，頁144；林誠二，《民法債編總論（上）》，2000，頁221。

　　否定說，如王伯琦，《民法債篇總論》，1962，頁62；Brox, *Besonderes Schuldrecht*, 1995, Rn. 427。孫森焱，《民法債編總論（上）》，2004，頁179，則將其劃歸為「本於該利益更有所取得者」，亦得請求返還。

❷　並注意民法第812條第1項規定。

❸　Brox, *Bes. Schuldrecht*, 1995, Rn. 428；孫森焱，《民法債編總論（上）》，2004，頁179。

案例分析

在上述案例事實中，甲無法律上原因而受領乙 H 屋的所有權移轉後，隨即將 H 屋以月租 2 萬元出租予第三人丙。8 個月後，乙對甲要求不當得利的返還。依民法第 181 條規定，甲不當得利所取得的利益，為 H 屋的所有權及其占有，因此應原物返還給乙。甲乃是基於該取得的 H 屋的所有權及占有，而更取得租金的利益，此之收取的租金，為甲本於所受利益更有所取得者，亦應返還給乙；若有未收取的租金，則應將該租金債權轉讓給乙。

結論 甲應返還予乙的標的，包括有 H 屋的所有權及其占有，以及甲已經收取的租金及未收取租金的債權。

相關法條

▶民法第 181 條

不當得利之受領人，除返還其所受之利益外，如本於該利益更有所取得者，並應返還。但依其利益之性質或其他情形不能返還者，應償還其價額。

甲將一油畫以 1 萬元賣給乙，並移轉所有權，乙再以 2 萬元轉讓給善意的丙。事後證實，甲、乙間買賣契約無效。試問：若甲自己原（僅）可能以 1 萬 5 千元賣出，則對乙主張不當得利返還請求權時，其請求返還的標的為何？

問題1-51

不當得利的受領人所受利益已不存在,是否仍有返還義務? 若係無償讓與第三人, 受害人得否請求該第三人返還?

> 乙由甲受領 C 轎車一輛及 M 機車一輛，受領後留 C 轎車自用，而將 M 機車贈與其友丙。乙嗣後得知自己受領 C 轎車及 M 機車並無法律上原因，卻仍將 C 轎車贈與其妹婿丁。請問甲得向何人主張不當得利，請求返還 C 轎車、M 機車或其他給付？

提　示

一、不當得利的返還客體為何？

二、不當得利受領人在什麼情況下免負返還義務？

三、受害人得否請求受讓不當得利的第三人返還其利益？

解　析

一、不當得利的返還客體[130]

二、受領人的免負返還義務

原則上不當得利的受領人應返還其現存利益（現有利益），並且以被請求時為準，而不以被起訴時為準[131]。此所謂現存利益，不以當初所受領標的物的原形為限；其原形雖不存在，而實際上受領人所獲財產總額的增加現尚存在，仍為現存利益[132]。依實務見解，如果不當得利的受領人所受利益為金錢時，因金錢具有高度可代替性及普遍使用性，只須移入受領人的財產中，即難以識別，通常無法判斷其存在與否，除非受領人能明確證明確以該金錢贈與他人，始可主張該利益不存在[133]。

---

[130]　參閱上述問題 1–50【解析】。

[131]　鄭玉波、陳榮隆，《民法債編總論》，2002，頁 143。

[132]　最高法院 41 年臺上字第 637 號判例（財產總額的增加）；最高法院 93 年臺上字第 1956 號判決；最高法院 93 年臺上字第 1980 號判決；孫森焱，《民法債編總論（上）》，2004，頁 181。

[133]　最高法院 93 年臺上字第 1980 號判決；最高法院 93 年臺上字第 1956 號判決。針對溢

為保護善意的受領人，民法第 182 條第 1 項規定，不當得利的受領人，不知無法律上的原因，而其所受的利益已不存在時，免負返還或償還價額的責任[134]。

相反地，惡意的受領人不受保護，民法第 182 條第 2 項規定，受領人於受領時，知無法律上的原因（自始惡意），或其後才得知（中途惡意或嗣後惡意），則應將知無法律上的原因時所現存的利益，附加利息一併償還；如有損害並應賠償。

返還義務人		返還之標的物	返還義務的範圍	法條
善意受領人		所受利益及本於該利益的所得 ⇨（不能返還時）其價額	於現存利益的限度返還或償還 ⇨利益不存在則免	民法 182 I
惡意受領人	自始惡意	同上	1.受領時所得的利益 2.附加利息 3.損害賠償	民法 182 II
	中途惡意	同上	1.知無法律上原因時的現存利益 2.附加利息 3.損害賠償	民法 182 II

▲不當得利的返還義務之標的物及範圍

三、第三人的返還義務

依民法第 182 條規定，受領人被請求時或知無法律上的原因時，已經不存在的利益，即不負返還義務。若是該已經不存在的利益，係因受領人無償讓與第三人而不存在，為進一步保護債權人，民法第 183 條規定，受讓的第三人在受領人因此而免返還義務，該第三人於受領人所免返還義務的限度內，負返還責任。

領薪俸（尤其是勞工薪資），王澤鑑，《債法原理(二)》，2004，頁 255–256，以其多用於充實生活或扶養之目的，為免因須返還而導致生活困難，認為外國為保護經濟弱勢而多認其所受利益不存在之判例、學說，可供參考。

[134] 此規定對不當得利的債權人（受害人）則相對地不利。

附帶一提地，當無償受讓的第三人受返還請求，而其所受利益已經不能返還時，應類推適用民法第181條規定償還其價額；若所受利益已經不存在，則類推適用民法第182條規定，分別依其為善意或惡意決定是否應負損害賠償責任[135]。

若是第三人受讓該利益，是由惡意受領人所讓與，或是在受領人得知無法律上的原因後，則應由該受領人自己負返還或償還價額的義務，除債權人合法行使民法第244條的撤銷權外，受讓的第三人並無返還義務。此第三人若將受讓的利益無償讓與他人而因類推適用民法第182條規定亦免返還責任時，自第三人轉得利益的人亦應類推適用民法第183條負返還轉得利益的責任[136]。

案例分析

在上述案例事實中，乙由甲受領 C 轎車一輛及 M 機車一輛，受領後留 C 轎車自用，而將 M 機車贈與其友丙。乙無法律上原因自甲取得 C 車及 M 車（所有權），屬不當得利，依民法第181條規定，不當得利的受領人乙應返還該受領的 C 車及 M 車；如不能返還時，應償還其價額。

依題示，乙係嗣後得知自己受領 C 轎車及 M 機車並無法律上原因，即為善意的受領人。依民法第182條第1項規定，乙在將 M 車贈與其友丙後，才得知無法律上原因，其所受的利益 M 車已經不存在，因此不負返還 M 車的義務。

惟依民法第183條規定，乙將 M 車贈與丙，屬無償讓與，並因此免負返還義務，受讓人丙應於乙免負返還義務的範圍內，將所轉得的利益返還予甲，即將 M 車返還給甲。

乙嗣後得知自己受領 C 轎車並無法律上原因，卻仍將 C 轎車贈與其妹婿丁。依民法第182條第2項規定，不當得利的受領人，其後得知無法律

---

[135] 王澤鑑，《債法原理(二)》，2004，頁275，認為直接適用民法第181條及第182條。

[136] 相同見解，王澤鑑，《債法原理(二)》，2004，頁275；孫森焱，《民法債編總論（上）》，2004，頁188。

上的原因，應將知無法律上原因時所現存的利益，附加利息一併償還；如有損害並應賠償。乙為中途惡意，應將 C 轎車附加利息，一併償還予甲。但因乙已經將 C 車贈與丁而不能返還予甲，依民法第 181 條但書規定應償還該 C 車的價額，並附加利息。

結論 (一)甲不得向乙主張不當得利請求返還 M 車，而得向丙請求返還 M 車。

(二)甲得向乙主張不當得利請求返還 C 車的價額並附加利息。

相關法條

▶民法第 179 條

無法律上之原因而受利益，致他人受損害者，應返還其利益。雖有法律上之原因，而其後已不存在者，亦同。

▶民法第 181 條

不當得利之受領人，除返還其所受之利益外，如本於該利益更有所取得者，並應返還。但依其利益之性質或其他情形不能返還者，應償還其價額。

▶民法第 182 條

不當得利之受領人，不知無法律上之原因，而其所受之利益已不存在者，免負返還或償還價額之責任。

受領人於受領時，知無法律上之原因或其後知之者，應將受領時所得之利益，或知無法律上之原因時所現存之利益，附加利息，一併償還；如有損害，並應賠償。

▶民法第 183 條

不當得利之受領人，以其所受者，無償讓與第三人，而受領人因此免返還義務者，第三人於其所免返還義務之限度內，負返還責任。

一、甲自乙受領一隻名貴母犬 D 時便明知其受領無法律上原因，數日後生下 6 隻可愛小狗。某日，甲因酒醉駕車，不慎碾死 D 及其所生小狗一隻。當乙向甲請求返還不當得利 D 狗時，得知 D 曾生下 6 隻小狗，但今僅存 5 隻小狗。試問：乙得否請求返還該所存的 5 隻小狗或其他賠償？

二、A 公司向 B 公司購買化學原料一批，價金 100 萬元，並於受領後全部用於製造工業產品而消耗殆盡。試問：當 B 公司確定其與 A 公司關於該批原料的買賣契約無效時，得否向 A 公司請求返還不當得利？

三、甲贈與乙計程車 T 一輛，乙再將 T 轉贈與丙，丙轉贈與丁，並均完成讓與合意及交付。隨即甲依法撤銷與乙間的贈與契約。試問：甲得否向丁請求返還該計程車 T？

問題 1-52

不當得利的受領人，其返還利益的範圍為何？

甲自乙受讓價值 20 萬元的 C 車之所有權，當他得知自己取得 C 車所有權並無法律上原因後，卻仍以 16 萬元的售價，將 C 車賣給第三人丙並移轉所有權。請問乙得否向甲主張不當得利的返還？若得請求，則其請求返還的範圍為何？

提 示

一、不當得利受領人是否僅有返還所受領標的物原物之義務？

二、不當得利受領人的返還範圍，是否因其為善意或惡意而有所不同？

🧠 解　析

一、返還客體

　　就不當得利返還的客體，民法第 181 條規定:「不當得利之受領人，除返還其所受之利益外，如本於該利益更有所取得者，並應返還。但依其利益之性質或其他情形不能返還者，應償還其價額。」依此，不當得利受領人應返還的客體，為所受利益，以及本於該利益更有所取得的利益（返還原物）；若不能返還原物時，應償還其價額（償還價額）。

二、返還範圍

　　就受領人返還義務的範圍，民法第 182 條規定:「不當得利之受領人，不知無法律上之原因，而其所受之利益已不存在者，免負返還或償還價額之責任。受領人於受領時，知無法律上之原因或其後知之者，應將受領時所得之利益，或知無法律上之原因時所現存之利益，附加利息，一併償還；如有損害，並應賠償。」依此規定，不當得利的受領人，原則上應返還其被請求時的現存利益（現有利益）❼，惟此所謂現存利益並不以當初所受領標的物的原形為限❽。

　　而利益受領人返還義務的範圍，會因其為善意或惡意而不同:

㈠**善意的受領人:** 依民法第 182 條第 1 項規定，善意的受領人應返還現存利益（現有利益），但不以所受利益原形為限❾。蓋不當得利規定，目的在於所得利益的返還，即財產增加的回復。

　　若其利益已不存在，則免返還或償還，例如受領的標的物已經消滅、

---

❼ 鄭玉波、陳榮隆，《民法債編總論》，2002，頁 143。

❽ 最高法院 41 年臺上字第 637 號判例（財產總額的增加）；93 年臺上字第 1956 號判決；93 年臺上字第 1980 號判決；孫森焱，《民法債編總論（上）》，2004，頁 181。

❾ 最高法院 41 年臺上字第 637 號判例（財產總額的增加）；93 年臺上字第 1956 號判決；93 年臺上字第 1980 號判決；孫森焱，《民法債編總論（上）》，2004，頁 181。

毀損、消費。關於確定現存利益的時點，依通說應以「受返還請求時」為準，而不以「提起返還請求訴訟之時」為準[140]。

所謂「所受之利益已不存在」，非指所受利益的原形不存在而言，其原形雖不存在，而實際上受領人所獲財產總額的增加現尚存在，不得謂利益不存在。如不當得利的受領人所受利益為金錢時，因金錢具有高度可代替性及普遍使用性，只須移入受領人的財產中，即難以識別，通常無法判斷其存在與否，除非受領人能證明確以該金錢贈與他人，始可主張該利益不存在[141]。

最高法院認為，無權占有他人土地，可能獲得「相當於租金的利益」，為社會通常的觀念；依不當得利法則請求返還不當得利，得請求返還的範圍，應以對方所受的利益為度，而非以請求人所受損害若干為準（參照最高法院 61 臺上 1695 判例）；惟於審酌對方所受的利益時，如無客觀具體數據可資計算，則請求人所受損害的數額，可據為計算不當得利的標準[142]。

㈡惡意的受領人：於受領人為惡意的情形，其返還範圍，依民法第 182 條第 2 項規定，因其為自始惡意或中途惡意（受領之後知情），又有區別。

如果是受領人自始惡意，應將受領時所有利益，附加利息返還；不能返還，則損害賠償。如果受領人是中途（嗣後）惡意，則應將知無法律上原因時所存利益，附加利息返還；不能返還，則損害賠償。

三、無償受讓的第三人

民法第 183 條規定：「不當得利之受領人，以其所受者，無償讓與第三人，而受領人因此免返還義務者，第三人於其所免返還義務之限度內，負返還責任。」[143]此僅適用於利益受領人善意地將所受利益無償讓與第三人情形。

---

[140] 鄭玉波、陳榮隆，《民法債編總論》，2002，頁 143。

[141] 最高法院 93 年臺上字第 1980 號判決；最高法院 93 年臺上字第 1956 號判決。

[142] 最高法院 92 年臺上字第 324 號判決。

[143] 相當於德民 §822 BGB。林誠二，《民法債編總論（上）》，2000，頁 224–226，認民法第

178

所謂無償讓與，如贈與、遺贈等。其所讓與者，乃原應返還的所受利益，即受領人若未讓與，原有義務將該利益返還，如受領的原物、孳息、代償物等。因利益受領人善意無償讓與其所受利益，則其利益已不存在，而免返還義務（民法 182 I）。相對地，如果受領人惡意或有償讓與其所受利益，並不能免除返還義務（民法 181、182 II）。

有疑問的是，當無償受讓的第三人於受返還請求時，其所受利益已經不能返還，是否應償還其價額？或其所受利益已經不存在，是否應負損害賠償責任？本書認為應分別類推適用民法第 182 條第 2 項及第 181 條規定，均採肯定見解。

返還義務人		返還之標的物	返還義務的範圍	適用法條
善意受領人		所受利益及本於該利益的所得 ⇨（不能返還時）其價額	於現存利益的限度返還或償還 ⇨利益不存在則免	民法 182 I
惡意受領人	自始惡意	同上	1.受領時所得的利益； 2.附加利息； 3.損害賠償	民法 182 II
	中途惡意	同上	1.知無法律上原因時的現存利益； 2.附加利息； 3.損害賠償	民法 182 II
無償受讓的第三人		同上	於受領人因無償讓與而免返還義務的範圍內	民法 183

▲不當得利的返還義務（標的物及範圍）

🔍 案例分析

在上述案例事實中，甲自乙受讓價值 20 萬元的 C 車之所有權，當他得知自己取得 C 車所有權並無法律上原因後，卻仍以 16 萬元的售價，將 C 車賣給第三人丙並移轉所有權。甲無法律上原因自乙受讓價值 20 萬元的

183 條無適用餘地，主張刪除。

C 車之所有權，構成不當得利，依民法第 179 條前段，應返還其利益。甲得知自己取得 C 車所有權並無法律上原因後，仍以 16 萬元的售價，將 C 車賣給第三人丙並移轉所有權。依民法第 182 條第 2 項規定：「受領人於受領時，知無法律上之原因或其後知之者，應將受領時所得之利益，或知無法律上之原因時所現存之利益，附加利息，一併償還；如有損害，並應賠償。」甲惡意將 C 車讓售給丙，縱其所受利益及 C 車所有權已經不存在，仍應依民法第 182 條第 2 項規定，以其知無法律上原因時的現存利益為標準，計算甲應賠償乙的損害，並附加利息。

結論 乙得向甲主張不當得利的返還，而乙請求不當得利返還的範圍，以甲知無法律上原因時的現存利益為標準，計算甲應賠償乙的損害，並附加利息。

相關法條

▶民法第 179 條

無法律上之原因而受利益，致他人受損害者，應返還其利益。雖有法律上之原因，而其後已不存在者，亦同。

▶民法第 181 條

不當得利之受領人，除返還其所受之利益外，如本於該利益更有所取得者，並應返還。但依其利益之性質或其他情形不能返還者，應償還其價額。

▶民法第 182 條

不當得利之受領人，不知無法律上之原因，而其所受之利益已不存在者，免負返還或償還價額之責任。

受領人於受領時，知無法律上之原因或其後知之者，應將受領時所得之利益，或知無法律上之原因時所現存之利益，附加利息，一併償還；如有損害，並應賠償。

▶民法第 183 條

不當得利之受領人，以其所受者，無償讓與第三人，而受領人因此免返還
義務者，第三人於其所免返還義務之限度內，負返還責任。

甲誤將 3 萬元轉帳到乙的 A 帳戶中，乙不知情而將 A 帳戶存款以金融卡
提領 4 萬元，此帳戶僅餘存 900 元存款。乙將所提領的 4 萬元全部用以
購買該期大樂透，卻僅中一注彩金 1000 元。嗣後，甲向乙主張不當得
利請求返還 3 萬元。乙則抗辯，不構成不當得利，縱有得利，該利益也
已經不存在，因此拒絕返還。試問：乙的抗辯有無理由？[144]

第六節　侵權行為

問題 1–53

一般侵權行為有哪些基本類型？

甲男的多年女友乙移情別戀，當甲得知乙將與新男友丙訂婚時，軟硬兼
施要求乙女回到自己身邊未果。甲為破壞乙、丙間的感情並達報復目
的，將過去私拍的甲、乙二人性愛影帶及照片放置在網站上，供人任意
瀏覽及下載。乙、丙間的感情因此破裂而分手，乙女遭受嚴重精神痛
苦。請問乙是否得依何法律規定向甲請求賠償？

---

[144] 最高法院 93 年臺上字第 1980 號判決要旨：「民法第一百八十二條第一項所謂『所受之
利益已不存在』，非指所受利益之原形不存在者而言，原形雖不存在，而實際上受領人
所獲財產總額之增加現尚存在，不得謂利益不存在。如不當得利之受領人所受利益為
金錢時，因金錢具有高度可代替性及普遍使用性，祇須移入受領人之財產中，即難以
識別。是原則上無法判斷其存在與否，除非受領人能明確證明確以該金錢贈與他人，
始可主張該利益不存在。」

提　示

一、何謂侵權行為？

二、一般侵權行為與特殊侵權行為如何區分？

三、一般侵權行為的規定與基本類型的劃分。

解　析

一、侵權行為的概念

我國民法第 184 條規定：「因故意或過失，不法侵害他人之權利者，負損害賠償責任。故意以背於善良風俗之方法，加損害於他人者亦同。違反保護他人之法律，致生損害於他人者，負賠償責任。但能證明其行為無過失者，不在此限。」可知侵權行為，乃侵害他人權利或利益而致生損害的違法行為，其法律效果為行為人須負損害賠償責任。

二、一般侵權行為與特殊侵權行為的區分

從各國侵權法的演進得知，侵權行為皆由個別侵權行為，逐漸發展成為一般侵權行為，因而各國侵權行為法，除規定有一般侵權行為，另外設有「特殊侵權行為」，我國民法的侵權行為法亦然[145]。

所謂一般侵權行為，指行為人個人因故意或過失不法侵害他人權利或利益，而致生損害於他人的行為。民法第 184 條規定：「因故意或過失，不法侵害他人之權利者，負損害賠償責任。故意以背於善良風俗之方法，加損害於他人者亦同。違反保護他人之法律，致生損害於他人者，負賠償責任。但能證明其行為無過失者，不在此限。」即為侵權行為的基本類型，稱為「一般侵權行為」或「通常侵權行為」。

相對於一般侵權行為，尚有其他特殊類型的侵權行為，被統稱為特殊侵權行為。其特殊性，在於針對某種類型的侵害行為，法律規定有與一般

[145] 王澤鑑，《侵權行為法(一)》，2005，頁 41~65。

侵權行為不同的要件，包括行為態樣（如第三人參與、自己行為以外的其他事實）、保護法益（權利及利益）、因果關係（如法律推定）、歸責事由（歸責原則：推定過失）、責任的型態、舉證責任（倒置）等❿。

債的原因	法典	分類	法條
侵權行為	民法	一般侵權行為	民法 184
		特殊侵權行為	民法 185–191 之 3、28、782
	特別法	特殊侵權行為	消保法 7 III、大眾捷運法 45 之 2 IV、46 I、民航法 89、核損賠償法 18、公路法 64 I、著作權法 84、85、88

▲侵權行為的分類與規定

　　一般侵權行為與特殊侵權行為的規定，除特別法設有「特別法排除普通法」規定時，優先適用該特別法規定，例如消費者保護法第 1 條第 2 項、核子損害賠償法第 1 條第 2 項；否則，原則上應得並行適用，構成被害人之所謂的請求權競合，尤其民法中所設之一般侵權行為與特殊侵權行為的規定，原則上即非「特別法排除普通法」的關係，而是得並行適用❿。

　　因此，當行為人的同一行為，同時具備一般侵權行為與特殊侵權行為的要件時，通常構成被害人的多數請求權競合，由被害人自由選擇行使。❿

🔍 案例分析

　　在上述案例事實中，甲男因其多年女友乙移情別戀，當其得知乙將與新男友丙訂婚時，軟硬兼施要求乙女回到自己身邊未果，而為了破壞乙、丙間的感情並達報復目的，將過去私拍的甲、乙二人性愛影帶及照片放置在網站上，供人任意瀏覽及下載。甲的行為，侵害乙的隱私權及一般人格權且有背於善良風俗；甲的行為亦足以構成刑法第 309 條的公然侮辱罪或

---

❿　比較王澤鑑，《侵權行為法⑵》，2006，頁 10–12。

❿　王澤鑑，《侵權行為法⑵》，2006，頁 15。

❿　通說，參閱王澤鑑，《侵權行為法⑴》，2005，頁 71。

第 310 條的誹謗罪，成立違反保護他人的法律。甲的行為導致乙、丙間的感情因此破裂而分手，乙女遭受嚴重精神痛苦。甲的侵害行為與乙的損害間，有相當的因果關係存在。

因甲的行為同時具備民法第 184 條第 1 項前段、第 1 項後段及第 2 項的要件，依多數說乃成立「請求權競合」[149]，乙得依照上述民法第 184 條第 1 項前段、第 1 項後段及第 2 項三個規定，向甲請求侵權行為的損害賠償。

結論 乙得依照民法第 184 條第 1 項前段、第 1 項後段及第 2 項三規定中任一規定，向甲請求侵權行為的損害賠償。

相關法條

▶民法第 184 條

因故意或過失，不法侵害他人之權利者，負損害賠償責任。故意以背於善良風俗之方法，加損害於他人者亦同。

違反保護他人之法律，致生損害於他人者，負賠償責任。但能證明其行為無過失者，不在此限。

練習題

一、甲在網路拍賣網站上以 2 萬元標得乙提出供競標的一臺 C 數位相機，乙先傳真便利超商的 C 數位相機寄貨快遞存根影本予甲，甲收到傳真後即將價金 2 萬元匯到乙所指定的帳戶。當晚甲收到快遞包裹，打開一看，裡面不是期待的 C 相機，而是磚塊一塊。試問：甲是否得依何規定向乙要求賠償其損害？

二、丙自製並販售未經核准的飼料，卻對養豬戶丁謊稱該飼料為進口的高級貨，能明顯提高豬隻的成長速度及肉質。丁信以為真，向丙訂

---

[149] 不同見解，孫森焱，《民法債編總論（上）》，2004，頁 245，主張民法第 184 條第 1 項後段規定所保護者，為權利以外的其他利益。若被侵害的是法律明認的權利，則應適用民法第 184 條第 1 項前段。

購數百公斤該飼料，餵食所飼養的豬隻後卻導致豬隻大量死亡。試問：丁是否得依何規定向丙請求賠償損害？ ⑮【提示：飼料管理法第 27 條】

問題 1-54

一般侵權行為與特殊侵權行為間的關係如何？

甲駕駛汽車行經行人穿越道，有行人穿越時，未暫停讓行人先行通過，而與行人爭道，不慎撞倒行人乙，導致其頭部撞及柏油路面而腦震盪。請問甲應依何規定負民事法律責任？

提　示

一、何謂一般侵權行為與特殊侵權行為？
二、特殊侵權行為規定是否優先於一般侵權行為規定而適用？

解　析

一、一般侵權行為與特殊侵權行為的概念

㈠一般侵權行為：所謂一般侵權行為，指行為人個人因故意或過失不法侵害他人權利或利益，而致生損害於他人的行為。民法第 184 條規定：「因故意或過失，不法侵害他人之權利者，負損害賠償責任。故意以背於善良風俗之方法，加損害於他人者亦同。違反保護他人之法律，致生損害於他人者，負賠償責任。但能證明其行為無過失者，不在此限。」此為侵權行為的基本類型，稱為一般侵權行為或通常侵權行為。

㈡特殊侵權行為：所謂的特殊侵權行為，乃指民法第 184 條所規定的一般

---

⑮　最高法院 70 年臺抗字第 406 號判例。

侵權行為外，其他民法條文或其他法律所規定之特殊類型的侵權行為。特殊侵權行為的特殊性，在於針對某種類型的侵害行為，法律規定有與一般侵權行為不同的要件，包括行為態樣（如第三人參與、自己行為以外的其他事實）、保護法益（權利、利益）、因果關係（如因果關係推定）、歸責事由（歸責原則：如推定過失）、責任的型態、舉證責任的分配（如舉證責任倒置）等❶。民法第 185 條至第 191 條之 3 所規定的侵權行為，即屬特殊侵權行為；除此之外，民法其他條文中或其他法律中，亦可見有特殊侵權行為的規定，例如民法第 28 條、第 782 條；消費者保護法第 7 條第 3 項；大眾捷運法第 45 條之 2 第 4 項、第 46 條第 1 項；民用航空法第 89 條；核子損害賠償法第 18 條、公路法第 64 條第 1 項；著作權法第 84 條、第 85 條、第 88 條。❷

二、一般侵權行為與特殊侵權行為的關係

一般侵權行為與特殊侵權行為的規定，除特別法設有「特別法排除普通法」規定時，優先適用該特別法規定，例如消費者保護法第 1 條第 2 項、核子損害賠償法第 1 條第 2 項；否則，原則上應得並行適用，構成被害人之所謂的「請求權競合」，尤其民法中所設之一般侵權行為與特殊侵權行為的規定，原則上非「特別法排除普通法」的關係，而是得並行適用❸；惟民法第 186 條規定與第 184 條間的關係，則是法條競合，民法第 186 條的適用排除第 184 條的適用❹。

因此，當行為人的同一行為，同時具備一般侵權行為與特殊侵權行為的要件時，通常構成被害人的多數損害賠償請求權競合，由被害人自由選擇行使❺。

---

❶　比較王澤鑑，《侵權行為法㈡》，2006，頁 10–13。

❷　參閱問題 1–53【解析】二、侵權行為的分類與規定一表。

❸　王澤鑑，《侵權行為法㈡》，2006，頁 15。

❹　最高法院 93 年臺上字第 628 號判決；新竹地院 92 年訴字第 667 號判決。

❺　通說，僅參閱王澤鑑，《侵權行為法㈠》，2005，頁 71。

案例分析

　　在上述案例事實中，甲駕駛汽車行經行人穿越道有行人穿越時，未暫停讓行人先行通過，而與行人爭道，不慎撞倒其中一行人乙，導致其頭部撞及柏油路面而腦震盪。甲撞傷乙的行為，符合民法第 184 條第 1 項前段，因過失不法侵害他人權利，並造成他人的損害，應對乙負損害賠償責任。其次，道路交通管理處罰條例第 44 條第 2 項規定：「汽車駕駛人，駕駛汽車行經行人穿越道有行人穿越時，不暫停讓行人先行通過者，處新臺幣一千二百元以上三千六百元以下罰鍰。」此係保護行人安全的規定，因此甲未暫停讓行人先行通過而撞傷乙的行為，符合民法第 184 條第 2 項本文規定，違反保護他人的法律，致生損害於他人，應對乙負賠償責任。最後，甲駕駛車輛撞傷乙，亦符合民法第 191 條之 2 本文規定，汽車在使用中加損害於他人，駕駛人甲應賠償乙因此所生的損害。

　　甲的行為同時構成民法第 184 條第 1 項前段、同條第 2 項及第 191 條之 2 規定的侵權行為，此三規定得並行適用，構成被害人乙的三個損害賠償請求權競合，乙得自由選擇適用以請求賠償。

結論　甲應依民法第 184 條第 1 項前段、同條第 2 項及第 191 條之 2 規定，對被害人乙負侵權行為的損害賠償責任。

相關法條

▶民法第 184 條

因故意或過失，不法侵害他人之權利者，負損害賠償責任。故意以背於善良風俗之方法，加損害於他人者亦同。

違反保護他人之法律，致生損害於他人者，負賠償責任。但能證明其行為無過失者，不在此限。

▶民法第 191 條之 2

汽車、機車或其他非依軌道行駛之動力車輛，在使用中加損害於他人者，

駕駛人應賠償因此所生之損害。但於防止損害之發生,已盡相當之注意者,不在此限。

▶道路交通管理處罰條例第 44 條第 2 項

汽車駕駛人,駕駛汽車行經行人穿越道有行人穿越時,不暫停讓行人先行通過者,處新臺幣一千二百元以上三千六百元以下罰鍰。

▶消費者保護法第 1 條第 2 項

有關消費者之保護,依本法之規定,本法未規定者,適用其他法律。

▶核子損害賠償法第 1 條第 2 項

原子能和平用途所發生核子損害之賠償,依本法之規定;本法未規定者,依其他法律之規定。

練習題

一、商人甲明知其所販售的 M 牌奶粉含有過量的三聚氰胺,卻隱瞞該事實而販售 M 牌奶粉予乙,導致乙的幼兒丙食用後身體健康受到損害,經數月的治療才獲得康復。試問:乙或丙是否得依何規定向甲請求損害賠償?

二、深夜,丁騎機車未開燈,致騎腳踏車的戊閃避不及,而與丁的機車擦撞,造成戊的手臂骨折及身上多處擦傷,腳踏車則全毀。試問:戊得否依何規定對丁請求損害賠償?

問題 1-55

債權得否構成一般侵權行為的客體?

甲將 H 屋以 500 萬元賣給乙,隨即將 H 屋交付給乙,乙舉家遷入居住,但尚未完成所有權移轉契約及移轉登記。第三人丙雖知上情,卻仍因喜

愛 H 屋而故意誘使甲將 H 屋以 560 萬元讓售給自己，並完成所有權移轉契約及移轉登記。當丙持 H 屋的所有權狀向乙要求遷出時，乙主張丙應依民法第 184 條第 1 項規定負損害賠償責任。請問乙的主張有無理由？

提　示

一、民法第 184 條第 1 項前段所規定的權利，是否包括債權？
二、第三人是否可能侵害債權？

解　析

一、民法第 184 條第 1 項前段的權利

民法第 184 條第 1 項規定：「因故意或過失，不法侵害他人之權利者，負損害賠償責任。」此為侵權行為的最基本型態，行為人的行為侵害的客體必須是私法上權利；公法上權利或其他純粹經濟上、財產上的利益，非本規定保護範圍[156]。學說上極有爭議的是，債權是否屬於民法第 184 條第 1 項規定所保護的客體。

二、第三人侵害債權

國內多數說以債權為權利的一種，民法第 184 條第 1 項並未將之排除，因此主張債權亦屬於該規定的保護客體，侵害債權亦有該規定的適用[157]。

---

[156] 最高法院 62 年度第 1 次（62 年 2 月 20 日）民庭庭長會議（詐欺破產逃稅）；最高法院 82 年臺上字第 1852 號判例（教育部評審會評審教授升等）；王澤鑑，《侵權行為法(一)》，2005，頁 109；孫森焱，《民法債編總論（上）》，2004，頁 213。

[157] 最高法院 72 年臺上字第 599 號判例；最高法院 77 年度第 19 次（77 年 11 月 1 日）民庭庭長會議(二)；最高法院 93 年臺上字第 2046 號判決；最高法院 95 年臺上字第 294 號判決；最高法院 95 年臺上字第 628 號判決。
　　至於最高法院 43 年臺上字第 639 號判例與 43 年臺上字第 752 號判例，則以給付遲延

就侵害債權的主體而言，可區分為債務人的侵害債權及第三人的侵害債權。債務人若不給付而（消極）侵害債權，得構成債務不履行的給付不能或給付遲延，應無侵權行為規定的適用；債務人若給付不符債的本旨而（積極）侵害債權，除構成債務不履行的不完全給付外，仍得成立侵權行為；惟此被侵害的客體並非債權本身，而是其他的權利或利益。因此，債務人並不會侵害債權本身，而負民法第 184 條第 1 項前段的損害賠償責任❶。

至於第三人侵害債權，有以下四種主要態樣：

㈠**對債務人的身體或健康加害，致債務人不能依債務本旨為勞務的給付。**

㈡**對債之標的物加害，致該標的物毀損或滅失，構成瑕疵給付或給付不能。**

㈢**誘使債務人違背對於債權人的給付義務（民法 184 I 後段）。**

㈣**無權利人經由受領清償給付，雖無權卻有效地處分他人的債權（民法 310 ②）。**

債權除因其本身的相對性，難以發生第三人得以侵害的情形外，即使上述對債務人的身體或健康加害或對債之標的物加害情形，第三人的侵害行為與債權損害間也僅有間接關係，而侵權行為的損害賠償請求權所欲填補的損害，除少數例外規定例如民法第 192 條、第 194 條外，原則上以直接損害為限。因債權不具社會典型的公開性，且為了維持正常的社會交易活動與競爭秩序，所以在利益衡量與價值判斷下，應認為債權非屬於民法第 184 條第 1 項前段的保護客體。因此，第三人侵害債權，僅可能構成民法第 184 條第 1 項後段的侵權行為❶。

或債務不履行規定為侵權行為的特別規定，排除侵權行為規定的適用，可推知其認為民法第 184 條第 1 項前段的權利也包括債權；王伯琦，《民法債編總論》，1962，頁 73；鄭玉波、陳榮隆，《民法債編總論》，2002，頁 173–174。

❶ 最高法院 95 年臺上字第 628 號判決。

❶ 王澤鑑，《民法學說與判例研究(五)》，218–220、222–223 頁；王澤鑑，《侵權行為法(一)》，2005，196–202 頁；黃茂榮，〈債之關係、債權、債務與責任〉，《植根雜誌》第 17 卷第 2 期，2001 年 2 月，頁 23；黃立，《民法債編總論》，1999，263 頁。

孫森焱，《民法債編總論（上）》，2004，頁 217，採「折衷說」，認為如債權人的行為足

案例分析

　　在上述案例事實中，甲將 H 屋以 500 萬元賣給乙，隨即將 H 屋交付給乙，乙舉家遷入居住，但尚未完成所有權移轉契約及移轉登記。第三人丙雖知上情，卻仍因喜愛 H 屋而故意誘使甲將 H 屋以 560 萬元讓售給自己，並完成所有權移轉契約及移轉登記。丙取得 H 屋的所有權，致使乙對甲之買受物 H 屋移轉所有權的請求權不能滿足。基於債權的相對性，乙的債權對丙並無拘束力，丙的行為，亦不足以使乙對甲的債權（完全）消滅；其次，在經濟的自由競爭，以及物的效用之發揮的前提下，在丙非以損害乙為其主要目的之前提下，應容許其以更高的價格去取得 H 屋的所有權。因此，本案中丙的行為並未直接侵害乙對甲的債權，縱使認為民法第 184 條第 1 項前段保護的客體包括債權在內，在本案例亦無適用的餘地⑯。

　　所以，當丙持 H 屋的所有權狀向乙要求遷出時，乙主張丙應依民法第 184 條第 1 項規定負損害賠償責任。因為丙並未直接侵害乙對甲的債權，乙的主張無理由。

結論　乙主張丙應依民法第 184 條第 1 項規定負損害賠償責任。因為丙並未直接侵害乙對甲的債權，無理由。

相關法條

▶民法第 184 條

因故意或過失，不法侵害他人之權利者，負損害賠償責任。故意以背於善良風俗之方法，加損害於他人者亦同。

違反保護他人之法律，致生損害於他人者，負賠償責任。但能證明其行為無過失者，不在此限。

以使債權消滅【按：難以想像】，可成立侵權行為。

⑯　王澤鑑，《侵權行為法㈠》，2005，頁 200。

甲與乙為演藝事業上的競爭對手，當乙獲悉著名歌手丙將於 5 月 20 日參與甲的演唱會，便指使丁製造假車禍將丙撞傷，導致丙住院數日，20 日的表演也未能出場。因丙的缺席，甲在該日舉辦的演唱會票房較預期差，更引發觀眾要求退票，甲因該場演唱會虧損 100 萬元。試問：甲得否對乙請求損害賠償？依何規定？

問題 1-56

行為是否「不法」，應如何認定？

甲女對鄰居乙女因故心生不滿，知膽小的乙經常上夜班後獨自騎機車回家，卻經常故意穿著一身白衣裙在乙下班返家途中出沒，導致乙女多次驚嚇，甚至摔傷，精神上也逐漸受到傷害而致無法正常上班。請問乙女得否對甲女請求侵權行為的損害賠償？

提 示

一、侵權行為的構成，是否以不法為必要？

二、如何判斷一行為是否不法？

解 析

一、侵權行為的要件

民法第 184 條第 1 項規定：「因故意或過失，不法侵害他人之權利者，負損害賠償責任。故意以背於善良風俗之方法，加損害於他人者亦同。」依此規定，列舉侵權行為的要件如下表：

一、客觀構成要件	㈠行為 ㈡侵害他人的權利 ㈢責任成立因果關係：判斷該權利侵害是否因其行為而生 ㈣損害 ㈤責任範圍因果關係：決定該損害應否由行為人負責賠償
二、違法性	原則：侵害他人權益的行為係不法； 例外：阻卻違法事由存在
三、有責性	㈠責任能力：識別能力為基礎 ㈡歸責事由：故意、過失（過失責任）⇨抽象輕過失

▲ 侵權損害賠償債權（債務）的要件 ❶⑥①

　　民法第 184 條第 1 項已明文規定「不法」為侵權行為的要件。

二、不法的概念及其認定

　　就侵權行為要件的「不法」的解釋，學說上有「結果不法說」與「行為不法說」之爭⑯②。國內通說採「結果不法說」，依此說，法律禁止侵害他人權利，侵害他人權利的行為，原則上即為不法，除非例外地有「阻卻違法事由」存在⑯③，例如民法第 149 條至第 152 條所規定的事由、權利的行使、被害人允諾、正當業務行為等。換句話說，原則上可由行為人之符合客觀構成要件的行為，推論其行為的違法性。

　　至於此所指的結果不法，非指侵害權利所致的損害，而是謂其行為侵害權利此一結果，即違法性判斷的對象係行為本身，而非造成的損害。

　　如行為人之符合侵權行為客觀構成要件的行為，具有違法阻卻事由，則例外而不違法，即不須負侵權行為責任。對此違法阻卻事由，行為人應負舉證責任。

---

⑯① 侵權行為與犯罪行為二者，在性質及要件上有共通之處，故此要件表近似於犯罪三階理論的體系，亦為德國普遍採用的方法。

⑯② 關於此二學說，參閱王澤鑑，《侵權行為法㈠》，2005，頁 262–263。

⑯③ 最高法院 72 年臺上字第 1469 號判例。

🔍 案例分析

在上述案例事實中，甲女對鄰居乙女因故心生不滿，知膽小的乙經常上夜班後獨自騎機車回家，卻經常故意穿著一身白衣裙在乙下班返家途中出沒，導致乙女多次驚嚇，甚至摔傷，精神上也逐漸受到傷害而致無法正常上班。甲的行為造成乙的身體與健康損害，符合民法第 184 條第 1 項前段規定的客觀構成要件。有疑問的是，甲的行為是否不法。甲穿著一身白衣裙在路上出沒，原屬於其自由權的範圍。惟依民法第 148 條第 1 項規定，權利的行使，不得以損害他人為主要目的，甲的上述行為是以驚嚇乙為其主要目的，違反民法第 148 條就權利的行使所設的限制規定，該行為性質上不再是屬於權利的行使，應否定其合法性。所以甲的行為符合民法第 184 條第 1 項前段規定的客觀構成要件，依通說「結果不法說」得推論該行為的違法性；而其原屬權利行使的行為，因違背民法第 148 條第 1 項規定，不得作為阻卻違法事由。甲因故意不法侵害乙的健康權，並造成損害，乙女得對甲女依民法第 184 條第 1 項前段規定，請求侵權的損害賠償。

結論 乙女得對甲女請求侵權的損害賠償。

📁 相關法條

▶民法第 148 條第 1 項

權利之行使，不得違反公共利益，或以損害他人為主要目的。

▶民法第 184 條

因故意或過失，不法侵害他人之權利者，負損害賠償責任。故意以背於善良風俗之方法，加損害於他人者亦同。

違反保護他人之法律，致生損害於他人者，負賠償責任。但能證明其行為無過失者，不在此限。

一、甲、乙為國小五年級同學，在教室內玩摔角遊戲，甲抬抱乙的腳，兩人同時摔倒，甲壓乙身，壓斷乙手骨。試問：甲的侵害是否因已得被害人乙的允諾而不具違法性？[164]

二、丙將車臨時停放丁車庫出入口（或大門前），妨礙丁及其家人的出入，故丁將丙車輪胎刺破。試問：當丙向丁要求侵權行為的損害賠償時，丁主張自己的行為合法而拒絕賠償，是否有理由？

三、甲向房東戊承租 H 屋，供自己與其妻乙及次子丁三人同住，長子丙則未同住該處。乙婦長年苦於慢性病痛，某日與甲激烈爭吵後，深夜獨自走到 H 屋陽臺，自該陽臺跳樓自殺身亡。自從乙於該 H 屋跳樓自殺後，該屋被認定為「凶宅」，雖戊開出低於市場行情 3 成的售價，當洽購者得知曾有人於該屋跳樓自殺後，均立即表示不願購買；經過數月，才以低於市價四成的賤價，出售予 A 有限公司。試問：嗣後，戊向乙的繼承人甲、丙、丁要求賠償 H 屋跌價的損失，是否有理由？[165]

問題 1-57

一般侵權行為以故意或過失為要件，行為人違背何種注意義務即符合此要件？

A 公司委由 B 公司建築 H 樓房，A 公司明知施工地點下方埋設有 C 公司的合法油氣管線，卻未事先告知承包工程的 B 公司，以致 B 公司工程人員施工時疏於注意，而挖破 C 公司的油氣管線，導致油氣大量外

---

[164]　比較最高法院 52 年臺上字第 2771 號判例；王澤鑑，《侵權行為法㈠》，2005，頁 277–278。

[165]　臺中高分院 100 年上易字第 116 號判決。

洩，並發生火災。請問 C 公司得否依民法第 184 條第 1 項前段規定，向 A 公司請求侵權行為的損害賠償？

提 示

一、以故意與過失為歸責事由。

二、過失與注意義務的違反有何關係？

解 析

一、故意與過失為歸責事由

　　民法第 184 條第 1 項前段即就基本的侵權行為類型明文規定：「因故意或過失，不法侵害他人之權利者，負損害賠償責任。」可知侵權行為的成立，除客觀的構成要件、違法性二要件之外，還必須行為人具備有責性的要件，此又包括行為人的責任能力與歸責事由，在過失責任原則下，歸責事由包括故意及過失二者。

歸責事由	原則：過失責任	故意	直接故意	
			間接故意（未必故意）	
		過失	重大過失	
			輕過失	具體輕過失
				抽象輕過失
	例外：無過失責任	事變	通常事變	
			不可抗力	

▲歸責事由的種類

　　對於歸責事由的故意、過失，民法未進一步設有定義性規定，通說即援引刑法第 13 條、第 14 條規定，作為解釋故意、過失的依據。

　　刑法第 13 條規定：「行為人對於構成犯罪之事實，明知並有意使其發

生者，為故意。行為人對於構成犯罪之事實，預見其發生而其發生並不違背其本意者，以故意論。」學說上第一項稱為直接故意；第二項則稱為間接故意或未必故意。但不論直接故意，或間接故意，均為故意。

刑法第 14 條規定：「行為人雖非故意。但按其情節應注意，並能注意，而不注意者，為過失。行為人對於構成犯罪之事實，雖預見其能發生而確信其不發生者，以過失論。」學說上第一項稱有認識過失；第二項稱無認識過失。但不論有認識過失，或無認識過失，均為過失❻❻。

二、過失與注意義務的違反

通說在解釋歸責事由的「過失」時，雖援引刑法第 14 條規定的過失定義，即「按其情節應注意並能注意，而不注意，為過失」❻❼，卻又進一步以當事人欠缺注意的程度為準，亦即以其所違反的注意義務類型為準，進一步將過失分類為重大過失及輕過失，而輕過失又再分為具體輕過失與抽象輕過失。「重大過失」，乃行為人顯然欠缺一般人應有的注意；「具體輕過失」，謂行為人欠缺一般人應有的注意；「抽象輕過失」，則謂行為人欠缺善良管理人的注意❻❽。行為人已否盡善良管理人的注意義務，應依事件的特性、行為人的職業、危害的嚴重性、被害法益的輕重、防範避免危害的代價，而有所不同❻❾。

---

❻❻　最高法院 93 年臺上字第 2180 號判決。

❻❼　最高法院 93 年臺上字第 851 號判決。

❻❽　最高法院 42 年臺上字第 865 號判例謂：「因過失不法侵害他人致死者，固應負民法第一百九十二條、第一百九十四條所定之損害賠償責任，惟過失為注意之欠缺，民法上所謂過失，以其欠缺注意之程度為標準，可分為抽象的過失、具體的過失，及重大過失三種。應盡善良管理人之注意（即依交易上一般觀念，認為有相當知識經驗及誠意之人應盡之注意）而欠缺者，為抽象的過失，應與處理自己事務為同一注意而欠缺者，為具體的過失，顯然欠缺普通人之注意者，為重大過失。故過失之有無，抽象的過失，則以是否欠缺應盡善良管理人之注意定之，具體的過失，則以是否欠缺應與處理自己事務為同一之注意定之，重大過失，則以是否顯然欠缺普通人之注意定之，苟非欠缺其注意，即不得謂之有過失。」並參閱鄭玉波、陳榮隆，《民法債編總論》，2002，頁183。

過失的分類			違反注意義務
過失	重大過失		顯然欠缺一般人應有的注意
	輕過失	具體輕過失	欠缺應與處理自己事務為同一的注意
		抽象輕過失	欠缺善良管理人的注意

▲過失的分類及其所違反的注意義務

　　就侵權行為的歸責事由之過失，通說採「抽象輕過失說」，即以善良管理人的注意為準，所謂善良管理人的注意義務，「即依交易上一般觀念，認為有相當知識經驗及誠意之人應盡之注意」❿；若行為人違背善良管理人的注意義務，即為過失❶。

　　惟通說在將過失的認定標準「客觀化」時，卻忽略過失本身的主觀成分，以致僅以客觀的「善良管理人」的注意為標準，而忽略不同行為人主觀上注意能力的高低不同❷，例如未成年人與成年人、正常人與殘障者、高齡者與一般青壯年人的差別❸。相對地，刑法第 14 條對過失的定義，其中行為人「應注意」，乃係客觀的標準，「能注意」，則是主觀的標準，即必須客觀上「應注意」，主觀上亦「能注意」，才構成過失。相較之下，刑法第 14 條的規定，比民法學界通說的客觀化過失理論，更為合理，至少不能完全忽略過失本身的主觀成分。

🔍 案例分析

　　在上述案例事實中，A 公司委由 B 公司建築 H 樓房，A 公司明知施工

❿　最高法院 93 年臺上字第 851 號判決（前副總統呂秀蓮與《新新聞》間的毀謗事件）。

❿　最高法院 42 年臺上字第 865 號判例。

❶　最高法院 19 年上字第 2746 號判例；最高法院 93 年臺上字第 851 號判決；王澤鑑，《侵權行為法㈠》，2005，頁 295–296。

❷　比較王澤鑑，《侵權行為法㈠》，2005，頁 295–296。

❸　德國通說雖然也將民事的「過失」認定標準予以客觀化，但卻對三種人給予特別的優惠對待，即對於未成年人、高齡人士及殘障人士。此事實上是用一種特別方式去考量行為人的主觀條件，因此並未完全忽略過失的主觀成分。參閱 D. Medicus, *Schuldrecht I*, 2006, Rn. 310。

地點下方埋設有 C 公司的合法油氣管線，卻未事先告知承包工程的 B 公司，以致 B 公司工程人員施工時疏於注意，而挖破 C 公司的油氣管線，導致油氣大量外洩，並發生火災。A 公司與 B 公司間成立建築 H 樓房的承攬契約，A 為定作人，B 為承攬人（民法 490 I）。B 公司工程人員施工時疏於注意，而挖破 C 公司的油氣管線，導致油氣大量外洩，並發生火災，B 公司及其工程人員應依民法第 184 條第 1 項前段，對 C 公司負損害賠償責任。又民法第 189 條規定：「承攬人因執行承攬事項，不法侵害他人之權利者，定作人不負損害賠償責任。但定作人於定作或指示有過失者，不在此限。」依此規定，定作人就承攬人對於第三人的侵權行為，除定作人於定作或指示有過失外，原則上不負損害賠償責任。而依通說見解，任何人原則上應負善良管理人的注意義務，以避免侵害他人的權益，若未盡到此注意義務，即有抽象輕過失，即應對於因此侵權行為所造成的損害，負賠償責任。A 公司施工地點下方埋設有 C 公司的油氣管線，卻未事先告知承包工程的 B 公司，其未盡善良管理人的注意義務，以避免 B 公司施工時破壞施工地點之 C 公司的管線，故 A 公司的消極未告知為有過失，與 C 公司所受損害間有相當因果關係。所以，C 公司得依民法第 184 條第 1 項前段規定，向 A 公司請求侵權行為的損害賠償[174]。

結論 C 公司得依民法第 184 條第 1 項前段規定，向 A 公司請求侵權行為的損害賠償。

相關法條

▶民法第 184 條

---

[174] 不同見解，最高法院 95 年臺上字第 388 號判決謂：「民法第一百八十四條所規定之侵權行為類型，均適用於自然人之侵權行為，上訴人為法人自無適用之餘地。民法第一百八十五條規定之共同侵權行為，亦同。至於法人侵權行為則須以其董事或其他有代表權，因執行職務所加於他人之損害，法人始與行為連帶負賠償之責任（民法第二十八條）。若該法人之員工因執行職務，不法侵害他人之權利，則依民法第一百八十八條之規定，該法人亦須連帶負賠償責任。」若依此見解，則本案例應依民法第 28 條或第 188 條第 1 項負連帶損害賠償責任。

因故意或過失，不法侵害他人之權利者，負損害賠償責任。故意以背於善良風俗之方法，加損害於他人者亦同。

違反保護他人之法律，致生損害於他人者，負賠償責任。但能證明其行為無過失者，不在此限。

▶民法第 189 條

承攬人因執行承攬事項，不法侵害他人之權利者，定作人不負損害賠償責任。但定作人於定作或指示有過失者，不在此限。

▶刑法第 13 條

行為人對於構成犯罪之事實，明知並有意使其發生者，為故意。

行為人對於構成犯罪之事實，預見其發生而其發生並不違背其本意者，以故意論。

▶刑法第 14 條

行為人雖非故意。但按其情節應注意，並能注意，而不注意者，為過失。

行為人對於構成犯罪之事實，雖預見其能發生而確信其不發生者，以過失論。

練習題

一、甲將違章建築（舊）H 屋出賣並交付予乙，乙將 H 屋改建後簽約出售予丙。但因甲的債權人丁有正當理由誤信（新）H 屋屬於甲所有而聲請法院查封，導致乙無法依約將（新）H 屋交付給丙。經第一審法院調解，乙應賠償丙 20 萬元。試問：乙主張丁因過失侵害其權利而造成損害，請求丙損害賠償，有無理由？[175]

二、甲為 C 高中二年級學生，患有先天性染色體異常、肢體重度殘障、全身骨骼鬆軟易碎、行動不便、無法行走等症狀（即俗稱玻璃娃娃），必須避免碰撞。某日下午，甲所屬班級原訂於操場上體育課，嗣因天雨，該班的體育老師丙將上課地點改在該校地下室。16 歲的

---

[175] 最高法院 54 年臺上字第 1523 號判例。

同班同學乙見甲無法下樓，在得到甲的同意下，獨力抱負甲下樓往上課地點地下室。惟因天雨造成樓梯地板濕滑，乙於抱負過程中自樓梯跌落，造成甲頭部鈍創、顱骨破裂及四肢多處骨折，雖經緊急送醫急救，後仍宣告不治[176]。試問：乙是否對甲構成過失的侵權行為？

問題 1–58

侵權行為，是否以行為人有識別能力為要件？

4 歲男童甲在乙停放路邊的 C 車旁玩鞭炮，不甚將點燃的鞭炮丟到 C 車底下，導致引燃 C 車並燒毀。請問甲須否對乙負損害賠償責任？

提　示

一、何謂識別能力？

二、有無識別能力，應如何判斷？

三、識別能力是否為侵權行為的要件？

解　析

一、識別能力

㈠**概念**：民法第 187 條第 1 項規定：「無行為能力人或限制行為能力人，不法侵害他人之權利者，以行為時有識別能力為限，與其法定代理人連帶負損害賠償責任。行為時無識別能力者，由其法定代理人負損害賠償責任。」以識別能力為無行為能力人或限制行為能力人就其侵權行為負損害賠償責任的要件；惟何謂識別能力，民法未設有定義規定。參酌德國民法的規定，以「認識責任之必要的判斷能力」(die zur Erkenntnis der

---

[176]　最高法院 94 年臺上字第 2374 號判決。

Verantwortlichkeit erforderliche Einsicht），作為未成年人就其侵權行為負損害賠償的要件，此判斷能力即相當於我民法第 187 條第 1 項的識別能力，也就是可以判斷自己行為在法律上效果的精神能力，其包括相當程度的「認識力」與「判斷力」。學說解釋用語上雖不盡相同，但意旨則相同**⑰**。

㈡**判斷：** 對於識別能力的有無，民法未如同就行為能力設一般的判斷標準（民法 13），亦未設有如同德國民法使無行為能力人絕對不負侵權行為責任的規定**⑱**。因此，就無行為能力或限制行為能力的行為人是否有識別能力，必須依個案具體為判斷。惟對於有行為能力的行為人，則原則上應認為有識別能力，此可由民法第 187 條第 4 項就「其他之人」規定得知**⑲**。

二、識別能力的性質

依民法第 187 條第 1 項規定，識別能力乃無行為能力人或限制行為能力人就其侵權行為負損害賠償責任的要件。因此，識別能力並不屬於侵權行為的客觀構成要件，而是屬於有責性要件的「責任能力」**⑳**。換句話說，無識別能力的人仍能夠成立不法侵害他人權利或利益而造成損害的侵權行為，只是其不負損害賠償責任而已。

---

⑰ 例如史尚寬，《債法總論》，1990，110 頁，謂「足以識別行為結果之法律的價值之能力」；鄭玉波、陳榮隆，《民法債編總論》，2002，頁 180，謂「識別能力，指足以辨別自己行為在法律上應負某種責任之能力而言，並非指辨別其行為善惡之能力而言」；王澤鑑，《侵權行為法㈡》，2006，頁 61，解釋為「認識其行為的不法或危險，並認知應就其行為負責的能力」；孫森焱，《民法債編總論（上）》，2004，頁 238，表示「識別能力謂對於自己的行為，為不法侵害他人權利或利益之行為，有正常認識的能力」。

⑱ 德國民法第 828 條第 1 項規定：「未滿七歲者，對於其所加諸於他人之損害，不負責任。」（§828 I BGB: Wer nicht das siebente Lebensjahr vollendet hat, ist für einen Schaden, den er einem anderen zufügt, nicht verantwortlich.）

⑲ 史尚寬，《債法總論》，1990，111 頁；王澤鑑，《侵權行為法㈡》，2006，頁 60。

⑳ 王澤鑑，《侵權行為法㈡》，2006，頁 59。

案例分析

　　在上述案例事實中，4 歲男童甲在乙停放路邊的 C 車旁玩鞭炮，不甚將點燃的鞭炮丟到 C 車底下，導致引燃 C 車並燒毀，甲對乙構成侵權行為。但就一個 4 歲兒童而言，一般欠缺認識責任之必要的判斷能力，即無識別能力，因而欠缺責任能力，對於自己的侵權行為不須負損害賠償責任。甲雖侵害乙的 C 汽車所有權，並造成 C 車燒毀的損害；惟因其欠缺識別能力，無責任能力，依民法第 187 條第 1 項前段的反面解釋，對乙不負損害賠償責任。

結論 因甲欠缺識別能力，無責任能力，對乙不負損害賠償責任。

相關法條

▶民法第 184 條

因故意或過失，不法侵害他人之權利者，負損害賠償責任。故意以背於善良風俗之方法，加損害於他人者亦同。

違反保護他人之法律，致生損害於他人者，負賠償責任。但能證明其行為無過失者，不在此限。

▶民法第 187 條

無行為能力人或限制行為能力人，不法侵害他人之權利者，以行為時有識別能力為限，與其法定代理人連帶負損害賠償責任。行為時無識別能力者，由其法定代理人負損害賠償責任。

前項情形，法定代理人如其監督並未疏懈，或縱加以相當之監督，而仍不免發生損害者，不負賠償責任。

如不能依前二項規定受損害賠償時，法院因被害人之聲請，得斟酌行為人及其法定代理人與被害人之經濟狀況，令行為人或其法定代理人為全部或一部之損害賠償。

前項規定，於其他之人，在無意識或精神錯亂中所為之行為致第三人受損害時，準用之。

一、甲男與乙因故發生口角，甲隨即召來丙與 18 歲的丁，分持球棒、
鋸子與汽油彈至乙的住處前，共同敲砸乙所有的 C 車及住處大門上
的鐵捲門，並將汽油彈投入 C 車內，造成該車起火猛烈燃燒，波及
鐵捲門上方的遮陽棚、招牌及乙的 M 機車，致上述 C 車、遮陽棚、
招牌、M 機車遭焚燬、鐵捲門數處凹陷而受有 50 萬元的損害。試
問：丁須否對乙負侵權行為的損害賠償責任？ ⓫

二、12 歲的戊在公園的兒童遊戲區上違規騎腳踏車，因閃避不及，撞上
在遊戲區上玩的 6 歲女童庚，造成庚左手骨折及身上多處嚴重擦
傷、挫傷。試問：戊須否對庚負侵權行為的損害賠償責任？

問題 **1–59**

何謂故意以背於善良風俗的方法，加損害於他人？行為人應否負損害賠償責任？

甲向執行法院依法標得原屬乙所有的 L 地後，乙立即與第三人丙通謀訂
立 L 地的虛偽租賃契約，並且由丙及乙提起優先承購系爭土地及債務人
異議之訴，以阻撓甲取得 L 地的所有權⓬。請問甲如因此遲遲未能取得
L 地所有權而受有損害，能否請求損害賠償？

提　示

一、何謂以背於善良風俗的方法？

二、民法第 184 條第 1 項前段與後段的規定，有何差別？

⓫　屏東地方法院 92 年訴字第 275 號判決。

⓬　最高法院 82 年臺上字第 1156 號判決。

🧠 解　析

一、以背於善良風俗的方法

民法第 184 條第 1 項規定：「因故意或過失，不法侵害他人之權利者，負損害賠償責任。故意以背於善良風俗之方法，加損害於他人者亦同。」依此後段規定，行為人若故意以背於善良風俗的方法，加損害於他人，亦應對該他人負損害賠償責任。

所謂善良風俗，指國民的一般倫理與道德觀念，包括文化傳統、生活方式與民間習俗在內[183]。憲法中關於基本權利的規定，亦可經由善良風俗的概念，發生第三人效力，而適用於私人的（侵權）行為，例如 A 信用合作社使其女職員甲簽訂「結婚（或懷孕）即離職」的條款，基於憲法對工作權及婚姻自由保障，該約定依民法第 72 條規定為無效。若嗣後果真因結婚（或懷孕）而強迫甲女離職，構成民法第 184 條第 1 項後段之「以背於善良風俗之方法，加損害於他人」的侵權行為[184]。

行為人以背於善良風俗的方法，加損害於他人，指行為人透過與國民的一般倫理與道德觀念相違背的手段，造成被害人的法益受到損害。行為人只須認識構成違背善良風俗的事實，不以對違背善良風俗有認識為必要[185]。

在訴訟上，對於侵害行為的有背於善良風俗及行為人的故意，均應由請求賠償的被害人負舉證責任[186]。

二、民法第 184 條第 1 項前段與後段規定的差異

民法第 184 條第 1 項的前段規定：「因故意或過失，不法侵害他人之權

---

[183]　王澤鑑，《侵權行為法㈠》，2005，頁 327；施啟揚，《民法總則》，2005，頁 62。

[184]　王澤鑑，《侵權行為法㈠》，2005，頁 327。

[185]　史尚寬，《債法總論》，1990，頁 116–117；王澤鑑，《侵權行為法㈠》，2005，頁 327。

[186]　王澤鑑，《侵權行為法㈠》，2005，頁 329。

利者，負損害賠償責任。」其後段規定：「故意以背於善良風俗之方法，加損害於他人者亦同。」此二者均是一般侵權行為的獨立類型的規定，可單獨作為侵權行為的損害賠償請求權基礎（或法律依據）。在採舊訴訟標的理論的我國訴訟實務上，二者構成不同的訴訟標的，若在同一訴訟程序中主張此二個請求權，構成訴訟的客觀合併●。

民法第 184 條第 1 項的前段與後段有上述的共同性質，同時也有下列差異：

㈠**保護客體：** 前段明文規定被侵害者為權利，因此僅以權利為客體。後段則未明文規定被侵害者究為權利或其他利益，學說上有認為包括權利與利益●；有認為僅限於權利以外的利益，若被侵害者為權利，僅能適用前段規定●。因後段未對被侵害的客體作限制，從以有利於被害人解釋的立場，採前說為宜。

㈡**行為態樣：** 前段對行為的態樣未設限制，包括任何的作為與不作為。後段限制必須以「背於善良風俗之方法」，即行為人的侵害行為，必須與善良風俗相違背；若其侵害行為不違背善良風俗，即無後段的適用。

㈢**歸責事由：** 前段的適用，不區分行為人是故意或過失。後段則限制行為人必須故意為侵害行為。最高法院亦明白表示，「關於主觀責任，前者以故意過失為已足，後者則限制須故意以背於善良風俗之方法加損害於他人，兩者要件有別」。

相同	1.一般侵權行為的獨立類型 2.獨立的請求權基礎	相異		民法 184 I 前段	民法 184 I 後段
			保護客體	權利	權利與利益
			行為態樣	無限制	以背於善良風俗之方法
			歸責事由	故意或過失	故意

▲民法第 184 條第 1 項前段與後段的異同

● 最高法院 86 年臺上字第 3760 號判決。

● 史尚寬，《債法總論》，1990，頁 113；王澤鑑，《侵權行為法㈠》，2005，頁 320。

● 孫森焱，《民法債編總論（上）》，2004，頁 245；最高法院 86 年臺上字第 3760 號判決，亦謂「關於保護的法益，前段為權利，後段為一般法益」。

案例分析

在上述案例事實中，甲向執行法院依法標得原屬乙所有的 L 地後，乙立即與第三人丙通謀訂立 L 地的虛偽租賃契約，並且由丙及乙提起優先承購系爭土地及債務人異議之訴，以阻撓甲取得 L 地的所有權。雖然憲法第16 條保障人民的訴訟權，人民可以透過合法的訴訟程序，請求國家司法機關保護其權利。但是，訴訟權的保障，並不容許訴訟制度的濫用，尤其以透過不當的訴訟程序以遂行侵害他人權利或利益之目的，是為不法的行為。乙及丙透過通謀虛偽租賃契約的簽訂及訴訟制度的濫用，以阻撓甲及時合法取得 L 地的所有權，導致甲如因此遲遲未能取得 L 地所有權而受有損害。乙、丙的行為，故意以背於善良風俗的方法，加損害於他人甲，符合民法第 184 條第 1 項後段規定；此外，因甲的權利並未因乙丙的行為而受到侵害，故無民法第 184 條第 1 項的適用。所以，甲得依民法第 184 條第1 項後段規定，向乙或丙請求損害賠償❿。

另外，乙、丙對甲亦構成民法第 185 條第 1 項的共同侵權行為，甲得對乙、丙請求連帶損害賠償。

結論 甲得向乙或丙請求侵權行為的損害賠償。

相關法條

▶民法第 184 條

因故意或過失，不法侵害他人之權利者，負損害賠償責任。故意以背於善良風俗之方法，加損害於他人者亦同。

違反保護他人之法律，致生損害於他人者，負賠償責任。但能證明其行為無過失者，不在此限。

---

❿　最高法院 82 年臺上字第 1156 號判決。

一、甲明知乙女為有夫之婦，仍利誘並容留乙從事賣淫工作，並從中抽取部分乙女的賣淫所得。乙女的配偶丙得知，憤而起訴乙女請求離婚。試問：經法院判決離婚後，丙得否依民法第 184 條第 1 項前段或後段規定，向甲請求侵權行為的損害賠償？

二、丙女明知丁與戊女有合法婚姻關係存在，仍與丁共同賃屋同居長達一年。戊因丁長久不回家，忍受精神上極大痛苦，在其發現丁竟背著自己與丙同居時，更為憤怒與難過。試問：戊得否向丙或丁請求損害賠償？[191]依何規定？

三、B 銀行徵信科員甲違背職務，故意勾結無資力的乙，高估乙的信用而非法超貸鉅款，經對乙實行強制執行而無效果，致 B 銀行受損害。試問：B 銀行得否依民法第 184 條第 1 項前段或後段請求甲為損害賠償？[192]

問題 1-60

何謂保護他人的法律？

甲所生產的產品，侵害到 A 公司已經登記的某 R 專利權，造成 A 公司受有損害。甲主張其並無過失，惟無法證明而 A 公司亦無法證明甲的侵害其專利權有過失。請問 A 公司得依據何規定向甲請求損害賠償？

---

[191] 最高法院 55 年臺上字第 2053 號判例。

[192] 最高法院 77 年度第 19 次（77 年 11 月 11 日）民事庭會議決議(二)，認為應適用民法第 184 條第 1 項前段。值得贊同的見解，應是適用民法第 184 條第 1 項後段，蓋 B 銀行對客戶的債權並未消滅，僅因難以實現而受有損害；王澤鑑，《侵權行為法(一)》，2005，頁 178-179；孫森焱，《民法債編總論（上）》，2004，頁 247。

提　示

一、民法第 184 條第 2 項所規定的「保護他人之法律」，指何種類的法律？

二、就行為人的過失或無過失，應由何人負舉證責任？

解　析

一、保護他人的法律

民法第 184 條第 2 項規定之核心的構成要件要素，乃是保護他人的法律。此所謂保護他人的法律，通說採「法規目的說」，依此說指一切以保護他人為目的之法律規範，此法律規範須具有保護個人或特定範圍的人之目的，且不妨同時保護個人權益與公益；惟不包括專以維護國家社會秩序的法規範[193]。換句話說，是否為保護他人的法律，應斟酌該法律規範之目的，不以明定對被害人負損害賠償為要件，而此法律可能為憲法、法律、習慣法、命令或其他規章[194]，茲舉例如下：

㈠民法：民法第 35 條第 1 項「法人之財產不能清償債務時，董事應即向法院聲請破產」規定[195]；第 483 條之 1「受僱人服勞務，其生命、身體、健康有受危害之虞者，僱用人應按其情形為必要之預防」規定[196]；第 794 條「土地所有人開掘土地或為建築時，不得因此使鄰地之地基動搖或發生危險，或使鄰地之工作物受其損害」規定[197]；第 962 條「占有人，其

---

[193] 通說，最高法院 92 年臺上字第 2406 號判決；最高法院 86 年臺上字第 3076 號判決；最高法院 84 年臺上字第 1142 號判決；鄭玉波、陳榮隆，《民法債編總論》，2002，頁 175；楊佳元，〈道路交通安全規則與侵權行為〉，《臺北大學法學論叢》第 55 期，2004 年 12 月，頁 72。

[194] 王澤鑑，《侵權行為法㈠》，2005，349 頁；楊佳元，〈道路交通安全規則與侵權行為〉，《臺北大學法學論叢》第 55 期，2004 年 12 月，頁 72。

[195] 最高法院 56 年臺上字第 1353 號判例。

[196] 最高法院 95 年臺上字第 2692 號判決。

[197] 最高法院 72 年臺上字第 3823 號判例。

占有被侵奪者，得請求返還其占有物；占有被妨害者，得請求除去其妨害；占有有被妨害之虞者，得請求防止其妨害」規定。

㈡**醫療法：**第 46 條第 1 項「醫院手術，應得病人同意」規定❿。

㈢**刑法：**刑法中，凡是同時具有保護個人法益的處罰規定，原則上均屬此所謂的保護他人的法律，例如第 193 條「承攬工程人或監工人於營造或拆卸建築物時，違背建築術成規，致生公共危險」的處罰規定；第 227 條「對於未滿十四歲之男女為性交」、「對於未滿十四歲之男女為猥褻之行為」、「對於十四歲以上未滿十六歲之男女為性交」及「對於十四歲以上未滿十六歲之男女為猥褻之行為」的處罰規定；第 349 條「收受贓物」、「搬運、寄藏、故買贓物或為牙保」的處罰規定。

㈣**道路交通安全規則：**道路交通安全規則中有許多規定，除維護公共交通秩序及安全的目的外，亦兼具有保護個人安全及法益之目的，例如第 103 條第 3 項「汽車行近行人穿越道前，應減速慢行，遇有行人穿越時，無論有無交通人員指揮或號誌指示，均應暫停讓行人先行通過」規定❿；第 111 條第 2 項第 2 款「交岔路口、公共汽車招呼站十公尺內、消防栓、消防車出入口五公尺內不得臨時停車」規定❿；第 122 條第 1 款「自行車不得附載坐人，載物高度不得超過駕駛人肩部，重量不得超過二十公斤，長度不得伸出前輪，並不得伸出車後一公尺，寬度不得超過車把手」規定❿；第 128 條「慢車有燈光設備者，應保持良好與完整，在夜間行駛應開啟燈光」規定❿。

㈤**飼料管理法：**第 27 條第 2 項過失販賣、輸出或意圖販賣而陳列或貯藏，同法第 20 條第 1 款、第 2 款或第 3 款的飼料或飼料添加物之處罰規定❿。

---

❿ 最高法院 86 年臺上字第 56 號判例。

❿ 最高法院 89 年臺上字第 219 號判決；最高法院 91 年臺上字第 1407 號判決。

❿ 最高法院 91 年臺上字第 1641 號判決。

❿ 最高法院 66 年臺上字第 1015 號判例。

❿ 最高法院 66 年臺上字第 1015 號判例。

❿ 飼料管理法第 20 條規定：「飼料或飼料添加物有左列情形之一者，不得製造、加工、

㈥**證券交易法**：第 155 條第 1 項第 6 款「對於在證券交易所上市之有價證券，不得直接或間接從事其他影響集中交易市場某種有價證券交易價格之操縱行為」規定；依第 54 條第 2 項及第 70 條訂定的證券商負責人與業務人員管理規則第 18 條第 2 項第 8 款「證券商負責人及業務人員不得以他人或親屬名義供客戶申購、買賣有價證券」規定[204]。

　　民法第 184 條第 2 項所規定保護他人的法律，其保護有一定範圍，因此被侵害人本身及其所被侵害的法益，須在其保護範圍之內，才有該規定的適用[205]。例如上舉的飼料管理法第 27 條第 2 項規定之保護對象，為因食用該飼料而死亡豬隻的所有人，並不包括中盤商、肉販或消費者；刑法第 193 條規定的保護對象，是人身的安全，而非建築物本身的無瑕疵或所有權（財產）。

二、舉證責任

　　對於侵權行為要件的歸責事由，即行為人的「故意」或「過失」，原則上應由主張侵權行為成立的被害人負舉證責任。惟在訴訟上舉證常屬困難又為勝負關鍵，民法在侵權行為法雖然採過失責任原則，但為減輕被害人在特定情形的舉證負擔，部分設有特別規定，透過例如「過失推定」之舉證責任倒置的設計，不要求被害人對行為人的過失負舉證責任，而由行為

分裝、販賣、輸出入或使用：

一、所含之有害物質超過標準，間接危害人體健康者。

二、未取得製造或輸入登記證者。

三、將他人合法製造、加工、分裝或輸入之產品抽換或摻雜者。

四、霉爛或變質或含有足以損害家畜、家禽、水產類健康之物質者。

五、未依飼料添加物使用準則使用添加物者。

六、所含成分與登記不符者。

七、未依規定標示、標示不明或標示不全者。」並參閱最高法院 70 年臺抗字第 406 號判例。

[204] 最高法院 93 年臺上字第 1445 號判決。

[205] 王澤鑑，《侵權行為法㈠》，2005，頁 353–354。

人證明其無過失以免除責任。依民法第 184 條第 2 項規定，被害人只須證明行為人有違反保護他人的法律，致生損害於自己為已足，無庸證明行為人有過失，而由法律推定其有過失；行為人僅能透過證明其行為無過失，推翻該法律推定，而免負損害賠償責任。

🔍 案例分析

在上述案例事實中，甲所生產的產品，侵害到 A 公司已經登記的某 R 專利權，造成 A 公司受有損害。甲主張其並無過失，惟無法證明；A 公司亦無法證明甲侵害其專利權有過失。由於侵權行為要件的歸責事由「故意或過失」，原則上應由被害人主張並負舉證責任，惟民法第 184 條第 2 項有「過失推定」之舉證責任倒置的設計，不要求被害人對行為人的過失負舉證責任，而由行為人證明其無過失以免除責任。因此，A 公司在請求甲損害賠償的訴訟中，僅須證明行為人甲有違反保護他人的法律，致生損害於 A 公司自己為已足，無庸證明行為人甲有過失；行為人甲僅能透過證明其行為無過失，以推翻該法律推定，而免負損害賠償責任。因甲並無法證明其侵害 A 公司的專利權係無過失，必須依民法第 184 條第 2 項本文規定，對 A 公司負損害賠償責任[206]。

結論 A 公司得依據民法第 184 條第 2 項規定，向甲請求損害賠償。

📁 相關法條

▶民法第 184 條

因故意或過失，不法侵害他人之權利者，負損害賠償責任。故意以背於善良風俗之方法，加損害於他人者亦同。

違反保護他人之法律，致生損害於他人者，負賠償責任。但能證明其行為

---

[206] 最高法院 96 年臺上字第 2787 號判決亦謂：「專利法係為鼓勵、保護、利用發明與創作，以促進產業發展而制訂（專利法第一條參照），自屬保護他人之法律，如有侵害專利權者，致專利權人受有損害，依民法第一百八十四條第二項規定，除證明其行為無過失外，即應負賠償責任。」

無過失者，不在此限。

一、起造人 A 公司於建築 B 大樓時，未依建築法規定，施工時未落實監
造與現場監工，且擅自變更設計、更改圖樣而施工。甲、乙等住戶
分別購買 B 大樓中一單位，於數月後發現該大樓有因地震而生主樑
裂痕、牆壁龜裂等影響安全居住的缺陷，且其價值嚴重減損。試問：
甲、乙等人因自忖建築上高度技術難度，應無法證明 A 公司有建築
設計及施工上的過失，其提起損害賠償訴訟，應作何主張才有較大
的勝訴可能？[207]

二、丙主動向鄰居丁表示，願意幫忙載運貨物。丁雖明知丙並無汽車駕
駛執照，仍將自己所有的小貨車交由丙駕駛，幫忙自己載運貨物。
丙因駕駛技術生疏，煞車不及將路人戊撞成重傷。試問：戊得否對
丁請求侵權行為的損害賠償？[208]

問題 1-61

共同侵權行為人是否以意思聯絡為必要？

甲駕駛 T 計程車通過十字路口時，車速過快，與由乙駕駛而闖紅燈的 C
自小客車側面衝撞，導致 C 車承受巨大衝撞力而側滑，撞倒在斑馬線
的行人丙，丙身受重傷。請問甲、乙二人應否對丙因該次車禍所受的損
害，負共同侵權行為的連帶損害賠償責任？

---

[207] 最高法院 95 年臺上字第 1174 號判決。

[208] 最高法院 67 年臺上字第 2111 號判例。

💡 提　示

一、共同侵權行為有哪些種類?

二、就共同侵權行為之侵害行為的共同關聯性,其判斷標準為何?

三、數人的過失行為得否成立共同侵權行為?

⚙ 解　析

一、共同侵權行為

㈠**概念**: 共同侵權行為,謂數人共同不法侵害他人的權利或利益之行為。民法第 185 條規定:「數人共同不法侵害他人之權利者,連帶負損害賠償責任。不能知其中孰為加害人者,亦同。造意人及幫助人,視為共同行為人。」即是規定共同侵權行為。相較於民法第 184 條的一般侵權行為規定,第 185 條減輕被害人對因果關係的舉證責任,並使多數人共同對被害人負同一的損害賠償責任,即所謂的連帶損害賠償責任。

㈡**種類**: 民法第 185 條規定的共同侵權行為有三類: 一為民法第 185 條第 1 項前段之「數人共同不法侵害他人之權利者」的「共同加害行為」; 二為民法第 185 條第 1 項後段之「不能知其中孰為加害人者」的「共同危險行為」; 三為民法第 185 條第 2 項之「造意人及幫助人」的「擬制共同加害行為」。

特殊侵權行為	型態		法律效果
廣義的共同侵權行為	共同侵害行為	I 前段: 共同加害行為(狹義共同侵權行為)	連帶的損害賠償責任
		II: 造意、幫助(擬制共同加害行為)	
	I 後段: 共同危險行為(準共同侵權行為)		

▲民法第 185 條共同侵權行為的型態與法律效果

二、侵害行為的共同關聯性

民法第 185 條第 1 項前段之共同加害行為，為狹義的共同侵權行為，其要件分述如下：

㈠**數人均有侵權行為**：數人必須均具備侵權行為的構成要件、違法性，以及有責性。[209]

㈡**侵害行為的共同關聯性**：數人的行為，共同構成違法行為的原因，而發生同一損害，此即所謂之侵害行為的共同關聯性。對於所謂的共同關聯性的認定，有二個主要學說：「主觀說」主張數人對違法行為，主觀上須有共同的意思聯絡或認識，過去實務採此說[210]。「客觀說」，又稱行為關聯說，認為數人的行為，客觀上是被害人損害的原因為已足，不以主觀的意思聯絡為必要，為現在實務所採[211]。

三、過失共同侵權行為

民法第 185 條並未明確規定，數人的過失行為，是否能夠構成共同加害行為。過去實務對於共同關聯性採「主觀說」，以意思聯絡為必要，否定共同過失的（共同）侵權行為[212]。

為有效保護被害人而有利於被害人行使其損害賠償請求權，結論上應肯定得成立過失共同加害行為。在方法上，現行實務上採「客觀說」，或稱「行為關聯說」，將共同加害行為擴張解釋，包括主觀上有意思聯絡的共同加害行為（主觀共同加害行為），以及客觀上有行為關聯的共同加害行為（客觀共同加害行為）二種類型[213]。前者限於數行為人有（直接或間接）

---

[209] 最高法院 22 年上字第 3437 號判例。

[210] 最高法院 20 年上字第 1960 號判例；最高法院 55 年臺上字第 1798 號判例；鄭玉波、陳榮隆，《民法債編總論》，2002，頁 187–189。

[211] 司法院 66 年例變字第 1 號；最高法院 67 年臺上字第 1737 號判例；史尚寬，《債法總論》，1990，頁 166–167。並參閱王澤鑑，《侵權行為法㈡》，2006，頁 20–26 的解析。

[212] 最高法院 55 年臺上字第 1798 號判例。

[213] 最高法院 67 年臺上字第 1737 號判例，即明白指出：「民事上之共同侵權行為（狹義的

故意始得構成，後者則是不論數行為人為故意或過失，均得構成❹。因此有故意的行為人與有過失的行為人❺，或同為有過失的行為人❻，均可能成立共同侵權行為人。

惟有學者主張，對民法第 185 條第 1 項前段的共同（關聯性），仍採「主觀說」，以意思聯絡為必要，關於過失共同加害行為，則類推適用民法關於侵權行為連帶責任的規定，以使加害人負連帶損害賠償責任❼。

綜合以上所述，共同侵權行為之成立，以各加害行為有客觀的共同關聯性，亦即各加害行為均為其所生損害之共同原因為已足，不以各行為人間有意思聯絡為必要，其行為係出於故意或過失，在所不問，雖僅其中一人為故意，他為過失，亦得成立。

🔍 案例分析

在上述案例事實中，甲駕駛 T 計程車於通過十字路口時，車速過快，與由乙駕駛而闖紅燈的 C 自小客車側面衝撞，導致 C 車承受巨大衝撞力而側滑，撞倒在斑馬線的行人丙，丙因而身受重傷。甲、乙因共同過失的行為，侵害丙的權利而造成其損害，甲、乙二人的過失行為是造成丙受損害的共同原因，即具有共同的關聯性，依通說的客觀說，甲、乙二人為民法第 185 條規定的共同侵權行為人，依民法第 191 條之 2 本文規定：「汽車、機車或其他非依軌道行駛之動力車輛，在使用中加損害於他人者，駕駛人

共同侵權行為，即加害行為）與刑事上之共同正犯，其構成要件並不完全相同，共同侵權行為人間不以有意思聯絡為必要，數人因過失不法侵害他人之權利，苟各行為人之過失行為，均為其所生損害共同原因，即所謂行為關連共同，亦足成立共同侵權行為，依民法第一百八十五條第一項前段之規定，各過失行為人對於被害人應負全部損害之連帶賠償責任。」

❹ 最高法院 93 年臺上字第 851 號判決（關於前副總統呂秀蓮控告《新新聞》侵害名譽）；最高法院 90 年臺上字第 1046 號判決。

❺ 最高法院 83 年臺上字第 742 號判決。

❻ 最高法院 67 年臺上字第 1737 號判例。

❼ 王澤鑑，《侵權行為法(二)》，2006，頁 25。

應賠償因此所生之損害。」對丙負共同侵權行為的連帶損害賠償責任。

結論 甲、乙二人應對丙負共同侵權行為的連帶損害賠償責任。

相關法條

▶民法第 184 條第 1 項

因故意或過失，不法侵害他人之權利者，負損害賠償責任。故意以背於善良風俗之方法，加損害於他人者亦同。

▶民法第 185 條

數人共同不法侵害他人之權利者，連帶負損害賠償責任。不能知其中孰為加害人者，亦同。

造意人及幫助人，視為共同行為人。

▶民法第 191 條之 2

汽車、機車或其他非依軌道行駛之動力車輛，在使用中加損害於他人者，駕駛人應賠償因此所生之損害。但於防止損害之發生，已盡相當之注意者，不在此限。

練習題

一、台電公司的員工甲打開道路中的人孔蓋施工，周遭卻未設置警示標誌。乙男騎機車載丙女，因超速未及閃避打開的人孔，以致摔車，乙、丙二人均受重傷。試問：甲、乙二人是否對丙構成共同侵權行為？ ⓶⓲

二、丁偷取甲的筆記型電腦 N 及名貴珍珠項鍊 P，將該二項贓物轉賣予戊，戊雖猜出 N 及 P 均為贓物，但為貪圖利益，仍買下並收受 N 及 P。試問：丁與戊是否對甲構成共同侵權行為？ ⓶⓲

⓶⓲ 最高法院 87 年臺上字第 957 號判決。

⓶⓲ 最高法院 63 年第 3 次（63 年 5 月 28 日）民庭庭推總會議決議（四）；最高法院 64 年臺上字第 1364 號判例；最高法院 65 年臺上字第 838 號判例；孫森焱，《民法債編總論

三、甲舉辦「同志轟趴 (home party)」，自知染有愛滋病的丙、丁、戊、庚四人於該派對上，或同時或先後與首次參加該類活動的乙發生同性的性行為。多日後，乙證實感染愛滋病。試問：乙得否向何人主張共同侵權行為的損害賠償請求權？

四、甲、乙、丙、丁、戊 5 人為慶祝甲的生日，共同出資購買五只同型的天燈，深夜於野外同一地點 5 人同時各別施放一只天燈，其中一只天燈飄向庚的度假木屋 H，因天乾物燥而燒毀 H 屋。事後無法證明該只肇事的天燈究竟是甲等人中何人所施放。試問：甲、乙、丙、丁、戊 5 人是否應向庚負共同侵權行為的損害賠償責任？❷❷⓿

問題 1-62

行為人的造意人或幫助人，應對被害人負什麼法律責任？

甲教唆乙至富商丙住家行竊財物，乙破壞門鎖及防盜設施，竊得許多丙所有的貴重物品；乙並臨時起意，對獨自在家之丙的女兒丁實施性侵害。請問甲、乙是否應對被害人丙及丁負共同侵權行為的責任？

💡 提 示

一、何謂侵權行為的造意人及幫助人？

二、侵權行為的造意人及幫助人應負何種法律責任？

（上）》，2004，頁 282-283。

❷❷⓿ 最高法院 95 年臺上字第 2388 號判決。

解　析

一、侵權行為的造意人及幫助人

民法第 185 條第 2 項規定：「造意人及幫助人，視為共同行為人。」將侵權行為的造意人及幫助人，擬制為侵權行為人的共同行為人。因此，學說上稱侵權行為的造意及幫助，為擬制共同加害行為。

㈠**造意人：**指該教唆行為人，使該行為人產生為侵權行為的決意之人。造意人並未親自為加害行為，只是促使受教唆人為侵權行為而已。

㈡**幫助人：**指給予行為人物質上或精神上助力，使該行為人易於為侵權行為的人。幫助人亦未自為加害行為，僅其受幫助人為侵權行為而已。

民法第 185 條第 2 項的造意人或幫助人，是否以具有教唆或幫助侵權行為的故意為必要，或是僅有過失亦得構成造意或幫助，學者間有不同見解[221]。本書認為，造意人就其教唆行為的本質而言，應以故意為必要；至於幫助人，在從保護被害人及就共同侵權行為改採「客觀說」的情形下，應認為僅有過失的幫助侵權行為，亦足以成為造意人。

二、造意人及幫助人的法律責任

民法第 185 條規定：「數人共同不法侵害他人之權利者，連帶負損害賠償責任。不能知其中孰為加害人者，亦同。造意人及幫助人，視為共同行為人。」因造意人及幫助人被擬制為共同行為人，而共同行為人應對被害人負連帶損害賠償責任。因此，不論造意人或幫助人，均應與實際上為侵權行為的人連帶負損害賠償責任。惟應注意的是，造意人或幫助人僅應在其所教唆或幫助的範圍內，與行為人連帶負損害賠償責任；若行為人超出造意人或幫助人所教唆或所幫助的範圍為侵權行為，就此超出部分的侵權行

---

[221] 孫森焱，《民法債編總論（上）》，2004，頁 282，謂「造意人及幫助人對於教唆或幫助行為須有故意或過失」。

王澤鑑，《侵權行為法㈡》，2006，頁 39、41，則主張「造意及幫助均須出於故意」。

為，與造意人或幫助人無關。

🔍 案例分析

在上述案例事實中，甲教唆乙至富商丙住家行竊財物，乙破壞門鎖及防盜設施，竊得許多丙所有的貴重物品；乙並臨時起意，對獨自在家之丙的女兒丁實施性侵害。甲教唆乙，使乙產生為侵權行為的決意，並進而為該被教唆的侵權行為，是為民法第 185 條第 2 項的造意人。乙破壞門鎖及防盜設施，竊得許多丙所有的貴重物品的侵權行為，均在甲的教唆範圍，甲依民法第 185 條第 2 項規定，視為乙的共同侵權行為人，甲、乙對丙負連帶損害賠償責任；另外乙臨時起意，對獨自在家之丙的女兒丁實施性侵害，此部分不在甲的教唆範圍，亦非甲可得預見，就此部分的侵權行為，僅乙單獨對丁負損害賠償責任，甲不負責任。

結論 乙破壞門鎖及防盜設施，竊得許多丙所有的貴重物品的侵權行為，甲、乙對丙負共同侵權行為的責任；至於乙對獨自在家之丙的女兒丁實施性侵害的侵權行為，僅乙單獨對丁負損害賠償責任，甲不負責任。

📂 相關法條

▶民法第 184 條

因故意或過失，不法侵害他人之權利者，負損害賠償責任。故意以背於善良風俗之方法，加損害於他人者亦同。

違反保護他人之法律，致生損害於他人者，負賠償責任。但能證明其行為無過失者，不在此限。

▶民法第 185 條

數人共同不法侵害他人之權利者，連帶負損害賠償責任。不能知其中孰為加害人者，亦同。

造意人及幫助人，視為共同行為人。

練習題

一、債務人甲的摯友乙，唆使甲將名下不動產移轉登記給乙自己，以避免債權人丙的強制執行，兩人通謀虛偽意思表示辦理移轉及登記。試問：甲與乙是否對債權人丙應負共同侵權行為的連帶損害賠償責任？❷❷❷

二、鎖匠丁誤以為戊忘記帶鑰匙，無法打開 H 屋的大門，於是以其開鎖專業幫助戊打開 H 屋的大門。事實上，戊是趁 H 屋的屋主庚出國旅遊而闖空門，由於丁的幫助，得以順利進入 H 屋，而將 H 屋內的名貴家具及影音設備洗劫一空。試問：丁是否為戊的共同侵權行為人？

問題1-63

民法中公務員的侵權責任與國家賠償法中公務員侵權的國家賠償責任，二者之間的關係如何？

甲擔任 T 市環境保護局司機，某日上午駕駛收集垃圾的特種大貨車 A，沿路收集垃圾時，因未注意汽車起駛時，應讓行進中車輛先行，貿然行駛，撞及乙所駕的 M 機車，致乙受有腦挫傷合併嚴重後遺症的難治傷害❷❷❸。請問乙得否依何規定向甲或 T 市政府請求損害賠償？

💡 **提　示**

一、民法第 186 條規定的公務員為何？

二、公務員為侵權行為，是否均應依民法侵權行為規定負損害賠償責任？

---

❷❷❷　林誠二，《民法債編總論（上）》，2000，頁 275–276。

❷❷❸　最高法院 93 年臺上字第 255 號判決。

解　析

一、公務員的概念

依現行法相關規定，公務員依其範圍廣狹，可分為四種類：

(一)**刑法與國家賠償法的公務員：**

1.**刑法：**該法第 10 條第 2 項有公務員定義的規定：「稱公務員者，謂下列人員：一、依法令服務於國家、地方自治團體所屬機關而具有法定職務權限，以及其他依法令從事於公共事務，而具有法定職務權限者。二、受國家、地方自治團體所屬機關依法委託，從事與委託機關權限有關之公共事務者。」此公務員的範圍最廣，凡依法令服務於機關或從事於公共事務，具有法定職務權限，或受機關委託而從事於有關的公共事務者，不論為文職或武職，均為此所稱公務員。

2.**國家賠償法：**該法第 2 條第 1 項規定：「本法所稱公務員者，謂依法令從事於公務之人員。」及第 4 條第 1 項規定：「受委託行使公權力之團體，其執行職務之人於行使公權力時，視同委託機關之公務員。受委託行使公權力之個人，於執行職務行使公權力時亦同。」則國家賠償法中所稱的公務員，亦同為最廣義的公務員。

(二)**公務員服務法的公務員：**公務員服務法第 24 條規定：「本法於受有俸給之文武職公務員，及其他公營事業機關服務人員，均適用之。」此受有俸給的文武職公務員，不論是政務官或事務官、基於民選或基於任用，均包括在內，惟其範圍較刑法第 10 條第 2 項所規定者為狹。

(三)**公務員懲戒法的公務員：**公務員懲戒法的適用，限於有職等的公務員，而不論其為文職或武職，依司法院釋字第 262 號解釋，軍人經監察院提出彈劾時，應移送公務員懲戒委員會審議。

(四)**公務人員任用法、公務人員考績法：**公務人員任用法第 5 條規定：「公務人員依官等及職等任用之。官等分委任、薦任、簡任。職等分第一至第十四職等，以第十四職等為最高職等。委任為第一至第五職等；薦任為

第六至第九職等；簡任為第十至第十四職等。」由此規定得知，公務人員任用法所適用的範圍，以文職的委任、薦任、簡任事務官為限；另外，公務人員考績法第 23 條規定：「教育人員及公營事業人員之考績，均另以法律定之」將教育人員及公營事業人員排除在適用範圍之外。因此，公務人員任用法及公務人員考績法所稱的公務（人）員，範圍最為狹窄。

民法第 186 條所規定公務員的民事賠償責任，以違背其應執行的職務為前提，是否違背職務，應以是否違反「公務員服務法」為準，因此該條所稱的公務員，應是指上述公務員服務法的公務員❷❷❹，包括受有俸給的文武職公務員，及其他公營事業機關服務人員二種類。民法第 186 條公務員的侵權行為規定，因國家賠償法施行後，已少有適用餘地，其重要性大為降低❷❷❺。

二、公務員的侵權行為

㈠**種類**：公務員的侵權行為，依其是否屬於職務範圍為標準，可區分為下列二類：

行為歸屬	行為性質	適用法條
職務範圍外	私人行為	民法 184
職務範圍內	私法上職務行為（國家立於準私法人地位）	民法 184；國家：民法 28 或民法 188❷❷❻
	公法上職務行為	民法 186；國家：國賠法 2

▲公務員侵權行為的種類

❷❷❹ 孫森焱，《民法債編總論（上）》，2004，頁 284。另鄭玉波、陳榮隆，《民法債編總論》，2002，192 頁，則謂：「在國家法償法公布施行前，解釋上應以廣義之公務員，即公務員服務法上所稱之公務員為準。蓋公務員之民事責任，係以其違背應執行之職務為前提，而其是否違背職務，自當以其是否違反公務員服務法以為斷也。惟國家賠償法公布施行後，為落實保障人民之權益，公務員之定義宜採最廣義說。【按：指刑法第 10 條第 2 項的公務員】」。

❷❷❺ 林誠二，《民法債編總論（上）》，2000，頁 279。

1.職務範圍外的侵權行為：公務員就職務範圍外的侵權行為，應以其私人的資格，依民法第186條以外的規定，負損害賠償責任，不因其為公務員而與一般人的侵權行為而有差異。公務員與政府間雖為公法上的關係，若公務員於執行公務時，假公務上的權力，故意不法侵害其所服務機關私法上的權利時，亦得成立侵權行為[226]。

2.職務範圍內的侵權行為：公務員於職務範圍內為侵權行為，而其行為屬於私法上行為，與人民為私經濟行為，若因而侵害他人的權利時，例如公法人與他人訂立買賣契約，竟將該他人提供擔保的股票擅自出賣，公法人是立於準私法人地位，公務員因執行私法上職務，其行為構成侵權行為，公務員及公法人均應依民法第184條以下及第28條規定，連帶負損害賠償責任；若是依聘用人員聘用條例或雇員管理規則聘僱的人員，因執行職務致侵害他人的權利，因而應負侵權行為責任，如行為人非為公法人的機關，行為人與其聘僱機關應依民法第184條、第188條規定負損害賠償責任[228]。此外，憲法第24條規定：「公務員違法侵害人民之自由或權利者，除依法律受懲戒外，應負刑事或民事責任。被害人就其所受損害，並得依法律向國家請求賠償。」所謂公務員違法侵害人民的自由或權利，指公務員違背公法上對於第三人應執行的職務所為的侵權行為，其即應依民法第186條負賠償責任[229]。至於國家的賠償責任，則依其他法律規定，例如國家賠償法、刑事補償法、土地法第68條[230]、警械

---

[226] 通說，最高法院67年臺上字第1196號判例；鄭玉波，《民法債編總論》，1993，頁171；孫森焱，《民法債編總論（上）》，2004，頁285。
黃立，《民法債編總論》，1999，頁288，則認為私法上職務行為，亦適用民法第186條。

[227] 最高法院70年臺上字第1561號判例。

[228] 最高法院67年臺上字第1196號判例；孫森焱，《民法債編總論（上）》，2004，頁286。

[229] 鄭玉波、陳榮隆，《民法債編總論》，2002，頁192；孫森焱，《民法債編總論（上）》，2004，頁287。

[230] 土地法第68條規定：「因登記錯誤遺漏或虛偽致受損害者，由該地政機關負損害賠償責任。但該地政機關證明其原因應歸責於受害人時，不在此限。

使用條例第 11 條❷❸❶等。

㈢**民法第 186 條的要件及效果**：民法第 186 條規定：「公務員因故意違背對於第三人應執行之職務，致第三人受損害者，負賠償責任。其因過失者，以被害人不能依他項方法受賠償時為限，負其責任。前項情形，如被害人得依法律上之救濟方法，除去其損害，而因故意或過失不為之者，公務員不負賠償責任。」依此規定，其要件有三：違背對於第三人應執行的職務、第三人的權利或利益因而受損害，以及該公務員有故意或過失；其法律效果為該公務員應對被害人負損害賠償責任。惟若行為人僅有過失，則以被害人不能依他項方法受損害賠償時，負賠償責任，例如被害人能依例如國家賠償法、刑事補償法、土地法第 68 條、警械使用條例第 11 條受損害賠償時，公務員即不負賠償責任。對於此所謂的「被害人不能依他項方法受賠償」，最高法院採寬鬆的解釋：「指別無負損害賠償責任之人；或雖有之，因其人逃匿無蹤無法向其求償；或該應賠償責任之人無資力，或其強制執行程序應於外國為之而難以受償等情而言」❷❸❷。

　　另外，如被害人得依法律上的救濟方法，除去其損害，例如對行政處分為訴願或提起行政訴訟、對法院的裁判提起上訴或抗告、對於強制執行聲明異議❷❸❸，而因故意或過失怠於尋求該法律上的救濟方法，則公務員不負賠償責任。

前項損害賠償，不得超過受損害時之價值。」

❷❸❶　警械使用條例第 11 條規定：「警察人員依本條例規定使用警械，因而致第三人受傷、死亡或財產損失者，應由各該級政府支付醫療費、慰撫金、補償金或喪葬費。

警察人員執行職務違反本條例使用警械規定，因而致人受傷、死亡或財產損失者，由各該級政府支付醫療費、慰撫金、補償金或喪葬費；其出於故意之行為，各該級政府得向其求償。

前二項醫療費、慰撫金、補償金或喪葬費之標準，由內政部定之。」

❷❸❷　最高法院 95 年臺上字第 2478 號判決。

❷❸❸　最高法院 94 年臺上字第 2328 號判決。

案例分析

在上述案例事實中，甲擔任 T 市環境保護局司機，某日上午駕駛收集垃圾的特種大貨車 A，沿路收集垃圾時，因未注意汽車起駛時，應讓行進中車輛先行，貿然行駛，撞及乙所駕的 M 機車，致乙受有腦挫傷合併嚴重後遺症的難治傷害。甲為民法第 186 條所稱的公務員，於其執行職務即駕駛垃圾車收集垃圾時，因過失侵害乙的權利並造成損害，似應對被害人乙依民法第 186 條第 1 項規定負損害賠償責任。惟依該條後段規定：「其因過失者，以被害人不能依他項方法受賠償時為限，負其責任。」若乙得依國家賠償法規定，向 T 市政府請求國家賠償，行為人甲公務員即無庸負損害賠償責任。

國家賠償法第 2 條第 2 項前段規定：「公務員於執行職務行使公權力時，因故意或過失不法侵害人民自由或權利者，國家應負損害賠償責任。」就本案件而言，甲駕駛 T 市環境保護局的垃圾車收集垃圾，是否為「執行職務行使公權力」，不無疑問。就此，實務上基於國家賠償法保障人民的自由與權利之目的，採肯定見解認為：「垃圾車司機定時駕駛垃圾車至各指定地點收集垃圾，而民眾亦須依規定於定時定點放置垃圾，不得任意棄置，此為國家福利行政（給付行政）範圍，為公務員行使公權力之行為。」❷❸❹因此，公務員甲係於執行職務行使公權力時，因過失不法侵害乙的權利，造成乙的損害，國家應負損害賠償責任，並以甲所屬的機關市政府為賠償機關（國家賠償法 2 Ⅱ 前段、9 Ⅰ）。

因乙得向 T 市政府請求國家賠償，故不得再依民法第 186 條第 1 項規定向公務員甲請求侵權行為的損害賠償。

結論 乙得依國家賠償法第 2 條第 2 項前段及第 9 條第 1 項向 T 市政府請求國家賠償，而不得依民法第 186 條第 1 項規定向甲請求侵權行為的損害賠償。

---

❷❸❹ 最高法院 93 年臺上字第 255 號判決。

相關法條

▶民法第 186 條

公務員因故意違背對於第三人應執行之職務，致第三人受損害者，負賠償責任。其因過失者，以被害人不能依他項方法受賠償時為限，負其責任。

前項情形，如被害人得依法律上之救濟方法，除去其損害，而因故意或過失不為之者，公務員不負賠償責任。

▶國家賠償法第 2 條

本法所稱公務員者，謂依法令從事於公務之人員。

公務員於執行職務行使公權力時，因故意或過失不法侵害人民自由或權利者，國家應負損害賠償責任。公務員怠於執行職務，致人民自由或權利遭受損害者亦同。

前項情形，公務員有故意或重大過失時，賠償義務機關對之有求償權。

練習題

一、執行集會遊行活動管制的北市 A 分局警員甲，明知乙係一合法進行採訪的 N 媒體公司的攝影記者，卻於執行驅離集會及遊行的群眾時，故意以警棍猛力敲打乙的頭部、身體及其所持攝影器材，導致乙頭部及身體受到相當嚴重的傷害，其所持攝影器材也因毀損而無法修復。試問：乙得否向警員甲或臺北市政府請求損害賠償？依何規定？

二、甲、乙間因故發生爭執，T 縣警員丙接獲通報前往處理，處理過程中，甲當丙的面毆打乙，丙卻袖手旁觀而未予以制止，致乙遭甲毆傷多處而疼痛難堪。試問：乙得否向甲、丙或何政府機關請求損害賠償？[235]

---

[235] 司法院釋字第 469 號解釋；孫森焱，《民法債編總論（上）》，2004，頁 288。

問題 **1-64**

無行為能力人或限制行為能力人為侵權行為,應由何人負賠償責任?

甲、乙夫妻協議離婚,雙方約定由甲男單獨行使兩人的 17 歲兒子丙之監護權。丙某日無照騎乘重型機車,因車速過快失控,追撞丁女所騎的輕型機車,導致丁身受重傷及顱內出血。請問丁主張丙及其父母甲、乙共 3 人,應對其負侵權行為的連帶損害賠償責任,有無理由?

提 示

一、未成年人有無侵權責任能力?

二、父母是否應對於未成年子女的侵權行為,負其損害賠償責任?是否因其有無監護權而有所不同?

解 析

一、不具完全行為能力的人之侵權行為

我民法將行為能力區分為三種態樣或階段:無行為能力、限制行為能力及完全行為能力。此所謂不具完全行為能力的人,包括無行為能力人及限制行為能力人。

民法第 187 條第 1 項規定:「無行為能力人或限制行為能力人,不法侵害他人之權利者,以行為時有識別能力為限,與其法定代理人連帶負損害賠償責任。行為時無識別能力者,由其法定代理人負損害賠償責任。」依此規定,無行為能力人或限制行為能力人對他人有侵權行為,應由其法定代理人負損害賠償責任;至於該沒有完全行為能力的行為人,是否亦須負賠償責任,則取決於其在行為時有無識別能力。換句話說,以該沒有完全行為能力的行為人,於行為時有無識別能力為基礎,決定其是否有侵權責任

能力。

　　行為人有識別能力（意思能力），則與法定代理人負連帶賠償責任。民法對於「識別能力」，雖未如德國民法第 828 條第 3 項明白規定其為認識責任之必要的判斷能力 (die zur Erkenntnis der Verantwortlichkeit erforderliche Einsicht)，解釋上亦應相同，亦即有可以判斷自己行為在法律上效果的精神能力❷❸❻；而行為人對於該行為的控制（或支配）能力 (Steuerungsfähigkeit)，並非必要❷❸❼。是否有識別能力，以其行為時具體的精神狀態為標準❷❸❽。

　　未成年人，除因結婚而取得行為能力外，其未滿七歲者，無行為能力；7 歲以上者，有限制行為能力（民法 13）。此外，禁治產人或受監護人，無行為能力；受輔助人，亦有限制行為能力❷❸❾。

二、父母因未成年子女的侵權行為之責任

　　依民法第 187 條第 1 項規定，無行為能力人或限制行為能力人的法定代理人，原則上應對於其無行為能力人或限制行為能力人的侵權行為，或由法定代理人單獨對被害人負損害賠償責任，或由法定代理人與行為人連帶負損害賠償責任。民法第 1084 條第 2 項規定：「父母對於未成年之子女，有保護及教養之權利義務。」此項因身分關係所生的權利義務，雖不得拋棄；惟民法第 1055 條第 1 項前段規定：「夫妻離婚者，對於未成年子女權利義務之行使或負擔，依協議由一方或雙方共同任之。」夫妻協議離婚後，關於子女的監護，若依協議由一方擔任，則他方監護權的行使，即暫時停止，此與親權的拋棄有別；監護權的行使暫時停止的一方，因無從對於未成年子女為監督，就該未成年子女的侵權行為，即無須依民法第 187 條第

---

❷❸❻　史尚寬，《債法總論》，1990，頁 110；王澤鑑，《侵權行為法(二)》，2006，頁 61，亦解釋為「認識其行為的不法或危險，並認知應就其行為負責的能力」。

❷❸❼　王澤鑑，《侵權行為法(二)》，2006，頁 61。

❷❸❽　王澤鑑，《侵權行為法(二)》，2006，頁 60；施啟揚，《民法總則》，2005，頁 89。

❷❸❾　自 2009 年 11 月 23 日起，「禁治產制度」已被「監護及輔助制度」所取代。受輔助人的行為能力受限制範圍，與七歲以上的未成年人有極大差別。

1 項規定負損害賠償責任❷。

民法第 187 條第 2 項規定:「前項情形,法定代理人如其監督並未疏懈,或縱加以相當之監督,而仍不免發生損害者,不負賠償責任。」由此規定得知,法定代理人就不具完全行為能力的人之侵權行為負損害賠償責任,以其監督有疏懈,且其監督有疏懈與損害的發生之間有相當因果關係;惟此監督有疏懈,及其因果關係,係由法律予以推定❷,其存在非歸由被害人負舉證責任,而是委由法定代理人證明其監督無疏懈,或其監督疏懈與損害的發生之間無相當因果關係,以免除其損害賠償責任,學者稱之為舉證責任的倒置或轉換❷。

惟應注意的是,法定代理人雖得依民法第 187 條第 2 項規定,舉證其無過失或無因果關係以免責,卻未必即可因而完全免負一切法律責任。因為民法第 187 條第 3 項規定:「如不能依前二項規定受損害賠償時,法院因被害人之聲請,得斟酌行為人及其法定代理人與被害人之經濟狀況,令行為人或其法定代理人為全部或一部之損害賠償。」一般稱為衡平責任❷。此一衡平責任屬於無過失責任,適用於當行為人無識別能力無須負損害賠償責任,而其法定代理人又得依民法第 187 條第 2 項規定舉證免責的情形。

🔍 案例分析

在上述案例事實中,甲、乙夫妻協議離婚,其共同的 17 歲兒子丙的監護權,雙方約定由甲男單獨行使。丙在父親甲男的監護下,某日無照騎乘重型機車,因車速過快失控,追撞丁女所騎的輕型機車,導致丁身受重傷

---

❷ 最高法院 80 年臺上字第 1327 號判例。

❷ 學者稱之為「雙重推定」,參閱王澤鑑,《侵權行為法⑵》,2006,頁 80。

❷ 孫森焱,《民法債編總論(上)》,2004,頁 293;鄭玉波、陳榮隆,《民法債編總論》,2002,頁 202。

❷ 對於衡平責任的法律性質,眾說紛紜。有歸之為「無過失責任」者,例如鄭玉波、陳榮隆,《民法債編總論》,2002,頁 203;孫森焱,《民法債編總論(上)》,2004,頁 295。亦有將其視為一獨立的責任類型者,例如王澤鑑,《侵權行為法⑵》,2006,頁 88。

及顱內出血。民法第 13 條第 2 項規定：「滿七歲以上之未成年人，有限制行為能力。」依此，17 歲的丙有限制行為能力。丙無照騎乘重型機車，追撞丁女所騎的輕型機車，導致丁身受重傷及顱內出血，對丁構成民法第 184 條第 1 項前段、第 2 項及第 191 條之 2 的侵權行為。依民法第 187 條第 1 項規定，17 歲的丙應有識別能力，因此須與其法定代理人連帶負損害賠償責任。甲、乙夫妻協議離婚，其共同的 17 歲兒子丙的監護權，雙方約定由甲單獨行使，則乙監護權的行使，即暫時停止；監護權的行使暫時停止的乙，因無從對於未成年的兒子丙為監督，就丙的侵權行為，無須依民法第 187 條第 1 項規定。丁主張，丙及其父母甲、乙共三人，應對其負侵權行為的連帶損害賠償責任，非全部有理由，而是丙及其法定代理人父親甲二人，應依民法第 184 條第 1 項前段、第 191 條之 2 及第 187 條第 1 項前段，對其負侵權行為的連帶損害賠償責任，乙則因監護權的停止而無須負賠償責任。

結論　丁主張，丙及其父母甲、乙共三人，應對其負侵權行為的連帶損害賠償責任，非全部有理由，而是僅有丙與其父甲二人，應對其負侵權行為的連帶損害賠償責任，乙則無須負賠償責任。

相關法條

▶民法第 184 條

因故意或過失，不法侵害他人之權利者，負損害賠償責任。故意以背於善良風俗之方法，加損害於他人者亦同。

違反保護他人之法律，致生損害於他人者，負賠償責任。但能證明其行為無過失者，不在此限。

▶民法第 187 條

無行為能力人或限制行為能力人，不法侵害他人之權利者，以行為時有識別能力為限，與其法定代理人連帶負損害賠償責任。行為時無識別能力者，由其法定代理人負損害賠償責任。

前項情形，法定代理人如其監督並未疏懈，或縱加以相當之監督，而仍不免發生損害者，不負賠償責任。

如不能依前二項規定受損害賠償時，法院因被害人之聲請，得斟酌行為人及其法定代理人與被害人之經濟狀況，令行為人或其法定代理人為全部或一部之損害賠償。

前項規定，於其他之人，在無意識或精神錯亂中所為之行為致第三人受損害時，準用之。

▶民法第 1055 條

夫妻離婚者，對於未成年子女權利義務之行使或負擔，依協議由一方或雙方共同任之。未為協議或協議不成者，法院得依夫妻之一方、主管機關、社會福利機構或其他利害關係人之請求或依職權酌定之。

前項協議不利於子女者，法院得依主管機關、社會福利機構或其他利害關係人之請求或依職權為子女之利益改定之。

行使、負擔權利義務之一方未盡保護教養之義務或對未成年子女有不利之情事者，他方、未成年子女、主管機關、社會福利機構或其他利害關係人得為子女之利益，請求法院改定之。

前三項情形，法院得依請求或依職權，為子女之利益酌定權利義務行使負擔之內容及方法。

法院得依請求或依職權，為未行使或負擔權利義務之一方酌定其與未成年子女會面交往之方式及期間。但其會面交往有妨害子女之利益者，法院得依請求或依職權變更之。

練 習 題

一、甲、乙的獨子丙現年 3 歲，就讀 A 幼稚園小班。丙於吃午餐時，不小心以叉子戳傷同學丁的右眼，經醫生診治，仍留下無法治癒的視力嚴重減弱的結果。試問：何人應對丁的損害負賠償責任？

二、戊、庚夫妻生有一子辛。辛 5 歲時，戊意外死亡，嗣後庚女改嫁他

人而遷居他市，戊的父母將辛帶走撫養，並禁止庚探視辛，庚也因此已十多年未見到辛。數日前，17 歲的辛過失侵害第三人壬的權利而造成其損害，壬向庚請求損害賠償，有無理由？㉔

問題 1-65

侵權行為責任中，哪些是屬於衡平責任？

無行為能力人甲侵害乙的權利並致生損害，乙向 C 法院起訴甲及其法定代理人丙請求侵權行為的損害賠償。C 法院經調查證據後認定，甲於行為時無識別能力，且丙對甲的監督並未疏懈。請問乙是否至此即確定無法自甲或丙求取任何的損害賠償？

提　示

一、何謂衡平責任？

二、衡平責任的性質為何？

三、衡平責任與侵權損害賠償責任的關係如何？

解　析

一、衡平責任

㈠**概念**：民法第 187 條第 2 項及第 3 項規定：「如不能依前二項規定受損害賠償時，法院因被害人之聲請，得斟酌行為人及其法定代理人與被害人之經濟狀況，令行為人或其法定代理人為全部或一部之損害賠償。前項規定，於其他之人，在無意識或精神錯亂中所為之行為致第三人受損害時，準用之。」第 188 條第 2 項規定：「如被害人依前項但書之規定，不

㉔　最高法院 87 年臺上字第 2042 號判決。

能受損害賠償時，法院因其聲請，得斟酌僱用人與被害人之經濟狀況，令僱用人為全部或一部之損害賠償。」此等規定的損害賠償責任，一般稱之為「衡平責任 (Billigkeitshaftung)」[245]。衡平責任的特點，在於被害人因行為人及其法定代理人或其僱用人，不具備一般或特殊的侵權責任之全部要件（例如識別能力、歸責事由等），而不必負侵權行為之一般的法律效果，即損害賠償責任，法院仍得依被害人的聲請，令行為人或其法定代理人，或令其僱用人，為全部或一部的損害賠償（民法 187 III、188 II）。

㈡**性質：** 關於衡平責任的性質，國內多數說認為其屬於無過失責任[246]，另有認為其屬於結果責任[247]、危險責任或獨立責任者[248]。惟有學者指出，民法第 187 條第 3 項規定，「是為法律特別體卹貧弱，令經濟力較強之行為人，予以相當之補卹。此全屬一種道德規範之法律化，與所謂無過失責任主義之法理，判屬二事。無過失責任者，不以過失為構成責任之要件也。第一八七條第三項，雖仍用損害賠償等字樣，惟其性質，已迥異其趣。損害賠償，係以補償所受損害為目的，以所受損害為權衡之中心。該條項之規定，則將其權衡之中心整個移置於雙方當事人之經濟狀況。行為人經濟狀況愈佳者，應愈多給付，其經濟狀況不如被害人者，依條文解釋，即可不必給付。與損害賠償之原旨，相去遠矣」[249]，說明衡平責任的本質與侵權賠償責任有別。負衡平責任者，事實上並不具備（不

---

[245] 最高法院 91 年臺上字第 1099 號判決；鄭玉波、陳榮隆，《民法債編總論》，2002，頁 203、209；王澤鑑，《侵權行為法㈡》，2006，85–86、頁 151–152。

[246] 鄭玉波、陳榮隆，《民法債編總論》，2002，頁 203；孫森焱，《民法債編總論（上）》，2004，頁 295；曾隆興，《民法債編總論》，1999，頁 181；澎湖地院 88 年訴字第 4 號判決。

[247] 史尚寬，《債法總論》，1990，頁 178–179。

[248] 王澤鑑，《侵權行為法㈡》，2006，頁 88，謂：「在理論上實逕可將此項責任定性為衡平責任，作為一種與過失責任、無過失責任（尤其危險責任）獨立併存的損害賠償歸責原則，以體現其規範內容」。

[249] 王伯琦，《民法債篇總論》，1962，頁 89。

論是一般或特殊) 侵權行為的要件，原無庸負侵權行為的損害賠償責任，被害人原無侵權損害賠償請求權，法律所以特准被害人聲請法院基於當事人的經濟狀況，得命為一部或全部賠償，可謂是一種「社會性的損害合理分擔責任」。

㈢民法中的衡平責任規定：民法在侵權行為一節中，設有下列三項之衡平責任的規定：

1. 第 187 條第 3 項規定：「如不能依前二項規定受損害賠償時，法院因被害人之聲請，得斟酌行為人及其法定代理人與被害人之經濟狀況，令行為人或其法定代理人為全部或一部之損害賠償。」

2. 第 187 條第 4 項：「前項規定，於其他之人，在無意識或精神錯亂中所為之行為致第三人受損害時，準用之。」

3. 第 188 條第 2 項：「如被害人依前項但書之規定，不能受損害賠償時，法院因其聲請，得斟酌僱用人與被害人之經濟狀況，令僱用人為全部或一部之損害賠償。」

二、衡平責任與侵權損害賠償責任的關係

當確定不生侵權損害賠償責任時，得發生衡平責任，此毫無疑問。有疑義的是，如果只是因為有侵權損害賠償責任的人無資力賠償，以致被害人的侵權損害賠償請求權實際上無法獲得滿足時，是否有衡平責任規定的適用❷⁵⁰。關於此一問題，從民法第 187 條第 3 項規定及第 4 項的準用規定，體系解釋的結論應為否定。惟該第 3 項規定「不能依前二項規定受損害賠償」，從文字解釋上並未排除因賠償義務人「無資力」而實際上不能「受」損害賠償；鑑於衡平責任的立法目的在「保護被害人利益」，則採肯定見解顯然較符合此立法目的❷⁵¹；從歷史解釋，民法第 187 條第 3 項的立法理由

⓵ 持肯定見解，例如史尚寬，《債法總論》，1990，頁 178；孫森焱，《民法債編總論（上)》，2004，頁 295。

持否定見解，例如鄭玉波、陳榮隆，《民法債編總論》，2002，頁 203；王澤鑑，《侵權行為法㈡》，2006，頁 89。

中已明舉「或雖應負賠償之責任，而無賠償資力之情形」，亦有衡平責任的適用。

從民法第 187 條第 3 項及第 188 條第 2 項觀察，就上述疑義，如認為僅因為有侵權損害賠償責任的人無資力賠償，以致被害人的侵權損害賠償請求權實際上無法獲得滿足時，沒有衡平責任規定的適用，則衡平責任與侵權損害賠償責任處於互相排除的關係，不能同時並存。如認為僅因為有侵權損害賠償責任的人無資力賠償，以致被害人的侵權損害賠償請求權實際上無法獲得滿足時，仍有衡平責任規定的適用（以此見解為宜），則衡平責任與侵權損害賠償責任有可能同時並存，對被害人而言，將發生類似請求權競合的結果。

🔍 案例分析

在上述案例事實中，無行為能力人甲侵害乙的權利並致生損害，乙向 C 法院起訴甲及其法定代理人丙請求侵權行為的損害賠償。C 法院經調查證據後認定，甲於行為時無識別能力，且丙對甲的監督並未疏懈。依民法第 187 條第 1 項規定，因甲於行為時無識別能力，不負損害賠償責任，而是由其法定代理人單獨負損害賠償責任；依同條第 2 項，丙對甲的監督並未疏懈，依此規定亦無須為甲對乙的侵權行為負損害賠償責任。

因甲及其法定代理人丙分別依照民法第 187 條第 1 項及第 2 項規定，不負侵權行為的損害賠償責任，乙即不能依該規定受損害賠償，僅得依該條第 3 項規定，聲請受訴的 C 法院，斟酌行為人甲及其法定代理人丙與被害人乙三人的經濟狀況，令甲或丙為全部或一部的損害賠償。

結論 乙並非確定無法自甲或丙求取任何的損害賠償，而是仍得依民法第 187 條第 3 項規定，聲請受訴的 C 法院，斟酌行為人甲及其法定代理人丙與被害人乙三人的經濟狀況，令甲或丙為全部或一部的損害賠償。

㉕ 1999 年民法債編修正，民法第 187 條第 3 項規定中增訂「法定代理人」的衡平責任，目的在於「更周延保障被害人之權利」。

相關法條

▶民法第 187 條

無行為能力人或限制行為能力人，不法侵害他人之權利者，以行為時有識別能力為限，與其法定代理人連帶負損害賠償責任。行為時無識別能力者，由其法定代理人負損害賠償責任。

前項情形，法定代理人如其監督並未疏懈，或縱加以相當之監督，而仍不免發生損害者，不負賠償責任。

如不能依前二項規定受損害賠償時，法院因被害人之聲請，得斟酌行為人及其法定代理人與被害人之經濟狀況，令行為人或其法定代理人為全部或一部之損害賠償。

前項規定，於其他之人，在無意識或精神錯亂中所為之行為致第三人受損害時，準用之。

▶民法第 188 條

受僱人因執行職務，不法侵害他人之權利者，由僱用人與行為人連帶負損害賠償責任。但選任受僱人及監督其職務之執行，已盡相當之注意或縱加以相當之注意而仍不免發生損害者，僱用人不負賠償責任。

如被害人依前項但書之規定，不能受損害賠償時，法院因其聲請，得斟酌僱用人與被害人之經濟狀況，令僱用人為全部或一部之損害賠償。

僱用人賠償損害時，對於為侵權行為之受僱人，有求償權。

練習題

一、甲經營機車出租店，為謀租金收入，明知乙無機車駕照，仍將 M 重型機車出租予乙騎乘使用。乙於精神錯亂中，騎 M 機車撞傷丙，造成丙的損害。試問：丙得依何規定向何人請求賠償？[252]

---

[252]　澎湖地院 88 年訴字第 4 號判決；王澤鑑，《侵權行為法(二)》，2006，頁 94–95。【按：其將判決法院澎湖地院誤解為最高法院】

二、父親丁平日對 18 歲的獨子戊疏於管教，戊經常深夜飆車。某夜，丁將戊的 M 機車鑰匙收藏，戊仍於深夜騎其友庚的機車載著庚狂飆，因煞車不及撞上辛女自用車，辛女及車嚴重損傷，丁能舉證自己已收藏 M 機車鑰匙使其無法使用 M 機車。試問：辛得否向丁或戊請求損害賠償？依何規定？

三、17 歲的獨生女 A 因父 K、母 L 平日寵溺，個性嬌縱。某日，因懷疑同學 G 女在朋友圈洩漏有損其聲譽的隱私，於是央請友人 B 男（20 歲，父 M、母 N）、C 男（18 歲，單親母 P）、D 男（17 歲，父 Q、母 R）對 G 施以毆打教訓。B、C、D 三人佯裝邀 G 一同出遊，當 G 坐上 B 男所開轎車後，B 將車開到偏僻山區，三人合力以棍棒等器具痛毆 G，使 G 身受重傷。臨走，B 私自拿走 G 的手機及身上的 2400 元，並於隔日將該手機透過網路交易，以 2000 元售給不認識的第三人。受重傷的 G 後來被登山客 H 發現，經報警送醫救治。試問：G 得向何人請求侵權行為的損害賠償？

問題 1-66

受僱人有侵權行為時，僱用人須否對被害人負賠償責任？僱用人有無求償權？

甲女想重新修改其所有的 H 屋之裝潢，與經營裝潢的 A 公司負責人乙多次洽商後，兩人同意由 A 公司就 H 屋的裝潢修改工程為設計並施工，甲應依工程進度，分 5 期支付 A 公司總金額 120 萬元的報酬。嗣後，乙指示公司職員丙帶領員工丁負責施工。在施工期間，丁於施工時竟粗心大意打破甲收藏的琉璃藝術品 K（市價 12 萬元）；丙則趁施工之便，竊取甲的一串珍珠項鍊 P（市價 20 萬元）。請問：

(一)甲得否對何人請求侵權行為的損害賠償？

(二)若 A 公司賠償甲女因丁的侵權行為所受的損害後，對丁有無求償權？

提　示

一、僱用人是否因受僱人的侵權行為而須負損害賠償責任？

二、僱用人得否舉證以免除其損害賠償責任？

三、僱用人對被害人賠償後，得否對受僱人求償？

解　析

一、僱用人的損害賠償責任

民法第 188 條第 1 項本文規定：「受僱人因執行職務，不法侵害他人之權利者，由僱用人與行為人連帶負損害賠償責任。」依此規定，僱用人於受僱人因執行職務，不法侵害他人的權利，即對他人有侵權行為時，原則上應與該行為人即受僱人對被害人連帶負損害賠償責任。

事實上的侵權行為人必須是受僱人，而所謂受僱人，並非僅限於僱傭契約所稱的受僱人，凡客觀上被他人使用為之服務勞務而受其監督者均係受僱人[253]，僱用人有監督權（指揮監督關係），亦即以事實上的僱用關係為標準，不以有效的僱傭契約存在為要件[254]。惟若受僱人逾越其權限所選任的（次）受僱人，則不適用，例如受僱司機私自將負責駕駛車輛，委由第三人駕駛。

其次，該受僱人必須因執行職務而為侵權行為，即受僱人的執行職務行為，本身構成侵權行為。此所謂執行職務，實務上採「客觀說」，凡在外觀上足認為受僱人的職務（本體）行為，及在社會觀念上與其職務行為有適當牽連關係，即使是為自己利益的行為，均屬於執行職務[255]。換句話說，只須客觀上足認受僱人的行為與其執行職務有關，即屬執行職務的行為，

---

[253]　最高法院 57 年臺上字第 1663 號判例。

[254]　最高法院 45 年臺上字第 1599 號判例。

[255]　最高法院 42 年臺上字第 1224 號判例；最高法院 92 年臺上字第 591 號判決；最高法院 96 年臺上字第 2615 號判決。

而不問當事人主觀意思（主觀說：依受僱人或僱用人意思）❷，包括純粹執行職務行為，以及職務上給予機會的行為❷。

二、僱用人的舉證免責及衡平責任

㈠**舉證免責**：民法第 188 條第 1 項但書規定：「但選任受僱人及監督其職務之執行，已盡相當之注意或縱加以相當之注意而仍不免發生損害者，僱用人不負賠償責任。」僱用人的損害賠償責任，尚非無過失責任或結果責任，其仍得藉由證明選任受僱人及監督其職務的執行，已盡相當的注意（即證明其無過失），或證明其縱加以相當的注意而仍不免發生損害（即證明其選任或監督過失與損害之間，無相當因果關係存在），而免負其損害賠償責任。與一般侵權行為不同，就僱用人的過失、選任或監督過失與損害之間的因果關係，被害人無庸證明，而是由法律推定其存在，以僱用人證明其不存在以免除其賠償責任。對此，國內一般稱之為舉證責任的倒置（或轉換）❷。對於該規定的「選任及監督」的注意義務，最高法院曾謂：「關於選任方面，著重於受僱人之技術是否純熟，性格是否謹慎精細；而關於監督方面，則在於受僱人職務之執行，是否已提示其應注意事項，有無派員督導等。自不得以受僱人偶一過失行為，即謂僱用人選任及監督未盡相當之注意。」❷因實際上僱用人要舉證免責本即困難，且實務又採嚴格認定態度，在實務上幾無僱用人舉證免責成功的案例❷。

㈡**衡平責任**：民法第 188 條第 2 項規定：「如被害人依前項但書之規定，不能受損害賠償時，法院因其聲請，得斟酌僱用人與被害人之經濟狀況，

---

❷　主觀說乃依受僱人或僱用人意思，作為判斷其行為是否為執行職務的標準。

❷　並比較最高法院 92 年臺上字第 48 號判決；王澤鑑，《侵權行為法㈡》，2006，頁 129–142 的深入分析。

❷　鄭玉波、陳榮隆，《民法債編總論》，2002，頁 209；王澤鑑，《侵權行為法㈠》，2005，頁 312–313。

❷　最高法院 87 年臺上字第 791 號判決。

❷　王澤鑑，《侵權行為法㈡》，2006，頁 144，亦謂「實務上尚無相關案例，可供研究」。

令僱用人為全部或一部之損害賠償。」僱用人依此規定的賠償責任，一般稱為衡平責任。此目的在於保護被害人，為我國民法獨有的制度，外國無類似的立法例[261]。

依民法第 188 條的立法理由，僱用人的衡平責任規定，目的在於避免因僱用人得依該條第 1 項但書舉證免責，而應單獨負賠償責任的受僱人又絕對無資力，被害人將因而不能受賠償的情形發生。惟有學者主張，被害人聲請法院命僱用人負衡平責任時，並不以受僱人無資力為要件[262]。

如上所述，民法第 188 條第 2 項所定僱用人衡平責任，因實際上僱用人要依該條第 1 項但書舉證免責，本即困難，且實務又採嚴格認定態度，在實務上幾無僱用人舉證免責成功的案例，所以實際上可謂是一項具文的規定[263]。

三、僱用人的求償權

民法第 188 條第 3 項規定：「僱用人賠償損害時，對於為侵權行為之受僱人，有求償權。」依此，僱用人因依同條第 1 項負連帶賠償責任，或依同條第 2 項負衡平責任，於為賠償後，得對受僱人全額求償。

至於學者有認為僱用人經濟情況較佳，因衡平責任將賠償較多（僅於精神賠償有可能）[264]，再對受僱人求償，導致受僱人負擔較重之結果，有欠公平[265]。此疑慮應屬多餘，蓋衡平責任僅係為一部或最多「全部」賠償，就此本應由受僱人負（最後）全部賠償責任，只是因其無資力而由僱用人（先行）賠償而已。

---

[261] 王澤鑑，《侵權行為法㈡》，2006，頁 151。

[262] 王澤鑑，《侵權行為法㈡》，2006，頁 152。

[263] 王澤鑑，《侵權行為法㈡》，2006，頁 152，即指出：「在吾人查閱所及的裁判資料，迄未見相關案件。此類出於衡平考量的立法，陳義甚高，作為一種獨立侵權行為歸責原則，其的功能實屬有限。」

[264] 最高法院 76 年臺上字第 1908 號判例（慰撫金）。

[265] 孫森焱，《民法債編總論（上）》，2004，頁 300。

關於僱用人的求償權行使，受僱人得否主張類推適用民法第 217 條過失相抵，最高法院持否定見解[266]。

🔍 案例分析

依民法第 184 條第 1 項前段，丁粗心大意打破甲收藏的琉璃藝術品 K（市價 12 萬元），係因過失不法侵害甲對 K 的所有權，應對甲負侵權行為的損害賠償責任。丙竊取甲的珍珠項鍊 P，亦故意不法侵害甲對 P 的所有權，應對甲負侵權行為的損害賠償責任。

而依民法第 188 條第 1 項本文規定，丙與丁為 A 公司職員，屬於 A 公司的受僱人。丁於施工時粗心大意打破甲的藝術品 K，係於執行職務，不法侵害甲的 K 所有權而造成其損害，由僱用人 A 公司與行為人丁連帶負損害賠償責任。丙趁施工之便，竊取甲的珍珠項鍊 P（市價 20 萬元），不過是藉執行職務之便，遂行個人犯罪及侵權的行為，其竊取 P 行為尚難謂客觀上與其執行職務有關[267]。因此，丙竊取 P 的行為，非執行職務的行為，故無民法第 188 條第 1 項的適用，僱用人 A 公司無須負連帶的侵權行為損害賠償責任。

僱用人 A 公司就丁所造成的損害為賠償後，得依第 188 條第 2 項規定：「僱用人賠償損害時，對於為侵權行為之受僱人，有求償權。」對丁全額求償。

---

[266] 最高法院 71 年臺上字第 149 號判決。
反對見解，詹森林，《民事法理與判決研究》，1998，頁 319 以下；王澤鑑，《侵權行為法(二)》，2006，頁 148–149。
[267] 最高法院 95 年臺上字第 38 號判決。

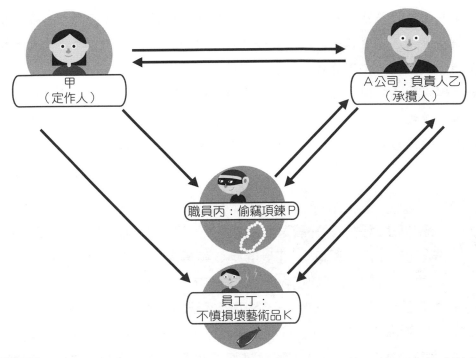

結論　(一)甲得對行為人丙、丁請求侵權行為的損害賠償。就丁應負責賠償的部分，A 公司與丁連帶負賠償責任；A 公司就丙應賠償部分，則無責任。

(二)若僱用人 A 公司就丁所造成的損害為賠償後，依第 188 條第 2 項規定，對丁有求償權，得全額求償。

相關法條

▶民法第 184 條

因故意或過失，不法侵害他人之權利者，負損害賠償責任。故意以背於善良風俗之方法，加損害於他人者亦同。

違反保護他人之法律，致生損害於他人者，負賠償責任。但能證明其行為無過失者，不在此限。

▶民法第 188 條

受僱人因執行職務，不法侵害他人之權利者，由僱用人與行為人連帶負損害賠償責任。但選任受僱人及監督其職務之執行，已盡相當之注意或縱加以相當之注意而仍不免發生損害者，僱用人不負賠償責任。

如被害人依前項但書之規定，不能受損害賠償時，法院因其聲請，得斟酌僱用人與被害人之經濟狀況，令僱用人為全部或一部之損害賠償。

僱用人賠償損害時，對於為侵權行為之受僱人，有求償權。

練 習 題

一、父甲指示其兒子乙，載送客人丙回家。乙於途中闖紅燈，碰撞丁所駕駛的 C 車，導致丙、丁受傷及 C 車損害。試問：

　　㈠丙、丁得否依何規定對甲請求賠償？

　　㈡若乙尚未成年，則丙、丁得否依何規定對甲請求賠償？

二、A 人壽保險股份有限公司的業務經理戊向庚推銷保險，庚在簽訂保險契約後第 2 年，為辦理保險契約轉換並補繳保費，遂依戊的指示，將保費 1000 萬元匯款到戊在 B 銀行的帳戶。嗣後戊不僅未替庚辦理保險契約轉換，更將該筆匯款侵占，致庚遭受損害。試問：庚得否依侵權行為規定，向戊及 A 公司請求連帶的損害賠償？❷❻❽

問題 1-67

動物占有人的賠償責任與以動物為侵權工具的賠償責任，有無差別？

甲養大型 D 犬當作寵物並看門之用，平時常放任其在門口自由走動。某日，乙女帶著 G 犬散步，途經甲的家門附近，D 犬迅速衝出並攻擊

---

❷❻❽　最高法院 94 年臺上字第 2243 號判決。

G 犬，乙女無力阻止 D 犬咬死 G 犬。請問乙得否向甲請求賠償？如果 D 犬是在甲的指揮下攻擊 G 犬，當事人間法律關係有無不同？

提　示

一、動物加損害於他人，何人應為此負損害賠償責任？

二、以動物為工具侵害他人，應依何規定對被害人負賠償責任？

解　析

一、動物占有人的責任

民法第 190 條第 1 項規定：「動物加損害於他人者，由其占有人負損害賠償責任。但依動物之種類及性質已為相當注意之管束，或縱為相當注意之管束而仍不免發生損害者，不在此限。」依此，占有人的損害賠償責任，須具備下列要件才成立：

㈠**動物加損害於他人；**

㈡**動物占有人管束有過失；**

㈢**其管束過失與被害人的損害間具有因果關係**[269]。

此所謂動物，是指一般社會觀念上的動物，而非生物學或動物學上的動物，不包括微生物，例如細菌、病毒之類[270]。動物占有人管束有過失，其管束過失與被害人的損害間具有因果關係，依該條項但書規定，係由法律推定，無庸由被害人舉證，而由動物占有人證明其無過失或無因果關係，以免除賠償責任。

---

[269] 在法院實務上少有涉及動物占有人責任的案件，應是其損害通常輕微，當事人間並未爭執至必須以訴訟解決的地步，而非日常生活不常發生。

王澤鑑，《侵權行為法㈡》，2006，頁 197，則謂寵物及娛樂性動物的危害性不容忽視。

[270] 王澤鑑，《侵權行為法㈡》，2006，頁 178-185；孫森焱，《民法債編總論（上）》，2004，頁 309。

動物加損害於他人，由動物占有人負損害賠償責任，應是基於占有人有事實上管領力，因此多數說認為此占有人應解為包括直接占有人（民法940）及占有輔助人（民法942），而不包括無事實管領力的間接占有人（民法941）[271]。至於動物占有人管束的注意義務，應依動物的種類及性質而為具體判斷。

二、動物占有人的求償權

民法第 190 條第 2 項規定：「動物係由第三人或他動物之挑動，致加損害於他人者，其占有人對於該第三人或該他動物之占有人，有求償權。」動物係由第三人或他動物的挑動，致加損害於他人，其占有人在該條第 1 項的要件下，應對被害人負損害賠償責任；在其賠償被害人後，對於該第三人或該他動物的占有人，有求償權。另外，動物占有人與該第三人或該他動物的占有人之間，宜解為成立連帶責任，仍應有其內部求償關係[272]，而不宜解為僅有動物占有人有對該第三人或該他動物的占有人之單向的全額求償權[273]。

三、以動物為工具加害他人

民法第 190 條規定的動物占有人責任，應解為是基於動物本身的獨立動作，至於其是出於動物本性或基於如同條第 2 項原因的外部刺激，並無差別。

若是占有人利用該動物作為加害他人的工具，則應成立民法第 184 條第 1 項規定的侵權行為責任，即不適用民法第 190 條規定。但如果利用動物加害他人的是占有人以外的第三人，除該第三人應負民法第 184 條第 1

---

[271] 王伯琦，《民法債篇總論》，1962，頁 97；孫森焱，《民法債編總論（上）》，2004，頁 309；王澤鑑，《侵權行為法(二)》，2006，頁 195–196。
不同見解，史尚寬，《債法總論》，1990，頁 191–192，則主張包括直接占有人與間接占有人二者。

[272] 王澤鑑，《侵權行為法(二)》，2006，頁 201。

[273] 孫森焱，《民法債編總論（上）》，2004，頁 311，持此見解。

項前段的侵權行為責任外，占有人如果管束有過失，仍可有民法第 190 條的適用❷。

🔍 案例分析

　　在上述案例事實中，甲養 D 犬，平時即常放任其在門口自由走動，當乙女帶著 G 犬散步，途經甲的家門附近，D 犬迅速衝出並攻擊 G 犬，乙女無力阻止 D 犬咬死 G 犬。依民法第 190 條第 1 項規定，大型 D 犬主動攻擊乙的 G 犬並咬死 G 犬，乃侵害乙的 G 犬所有權而加損害於乙，其直接占有人甲應對乙負損害賠償責任。另甲平時即常放任 D 犬在門口自由走動，侵害乙女權利時亦然，顯然並未盡相當注意的管束，而無法舉證以免責。

　　然而，如果 D 犬是在甲的指揮下攻擊 G 犬，則甲是以 D 犬作為侵害乙的權利之工具，此時甲對乙應僅成立民法第 184 條第 1 項規定的侵權行為責任，即無民法第 190 條第 1 項的適用。

結論　乙得依民法第 190 條第 1 項規定向甲請求損害賠償。如果 D 犬是在甲的指揮下攻擊 G 犬，則乙得依民法第 184 條第 1 項前段規定，而非民法第 190 條第 1 項，向甲請求損害賠償。

📁 相關法條

▶民法第 184 條

因故意或過失，不法侵害他人之權利者，負損害賠償責任。故意以背於善良風俗之方法，加損害於他人者亦同。

違反保護他人之法律，致生損害於他人者，負賠償責任。但能證明其行為無過失者，不在此限。

▶民法第 190 條

動物加損害於他人者，由其占有人負損害賠償責任。但依動物之種類及性質已為相當注意之管束，或縱為相當注意之管束而仍不免發生損害者，不在此限。

---

❷ 孫森焱，《民法債編總論（上）》，2004，頁 309，持此見解。

動物係由第三人或他動物之挑動，致加損害於他人者，其占有人對於該第三人或該他動物之占有人，有求償權。

甲帶著飼養的狼犬出外散步，途遇鄰居乙帶著 6 歲孫女丙，停下閒聊。青少年丁、戊見狼犬伏臥地上，以棍棒石塊戲弄，當甲欲喝阻時已太遲，狼犬已兇性大發。後丁、戊逃跑，狼犬咬傷驚嚇哭叫的丙。試問：丙得向何人請求侵權行為的損害賠償？

問題 1-68

工作物所致他人權利的損害，應由何人負賠償責任？

商店主人甲向 A 廣告有限公司（負責人乙）定作一個巨型廣告物「T霸」並裝設於 R 道路旁。後因颱風來襲，強風吹倒該 T 霸，以致壓毀丙所有的 H 屋。請問在下列情形，丙就其 H 屋被該 T 霸壓毀所受損害，得向何人請求損害賠償：

（一）假設該 T 霸基座焊接不牢固，尚未完工即被颱風吹倒，而壓毀丙所有的 H 屋。

（二）假設該 T 霸在完工一年後，因基座焊接處鏽蝕，被颱風吹倒，而壓毀丙所有的 H 屋。

💡 提 示

一、何謂土地上的工作物？

二、何人應就基於工作物所造成的侵權損害，負損害賠償責任？

🧠 解　析

一、工作物所有人的損害賠償責任

民法第 191 條第 1 項規定:「土地上之建築物或其他工作物所致他人權利之損害,由工作物之所有人負賠償責任。但其對於設置或保管並無欠缺,或損害非因設置或保管有欠缺,或於防止損害之發生,已盡相當之注意者,不在此限。」依此規定,工作物所有人的賠償責任,應具備下列要件: ㈠工作物所致他人權利的損害; ㈡工作物的設置或保管有欠缺; ㈢該設置或保管有欠缺與損害之間有因果關係; ㈣工作物所有人有過失。

所謂土地上的工作物,指由人工在土地上所建造的設施,不論其為一時性的或永久性的設施,均包括在內,法條明文舉出的建築物僅為例示,其他例如招牌看板(T 霸)、籬笆、圍牆、橋樑、隧道、蓄水池、電線杆、銅像、牌坊、球場看臺、室外臨時搭建的表演臺、屋頂尚未完成的房屋等[275]。但未固定而易於移動的機器,不屬於此所指土地上的工作物[276]。

工作物的設置或保管有欠缺,即工作物有瑕疵。所謂設置有欠缺,係指土地上的建築物或其他工作物,於建造之初即存有瑕疵而言;所謂保管有欠缺,係指於建造後未善為保管,致其物發生瑕疵而言[277]。

依民法第 191 條第 1 項但書規定,該工作物的設置或保管有欠缺、其設置或保管有欠缺與損害之間有因果關係,以及工作物所有人於防止損害的發生,未盡相當的注意之過失,均由法律予以推定,被害人對此三者無須負舉證責任,而由工作物所有人證明其工作物無瑕疵、無該因果關係存在,或其已盡善良管理人的注意義務而無過失[278],以免除其損害賠償責任,

---

[275] 最高法院 95 年臺上字第 310 號判決;王澤鑑,《侵權行為法㈡》,2006,頁 213–214;孫森焱,《民法債編總論(上)》,2004,頁 312。

[276] 通說,孫森焱,《民法債編總論(上)》,2004,頁 312;林誠二,《民法債編總論(上)》,2000,頁 311。

[277] 最高法院 50 年臺上字第 1464 號判例;最高法院 89 年臺上字第 1315 號判決。

[278] 最高法院 69 年臺上字第 1020 號判決;王澤鑑,《侵權行為法㈡》,2006,頁 218。

學者稱之為舉證責任的倒置或轉換㉗。

二、工作物所有人的求償權

民法第 191 條第 2 項規定：「前項損害之發生，如別有應負責任之人時，賠償損害之所有人，對於該應負責者，有求償權。」就損害的發生，別有應負責的人，例如工作物的承攬人、前所有人、借用人、受僱人或保管人等。工作所有人依民法第 191 條第 1 項，與該別有應負責任之人依民法第 184 條規定，均應對被害人負損害賠償責任，乃成立不真正連帶債務㉘，被害人得分別對其請求賠償；若是工作物的所有人對被害人已賠償之後，則對該別有應負責任之人有求償權。鑑於工作物所有人的責任仍屬過失責任，僅其過失由法律推定而已，不宜解為工作物所有人於有民法第 191 條第 2 項情形，均得對該別有應負責任之人全額求償。

案例分析

在上述案例事實中，商店主人甲向 A 廣告有限公司（負責人乙）定作一個巨型廣告物「T 霸」並裝設於 R 道路旁。後因颱風來襲，強風吹倒該 T 霸，以致壓毀丙所有的 H 屋。

㈠該 T 霸基座焊接不牢固，尚未完工即被颱風吹倒，而壓毀丙所有的 H 屋。依民法第 189 條規定，甲為該 T 霸的定作人，A 公司為承作及裝設 T 霸的承攬人（民法 492 I），T 霸的裝設屬於執行承攬事項，卻因基座焊接不牢固，尚未完工即被颱風吹倒，而壓毀丙所有的 H 屋，乃因執行承攬事項，有過失而不法侵害丙的 H 屋所有權，定作人甲依民法第 189 條本文規定，不負損害賠償責任，而由承攬人 A 公司依民法第 184 條第 1 項前段規定，因過失不法侵害丙的所有權，對丙負一般侵權行為的損害賠償責任㉛。

㉗　鄭玉波、陳榮隆，《民法債編總論》，2002，頁 219。

㉘　王澤鑑，《侵權行為法㈡》，2006，頁 225。

㉛　最高法院 95 年臺上字第 2550 號判決謂：「民法第一百八十九條與第一百九十一條規定

㈡假設該 T 霸在完工一年後，因基座焊接處鏽蝕，被颱風吹倒，而壓毀丙所有的 H 屋。依民法第 191 條第 1 項規定，該 T 霸屬於土地上工作物，因被颱風吹倒而壓毀丙所有的 H 屋，致丙的 H 屋所有權遭受損害，T 霸所有人甲應對丙負損害賠償責任；而該 T 霸被颱風吹倒，是因基座焊接處鏽蝕，顯然其保管有欠缺，因工作物有瑕疵，而此瑕疵與丙權利受損害有相當因果關係。因此，甲無法依民法第 191 條第 1 項但書舉證免責。

但在本案例中，該 T 霸基座焊接處鏽蝕，是否因承攬人 A 公司的工人施工上有瑕疵所導致，欠缺足以認定的事實基礎。若是承攬人 A 公司的工人施工上有瑕疵，則 A 公司應對該 T 霸的倒塌，依民法第 224 條、第 227 條規定，對甲負債務不履行的責任；另外依民法第 184 條第 1 項前段、第 188 條第 1 項本文，對丙負損害賠償責任。其中就丙所受損害部分，甲若先為賠償後，依民法第 191 條第 2 項規定，對於別有應負責任的 A 公司，有求償權。

結論 ㈠丙得向 A 公司請求侵權行為的損害賠償。

　　　　㈡丙得向 T 霸的所有人或裝設 T 霸的 A 公司，請求侵權行為的損害賠償。

▦ 相關法條

▶民法第 189 條

承攬人因執行承攬事項，不法侵害他人之權利者，定作人不負損害賠償責任。但定作人於定作或指示有過失者，不在此限。

▶民法第 191 條

土地上之建築物或其他工作物所致他人權利之損害，由工作物之所有人負賠償責任。但其對於設置或保管並無欠缺，或損害非因設置或保管有欠缺，

負損害賠償責任之要件不同，承攬人執行承攬事項，有其獨立自主之地位，定作人對於承攬人並無監督其完成工作之權限，縱工作物為土地上之建築物或其他工作物而其所有權屬於定作人，如係因承攬人執行承攬事項而不法侵害他人權利，似應優先適用民法第一百八十九條規定，而不適用同法第一百九十一條規定。」

或於防止損害之發生，已盡相當之注意者，不在此限。

前項損害之發生，如別有應負責任之人時，賠償損害之所有人，對於該應負責者，有求償權。

一、甲在屋頂上建有一高臺設施，靠近高壓電線，少年乙未經同意擅自爬上該設施，不慎觸電死亡。試問：甲應否負工作物所有人的損害賠償責任？⑱

二、A 公司委由 B 建設公司承建 H 屋，於 H 屋建築施工時，因設施不當，導致地層下陷，周遭數棟房屋因基地陷落而毀損或傾斜。C 公司為其中一毀損房屋的承租人，其置於該承租屋內的機器、原料、產品等財物因之全部毀損。試問：C 公司得否向 A 公司或 B 公司請求侵權行為的損害賠償？⑱

三、立法委員候選人甲委託乙建造大型競選看板 B，某日，該地常見的強風將 B 吹倒，砸傷孕婦丙，並造成流產。試問：丙得對何人請求損害賠償？

問題 1-69

哪幾種與商品有關的人，對於因消費或使用商品所致的損害，負賠償責任？

A 公司為日本公司製 S 牌化妝品的獨家進口代理商，甲女向 A 公司的商品承銷商 B 公司的化妝品專櫃購買該 S 美白保養乳，經過 10 天的使用後，發生臉部過敏及潰爛現象，經耗費一筆醫藥費及長時間的手術治

⑱ 最高法院 62 年臺上字第 6522 號判例。
⑱ 最高法院 95 年臺上字第 2550 號判決。

療，雖得治癒，臉部卻留有明顯疤痕。請問甲得否向 A 公司或 B 公司請求損害賠償？

提　示

一、何謂商品製造人責任？

二、可能負商品製造人責任的主體有哪些？

三、商品製造人責任的要件為何？

解　析

一、商品製造人責任的概念

民法第 191 條之 1 第 1 項規定：「商品製造人因其商品之通常使用或消費所致他人之損害，負賠償責任。但其對於商品之生產、製造或加工、設計並無欠缺或其損害非因該項欠缺所致或於防止損害之發生，已盡相當之注意者，不在此限。」此為商品製造人的侵權行為責任規定。

二、商品製造人責任的要件

商品製造人責任的成立要件有三：㈠責任主體為商品製造人；㈡因其商品的通常使用或消費所致他人之損害；㈢該製造人有過失。

㈠**商品製造人**：所謂商品製造人，依民法第 191 條之 1 第 2 項規定：「前項所稱商品製造人，謂商品之生產、製造、加工業者。其在商品上附加標章或其他文字、符號，足以表彰係其自己所生產、製造、加工者，視為商品製造人。」後段稱為擬制商品製造人。此外，同條第 4 項規定：「商品輸入業者，應與商品製造人負同一之責任。」因此，負商品製造人責任的主體，包括（狹義的）商品製造人、擬制的商品製造人及商品輸入業者三類。

㈡**因其商品的通常使用或消費所致他人之損害**：被害人所受損害的原因，

必須是因（廣義的）商品製造人的商品之通常使用或消費所導致。

此所稱的商品，指為交易客體的不動產與動產[284]，包括最終產品、半成品、原料或零組件（消費者保護法施行細則 4）；依民法第 191 條之 1 的立法理由，商品包括自然產物及工業產品在內。

所謂的通常使用或消費，指商品的功能與效用，依一般交易觀念所應具備的內容，例如將一般自用車當作跑車高速行駛、充作越野車登山涉水，或將廚廁清潔劑充當沐浴精使用，均非通常的使用。

商品的通常使用或消費會導致他人損害，該商品即有瑕疵，而其瑕疵，可能由於商品的生產、製造或加工、設計有欠缺而產生。製造人應對商品的生產、製造或加工、設計有欠缺負責，而此欠缺，係由法律推定，被害人無須證明商品的生產、製造或加工、設計有欠缺，而是由製造人證明其無欠缺，以免除其保證責任。惟民法第 191 條之 1 第 3 項規定：「商品之生產、製造或加工、設計，與其說明書或廣告內容不符者，視為有欠缺。」此擬制有欠缺，製造人無法舉證推翻。

商品的生產、製造或加工、設計有欠缺，與被害人的損害之間，必須有相當因果關係，而此因果關係亦由法律推定，被害人無須證明其因果關係的存在，而是由製造人證明其因果關係不存在，以免除其保證責任。

(三)**商品製造人有過失：** 民法第 191 條之 1 第 1 項但書規定，商品製造人「於防止損害之發生，已盡相當之注意者」，即不負損害賠償責任。依此，商品製造人責任仍屬於「過失責任」，以其有過失為負損害賠償責任的歸責原則[285]。商品製造人所負的是善良管理人的注意義務；依其立法理由，商品經過品質管制或送政府機關檢驗合格，並非當然的就已盡注意義務。惟商品製造人的過失，亦由法律推定，被害人無須證明其過失，而是由製造人證明其並無過失，以免除其保證責任。

---

[284] 比較最高法院 78 年度第 9 次（78 年 4 月 18 日）民庭會決議(一)，其認為民法第 127 條第 8 款中的商品，限於動產，不包括不動產。

[285] 臺灣高等法院 93 年上字第 394 號判決指出：「商品製造人於此係負中間責任，但仍採過失責任，僅將舉證責任反轉」。

具備上述要件，商品製造人即必須為被害人的損害，負賠償責任。其中民法第 191 條之 1 第 1 項但書規定，商品製造人「對於商品之生產、製造或加工、設計並無欠缺或其損害非因該項欠缺所致或於防止損害之發生，已盡相當之注意」三者，同屬於商品製造人舉證免責的事由。

基於商品消費所生的損害賠償責任，除民法的「商品製造人責任」外，尚有消費者保護法的「商品責任」，二者處於競合關係，並因當事人而異其適用範圍，即：被害人係所謂「消費者或第三人」時，得選擇適用消費者保護法或民法的相關規定。被害人不屬於消費者保護法的消費者或第三人時，即無消費者保護法適用，惟仍能依民法規定請求損害賠償[286]。

🔍 案例分析

在上述案例事實中，甲所購買並使用的 S 美白保養乳，係在日本製造並由 A 公司代理進口的商品，其實際的商品製造人為日本公司，甲得否向該日本製造商請求賠償，必須先適用國際私法，因非問題所在，暫置不論。甲使用的 S 美白保養乳，屬於該商品的通常使用或消費，因此所致的損害，依民法第 191 條之 1 第 4 項規定：「商品輸入業者，應與商品製造人負同一之責任。」作為進口代理商的 A 公司應依此規定負損害賠償責任。此外，甲亦得依消費者保護法第 9 條及第 7 條規定，請求損害賠償。甲的民法上損害賠償請求權與消費者保護法的損害賠償請求權，為請求權競合的關係。

對於販賣該商品 S 美白保養乳的 B 公司，並無民法第 191 條之 1 的適用。甲僅得依消費者保護法第 8 條規定請求連帶損害賠償。

結論　甲得向 A 公司依民法第 191 條之 1 第 4 項，或依消費者保護法第 9 條及第 7 條規定，請求損害賠償；甲得向 B 公司依消費者保護法第 8 條規定請求損害賠償。

---

[286]　王澤鑑，《侵權行為法(二)》，2006，頁 314–315。

相關法條

▶民法第 191 條之 1

商品製造人因其商品之通常使用或消費所致他人之損害，負賠償責任。但其對於商品之生產、製造或加工、設計並無欠缺或其損害非因該項欠缺所致或於防止損害之發生，已盡相當之注意者，不在此限。

前項所稱商品製造人，謂商品之生產、製造、加工業者。其在商品上附加標章或其他文字、符號，足以表彰係其自己所生產、製造、加工者，視為商品製造人。

商品之生產、製造或加工、設計，與其說明書或廣告內容不符者，視為有欠缺。

商品輸入業者，應與商品製造人負同一之責任。

▶消費者保護法第 7 條

從事設計、生產、製造商品或提供服務之企業經營者，於提供商品流通進入市場，或提供服務時，應確保該商品或服務，符合當時科技或專業水準可合理期待之安全性。

商品或服務具有危害消費者生命、身體、健康、財產之可能者，應於明顯處為警告標示及緊急處理危險之方法。

企業經營者違反前二項規定，致生損害於消費者或第三人時，應負連帶賠償責任。但企業經營者能證明其無過失者，法院得減輕其賠償責任。

▶消費者保護法第 8 條

從事經銷之企業經營者，就商品或服務所生之損害，與設計、生產、製造商品或提供服務之企業經營者連帶負賠償責任。但其對於損害之防免已盡相當之注意，或縱加以相當之注意而仍不免發生損害者，不在此限。

前項之企業經營者，改裝、分裝商品或變更服務內容者，視為前條之企業經營者。

▶消費者保護法第 9 條

輸入商品或服務之企業經營者，視為該商品之設計、生產、製造者或服務
之提供者，負本法第七條之製造者責任。

甲向 F 公司購買其代理經銷的德國 B 廠牌的 C 車一輛，某日駕駛該車於
某公路上行駛，因左前輪爆胎撞及電線桿。甲認為車上左側車門的安全
氣囊，因材質不良及設計不當，致囊袋外殼破裂，形成周邊數十公分的
洞口，氣囊遂無法完全彈出，未能發揮安全防護效果，囊內高溫氣體即
瞬間急速外洩，才會造成甲左手手掌受有高溫氣體灼傷及高速撕裂的嚴
重傷害，因此依民法第 191 條之 1 規定，向 F 公司請求損害賠償。惟 F
公司已舉證證明其安全氣囊並無材質不良及設計不當情事。試問：F 公
司須否賠償甲的損害？❷⑧⑦

問題 1–70

因車輛所加於他人的損害，該車輛駕駛人或其他占有人須否負損害賠償責任？

甲僱用乙為送貨工人，並提供自己所有的 C 箱型車供乙運送貨物之用。
某假日，乙私自開 C 車出遊，途中不慎擦撞女機車騎士丙，造成丙受
傷及所有的 M 機車損壞。請問丙得否向乙或甲請求損害賠償？

提　示

一、因動力車輛的使用而造成他人的損害，何人應負損害賠償責任？

二、被害人請求動力車輛駕駛人負損害賠償責任，是否必須證明該駕駛人
　　有過失？

---

❷⑧⑦　最高法院 93 年臺上字第 989 號判決。

解　析

民法第 191 條之 2：「汽車、機車或其他非依軌道行駛之動力車輛，在使用中加損害於他人者，駕駛人應賠償因此所生之損害。但於防止損害之發生，已盡相當之注意者，不在此限。」此為動力車輛駕駛人的損害賠償規定，其要件有三：一、非依軌道行駛的動力車輛之駕駛人；二、在使用中加損害於他人；三、駕駛人有過失。

一、非依軌道行駛的動力車輛之駕駛人

適用此條規定的，必須是使用汽、機車或其他非依軌道行駛的動力車輛的駕駛人，其中汽、機車僅為例示。若是依軌道行駛的車輛肇事，其賠償責任須依特別法規定，例如鐵路法第 62 條❷❽❽；大眾捷運法第 46 條❷❽❾；惟該等特別法並未規定其駕駛人的損害賠償責任，仍應適用一般侵權行為責任的規定，即民法第 184 條規定。若是駕駛人使用非動力車輛肇事，亦僅有一般侵權規定，即民法第 184 條規定的適用。

二、駕駛人必須在使用中加損害於他人

所謂使用中，凡是動力車輛處於使用狀態中即足以構成，並不限於是在行駛中，例如停車時開關車門、貨車裝卸貨時，或是汽車停放而忘記熄

---

❷❽❽ 鐵路法第 62 條規定：「鐵路因行車及其他事故致人死亡、傷害或財物毀損喪失時，負損害賠償責任。但如能證明其事故之發生非由於鐵路之過失者，對於人之死亡或傷害，仍應酌給卹金或醫藥補助費。
前項損害賠償及補助費發給辦法，由交通部定之。」

❷❽❾ 大眾捷運法第 46 條規定：「大眾捷運系統營運機構，因行車及其他事故致旅客死亡或傷害，或財物毀損喪失時，應負損害賠償責任。
前項事故之發生，非因大眾捷運系統營運機構之過失者，對於非旅客之被害人死亡或傷害，仍應酌給卹金或醫療補助費。但事故之發生係出於被害人之故意行為者，不予給付。
前項卹金及醫療補助費發給辦法，由中央主管機關定之。」

火的狀態，均有適用❷⁹⁰。但是如果汽車停放路旁而已經熄火或未發動，應非在使用中❷⁹¹。

三、駕駛人必須有過失

駕駛人未盡到善良管理人的注意義務，即有過失。被害人對於駕駛人的過失，無庸負舉證責任，而是由駕駛人證明其無過失，即「於防止損害之發生，已盡相當之注意」（民法 191 之 2 但書）而免除其損害賠償責任，學者稱之為舉證責任倒置或轉換❷⁹²。

🔍 案例分析

在上述案例事實中，甲僱用乙為送貨工人，並提供自己所有的 C 箱型車供乙運送貨物之用。某假日，乙私自開 C 車出遊，途中不慎擦撞女機車騎士丙，造成丙受傷及所有的 M 機車損壞。依民法第 191 條之 2 本文規定，乙駕駛 C 車擦撞丙女，造成丙受傷及丙的機車損害，符合汽車在使用中加損害於他人的要件，駕駛人乙應賠償丙因此所受的損害。另外，乙的行為，亦構成民法第 184 條第 1 項前段規定的侵權行為，因過失不法侵害丙的身體權及 M 機車所有權，應對丙負損害賠償責任。

甲雖為乙的僱用人，但因乙駕駛 C 車擦撞丙女時，係於假日私自開 C 車出遊，與執行職務無關，因此甲無須依民法第 188 條規定負僱用人的賠償責任。關於 C 車，甲雖為（直接）占有人，乙為占有輔助人（民法 942），惟民法第 191 條之 2 規定應負損害賠償責任的人，僅有實際上使用車輛的駕駛人，而未使用（或駕駛）該車輛的占有人，縱使其為直接占有人，亦然❷⁹³。所以丙女對甲並無損害賠償請求權。

❷⁹⁰ 孫森焱，《民法債編總論（上）》，2004，頁 323。

❷⁹¹ 林誠二，《民法債編總論（上）》，2000，頁 326–327；鄭玉波、陳榮隆，《民法債編總論》，2002，頁 227。

❷⁹² 孫森焱，《民法債編總論（上）》，2004，頁 324；鄭玉波、陳榮隆，《民法債編總論》，2002，頁 227。

❷⁹³ 1999 年債編修正草案第 199 條之 2 原有二項，分別規定「駕駛人」與「占有人」的責

結論 丙僅得向乙請求侵權行為的損害賠償，而不得對甲請求損害賠償。

相關法條

▶民法第 191 條之 2

汽車、機車或其他非依軌道行駛之動力車輛，在使用中加損害於他人者，駕駛人應賠償因此所生之損害。但於防止損害之發生，已盡相當之注意者，不在此限。

練 習 題

一、大貨車駕駛人甲疏未注意，傍晚將所駕駛營業大貨車及其後所附掛的拖車停放某地機車專用道上，準備翌日卸貨。機車騎士乙深夜騎機車經該處，疏未注意，不慎擦撞該大貨車左後方，致人車倒地，受有頭部撞傷、腦挫傷出血，不治死亡。試問：甲應否對乙的親屬負損害賠償責任？⓪

二、丙駕駛小貨車載運五金材料，於行駛高速公路途中，所載的螺絲釘大量散落路面，造成丁等數十人駕駛的車輛輪胎遭刺破，甚至釀成車禍，因而分別遭受到財產上或非財產上損害。試問：丁等受損害人得依何規定向丙請求損害賠償？

三、戊於路邊停車，欲下車到便利商店購物，開車門時未注意後方有機車行駛，致使騎士庚女撞上車門，人車摔倒地面，車毀人傷。試問：庚依民法第 191 條之 2 規定向戊請求損害賠償，有無理由？

任，惟立法院將第 2 項刪除，僅通過第 1 項駕駛人的責任規定。因此，本條不適用於駕駛人以外的動力車輛占有人。

⓪ 桃園地院 90 年訴字第 304 號判決認為有民法第 191 條之 2 的適用。惟此案例情形是否符合「在使用中」的要件，有待商榷。

問題 1-71

從事危險活動的人，對由該活動所致損害，須否負損害賠償責任？

C 職業棒球聯盟（以下稱 C 聯盟）舉辦棒球賽，由會員 A 公司的甲隊與 B 公司的乙隊比賽。觀眾丙購票進入看臺欲觀賞球賽，在開賽前的練球時間，遭甲隊練球擊出的飛球擊中右眼，造成視力無法恢復的嚴重傷害。請問丙在無法證明任何有關團體或人員有過失的情形下，得否向 C 聯盟、A 公司或 B 公司請求侵權行為的損害賠償？

💡 提　示

一、從事危險工作或活動的人，應否為其工作或活動所造成的損害負賠償責任？

二、從事危險工作或活動的人有哪些免責事由？

⚙ 解　析

一、從事危險工作或活動的人之損害賠償責任

民法第 191 條之 3 本文規定：「經營一定事業或從事其他工作或活動之人，其工作或活動之性質或其使用之工具或方法有生損害於他人之危險者，對他人之損害應負賠償責任。」對此規定的損害賠償責任之稱呼，學者間莫衷一是，例如「危險工作活動責任」[295]、「事業經營人之責任」[296]，或「一般危險責任」[297]。在未形成統一稱謂之前，此暫依條文內容稱之為「從事危險活動的人之責任」。

---

[295]　王澤鑑，《侵權行為法(二)》，2006，頁 251。

[296]　孫森焱，《民法債編總論（上）》，2004，頁 325。

[297]　鄭玉波、陳榮隆，《民法債編總論》，2002，頁 228。

此從事危險活動的人之責任，其要件有四：㈠經營一定事業或從事其他工作或活動的人；㈡其工作或活動的性質或其使用的工具或方法，有生損害於他人的危險；㈢致生他人的損害；㈣該從事危險活動的人有過失。

㈠**經營一定事業或從事其他工作或活動的人**：經營一定事業的人，例如開設礦場、裝填瓦斯、爆竹製造廠或化工廠的人；從事其他工作或活動的人，例如舉辦露天演唱、選舉造勢、施放煙火或蜂炮、中元搶孤、炸寒單、舉行賽車、高空彈跳、格鬥或武術表演等活動的人❷❾❽。至於行為人的性質，可為自然人或法人。

㈡**其工作或活動的性質或其使用的工具或方法，有生損害於他人的危險**：其工作或活動的性質或其使用的工具或方法，是否有生損害於他人的危險性存在，應依該事業、工作或活動，或其使用的工具、方法，依具體的客觀情形為判斷，例如架設網站、經營遊覽車事業，應不具此危險性；而前舉的爆竹製造、施放煙火或蜂炮、中元搶孤等活動，則均具有此危險性。

至於醫療院所及醫生的醫療行為，雖不可否認其本質上具有危險性，但從立法目的解釋，民法第 193 條之 3 應未將醫療行為列入規範範圍，因此不適用此規定❷❾❾。

㈢**致生他人的損害**：經營該具有危險性的事業，或從事該具有危險性的其他工作或活動，必須造成他人的損害，且此損害與其所經營的事業或所從事的工作或活動，或與其使用的工具或方法之間，必須要有相當的因果關係。惟此因果關係係由法律推定，被害人無庸負舉證責任，而是由危險製造人證明其因果關係不存在，即「損害非由於其工作或活動或其

---

❷❾❽ 王澤鑑，《侵權行為法㈡》，2006，頁 259–262；孫森焱，《民法債編總論（上）》，2004，頁 326；鄭玉波、陳榮隆，《民法債編總論》，2002，頁 229–230。

❷❾❾ 最高法院 95 年臺上字第 2178 號判決，即謂：「醫療行為並非從事危險事業或活動者製造危險來源，亦非因危險事業或活動而獲取利益為主要目的，亦與民法第一百九十一條之三之立法理由所例示之工廠排放廢水或廢氣、桶裝瓦斯場填裝瓦斯、爆竹場製造爆竹、舉行賽車活動、使用炸藥開礦、開山或燃放焰火等性質有間，是醫療行為並無民法第一百九十一條之三之適用。」王澤鑑，《侵權行為法㈡》，2006，頁 269。

使用之工具或方法所致」（民法 191 之 3 但書），而免除其損害賠償責任。

㈣**該從事危險活動的人有過失**：民法第 193 條規定未採無過失責任，該從事危險活動的人仍必須有過失；惟被害人對該從事危險活動的人之過失，無庸負舉證責任，而由該從事危險活動的人證明其無過失，而免除其損害賠償責任。

民法第 191 條之 3 所規定的責任，乃是從事危險活動的人之「自己責任」，因此僱用人指示受僱人從事具有危險性的工作，例如製造爆竹、裝填瓦斯，而因執行該工作，傷害他人，不論受僱人有無過失，僱用人本身即應負此從事危險活動的人之損害賠償責任；惟若受僱人有過失時，得另成立民法第 188 條所規定的僱用人責任❸⓪⓪。

二、免責事由

民法第 191 條之 3 但書規定:「但損害非由於其工作或活動或其使用之工具或方法所致，或於防止損害之發生已盡相當之注意者，不在此限。」此但書規定從事危險活動的人之免責事由有二，一為「損害非由於其工作或活動或其使用之工具或方法所致」，即其工作或活動或其使用的工具或方法，與被害人的損害之間，因果關係不存在；另一為「於防止損害之發生已盡相當之注意」，即無過失。此二免責事由，非由被害人負舉證責任，而是由該從事危險活動的人負舉證責任。如其不能舉證，即應依民法第 193 條之 3 本文規定，對被害人的損害負賠償責任。

🔍 案例分析

在上述案例事實中，丙因觀賞職業棒球賽而其右眼受傷害，在丙無法證明任何有關團體或人員有過失的情形下，無法依民法第 184 條第 1 項前段規定請求損害賠償。但因職棒比賽本身有生損害於他人的危險，而丙在開賽前的練球時間右眼受傷，可能符合民法第 193 條之 3 之規定。有疑問的是，何者為所謂的「經營一定事業或從事其他工作或活動之人」。A 公司

---

❸⓪⓪　王澤鑑，《侵權行為法㈡》，2006，頁 259–206。

的甲隊與 B 公司的乙隊僅是參與比賽，應認為非從事危險活動的人；C 聯盟舉辦棒球賽，乃是經營具有危險性的一定事業或從事具有危險性的活動，且致生他人的損害，C 聯盟似應依民法第 193 條之 3 本文規定，對被害人負損害賠償責任。惟有疑義的是，C 聯盟的組織性質為何，以及其是否有權利能力。除 C 聯盟具有法人的資格之情形外，其原則上無權利能力，即不負義務，亦不負損害賠償債務；除非基於其類似法人的特性，而得類推適用法人規定外[301]，其原則上不負義務，亦不能享受權利。在此情形，則權利義務主體，應為該組成 C 聯盟的全體公司，即由該組成 C 聯盟的全體公司連帶負損害賠償責任[302]。

結論 當 C 聯盟具有法人的資格或得類推適用法人規定時，丙得向 C 聯盟請求損害賠償；當 C 聯盟不具有法人的資格且不得類推適用法人規定時，則丙得向該組成 C 聯盟的全體公司請求連帶賠償其損害。

相關法條

▶民法第 191 條之 3

經營一定事業或從事其他工作或活動之人，其工作或活動之性質或其使用之工具或方法有生損害於他人之危險者，對他人之損害應負賠償責任。但損害非由於其工作或活動或其使用之工具或方法所致，或於防止損害之發生已盡相當之注意者，不在此限。

練 習 題

一、甲經營爆竹工廠，某日發生爆炸，造成員工乙死亡、丙受傷，另鄰居丁的房屋受損。試問：甲應依何規定負損害賠償責任？

---

[301] 例如最高法院 92 年臺抗字第 141 號裁定即謂：「依醫師法第三十三條、第三十九條規定，醫師公會係由會員所組成之團體，為非法人團體之社團。依其性質應類推適用民法總則第二章第二節法人之規定。」

[302] 板橋地院 95 年訴字第 1016 號判決命被告「中華職棒大聯盟」對原告為損害賠償，卻對該「中華職棒大聯盟」的法律性質隻字未提，顯有疏漏。

二、辛女在 H 財團法人醫院生產男嬰戊，在醫院照顧下戊不明原因死
　　亡。試問：在辛女及其夫庚無法證明 H 醫院有過失的情形下，依民
　　法第 191 條之 3 規定請求損害賠償，有無理由？ ⑩

問題 1-72

侵害他人的生命權，行為人的賠償範圍為何？

甲於夜間駕駛 T 貨車，行至某巷口，因未注意車前狀況及減速慢行，以
致撞擊自該巷內騎腳踏車而出的乙，乙當場倒地死亡。乙有受其扶養的
寡母丁、妻丙，以及一個未成年的獨子戊。請問甲應就乙的死亡，對何
人為如何的賠償？

提 示

一、何謂侵害生命權？
二、侵害他人生命權的行為人，應對何人負損害賠償責任？
三、侵害他人生命權的行為人，應就何損害為賠償？

---

⑩　臺北地院 91 年重訴字第 2151 號判決謂：「本條將民法侵權行為歸責事由，由採過失責
　　任之原則，轉變過失責任與危險責任並重之保護方式。既有如此轉變，參酌立法理由
　　所示，本條所稱之『危險』自不能無範圍限制。該危險之定義應係指特別危險、異常
　　危險或高度危險或不合理之危險始符之。否則任何人類行為具有危險之活動，均加諸
　　危險責任概念，令負損害賠償責任，行為人動輒得咎，將阻礙社會活動發展。醫療行
　　為具危險性存在，但此項危險是在增人類身體健康所必要，為可容許性危險。因此關
　　於『本條所稱從事其他工作或活動之人』之解釋，自不能包括醫療行為人在內。」。

解　析

一、侵害生命權

　　生命權屬於人格權之一種，是享受生命安全之人格的利益之權利[304]。自然人的存在基礎為其生命，若行為人致人於死時，即侵害他人的生命權。蓋自然人的權利能力，始於出生，終於死亡（民法6），被害人的生命因受侵害而消滅，其為權利能力即已喪失，而不得為權利主體，不能享有損害賠償請求權。所以民法設第192條及第194條的特別規定，賦予特定的人得享有對於行為人的損害賠償請求權。

二、損害賠償的債權人

　　民法第192條規定：「不法侵害他人致死者，對於支出醫療及增加生活上需要之費用或殯葬費之人，亦應負損害賠償責任。被害人對於第三人負有法定扶養義務者，加害人對於該第三人亦應負損害賠償責任。第一百九十三條第二項之規定，於前項損害賠償適用之。」

　　第194條規定：「不法侵害他人致死者，被害人之父、母、子、女及配偶，雖非財產上之損害，亦得請求賠償相當之金額。」

　　綜上所述，侵害他人生命權的行為人，依民法第192條及第194條規定，對下列人負損害賠償責任：支出醫療費用的人、支出增加生活上需要費用之人、支出殯葬費的人，以及被害人的父、母、子、女及配偶。

三、損害賠償的範圍與方法

　　侵權行為人原則上應就被害人所受的損害為賠償，此損害依其情形可能為財產上損害或精神上損害。

　　就賠償方法而言，民法第213條第1項規定雖規定以回復原狀為原則，惟就侵權行為民法第192條以下設有特別規定，應優先適用。因此，生命

[304]　史尚寬，《債法總論》，1990，頁140。

權的侵害，適用民法第 192 條及第 194 條規定。

㈠**財產上損害：**被害人的生命權被侵害時，其人格即終了，權利能力既已消滅，即無從行使其生命被害發生的損害賠償債權。至於被害人如尚生存，在可預見的生存期間，依統計學上或保險業上壽命統計資料，按照其殘餘壽命，計算將來可能取得的財產上利益，可否由被害人的繼承人主張因而請求賠償，少數學者採肯定說❸，但通說採否定說，最高法院即表示：「不法侵害他人致死者，其繼承人得否就被害人如尚生存所應得之利益，請求加害人賠償，學者間立說不一。要之，被害人之生命因受侵害而消滅時，其為權利主體之能力即已失去，損害賠償請求權亦無由成立，則為一般通說所同認，參以我民法就不法侵害他人致死者，特於第一百九十二條及第一百九十四條定其請求範圍，尤應解為被害人如尚生存所應得之利益，並非被害人以外之人所得請求賠償。」❸

　1.**醫療費：**被害人死亡之前，任何第三人為被害人支出醫療的費用，不論其與被害人的關係如何，均得依民法第 192 條第 1 項規定請求債務人賠償，不必再循民法第 176 條第 1 項規定請求被害人償還其費用，或依民法第 242 條規定代位被害人的權利，向債務人請求給付❸。

　2.**增加生活上需要的費用：**同醫療費❸。但醫療及增加生活上需要的

---

❸　例如史尚寬，《債法總論》，1990，頁 141。

❸　最高法院 54 年臺上字第 951 號判例。並參閱王澤鑑，《侵權行為法㈠》，2005，頁 118；孫森焱，《民法債編總論（上）》，2004，頁 343–344。

❸　孫森焱，《民法債編總論（上）》，2004，頁 344。全民健康保險的保險人得代位被保險人請求債務人賠償醫療保險給付的費用，與民法第 192 條第 1 項規定無關。

❸　在民法第 192 條第 1 項修正前，最高法院 67 年第 14 次（67 年 12 月 5 日）民事庭庭推總會議決議原決定文為：「被害人因傷致死，其生前因傷害所支出之醫藥費，被害人之繼承人得依繼承關係，主張繼承被害人之損害賠償請求權，由全體繼承人向加害人請求賠償。其由無繼承權之第三人支出者，對於被害人得依無因管理或其他法律關係主張有償還請求權，並得代位債務人（被害人之繼承人）向加害人請求賠償。」在修正後，最高法院 92 年度第 8 次（92 年 5 月 13 日）民事庭會議決議以「民法第一百九十二條第一項已有明文規定」為理由，將上舉 67 年決議決定文後段「其由無繼承權之第三人支出者，對於被害人得依無因管理或其他法律關係主張有償還請求權，並得代位

費用，如果是由被害人生前自行支出，其有關損害賠償請求權於被害人生前係由被害人享有，於死亡以後則由繼承人繼承[309]。

3.殯葬費：謂收殮及埋葬費用，其賠償範圍固應以實際支出之費用為準，惟仍應斟酌被害人當地之習俗、被害人之身分、地位及生前經濟狀況決定[310]。支出殯葬費的人，不問與被害人有何關係，債務人均應負責賠償。

民法第 192 條第 1 項規定不法侵害他人致死者，對於支出殯葬費的人，亦應負損害賠償責任，是間接被害人得請求賠償的特例。此項請求權，自理論言，雖係固有的權利，然其權利係基於侵權行為的規定而發生，自不能不負擔直接被害人的過失，倘直接被害人於損害的發生或擴大與有過失時，依公平的原則，亦應有民法第 217 條過失相抵規定的適用[311]。

4.扶養費：民法第 192 條第 2 項規定：「被害人對於第三人負有法定扶養義務者，加害人對於該第三人亦應負損害賠償責任。」依此規定，得請求損害賠償者，限於該直接被害人對其負有法定扶養義務的人；如果僅是對其負有約定扶養義務，此人即不得請求賠償[312]。

扶養權利人所受損害的計算，應按被害人與扶養權利人的關係、雙

債務人（被害人之繼承人）向加害人請求賠償。」不再供參考。並參閱孫森焱，《民法債編總論（上）》，2004，頁 344。

[309] 最高法院 67 年第 14 次（67 年 12 月 5 日）民事庭庭推總會議決定；孫森焱，《民法債編總論（上）》，2004，頁 344。

[310] 最高法院 92 年臺上字第 1135 號判決；最高法院 92 年臺上字第 1427 號判例。

[311] 最高法院 73 年臺再字第 182 號判例。

[312] 被害人負扶養義務的期間，以其具有謀生能力的年齡為限；其被害時，尚無謀生能力，而依通常情形，將來有養贍能力，其應受扶養的權利人即得請求賠償。扶養權利人需要扶養的期間，就未成年人言，通常為成年以前；對於不能維持生活的直系血親尊親屬言，為死亡以前，其壽命的期間則以統計上的殘餘壽命為準。受扶養權利者，如非「直系血親尊親屬」，以「不能維持生活而無謀生能力者」為限（民法 1116 之 1、1117）。孫森焱，《民法債編總論（上）》，2004，頁 345，似認為「配偶」亦不受「不能維持生活而無謀生能力者」的限制。並參閱最高法院 43 年臺上字第 787 號判例。

方的身分、職業、資產、收入、家庭狀況及其他情事而為具體認定❸❸。當年度所得稅稅率條例所定扶養親屬寬減額雖可當作計算扶養費的客觀標準，但並非唯一的標準；如果扶養權利人證明被害人生前扶養的範圍，除生活費外，尚有其他例如教育費、註冊費、住宿費等，亦得依具體事實而請求賠償❸❹。

父母對子女的扶養請求權與未成年子女對父母的扶養請求權為各自獨立，父母請求子女扶養，非以其曾扶養子女為前提；且損益相抵原則旨在避免債權人受不當的利益，未成年子女遭不法侵害致死，其父母因而得免支出扶養費，依社會通常的觀念亦不能認係受有利益，故父母請求加害人賠償損害時，自無須扣除其對於被害人至有謀生能力時止所需支出的扶養費❸❺。

法院依民法第 192 條第 2 項，命加害人一次賠償扶養費用，須先認定被害人於可推知的生存期內，應向第三人支付扶養費用的年數及其歷年應付的數額，並就歷年將來應付的數額，各以民法第 203 條規定的法定利率 5% 為標準，依「霍夫曼式計算法 (Hoffmannsche Methode)❸❻」，扣除各該年以前的利息，俾成歷年現在應付的數額，再以歷年現在應付的總數為賠償額❸❼。

---

❸❸ 最高法院 95 年臺上字第 1932 號判決；孫森焱，《民法債編總論（上）》，2004，頁 345。

❸❹ 孫森焱，《民法債編總論（上）》，2004，頁 345。最高法院 94 年臺上字第 983 號判決指出：「扶養之程度，應按受扶養權利者之需要，與負扶養義務者之經濟能力及身分定之，民法第一千一百十九條定有明文。原審未注意及此，逕以臺灣省平均每人每年消費支出為計算被上訴人所受扶養費損害之標準，並有可議。」亦可供參考。

❸❺ 最高法院 92 年第 5 次（92 年 3 月 18 日）民事庭會議決議。

❸❻ 扶養費的計算，設最後年數為 N，該年應賠償額為 A，年利率為 R，現在應付額為 X，其法有三：

　　⑴霍夫曼式計算法 (Hoffmannsche Methode)：$X = A/(1 + N \times R)$，採單利計算，實務採行（29 附 379）。

　　⑵萊布尼茲式計算法 (Leibnitzsche Methode)：$X = A/(1 + R)N$，採複利計算。

　　⑶卡布佐夫式計算法 (Carpzovsche Methode)：$X = A(1 - N \times R)$；孫森焱，《民法債編總論（上）》，2004，頁 346–347。

民法第 192 條第 3 項規定：「第一百九十三條第二項之規定，於前項損害賠償適用之。」即適用該第 193 條第 2 項規定：「前項損害賠償，法院得因當事人之聲請，定為支付定期金。但須命加害人提出擔保。」

(二)**非財產上損害**：民法第 194 條規定：「不法侵害他人致死者，被害人之父、母、子、女及配偶，雖非財產上之損害，亦得請求賠償相當之金額。」此規定生命權被侵害的被害人之父、母、子、女及配偶，得請求以相當金額賠償其非財產上的損害（慰撫金），此權利並非繼承被害人的權利，而是其固有的權利。就賠償金額，應斟酌該損害賠償的債權人及債務人之社會地位、經濟狀況、被害人與債權人的關係、債務人的故意過失等因素而為決定❸❶❽。

民法第 194 條規定的非財產上的損害賠償請求權，亦因與被害人的人身攸關，具有專屬性，適用民法第 195 條第 2 項規定，原則上不得讓與或繼承❸❶❾。

🔍 案例分析

在上述案例事實中，甲過失將乙撞死，侵害乙的生命權，對乙構成民法第 184 條第 1 項前段及第 191 條之 2 的侵權行為，但因乙當場死亡，已經喪失其權利能力（民法 6），不得享有侵權損害賠償請求權（債權）。

就此，依民法第 192 條及第 194 條規定，行為人甲不法侵害乙致死，應對支出醫療及增加生活上需要的費用或殯葬費之人，以及被害人對之負有法定扶養義務的第三人，負損害賠償責任，此為財產上的損害賠償債務；甲應對被害人乙的父、母、子、女及配偶的非財產上損害，負有以金錢為賠償的債務，此為非財產上的損害賠償債務。

---

❸❶❼ 最高法院 29 年附字第 379 號判例；最高法院 47 年第 2 次（47 年 4 月 20 日）民、刑庭總會決議(三)。

❸❶❽ 最高法院 76 年臺上字第 1908 號判例；孫森焱，《民法債編總論（上）》，2004，353–354 頁。

❸❶❾ 最高法院 84 年臺上字第 2934 號判例。

　　而在本案例中，並無醫療費用及增加生活上需要的費用之支出，無賠償此等費用的問題。對於支付乙的喪葬費之任何第三人，甲應賠償該喪葬費。

　　乙負有法定扶養的義務對象，有寡母丁、未成年的獨子戊及其妻丙，甲應賠償丁、戊扶養費；對於丙，在其「無謀生能力」的前提下，甲亦應賠償扶養費。乙的死亡，造成其妻丙、母丁及子戊之精神上痛苦，對此非財產上的損害，甲應以金錢為賠償（慰撫金）。

結論　甲所應負下列財產上及非財產上損害的賠償責任：

一、對支付乙的喪葬費之人，賠償該喪葬費用。

二、對乙的寡母丁、未成年的獨子戊，及其妻丙以無謀生能力為前提，賠償扶養費。

三、對乙的母丁、子戊，及其妻丙所受非財產上的損害，負賠償責任。

相關法條

▶民法第 184 條

因故意或過失，不法侵害他人之權利者，負損害賠償責任。故意以背於善良風俗之方法，加損害於他人者亦同。

違反保護他人之法律，致生損害於他人者，負賠償責任。但能證明其行為無過失者，不在此限。

▶民法第 192 條

不法侵害他人致死者，對於支出醫療及增加生活上需要之費用或殯葬費之人，亦應負損害賠償責任。

被害人對於第三人負有法定扶養義務者，加害人對於該第三人亦應負損害賠償責任。

第一百九十三條第二項之規定，於前項損害賠償適用之。

▶民法第 194 條

不法侵害他人致死者，被害人之父、母、子、女及配偶，雖非財產上之損害，亦得請求賠償相當之金額。

甲酒醉駕駛，因煞車不及撞上機車騎士乙，乙受到重傷昏迷，乙的機車 M 全毀。乙經救護車送往 H 醫院急救，在加護病房救治數日，最後仍宣告不治。除經全民健保給付外，乙的唯一胞兄丁為乙支付了全部醫療費用 10 萬 5 千元，以及乙的喪葬費 32 萬元。乙發生車禍時，其妻丙已經懷有 3 個月的身孕，6 個月後順利產下一男嬰戊。試問：甲應就乙的死亡，對何人為如何的賠償？

問題 1-73

不法侵害他人的身體權或健康權，應如何賠償被害人及與被害人有一定身分關係的人之損害？

乙女在 H 醫院接受醫療，H 醫院的主治醫師丙為乙女進行手術時，因過失導致乙女腦部缺氧過久而成為植物人。請問乙女及其配偶甲得否向 H 醫院或丙醫師請求財產上或非財產上的損害賠償？

提 示

一、身體權或健康權受侵害，是否會導致被害人受到財產上或非財產上損害？

二、行為人應如何賠償被害人的損害？

解 析

一、身體權與健康權的概念

民法第 193 條第 1 項規定：「不法侵害他人之身體或健康者，對於被害人因此喪失或減少勞動能力或增加生活上之需要時，應負損害賠償責任。」

第 195 條第 1 項前段規定：「不法侵害他人之身體、健康、名譽、自由、信用、隱私、貞操，或不法侵害其他人格法益而情節重大者，被害人雖非財產上之損害，亦得請求賠償相當之金額。」依此二規定，侵害他人的身體權或健康權，行為人對於被害人因此所受的財產上及非財產上損害，應負賠償責任。

　　所謂身體權，指以保持身體完全為內容的一種人格權，若破壞他人身體的完全，即構成對該他人身體權的侵害，例如打耳光、在臉上吐口水、割鬍鬚、剪斷頭髮、強行接吻等，皆構成身體權的侵害❸❷⓿。

　　所謂健康權，指為保持身體機能的完全為內容之一種人格權，若破壞他人身體的機能，即構成對他人健康權的侵害，包括對肉體及精神的侵害，前者如便當不潔致學童中毒、手術不當導致器官功能喪失；後者如電話恐嚇綁票或連續噪音，導致被害人神經衰弱❸❷①。是否對於健康權造成侵害，應依醫學在客觀上為具體地判斷。

　　身體權與健康權之目的皆在確保一個人的身體安全，因此，如有侵害他人身體安全，往往同時侵害其身體權與健康權。所以民法中損害賠償規定，通常身體權與健康權並列，民法第 193 條第 1 項、第 195 條第 1 項皆然。

二、侵害身體權或健康權的損害賠償

㈠**財產上損害：** 民法第 193 條第 1 項規定，被害人之財產上損害的賠償債權，包括二種損害：一為喪失或減少勞動能力；一為增加生活上的需要。

　　所謂喪失或減少勞動能力，指被害人因此喪失職業上工作能力的全部或一部。被害人因身體健康被侵害而喪失勞動能力所受的損害，其金額應就被害人受侵害前的身體健康狀態、教育程度、專門技能、社會經驗等方面而予以酌定，不能以一時一地的工作收入為準；商人的經營能力，雖亦為勞動能力的一種，但營業收入乃出於財產的運用，資本及機會等要素，不能全部視為勞動能力的所得❸❷②。又身體或健康受侵害，而

---

❸❷⓿　史尚寬，《債法總論》，1990，頁 142；王澤鑑，《侵權行為法㈠》，2005，頁 139。

❸❷①　史尚寬，《債法總論》，1990，頁 143；王澤鑑，《侵權行為法㈠》，2005，頁 139。

減少勞動能力，其減少及殘存勞動能力的價值，不能以現有的收入為準，蓋現有收入因特殊因素的存在而與實際所餘勞動能力不能相符，現有收入高者，一旦喪失其職位，未必能自他處獲得同一待遇，故所謂減少及殘存勞動能力的價值，應以其能力在通常情形下可能取得的收入為標準❸❷。雇主於給付薪資時，基於稅法或其他法律規定，代為扣繳的所得稅、保險費或公務人員的退休撫卹基金等，均屬原薪資的一部分，於估定被害人勞動能力的對價時，自應將該代為扣繳部分計算在內❸❷。

所謂增加生活上的需要，指被害以前並無此需要，因為被害以後，始有支付此費用的需要而言，例如被害人為回復其身體安全而必須接受治療，因而支出醫療費用、必要的看護費用❸❷；必須安裝的義眼、義足或者醫療後的整形手術等。但若超過其醫療目的，或不能證明為療傷所必需的支出，則與加害行為無因果關係，即不得請求賠償❸❷。

㈡**非財產上損害**：民法第 195 條第 1 項規定：「不法侵害他人之身體、健康、名譽、自由、信用、隱私、貞操，或不法侵害其他人格法益而情節重大者，被害人雖非財產上之損害，亦得請求賠償相當之金額。」即規定被害人之非財產上損害的賠償債權。侵害身體權、健康權所造成之被害人的損害，包括其肉體上及精神上的痛苦，例如年輕女子遭受毀容，除其肉體上的痛苦外，精神上亦因容貌受損而遭受更大的痛苦。

此非財產上賠償，亦稱「慰撫金」，受訴法院於決定核給的標準時，須斟酌雙方的身分、資力與加害程度及其他各種情形核定相當的數額❸❷。

---

❸❷ 最高法院 63 年臺上字第 1394 號判例。

❸❷ 最高法院 61 年臺上字第 1987 號判例。

❸❷ 最高法院 94 年臺上字第 2128 號判決。

❸❷ 最高法院 94 年臺上字第 1543 號判決更指出：「親屬代為照顧被害人之起居，固係基於親情，但親屬看護所付出之勞力並非不能評價為金錢，雖因二者身分關係而免除被害人之支付義務，惟此種基於身分關係之恩惠，自不能加惠於加害人。故由親屬看護時雖無現實看護費之支付，仍應認被害人受有相當於看護費之損害，得向上訴人請求賠償，始符公平原則。」

❸❷ 孫森焱，《民法債編總論（上）》，2004，頁 349。

　　民法第 195 條第 1 項規定之非財產上損害的賠償債權，具有專屬性，其第 2 項明定：「前項請求權，不得讓與或繼承。但以金額賠償之請求權已依契約承諾，或已起訴者，不在此限。」

　　此外，民法第 195 條第 3 項規定：「前二項規定，於不法侵害他人基於父、母、子、女或配偶關係之身分法益而情節重大者，準用之。」❸❷❽此侵害身分法益而情節重大者，諸如 1. 父、母因未成年子、女被人誘姦，其監護權被侵害；2. 配偶的一方被強姦，他方的身分法益被侵害；3. 配偶的一方與第三人通姦，他方的身分法益被侵害；4. 配偶之一方與第三人串通，明知他方配偶之所在，竟以公示送達之方法騙取離婚判決，侵害他方之身分法益等，均得依此規定請求非財產上的損害賠償（慰撫金）❸❷❾。此外，若被害人的身體、健康被侵害，情節重大者，例如已至精神重大障礙或植物人的程度，其父、母、子、女或配偶基於親情、倫理或生活相扶持的利益，此亦屬於身分法益，也因此而受到侵害，故其父、母、子、女或配偶亦得依此規定，請求債務人就非財產上損害為相當的賠償❸❸⓪。

　　民法第 193 條第 1 項的損害，係以金錢一次賠償為原則；就被害人非財產上的損害，民法第 195 條第 1 項亦明定賠償相當的金額，因此民法就身體、健康的侵害，皆明定應為金錢賠償，此即民法第 213 條第 1 項所謂

---

❸❷❼　最高法院 51 年臺上字第 223 號判例；最高法院 86 年臺上字第 3537 號判決。

❸❷❽　其立法理由謂：「身分法益與人格法益同屬非財產法益。本條第一項僅規定被害人得請求人格法益被侵害時非財產上之損害賠償。至於身分法益被侵害，可否請求非財產上之損害賠償？則付闕如，有欠周延，宜予增訂。惟對身分法益之保障亦不宜太過寬泛。鑑於父母或配偶與本人之關係最為親密，基於此種親密關係所生之身分法益被侵害時，其所受精神上之痛苦最深，故明定『不法侵害他人基於父母或配偶關係之身分法益而情節重大者』，始受保障。例如未成年子女被人擄掠時，父母監護權被侵害所受精神上之痛苦。又如配偶之一方被強姦，他方身分法益被侵害所致精神上之痛苦等是，爰增訂第三項準用規定，以期周延。」

❸❷❾　孫森焱，《民法債編總論（上）》，2004，頁 355。

❸❸⓪　最高法院 94 年臺上字第 2128 號判決；最高法院 96 年臺上字第 1624 號判決；最高法院 97 年臺上字第 1084 號判決；孫森焱，《民法債編總論（上）》，2004，頁 355。

的「法律另有規定」，回復原狀以外的損害賠償方法❸❸❶。

🔍 案例分析

　　在上述案例事實中，乙女在 H 醫院接受醫療，H 醫院的主治醫師丙為乙女進行手術時，因過失導致乙女腦部缺氧過久而成為植物人。丙係因過失而侵害乙的健康權，使乙的腦部機能喪失，丙應依民法第 184 條第 1 項前段對乙負損害賠償責任。因丙為 H 醫院的主治醫師，丙在執行其醫療職務時侵害乙的權利造成損害，H 醫院應依民法第 188 條第 1 項前段規定，與行為人丙連帶對被害人乙負損害賠償責任❸❸❷。

　　關於賠償的範圍及方法，依第 193 條第 1 項規定，乙得向丙醫師及 H 醫院，請求連帶賠償乙因此喪失或減少勞動能力或增加生活上的需要。

　　又依第 195 條第 1 項規定，乙得向丙醫師及 H 醫院，請求連帶賠償乙因此而受到的非財產上損害（慰撫金），其損害包括肉體上及精神上的痛苦。

　　另外，依第 195 條第 3 項規定，被害人乙的健康權遭甲的侵害而成為植物人，因而配偶甲基於配偶關係的親情、倫理或生活扶持的身分法益，也遭受侵害。故甲亦得依此規定，向丙醫師及 H 醫院，請求連帶賠償甲自己因此而受到的非財產上損害（慰撫金）。

結論 乙女得向 H 醫院或丙醫師請求連帶賠償其財產上或非財產上的損害賠償；被害人的配偶甲得向 H 醫院或丙醫師請求連帶賠償其非財產上的損害賠償。

📚 相關法條

▶民法第 184 條

因故意或過失，不法侵害他人之權利者，負損害賠償責任。故意以背於善良風俗之方法，加損害於他人者亦同。

---

❸❶　最高法院 94 年臺上字第 2128 號判決。

❸❷　按依通說，醫療行為不屬於民法第 191 條之 3 所規定的「危險性工作或活動」，故本案例事實不適用該條規定。

違反保護他人之法律，致生損害於他人者，負賠償責任。但能證明其行為無過失者，不在此限。

▶民法第 193 條
不法侵害他人之身體或健康者，對於被害人因此喪失或減少勞動能力或增加生活上之需要時，應負損害賠償責任。

前項損害賠償，法院得因當事人之聲請，定為支付定期金。但須命加害人提出擔保。

▶民法第 195 條
不法侵害他人之身體、健康、名譽、自由、信用、隱私、貞操，或不法侵害其他人格法益而情節重大者，被害人雖非財產上之損害，亦得請求賠償相當之金額。其名譽被侵害者，並得請求回復名譽之適當處分。

前項請求權，不得讓與或繼承。但以金額賠償之請求權已依契約承諾，或已起訴者，不在此限。

前二項規定，於不法侵害他人基於父、母、子、女或配偶關係之身分法益而情節重大者，準用之。

練習題

一、甲、乙夫婦生有 3 名子女，其么女丙現年 15 歲，常因管教與甲、乙爭吵，並已有多次逃家記錄。一週前，丙與乙爭吵後再次逃家，被陌生男子丁收容。當晚，丁在丙的同意下與丙性交，次日即以暴力強迫丙賣淫。因丙不堪賣淫的痛苦，想藉機逃跑時，被丁發現，遭丁打得遍體鱗傷，後經人報警救出送醫，嗣後丁亦遭逮捕。試問：丁是否應對丙及其父母甲、乙負如何的損害賠償責任？

二、剛滿 20 歲的模特兒戊女憑著美貌與高挑身材，迅速在演藝圈竄紅，前途看好。豈知，某晚參加朋友生日宴會後，男星庚主動表示願載她回家，且兩人均已喝了不少酒。庚乘著酒意快速行駛，因轉彎不

及撞上安全島，致車身翻覆變形，戊、庚均受重傷被送醫急救，嗣後確定戊因腿、腳嚴重受傷，將終身不良於行。戊得知此情後，痛不欲生。試問：庚應否對戊負如何的損害賠償責任？

問題 1-74

居住安寧權被侵害，得否請求非財產上的損害賠償？

甲在頂樓裝置大型空調，其冷氣壓縮機日夜運作，噪音不停，致鄰居乙等居住安寧受到嚴重侵害，產生精神上痛苦。請問乙等被害人得否向甲請求非財產上的損害賠償？ ⓷⓷⓷

提 示

一、居住安寧權是否屬於侵權行為法所保護的權利？

二、因安寧權受侵害，所造成精神上損害，得否請求賠償？

解 析

　　人格權為民法第 184 條第 1 項所稱的權利，為國內的一致見解，至於居住的安寧，亦即在住居生活上不受不當（尤其是噪音）的干擾，是否屬於人格權而受民法第 184 條第 1 項前段的保護，不無疑問。就此問題，最高法院明白表示：「於他人居住區域發出超越一般人社會生活所能容忍之噪音，應屬不法侵害他人居住安寧之人格利益，如其情節重大，被害人非不得依民法第一百九十五條第一項規定請求賠償相當之金額。」⓷⓷⓸此請求賠償相當金額的前提，是被害人的權利或利益受到侵害，雖然在該最高法院判例中並未直接使用「居住安寧權」此一概念，但從該案例的請求權基礎應

⓷⓷⓷　最高法院 92 年臺上字第 164 號判例。

⓷⓷⓸　最高法院 92 年臺上字第 164 號判例。

是民法第 184 條第 1 項前段 ⑱，即被害人係「權利」受侵害，推知最高法院在肯定「居住安寧權」的前提下，進而適用民法第 195 條第 1 項，肯定被害人的非財產損害賠償的請求權。

民法第 195 條第 2 項規定：「前項請求權，不得讓與或繼承。但以金額賠償之請求權已依契約承諾，或已起訴者，不在此限。」即侵害人格權的損害賠償請求權具有專屬性，原則上不得讓與或繼承。

🔍 案例分析

在上述案例事實中，甲在頂樓裝置大型空調，其冷氣壓縮機日夜運作，噪音不停，致鄰居乙等居住安寧受到嚴重侵害，產生精神上痛苦。乙等的「居住安寧權」受到甲的侵害，並發生非財產上損害，乙等得對甲依該規定請求損害賠償。依民法第 195 條第 1 項規定，被害人的「其他人格法益」受到侵害，若情節重大，得請求賠償相當的金額。依此規定，乙等人可向甲請求非財產上的損害賠償。

結論 乙等人可向甲請求非財產上的損害賠償（慰撫金）。

📁 相關法條

▶民法第 184 條

因故意或過失，不法侵害他人之權利者，負損害賠償責任。故意以背於善良風俗之方法，加損害於他人者亦同。

違反保護他人之法律，致生損害於他人者，負賠償責任。但能證明其行為無過失者，不在此限。

---

⑱ 以噪音侵害他人的居住安寧權，未必構成民法第 184 條第 2 項的侵權行為。臺南地院 95 年訴字第 1878 號判決亦謂：「噪音管制法乃為維護國民健康及環境安寧，提高國民生活品質而制定，其管制標準則由中央主管機關訂定並公告之，為噪音管制法第一條及第七條第二項所明定。為達行政上有效管理、取締之結果，噪音管制標準係取統計學上之平均值（或更寬鬆）為標準，但不等同於一般人或聽覺較靈敏之人社會生活上所可容忍之標準。」

▶民法第 195 條

不法侵害他人之身體、健康、名譽、自由、信用、隱私、貞操，或不法侵害其他人格法益而情節重大者，被害人雖非財產上之損害，亦得請求賠償相當之金額。其名譽被侵害者，並得請求回復名譽之適當處分。

前項請求權，不得讓與或繼承。但以金額賠償之請求權已依契約承諾，或已起訴者，不在此限。

甲居住於 H 樓的 5 樓，6 樓的屋主乙將該 6 樓出售予丙。丙買後大肆動工，變更原樑柱及牆壁，動工時的噪音，令 5 樓的甲及家人 5 口難以忍受，且施工時間長達 2 個月，導致甲一家 5 口精神上異常痛苦。試問：甲及其家人得否向丙請求非財產的損害賠償？

問題 **1–75**

父母對於未成年子女的監護權受侵害，父母得否請求非財產上的損害賠償？

甲、乙夫婦的獨生女丙現年 15 歲，在暑假期間，丁男和誘丙女離家，到丁的住處同居 10 日，最後經警方據報尋獲，將丙女送交甲、乙帶回。在丙離家期間，甲、乙因傷心擔憂，食不下嚥、睡不成眠；除報警查詢外，兩人並到處探聽尋找。當找回丙女，甲、乙二人本來極為歡喜，經安慰與探詢後，丙女竟告知父母，後悔與丁多次發生性關係。請問丙及甲、乙是否得向丁請求如何的損害賠償？

💡 提　示

一、父母對未成年子女的監護權，是否為侵權行為規定所保護的客體？

二、父母對未成年子女的監護權受到侵害，父母得否請求財產上或非財產上的損害賠償？

🧠 解　析

一、父母對未成年子女的監護權

民法第 1084 條第 2 項：「父母對於未成年之子女，有保護及教養之權利義務。」此規定的保護教養權，屬於親權的一部分；民法第 1086 條第 1 項規定：「父母為其未成年子女之法定代理人。」屬於父母對於未成年子女，基於身分關係而發生的身分法益，學說上概稱為監護權❸❸❻。此監護權受到法律的保護，他人不得予以侵害。

二、侵害監護權的損害賠償

對於侵害基於父母子女關係或配偶關係的身分法益，例如父母對於未成年子女的監護權，得否請求非財產上的損害賠償（慰撫金），民法第 195 條第 3 項規定：「前二項規定，於不法侵害他人基於父、母、子、女或配偶關係之身分法益而情節重大者，準用之。」。

🔍 案例分析

在上述案例事實中，丁已侵害父母甲、乙對其未成年女兒丙的保護教養權或監護權，此屬基於父、母、子、女關係的身分法益，且其侵害的情節重大。甲、乙得依民法第 184 條第 1 項前段、後段主張侵權行為的損害賠償，並依第 195 條第 3 項規定，請求非財產上的損害賠償（慰撫金）。

結論 甲、乙得依民法第 184 條第 1 項前段、後段主張侵權損害賠償，並

---

❸❸❻ 孫森焱，《民法債編總論（上）》，2004，頁 227。

依第 195 條第 3 項規定，請求非財產上的損害賠償（慰撫金）。

📚 相關法條

▶民法第 184 條

因故意或過失，不法侵害他人之權利者，負損害賠償責任。故意以背於善良風俗之方法，加損害於他人者亦同。

違反保護他人之法律，致生損害於他人者，負賠償責任。但能證明其行為無過失者，不在此限。

▶民法第 195 條

不法侵害他人之身體、健康、名譽、自由、信用、隱私、貞操，或不法侵害其他人格法益而情節重大者，被害人雖非財產上之損害，亦得請求賠償相當之金額。其名譽被侵害者，並得請求回復名譽之適當處分。

前項請求權，不得讓與或繼承。但以金額賠償之請求權已依契約承諾，或已起訴者，不在此限。

前二項規定，於不法侵害他人基於父、母、子、女或配偶關係之身分法益而情節重大者，準用之。

▶民法第 1086 條第 1 項

父母為其未成年子女之法定代理人。

▶民法第 1084 條第 2 項

父母對於未成年之子女，有保護及教養之權利義務。

練 習 題

甲、乙夫妻結婚多年，未生育子女。2 年前，甲在一次酒宴中認識丙女，進而交往。甲瞞著妻乙與丙女賃屋同居。當最近乙突然得知，甲與丙生有一個女兒時，頓時無法接受事實而精神崩潰。試問：乙得否對甲或丙請求非財產上的損害賠償？

問題 1-76

行為人對於已婚者的強制性交，應對何人為何種範圍的賠償？

甲男明知自己暗戀的女同事乙已與丙男結婚。某日，乘機將乙女灌醉，於乙女酒醉無力抗拒下，強姦得逞。乙女本欲隱瞞此令她羞憤之事，不久卻為丙探知，丙極度憤怒與難過，要求乙女追究到底。請問甲應否為強姦乙一事，對乙或丙負任何的損害賠償責任？

提 示

一、行為人對被害人的強制性交，係侵害何種權利或利益？

二、基於配偶關係的身分法益，是否受到侵權行為法的保護？

解 析

一、貞操權與性自主權

貞操權，謂以性的尊嚴及自主為內容的權利，亦得稱為性自主權，任何人不分性別均享有此權利，而在我國社會觀念上尤重視女子的貞操權[337]。貞操權或性自主權屬於人格權的一種，受到法律的特別保護，主要規範在刑法「妨害性自主罪」（刑法 221-229 之 1），以及民法侵權行為規定（民法 184-198）。

依一致的見解，貞操權屬於民法第 184 條所規定的權利，侵害他人貞操權，原則上被害人得依民法第 184 條第 1 項前段或後段請求損害賠償。就請求非財產上損害賠償（慰撫金），民法第 195 條第 1 項更以明文例示「貞操」為依據。因此，若侵害他人貞操權，被害人不論遭受財產上或非財產上損害，均得向行為人或其他賠償義務人，請求損害賠償。

---

[337] 王澤鑑，《侵權行為法(一)》，2005，頁 143；板橋地院 90 年訴字第 1120 號判決。

二、基於配偶關係的身分法益受侵害之損害賠償請求權

夫妻之間是否有所謂的夫權、妻權或配偶權等身分權，或配偶一方自願或非自願與第三人發生性行為，是否構成對配偶他方的侵權行為，該他方配偶得否依民法侵權行為規定（民法 184 以下）請求財產上或非財產上損害賠償，民法第 195 條第 3 項規定：「前二項規定，於不法侵害他人基於父、母、子、女或配偶關係之身分法益而情節重大者，準用之。」即肯定此見解，而配偶之間因婚姻關係而互負誠實的義務，即所謂的配偶權，也普遍被承認。此外，若被害人的身體、健康被侵害，情節重大者，例如已至植物人的程度，其父、母、子、女或配偶基於親情、倫理或生活扶持等利益，屬身分法益的一種，故其父、母、子、女或配偶亦得依此規定請求債務人就非財產上損害為相當的賠償❸❸。值得注意的，在民法第 195 條第 3 項的修正理由中明舉「如配偶之一方被強姦，他方身分法益被侵害所致精神上之痛苦」，作為依該規定請求非財產上損害賠償的例子。

🔍 案例分析

在上述案例事實中，甲乘乙女酒醉無力抗拒，違反乙女的意願對乙性侵害，侵害乙的貞操權（或性自主權）及身體權，成立民法第 184 條第 1 項的侵權行為，如有財產上損害，均得請求賠償，且亦包括民法第 192 條所規定的賠償。至於非財產損害，因乙的貞操權受侵害且情節重大，得依民法第 195 條第 1 項規定請求相當金額的賠償（慰撫金）。

甲侵害乙的貞操權（或性自主權），同時侵害乙的配偶丙之配偶權，對丙亦成立民法第 184 條第 1 項前段及後段的侵權行為，丙得依民法第 195 條第 3 項規定：「前二項規定，於不法侵害他人基於父、母、子、女或配偶關係之身分法益而情節重大者，準用之。」準用同條第 1 項規定請求非財產上損害賠償。因此，不論乙或丙，均對甲得主張侵權行為的損害賠償，尤其是非財產上的損害賠償。

❸❸ 最高法院 94 年臺上字第 2128 號判決；孫森焱，《民法債編總論（上）》，2004，頁 355。

結論　甲應為強姦乙一事，分別對乙及對丙負任何侵權行為的損害賠償責任，尤其是非財產上損害賠償（慰撫金）的責任。

相關法條

▶民法第 184 條

因故意或過失，不法侵害他人之權利者，負損害賠償責任。故意以背於善良風俗之方法，加損害於他人者亦同。

違反保護他人之法律，致生損害於他人者，負賠償責任。但能證明其行為無過失者，不在此限。

▶民法第 195 條

不法侵害他人之身體、健康、名譽、自由、信用、隱私、貞操，或不法侵害其他人格法益而情節重大者，被害人雖非財產上之損害，亦得請求賠償相當之金額。其名譽被侵害者，並得請求回復名譽之適當處分。

前項請求權，不得讓與或繼承。但以金額賠償之請求權已依契約承諾，或已起訴者，不在此限。

前二項規定，於不法侵害他人基於父、母、子、女或配偶關係之身分法益而情節重大者，準用之。

練習題

甲男與乙女結婚多年，育有一女。原來夫妻生活美滿；惟近一年來，甲經常在外過夜而未回家，且經常無故與乙爭吵，令乙精神上遭受極大痛苦。乙終於查證甲與第三人丙女同居已經約一年，因無法忍受甲的背叛行為，訴請法院判決離婚獲准。試問：乙得否對甲或丙請求非財產上的損害賠償？❸❸❾

---

❸❸❾　臺灣高等法院 93 年上易字第 854 號判決；臺灣高等法院 96 年上易字第 724 號判決。

問題 **1-77**

物遭受行為人不法毀損，所有人得如何請求賠償？

甲駕駛 A 小客車闖紅燈，撞上乙所駕駛的 B 小客車，導致已經出廠使用 5 年的 B 車嚴重受損。經送往 C 修車公司修理，總費用 50 萬元，因 C 公司給與乙 10％折扣優惠，乙實際支付費用 45 萬元。經該事故及修理後，該車價值減損 12 萬元。請問乙得否直接向甲請求賠償其所支出的修理費用 45 萬元？

提 示

一、被害人因其物被不法毀損，得如何請求賠償？

二、請求賠償修理費用，應否扣除零件折舊？

解 析

物因侵權行為而受侵害，有滅失與毀損二種情形。若物已滅失，應依民法關於一般損害賠償規定（民法 213–218 之 1）。若物僅毀損，如有回復原狀的可能，被害人仍得依第 213 條第 1 項規定，請求回復原狀，或依同條第 3 項規定，請求支付回復原狀所必要的費用，以代回復原狀；此外，民法第 196 條規定：「不法毀損他人之物者，被害人得請求賠償其物因毀損所減少之價額。」此乃為使被害人獲得周密保護，而賦予被害人的另一項選擇。

就物的毀損之損害賠償，最高法院表示：「物被毀損時，被害人除得依民法第一百九十六條請求賠償外，並不排除民法第二百十三條至第二百十五條之適用。依民法第一百九十六條請求賠償物被毀損所減少之價額，得以修復費用為估定之標準，但以必要者為限（例如：修理材料以新品換舊品，應予折舊）。被害人如能證明其物因毀損所減少之價額，超過必要之修復費用時，就其差額，仍得請求賠償❸❹❶。」此見解可歸納為三點：㈠民法第

❸❹❶ 最高法院 77 年第 9 次（77 年 5 月 17 日）民事庭會議決議㈠。

196 條規定並不排除民法第 213 條至第 215 條的適用。㈡如被害人選擇依民法第 196 條請求賠償物被毀損所減少的價額，得以修復費用為估定的標準，但以必要費用為限，如修理材料以新品換舊品，則應予折舊，亦即修復費用中關於零件材料款部分，應扣除以新品換舊品的折舊。㈢被害人如能證明其物因毀損所減少的價額，超過必要的修復費用時，就其差額，仍得請求賠償。

🔍 案例分析

在上述案例事實中，甲對乙構成侵權行為（民法 184 I 前段、191 之2），致乙的 B 車受損，是不法毀損乙的 B 車，被害人乙得請求賠償其物因毀損所減少的價額。依民法第 196 條請求賠償物被毀損所減少的價額，得以修復費用為估定的標準，但以必要者為限，例如修理材料以新品換舊品，應予折舊❸❹❶。乙實際支付費用 45 萬元，但係以新零件取代舊零件，應該依照該 B 車的車齡予以折舊而依比例計算。

另外，物被毀損時，被害人除得依民法第 196 條請求賠償外，並不排除民法第 213 條至第 215 條之適用；被害人如能證明其物因毀損所減少的價額，超過必要的修復費用時，就其差額，仍得請求賠償❸❹❷，而達到回復原狀（就價值而言）的效果。乙受損的 B 車已經出廠使用 5 年，經該事故及修理後，該 B 車價值減損 12 萬元。就此部分，乙仍得請求甲賠償。因此，乙實際支付費用 45 萬元部分，必須先經依零件折舊率折價計算甲應賠償的比例後，再加上該減少的價值 12 萬元，才是乙得請求甲賠償的總額。

結論　乙不得直接向甲請求賠償其所支出的修理費用 45 萬元，此 45 萬元費用部分，必須先經依折舊率折價，計算甲應賠償的比例後，再加上該減少的價值 12 萬元，才是乙得請求甲賠償的總額。

---

❸❹❶　最高法院 77 年第 9 次（77 年 5 月 17 日）民事庭會議決議㈠。
❸❹❷　最高法院 77 年第 9 次（77 年 5 月 17 日）民事庭會議決議㈠；最高法院 87 年臺上字第 803 號判決。

相關法條

▶民法第 196 條

不法毀損他人之物者,被害人得請求賠償其物因毀損所減少之價額。

▶民法第 213 條

負損害賠償責任者,除法律另有規定或契約另有訂定外,應回復他方損害發生前之原狀。

因回復原狀而應給付金錢者,自損害發生時起,加給利息。

第一項情形,債權人得請求支付回復原狀所必要之費用,以代回復原狀。

▶民法第 214 條

應回復原狀者,如經債權人定相當期限催告後,逾期不為回復時,債權人得請求以金錢賠償其損害。

練習題

一、甲僱用 C 汽車貨運有限公司(以下稱 C 公司)載運甲所有的 M 挖土機,至某挖土現場工作。C 公司派遣其員工丙駕駛 C 公司的 N 營業大貨車拖運,因丙駕駛不慎,致裝載的 M 挖土機撞擊行人天橋而毀損。甲受有送修運費 3 萬元、修理費 50 萬元及不能工作損失 48 萬元的損害。試問:甲向 C 公司及丙請求連帶賠償總額 101 萬元的損害賠償,是否有理由? ❸❹❸

二、丁種植於 L 地內即將收成的芋頭,遭戊不法拔除及毀棄約 500 株。依鑑定,每株收成二臺斤,約可收成一千多臺斤,每臺斤以 24 元計,約損失 2 萬 4 千元,芋梗約可收成二、三百斤,芋梗每斤以 28 元計,損失約近萬元。試問:丁向戊請求賠償遭拒,乃向 C 管轄法院起訴戊,請求命被告賠償 2 萬元,有無理由? ❸❹❹

---

❸❹❸ 最高法院 87 年臺上字第 803 號判決。

問題 1-78

行為人對於被害人因詐欺或脅迫而取得債權，被害人得否拒絕履行？

甲的 15 歲女兒乙遭誘拐離家出走及性侵害，甲明知鄰居丙的 18 歲兒子丁並未參與犯行，卻對丙謊稱丁與一群朋友共同誘拐乙，要求丙負賠償責任。丙不察竟答應與甲成立和解契約，約定丙對甲應給付 20 萬元「遮羞費」，而甲不追究丙的責任。嗣後，丁在丙的詢問下，對丙堅決表示絕未參與誘拐乙的行為。請問當甲依該和解契約向丙請求給付 20 萬元「遮羞費」，丙得否拒絕履行？

提　示

一、何謂因侵權行為對於被害人取得債權？

二、行為人因侵權行為對於被害人取得債權，被害人在實體法上得主張哪些權利以避免遭致損失？

三、被害人的拒絕履行權，性質為何？

解　析

一、因侵權行為對於被害人取得債權

民法第 198 條規定：「因侵權行為對於被害人取得債權者，被害人對該債權之廢止請求權，雖因時效而消滅，仍得拒絕履行。」所謂因侵權行為對於被害人取得債權，指行為人以侵權行為為原因，造成對於被害人取得債權的結果，常見者為行為人以詐欺或脅迫使被害人為意思表示，行為人因而取得債權，例如使被害人為債務約束或債務承認、簽訂負擔對行為人債務的和解契約等[345]。

---

[344]　臺灣高等法院 90 年易字第 88 號判決。

二、被害人得主張的權利

行為人因侵權行為對於被害人取得債權，被害人實體法上可能有數項權利得主張，以避免遭受損失。

㈠**意思表示的撤銷權：** 行為人如因詐欺或脅迫（屬侵權行為）而對於被害人取得債權，被詐欺或脅迫的被害人得依民法第 92 條第 1 項本文規定，撤銷其意思表示。依民法第 114 條第 1 項規定，法律行為經撤銷者，視為自始無效，該使債務人負擔債務的法律行為，因撤銷而溯及地無效，因此該債務即自始不成立。此撤銷權，依民法第 93 條，應於發見詐欺或脅迫終止後，一年內行使；惟自意思表示後，經過十年，不得撤銷。

㈡**廢止請求權：** 行為人因侵權行為對於被害人取得債權，被害人得依侵權行為的規定（民法 184）請求損害賠償。因被害人所受的損害為對行為人負擔債務，其損害賠償正是將該債務即行為人所取得的債權，予以廢止（或免除）。廢止該債務（或債權）後，被害人即無損害。此廢止請求權乃是損害賠償請求權的一種類型，其消滅時效期間，依民法第 197 條第 1 項規定，自請求權人知有損害及賠償義務人時起，二年間不行使而消滅；自有侵權行為時起，逾十年者，亦同。

㈢**不當得利返還請求權：** 行為人因侵權行為而取得債權，亦為取得利益，其致被害人受損害，雖被害人上述的損害賠償請求權的消滅時效（二年或十年）已完成，被害人仍得依民法第 179 條規定請求返還不當得利（民法 197 II），此不當得利返還請求權的消滅時效期間，為十五年（民法 125）。

㈣**債務履行的拒絕權：** 民法第 198 條規定：「因侵權行為對於被害人取得債權者，被害人對該債權之廢止請求權，雖因時效而消滅，仍得拒絕履行。」此即被害人之債務履行的拒絕權，又稱「惡意抗辯權 (exceptio doli; Einrede der Arglist)」，是一項永久的抗辯權，性質上為形成權的一種，一經行使，該行為人因侵權行為對於被害人取得的債權，即確定不

㊺ 最高法院 76 年臺上字第 168 號判決。

能滿足。此抗辯權縱使在侵權行為的債權廢止請求權之消滅時效已經完成（民法 197 I），被害人仍得行使[346]。

　　此規定的立法目的，在於避免行為人因被害人的廢止請求權罹於消滅時效後，將可取得該不法的利益之不公平結果，因此賦予被害人永久性的拒絕履行債務的抗辯權。

　　若被害人已經履行該債務，基於不使侵權人享受非法取得利益之立法目的，被害人得依民法第 179 條不當得利規定，請求返還所取得的利益（民法 197 II）[347]。但如果被害人因受害而與加害人訂立雙務契約，而又已受領加害人所為全部或部分之對待給付，最高法院認為：「應可視為已承認該雙務契約之效力，不得再援此法條規定，拒絕履行。否則反而使被害人單方面受領加害人對之所為之給付，自己則毋庸履行給付之義務而蒙受利益，此顯非事理之平」[348]。

侵權人取得債權方法	被害人的救濟方法	時間上限制
詐欺或脅迫（侵權行為）	撤銷權（民法 92）	除斥期間一年或十年（民法 93）
	廢止請求權（民法 184、213）	消滅時效二年或十年（民法 197 I）
	不當得利返還請求權（民法 197 II、179）	消滅時效十五年（民法 125）
	惡意抗辯權（民法 198）	無限制

▲因侵權行為取得債權，其被害人的救濟方法

---

[346] 最高法院 28 年臺上字第 1282 號判例明白指出：「因被脅迫而為負擔債務之意思表示者，即為侵權行為之被害人，該被害人固得於民法第九十三條所定之期間內，撤銷其負擔債務之意思表示，使其債務歸於消滅，但被害人於其撤銷權因經過此項期間而消滅後，仍不妨於民法第一百九十七條第一項所定之時效未完成前，本於侵權行為之損害賠償請求權，請求廢止加害人之債權，即在此項時效完成後，依民法第一百九十八條之規定，亦得拒絕履行。」

[347] 鄭玉波，《民商法問題研究（四）》，1986，頁 50。

[348] 最高法院 88 年臺上字第 2507 號判決。

🔍 案例分析

在上述案例事實中，甲的 15 歲女兒乙遭誘拐離家出走及性侵害，甲明知鄰居丙的 18 歲兒子丁並未參與犯行，卻對丙謊稱丁與一群朋友共同誘拐乙，要求丙負賠償責任。丙不察竟答應與甲成立和解契約，約定丙對甲應給付 20 萬元「遮羞費」，而甲不追究丙的責任。甲以詐欺的方法，使丙陷於錯誤而為和解契約的意思表示，基於該和解契約，丙對甲負有 20 萬元的給付義務。甲的行為，符合民法第 198 條所謂的「因侵權行為對於被害人取得債權」規定。丙雖得行使民法第 92 條第 1 項的撤銷權、第 184 條第 1 項的損害賠償請求權（債權廢止請求權）或第 179 條前段的不當得利返還請求權，但亦可逕行依民法第 198 條規定，行使其惡意抗辯權而拒絕給付。

結論 當甲依該和解契約向丙請求給付 20 萬元「遮羞費」，丙得依民法第 198 條規定拒絕履行。

📚 相關法條

▶民法第 92 條

因被詐欺或被脅迫而為意思表示者，表意人得撤銷其意思表示。但詐欺係由第三人所為者，以相對人明知其事實或可得而知者為限，始得撤銷之。被詐欺而為之意思表示，其撤銷不得以之對抗善意第三人。

▶民法第 93 條

前條之撤銷，應於發見詐欺或脅迫終止後，一年內為之。但自意思表示後，經過十年，不得撤銷。

▶民法第 184 條

因故意或過失，不法侵害他人之權利者，負損害賠償責任。故意以背於善良風俗之方法，加損害於他人者亦同。

違反保護他人之法律，致生損害於他人者，負賠償責任。但能證明其行為無過失者，不在此限。

▶民法第 197 條

因侵權行為所生之損害賠償請求權，自請求權人知有損害及賠償義務人時起，二年間不行使而消滅。自有侵權行為時起，逾十年者亦同。

損害賠償之義務人，因侵權行為受利益，致被害人受損害者，於前項時效完成後，仍應依關於不當得利之規定，返還其所受之利益於被害人。

▶民法第 198 條

因侵權行為對於被害人取得債權者，被害人對該債權之廢止請求權，雖因時效而消滅，仍得拒絕履行。

練習題

一、甲在乙、丙的共同脅迫下，簽訂契約承認自己對乙負有 50 萬元債務。不久乙移居大陸經商，直到 3 年後，乙才突然拿當初簽訂之甲承認債務的契約書，向甲索討 50 萬元及遲延利息。試問：甲得否拒絕給付？

二、甲開車與乙女的汽車相撞，甲雖認為錯不在己，但在乙女與其男友丙以暴力手段控制甲的行動自由之情況下，並脅迫甲與乙、丙訂立和解契約，承諾賠償乙、丙二人共 80 萬元。試問：

　　㈠甲得否撤銷其和解契約的意思表示？

　　㈡甲得否請求廢止該 80 萬元的和解債務？

　　㈢甲得否拒絕履行該和解契約？❹❹

---

❹❹　最高法院 76 年臺上字第 168 號判決。

第 2 章

債之標的

第一節　概　說

債務與責任的關係如何?

甲對乙有一買賣價金 20 萬元的債權，惟其請求權已經罹於消滅時效。請問債務人乙就其對甲所負的該 20 萬元債務，在其對甲表示拒絕給付後，是否仍負清償的責任?

提　示

一、何謂債務?

二、何謂責任?

三、債務人是否對於其所負債務，皆負有責任?

解　析

一、債　務

所謂債務，是債務人應對其債權人履行一定給付的義務，其為債權的對立概念。義務，是對負義務者所課以之一定的作為或不作為的拘束，其通常相對應一個（主觀）權利，因此，可謂義務即「權利的反面」，其使權利受尊重而不受侵害。

債務人依債的關係，除負有一定的給付義務外，可能尚負有其他的附隨義務與保護義務。附隨義務的存在，目的在確保給付義務能圓滿實現；而保護義務的功能，則在於保護債權人之人或財產上的固有利益，不因債務人的可歸責事由而受到損害。附隨義務，可再區分為獨立的附隨義務與非獨立的附隨義務，後者係自誠信原則導出、非以給付為內容的義務，無

履行遲延的問題，債權人不得以訴訟方法請求履行，而僅有因該義務的違反造成損害，而積極侵害債權（或契約）的損害賠償請求權。

義務種類	功能	請求履行義務方法
主義務：給付義務	使債權獲得實現	得以訴訟請求履行
附隨義務	確保給付義務能圓滿實現	獨立的附隨義務：得以訴訟方法
		非獨立的附隨義務：不得以訴訟方法
保護義務	使債權人的固有利益，不因債務人的可歸責事由而受到損害	不得以訴訟方法

▲債務人義務的分類

二、責　任

「責任」一詞有多種意義❶，此指與債務相對應的責任，乃對於履行債務（給付義務）的擔保。當債務人不履行其債務時，債權人得依強制執行程序，自債務人的財產中求取滿足，因此責任可謂是債務之程序上的可強制實現性❷。

三、債務與責任的關係

債務與責任二者，原則上同時並存，負有債務的人（債務人），通常同時也負有責任。債權人就其債權，得對債務人起訴請求，並得為強制執行。債務須附有責任，始為完全的債務；若僅有債務而無相對應的責任，則該債務為不完全的債務。

於例外情形，債務與責任不同時存在。例如罹於消滅時效債務（民法144 I），僅有債務而無責任；不動產的所有人為擔保他人債務而為債權人設定抵押權（民法860、879），則僅有責任而無債務。

❶ 例如民事訴訟法第 277 條的「舉證責任」、民法第 184 條第 1 項的「損害賠償責任」與公司法中的「有限責任」，三者意義均不同。舉證責任的責任，德文用 Last，譯為「負擔」較佳，其概念與此所指的（民事）「責任」有別，此責任的德文則為 Haftung。

❷ 關於責任內容的演進，參閱鄭玉波、陳榮隆，《民法債編總論》，2002，頁 11–12。

原則上，以債務人全部財產為履行債務的擔保，即債務人原則上對其債務負有「無限責任」；其相對應的是「有限責任」，謂債務人僅以一定財產（特定物或一定數量的財產）為其債務的擔保，例如民法第 1154 條的限定繼承、海商法第 21 條的船舶所有人責任、公司法第 99 條、第 114 條第 2 項的有限股東責任。

🔍 案例分析

在上述案例事實中，甲對乙有一買賣價金 20 萬元的債權，惟其請求權已經罹於消滅時效。依民法第 144 條第 1 項規定：「時效完成後，債務人得拒絕給付。」此規定賦予債務人拒絕給付的抗辯權，其性質為形成權，一經行使，債權人的債權即確定無法實現。甲的債權及乙的債務雖然均未消滅，但乙就其債務已經不負責任，甲不得強制執行乙的財產以求債權的滿足。因此，在乙對甲表示拒絕給付後，乙就其對甲所負的該 20 萬元債務，不負清償的責任。

結論 乙就其對甲所負的該 20 萬元債務，不負清償的責任。

📁 相關法條

▶民法第 144 條

時效完成後，債務人得拒絕給付。

請求權已經時效消滅，債務人仍為履行之給付者，不得以不知時效為理由，請求返還；其以契約承認該債務或提出擔保者亦同。

▶民法第 199 條

債權人基於債之關係，得向債務人請求給付。

給付，不以有財產價格者為限。

不作為亦得為給付。

練習題

甲向 B 銀行貸款 100 萬元，為擔保此債權，由甲的朋友乙提供 L 地為 B 設定 100 萬元的抵押權。試問：甲、乙是否均對 B 銀行負有 100 萬元的借貸債務及清償的責任？

問題 2-02

債權人基於債的關係，得對債務人作什麼要求？

甲向乙借貸 10 萬元，約明借貸期間一年，年息 1 分，利息於到期時連同本金一併返還。請問一年期間已到，乙得向甲作何要求？

提　示

一、債權人的債權與債務人的給付義務有何關係？

二、給付的內容為何？

解　析

一、債權人的債權與債務人的義務

　　民法第 199 條第 1 項規定：「債權人基於債之關係，得向債務人請求給付。」於債之關係中，債權人享有債權，債務人負有債務。債權人基於其債權，得要求債務人為一定的給付，因此債務人應對債權人履行其給付義務。

㈠**債權人的債權**：債權屬於相對權，債權人得依債權請求債務人為一定的給付（民法 199 I），並得起訴請求履行，以及強制執行（強制執行法 4 I ①）。

㈡**債務人的義務**：每一個債的關係，包含至少一個債權人的債權，其對應為債務人的債務，即債務人的給付義務；惟債務人除負有（主）給付義

務外，尚負有附隨義務。

對於債務人的義務之分類，有三種不同學說：甲說僅分為主給付義務與附隨義務（從給付義務）二類；乙說先分為主給付義務與附隨義務，再進一步將後者分為獨立的與非獨立的附隨義務；丙說分為主給付義務、從給付義務與附隨義務三類❸。

學說	甲說	乙說	丙說
債務人的義務	（主）給付義務	（主）給付義務	（主）給付義務
	附隨義務（從給付義務）	獨立的附隨義務	從給付義務
		非獨立的附隨義務	附隨義務

▲債務人的義務之分類

1.債務人的（主）給付義務：債務人給付的內容，依法律行為決定或法律規定（法定之債）。與債之關係同時發生的債務人給付義務，稱為第一次（原、原始）給付義務；此義務若受到妨礙，則產生第二次（次、轉變）給付義務，而第二次的給付義務，有可能取代第一次給付義務，或與第一次給付義務並存❹。例如依甲、乙間成立有效的 C 車買賣契約，買受人甲得請求出賣人乙在約定日期交付該 C 車，此為乙對甲的第一次給付義務；如乙逾期未交付，又發生遲延的損害賠償（民法 231 I），此為乙對甲的第二次給付義務，且二個給付義務並存。

2.附隨義務：亦稱從給付義務，乃基於誠信原則而生的相互照顧、保護義務而生，其不以契約或法律明定為必要。其範圍通常取決於債的種類，而其種類以能否起訴請求為標準，可再區分為獨立的附隨義務與非獨立的附隨義務❺。

獨立的附隨義務，有自身的目的，例如忠誠義務、不競業義務、協

❸ 姚志明，《誠信原則與附隨義務之研究》，2003，頁 51–52；王澤鑑，《債法原理㈠》，2012，頁 39–41，42–45。

❹ 王澤鑑，《債法原理㈠》，2012，頁 41–42。

❺ 不同見解，王澤鑑，《債法原理㈠》，2012，頁 41，謂「從給付義務亦得依訴請求之」。

力義務,以及報告、說明與計算義務等(民法 540–541)。債權人有履行請求權,因此得起訴請求。

非獨立的附隨義務無本身的目的,僅有助於主債務的履行,例如保護義務、保密義務。就非獨立的附隨義務,債權人無履行請求權,因此不能起訴請求。惟債務人違反此義務,可能構成不完全給付(或積極侵害債權),而發生損害賠償債務(民法 227)❻,例如電氣行老闆甲及師傅乙為顧客丙裝設 A 冷氣機時,不小心砸壞丙的傢俱及石英磚地板,甲應對丙負不完全給付的損害賠償責任。

二、給付的內容

給付,指債務人為履行其債務所為的一定行為,而依其型態分為作為或不作為。民法第 199 條第 3 項明文規定:「不作為亦得為給付。」由此可知,給付的內容為債務人的行為,包括作為與不作為,前者如支付一定金額的金錢、交付特定物;後者如不競業、不從事某種活動。

民法第 199 條第 2 項規定:「給付,不以有財產價格者為限。」因此,給付得具有財產價格,亦得不具有財產價格。

🔍 案例分析

在上述案例事實中,甲向乙借貸 10 萬元,約明借貸期間一年,年息一分,利息於到期時連同本金一併返還。甲、乙之間存在有消費借貸關係,乙為債權人,甲為債務人,一年的借貸期間已到,乙得基於其借貸債權,請求甲為給付,甲的給付義務內容為,對乙返還借貸的金額 10 萬元,並支付年息一分的利息 1 萬元。所以乙得對甲要求給付 11 萬元。

結論 乙得對甲要求給付 11 萬元。

📁 相關法條

▶ 民法第 144 條

---

❻ 姚志明,《誠信原則與附隨義務之研究》,2003,頁 171。

時效完成後，債務人得拒絕給付。

請求權已經時效消滅，債務人仍為履行之給付者，不得以不知時效為理由，請求返還；其以契約承認該債務或提出擔保者亦同。

▶民法第 199 條

債權人基於債之關係，得向債務人請求給付。

給付，不以有財產價格者為限。

不作為亦得為給付。

一、甲向乙承租 H 屋，每月月初給付租金 1 萬元，租期一年。試問：乙對甲有何債權？甲有何給付義務？

二、丙向丁借用丁所有的 R 休旅車，借期一週。丙開 R 車環島旅行，途中因車速過快，在一急彎處發生翻車並墜入山谷，丙受輕傷，R 車卻全毀而不能修復。試問：丁得對借用人丙作何請求？

問題 2-03

債權人能否強制要求債務人履行「自然債務」？

商人甲因供給商品而對乙有 100 萬元債權，惟已逾 2 年未行使。現在甲突然向乙出示 2 年前之雙方簽訂的供貨契約，要求償還該 100 萬元債務，並要脅如不立即清償，將要起訴乙求償。請問甲一定能透過訴訟程序而強制乙償還該筆債款嗎？

　提　示

一、何謂自然債務？

二、 自然債務的效力為何?

🧠 解　析

一、自然債務的概念

　　今日所謂自然債務,通常指請求權不完備的債權之相對債務,或無責任的債務[7]。自然債務的發生原因,可能為法律行為,例如約定不能起訴請求的債務 (pactum de non petedo);可能為法律規定,例如其請求權罹於消滅時效的債權之相對債務(民法 144 II)、超過法定限制的利息債務(民法 205)、依調協或破產程序而未獲清償的債務(破產法 149);至於因其他事實,例如賭債、與妓女約定給付特定財物等,多數說亦將之劃歸為自然債務,但少數說則以其違背公序良俗,根本否定債務的存在。

二、自然債務的效力

　　自然債務的效力,因其種類與性質不一,應依各該債務的性質而分別決定。通常自然債務的債務人得拒絕履行,債權人不能經由訴訟程序求取滿足;惟債務人若是任意為給付,則債權人受領係有法律上原因,不會構成不當得利(民法 179)。

🔍 案例分析

　　在上述案例事實中,商人甲因供給商品而對乙有 100 萬元債權,惟已逾 2 年未行使。依民法第 127 條第 8 款規定,「商人、製造人、手工業人所供給之商品及產物之代價」,其請求權的消滅時效期間為 2 年,因此甲對乙提供商品的 100 萬元債權,其請求權的消滅時效已經完成。依民法第 144 條第 1 項規定:「時效完成後,債務人得拒絕給付。」乙取得拒絕給付權,得對抗甲的請求。然而甲卻突然向乙出示 2 年前之雙方簽訂的供貨契約,要求償還該 100 萬元債務。因乙得在訴訟上主張消滅時效抗辯,受訴法院

---

[7]　黃茂榮,《債法總論(一)》,2002,頁 121–126。

即必須因乙的抗辯，而為駁回原告甲請求的判決。所以，甲並不能透過訴訟程序強制乙償還該筆債款。惟若乙在訴訟上不提出消滅時效抗辯，法院仍須為原告甲勝訴的判決。

結論 因為乙主張消滅時效完成，甲並不能透過訴訟程序強制乙償還該筆債款。

相關法條

▶民法第 144 條

時效完成後，債務人得拒絕給付。

請求權已經時效消滅，債務人仍為履行之給付者，不得以不知時效為理由，請求返還；其以契約承認該債務或提出擔保者亦同。

▶民法第 199 條

債權人基於債之關係，得向債務人請求給付。

給付，不以有財產價格者為限。

不作為亦得為給付。

練習題

一、甲與乙打賭美國總統候選人歐巴馬 (Obama) 是否會當選總統，若當選，甲即應付乙 10 萬元；反之，乙即應付甲 20 萬元。結果歐巴馬當選總統，當乙向甲要求給付 10 萬元，甲竟拒絕給付。試問：有無理由？

二、宅男丙拜託丁女為他介紹結婚對象，並承諾若果真成功婚配，將在結婚隔天致贈 12 萬元「媒人禮」。丁為丙介紹戊女為交往及婚配對象，丙、戊也順利完成婚禮。隔日丙、戊即出發蜜月旅行去，害丁為媒人禮白跑一趟。當丙返家，丁向丙要求給她承諾的 12 萬元媒人禮時，惟丙忿忿地表示戊是一個罕見的「悍妻」，他在旅行途中受盡虐待，反過來要求丁賠償他精神損害 12 萬元。試問：丁、丙的主張有無理由？

問題 2-04

債之標的有哪些種類？

甲、乙脅迫 C 車車主丙，將 C 車開往偏遠的 A 地，遭丙拒絕。甲、乙 2 人共同毆打丙，將丙綑綁後，由甲開 C 車駛往 A 地。到達 A 地後，甲、乙將丙的 H 手機、W 手錶及現金 1 萬元取走，將丙及車棄置原地。丙與甲、乙間發生的債權債務關係，其債之標的為何？

提 示

一、何謂債之標的？

二、民法債編就哪些債之標的之種類設有規定？

解 析

一、債之標的

如前所述，於債之關係中，債權人享有債權，相對地債務人負有債務，債權人基於其債權，得要求債務人為一定的給付，因此債務人應對債權人履行其給付義務。

債的要素，包括其主體與標的，債的主體為其債權人與債務人，而其標的為債務人的給付（民法 199 I），亦可稱為債的客體。債務人的給付，即為依債之本旨所應為的一定行為，包括作為及不作為（民法 199 III）。

二、債之標的之種類

所謂債之標的之種類，即為給付的種類。其常依下述標準而作如下的分類：

㈠有財產價格的給付、無財產價格的給付：債之標的之種類，依交易上有無金錢價格，可區分為有財產價格的給付與無財產價格的給付（民法

199 II)。此種分類的實益，在於債務不履行時，其強制執行方法不同（強制執行法 128、123 II)。

(二)**積極給付、消極給付與混合給付**：債之標的之種類，依給付內容為債務人的作為或不作為，可區分為積極給付、消極給付與混合給付，混合給付乃兼具作為及不作為❽。此種分類的主要實益，在於消滅時效的起算（民法 128）及強制執行方法（強制執行法 127–129)。

　　積極給付是動態的給付，其內容為債務人之一定的作為，包括單純作為，例如服勞務（民法 482)，以及給與，例如物的交付（民法 348 I)；消極給付是靜態的給付，內容為債務人之一定的不作為（民法 199 III)，包括單純不作為，例如不競業（民法 562)，以及容許（容忍)，例如對通行權行使的容忍（民法 787)。若是積極給付與消極給付混合而並存，則為混合給付，例如甲歌星與 A 音樂公司簽約約定，甲在一年內由 A 為其發行演唱光碟（積極給付)，且不得在其他公司發行任何演唱光碟（消極給付)❾。

(三)**種類給付、金錢給付、利息給付、選擇給付、損害賠償給付**：民法債編規定，依給付的內容或其確定方法，將債之標的，區分為種類給付、金錢給付、利息給付、選擇給付與損害賠償給付（民法 200–218)。

　　1.種類給付：指依被指示之給付物的種類及數量，所為的給付，民法第 200 條第 1 項所謂的「給付物僅以種類指示」，債務人依此指示所（應）為的給付，即為種類給付。當事人間以種類中一定數量指示給付物的債權債務關係，稱為種類之債（民法 200)。

　　2.金錢給付：指以一定數量金錢（貨幣）為內容所（應）為的給付。當事人間以給付一定數額的金錢（貨幣）為標的之債權債務關係，稱為金錢之債或貨幣之債（民法 201–202)。

　　3.利息給付：指依一定的利率與期間計算的利息為內容，所（應）為

---

❽　孫森焱，《民法債編總論（上)》，2004，頁 374–377。

❾　孫森焱，《民法債編總論（上)》，2004，頁 377；鄭玉波、陳榮隆，《民法債編總論》，2002，頁 256–257。

的給付。當事人間以給付利息為標的之債權債務關係，稱為利息之債（民法 203）。

4.選擇給付：指於數個給付標的（物）中，得選擇其一為給付標的之給付。當事人間於數宗給付中，選擇其一為給付的債權債務關係，稱為選擇之債（民法 208）。

5.損害賠償給付：指以損害賠償為目的或內容的給付。當事人間以損害賠償為標的之債權債務關係，稱為損害賠償之債（民法 213）。

案例分析

在上述案例事實中，甲、乙 2 人共同不法侵害丙的身體權、自由權，以及 H 手機、W 手錶及該 1 萬元現金的所有權，造成丙的損害，應對丙負共同侵權行為的連帶損害賠償責任（民法 184 I、185 I）。因此，丙與甲、乙間發生損害賠償的債權債務關係，即所謂的損害賠償之債（民法 213）。

再就對丙的身體權、自由權之侵害而言，甲、乙應以金錢為財產上及非財產上的損害賠償，即應為金錢給付（或貨幣給付）。

結論 丙與甲、乙間發生損害賠償的債權債務關係，即所謂的損害賠償之債，其債之標的為損害賠償給付，同時為積極給付。另甲、乙應以金錢為財產上及非財產上的損害賠償，即應為金錢給付（或貨幣給付）。

相關法條

▶民法第 200 條

給付物僅以種類指示者，依法律行為之性質或當事人之意思不能定其品質時，債務人應給以中等品質之物。

前項情形，債務人交付其物之必要行為完結後，或經債權人之同意指定其應交付之物時，其物即為特定給付物。

▶民法第 201 條

以特種通用貨幣之給付為債之標的者，如其貨幣至給付期失通用效力時，應給以他種通用貨幣。

▶民法第 203 條
應付利息之債務，其利率未經約定，亦無法律可據者，週年利率為百分之五。

▶民法第 208 條
於數宗給付中得選定其一者，其選擇權屬於債務人。但法律另有規定或契約另有訂定者，不在此限。

▶民法第 213 條
負損害賠償責任者，除法律另有規定或契約另有訂定外，應回復他方損害發生前之原狀。
因回復原狀而應給付金錢者，自損害發生時起，加給利息。
第一項情形，債權人得請求支付回復原狀所必要之費用，以代回復原狀。

練 習 題

一、甲向書商乙訂購學者丙的新版《民法債編總論》50 本，定價 600
元，乙同意打 8 折，並於一週內送達甲的指定地點。試問：甲、乙
相互間所負債務，其標的為何？
二、丁向戊借款 200 萬元，約定月息 1 分，每月 15 日支付利息，借期
一年。試問：丁對戊所負債務，其標的為何？

第二節　種類之債

問題 2-05

種類之債的債務人應該如何給付？

新開設 R 餐廳的甲與海鮮水產盤商乙約定，乙每日依其貨品均價的 9 折供應甲一定種類及數量的海鮮水產。甲經營 R 餐廳一段時間後，雖乙均有供應足量的貨物予甲，惟 R 餐廳顧客卻迭有反映，海鮮水產餐點的品質不佳，該部分業績也一直與其他種類餐點部分有明顯落差。嗣後甲得知乙所提供的魚、蝦等貨品，竟均屬其最下等級的貨品，乃向乙要求賠償其損害或退還部分貨款時，乙卻答稱以貨品均價 9 折的價格出售，其當然僅能供應中等品以下等級的貨物，因此無退款或賠償的理由。請問何人的主張有理由？

提　示

一、何謂種類之債？

二、種類之債，如何使之成為特定物之債？

解　析

一、種類之債

㈠**概念：**民法第 200 條所規定之「給付物僅以種類指示者」，即為種類之債。種類之債，以給付物的種類及數量而為指示（民法 200 I），並不重視給付物的個性，亦即依當事人意思，以不特定之物為給付，例如給付某車廠牌的某型柴油車 20 輛，或給付金門高粱 20 打。另外有所謂的「限制種類之債」，其除種類外，又以特徵限制其範圍，例如生啤酒 5 公升。

　　所謂種類，為依物的共通屬性，而總稱物的總體所用之概念。若非

以物為給付的種類債權，例如以勞務、權利為給付的種類債權，得類推適用民法第 200 條，例如供應建築水泥工 50 名（勞務）；轉讓中華電信普通股 100 萬股（股東權）。惟若給付物為該種類中的全部數量，則為特定（物）之債。

種類的表示，必須足以確定給付物的範圍，因而若僅表示米 5 斤或水果 3 斤等，因為米、水果的種類繁多，無法確定究竟是指何種類，即因債之標的不確定而無效[10]。

(二)**數量與品質的確定**：種類之債，其給付物的數量須確定或可得確定。關於品質的確定，民法第 200 條第 1 項規定：「給付物僅以種類指示者，依法律行為之性質或當事人之意思不能定其品質時，債務人應給以中等品質之物。」原則上應依法律行為的性質，或當事人的意思，而具體決定給付物的品質[11]；惟若仍無法確定，則應給付依交易當時情形而決定之中等品質的物。所謂依法律行為的性質，例如在消費借貸，借用人於履行其對貸與人的返還借用物債務時，應返還與其所受領的代替物相同品質之物（民法 474 I）。

(三)**不定種類之債[12]**：除上述的種類之債外，尚有與其相類似之所謂的不定種類之債，此種債指除其標的定種類外，另附予其他定給付物（標的）的標準之債，如另附價值、質量的標準。附價值之標準者稱「價格種類之債」，謂於一定金額範圍內，由債權人指定債務人現有財產為給付物，例如甲擁有 A 百貨公司 1 萬元禮券（或提貨券），則甲可在該金額範圍內選購 A 百貨公司的商品。附質量之標準者稱「質量種類之債」，謂以一定質量限制其給付物的種類之債，例如甲依約為乙裝潢住家或店舖

---

[10]　孫森焱，《民法債編總論（上）》，2004，頁 381。

[11]　最高法院 72 年臺上字第 4373 號判決指出：「被上訴人承建之客體為南山大飯店，所用建材必須合於『大飯店』之標準，始符當事人立約時之真意，原審並未斟酌兩造約定之造價較高及所建為『大飯店』之客觀情形，認依民法第二百條第一項規定，被上訴人祇須以中等品質之物給付之，尤欠允當。」可供參考。

[12]　史尚寬，《債法總論》，1990，頁 237；孫森焱，《民法債編總論（上）》，2004，頁 387–388。

（質），或丙須支付丁必要的教育費用（量）。

二、種類之債之特定

（一）**特定的概念**：所謂特定，指變更種類之債之內容，使種類之債成為特定物之債；但是該債的同一性不變。因該債仍保持其同一性，原就種類之債所設定的擔保權，仍繼續擔保該特定後的債權❸。

（二）**特定的方法**：民法第 200 條第 2 項規定：「前項情形，債務人交付其物之必要行為完結後，或經債權人之同意指定其應交付之物時，其物即為特定給付物。」依此項規定，種類之債之特定的方法有二：

    1.**債務人交付其物的必要行為完結**：所謂債務人交付其物的必要行為完結，即使債權人處於得隨時受領的狀態。債務人交付其物的必要行為於何時完結，因債的關係及債務的清償地（給付地）不同而有別。

    在赴償債務❹，當債務人將給付物送達債權人住所（或主事務所、主營業所）時，其交付其物的必要行為即完結；若赴償債務的債務人經債權人事後指示，而改在第三地清償，則當債務人將給付物交付運送人運送時（民法 374），此債務即已特定❺。惟應注意的是就給付的提出，依民法第 235 條規定：「債務人非依債務本旨實行提出給付者，不生提出之效力。但債權人預示拒絕受領之意思，或給付兼需債權人之行為者，債務人得以準備給付之事情，通知債權人，以代提出。」

    在往取債務❻，當債權人到債務人的住所，債務人現實地為給付提出，或債權人為隔地者（在不同地），而債務人具體指定給付物，並將準備給付情事通知債權人，其交付其物的必要行為即已完結❼。

---

❸ 史尚寬，《債法總論》，1990，頁 231；孫森焱，《民法債編總論（上）》，2004，頁 384。

❹ 所謂赴償債務 (Bringschuld)，或稱詣交債務，指債務人應於債權人的住所地履行（清償）之債務，例如依民法第 314 條第 2 款定清償地的債務。

❺ 通說，孫森焱，《民法債編總論（上）》，2004，頁 385；林誠二，《民法債編總論（上）》，2000，頁 393；姚志明，《債務不履行之研究(一)》，2003，頁 60–61。

❻ 所謂往取債務 (Holschuld)，或稱索取債務，指債權人應於債務人住所地受清償之債務。

❼ 史尚寬，《債法總論》，1990，頁 232。

在送付債務⑱，當債務人將給付物送付債權人住所地（清償地）以外的第三地（非清償地）時，其交付其物的必要行為即完結。因債務人並無負擔將給付物送付於第三地的義務，依民法第 374 條：「買受人請求將標的物送交清償地以外之處所者，自出賣人交付其標的物於為運送之人或承攬運送人時起，標的物之危險，由買受人負擔。」因此當債務人將給付物交付於運送承攬人時，亦應認為即已完結其交付其物的必要行為⑲。

2.債務人經債權人同意，指定其應交付的物：債權人同意債務人有指定權，則債務人以意思表示指定，其內容必須足以區別應給付的物與其他部分的物。此指定權，性質上屬於形成權。

㈢**特定的效力**：種類之債，債務人應給付同種類、同品質及同數量的物，因此只要該種類的物在社會上存在且仍得流通，債務人即應為給付，不生給付不能問題⑳。相對地，種類之債在特定後，即成為特定之債，因此不論是債權人或債務人，均不得變更給付物，如該特定物滅失或毀損，即發生給付不能的問題，債務人應依其是否可歸責而決定其責任（民法 225、226）。惟若該特定物為代替物時，債務人仍得以同種類、品質、數量為代替。因變更後之「特定之債」，為原種類之債的延長，其同一性不變，原債權的擔保，除另有特約外，仍繼續存續㉑。

案例分析

在上述案例事實中，新開設 R 餐廳的甲與海鮮水產盤商乙約定，乙每

---

⑱　所謂送付債務 (Schickschuld)，或稱送赴債務，此指債務人依債權人的請求，將其給付物送付於清償地以外的第三處所之債務，參閱史尚寬，《債法總論》，1990，頁 233；關於送付（或送赴）債務的不同解釋，參閱姚志明，《債務不履行之研究㈠》，2003，頁 59–61。

⑲　史尚寬，《債法總論》，1990，頁 233。孫森焱，《民法債編總論（上）》，2004，頁 385，對送付債務的解釋與此不同，對此問題的觀點亦有出入。

⑳　最高法院 32 年上字第 4757 號判例；最高法院 37 年上字第 7140 號判例。

㉑　史尚寬，《債法總論》，1990，頁 231；孫森焱，《民法債編總論（上）》，2004，頁 384。

日依其貨品均價的 9 折供應甲一定種類及數量的海鮮水產。甲、乙之間成立種類之債。依民法第 200 條第 1 項規定，甲、乙間關於海鮮水產的買賣，就乙的給付物之品質，應依其買賣價格決定，基於乙依約定應以「貨品均價的 9 折」長期提供貨物，應解為一折的折扣係長期交易關係的優惠，故應以「貨品均價」決定乙應提供貨物的品質，亦即依當事人意思應為中等品質。

惟乙卻提供最下等級的貨品的魚、蝦等貨品予甲，此給付並不符合債的本旨，甲得要求乙給付中等品質的海鮮水產，並得拒絕受領乙以低於中等品質的貨物之給付。在本案件中當事人的爭執是關於已經給付的部分，依民法第 227 條：「因可歸責於債務人之事由，致為不完全給付者，債權人得依關於給付遲延或給付不能之規定行使其權利。因不完全給付而生前項以外之損害者，債權人並得請求賠償。」乙應以中等品質的貨品為給付，事實上卻以最下等級的貨品為給付，構成可歸責於乙的不完全給付，因其給付已經不能補正，債權人甲得依給付不能的規定行使其權利，即依民法第 226 條第 1 項規定請求賠償，並請求賠償因給付不完全所生其他的利益損害。

此外，民法第 354 條第 1 項本文規定：「物之出賣人對於買受人，應擔保其物依第三百七十三條之規定危險移轉於買受人時無滅失或減少其價值之瑕疵，亦無滅失或減少其通常效用或契約預定效用之瑕疵。」乙所給付之最下等的貨品，除有減少其價值的瑕疵外，亦減少其通常效用，故乙應對甲負物的瑕疵擔保。民法第 359 條規定：「買賣因物有瑕疵，而出賣人依前五條之規定，應負擔保之責者，買受人得解除其契約或請求減少其價金。但依情形，解除契約顯失公平者，買受人僅得請求減少價金。」因此甲得依此規定解除其契約或請求減少其價金。

綜上論述，甲得對乙主張債務不履行（不完全給付）的損害賠償，亦得主張物的瑕疵擔保責任，發生請求權競合[22]。因此，甲向乙要求賠償其

---

[22] 關於不完全給付與物的瑕疵擔保之關係，參閱最高法院 89 年臺上字第 2037 號判決；最高法院 91 年臺上字第 666 號判決；最高法院 92 年臺上字第 1370 號判決；最高法院 94 年臺上字第 1112 號判決；孫森焱，《民法債編總論（下）》，2004，頁 586–593。

損害或退還部分貨款，有理由；相對地，乙以貨品均價九折的價格，其當
然僅能供應中等品以下等級的貨物，而拒絕退款或賠償，此主張則無理由。

結論 甲向乙要求賠償其損害或退還部分貨款的主張，有理由；乙以貨品
均價 9 折的價格，其當然僅能供應中等品以下等級的貨物，而拒絕
退款或賠償之主張，無理由。

相關法條

▶民法第 200 條

給付物僅以種類指示者，依法律行為之性質或當事人之意思不能定其品質
時，債務人應給以中等品質之物。

前項情形，債務人交付其物之必要行為完結後，或經債權人之同意指定其
應交付之物時，其物即為特定給付物。

▶民法第 227 條

因可歸責於債務人之事由，致為不完全給付者，債權人得依關於給付遲延
或給付不能之規定行使其權利。

因不完全給付而生前項以外之損害者，債權人並得請求賠償。

▶民法第 354 條

物之出賣人對於買受人，應擔保其物依第三百七十三條之規定危險移轉於
買受人時無滅失或減少其價值之瑕疵，亦無滅失或減少其通常效用或契約
預定效用之瑕疵。但減少之程度，無關重要者，不得視為瑕疵。

出賣人並應擔保其物於危險移轉時，具有其所保證之品質。

▶民法第 359 條

買賣因物有瑕疵，而出賣人依前五條之規定，應負擔保之責者，買受人得
解除其契約或請求減少其價金。但依情形，解除契約顯失公平者，買受人
僅得請求減少價金。

一、甲承攬乙的新屋裝潢工程，約定地板應鋪設石英磚、衣櫥及鞋櫃應使用木芯夾板。施工完成後，乙發現甲所鋪設的地磚係單位面積較小、成本較低的 60×60 公分石英磚，非其所期待的較高價的 80×80 公分石英磚，衣櫥及鞋櫃則是使用密集板製成。試問：乙主張甲應負債務不履行（不完全給付）的責任，是否有理由？甲的施工材料若未明確約定其品質，則是否會因應裝潢的房屋為低價公寓或高價豪宅，而影響承攬人使用材料的品質之決定？

二、H 五星級飯店的經理丙，向廠商 C 公司訂購牙刷、梳子、刮鬍刀等用具，表明是供該 H 飯店住宿旅客使用。因訂購數量龐大，丙將購買價格壓低，C 公司為承接生意，也答應以較市價為低的價格供應產品。當 C 公司的第一批貨品送達 H 飯店，丙發現 C 所供應貨物，均屬品質低劣的產品，根本無法符合其五星級飯店的服務品質與形象，遂要求退貨並拒絕支付約定的貨款。C 公司則以該約定的價格，僅能提供該等級貨品才有合理的利潤為理由，堅持 H 飯店應依約定支付該批供貨的貨款。試問：C 公司的主張有無理由？

第三節　貨幣之債

問題 2-06

債務人是否必須依照約定，給付某一定的外國通用貨幣？

甲、乙簽訂歐洲進口商品 W 的買賣契約，依約定甲應給付乙 100 單位的 W 商品，乙應支付甲價金 1 萬歐元。請問：

(一)乙欲依市場匯價，將該約定價金折算成新臺幣為支付，甲得否堅持乙應以約定的歐元為給付，而拒絕收受新臺幣？

(二)甲得否直接要求乙折合新臺幣後為給付？

提　示

一、何謂貨幣之債？

二、當事人約定給付一定的外國貨幣，其效力如何？

解　析

一、貨幣之債

貨幣，即為金錢，乃價值評定的標準、財貨交換的媒介、債務支付的手段、資本蓄積的方法。

貨幣之債，又稱金錢之債，是以給付一定數額的貨幣（金錢）為標的之債，債權人一方享有貨幣債權，債務人一方則負有貨幣債務。貨幣之債，貨幣（金錢）無須特定，不生給付不能問題。

二、給付一定的外國貨幣之約定

貨幣，有本國貨幣與外國貨幣之分，若以本國發行的貨幣為標的之債，稱為本國貨幣之債；以外國發行的貨幣為標的之債，稱為外國貨幣之債。

當事人之間的債，若是以給付一定「金額」的外國通用貨幣（通貨）為標的，稱為金額貨幣之債，例如債務人應給付 10 萬美元、2 萬歐元的債務。民法第 202 條規定：「以外國通用貨幣定給付額者，債務人得按給付時，給付地之市價，以中華民國通用貨幣給付之。但訂明應以外國通用貨幣為給付者，不在此限。」依此，在當事人間已訂明應以該外國通用貨幣為給付，債務人即須以該外國通貨為給付；若未訂明，則債務人得選擇給付該約定的外國貨幣（無強制流通效力），或者給付該給付額折合後的本國貨幣，其性質上屬於「法定任意之債」，債務人有代替權，得以本國貨幣代替約定的外國貨幣為給付[23]。若應給付的外國貨幣禁止流通，債務人僅得給付折合後的本國貨幣。相對地，債權人請求給付，須依債的本旨，請求債

---

[23]　史尚寬，《債法總論》，1990，頁 242；孫森焱，《民法債編總論（下）》，2004，頁 398。

務人以該外國通用貨幣為給付，不得逕行請求給付我國通用貨幣❷。

案例分析

在上述案例事實中，甲、乙簽訂歐洲進口商品 W 的買賣契約，依約定甲應給付乙 100 單位的 W 商品，乙應支付甲價金 1 萬歐元。甲、乙間的買賣價金之債，雖約定以歐元為給付標的，惟在本案中應認為當事人雙方著重於給付的貨幣金額，而非貨幣的種類，屬於所謂的「金額外國貨幣之債」，依民法第 202 條本文規定，債務人乙得逕以歐元為給付，亦得按給付時給付地的市價，以中華民國通用貨幣（即新臺幣）為給付，屬於「法定任意之債」。甲雖得依債的本旨，請求以歐元為給付，但乙究竟要以歐元或新臺幣為給付，代替權屬於乙，甲並不得直接要求乙折合新臺幣後為給付。

結論 ㈠乙欲依市場匯價，將該約定價金折算成新臺幣為支付，甲不得堅持乙應以約定的歐元為給付，而拒絕收受新臺幣。

㈡甲不得直接要求乙折合新臺幣後為給付。

相關法條

▶民法第 201 條

以特種通用貨幣之給付為債之標的者，如其貨幣至給付期失通用效力時，應給以他種通用貨幣。

▶民法第 202 條

以外國通用貨幣定給付額者，債務人得按給付時，給付地之市價，以中華民國通用貨幣給付之。但訂明應以外國通用貨幣為給付者，不在此限。

---

❷ 最高法院 90 年臺上字第 5 號判決；最高法院 92 年臺上字第 920 號判決。

練　習　題

A 公司向 B 公司購買 1 公噸進口原料 M，雙方同意價金 25 萬美元，且 A 公司同意 B 公司要求，限定以「美金」為給付。試問：

㈠因美元持續看貶，B 公司得否直接要求於支付價金時，折合新臺幣為給付？

㈡A 公司為節省換匯成本，逕向 B 公司折合新臺幣而提出支付，B 公司得否仍要求以「美金」支付，而拒絕收受新臺幣？

第四節　利息之債

問題 2-07

利息的約定有無限制？

甲急需一筆資金而向乙請求借貸 10 萬元，乙表示可以貸予 10 萬元一年，年息 3 分，一年到期本金及利息一併償付，甲同意。請問：

㈠當借期屆滿時，甲共應給付乙本金及利息多少元？

㈡借期屆滿時，因甲僅能償還本金 10 萬元，一時尚無力支付應給付的利息，不得已同意乙的要求，將利息債務 3 萬元「更改」為新的借款，並約定年息 2 分。在更改後，乙對甲有無該新借款的返還請求權及利息請求權？

💡 提　示

一、何謂利息之債？

二、關於借貸的利息，其利率有何限制或相關規定？

三、當事人間違反利率限制的利息約定，其效力如何？

🔧 解　析

一、利息之債

㈠**概念**：利息之債，指以給付「利息」為標的之債。換句話說，按一定的利率，對「原本」定期發生利息的債權債務關係，稱為利息之債。

　　所謂利息，是將「原本」的數額及其存續期間，而依一定比率（利率），以金錢或其他代替物為給付的一種法定孳息（民法 69 II）。利息，性質上為原本債權的收益，是依原本的數額及債權人不能使用原本數額的期間，按一定的比率計算之金錢或其他代替物。

　　利息與原本數額的比率，稱為利率，依其產生依據，分為約定利率與法定利率。

　　利息具有雙重的社會作用，對經濟強者而言，可伸縮資金的利用；另一方面對經濟弱者而言，會增加經濟生活的壓迫。因此，為防止重利盤剝，保護經濟弱者，民法設有利率上限的明文限制（民法 205）。

㈡**種類**：利息之債，得依不同標準作如下分類：

	分類標準	分類
利息之債	法律性質	基本權的利息之債、支分權的利息之債
	發生原因	約定利息之債、法定利息之債
	計算方法	單利之債、複利之債

　　1.**利息之債**：依其法律性質，可再分為基本權的利息之債與支分權的利息之債。

　　基本權的利息之債，指未屆清償期的利息債權，乃請求定期給付利息的抽象權利；其具有從屬性，從屬原本債權而存在。

　　支分權的利息之債，指已屆清償期的利息債權，乃請求給付已生利息的具體權利；其具有獨立性，與原本債權分離而獨立存在（民法 125–

126、323、295 II）。

2.利息之債：依其發生原因分為約定利息之債與法定利息之債。

約定利息之債，謂因契約而發生的利息之債，例如消費借貸所約定的利息（民法 476 I）。

法定利息之債，謂基於法律規定而發生的利息之債，依民法規定，可歸納為下列四種：

⑴遲延利息：金錢債務因給付遲延，應付的利息（民法 233），兼具損害賠償性質。

⑵墊費利息：又稱出費利息，指為他人墊支費用得請求自支出時起的利息，例如無因管理人甲為本人乙支出必要或有益費用，得請求利息（民法 176 I）；民法第 546 條第 1 項受任人因處理委任事務所支出之必要費用之利息。

⑶擬制利息：又稱假定利息，乃為自己的利益而使用他人的金錢，所應支付的利息，例如無因管理人甲使用本人乙的金錢，則亦應支付利息（民法 173 I）；民法第 542 條受任人使用委任人之金錢的利息。

⑷附加利息：返還利息，指對他人負有返還財產的義務，所應附加的利息，例如不當得利受領人丙，受領時為惡意，則應返還該不當得利及附加利息（民法 182 II）。

3.利息之債：依其計算方法，可分為單利之債與複利之債。

單利之債，謂單獨計算各期間的利息，而不將利息滾入原本數額再生利息之債。

複利之債，謂將已生利息滾入原本數額，再生利息之債。

民法第 207 條規定：「利息不得滾入原本再生利息。但當事人以書面約定，利息遲付逾一年後，經催告而不償還時，債權人得將遲付之利息滾入原本者，依其約定。前項規定，如商業上另有習慣者，不適用之。」依此規定，複利之債原則上被禁止，僅於下列例外情形是被允許的：⑴依民法第 207 條本文的書面約定、利息遲付一年後、經催告仍不償還。⑵依第 207 條但書的商業習慣，例如銀行的儲蓄存款、金融業的信用貸款。

二、利率的限制

利率，為利息與原本的比率，是為計算利息的基礎。利率，依其產生的依據，可分為約定利率與法定利率。

㈠**約定利率**：約定利率，為當事人所約定的利率。民法對於約定利率，設有下列的限制：

1.**年利率逾12%**：民法第 204 條規定：「約定利率逾週年百分之十二者，經一年後，債務人得隨時清償原本。但須於一個月前預告債權人。前項清償之權利，不得以契約除去或限制之。」依此規定債務人於經過一年後，可在一個月前預告債權人，有「提前還本權」，不論當事人是否反對；且此提前還本權，不得以契約除去或限制。另外，民法第 316 條債權人不得於期前請求清償、第 323 條清償應「先充利息」的規定，在此亦不適用[25]。

2.**年利率逾20%**：民法第 205 條規定：「約定利率，超過週年百分之二十者，債權人對於超過部分之利息，無請求權。」本條立法意旨，依最高法院判例認為，若當事人將包含超過週年 20% 部分的延欠利息滾入原本，約定期限清償，其滾入的利息數額，仍應受此法定最高利率的限制；且債權人不能以「債之更改」方式，使之成為有請求權，否則無異助長脫法行為，難以保護經濟上的弱者[26]。

惟依通說，違背法定最高利率限制的約定仍有效，僅屬「自然債務」，債務人為清償後，不得以不當得利請求返還[27]。本書認為此自然債務見解，將造成最高利率的限制成為具文，債權人將透過各種手段促使債務人給付超出利率限制部分的利息，債權人取得該不應取得的利息即

---

[25] 相同見解，王伯琦，《民法債篇總論》，1962，頁 128。

[26] 最高法院 91 年臺簡抗字第 49 號判例。

[27] 司法院 35 年院解字第 3162 號解釋；最高法院 29 年上字第 1306 號判例；最高法院 33 年上字第 764 號判例；最高法院 71 年臺上字第 2532 號判例；鄭玉波，《民法債編總論》，1993，頁 227。

不必因不當得利而返還，立法目的顯然無法貫徹，且國內「地下錢莊」林立，並以超高利息壓榨債務人，上述通說實為助長因素。

　　3.禁止以他法巧取利益：民法第 206 條規定：「債權人除前條限定之利息外，不得以折扣或其他方法，巧取利益。」如有與此違反的約定，無效（民法 71）。例：甲因急用向乙借款一萬元，乙先扣一千元，以九千元作一萬元原本，並約定年息一分半，則此債務因違反民法第 206 條而無效。

㈡**法定利率**：民法第 203 條規定：「應付利息之債務，其利率未經約定，亦無法律可據者，週年利率為百分之五。」此為法定利率。所謂的其他法律規定，例如票據法第 28 條第 2 項、第 97 條第 2 項規定 6% 之利率。

案例分析

　　在上述案例事實中，甲急需一筆資金而向乙請求借貸 10 萬元，乙表示可以貸予 10 萬元一年，惟要求年息 3 分，一年到期本金及利息一併償付，甲同意。

　　㈠借期屆滿時，甲應給付乙本金及利息：

　　甲、乙之間，在乙交付甲借貸的金錢 10 萬元後，成立消費借貸契約（民法 474 I）。借用人甲應於約定期限內，返還與借用物種類、品質、數量相同之物（民法 478），並應於契約所定期限支付約定的利息（民法 477 本文）。惟因甲乙所約定的利息為年息 3 分，即年利率 30%，依民法第 205 條規定，超過的 10% 利息，貸與人乙並無請求權。因此，當借期屆滿時，甲共應給付乙本金 10 萬元，及依年利率 20% 所計算的利息 2 萬元，合計 12 萬元。

　　㈡利息債務 3 萬元之更改為新的借款：

　　借期屆滿時，因甲僅能償還本金 10 萬元，一時尚無力支付應給付的利息，不得已同意乙的要求，將利息債務 3 萬元「更改」為新的借款，並約定年息 2 分。依民法第 207 條第 1 項規定，甲、乙雙方係在到期後合意將到期的利息「更改」為新的借款，係債之更改，不違反此複利禁止規定。惟因民法第 205 條規定及最高法院判例明確表示，乙對甲僅有以 20% 利率

計算的利息 2 萬元，才有請求權；逾此部分的 1 萬元利息無請求權，不因債之更改而成為有請求權。所以在更改後，乙對甲就 2 萬元利息部分，有該新借款的返還請求權及利息請求權；超出的部分則無請求權。

結論 (一)當借期屆滿時，甲共應給付乙本金 10 萬元，及依年利率 20% 所計算的利息 2 萬元，合計 12 萬元。

(二)在更改後，乙對甲有 2 萬元新借款的返還請求權及年息 2 分的利息請求權；超出的部分無請求權。

相關法條

▶民法第 203 條

應付利息之債務，其利率未經約定，亦無法律可據者，週年利率為百分之五。

▶民法第 204 條

約定利率逾週年百分之十二者，經一年後，債務人得隨時清償原本。但須於一個月前預告債權人。

前項清償之權利，不得以契約除去或限制之。

▶民法第 205 條

約定利率，超過週年百分之二十者，債權人對於超過部分之利息，無請求權。

▶民法第 206 條

債權人除前條限定之利息外，不得以折扣或其他方法，巧取利益。

▶民法第 207 條

利息不得滾入原本再生利息。但當事人以書面約定，利息遲付逾一年後，經催告而不償還時，債權人得將遲付之利息滾入原本者，依其約定。

前項規定，如商業上另有習慣者，不適用之。

一、甲因急用而向乙借款 5 萬元，乙先扣 5 千元，而以 4 萬 5 千元當作
　　原本，並約定年息一分半。試問：甲、乙兩人的借貸關係效力如何？

二、B 銀行與其客戶丙以定型化契約約定，丙使用 B 發行的信用卡刷
　　卡，於當月繳款日未繳清的餘額部分，以年利率 15% 計算利息，該
　　餘額與利息合併計入次月應繳納款項計算。試問：此約定是否合法？

問題 2–08

消費借貸的債務人得否期前清償原本？

請問下列情形，債務人乙得否在債務未到履行期前，向債權人優先清償
原本：

㈠甲借貸 10 萬元給乙，雙方並約定借期 2 年，每月支付利息，利率為
　本金的千分之十五。

㈡同上，但利率為本金的千分之十。

提　示

一、定期債務，債務人得否期前清償？

二、約定利息的高低，對債務人的期前清償權有無影響？

解　析

一、消費借貸的債務清償期

　　就消費借貸的債務清償期，除民法第 478 條規定：「借用人應於約定期
限內，返還與借用物種類、品質、數量相同之物，未定返還期限者，借用
人得隨時返還，貸與人亦得定一個月以上之相當期限，催告返還。」亦適用

民法第 315 條:「清償期,除法律另有規定或契約另有訂定,或得依債之性質或其他情形決定者外,債權人得隨時請求清償,債務人亦得隨時為清償。」及第 316 條:「定有清償期者,債權人不得於期前請求清償,如無反對之意思表示時,債務人得於期前為清償。」依此規定,如有約定清償期,債務人原則上應依期清償,但如沒有反對的表示,亦得期前清償;相對地,債權人不得於期前請求清償。

當事人 ＼ 清償期	法律另有規定或契約另有訂定,或得依債之性質或其他情形決定	無前述情形
債務人	無反對意思表示時,得期前清償	得隨時清償
債權人	債權人不得於期前請求清償	得隨時請求清償

▲債務的清償與請求清償（民法 315、316）

二、約定利息與債務人的期前清償權的關係

如上所述,就未定清償期債務,依民法第 315 條及第 316 條規定,債務人皆得期前清償,因此,是否約定有利息及約定利息的高低,原對債務人的期前清償權無影響;有影響的,是在清償的抵充順序。

依民法第 323 條規定:「清償人所提出之給付,應先抵充費用,次充利息,次充原本;其依前二條之規定抵充債務者亦同。」但民法第 204 條規定:「約定利率逾週年百分之十二者,經一年後,債務人得隨時清償原本。但須於一個月前預告債權人。前項清償之權利,不得以契約除去或限制之。」即不受到第 323 條之限制。因此民法第 204 條規定,為第 323 條的特別規定,應優先適用[28];且第 204 條第 1 項為強行規定,不得以契約為排除或限制。

🔍 案例分析

㈠利率千分之十五的月息:

在上述案例事實中,甲借貸 10 萬元給乙,借期 2 年且每月支付利息,

---

[28] 孫森焱,《民法債編總論（上）》,2004,頁 411。

利率為本金的千分之十五，換算成年利率則為 18%，已經超過民法第 204 條規定的 12%，依民法第 204 條第 1 項規定，經一年後，乙得隨時清償原本且不受到民法第 323 條的限制，但須於一個月前預告甲。

　　㈡利率千分之十的月息：

　　若甲借貸 10 萬元給乙，借期 2 年且每月支付利息，利率為本金的千分之十，換算成年利率為 12%，並未超過民法第 204 條規定的 12%，不符民法第 204 條第 1 項規定的要件。因此雖乙仍得依民法第 316 條規定為期前清償，但提出的給付應依民法第 323 條先抵充費用，次充利息，次充原本，而不得優先抵充原本。

結論 ㈠年利率為 18%，已經超過 12%，債務人乙得在債務未到履行期前，向債權人甲優先清償原本。

　　　　 ㈡年利率為 12%，不符民法第 204 條第 1 項規定的要件，債務人乙在債務未到履行期前，不得向債權人甲優先清償原本。

相關法條

▶民法第 204 條

約定利率逾週年百分之十二者，經一年後，債務人得隨時清償原本。但須於一個月前預告債權人。

前項清償之權利，不得以契約除去或限制之。

▶民法第 315 條

清償期，除法律另有規定或契約另有訂定，或得依債之性質或其他情形決定者外，債權人得隨時請求清償，債務人亦得隨時為清償。

▶民法第 316 條

定有清償期者，債權人不得於期前請求清償，如無反對之意思表示時，債務人得於期前為清償。

▶民法第 323 條

清償人所提出之給付，應先抵充費用，次充利息，次充原本；其依前二條

之規定抵充債務者亦同。

▶民法第 474 條

稱消費借貸者，謂當事人一方移轉金錢或其他代替物之所有權於他方，而約定他方以種類、品質、數量相同之物返還之契約。

當事人之一方對他方負金錢或其他代替物之給付義務而約定以之作為消費借貸之標的者，亦成立消費借貸。

▶民法第 478 條

借用人應於約定期限內，返還與借用物種類、品質、數量相同之物，未定返還期限者，借用人得隨時返還，貸與人亦得定一個月以上之相當期限，催告返還。

練習題

甲借貸 100 萬元予乙，雙方約定借期 3 年，且不得提前還款；月息 2 分，每月月初以現金支付。乙每月依約定支付利息，一年後，乙以年息 1 分的利率向丙貸得 100 萬元，立即通知甲將於一個月後，將清償本金 100 萬元。屆時，當乙持 100 萬元現金向甲表示要清償原本時，甲以約定清償期未至而拒絕，除非乙先支付剩餘期間的利息。試問：哪一方在法律上有理由？

第五節　選擇之債

問題 2-09

選擇之債的選擇權歸屬於何人？

請問下列選擇之債，何人得選擇給付標的：

㈠甲、乙訂立買賣契約，甲以 20 萬元向乙買受 M 重型機車或 C 轎車，

但未約定由誰選擇給付標的。

(二)丙以折扣價 2 萬元向丁購買限量版 B 自行車，並已先支付價金；在交車前一天，B 遭戊損毀，戊將自己收藏的 A 自行車交付予丁作為賠償。

提　示

一、何謂選擇之債？

二、在選擇之債，如何決定選擇權的歸屬？

解　析

一、選擇之債

(一)**概念**：選擇之債，謂於數宗給付中，得選擇其一以為給付之債（民法 208），依多數說，其性質上為單一之債中的特殊之債[29]。

選擇之債，依其發生原因為當事人約定或法律規定，可分為約定的選擇之債與法定的選擇之債，後者例如民法第 225 條第 2 項、第 226 條第 2 項、第 260 條、第 359 條、第 430 條第 3 項所規定的情形。

(二)**特定**：選擇之債在「特定」前，數宗給付處於同等地位以待選擇，非予以特定，債務人不能為給付，債權人亦不能請求特定的給付[30]。因此，選擇之債於給付前，須先經特定成特定之債後，才能給付。特定的方法有三種：以契約約定、選擇權的行使及因給付不能，民法對後二者設有規定。

二、選擇權的歸屬

選擇權的行使，為選擇之債的特定方法之一。選擇權屬於形成權，選擇權人行使其選擇權，係以一方的意思表示（單獨行為），使選擇之債變為

---

[29] 孫森焱，《民法債編總論（上）》，2004，頁 422–423；林誠二，《民法債編總論（上）》，2000，頁 424。

[30] 最高法院 78 年臺上字第 1753 號判例。

單純（或種類）之債。

就選擇權的歸屬，即以何人為選擇權人，民法第 208 條規定：「於數宗給付中得選定其一者，其選擇權屬於債務人。但法律另有規定或契約另有訂定者，不在此限。」因此，選擇權人除非法律設有特別規定，例如民法第 225 條第 2 項、第 226 條第 2 項規定為債權人，或契約訂定由債權人或第三人為選擇的情形，原則上為債務人。惟選擇權人若不行使其選擇權，將發生選擇權「移屬」的效果，依民法第 210 條規定：「選擇權定有行使期間者，如於該期間內不行使時，其選擇權移屬於他方當事人。選擇權未定有行使期間者，債權至清償期時，無選擇權之當事人，得定相當期限催告他方當事人行使其選擇權，如他方當事人不於所定期限內行使選擇權者，其選擇權移屬於為催告之當事人。由第三人為選擇者，如第三人不能或不欲選擇時，選擇權屬於債務人。」此所謂不能行使，指該第三人事實上或法律上不能行使，例如因患疾病、旅居國外、死亡[31]、喪失行為能力等。

原來有選擇權人	行使期間	移屬原因	移屬對象
當事人	定有行使期間	行使期間內不行使	他方當事人
	未定行使期間	至清償期時，無選擇權的當事人得定相當期限催告他方當事人行使其選擇權，而他方當事人不於所定期限內行使選擇權	為催告的當事人
第三人		不能或不欲選擇	債務人

▲選擇權的移屬（民法 210）

🔍 案例分析

(一)法律未規定、契約無訂定：

在上述案例事實中，甲、乙訂立買賣契約，甲以 20 萬元向乙買受 M 重型機車或 C 轎車，未約定由誰選擇給付的標的。依民法第 208 條規定，甲、乙間之給付標的為 M 重型機車或 C 轎車，屬於選擇之債。其選擇權

---

[31] 鄭玉波、陳榮隆，《民法債編總論》，2002，頁 281。

的歸屬，因法律未有規定而契約亦無訂定，應屬於債務人乙（出賣人）。

㈡法律有規定：

在上述案例事實中，丙以折扣價 2 萬元向丁購買限量版 B 自行車，並已先支付價金；在交車前一天，B 遭戊損毀，戊將自己收藏的 A 自行車交付予丁作為賠償。丙丁間的 B 車買賣契約為雙務契約，標的物 B 因不可歸責於雙方當事人的事由而導致給付不能。依民法第 225 條第 1 項規定：「因不可歸責於債務人之事由，致給付不能者，債務人免給付義務。債務人因前項給付不能之事由，對第三人有損害賠償請求權者，債權人得向債務人請求讓與其損害賠償請求權，或交付其所受領之賠償物。」及第 266 條規定：「因不可歸責於雙方當事人之事由，致一方之給付全部不能者，他方免為對待給付之義務；如僅一部不能者，應按其比例減少對待給付。前項情形，已為全部或一部之對待給付者，得依關於不當得利之規定，請求返還。」丙已經先支付價金，丙得選擇依民法第 266 條第 2 項及不當得利（民法 179）規定，向丁請求已經給付的 2 萬元價金，或選擇依民法第 225 條第 2 項規定，向丁請求交付丁自戊所受領的賠償物 A 車，選擇權歸屬於買受人即債權人丙。

結論　㈠甲、乙間選擇之債，其選擇權應屬於債務人乙（出賣人）。

　　　　㈡丙、丁間選擇之債，其選擇權應屬於債權人丙（買受人）。

相關法條

▶民法第 208 條

於數宗給付中得選定其一者，其選擇權屬於債務人。但法律另有規定或契約另有訂定者，不在此限。

▶民法第 209 條

債權人或債務人有選擇權者，應向他方當事人以意思表示為之。

由第三人為選擇者，應向債權人及債務人以意思表示為之。

▶民法第 210 條

選擇權定有行使期間者，如於該期間內不行使時，其選擇權移屬於他方當事人。

選擇權未定有行使期間者，債權至清償期時，無選擇權之當事人，得定相當期限催告他方當事人行使其選擇權，如他方當事人不於所定期限內行使選擇權者，其選擇權移屬於為催告之當事人。

由第三人為選擇者，如第三人不能或不欲選擇時，選擇權屬於債務人。

▶民法第 225 條

因不可歸責於債務人之事由，致給付不能者，債務人免給付義務。

債務人因前項給付不能之事由，對第三人有損害賠償請求權者，債權人得向債務人請求讓與其損害賠償請求權，或交付其所受領之賠償物。

▶民法第 266 條

因不可歸責於雙方當事人之事由，致一方之給付全部不能者，他方免為對待給付之義務；如僅一部不能者，應按其比例減少對待給付。

前項情形，已為全部或一部之對待給付者，得依關於不當得利之規定，請求返還。

練 習 題

試問於下列選擇之債，何人有選擇權：

㈠債權人甲、債務人乙二人間的選擇之債，約定選擇權由第三人丙行使，而丙不幸於為選擇前因車禍而成為植物人。

㈡丙、丁約定，丙應於 8 月 8 日交付丁 20 萬股台積電股票，並移轉所有權，或依該日收盤價折算現金支付，但未約定何人有選擇權。

選擇權的行使有何效力？

甲、乙間存在有選擇之債，債務人甲對乙應給付標的物 A 或 B，當事人約定選擇權屬於債權人乙。其中 A 物因可歸責於債務人甲的事由而滅失。請問嗣後若乙仍對甲表示選擇 A 物為給付標的，則乙對甲有何請求權？

提　示

一、選擇權如何行使？

二、選擇權行使的效力為何？

三、給付不能對選擇之債有何影響？

解　析

一、選擇權行使的方法

　　選擇權屬於形成權，民法第 209 條規定：「債權人或債務人有選擇權者，應向他方當事人以意思表示為之。由第三人為選擇者，應向債權人及債務人以意思表示為之。」依此，選擇權人應以一方的意思表示（單獨行為），對特定人行使其選擇權。在債權人或債務人有選擇權情形，應向他方當事人為其意思表示。由第三人為選擇時，則應向債權人及債務人雙方為其意思表示；若有選擇權的第三人為限制行為能力人，則類推適用民法第 104 條規定[32]。

　　行使選擇權，是為有相對人的意思表示，其生效亦適用民法第 94 條、第 95 條規定。此外，行使選擇權，民法未規定必須用一定的方式，故屬於不要式行為。

---

[32]　史尚寬，《債法總論》，1990，頁 262；孫森焱，《民法債編總論（上）》，2004，頁 426。

二、選擇權行使的效力

選擇權的行使，會使選擇之債發生特定的效果。選擇之債經特定後變為特定之債。若給付物為特定物，則為特定物之債；給付物為不特定物，為種類之債（民法 200）。又民法第 212 條規定：「選擇之效力，溯及於債之發生時。」因此，選擇權的行使溯及於債的發生（債權成立）時 (ex tunc)，發生特定的效力。

三、給付不能對選擇之債的影響

民法第 211 條規定：「數宗給付中，有自始不能或嗣後不能給付者，債之關係僅存在於餘存之給付。但其不能之事由，應由無選擇權之當事人負責者，不在此限。」依此條本文規定，選擇之債因給付不能，不管是自始不能或嗣後不能，使債的關係僅存在於餘存的給付，若該餘存的給付僅有一宗，即發生特定的效果；若該餘存的給付仍有數宗，仍是選擇之債，只是選擇的範圍縮小而已。但如果不能的事由，應由無選擇權的當事人負責，則對於選擇之債本身及選擇權人的選擇權，並無直接影響，債的關係仍舊存在原數宗給付上，選擇權人仍得選擇該不能的給付。於嗣後不能情形，若選擇權人選擇該不能的給付，因選擇具有溯及效力（民法 212），當事人間的關係，依情形分別適用民法第 225 條或第 226 條規定，但不適用民法第 246 條。

特定方法	歸責對象	法律效果
給付不能（自始不能、嗣後不能）	不可歸責於雙方當事人、可歸責於有選擇權人	債的關係「僅」存在於餘存的給付（民法 211 本文）
	可歸責於無選擇權的當事人	債的關係「仍」存在於原定的數宗給付（民法 211 但書）

▲選擇之債發生給付不能

案例分析

　　在上述案例事實中，甲、乙間的選擇之債，選擇權依當事人約定屬於債權人乙，故債務人甲無選擇權（民法 208）。其中 A 物因可歸責於債務人甲的事由而滅失，發生嗣後不能，因債務人甲無選擇權，依民法第 211 條規定，甲乙間之債的關係，仍舊存在於 A、B 的給付，選擇權人乙得選擇 A 或 B 的給付。而因乙仍對甲表示選擇 A 物為給付標的，依民法第 212 條規定，A 物的給付因可歸責於債務人甲的事由導致嗣後的給付不能，乙得依民法第 226 條第 1 項規定，請求甲賠償損害。

結論　乙對甲有民法第 226 條第 1 項規定的損害賠償請求權。

相關法條

▶民法第 208 條

於數宗給付中得選定其一者，其選擇權屬於債務人。但法律另有規定或契約另有訂定者，不在此限。

▶民法第 209 條

債權人或債務人有選擇權者，應向他方當事人以意思表示為之。

由第三人為選擇者，應向債權人及債務人以意思表示為之。

▶民法第 211 條

數宗給付中，有自始不能或嗣後不能給付者，債之關係僅存在於餘存之給付。但其不能之事由，應由無選擇權之當事人負責者，不在此限。

▶民法第 212 條

選擇之效力，溯及於債之發生時。

練習題

甲、乙雙方於 3 月 3 日簽訂買賣契約，約定甲支付乙 500 萬元，乙將其

所有的 P 車或 F 車二跑車中一部轉讓給甲,給付日期為 5 月 5 日,但並未約定選擇權屬於何人。試分別說明下列情形,甲對乙有何請求權:

(一)甲試開 P 車時不慎撞毀:選擇權人選擇 P 時?選擇權人選擇 F 時?

(二)乙開 P 車時不慎撞毀:選擇權人選擇 P 時?選擇權人選擇 F 時?

(三)地震震倒建築物,並壓毀 P 車?

第六節　損害賠償之債

問題 2-11

損害賠償的債務人應該如何賠償(賠償方法)?

甲偷走乙的轎車 C 後,於行駛中擦撞路邊電線桿,導致 C 車車頭右側邊凹陷、烤漆磨損。請問甲是否及應如何賠償車主乙的損害?

💡 提　示

一、何謂損害賠償之債?

二、何謂損害?

三、損害的賠償方法為何?

🧠 解　析

一、損害賠償之債

(一)**概念**:損害賠償之債,指以損害賠償為標的之債。損害賠償之債的當事人,原則上以受害人為損害賠償請求權人;加害人為損害賠償義務人。

(二)**種類**:損害賠償之債,可依不同標準,作如下分類:

　　1.依發生原因,可分為法定損害賠償之債與約定損害賠償之債。前者

係基於法律規定而發生，例如因侵權行為（民法 184–198）、債務不履行（民法 226–227、231–232）所生的損害賠償之債，以及民法第 91 條、第 110 條、第 176 條、第 787 條至第 788 條、第 977 條至第 979 條等所規定的損害賠償之債。後者則是基於當事人的約定而發生，例如基於保險契約（保險法 1）、人事保證契約（民法 756 之 1）而發生損害賠償之債。

2.依發生次序，可分為原始（第一次）、轉變（第二次）的損害賠償之債。原始（第一次）的損害賠償之債，即自始以損害賠償為標的，例如因侵權行為、保險契約的損害賠償之債，其請求權的消滅時效之起算點及其期間，皆有特別規定。至於轉變（第二次）的損害賠償之債，原屬一般債權，嗣後基於某種原因始轉變為損害賠償之債，例如因（原始）債務的不履行而發生的損害賠償之債，此種債為原本債的延長，故其消滅時效、擔保等，與原本債相同。

㈢**成立要件**：損害賠償之債的成立，原則上應具備下列三要件：客觀的構成要件、違法性及有責性❸❸。

1.**客觀的構成要件**：一般而言指行為（包括作為或不作為）違反契約義務，或其他侵害法益情形，致（因果關係）造成損害。至於各該具體的構成要件，應依各該契約內容，或法律規定，例如民法第 110 條、第 176 條、第 184 條、第 226 條及第 227 條規定。此所稱之客觀的構成要件，包括國內學者所指客觀的歸責原因、損害及因果關係❸❹。

2.**違法性**：在大多數情形，損害的造成須具有違法性，而原則上可由符合客觀的構成要件，推論其違法；其例外為違法阻卻事由之存在。僅於極少數情形，縱使為合法行為所造成的損害，亦須賠償，因其具有「補償性質」，而不要求須具有違法性，例如民法第 91 條、第 176 條、第 791 條、第 792 條所規定的損害賠償。

3.**有責性**：賠償義務人須為有責任，原則上其必須有歸責事由，並具

❸❸　國內多數說認為一般成立要件有三：損害、（主觀及客觀）歸責原因、因果關係。

❸❹　例如鄭玉波、陳榮隆，《民法債編總論》，2002，頁 291–292；孫森焱，《民法債編總論（上）》，2004，頁 443–447。

備責任能力，此即國內學者所稱之主觀的歸責原因❸。

　　歸責事由，亦稱歸責原因，謂損害發生，而能使他人負賠償責任的事由（或原因），通常須為有故意或過失（過失責任原則）；但亦有例外，即當事人雖無過失，亦應為其所造成的損害負賠償責任（無過失責任或結果責任），例如民法第 187 條第 3 項、第 4 項（衡平責任）、第 231 條第 2 項、第 606 條、第 634 條、保險法第 1 條（保險契約）❸。

　　關於責任能力，民法僅有間接的規定，例如第 187 條（侵權行為）、第 221 條（債務不履行）。學者有謂須限於過失責任，才以責任能力為要件❸，而有此見解，乃因其不當地將責任能力與故意、過失，一併歸類為主觀的歸責原因。

二、損　害

㈠概念：所謂損害，指某人的法益，例如身體、自由、財產等，因某事實所導致之非自願的不利益。

㈡種類：損害，可依不同標準，作如下分類：

　　1.依受不利益的法益是否為財產權，可分為財產上損害與非財產上損害。財產權受到損害，為財產上損害，例如民法第 192 條、第 193 條所規定的損害是；非財產權受到損害，例如民法第 194 條、第 195 條所規定的損害。

---

❸　例如鄭玉波、陳榮隆，《民法債編總論》，2002，頁 291；孫森焱，《民法債編總論（上）》，2004，頁 444。

❸　鄭玉波、陳榮隆，《民法債編總論》，2002，頁 291–292，將歸責原因（歸責事由）分為主觀的歸責原因與客觀的歸責原因。依此說，主觀的歸責原因原則上為故意、過失，例外為無過失，以及責任能力。客觀的歸責原因，在侵權行為是權利或利益的侵害，在債務不履行則為義務的違反；在其他法定的損害賠償，為各該法定事實的發生；在約定的損害賠償，則為約定事件的實現。按此所舉客觀的歸責原因，性質上皆屬於各該損害賠償之客觀的構成要件要素，將之歸類為客觀的歸責原因（歸責事由），理論上並不適當。

❸　鄭玉波、陳榮隆，《民法債編總論》，2002，頁 291–292，並比較同書頁 164。

2.依受害前後財產變動狀況，可分為積極損害與消極損害。積極損害，指既存財產不應減少而減少；而消極損害，指現存財產應增加而未增加（民法 216 I）。

3.依發生損害的原因，可分為就履行利益的損害與就信賴利益的損害。就履行利益的損害，指因債務人不履行債務，致債權人喪失若履行可以獲得的利益；就信賴利益的損害，指誤認無效的法律行為為有效而信賴所造成的損害，例如民法第 91 條、第 247 條所規定的損害即是，於此情形若被害人知其無效，即不會受損害。惟應注意的是，債務不履行所受損害，指履行利益的損害，不包含信賴損害。

4.依是否直接侵害的法益本身，可分為直接損害與間接損害。直接損害，乃直接侵害的法益本身之損害；間接損害（結果損害），係直接侵害的法益本身以外的損害。

三、損害的賠償方法

損害賠償的方法有二：一為回復原狀，另一為金錢賠償。依民法第 213 條第 1 項規定：「負損害賠償責任者，除法律另有規定或契約另有訂定外，應回復他方損害發生前之原狀。」可知以回復原狀為原則，金錢賠償為例外❸。

㈠回復原狀：所謂回復原狀，即民法第 213 條第 1 項所規定的「回復他方損害發生前之原狀」，亦即回復法益侵害及損害發生前的原狀，例如汽車被撞凹損刮傷，則必須施以板金烤漆；侵奪貴重首飾，則必須原物歸還。

　而依民法第 213 條第 2 項規定，因回復原狀而應給付金錢之情形，例如民法第 176 條的金錢損失、第 240 條的加給利息，應自損害發生時起加給法定利息，即依民法第 203 條所規定的年利率百分之五之利息。

㈡金錢賠償：金錢賠償，乃按其損害程度，支付金錢以填補其損害。採金錢

---

❸ 最高法院 92 年臺上字第 1980 號判決。在立法例上，德國民法、奧地利民法亦以回復原狀為原則，羅馬法、法國民法及日本民法則以金錢賠償為原則，而瑞士債務法則委由法官衡情裁量（法官裁定主義）。

賠償的方法，有基於契約訂定，亦有基於法律規定，而於民法中，除設有金錢賠償的概括規定外，亦針對特定的損害設有列舉的金錢賠償規定。

1. 金錢賠償的概括規定：

⑴債權人選擇請求支付回復原狀的必要費用：依民法第 213 條第 3 項規定：「第一項情形，債權人得請求支付回復原狀所必要之費用，以代回復原狀。」可知債權人得選擇請求支付回復原狀的必要費用，以代替回復原狀[39]，例如汽車被撞凹損刮傷，債權人得請求支付板金及烤漆的必要費用；惟應注意該第 213 條第 3 項的適用，應限於回復原狀可能且無重大困難的情形，否則即應適用民法第 215 條[40]。

又民法第 196 條雖不排除民法第 213 條至第 215 條的適用[41]，但民法第 196 條（以修理費用為標準）與民法第 213 條第 3 項可達到相同效果。

⑵回復原狀遲延：民法第 214 條規定：「應回復原狀者，如經債權人定相當期限催告後，逾期不為回復時，債權人得請求以金錢賠償其損害。」依此，在具備「定期催告」與「逾期不為回復」二要件時，債權人得選擇請求金錢賠償，但仍不妨請求回復原狀，故其性質屬於法定任意之債。

⑶不能或難以回復原狀：民法第 215 條規定：「不能回復原狀或回復顯有重大困難者，應以金錢賠償其損害。」此金錢賠償的性質與民法第

---

[39] 最高法院 92 年臺上字第 1980 號判決謂：「我國民法損害賠償之方法，以回復原狀為原則，金錢賠償為例外，故原則上被害人應請求債務人回復原狀，惟若回復原狀由債務人為之，對被害人可能緩不濟急或不能符合被害人之意願時，為期合乎實際需要，並使被害人獲得更周密之保障，始例外准許被害人得請求支付回復原狀所必要之費用，以代回復原狀。」對該第 213 條第 3 項規定採取限縮解釋。

比較孫森焱，《民法債編總論（上）》，2004，頁 450，謂：「其性質為任意之債，代替權屬於債權人」。

[40] 過去實務認為，損害如有回復原狀的可能，除法律另有規定，例如民法第 196 條、第 638 條，或當事人約定外，原則上應先請求回復原狀，不得逕行請求金錢賠償，例如最高法院 60 年臺上字第 3051 號判例（不再援用）。此見解已經因增訂民法第 213 條第 3 項而不再適用；並參閱最高法院 89 年臺上字第 2803 號判決。

[41] 最高法院 77 年第 9 次（77 年 5 月 17 日）民事庭會議決議(一)。

213 條第 3 項的必要費用賠償不同。所謂回復顯有重大困難，例如需費過鉅、需時過久或難得預期結果，例如將古董瓷盤打碎而難以修復、將鉛錫器具融合。

2.金錢賠償的列舉規定：民法中列舉的金錢賠償，例如第 192 條、第 193 條、第 194 條、第 195 條、第 196 條、第 779 條第 2 項、第 758 條至第 788 條、第 791 條、第 792 條、第 800 條第 2 項等。但須注意民法第 783 條的償金屬對價性質，並不屬於此所謂的損害賠償。

損害賠償方法	原則：回復原狀	民法 213 I：回復原狀優先原則	債權人的代替權：請求必要費用代回復
		民法 213 III：回復原狀的必要費用	
	例外：金錢賠償（須有法律規定）	民法 215：價值賠償（不能或難以回復）	
		民法 192–196：侵權行為損害賠償的特別規定	

🔍 案例分析

在上述案例事實中，甲偷走乙的 C 車，乙對甲除得基於所有權（民法 767 前段）、占有（民法 962 前段）及不當得利（民法 179 前段）規定請求返還 C 車外，亦得基於侵權行為規定（民法 184）請求損害賠償，原則上即將所偷的 C 車原物返還，且應保持 C 車被偷前的狀態。今因甲的行為，導致 C 車損傷，此為侵害乙的 C 車所有權，造成乙的損害，乙得依民法第 184 條第 1 項前段規定，請求甲賠償損害。對於賠償方法，乙得選擇回復原狀或金錢賠償，其代替權屬於債權人乙。如乙選擇回復原狀（民法 213 I），應由甲負責對 C 車板金及烤漆。如乙選擇金錢賠償，乙得依民法第 196 條規定，向甲請求「賠償其物因毀損所減少之價額」；或依民法第 213 條第 3 項規定，請求甲「支付回復原狀所必要之費用」，以代回復原狀。惟於賠償時，應注意折舊的比例扣除[42]。

結論　乙得依民法第 184 條第 1 項前段規定，請求甲賠償損害，包括返還 C 車及 C 車損傷的填補。對於 C 車損傷的賠償方法，乙得選擇回復

---

[42]　最高法院 77 年第 9 次（77 年 5 月 17 日）民事庭會議決議(一)。

原狀或金錢賠償，其代替權屬於債權人乙。

▓▓▓ 相關法條

▶民法第 196 條

不法毀損他人之物者，被害人得請求賠償其物因毀損所減少之價額。

▶民法第 213 條

負損害賠償責任者，除法律另有規定或契約另有訂定外，應回復他方損害發生前之原狀。

因回復原狀而應給付金錢者，自損害發生時起，加給利息。

第一項情形，債權人得請求支付回復原狀所必要之費用，以代回復原狀。

▶民法第 214 條

應回復原狀者，如經債權人定相當期限催告後，逾期不為回復時，債權人得請求以金錢賠償其損害。

▶民法第 215 條

不能回復原狀或回復顯有重大困難者，應以金錢賠償其損害。

練 習 題

一、A 證券公司的營業員甲，盜賣 A 公司的客戶乙所有之 B 上市公司股票 2 萬股，並利用其持有之乙的存摺印章，將該筆股票賣得價金 80 萬元提領花用。乙依侵權行為規定向甲及 A 公司請求連帶損害賠償。試問：甲、A 公司是否對乙負有損害賠償債務？若負有賠償債務，應如何賠償乙的損害？

二、建商 C 公司蓋房屋施工，在挖地基時，因疏於作土質測驗及工人施工草率，導致相鄰地上丙的 H 屋（市價 420 萬元）嚴重龜裂，經鑑定估價的修復費用為 450 萬元。試問：丙是否得向 C 公司請求如何的損害賠償？

損害賠償的範圍為何?

甲固定在 P 公園邊販賣炸雞排，平均一天營業額 9 千元，扣除成本後淨利 4 千元。某天晚上，乙駕車超速失控，將甲即將收攤的整套炸雞排設備撞得稀爛（該套設備折舊後，剩餘價值為 1 萬元）。幸好甲僅受輕傷，惟該套設備因此損毀，導致一週無法營業。請問甲得向乙請求多少的損害賠償?

提　示

一、損害賠償的範圍如何決定?
二、損害賠償的一般範圍及特殊範圍各是如何?

解　析

一、損害賠償的範圍

損害賠償的賠償範圍，依民法第 216 條規定:「損害賠償，除法律另有規定或契約另有訂定外，應以填補債權人所受損害及所失利益為限。」由此可知，損害賠償的範圍，可基於當事人契約的訂定，為約定賠償範圍，或基於法律規定，為法定賠償範圍。民法第 216 條之規定，即為法定賠償的一般範圍規定，其他特殊規定的法定賠償，則為特殊範圍。

當事人得於事前（損害賠償之預定）或事後，任意約定損害賠償的範圍，例如債務不履行違約金的約定，就屬損害賠償的事前約定，依民法第 250 條第 2 項前段規定:「違約金，除當事人另有訂定外，視為因不履行而生損害之賠償總額。」

二、一般範圍與特殊範圍

㈠**一般範圍：** 法定賠償的一般範圍，指除約定賠償範圍，或法定特殊賠償範圍外，所應賠償的範圍，民法第 216 條規定所指的債權人所受損害及所失利益，即為法定賠償的一般範圍。

　　1.所受損害（積極損害）：指既存法益，不應減少而減少[43]，如支出費用、物的毀損、身體傷害。例如甲未依約遷讓交還乙 A 廠房土地，致乙未能依約如期將 A 廠房土地交由丙使用（遲延），須付丙違約金，則乙因違約金的支付而受有積極損害[44]。

　　2.所失利益（消極損害）：指現存法益，本應增加而未增加，即新財產的取得受妨害[45]，如本可賺取的轉售差價、工人本可取得的每日工資等是。由於所失利益非現實有的具體利益，係因有責任原因的事實發生導致喪失，其範圍自難確定，故民法第 216 條第 2 項規定：「依通常情形，或依已定之計劃、設備或其他特別情事，可得預期之利益，視為所失利益。」[46]此所謂可得預期的利益，必須具有客觀的確定性，若僅為有此希望或可能，則仍不足[47]。例如甲未依約遷讓交還乙 A 廠房土地，致乙未能取得將租與丙使用的租金 10 萬元，則乙有消極損害[48]。

㈡**特殊範圍：** 特殊範圍亦稱主觀範圍，指民法第 216 條之 1 至第 218 條規定的損害賠償範圍，以及其他特別規定的損害賠償範圍，例如民法第 233 條、第 240 條、第 397 條第 2 項等[49]。分述如下：

　　1.損益相抵：民法第 216 條之 1 規定：「基於同一原因事實受有損害並受有利益者，其請求之賠償金額，應扣除所受之利益。」此利益，兼括積

---

[43] 最高法院 48 年臺上字第 1934 號判例。

[44] 最高法院 52 年臺上字第 2139 號判例。

[45] 最高法院 48 年臺上字第 1934 號判例。

[46] 孫森焱，《民法債編總論（上）》，2004，頁 454。

[47] 鄭玉波、陳榮隆，《民法債編總論》，2002，頁 299。

[48] 最高法院 52 年臺上字第 2139 號判例。

[49] 孫森焱，《民法債編總論（上）》，2004，頁 455。

極利益與消極利益。損益相抵，得生賠償範圍縮減的結果。

　　最高法院曾認為，被害人於請求損害賠償時，「社會保險給付須扣除」❺⓪。此見解誠屬不妥，蓋侵權行為與保險契約的訂定，並非「同一原因事實」，法理上並無損益相抵的問題❺❶。關於車禍的醫療費用與健保給付，健保保險人得代位受有健保給付的被害人（健保投保人），向汽車責任險保險人請求❺❷。

　　2.與有過失：民法第 217 條規定：「損害之發生或擴大，被害人與有過失者，法院得減輕賠償金額，或免除之。重大之損害原因，為債務人所不及知，而被害人不預促其注意或怠於避免或減少損害者，為與有過失。前二項之規定，於被害人之代理人或使用人與有過失者，準用之。」依此，因被害人的與有過失，造成損害的發生或擴大情形，法院得依職權減輕或免除賠償金額，僅須被害人的行為係損害的共同原因，且其過失行為有助於損害的發生或擴大，即有適用；至於賠償義務人應負故意、過失或無過失責任，並不影響❺❸。

　　被害人的行為助成損害的發生或擴大，就結果的發生為共同原因之一，其行為與結果須有相當因果關係，始足當之；倘被害人的行為與結果的發生，並無相當因果關係，不能僅以其有過失，即認有過失相抵原則適用，例如車禍被害人甲未領有駕駛執照駕車，雖屬違規行為，但其

---

❺⓪　最高法院 92 年臺上字第 235 號判決。

❺❶　最高法院 52 年臺上字第 2139 號判例。

❺❷　全民健康保險法第 95 條規定：「保險對象因發生對第三人有損害賠償請求權之保險事故，本保險之保險人於提供保險給付後，得依下列規定，代位行使損害賠償請求權：

　　一、汽車交通事故：向強制汽車責任保險保險人請求。

　　二、公共安全事故：向第三人依法規應強制投保之責任保險保險人請求。

　　三、其他重大之交通事故、公害或食品中毒事件：第三人已投保責任保險者，向其保

　　　　險人請求；未投保者，向第三人請求。

　　前項第三款所定重大交通事故、公害及食品中毒事件之求償範圍、方式及程序等事項

　　之辦法，由主管機關定之。」

❺❸　最高法院 92 年臺上字第 29 判決；最高法院 92 年臺上字第 485 號判決；最高法院 92 年

　　臺上字第 712 號判決。

違規行為與該車禍的發生，若無相當因果關係，即不適用過失相抵❺❹。

3. 因生計關係而酌減：民法第 218 條規定：「損害非因故意或重大過失所致者，如其賠償致賠償義務人之生計有重大影響時，法院得減輕其賠償金額。」若賠償方法為回復原狀時，得類推適用民法第 218 條規定❺❺。若該損害係債務人的故意或重大過失所致，則法院不得酌減❺❻。

4. 其他特別規定：除上述一般規定外，民法尚有針對特定事項之關於特別範圍的規定，例如民法第 233 條第 1 項規定：「遲延之債務，以支付金錢為標的者，債權人得請求依法定利率計算之遲延利息。但約定利率較高者，仍從其約定利率。」的遲延利息、民法第 240 條規定：「債權人遲延者，債務人得請求其賠償提出及保管給付物之必要費用。」均為損害賠償的特別範圍之規定。

損害賠償範圍	約定賠償範圍		
	法定賠償範圍	一般範圍	1.所受損害；　2.所失利益
		特殊範圍	1.損益相抵；　2.與有過失；　3.因生計關係而酌減；4.其他特別規定

🔍 案例分析

在上述案例事實中，乙對甲應依民法第 184 條第 1 項前段、第 191 條之 2 規定，對被害人甲負損害賠償責任。關於其賠償範圍，依民法第 216 條第 1 項規定，炸雞排設備之毀損、甲的身體受傷害，均為甲所受損害；甲販賣炸雞排可獲得的盈餘，因設備毀損而無法取得，此利益的計算，依民法第 216 條第 2 項規定視為所失利益。因此本案中，得以甲的每日平均淨利作為所失利益的計算基礎。

關於損害賠償的金額，就財產損害部分，甲得請求賠償炸雞排設備的

---

❺❹　最高法院 92 年臺上字第 431 號判決。

❺❺　孫森焱，《民法債編總論（上）》，2004，頁 461。

❺❻　最高法院 23 年上字第 3057 號判例；最高法院 33 年上字第 551 號判例。

價值 1 萬元（民法 196、215）、以每日 4 千元計算的一週所失利益 2 萬 8 千元（民法 196、215）、實際支出的醫療費用（民法 193 I）；就非財產損害部分，甲可向乙要求因身體受傷之相當金額的慰撫金（民法 195 I）。

結論 甲得向乙請求損害賠償的金額，就財產損害部分，甲得請求賠償炸雞排設備的價值 1 萬元、以每日 4 千元計算的一週所失利益 2 萬 8 千元、實際支出的醫療費用；就非財產損害部分，甲因身體受傷之相當金額的慰撫金。

相關法條

▶民法第 216 條

損害賠償，除法律另有規定或契約另有訂定外，應以填補債權人所受損害及所失利益為限。

依通常情形，或依已定之計劃、設備或其他特別情事，可得預期之利益，視為所失利益。

▶民法第 216 條之 1

基於同一原因事實受有損害並受有利益者，其請求之賠償金額，應扣除所受之利益。

▶民法第 217 條

損害之發生或擴大，被害人與有過失者，法院得減輕賠償金額，或免除之。

重大之損害原因，為債務人所不及知，而被害人不預促其注意或怠於避免或減少損害者，為與有過失。

前二項之規定，於被害人之代理人或使用人與有過失者，準用之。

▶民法第 218 條

損害非因故意或重大過失所致者，如其賠償致賠償義務人之生計有重大影響時，法院得減輕其賠償金額。

甲、乙約定，甲應於 1 月 25 日前將 F 廠房及 L 地交還乙，因乙已將廠房及 L 地出租予丙，且乙、丙約定，F 及 L 的租金每月 30 萬元，乙應於 1 月 31 日將 F 及 L 交付與丙使用，遲延交付的違約金為每日 1 萬元。因甲未依約交還乙該 F 廠房及 L 土地，致乙遲延將 F、L 交由丙使用。乙因而應支付予丙違約金 5 萬元，並損失租金 5 萬元。試問：乙得向甲請求多少的損害賠償？ **㊼**

問題 2-13

民法就損害賠償的計算，有何一般的規定？

甲騎機車載著朋友乙超速狂飆，在路口因車速過快煞車不及，擦撞由丙駕駛違規左轉的 C 車，致機車打滑使乙摔落路面造成小腿骨折。甲、丙對該車禍的發生各應負擔 30%、70% 的過失責任。因保險給付，乙未支出任何醫療費用；但乙減少勞動能力及增加生活上的需要的損害為 10 萬元，並同時遭受精神上痛苦；但乙可因自己投保的意外險，獲得 6 萬元的保險金。請問若乙向丙請求侵權行為的損害賠償，包括財產上損害 10 萬元及非財產上損害 12 萬元，丙應否負全額的賠償責任？

💡 提 示

一、民法就損害賠償的特殊範圍，有何規定？

二、債權人的代理人或使用人有過失，債務人得否主張與有過失？

三、損害賠償計算的標準為何？

㊼ 最高法院 52 年臺上字第 2139 號判例。

解　析

一、損害賠償的特殊範圍❺❽

二、損害賠償的計算標準

關於損害賠償的具體計算，就財產損害而言，通常有一定的計算標準；就非財產損害而言，則並無一定的標準。

㈠**物的價值標準**：關於物的價值，理論上有三種計算標準：一為通常價值，為該客觀上的交易價格，即所謂的「市價」。二為特別價值，為依被害人的需要及利益，衡量其受害的現值，如限量發行的錢幣價值、特別市集的攤位價值。三為情感利益，國內學者多稱之為感情價格❺❾，依被害人特別情感或嗜好所定的價值，例如情書、紀念物品、遺像、祖先牌位等，特定人對之常具有極高的感情利益（感情價值）存在。

　　就民法第 216 條觀之，應以特別價值為賠償額的計算標準❻⓪；惟受害人無法證明其特別價值時，則以通常價值（市價）為準。

㈡**計算的時期**：於應為金錢賠償時，以給付時為準。毀損他人的物情形，實務上認為應以請求時或起訴時為準；惟若能證明在此之前有較高價值者，則以該較高價值者為準❻①。

---

❺❽　參閱上述問題 2-12【解析】二、㈡。

❺❾　例如鄭玉波、陳榮隆，《民法債編總論》，2002，頁 304；孫森焱，《民法債編總論（上）》，2004，頁 470。

❻⓪　同說，黃立，《民法債編總論》，1999，頁 392；德國通說。
　　比較鄭玉波、陳榮隆，《民法債編總論》，2002，頁 304，則（僅）謂通常價值與特別價值，均應作為計算標準；孫森焱，《民法債編總論（上）》，2004，頁 470，結論相近。

❻①　最高法院 64 年第 6 次（64 年 11 月 11 日）民庭庭推事總會決議；最高法院 82 年臺上字第 1561 號判例；林誠二，《民法債編總論（上）》，2000，490–491 頁。
　　比較孫森焱，《民法債編總論（上）》，2004，頁 471，其認為毀損他人的物，唯有以毀損時的價格為準。

㈢**計算的處所：** 就侵權行為的損害賠償，學說上有不法行為地說[62]與損害發生地說[63]之不同見解，後者乃基於填補損害之目的。惟從保護被害人觀點，本書認為應任由被害人就二者中選擇較有利者為主張，例如行為人自高雄運送豬隻至臺北，在啟程前灌食污水（行為），致豬隻運送至臺北時死亡（損害），以高雄為不法行為地，臺北則為損害發生地，其價格常有所差別[64]。

而就債務不履行的損害賠償，應以債務履行地為準。例如運送人應將託運物由 A 地送往 B 地，途中發生託運物毀損，其債務不履行的損害賠償，以託運物在 B 地（應有）的價值為計算標準。

㈣**非財產的損害：** 至於非財產（或精神）的損害賠償，其計算的客觀標準並不存在，受訴法院應就具體事件，於賠償請求權人所要求賠償額內，斟酌當事人間的身分地位、財產狀況、被害法益種類，及其他特別情事，為適當的決定[65]。

案例分析

在上述案例事實中，甲、丙對乙有共同侵權行為（民法 185 I、184 I 前段、191 之 2），對乙負連帶損害賠償責任。乙得向甲與丙中一人或兩人，同時或先後請求全部或一部的損害賠償（民法 273 I）。

關於乙得對丙請求的賠償，論述如下：

依民法第 217 條第 1 項規定，若乙對其損害的發生或擴大與有過失，則丙（及甲）的損害賠償責任，法院得依過失比例減輕賠償金額或予以免除；雖乙本身並無過失，但依同條第 3 項規定：「前二項之規定，於被害人

---

[62] 鄭玉波、陳榮隆，《民法債編總論》，2002，頁 304；黃立，《民法債編總論》，1999，頁 392。

[63] 孫森焱，《民法債編總論（上）》，2004，頁 471；林誠二，《民法債編總論（上）》，2000，頁 491。

[64] 孫森焱，《民法債編總論（上）》，2004，頁 471，主張此種情形應以行為地（在此例中即高雄）的價格為準。

[65] 鄭玉波、陳榮隆，《民法債編總論》，2002，頁 304。

之代理人或使用人與有過失者，準用之。」乙乘坐甲駕駛的機車，係因藉駕駛人甲載送而擴大其活動範圍，駕駛人甲為乙駕駛機車，應認係乙的使用人[66]。因此準用該第 1 項與有過失規定，法院得依甲的過失比例，減輕丙的賠償金額，即減輕 30%。

就乙所受財產損害部分，因保險給付，乙未支出醫療費用，依最高法院見解[67]，被害人乙無支出，丙即無須賠償；乙減少勞動能力及增加生活上的需要的損害為 10 萬元，丙應賠償 70%，即 7 萬元。

就乙所受非財產損害部分，乙遭受精神上痛苦，得依民法第 195 條第 1 項請求相當的賠償（慰撫金），而仍應依與有過失比例減輕 30% 的賠償金額。

另外，乙有自己投保的意外險，可獲得 6 萬元的保險金。此部分的給付，與丙的侵權行為非同一的原因，無民法第 216 條之 1 損益相抵規定的適用；而乙的該意外險，性質亦非社會強制保險，亦無上述最高法院認為應扣除的情形。故此保險金與丙的賠償責任無關。

結論 就乙所受財產損害部分：丙應對乙減少勞動能力及增加生活上的需要的損害 10 萬元，負 7 萬元的賠償責任；對醫療費用無賠償責任。
就乙所受非財產損害部分：丙應對乙因精神上痛苦所受損害，付 70% 的賠償責任。乙的意外險之 6 萬元的保險金，對丙的賠償責任無影響。

相關法條

▶民法第 216 條之 1

基於同一原因事實受有損害並受有利益者，其請求之賠償金額，應扣除所受之利益。

▶民法第 217 條

---

[66] 最高法院 74 年臺上字第 1170 號判例。
[67] 最高法院 92 年臺上字第 235 號判決。

損害之發生或擴大，被害人與有過失者，法院得減輕賠償金額，或免除之。重大之損害原因，為債務人所不及知，而被害人不預促其注意或怠於避免或減少損害者，為與有過失。

前二項之規定，於被害人之代理人或使用人與有過失者，準用之。

▶民法第 218 條

損害非因故意或重大過失所致者，如其賠償致賠償義務人之生計有重大影響時，法院得減輕其賠償金額。

練習題

一、上海臺商甲、乙簽訂買賣契約，依約甲須到臺北受領標的物原料一批。後因可歸責於乙之原因致給付不能，改以上海當地原料為給付，甲因給付不能受有損害 120 萬元，同時節省臺北至上海運費 20 萬元。試問：甲得向乙請求的損害賠償為多少金額？

二、歌手丙準備趕往臺北參與演出，在高雄前往高鐵站前，因被丁駕車違規撞傷，以致無法前往臺北，因此喪失 12 萬元的演出報酬，同時減省來回的交通費 2500 元。試問：若丙向丁求償，丁應賠償丙多少金額？

三、甲於今年 2 月 21 日，託乙將貨物於 3 月 8 日運送到 A 地，中途因乙的職員管理不當導致該運送物滅失。試問：乙對甲所負債務不履行的損害賠償責任，應以何時及何地的價值為計算標準？ ❻❽

問題 2-14

損害賠償的債務人於何種情形對債權人有讓與請求權？

甲向乙借用 G 琉璃藝術品展覽，展覽期間因擺設不當，使甲的客人丙

---

❻❽ 最高法院 71 年臺上字第 2275 號判例。

於觀賞時，不小心將 G 碰倒，導致 G 斷裂。請問甲、乙間各對他方有何請求權？

提　示

一、損害賠償的債務人是否有讓與請求權？

二、就讓與請求權，損害賠償的債務人是否有同時履行抗辯權？

解　析

一、讓與請求權

民法第 218 條之 1 規定：「關於物或權利之喪失或損害，負賠償責任之人，得向損害賠償請求權人，請求讓與基於其物之所有權或基於其權利對於第三人之請求權。第二百六十四條之規定，於前項情形準用之。」此規定之目的，在於避免賠償權利人於所受損害已經獲得賠償後，受到雙重利益而產生不公平結果。此讓與請求權，性質上為債權[69]。

該條第 1 項讓與請求權的成立要件，可歸納為下列三者：

㈠**權利主體**：得請求讓與權利的人，為關於物或權利的喪失或毀損，負損害賠償責任的人。

㈡**義務主體**：有義務為權利讓與的人，為損害賠償請求權人。

㈢**權利客體**：權利人得請求讓與的權利，為讓與義務人基於其物的所有權或基於其權利，對於第三人的請求權。

二、同時履行抗辯權

因讓與請求權的性質為債權，且與損害賠償請求權同時發生，兩者密切關連，民法第 218 條之 1 第 2 項規定：「第二百六十四條之規定，於前項情形準用之。」即準用同時履行抗辯權的規定。準用的結果，在損害賠償請

---

[69]　孫森焱，《民法債編總論（上）》，2004，頁 462。

求權未獲滿足前，賠償請求權人得拒絕讓與其請求權；相對地，讓與請求權在受讓該「基於其物之所有權或基於其權利對於第三人之請求權」前，亦得拒絕履行其損害賠償義務。

🔍 案例分析

在上述案例事實中，甲向乙借用 G 琉璃藝術品展覽，甲對乙負有依使用借貸契約返還借用物 G 的義務（民法 478）。展覽期間因擺設不當，甲的客人丙於觀賞時，不小心將 G 碰倒，導致 G 斷裂。甲因 G 斷裂而無法原物返還借用物，其返還義務因其擺設不當，即可歸責於甲而給付不能，應依民法第 226 條第 1 項規定，對貸與人乙負債務不履行的損害賠償責任；同時，因丙不小心毀損 G，乙得基於所有權被侵害，依民法第 184 條第 1 項前段對丙請求侵權行為的損害賠償。另一方面，甲得依民法第 218 條之 1 第 1 項規定，向乙請求讓與其基於 G 所有權對於丙的侵權行為損害賠償請求權。乙對甲的損害賠償請求權與甲對乙的讓與請求權，依民法第 218 條第 1 項，準用民法第 264 條關於同時履行抗辯的規定。

結論 乙對甲有損害賠償請求權，而甲對乙有讓與請求權，且彼此間相互的權利準用同時履行抗辯的規定。

📁 相關法條

▶民法第 218 條之 1

關於物或權利之喪失或損害，負賠償責任之人，得向損害賠償請求權人，請求讓與基於其物之所有權或基於其權利對於第三人之請求權。
第二百六十四條之規定，於前項情形準用之。

一、甲將 A 貨物寄託於乙，A 物在乙的保管中為丙所竊並消費殆盡，甲對乙主張債務不履行的損害賠償時，乙要求甲讓與「甲對丙的請求

權」，否則拒絕賠償。試問：乙的要求與主張是否有理由？

二、出借人戊委任庚，向借用人辛取回借用物 S，庚怠於如期取回，之後 S 因辛的過失毀損。戊對庚有債務不履行的損害賠償請求權，同時對辛有債務不履行及侵權行為的損害賠償請求權。試問：庚於對戊賠償時，得否請求戊讓與其對辛的債務不履行及侵權行為的損害賠償請求權？

第3章

債之效力

第一節 給 付

債務人應如何履行其債務?

甲對乙負有 10 萬元債務,清償期為 2 月 28 日。期限將至時,甲因預計資金調度一時有困難,近乎哀求地請乙延期一個月,乙卻不為所動,堅持甲應如期償還,否則應加計約定的高額違約金。甲對乙的逼債心中不滿,故意收集 1 元及 5 元硬幣,湊足 10 萬元,於 2 月 28 日帶著該筆 10 萬元硬幣至乙家中欲清償,乙卻表示拒絕收受該筆硬幣,要求甲改以大面額紙鈔清償。請問甲得否以硬幣湊成的 10 萬元款項,清償該筆對乙債務?

提 示

一、何謂債務履行?
二、債務人履行債務時,應依何方法?

解 析

一、債務履行的概念

所謂債務履行,乃債務人依債的本旨而向債權人為給付,亦即債務人實現債的內容,使債權人的債權得到滿足。例如借貸關係的債務人,對債權人清償所欠的 100 萬元借款;僱傭關係的受僱人,對僱用人依雙方所約定服一定勞務,僱用人也對受僱人給付約定的報酬;承攬關係的承攬人,對定作人完成其所約定的一定工作,定作人也給付承攬人雙方所約定的報酬。

債務經履行後,債權人的債權得到滿足而消滅,另一方面債務人的債務也因其履行而消滅。因此,債的關係隨著債務的履行而消滅,就此點而

言，債務的履行，即為債的清償。

債務的履行，必須以符合誠實信用的方法，對債權人依債的本旨而為給付。

二、誠實信用原則

民法第 148 條第 2 項規定：「行使權利，履行義務，應依誠實及信用方法。」此為誠實信用原則的規定。

所謂誠實信用原則，係在具體的權利義務之關係，依正義公平的方法，確定並實現權利的內容，避免當事人間犧牲他方利益以圖利自己，自應以權利人及義務人雙方利益為衡量依據，並應考察權利義務的社會上作用，於具體事實妥善運用的方法❶。

誠實信用原則被認定是私法上的普遍原則，因此，所有私法上的法律關係，皆有誠實信用原則的適用。換句話說，任何權利的行使，任何義務的履行，皆應以符合誠實信用的方法；法律關係中當事人的行為，若是違背誠實信用原則，即不得謂為行使權利，或履行義務。

債的關係，亦屬於法律關係的一種，並且常以當事人之間的信賴關係為基礎，為圓滿達成債的目的，則更應適用誠實信用原則。具體而言，在個別之債的關係，依正義公平的方法，確定並實現債權的內容，而以債權人及債務人雙方的利益為衡量依據，同時兼顧債權債務的社會作用❷。

就債務的履行，具體而言，不論在給付的內容、時間、場所及方法等，都應符合誠實信用原則❸；否則，將不發生履行債務的效力，亦即債務人的債務，並不會因違反誠實信用原則的履行而消滅❹。

---

❶ 最高法院 86 年臺再字第 64 號判決。
❷ 孫森焱，《民法債編總論（下）》，2004，頁 485–486。
❸ 史尚寬，《債法總論》，1990，頁 328–336；孫森焱，《民法債編總論（下）》，2004，頁 486–487。
❹ 最高法院 45 年臺上字第 597 號判例；施啟揚，《民法總則》，2005，頁 395。

三、依債的本旨

債務人應依債的本旨為給付，且不論其給付的當事人、內容、時期、處所、方法等，均須符合債的本旨❺。債務人未為給付，構成債務不履行，為消極侵害債權，包括給付不能與給付遲延二種情形。若債務人雖已為給付，但其給付不符合債的本旨，仍構成債務不履行，即不完全給付；債務人就其可歸責的不完全給付負債務不履行的責任（民法 227、227 之 1）。對於給付的提出，民法第 235 條本文即規定：「債務人非依債的本旨實行提出給付者，不生提出之效力。」。

案例分析

在上述案例事實中，因甲故意以零錢湊集大額款項而提出給付，在方法上有違誠實信用原則，乙得拒絕受領而不構成受領遲延（民法 234、235），其要求甲改以大面額紙鈔清償，是為正當的要求。故甲在乙合法拒絕受領其所提出的給付之情形下，不得以該筆以硬幣湊成的 10 萬元款項，清償對乙的債務。

結論 甲不得以該筆以硬幣湊成的 10 萬元款項，清償對乙的債務。

相關法條

▶民法第 199 條

債權人基於債之關係，得向債務人請求給付。

給付，不以有財產價格者為限。

不作為亦得為給付。

▶民法第 148 條第 2 項

行使權利，履行義務，應依誠實及信用方法。

---

❺ 最高法院 23 年上字第 98 號判例；最高法院 31 年上字第 2481 號判例；最高法院 48 年臺上字第 271 號判例。

▶民法第 235 條

債務人非依債務本旨實行提出給付者，不生提出之效力。但債權人預示拒絕受領之意思，或給付兼需債權人之行為者，債務人得以準備給付之事情，通知債權人，以代提出。

練 習 題

債權人甲與債務人乙成立和解契約，約明如乙依所定日期、數額如數付清，則全部債款作為清償，每期付款均應於中午 12 時前為之。嗣後乙將第 8 期以前各期應付之款如數付清，其最後第 9、第 10 兩期之款，應於 12 月 31 日付清，是日乙因須以即期支票換取銀行本票始可付甲，但是日銀行業務紛忙致稽延時間，送交甲處已 12 時 30 分，乙於是日上午 11 時 32 分曾以電話致甲商緩 30 分鐘，甲未應允；然如甲於 12 時 30 分收款後即送入銀行，銀行仍可作為當日所收之款，於甲並無損失。試問：甲得否主張乙應償還全部債款，而以乙已遲延 30 分鐘拒絕受領？❻

問題 3-02

債務人的債務不履行，有幾種類型？

債務人甲應於 5 月 5 日，將其所有的 P 瓷器給付予債權人乙。請問於下列情形，是否構成債務不履行：

(一) P 在給付前夕，因甲不慎碰撞而碎裂。

(二) 於 4 月 30 日，甲向乙表示拒絕將 P 的所有權移轉予乙。

提　示

一、債有哪些效力？

❻ 最高法院 26 年滬上字第 69 號判例。

二、債務不履行有哪些類型？

解　析

一、債的效力

(一)**概念：** 債的效力，謂債的關係發生後，為實現其內容，所賦予的法律上效果或權能。就當事人角度而言，債務人有為給付的義務，而債權人有請求給付的權利。給付，指債務的履行行為，包括作為與不作為（民法246–270），至於給付的標的（或客體），可為金錢、物（即給付物）、勞務、權利、資訊、技術等❼。

(二)**內容：** 債的效力，可分為債的一般效力（或普通效力）與特別效力。債的特別效力，除契約的效力（民法246–270）外，大都一併規定於民法債編第一章第一節「債之發生」（民法167–198）及各種之債中。

學說上將民法第一章第三節「債之效力」所規定債的一般效力，依其作用存在於當事人間或當事人與第三人間，分為對內效力與對外效力❽。

1.對內效力：債的對內效力，可分債務履行與債務不履行二種情形說明。債務履行之情形，為使債權滿足，債有二種效力：

(1)債權人基於債的關係，得向債務人請求給付（民法199 I），此為債權人的給付請求權，即為給付請求的效力；

(2)債務人履行其債務後，不能請求返還給付標的，債權人得繼續保有所受領的給付，此為債權人的給付保持權，即為給付保持的效力❾。

債務不履行，除債權人受領遲延（民法235–241）外，債務人應對其

---

❼　黃茂榮，〈債務不履行(一)〉，《植根雜誌》第16卷第11期，2000年11月，頁4–5。

❽　史尚寬，《債法總論》，1990，頁316–317；鄭玉波、陳榮隆，《民法債編總論》，2002，頁322–323；孫森焱，《民法債編總論（下）》，2004，頁483–484；曾隆興，《民法債編總論》，1999，頁398–399、412。

❾　孫森焱，《民法債編總論（下）》，2004，頁319–320。

債務不履行負責，民法賦予債權人二項權利作為債務不履行的效力：一為聲請強制執行權，可藉公權力強制債務人履行（強制執行法 4）；一為損害賠償請求權，得請求債務人賠償因債務不履行所受損害（民法 225-227 之 1、231-233）。

　2.對外效力：國內多數說認為，債的對外效力有二：

　⑴債務人總財產的保全：基於債務人總財產為債權效力的最後保障，我民法賦予債權人代位權與撤銷權（民法 242-245）；

　⑵債權的不可侵性：債權亦為民法第 184 條第 1 項前段所規定一般侵權行為的侵害客體（對象），債權人對於侵害其債權的第三人有損害賠償請求權❿。

債的一般效力	對內效力	債務履行	給付請求權、給付保持權
		債務不履行	給付不能、不完全給付、給付遲延
	對外效力	債務人總財產的保全：代位權、撤銷權	
		債權的不可侵性	

▲債的效力

二、債務不履行的類型

　　債務不履行，指未依債的本旨而為給付的狀態；申言之，債務人不依債的本旨，在應為給付的時間、地點，以適當方法，對於應向其給付的人為債務的履行。

　　債務不履行，依其態樣可區分為消極的與積極的債務不履行。前者以不為給付為其特徵，又稱消極侵害債權，包括「給付不能」、「給付遲延」，二者合稱為給付妨害⓫。後者以給付不依適當方法為其特徵，亦稱積極侵害債權，即「不完全給付」，又可細分為瑕疵給付、加害給付⓬。

❿　本書認為民法第 184 條第 1 項前段的「權利」，不包括債權。

⓫　黃茂榮，〈積極侵害債權〉，《植根雜誌》第 18 卷第 5 期，2002 年 5 月，頁 2，稱「給付障礙」。

⓬　最高法院 96 年臺上字第 2084 號判決。

　　另有少數學者將「拒絕給付」列為債務不履行的獨立類型之一❸。按給付拒絕，乃債務人能為給付，卻違法地表示不為給付。給付拒絕，性質上屬於意思通知❹。實務上認為，債務人預示拒絕給付，須等到應給付期限屆滿時起，才負遲延給付的責任❺；民法未規定於債務人預示拒絕時，債權人得逕行解除契約，不過債權人得依民事訴訟法第 246 條規定提起將來給付訴訟❻；債編修正前（舊）民法第 227 條包括「不為給付」及「不為完全之給付」二種情形，修正後僅剩下「不完全給付」一種；故過去以該舊民法第 227 條「不為給付」作為「拒絕給付」的法律上依據，修正後已不存在；而且，將給付拒絕列為債務不履行的獨立類型，實際上也無必要❼。

債務不履行的態樣		特徵	種類
消極的債務不履行	消極侵害債權	不為給付	給付不能、給付遲延
積極的債務不履行	積極侵害債權	不依適當方法為給付	不完全給付

　　故在此依多數說，債務人不依債的本旨，實現債的內容，債權人的債權因而不滿足，即為債務不履行，其類型有三：給付不能、不完全給付、

❸　如鄭玉波、陳榮隆，《民法債編總論》，2002，頁 333；林誠二，《民法債編總論（下）》，2000，頁 52；黃茂榮，〈債務不履行㈠〉，《植根雜誌》第 16 卷第 11 期，2000 年 11 月，頁 2，指其為現行法未規定的類型。實務上不將給付拒絕另立為債務不履行的類型，參閱最高法院 89 年臺上字第 1871 號判決；最高法院 90 年臺上字第 809 號判決；孫森焱，《民法債編總論（下）》，2004，頁 495–496。

❹　史尚寬，《債法總論》，1990，頁 393；鄭玉波、陳榮隆，《民法債編總論》，2002，頁 352。

❺　最高法院 93 年臺上字第 42 號判決。

❻　孫森焱，《民法債編總論（下）》，2004，頁 543。

❼　最高法院 89 年臺上字第 1871 號判決；最高法院 90 年臺上字第 809 號判決；最高法院 93 年臺上字第 42 號判決；孫森焱，《民法債編總論（下）》，2004，頁 493。

　　不同見解，鄭玉波、陳榮隆，《民法債編總論》，2002，頁 333–334、352–354；姚志明，《債務不履行之研究㈠》，2003，頁 277–282。

給付遲延（民法 225–233）。

案例分析

在上述案例事實中，債務人甲應於 5 月 5 日，將其所有的 P 瓷器給付予債權人乙。

如 P 在給付前夕，因甲不慎碰撞而碎裂，給付的標的物已因毀損而不存在，甲已經確定不能給付。依民法第 226 條第 1 項規定：「因可歸責於債務人之事由，致給付不能者，債權人得請求賠償損害。」此為債務不履行中給付不能類型的規定，屬於消極侵害債權的一種情形。甲因自己的不慎碰撞 P 而導致碎裂，是為有過失，依民法第 220 條第 1 項應負責。故該不能給付可歸責於甲，甲構成債務不履行。

如於 4 月 30 日，甲向乙表示拒絕將 P 的所有權移轉予乙，因甲並無在履行期限屆至前為給付的義務，在其表示拒絕給付後，仍得於履行期限屆至時為給付。故依實務上見解，給付若仍屬可能，須等待至履行期屆至時，依其是否為給付，才能確定是否構成給付遲延而成立債務不履行。故甲不構成債務不履行。

結論 (一)甲構成債務不履行的類型之一的給付不能。

　　　(二)甲不構成債務不履行。

相關法條

▶民法第 220 條

債務人就其故意或過失之行為，應負責任。

過失之責任，依事件之特性而有輕重，如其事件非予債務人以利益者，應從輕酌定。

▶民法第 225 條

因不可歸責於債務人之事由，致給付不能者，債務人免給付義務。

債務人因前項給付不能之事由，對第三人有損害賠償請求權者，債權人得

向債務人請求讓與其損害賠償請求權，或交付其所受領之賠償物。

▶民法第 226 條

因可歸責於債務人之事由，致給付不能者，債權人得請求賠償損害。

前項情形，給付一部不能者，若其他部分之履行，於債權人無利益時，債權人得拒絕該部之給付，請求全部不履行之損害賠償。

▶民法第 227 條

因可歸責於債務人之事由，致為不完全給付者，債權人得依關於給付遲延或給付不能之規定行使其權利。

因不完全給付而生前項以外之損害者，債權人並得請求賠償。

▶民法第 229 條

給付有確定期限者，債務人自期限屆滿時起，負遲延責任。

給付無確定期限者，債務人於債權人得請求給付時，經其催告而未為給付，自受催告時起，負遲延責任。其經債權人起訴而送達訴狀，或依督促程序送達支付命令，或為其他相類之行為者，與催告有同一之效力。

前項催告定有期限者，債務人自期限屆滿時起負遲延責任。

▶民事訴訟法第 246 條

請求將來給付之訴，以有預為請求之必要者為限，得提起之。

練 習 題

一、甲對乙負有借貸債務 100 萬元，依約定應於農曆除夕前匯款到乙在 B 銀行的 A 帳戶。甲於春節假期前最後一天的銀行營業日下午到銀行櫃臺辦理匯款，因在填寫匯款帳號時抄錯，以致該筆 100 萬元匯款未進到 A 帳戶，並於一週後甲得知匯款失敗。試問：甲是否應對乙負債務不履行的責任？

二、丙售給丁 5 頭豬，其中一頭 A 豬於交付時已感染口蹄疫，不知情的丁將該 5 頭豬與自己原有的 10 頭豬混養，結果所有豬隻全因感染口蹄疫而遭撲殺。試問：丙是否對丁成立何種類型的債務不履行？

問題 3−03

債務人的代理人或使用人，關於債務的履行有故意或過失時，債務人須否負責？

甲依約應於春節假期前將 100 萬元匯入乙的 A 帳戶，在假期前最後一天，甲指示其受僱人丙將 100 萬元匯到乙的 A 帳戶；因丙填寫匯款單時，誤填一帳號號碼，導致該筆匯款未順利匯入 A 帳戶；春節假期過後經匯款銀行通知，甲才親自將 100 萬元順利匯入乙的 A 帳戶，但已經是約定期限的 10 天後。請問甲應否對乙負給付遲延的責任？

💡 提 示

一、債務人須否親自履行債務？

二、債務人的代理人或使用人，關於債務的履行有故意或過失時，對債務人的責任有無影響？

三、債務人得否與債權人約定，對代理人或使用人的故意或過失不負責任？

解 析

一、履行輔助人的故意或過失

民法第 224 條規定：「債務人之代理人或使用人，關於債之履行有故意或過失時，債務人應與自己之故意或過失負同一責任。但當事人另有訂定者，不在此限。」此為關於債務人應就履行輔助人的故意、過失負責的規定。蓋債務人透過履行輔助人擴大其活動範圍，同時增加對債權人或其他關係人侵害的機會，為保障交易安全，民法設此明文規定❶。

民法第 224 條規定的代理人，不論意定代理人或法定代理人，均有適用❶。

---

❶ 鄭玉波、陳榮隆，《民法債編總論》，2002，頁 342。

使用人，指本於債務人的意思，為債務履行所使用的人，必以債務人對該輔助債務履行的第三人行為，得加以監督或指揮者為限，因此若被選任為履行債務的人，於履行債務時有其獨立性或專業性，非債務人所得干預，即無適用❷。至於使用人是否以有債的關係或法律上特別約束為必要，最高法院傾向否定觀點，即對使用人的概念，採較為寬鬆的解釋，而擴大其適用範圍❷。在另一方面，近來最高法院認為，大眾運輸工具如計程車的乘客，係與營業人成立運送契約，計程車司機為該運送人或運送人的受僱人，僅係基於運送人與乘客間「暫時且短期的運送契約」，載運乘客至其預計到達之目的地而已，司機與乘客間，不得以該臨時性的運送關係，解釋為民法第 224 條規定的「使用人」，因此無適用該條文的餘地❷。

而民法第 224 條所指債務的履行，除給付本身外，亦包括準備、保護與維護義務等相關行為。

二、債務人應與自己的故意或過失負同一責任

民法第 224 條本文規定，債務人的代理人或使用人，關於債務的履行有故意或過失時，債務人原則上應與自己的故意或過失負同一責任。此為債務人的法定擔保義務，不以債務人的自身有可歸責性為必要❷。

另外，民法第 224 條的適用，應限於債務人本身就債務的履行並無故意或過失。蓋如果債務人本身已有故意或過失，即因自己有可歸責事由而應負債務不履行責任，無適用民法第 224 條的必要。

但依民法第 224 條但書規定：「但當事人另有訂定者，不在此限。」當事人得約定，債務人不必就債務人的代理人或使用人之故意或過失，負同一責任，而排除該條本文的適用。由此可知，債務人就履行輔助人的故意

---

❿　鄭玉波、陳榮隆，《民法債編總論》，2002，頁 342。

❷　最高法院 90 年臺上字第 978 號判決。

❷　最高法院 89 年臺上字第 700 號判決。

❷　最高法院 95 年臺上字第 279 號判決。

❷　比較民法 188 之僱用人自己的選任或監督過失。

或過失負同一責任的規定，性質上為任意規定。

案例分析

在上述案例事實中，丙係受債務人甲的指揮、監督為履行債務，是甲的使用人。使用人丙在匯款時誤填帳號，顯然有過失。因丙的過失，致甲未完成依約定期限將 100 萬元匯入乙的 A 帳戶。依民法第 229 條第 1 項規定，甲對乙有給付遲延的債務不履行。而債務人甲的使用人丙，關於債的履行有過失，依民法第 224 條本文規定，債務人甲應對乙負與自己過失同一的過失責任。因此，甲對乙遲延為給付，係可歸責於甲，依民法第 229 條第 1 項、第 230 條規定應負遲延責任。乙得依民法第 231 條第 1 項規定，向甲請求給付遲延的損害賠償。

結論 甲應依民法第 229 條第 1 項、第 230 條、第 224 條規定，對乙負給付遲延的責任。

相關法條

▶民法第 224 條

債務人之代理人或使用人，關於債之履行有故意或過失時，債務人應與自己之故意或過失負同一責任。但當事人另有訂定者，不在此限。

▶民法第 229 條第 1 項

給付有確定期限者，債務人自期限屆滿時起，負遲延責任。

▶民法第 230 條

因不可歸責於債務人之事由，致未為給付者，債務人不負遲延責任。

一、甲向乙購買 L 地興建房舍，面積應為 100 平方公尺。乙將該土地移轉登記程序均委由代書丙辦理，因丙的疏忽，僅移轉登記 L 地的 90 平方公尺予甲，其餘 10 平方公尺部分土地未為移轉登記，嗣後此部分又移轉登記予第三人丁。甲主張乙為不完全給付，對其請求損害賠償。乙則主張移轉登記事務全部委由丙代書辦理，自己從未參與，因此無可歸責而拒絕賠償。試問：乙的主張有無理由？❷❹

二、A 公司與 B 公司訂立運送契約，由 A 委託 B 將一批價值 200 萬元的電子元件，自臺南市運送至臺北市交予受貨人 C 公司收取。B 運送該批電子元件至臺北市時，暫時存放於其獨資設立的 D 倉儲公司。當晚因 D 公司疏於監督、管理，該批電子元件竟全數遭竊，報警搜尋數月毫無所獲。試問：A 公司得否向 B 公司或 D 公司，以債務不履行而請求損害賠償？❷❺

問題 3-04

給付不能，是否因可歸責於債務人而有不同的法律效果？

甲基於買賣契約，對乙負有移轉 A 物所有權的債務，依約親自駕車將 A 物載送往乙的住所途中，過失撞上路旁石柱，以致 A 物毀損，因而不能對債權人乙為給付。請問甲、乙間發生何種法律關係？如 A 物是因甲所駕駛的車遭第三人丙過失追撞而毀損，甲、乙間的法律關係有無不同？

提 示

一、何謂給付不能？

---

❷❹ 臺灣高等法院花蓮分院 93 年上易字第 48 號判決。

❷❺ 最高法院 96 年臺上字第 2525 號判決。

二、何謂可歸責於債務人?

三、給付不能,可歸責與不可歸責於債務人,法律效果有何差別?

解 析

一、給付不能的概念

給付不能,乃債務人不能依債的本旨而履行債務之狀態。所謂不能,應以社會通常觀念為判斷基礎,凡是依社會通常觀念,給付已屬不可能,即構成給付不能,無庸區分究竟是客觀不能或主觀不能[26],例如給付標的物已經毀損或失竊、歌手因重感冒無法履行約定的演唱義務。此給付不能,僅指嗣後不能,且係永久不能。

二、給付不能的法律效果

就不可歸責於債務人的事由,致給付不能的情形,民法第 225 條第 1 項規定:「因不可歸責於債務人之事由,致給付不能者,債務人免給付義務。」就可歸責於債務人的事由,致給付不能的情形,民法第 226 條第 1 項規定:「因可歸責於債務人之事由,致給付不能者,債權人得請求賠償損害。」債權人不得再請求已經陷於不能的原給付(第一次給付、原始的給付),而僅得請求損害賠償(第二次的給付、轉變的給付)。由上述二規定得知,在給付不能情形,當事人間的法律關係因是否可歸責於債務人而有差別。因此,給付不能是否可歸責於債務人,即為決定當事人間法律關係的先決問題。

(一)歸責事由:是否可歸責於債務人,應先確定債務人究竟應對何種歸責事

---

[26] 最高法院 93 年臺上字第 42 號判決。2001 年德國民法債編修正前,其(舊)§275 BGB 區分客觀不能 (objektive Unmöglichkeit) 與主觀不能 (Unvermögen),2001 年債編修正已經捨棄此種區別;臺灣民法與日本民法亦皆未明文予以區別。我國雖有學者主張仍應予區別,對於其區別標準卻眾說紛紜,基於法律安定與法律關係的簡化,宜放棄此區分;退一步而言,如堅持要區分,則應以「社會交易觀念」來當作區分標準。

由負責任。所謂歸責事由，或稱歸責原因，乃可將債務不履行劃歸由債務人負責的事由；換句話說，是債務人對於其債務不履行，主觀上應對債權人負責的原因。

歸責事由，可區分為故意、過失及事變❷⓻。除例外的「無過失責任」情形，債務人對於事變（可再區分為通常事變及不可抗力）亦應負責外，民法以「過失責任」為原則，依第 220 條第 1 項規定：「債務人就其故意或過失之行為，應負責任。」因此，債務人原則上僅就故意及過失負責任，亦即以故意、過失為歸責事由❷⓼。

　　1.歸責事由的種類❷⓽

　　2.過失的種類及其違反的注意義務❸⓪

　　3.事變：事變，謂非由於故意或過失而發生的事由，依其程度可分為通常事變及不可抗力。通常事變，指債務人如予以嚴密的注意或可避免損害的發生，但其已盡應盡的注意義務，而仍不免損害發生的情形；不可抗力，則指人力所不能抗拒的事由，即任何人縱加以最嚴密的注意，亦不能避免損害發生的情形，例如颱風、颶風、地震、海嘯等天然災害，或法令變動、戰爭等人為事故❸⓵。

㈡歸責事由的決定：如上所述，歸責事由有故意、過失及事變三種，尤其通說又將過失區分為三種等級（或種類）：重大過失、具體輕過失及抽象輕過失，而債務的種類繁多，各債務人應就何種歸責事由負其責任，應有適當的決定標準。關於此決定的標準，除法律設有特別規定者❸⓶外，

---

❷⓻　鄭玉波、陳榮隆，《民法債編總論》，2002，頁 334–345。

❷⓼　鄭玉波、陳榮隆，《民法債編總論》，2002，頁 334；孫森焱，《民法債編總論（下）》，2004，頁 493–494。

❷⓽　參閱上述問題 1–57【解析】一。

❸⓪　參閱上述問題 1–57【解析】二。

❸⓵　鄭玉波、陳榮隆，《民法債編總論》，2002，頁 344–345；孫森焱，《民法債編總論（下）》，2004，頁 497。

❸⓶　例如民法第 175 條、第 237 條、第 410 條、第 432 條第 1 項、第 468 條第 1 項、第 535 條、第 554 條第 3 項、第 590 條、第 672 條、第 888 條、第 933 條等。

當事人原則上得就債務人應負的過失等級（或種類）為約定；惟民法第222條規定：「故意或重大過失之責任，不得預先免除。」當事人關於歸責事由的約定，即受到此強制規定的限制，當事人違反此規定的約定，無效；惟債權人事後拋棄其損害賠償請求權，則不在禁止之列。

　　民法第220條第2項規定：「過失之責任，依事件之特性而有輕重，如其事件非予債務人以利益者，應從輕酌定。」由此可知，過失責任的輕重，應依法律規定或當事人約定；如法律未規定而當事人亦無約定，則應依事件的特性而為決定，即依該事件是否予債務人以利益，如果是，其利益的多寡，以決定債務人的責任。該「如其事件非予債務人以利益者，應從輕酌定」的規定，是為例示規定，例如因遺贈所發生的債務，於債務人並無利益，應參照性質相近之贈與人責任的規定（民法410），酌定遺贈人僅就故意或重大過失負其責任。相對地，無因管理的管理人就其管理事務雖亦無利益可得，但其任意干涉他人事務以致發生損害，除民法第174條第1項、第175條規定外，應從重酌定其責任，令其就抽象輕過失負責任❸。

㈢**因不可歸責或因可歸責於債務人**：民法將給付不能區分不可歸責與可歸責於債務人二種情形，並分別賦予不同的法律效果。

　　1.**因不可歸責於債務人的給付不能**：民法第225條第1項規定：「因不可歸責於債務人之事由，致給付不能者，債務人免給付義務。」債務人若不可歸責，則就其給付不能，即免除其原有的給付義務，債權人不得請求原給付，亦不得請求損害賠償。同條第2項規定：「債務人因前項給付不能之事由，對第三人有損害賠償請求權者，債權人得向債務人請求讓與其損害賠償請求權，或交付其所受領之賠償物。」此為債權人的代償請求權。債務人因給付不能而免給付義務，債權人得請求債務人讓與其損害賠償請求權，或交付其所受領的賠償物，例如甲應給付乙A物，該物於給付前一日遭第三人丙過失損毀，乙得請求甲讓與對丙的侵權行為損害賠償請求權（民法184 I前段）。代償請求權所得請求的利益，以債務

---

❸　孫森焱，《民法債編總論（下）》，2004，頁497。

人因給付不能的事由而取得者為限，其取得利益與不能的事由之間必須有因果關係存在，且該利益即係給付標的物之利益❸。例如對僱用人甲（債權人）負有給付勞務義務的受僱人乙（債務人），因第三人丙過失所釀車禍，導致受傷住院治療而陷於給付不能；同時乙因而取得對丙的侵權損害賠償請求權，及對保險人 I 保險公司的保險金給付請求權；乙的此等請求權與其對甲的給付不能間，無因果關係，所以僱用人甲不得對乙請求讓與其對丙、對 I 的損害賠償請求權。

在雙務契約，如應給付的標的物為第三人所毀損，標的物的債權人須為對待給付，方可行使代償請求權，請求債務人讓與其對該第三人的侵權行為損害賠償請求；否則，債務人得主張民法第 264 條的同時履行抗辯權。

2. 因可歸責於債務人的給付不能：第 226 條第 1 項規定：「因可歸責於債務人之事由，致給付不能者，債權人得請求賠償損害。」如係因債務人的可歸責事由所致的給付不能，債權人雖不能請求原給付，卻得請求債務人損害賠償，即債務人的第一次給付義務，已轉變為第二次的給付義務。債務人的給付，僅一部給付不能時，債務人就此部分負損害賠償責任，而就尚為可能的部分，債務人仍應為原給付；惟如債務人之該他部分的履行，對於債權人已經無利益時，就此情形民法第 226 條第 2 項規定：「前項情形，給付一部不能者，若其他部分之履行，於債權人無利益時，債權人得拒絕該部之給付，請求全部不履行之損害賠償。」債權人得選擇受領該可能的一部給付，或選擇拒絕該可能的一部給付，而請求全部不履行的損害賠償。

🔍 **案例分析**

在上述案例事實中，甲因自己的過失撞上路旁石柱，以致給付標的物 A 毀損，依民法第 226 條規定，為因可歸責於債務人甲所致的給付不能，其對債權人乙的原給付義務已經轉變為損害賠償義務，甲、乙間發生損害

---

❸ 孫森焱，《民法債編總論（下）》，2004，頁 526。

賠償債權債務關係。

　　如 A 物是因甲所駕駛的車遭第三人丙過失追撞而毀損，於此情形，A 物的毀損係因丙的過失侵權行為所致，不可歸責於債務人甲，甲依民法第 225 條第 1 項規定免除其原有的給付義務，亦不負損害賠償。惟因 A 物的毀損，甲對丙得依民法第 184 條第 1 項前段請求侵權行為損害賠償；債權人乙得依民法第 225 條第 2 項規定請求甲讓與對丙的損害賠償請求權，如丙對甲已經賠償則可請求甲交付所受領的賠償物。

結論 在甲過失撞上路旁石柱，以致 A 物毀損情形，為因可歸責於債務人甲所致的給付不能，其對債權人乙的原給付義務已經轉變為損害賠償義務，甲、乙間發生損害賠償債權債務關係。

　　如 A 物是因甲所駕駛的車遭第三人丙過失追撞而毀損，係因不可歸責於債務人甲事由所致給付不能，債務人甲免其原有的給付義務，亦不負損害賠償；惟債權人乙得請求甲讓與甲對丙的損害賠償請求權，或交付甲所受領的賠償物，如丙對甲已經賠償。

相關法條

▶民法第 220 條

債務人就其故意或過失之行為，應負責任。

過失之責任，依事件之特性而有輕重，如其事件非予債務人以利益者，應從輕酌定。

▶民法第 225 條

因不可歸責於債務人之事由，致給付不能者，債務人免給付義務。

債務人因前項給付不能之事由，對第三人有損害賠償請求權者，債權人得向債務人請求讓與其損害賠償請求權，或交付其所受領之賠償物。

▶民法第 226 條

因可歸責於債務人之事由，致給付不能者，債權人得請求賠償損害。

前項情形，給付一部不能者，若其他部分之履行，於債權人無利益時，債權人得拒絕該部之給付，請求全部不履行之損害賠償。

一、甲將 L 地出售給乙，未為所有權移轉；其後又將 L 地賣給丙，並完成所有權移轉。試問：乙對甲有何請求權？ ㉟

二、丁負有對戊移轉 A 物所有權的債務，及對庚服勞務的債務。某日，丁攜帶 A 物在身，被辛打傷，A 物亦遭辛摔毀，以致丁對戊移轉 A 物所有權的債務，對庚服勞務的債務，皆陷於給付不能。試問：當事人之間發生哪些請求權？

問題 3–05

債務人拒絕給付，債權人得主張什麼權利？

依甲、乙間簽訂的 C 車買賣契約，出賣人甲應於 2 月 1 日交付 C 車並移轉 C 車所有權予乙。請問下列情形，對甲、乙間的債權債務關係有何影響：

(一)甲於 1 月 20 日向乙表示，不願將 C 車交付及移轉其所有權予乙。

(二)甲於 2 月 1 日向乙表示，拒絕將 C 車交付移轉其所有權予乙。

提 示

一、何謂給付拒絕？

二、給付拒絕是否因債務履行期屆至，而有不同效果？

解　析

一、給付拒絕的概念

給付拒絕，乃債務人能為給付，卻違法地表示不為給付的意思通知❸❻。

給付拒絕是否為債務不履行的獨立類型，學說及實務見解皆不一致，而此爭議亦未因 1999 年民法債編修正而消失❸❼，修正後，預示拒絕給付，須等到應給付期限屆滿時起，才負遲延給付的責任❸❽，民法未規定債權人得於預示時逕行解除契約，不過債權人得依民事訴訟法第 246 條規定，提起將來給付訴訟❸❾。

㈠**給付拒絕與給付遲延**：給付拒絕，在理論上雖可歸類為給付遲延的一種類型，但給付拒絕與狹義的給付遲延，仍有些許差異。前者係能給付而「不為」給付，後者則係能給付而逾期「未為」給付。此外，給付遲延因是否可歸責於債務人，而有不同的效力（民法 229 I、230）；給付拒絕則無此問題。

㈡**給付拒絕與不完全給付**：給付拒絕，係債務人不僅未為給付，且無給付意思；不完全給付，是債務人已為給付，但其給付不符合債的本旨。

二、給付拒絕的效力

債務人表示拒絕給付，因其債務履行期是否已經屆至，而有不同的效力。

㈠**履行期屆至前**：在履行期屆至前，因履行責任尚未發生，不生債務不履行的問題❹⓪。部分學者主張債權人得不經催告，逕行解除契約（類推民法 256 給付不能），並請求損害賠償（類推適用民法 226 I）；若債權人已

---

❸❻ 史尚寬，《債法總論》，1990，頁 393；鄭玉波、陳榮隆，《民法債編總論》，2002，頁 352。

❸❼ 修法前後各種見解，參閱姚志明，《債務不履行之研究㈠》，2003，頁 267–274。

❸❽ 最高法院 93 年臺上字第 42 號判決。

❸❾ 孫森焱，《民法債編總論（下）》，2004，頁 543。

❹⓪ 最高法院 89 年臺上字第 1871 號判決；最高法院 93 年臺上字第 42 號判決。

尋他法滿足其原給付的需要,例如另外購買與原買受標的物相類似物品,則得拒絕債務人嗣後所欲為的給付❹,本書不贊同。附帶一提,債權人得依民事訴訟法第 246 條規定, 提起將來給付訴訟❹。

㈡**履行期屆至後**: 在履行期屆至後,債務人應給付而尚未給付,即屬給付遲延,應依給付遲延規定決定其效力(民法 229 以下)❹。

債權人原則上得於依法取得執行名義後,聲請法院強制執行(強制執行法 4);此外,亦可依民法第 254 條以下規定解除契約,或依民法第 232 條規定請求替代的損害賠償❹。

🔍 案例分析

在上述案例事實中, 甲的債務履行期為 2 月 1 日:

㈠如甲於 1 月 20 日向乙表示,不願將 C 車交付及移轉其所有權予乙。甲的拒絕給付表示是在履行期屆至前,甲仍可能且得於履行期 2 月 1 日交付 C 車並移轉 C 車所有權予債權人乙。另一方面,債權人乙亦得依民事訴訟法第 246 條規定, 提起將來給付訴訟❹。

㈡如甲於 2 月 1 日向乙表示,拒絕將 C 車移轉交付其所有權予乙,因為此時履行期已屆至,債務人甲的履行責任已發生,其拒絕給付即應構成債務不履行中的給付遲延,乙得依給付遲延規定(民法 229 以下、254 以下)向甲行使相關權利。

結論　㈠甲於 1 月 20 日向乙表示拒絕給付,因履行期未屆至,不成立債務
　　　　　不履行, 不適用債務不履行規定。甲仍得於履行期 2 月 1 日交付

---

❹ 鄭玉波、陳榮隆,《民法債編總論》,2002,頁 353; 姚志明,《債務不履行之研究㈠》,2003,頁 286–287。另最高法院 91 年臺上字第 841 號判決亦曾表示:「解除權之發生原因, 除民法債編之個別規定外, 可歸納為給付遲延、給付不能、不完全給付、預示拒絕給付、情事變更、違反誠實信用原則等六者」。

❹ 孫森焱,《民法債編總論 (下)》,2004,頁 543。

❹ 最高法院 89 年臺上字第 1871 號判決。

❹ 比較鄭玉波、陳榮隆,《民法債編總論》,2002,頁 353。

❹ 孫森焱,《民法債編總論 (下)》,2004,頁 543。

買受物 C 車並移轉 C 車所有權予債權人乙。另債權人乙得依民事訴訟法第 246 條規定，提起將來給付訴訟。

㈡甲於 2 月 1 日向乙表示拒絕給付，此時履行期已屆至，應構成債務不履行中的給付遲延，乙得依給付遲延規定（民法 229 以下、254 以下）向甲行使相關權利。

相關法條

▶民法第 229 條

給付有確定期限者，債務人自期限屆滿時起，負遲延責任。

給付無確定期限者，債務人於債權人得請求給付時，經其催告而未為給付，自受催告時起，負遲延責任。其經債權人起訴而送達訴狀，或依督促程序送達支付命令，或為其他相類之行為者，與催告有同一之效力。

前項催告定有期限者，債務人自期限屆滿時起負遲延責任。

▶民法第 231 條

債務人遲延者，債權人得請求其賠償因遲延而生之損害。

前項債務人，在遲延中，對於因不可抗力而生之損害，亦應負責。但債務人證明縱不遲延給付，而仍不免發生損害者，不在此限。

▶民法第 232 條

遲延後之給付，於債權人無利益者，債權人得拒絕其給付，並得請求賠償因不履行而生之損害。

▶民法第 254 條

契約當事人之一方遲延給付者，他方當事人得定相當期限催告其履行，如於期限內不履行時，得解除其契約。

▶強制執行法第 4 條

強制執行，依左列執行名義為之：

一、確定之終局判決。

二、假扣押、假處分、假執行之裁判及其他依民事訴訟法得為強制執行之裁判。

三、依民事訴訟法成立之和解或調解。

四、依公證法規定得為強制執行之公證書。

五、抵押權人或質權人，為拍賣抵押物或質物之聲請，經法院為許可強制執行之裁定者。

六、其他依法律之規定，得為強制執行名義者。

執行名義附有條件、期限或須債權人提供擔保者，於條件成就、期限屆至或供擔保後，始得開始強制執行。

執行名義有對待給付者，以債權人已為給付或已提出給付後，始得開始強制執行。

承租人甲向出租人乙租賃 F 廠房的租賃契約，將於 6 月 30 日到期，依約甲應於該日前將 F 廠房清空，並於當日返還於乙。乙於 4 月 30 日通知甲，要求甲務必依期清空並歸還 F 廠房，因乙已經將 F 廠房出租予第三人丙，丙將於 7 月 1 日遷入使用。試問如有下列情形之一，甲、乙間發生何種權利義務關係：

㈠ 6 月 1 日甲向乙表示，自己在 6 月 30 日不可能清空並歸還 F 廠房予乙。

㈡ 6 月 30 日下午，當乙到 F 廠房準備收還該 F 時，發現甲仍在 F 廠房內趕工。甲向乙表示，正在趕製一批貨物，10 日內無法清空並遷出。

問題 3–06

何謂不完全給付？可分為哪兩種類型？

豬隻飼養戶甲向乙購買 5 頭仔豬（A、B、C、D、E），雖其中一頭 A 於

交付於甲前，即曾經出現有口蹄疫徵狀，乙仍將該 5 頭豬交付予甲飼養。後因 A 豬傳染口蹄疫於 B、C、D、E 及甲原有的 F 豬，主管機關農委會強制撲殺甲所飼養的全部豬隻共 12 頭。請問乙是否對甲構成債務不履行的不完全給付？

提　示

一、何謂不完全給付？

二、不完全給付有哪些類型？

三、構成不完全給付的要件為何？

解　析

一、不完全給付的概念

　　不完全給付，指債務人不依債的本旨所為的給付，又稱為積極侵害債權，乃債務不履行的一種類型。例如債務人履行債務，未以適當的標的物或方法，或未於適當的時期，而構成不良給付或不良履行。有別於前述給付不能的消極侵害債權。

二、不完全給付的類型

　　通說將不完全給付，區分為瑕疵給付與加害給付二種類型[46]。

　　所謂的瑕疵給付，指債務人所為的給付，具有瑕疵，以致減少或喪失該給付本身的價值或效用。凡是給付內容的數量、品質、方法、時間或地點等，與債的本旨不符合，即構成此所指的瑕疵。瑕疵給付，乃是侵害債權人對於完全給付所具有的履行利益。

---

[46] 王伯琦，《民法債篇總論》，1962，頁 163–164；鄭玉波、陳榮隆，《民法債編總論》，2002，頁 354–355；林誠二，《民法債編總論（下）》，2001，頁 95–96；最高法院 96 年臺上字第 2084 號判決。

　　所謂的加害給付，指債務人所為的給付，具有瑕疵，而其瑕疵更致債權人遭受完全給付的履行利益以外之其他損害。民法第 227 條第 2 項所規定「因不完全給付而生前項以外之損害者」，即為加害給付情形，為主要積極侵害債權的類型。

三、不完全給付的要件

　　關於不完全給付，民法設有一般規定與特別規定，前者即民法第 227 條、第 227 條之 1，後者則分散於各種有名契約中❹。

　　民法第 227 條規定，因可歸責於債務人事由的不完全給付，債權人得依關於給付遲延或給付不能的規定行使權利；對於因不完全給付本身以外的損害（所謂的加害給付），債權人並得請求賠償。依此規定，不完全給付的要件有三：

㈠**債務人已為給付：**不完全給付為積極侵害債權，必須債務人已經為給付，而其給付不符合債的本旨。如債務人未為給付，僅可能構成消極侵害債權，或為給付不能，或為給付遲延❹。

㈡**給付未依債的本旨：**給付不完全，指債務人的給付不符合債的本旨，即債務人的給付，有違反給付義務或附隨義務情形。

㈢**可歸責於債務人：**給付不完全，亦屬於債務不履行的一種類型，因此亦以可歸責於債務人的事由所致，債務人始須負責。不完全給付的瑕疵，既以可歸責於債務人之事由所致者為限，其瑕疵必須於債的關係成立後發生者始足當之；於債之關係成立時，原已存在的瑕疵，則只發生瑕疵擔保問題❹。

---

❹　例如債務人有違反民法第 376 條、第 544 條、第 432 條第 2 項、第 434 條、第 468 條、第 437 條、第 466 條、第 476 條、第 537 條、第 563 條、第 593 條、第 596 條、第 631 條、第 638 條、第 641 條等特別規定的情形。

❹　最高法院 96 年臺上字第 2084 號判決。

❹　孫森焱，《民法債編總論（下）》，2004，頁 583。

案例分析

　　在上述案件事實中，乙原應依債的本旨，給付健康的豬隻，為完全的給付，惟其給付染患口蹄疫並已經出現徵狀的 A 豬，以致該給付本身應有的效用與價值喪失，為可歸責於債務人乙。乙對甲構成債務不履行的不完全給付，更具體而言，構成瑕疵給付。

　　嗣後，因 A 豬傳染口蹄疫於 B、C、D、E 及甲原有的 F 豬，農委會強制撲殺甲所飼養的全部豬隻共 12 頭。因 A 豬的瑕疵，更導致甲除 A 豬以外的財產權損害，即甲遭受完全給付的履行利益以外之其他損害，此亦可歸責於債務人乙。因此，乙對甲構成加害給付。

結論　乙對甲構成債務不履行的不完全給付，具體而言，其構成瑕疵給付及加害給付。

相關法條

▶民法第 227 條

因可歸責於債務人之事由，致為不完全給付者，債權人得依關於給付遲延或給付不能之規定行使其權利。

因不完全給付而生前項以外之損害者，債權人並得請求賠償。

練習題

一、甲女明知 A 公司生產的 C 化妝品含有引發皮膚過敏及致癌的物質，已遭衛生機關禁止販售，卻仍將其以 1 萬元販售予不知情的乙女。乙女使用該 C 化妝品一週後，引起皮膚過敏紅腫，雖經過數週醫師治療，仍在臉上留下明顯疤痕。試問：甲對乙是否構成不完全給付？❺⓪

二、戊開設的 H 醫院的護士丙，對病患丁施打錯誤的針劑，導致丁身體機能嚴重受損。試問：丁是否可對戊或丙要求負給付不完全的責任？

---

❺⓪　最高法院 94 年臺上字第 1112 號判決。

問題 3-07

債務人的不完全給付，有何種法律效果? 債權人因債務人的債務不履行，人格權受侵害，是否得請求財產上或非財產上的損害賠償?

甲女明知，A 公司生產的 C 化妝品含有引發皮膚過敏及致癌的物質，已遭衛生主管機關禁止販售，卻仍將其以 1 萬元販售與不知情的乙女。乙女使用該 C 化妝品一週後，引起皮膚過敏紅腫，雖經過數週的醫師治療，仍在臉上留下明顯疤痕。請問乙是否得對甲請求因不完全給付的損害賠償?

提 示

一、不完全給付的法律效果為何?

二、債權人的人格權，因債務人的給付不完全而受侵害，得否請求損害賠償?

解 析

一、不完全給付的法律效果

民法第 227 條規定：「因可歸責於債務人之事由，致為不完全給付者，債權人得依關於給付遲延或給付不能之規定行使其權利。因不完全給付而生前項以外之損害者，債權人並得請求賠償。」依此規定，不完全給付的法律效果，得依其為瑕疵給付或加害給付而分述如下：

(一)**瑕疵給付**：瑕疵給付的法律效果，概括而言有強制履行、損害賠償、解除契約（民法 254-256）。

如該瑕疵給付可補正，民法第 227 條第 1 項規定，依關於給付遲延的規定行使其權利，即得請求完全的給付及賠償遲延損害（民法 231-233）；此外，亦得依民法第 254 條、第 255 條規定解除契約。

　　　　如該瑕疵給付不可補正，民法第 227 條第 1 項規定，依關於給付不能的規定行使其權利，即得請求損害賠償或行使代償請求權（民法 226、225）；此外，亦得依民法第 256 條規定解除契約。

㈡**加害給付：**加害給付的法律效果，債權人得依民法第 227 條第 2 項規定請求損害賠償。

　　　　此債務不履行的損害賠償請求權，依目前通說「請求權競合說」，不排除侵權行為損害賠償請求權的適用。惟其不必由債權人證明債務人有故意、過失等歸責事由，對債權人（被害人）而言，比主張侵權行為的損害賠償請求權更為容易。

　　　　另外，最高法院過去曾認為，給付物（特定物）的瑕疵，於「契約成立時」已存在，僅有物的瑕疵擔保責任（民法 359、360），不生債務不履行責任；於「契約成立後」始發生，如可歸責於債務人，則為請求權競合❺❶。其見解最近有所改變而認為，買賣標的物如係特定物，於「契約成立前」已發生瑕疵，而出賣人於締約時，因故意或過失未告知（亦包括因過失而不知瑕疵情形）買受人，而買受人不知有瑕疵仍為購買者，則出賣人所為給付的內容不符合債的本旨，即應負不完全給付的債務不履行責任❺❷。依此，給付物（特定物）的瑕疵雖於「契約成立時」已存在，債務人亦可能同時發生物的瑕疵擔保責任及債務不履行責任（請求權競合）。

二、侵害人格權的損害賠償

　　　　債務不履行，尤其是不完全給付中的加害給付，其所侵害債權人的權利，除財產權以外，亦可能為債權人的人格權。就此侵害債權人的人格權之情形，依民法第 227 條之 1 規定，準用民法第 192 條至第 195 條及第 197

---

❺❶　最高法院 77 年度第 7 次（77 年 4 月 19 日）民事庭會議決議㈠；最高法院 89 年臺上字第 2037 號判決；最高法院 91 年臺上字第 666 號判決。

❺❷　最高法院 94 年臺上字第 1112 號判決；最高法院 92 年臺上字第 1370 號判決。相同見解，王澤鑑，《民法學說與判例研究㈥》，2004，132 頁。

　　　反對見解，孫森焱，《民法債編總論（下）》，2004，頁 592–593。

條侵權行為規定中，關於侵害人格權的賠償範圍及消滅時效期間的規定。

應注意的是，債權人依民法第 227 條請求債務人賠償損害，與依民法第 227 條之 1 請求債務人賠償人格權受侵害的損害，為不同的法律關係，其請求權各自獨立，且其消滅時效各有規定；前者的請求權，應適用民法第 125 條一般請求權十五年的時效期間規定❸；後者的請求權，則依民法第 227 條之 1 規定，準用民法第 197 條二年或十年的時效期間。

案例分析

在上述案例事實中，乙女因甲女給付含有引發皮膚過敏及致癌物質之化妝品，以致減少或喪失該給付本身作為化妝品的價值或效用，乙女的履行利益受到侵害，為瑕疵給付。該瑕疵雖於契約成立前已發生，但依最近實務見解，出賣人除物的瑕疵擔保責任外，尚應負不完全給付的債務不履行責任。

另外，乙女在使用後臉部受傷害，其人格權（身體權、健康權）受到侵害，構成不完全給付的加害給付。乙女得依民法第 227 條第 2 項及第 227 條之 1 規定，請求債務不履行的損害賠償。

結論 乙得依民法第 227 條及第 227 條之 1 規定，對甲請求因不完全給付的損害賠償。

相關法條

▶民法第 227 條

因可歸責於債務人之事由，致為不完全給付者，債權人得依關於給付遲延或給付不能之規定行使其權利。

因不完全給付而生前項以外之損害者，債權人並得請求賠償。

▶民法第 227 條之 1

債務人因債務不履行，致債權人之人格權受侵害者，準用第一百九十二條

---

❸ 最高法院 97 年臺上字第 280 號判決。

至第一百九十五條及第一百九十七條之規定，負損害賠償責任。

一、A 裝潢公司員工甲、乙為客戶丙施工。甲因亂丟煙蒂引發火災燒毀一部分家飾；乙裝置美術燈時，不慎砸傷丙及其幼女丁，丙及丁因而多次前往醫院接受治療。試問：丙及丁得向何人請求債務不履行之（財產上及非財產上的）損害賠償？

二、丁為知名肉粽公司 A 的豬肉供應商，多年來提供 A 公司生產肉粽所需豬肉。丁以病死豬肉混入一般豬肉供應 A 公司，A 以該批問題豬肉製成端午節肉粽 1 萬粒，其中 2 千粒供應 B 百貨公司銷售。數日後，因衛生單位查出該批問題豬肉混入肉粽中並經媒體報導，B 公司將該批問題肉粽下架回收，退還給 A 公司，B 因此事件受損害 3 萬元；A 公司則回收該批問題肉粽，並全部予以銷毀，受到財產損害 200 萬元，商譽也因而受損。試問：B 是否得向 A 公司或丁請求損害賠償？A 公司是否得向丁請求損害賠償？

問題 3-08

契約成立後發生情事變更，當事人一方是否得請求法院改變該契約的原有效果？

甲將 L 地出租予乙，未約定期限，年租金依申報地價 4% 計算，15 年來未曾調整。近年來，該 L 地因地處新商業區且交通便利，市價已漲數倍。甲向乙要求調高租金遭拒，訴請該管法院判決調高租金。請問受訴法院得否以情事變更，而依甲的請求，判決調高甲、乙間的 L 地租金？❺④

❺④　最高法院 93 年臺上字第 2446 號判例。

提 示

一、何謂情事變更原則?

二、情事變更的要件為何?

三、情事變更有何效力?

解 析

一、情事變更原則

　　情事變更原則,指為法律效力發生原因的構成事實(法律行為或其他法律事實)之基礎或環境之情事,因不可歸責於當事人的事由,致有非當時所得預料的變更,而使原有效力發生顯有背於誠信原則(或顯失公平)時,應認其法律效力有相當變更的規範[55]。

　　當事人締結契約,在為接受契約拘束的決定,及塑造契約內容時,以對特定情況或將來發展的估計為準則,然事後證明其原來的估計卻有錯誤之情形,時有所見,尤其在經濟、社會環境發生重大變動的時期。此種在訂立契約當時,不知情事將有所變更,而於該契約生效後至履行(給付)之前,發生訂立契約當時所不可預見的情事,稱為情事變更原則;有情事變更情形,法律上給予當事人一定的救濟以適應變更之原則。

　　情事變更原則係基於誠實信用原則的公平理念而生,蓋在契約成立至履行完畢前,為法律效果發生原因的法律要件之基礎或環境有所變動,致發生非當事人所預期的結果,如仍使發生原有的效力,顯然違背誠實信用原則,因此該契約的效力應相對應地有所調整[56]。

二、情事變更的要件

　　民法第 227 條之 2 第 1 項規定:「契約成立後,情事變更,非當時所得

[55]　史尚寬,《債法總論》,1990,頁 426–427。

[56]　林誠二,《民法問題與實例解析(一)》,2005,頁 69。

預料，而依其原有效果顯失公平者，當事人得聲請法院增、減其給付或變更其他原有之效果。」依此規定，情事變更之要件如下：

㈠**有情事變更的事實：**指作為契約成立基礎的客觀事實，有所變動，例如因戰爭、天災、罷工或經濟蕭條等，導致物價漲幅過鉅、幣值大幅滑落、匯率嚴重波動等等情形[57]。最高法院新近判例即表示：「未定期限之基地租賃，契約當事人約定租金按基地申報地價之固定比率計算者，雖所約定之租金係隨基地申報地價之昇降而調整，惟契約成立後，如基地周邊環境、工商繁榮之程度、承租人利用基地之經濟價值及所受利益等項，已有變更，非當時所得預料，而租金依原約定基地申報地價之固定比率計算顯失公平者，出租人自得依民法第二百二十七條之二第一項規定，訴請法院調整其租金。」[58]至於例如土地之買賣，買賣雙方未於約定期限辦理所有權移轉登記，致嗣後辦理移轉登記時，所繳納的土地增值稅較原應納的數額增加，僅生該稅款差額應由何人負擔的問題，不屬於此所稱的情事變更[59]。

㈡**在契約成立後、履行前：**情事變更必須發生於契約成立之後，蓋在契約成立時已發生，即無變更之可言；該情事變更的事實，只須發生於契約成立之後，即有其適用[60]。另一方面，情事變更必須在契約履行之前，蓋在履行（給付）後，其原有債的關係已經消滅，不宜再嗣後變動其效果，否則將造成法律關係的複雜與不安定[61]。

㈢**非訂立契約當時所得預料：**該情事變更必須在客觀上具有不可預見的性質，而為當事人於訂立契約當時所不能預料，例如戰爭的爆發、天災的發生、政府的幣制改革、國內外的經濟蕭條等。但若契約當事人一方於契約成立時已預見該情事變更，則應僅該未預見一方得主張適用情事變

---

[57] 最高法院 95 年臺上字第 2143 號判決；林誠二，《民法問題與實例解析(一)》，2005，頁76。

[58] 最高法院 93 年臺上字第 2446 號判例。

[59] 最高法院 88 年臺上字第 2693 號判決。

[60] 最高法院 95 年臺上字第 2143 號判決。

[61] 林誠二，《民法問題與實例解析(一)》，2005，頁 77，則謂「無效果可資變更」。

更原則[62]。

㈣**依其原有效果顯失公平**：所謂顯失公平，指當事人間的利益顯然失其均
衡而不公平，情事變更原則目的即在調整此一顯著的不公平之結果。最
高法院即曾表示：「法律行為成立後，因不可歸責於當事人之事由致情事
變更，非當時所得預料，而依其原有效果顯失公平者，法院固得裁量增
加給付之判決，然若物價略有變動，當事人不無相當受有影響，而斟酌
其他情形，尚未達於顯失公平之程度者，仍不得遽准債權人之請求，命
債務人增加給付。」[63]至於何種程度的不公平為顯著，而有情事變更原則
的適用，必須在具體的事件中，衡量當事人雙方利益，依一般的社會價
值觀念予以客觀判斷[64]。

　　除上述四要件外，學說上亦有將「不可歸責於當事人」列為要件之
一[65]，此要件在舊民事訴訟法第 397 條有明文規定，但在現行民法第 227
條之 2 第 1 項中未有明文，按該情事變更既然必須「非訂立契約當時所得
預料」，純屬客觀的事實，應無所謂可歸責於當事人可言，故此不將之列為
要件之一[66]。

三、情事變更的效力

　　情事變更原則，既以調整法律關係因情事變更所產生的不公平結果為
目的，其效力自宜有層次之分，即首先應維持原定的法律關係，而僅「變

---

[62]　鄭玉波、陳榮隆，《民法債編總論》，2002，頁 330；林誠二，《民法問題與實例解析
㈠》，2005，頁 78。

[63]　最高法院 41 年臺上字第 47 號判例。

[64]　鄭玉波、陳榮隆，《民法債編總論》，2002，頁 330-331，提出其認為一般應考慮的四點
事項。

[65]　鄭玉波、陳榮隆，《民法債編總論》，2002，頁 330；林誠二，《民法問題與實例解析
㈠》，2005，頁 78-79。

[66]　參閱 1999 年增訂民法第 227 條之 2 立法理由；最高法院 94 年臺上字第 2376 號判決；
孫森焱，《民法債編總論（下）》，2004，頁 488；林誠二，《民法問題與實例解析㈠》，
2005，頁 93。

更」其內容（所謂的第一次效力）；如僅變更其內容尚不足以調整其顯著不公平的結果，則在必要的情形下，使其原定的法律關係「終止或消滅」（所謂的第二次效力）❻。因為原有的法律關係本來是雙方當事人所期望達成的，自應尊重，而盡量予以維持。

㈠**第一次效力**：民法第 227 條之 2 第 1 項規定：「契約成立後，情事變更，非當時所得預料，而依其原有效果顯失公平者，當事人得聲請法院增、減其給付或變更其他原有之效果。」此所謂「增、減其給付或變更其他原有之效果」，即所謂的第一次效力規定，因其法律關係的不同，得有下列情形❻：

1.**增減給付**：例如民法第 442 條規定：「租賃物為不動產者，因其價值之昇降，當事人得聲請法院增減其租金。但其租賃定有期限者，不在此限。」

2.**變更給付**：例如種類之債，因特定而成為特定物之債，惟有情事變更時，應給予債務人變更的權利。

3.**延期或分期給付**：有情事變更時，如變更履行期即可達債之目的，法院應為命延期或分期的判決。

4.**拒絕先為給付**：例如民法第 265 條規定：「當事人之一方，應向他方先為給付者，如他方之財產，於訂約後顯形減少，有難為對待給付之虞時，如他方未為對待給付或提出擔保前，得拒絕自己之給付。」。

㈡**第二次效力**：情事變更，如僅依第一次效力，仍不足以排除不公平的結果時，應得發生第二次效力，使當事人間的法律關係終止或消滅❻。因此，如其契約之目的因情事變更而無法達到，法院得依當事人的聲請，為終止或解除契約的判決，以終止或消滅原有的法律關係，其具體情形

---

❻ 鄭玉波、陳榮隆，《民法債編總論》，2002，頁 331；林誠二，《民法問題與實例解析㈠》，2005，頁 80。

❻ 鄭玉波、陳榮隆，《民法債編總論》，2002，頁 331–332；林誠二，《民法問題與實例解析㈠》，2005，頁 77。

❻ 鄭玉波、陳榮隆，《民法債編總論》，2002，頁 331。

得為如下❼:

1. 終止契約: 例如僱傭、租賃等繼續性契約, 因情事變更, 當事人一方得終止契約。

2. 解除契約: 如當事人一方的給付, 為長期的分次給付, 而對方的給付為不可分, 得因情事變更而解除契約, 並使雙方各依民法第 259 條規定, 互負回復原狀的義務。

3. 除去責任: 例如依民法第 750 條第 1 項第 1 款規定, 保證人受主債務人的委任而為保證, 如有「主債務人之財產顯形減少者」, 得向主債務人請求除去其保證責任。

4. 拒絕履行: 例如民法第 418 條規定:「贈與人於贈與約定後, 其經濟狀況顯有變更, 如因贈與致其生計有重大之影響, 或妨礙其扶養義務之履行者, 得拒絕贈與之履行。」。

另外, 情事變更雖於契約關係最為常見, 但於其他原因所生債權債務關係, 例如於無因管理、不當得利等情形, 亦可能有情事變更。因此, 民法第 227 條之 2 第 2 項規定:「前項規定, 於非因契約所發生之債, 準用之。」以為依據。

🔍 案例分析

在上述案例事實中, 該 L 地自成立租賃契約 15 年來, 因地處新商業區且交通便利, 市價已漲數倍, 其作為契約成立基礎的客觀事實, 已有重大變動; 此變動在契約成立後、履行前發生, 且非當事人成立契約時所得預料; 在公告地價未配合調整, 或其漲幅與市價漲幅顯不成比例的情形下, 依其原有效果即年租金維持依申報地價 4% 計算, 當事人間的利益顯然失其均衡而不公平, 故甲得以情事變更要求承租人乙適度調高租金。今甲之要求遭乙拒絕, 甲得依民法第 227 條之 2 規定, 訴請該管法院判決調高租金, 而受訴法院應以情事變更, 依甲的請求, 以判決適度調高甲、乙之間

---

❼　鄭玉波、陳榮隆,《民法債編總論》, 2002, 頁 332-333; 林誠二,《民法問題與實例解析(一)》, 2005, 頁 83-84。

L 地的租金[71]。

結論 受訴法院得以情事變更，依甲的請求，以判決適度調高甲、乙之間 L 地的租金。

相關法條

▶民法第 227 條之 2

契約成立後，情事變更，非當時所得預料，而依其原有效果顯失公平者，當事人得聲請法院增、減其給付或變更其他原有之效果。

前項規定，於非因契約所發生之債，準用之。

▶民法第 265 條

當事人之一方，應向他方先為給付者，如他方之財產，於訂約後顯形減少，有難為對待給付之虞時，如他方未為對待給付或提出擔保前，得拒絕自己之給付。

▶民法第 442 條

租賃物為不動產者，因其價值之昇降，當事人得聲請法院增減其租金。但其租賃定有期限者，不在此限。

▶民事訴訟法第 397 條

確定判決之內容如尚未實現，而因言詞辯論終結後之情事變更，依其情形顯失公平者，當事人得更行起訴，請求變更原判決之給付或其他原有效果。但以不得依其他法定程序請求救濟者為限。

前項規定，於和解、調解或其他與確定判決有同一效力者準用之。

練習題

一、A 法人與 B 營造股份有限公司訂立承攬契約，由 B 承建 A 的 X 工程，約定工程期間 2 年，工程款 2000 萬元。詎知半年後，因國際

---

[71] 最高法院 93 年臺上字第 2446 號判例。

間物價飛漲，X 工程所需材料價格在 3 個月內漲 1.5 倍。B 公司如以原定工程款為完成 X 工程的報酬，估計將有 1000 萬元的虧損。B 向 A 要求提高工程款遭拒，遂向 C 管轄法院起訴 A，以情事變更為由，請求法院判決提高工程款至 3500 萬元。試問：C 管轄法院應否依 B 的請求，判決提高系爭工程款至 3500 萬元？ ❷

二、甲於數月前向 H 大飯店以一晚 5 萬元預訂觀賞除夕夜煙火的最高樓層客房 2 間，供親友於除夕夜同賞煙火。不料，在除夕夜前數日，主辦單位宣布因故取消除夕夜煙火施放。試問：甲得否要求無條件退訂或減少房租？

第二節　遲　延

問題 3–09

債務人自何時起，應負遲延責任？

甲因生意上周轉需要，向乙調借現金 80 萬元，並承諾當乙需要該筆借款時，隨時可以向他索討，他會立即清償。1 月 10 日，乙打電話向甲要求在 1 月 15 日以現金清償該筆借款時，甲回答會照辦。直至 1 月 20 日，甲卻仍無法籌足 80 萬元以清償借款。請問甲是否應該自何時起，對乙負有給付遲延的責任？

提　示

一、何謂給付遲延？

二、給付遲延責任的發生，是否因其給付定有給付期限而有所差別？

---

❷　最高法院 96 年臺上字第 647 號判決；澎湖地院 96 年重訴字第 2 號判決。

🧠 解　析

一、給付遲延的概念

　　給付遲延，係債務人的遲延，謂債務已屆履行期（清償期）且給付為可能，但僅因可歸責於債務人的事由，致未為給付（民法229、230）。就遲延的一方當事人觀察，給付遲延的相對概念，為受領遲延，即債權人的遲延，民法第237條規定：「在債權人遲延中，債務人僅就故意或重大過失，負其責任。」

二、給付遲延的要件

　　關於給付遲延，民法第229條第1項規定：「給付有確定期限者，債務人自期限屆滿時起，負遲延責任。」第2項前段規定「給付無確定期限者，債務人於債權人得請求給付時，經其催告而未為給付，自受催告時起，負遲延責任。」第230條規定：「因不可歸責於債務人之事由，致未為給付者，債務人不負遲延責任。」依此上述規定，債務人給付遲延，必須具備下列要件：

㈠遲延給付：債務人成立給付遲延，必須該債務人的給付仍為可能，而較債務履行期（清償期）為遲，甚或尚未給付的狀態。如其給付已為不能，即應依給付不能規定決定當事人間的法律關係，即無給付遲延規定的適用。

　　債務人開始負遲延責任的時點，因其給付有無確定期限而有區別：

　　1.有確定期限的給付：如給付有確定期限，自期限屆滿時起，債務人開始負遲延責任（民法229 I），此即所謂「期限代人催告」(dies interpellat pro homine) 的原則。清償期，應依（下列排列順序之）契約、債的性質或其他情形，或依法律規定而決定。應注意的是，民法第229條第1項之有確定期限的給付，未必即足以構成民法第255條的「固定期限」或「嚴格定期」債務[73]。

　　債務定有清償期，債務人應於清償期屆至時，依債的本旨清償全部

---

[73]　最高法院87年臺上字第951號判決。

債務，不得片面為一部清償或緩期清償。一部的給付遲延，原則上即構成全部遲延，債權人無為受領該一部給付的義務。

　　下述二種情形，是為「期限代人催告」原則的例外：一為，於有「到期日」的票據債務，須經執票人提示而不為給付，始負遲延責任；二為，往取債務或其履行需債權人協力的債務，則仍須債權人的往取或必要協力後，而債務人仍未為給付時，始負遲延責任❼❹。

　　2.無確定期限的給付：如給付無確定期限，債務人於債權人得請求給付，自催告（為請求給付的意思通知）債務人時起，或自催告所定期限屆滿時起，債務人開始負遲延責任（民法 229 II 前段、III）；債務人經債權人起訴而送達起訴狀（繕本），或依督促程序送達支付命令，或為其他相類的行為時，與催告有同一的效力（民法 229 II 後段）。此所謂其他相類似行為，必須明確顯示債權人請求債務人給付的決意，始能生與催告相同的效力，例如聲請調解（民事訴訟法 405；鄉鎮市調解條例 10；耕地三七五減租條例 26；勞資爭議處理法 9）、提付仲裁（仲裁法 18；勞資爭議處理法 25）等。

給付種類	債務人負遲延責任的始點
有確定期限的給付	期限屆滿時
無確定期限的給付	於債權人得請求給付時，經其催告而未為給付，自受催告時
	經債權人起訴而送達訴狀，或依督促程序送達支付命令，或為其他相類的行為時

▲遲延責任的開始

　　所謂無確定期限，指未定期限及雖定有期限而其屆至的時期不確定二種情形，前者稱不定期債務，後者稱不確定期限的債務，例如承攬契約就付款辦法約定，某工程款應於初驗及正式驗收合格後給付，此即屬不確定期限的債務❼❺。

❼❹　鄭玉波、陳榮隆，《民法債編總論》，2002，頁 359。

❼❺　最高法院 94 年臺上字第 1353 號判決。

債務人因債權人催告而負遲延責任，應自催告通知生效的翌日起算（類推適用民法 120 II）**⑦**；如其因債權人催告所定期限屆滿時始負遲延責任，則應自該期限屆滿的翌日起算。例如甲對乙負有交付並移轉 A 物所有權之債務，但未定期限，乙於 5 月 3 日向管轄法院起訴甲，請求命甲為上述給付；其起訴狀（繕本）於 6 月 1 日送達於被告甲，發生與催告同一的效力（民法 229 II 後段），使甲負給付遲延責任的效果，並自 6 月 2 日起算。

原已到期的給付，如因債權人受領遲延處於給付無確定期限狀態，嗣後債權人表示願意受領，仍須催告債務人履行，債務人經催告而不履行，則自受催告時起始負給付遲延責任**⑦**。

㈡**因可歸責債務人的事由：** 給付遲延必須因可歸責於債務人的事由，債務人始負遲延責任；若給付因不可歸責於債務人的事由而遲延，債務人即不負遲延責任（民法 230），此不可歸責事由乃債務人的免責事由，應由債務人負舉證責任**⑦**。所謂可歸責事由，應依具體的債務關係，例如依債務人應負過失責任，或應負擔保責任（民法 220）以為判斷**⑦**。

㈢**無抗辯權：** 遲延的債務人須無抗辯權，始應負遲延責任；如債務人有拒絕給付的抗辯權，不論其為永久的拒絕給付權，例如依民法第 144 條第 1 項的消滅時效完成、第 198 條的拒絕給付，或是暫時的拒絕給付權，例如依民法第 264 條的同時履行抗辯，於債務人行使抗辯權時，即不負遲延責任**⑧**。但自然債務（不完全債務）的債務人未為給付，並無給付遲延規定的適用**⑧**。

---

⑦ 結論相同，最高法院 88 年臺上字第 2818 號判決。另有認為應自催告通知到達「當日」起算者，例如最高法院 52 年臺上字第 1141 號判決；黃茂榮，〈債務不履行㈠：給付遲延與受領遲延（上）〉，《植根雜誌》第 16 卷第 11 期，2000 年 11 月，18 頁。

⑦ 最高法院 86 年臺上字第 2998 號判決。

⑦ 王澤鑑，《民法概要》，2010，頁 256。

⑦ 黃茂榮，〈債務不履行㈠：給付遲延與受領遲延（上）〉，《植根雜誌》第 16 卷第 11 期，2000 年 11 月，頁 21。

⑧ 最高法院 55 年臺上字第 1550 號判例；最高法院 93 年臺上字第 552 號判決。

🔍 案例分析

　　在上述案例事實中，甲、乙間有 80 萬元的消費借貸契約，因未定有債務人甲的清償期限，甲對乙負有不定期限的借款返還債務。依民法第 229 條第 2 項規定，因甲於借款時承諾，債權人乙得隨時向其索討借款，其原應於乙要求還款（催告）時起，即負遲延責任；惟因乙係向甲要求在 1 月 15 日返還，此催告附有期限，依第 229 條第 3 項規定，甲應自期限屆滿時起負遲延責任，即 1 月 16 日零時起。又乙是以電話向甲催告，性質上為對話的意思通知，類推適用民法第 94 條規定，於甲「了解」時起生效。由甲回答會照辦得知，甲當時已經了解乙的催告。

　　因此債務人甲被催告還款卻未給付，並無可認定其遲延給付係因不可歸責於甲的事實存在；另外，亦無甲可拒絕給付的抗辯權。所以甲應自 1 月 16 日起，負遲延責任。

結論 甲應自受乙催告所附期限屆滿的翌日，即 1 月 16 日起，負遲延責任。

📁 相關法條

▶民法第 229 條

給付有確定期限者，債務人自期限屆滿時起，負遲延責任。

給付無確定期限者，債務人於債權人得請求給付時，經其催告而未為給付，自受催告時起，負遲延責任。其經債權人起訴而送達訴狀，或依督促程序送達支付命令，或為其他相類之行為者，與催告有同一之效力。

前項催告定有期限者，債務人自期限屆滿時起負遲延責任。

▶民法第 230 條

因不可歸責於債務人之事由，致未為給付者，債務人不負遲延責任。

㊛　史尚寬，《債法總論》，1990，頁 378。

練習題

一、甲承租乙的 H 屋，約定租賃期間為 2015 年 7 月 1 日至 2016 年 6 月 30 日。租約到期，甲遲遲未遷出，乙於 7 月 10 日口頭要求甲遷出未果，嗣後又於 7 月 20 日以存證信函要求甲即刻遷出，甲則遲至 7 月 31 日始遷出。試問：甲對乙是否應負給付遲延責任？如是，則自何時起負遲延責任？⑧

二、丙 5 月 20 日向丁借用 L 貨車，未約定何時返還。5 月 25 日，丁以電話要求丙於翌日返還 L 車。惟因丙尚須以 L 車完成自己的運送工作，至 5 月 31 日工作完畢後始即刻將 L 車返還予丁。試問：丙是否應對丁負給付遲延責任？

問題 3-10

對於債務人遲延的給付，債權人得否拒絕受領，而請求不履行的損害賠償？

甲承攬乙的 E 工程，為完成承攬的工作，需用 M 材料，於是向 C 公司訂購 10 單位的 M 材料；雙方約定於 5 月 5 日前交貨，卻因可歸責於 C 公司的事由，未能如期交貨。在 C 公司遲延中，乙合法終止與甲的承攬契約，致甲喪失工程完成後應取得的利益。請問嗣後 C 運送 10 單位的 M 材料給甲，甲拒絕受領，並向 C 公司要求不履行的損害賠償，有無理由？

提　示

一、債務人給付遲延，有何法律上效果？

二、債務人遲延的給付，對債權人有無利益，對該遲延的法律效果有何影響？

---

⑧　最高法院 69 年臺上字第 4001 號判例。

🎞 解　析

一、給付遲延的效力

　　給付遲延的效力，可就其發展階段，或就其債務標的（給付內容）為觀察。

㈠**就其發展階段為觀察：** 當構成民法第 229 條及第 230 條的遲延責任時，為第一階段，其效力為除原來的給付義務外，再產生遲延損害的賠償責任；如又構成民法第 254 條、第 255 條或第 232 條時，為第二階段，其效力為解除契約或請求不履行的損害賠償[83]。尤其在給付無確定期限的情形，須契約當事人的一方經他方催告給付而不為給付，方屬遲延給付，此際須經他方當事人再定相當期限，催告其履行而不履行，他方始得解除其契約（民法 254）[84]。

㈡**就債之標的（給付內容）為觀察：** 債務依其給付內容，為金錢或其他客體，分為金錢債務或非金錢債務，其給付遲延的效力如下：

　　1.**金錢債務：** 債務人加重責任，就不可抗力（屬特別事變）亦負責任（民法 231 II）；債務人的損害賠償責任（民法 231），包括遲延利息、其他損害賠償（民法 233）；債權人得解除契約（民法 254、255、260）。另有特別規定，如民法第 389 條分期付價買賣的遲延、民法第 440 條的租金遲延、民法第 709 條之 9 第 3 項合會會款遲延及民法第 750 條保證債務的主債務人履行遲延。

　　2.**非金錢債務：** 債務人加重責任，就不可抗力（屬特別事變）亦負責任（民法 231 II）；債務人的損害賠償責任（民法 231），包括遲延賠償、不可抗力賠償、替補賠償（民法 232）；債權人得解除契約（民法 254、255、260）。另有特別規定，如民法第 502 條、第 503 條的承攬人遲延；

---

[83]　黃茂榮，〈債務不履行㈠：給付遲延與受領遲延（上）〉，《植根雜誌》第 16 卷第 11 期，2000 年 11 月，頁 36–55。

[84]　最高法院 90 年臺上字第 2216 號判決。

民法第 750 條之保證債務的主債務人履行遲延。

二、債務人遲延的給付

當債務人應負遲延責任時（民法 229、230），其原來的給付義務並未消滅，有別於給付不能，即除原有給付義務外，並衍生遲延的損害賠償責任。因此，遲延的債務人仍應履行原有的給付義務，且債權人原則上亦應受領給付；惟民法第 232 條規定：「遲延後之給付，於債權人無利益者，債權人得拒絕其給付，並得請求賠償因不履行而生之損害。」由此可知，債務人遲延的給付，因其對債權人有利益或無利益，有不同的法律效果。如果債務人遲延後的給付，於債權人仍有利益，債權人即不得拒絕其給付，例如已有自用房屋者，再買受其他房屋，如出賣人遲延給付，依通常情形，對買受人仍有利益[85]，故買受人不得拒絕其給付。若是債務人遲延後的給付，於債權人無利益，例如嚴格定期行為，債權人得拒絕其給付，並得請求賠償因不履行而生的損害。

案例分析

在上述案例事實中，甲因 C 的遲延給付所致喪失工程完成後應取得的利益，為其所失利益（民法 216）。是依民法第 232 條規定，甲拒絕受領 C 公司遲延給付的 M 材料，並向 C 公司要求不履行的損害賠償，為有理由。

結論 嗣後 C 運送 10 單位的 M 材料給甲，甲拒絕受領，並向 C 公司要求不履行的損害賠償，有理由。

相關法條

▶民法第 231 條

債務人遲延者，債權人得請求其賠償因遲延而生之損害。

前項債務人，在遲延中，對於因不可抗力而生之損害，亦應負責。但債務人證明縱不遲延給付，而仍不免發生損害者，不在此限。

---

[85] 最高法院 87 年臺上字第 951 號判決。

▶民法第 232 條

遲延後之給付，於債權人無利益者，債權人得拒絕其給付，並得請求賠償因不履行而生之損害。

▶民法第 254 條

契約當事人之一方遲延給付者，他方當事人得定相當期限催告其履行，如於期限內不履行時，得解除其契約。

▶民法第 255 條

依契約之性質或當事人之意思表示，非於一定時期為給付不能達其契約之目的，而契約當事人之一方不按照時期給付者，他方當事人得不為前條之催告，解除其契約。

▶民法第 260 條

解除權之行使，不妨礙損害賠償之請求。

練習題

甲向商人乙採購衛浴產品，雙方簽訂採購合約。甲於 3 月 5 日通知乙終止買賣合約，乙則於 3 月 21 日、5 月 2 日先後催告甲於七日內依約指示交貨及受領，而甲未於期限內履行其受領義務。試問：乙向甲表示解除合約，並請求其賠償因遲延所生的損害，有無理由？[86]

問題 3-11

債權人受領遲延，對債務人的權利或義務有無影響？

甲向乙訂購 A 牌麵粉 50 袋，總價 3 萬元，約定賣方乙應於 7 月 31 日送至甲的營業處 P 地，由甲點收。乙依約於 7 月 31 日將 50 袋麵粉委

---

[86]　最高法院 91 年臺上字第 903 號判決。

託運送人丙送至 P 地,因甲不在無人點收,丙只好將貨物再運送回交與乙。直到 8 月 10 日,乙才在甲的要求下,再次託丙將該 50 袋麵粉運送至 P 地,由甲親自點收;因甲 8 月 10 日才收取貨物,造成乙多支出麵粉的保管費 2 千元及運費 3 千元。請問:

㈠甲未於 7 月 31 日受領該批麵粉,嗣後乙得否拒絕給付?

㈡乙多支出麵粉的保管費 2 千元及運費 3 千元,得否向甲請求賠償?

提　示

一、何謂受領遲延?

二、受領遲延有何要件?

三、債權人的受領遲延,有何法律上效果?

解　析

一、概　念

受領,係給付的相對概念;遲延,若是發生於債務人一方,稱給付遲延或債務人遲延;若是發生於債權人一方,則稱受領遲延或債權人遲延。因此,所謂受領遲延,指對於履行上需要債權人受領的債務,債務人已經合法提出的給付,而債權人拒絕受領或不能受領的事實。

二、要　件

民法第 234 條規定:「債權人對於已提出之給付,拒絕受領或不能受領者,自提出時起,負遲延責任。」依此,構成受領遲延應具備下列三個要件:

㈠**履行上需要債權人受領的債務**:債務的履行,必須債權人的受領才能實現。所謂受領,乃為完成債務的履行,債權人所應提供的必要協力。

㈡**合法地提出給付**:依民法第 235 條本文規定,如債務人非依債的本旨實行提出給付,不生提出的效力。因此,原則上債務人必須已提出合於債

的本旨的給付；其例外情形，例如票據等有確定「到期日」的往取債務，只要債權人屆期未受領，即構成受領遲延，此即所謂的「期限代人提出」[87]。債務人給付的提出，如不合於債的本旨，債權人雖拒絕受領，不負受領遲延責任[88]；惟債務人的給付僅含有微不足道的瑕疵（民法 354 I 但書），或是遲延給付、一部給付對於債權人仍有利益時（民法 232、226 II、266 I 後段），債權人原則上不得主張該給付不合於債的本旨，而拒絕受領[89]。

債務人提出給付的方法有下列二種：

1. **現實提出**：債務人已完成給付方面的必要行為，並陳示其事實，使債權人處於即可受領的狀態，例如債務人甲所負的赴償債務應給付之貨物一批，已經送達債權人乙住所，等待乙點收。

2. **言詞提出**：民法第 235 條但書規定：「但債權人預示拒絕受領之意思，或給付兼需債權人之行為者，債務人得以準備給付之事情，通知債權人，以代提出。」此乃上述現實提出的例外情形，債務人依此規定所為之準備給付事情的通知，性質上為意思通知，其生效準用民法第 94 條、第 95 條規定[90]。所謂給付兼需債權人的行為，指債權人除其受領行為以外，尚必須為其他協力的事實行為或法律行為，債務人始能夠完成其給付的情形[91]，例如債務人應為債權人本人拍照或畫像，則債權人必須親赴約定地點供債務人拍照或畫像。

(三)**債權人未為受領**：債權人未為受領，謂債權人對於已提出的給付，拒絕受領或不能受領。拒絕受領，性質上為意思通知，其須由債權人於債務人提出給付時，明示或默示地表示不願受領之意[92]。默示表示者，如消

---

[87]　鄭玉波、陳榮隆，《民法債編總論》，2002，頁 375。

[88]　最高法院 31 年上字第 3331 號判例。

[89]　黃茂榮，〈債務不履行(一)：給付遲延與受領遲延（下）〉，《植根雜誌》第 16 卷第 12 期，2000 年 12 月，頁 6。

[90]　最高法院 97 年臺上字第 1157 號判決。

[91]　最高法院 92 年臺上字第 1065 號判決；鄭玉波、陳榮隆，《民法債編總論》，2002，頁 375。

極地不為必要的協力行為。

不能受領，乃一事實狀態，指給付可能，因債權人本身主觀的事由而不能受領情形。惟債權人對於無確定期限的給付，如一時不能受領，原則上不負遲延責任（民法 236）。

債權人的協力義務之履行，如未定期限，經債務人催告而不履行其協力，且其須非僅一時不能協力（民法 236），始構成受領遲延（類推適用民法 229 II）。

三、效　力

債權人受領遲延的效力，可分別從當事人的一方，即從債權人或債務人為觀察；另在雙務契約，有危險負擔移轉的效果。

㈠**對債權人而言**：債權人自提出時起，負遲延責任。就此遲延責任的性質，學說上有義務說與權利說之別。前說以受領為義務，遲延責任屬於債務不履行的責任，原則上以有歸責事由（故意、過失等）為要件❸；後說則以受領為權利（德國通說），遲延僅為權利不行使，致債務人責任減輕的結果，因此，只須有遲延的事實，不以有歸責事由（故意、過失等）為要件❹。

我國採「權利說」（民法 237–241）❺，除法律有特別規定❻外，原則上受領給付為債權人的權利，而非其義務。因此，債權人受領遲延，僅是權利的不行使，除有依民法第 240 條債務人得請求賠償提出及保管給付物的必要費用，或當事人間另有特別約定外，並不負任何賠償責

---

❷　黃茂榮，〈債務不履行㈠：給付遲延與受領遲延（下）〉，《植根雜誌》第 16 卷第 12 期，2000 年 12 月，頁 2。

❸　法國通說。

❹　德國通說。

❺　最高法院 29 年上字第 965 號判例；鄭玉波、陳榮隆，《民法債編總論》，2002，頁 378；孫森焱，《民法債編總論（下）》，2004，頁 554。

❻　例如民法第 367 條規定受領買受物為買受人的義務；民法第 512 條第 2 項規定受領工作為定作人的義務。

任❾。

　　若法律例外規定債權人有受領或協力製作的義務情形，該義務乃屬於權利性義務，只是一種不真正義務（或稱自益義務、對己義務），並非可訴請履行的（主）給付義務❾。

㈡對債務人而言：

　　1.債務人責任的減輕：債權人受領遲延後，債務人的責任減輕，包括下列數項：

　　⑴注意義務減輕：債務人的注意義務減輕，僅就故意或重大過失負責（民法 237）。因此，債務人就其輕過失所致給付不能，為不可歸責於債務人，債務人因此免給付義務（民法 225 I），且其對於債權人，不再因故意或重大過失以外事由所致給付不能而負賠償責任。

　　⑵停止支付利息：在債權人遲延中，債務人無須支付利息（民法 238）。

　　⑶孳息返還的縮減：債務人應返還由標的物所生之孳息或償還其價金者，在債權人遲延中，僅以已收取的孳息為限，負返還責任（民法 239）。

　　2.債務人有費用賠償請求權：債權人受領遲延，債務人得請求賠償提出及保管給付物的必要費用（民法 240）。

　　3.債務人得自行免責：有交付不動產義務的債務人，於債權人遲延後，得拋棄其占有；此占有的拋棄，除不能通知者外，應預先通知債權人（民法 241）。應給付者若為動產，得將該動產為債權人提存或拍賣（民法 326、331）。

㈢雙務契約之（廣義的）危險負擔移轉：

---

❾　最高法院 59 年臺上字第 3662 號判例；最高法院 92 年臺上字第 656 號判決。

❾　黃茂榮，〈債務不履行㈠：給付遲延與受領遲延（下）〉，《植根雜誌》第 16 卷第 12 期，2000 年 12 月，頁 13。

法律規定	適用對象
民法 225–245	基於法律規定或法律行為所生之債
民法 245 之 1–263	基於契約所生之債
民法 264–270	基於雙務契約所生之債

多數說認為，因債權人的受領遲延而致給付不能，屬可歸責於債權人的事由，即為不可歸責於債務人的事由，因此債務人免給付義務（民法 225），卻仍得向債權人請求對待給付（民法 267），故其危險負擔移轉於債權人[99]。例如已購特定班次車票的甲乘客，錯過搭載運送人乙的發車時間（受領遲延），甲不得向乙請求返還已付的票價（對待給付）（民法 267）；丙向丁訂購水果一批，丁依約送達丙處，丙因不在家不能受領，丁載該批水果回程途中因烈陽高溫，水果水分及新鮮度減少（或因車禍撞爛）（民法 237），丁仍得向丙請求支付原定價金（民法 232、267）。

債權人受領遲延，僅生減輕債務人責任的效果，於雙務契約情形，該債權人是否應履行契約上對待給付義務，仍應依契約或法律規定為決定，非謂債權人受領遲延，債務人即得請求債權人為對待給付[100]。

雙務契約的一方當事人受領遲延，其原有的同時履行抗辯權（民法 264），並未因而歸於消滅，他方當事人於其受領遲延後請求為對待給付，仍得提出同時履行抗辯；除他方當事人應為的給付，因不可歸責於己的事由致給付不能，依民法第 225 條第 1 項規定免其給付義務者外，法院仍應予以斟酌，如認其抗辯為有理由，應命受領遲延的一方當事人，於他方履行債務的同時為對待給付（所謂的對待給付判決）[101]。

---

[99] 鄭玉波、陳榮隆，《民法債編總論》，2002，頁 381–382；孫森焱，《民法債編總論（下）》，2004，561 頁。【按：此見解並不符合「相當因果關係說」，而較近似「條件說」，理論上有瑕疵。】

[100] 最高法院 85 年臺上字第 436 號判決。

[101] 最高法院 75 年臺上字第 534 號判例。

案例分析

㈠在上述案例事實中，甲、乙間成立一買賣契約，出賣人乙應將標的物於指定日期 7 月 31 日送至 P 地，對乙而言此為一赴償債務。當乙依約於 7 月 31 日將 50 袋麵粉託運送人丙送至 P 地，因甲不在無人點收，乙已經依債的本旨現實提出給付，因債權人甲的事由事實上未能受領，甲構成受領遲延（民法 234）。債權人的受領遲延並不會使債務人的給付義務消滅，而僅發生債權人負遲延責任與債務人責任減輕的效力[102]，在雙務契約則發生危險負擔移轉的效果（民法 267）。因此，雖然甲未於約定 7 月 31 日受領該批麵粉，乙仍有給付義務，不得於嗣後拒絕給付。

㈡因甲 8 月 10 日才收取貨物，造成乙多支出麵粉的保管費 2 千元及運費 3 千元。依民法第 240 條規定：「債權人遲延者，債務人得請求其賠償提出及保管給付物之必要費用。」前述保管費 3 千元屬於保管給付物的必要費用，運費 3 千元則為乙再次提出的必要費用，乙均得依民法第 240 條規定，向甲請求賠償[103]。

結論 ㈠雖甲未於 7 月 31 日受領該批麵粉，惟嗣後乙仍不得拒絕給付。

㈡乙多支出麵粉的保管費 2 千元及運費 3 千元，得依民法第 240 條規定，向甲請求賠償。

相關法條

▶民法第 234 條

債權人對於已提出之給付，拒絕受領或不能受領者，自提出時起，負遲延責任。

▶民法第 235 條

債務人非依債的本旨實行提出給付者，不生提出之效力。但債權人預示拒

---

[102] 最高法院 86 年臺上字第 1644 號判決。
[103] 最高法院 59 年臺上字第 3662 號判決。

絕受領之意思，或給付兼需債權人之行為者，債務人得以準備給付之事情，通知債權人，以代提出。

▶民法第 237 條

在債權人遲延中，債務人僅就故意或重大過失，負其責任。

▶民法第 238 條

在債權人遲延中，債務人無須支付利息。

▶民法第 239 條

債務人應返還由標的物所生之孳息或償還其價金者，在債權人遲延中，以已收取之孳息為限，負返還責任。

▶民法第 240 條

債權人遲延者，債務人得請求其賠償提出及保管給付物之必要費用。

▶民法第 241 條

有交付不動產義務之債務人，於債權人遲延後，得拋棄其占有。

前項拋棄，應預先通知債權人。但不能通知者，不在此限。

練 習 題

一、甲對乙負有 20 萬元的借貸債務，當甲依約定清償日期，持現金 20 萬元赴乙的住所要償還借款時，要求乙開立收據，卻遭乙拒絕。於是甲未如願給付，並將準備償還的款項帶離。試問：甲或乙哪一方應對其間未完成的清償給付，負遲延責任？[104]

二、丙向丁購買 M 機器，約定 5 月 5 日送至丙住處並安裝，因丙於旅途中耽擱，5 月 7 日才返回住處。丁依約於 5 月 5 日將 M 送至丙住處卻無人受領，在載運回程中，不慎與第三人所駕車輛擦撞翻覆，M 全毀。試問：丙、丁間的法律關係如何？

[104] 最高法院 86 年臺上字第 2951 號判決；鄭玉波、陳榮隆，《民法債編總論》，2002，頁651。

第三節　保　全

債務人怠於行使自己的權利，民法賦予其債權人什麼權利，以保全其債權？

債務人甲與第三人丙簽訂信託契約，基於該信託關係將其所有的 L 地讓與登記予丙，信託利益由甲單獨享有。嗣後，甲向乙借貸 100 萬元，約定的清償期屆至，卻無力清償該對乙的債務。請問乙有無保全其對甲的債權之方法？

提　示

一、債務人怠於行使自己的權利，對債權人有無不利影響？

二、債權人代位債務人行使其權利的要件為何？

三、債權人代位行使債務人的權利種類及其行使範圍為何？

解　析

一、債務人怠於行使權利

　　債務不履行，其救濟方法是對債務人的財產為強制執行。因為強制實現債權的可能方法，不論是強制實現債權的原來內容，或原債權變更為損害賠償，其最後手段均是循強制執行程序，以求債權的滿足。故債務人的一般財產，是實現債權內容之最後的總擔保，亦為其全體債權人的共同擔保，是所謂的「責任財產」，其增減可能會影響債權人債權的實現。蓋任何人對於自己的財產（權利），原應有自由處分的權能，而不容他人干涉，因此債權人原則上無直接干涉其債務人的權利；惟如債務人怠於行使其權利，將對其債權人的債權產生不利影響，即危害到債權的保障❶⁰⁵。

二、債權人的代位權

民法為使債權人得以維持債務人的責任財產，以防止對其債權的保障受到（消極）危害，於第 242 條規定：「債務人怠於行使其權利時，債權人因保全債權，得以自己之名義，行使其權利。但專屬於債務人本身者，不在此限。」此乃民法特別賦予債權人以保全其債權的代位權。

㈠要件：民法第 242 條規定債權人的代位權，有下列要件：

1.保全債權的必要：代位權，係民法賦予債權人以保全其債權的權利，因此必須其債權有保全的必要。所謂保全債權的必要，指債權人如不代位行使債務人的權利，其債權即有不能受完全清償之虞[106]。

2.債務人怠於行使其權利：民法第 242 條明文規定「債務人怠於行使其權利」，所謂怠於行使權利，指就一定權利得行使，而不行使；至於不行使的原因為何，並無影響。若債務人已行使其權利，則縱使其方法不當或結果可能不利，債權人均無權過問，代位權即不成立[107]。

3.債務人已負遲延責任：民法第 243 條：「前條債權人之權利，非於債務人負遲延責任時，不得行使。但專為保存債務人權利之行為，不在此限。」所謂負遲延責任，指債務人已陷於給付遲延的狀態（民法 229、230）。若債務係負有停止條件而未成就，或債務人並不負遲延責任，債權人即無代位權可言。惟民法第 243 條但書設有例外，如果是「專為保存債務人權利之行為」，即使債務人不負遲延責任，債權人仍得代位債務人行使其權利。此種保存行為是以維持財產的現狀為目的，防止債務人權利的消滅或變更，對債務人並無不利益，且如不即時為此保存行為，可能失去良機，因此無庸待債務的履行期屆至，債權人即得代位行使，

---

[105] 孫森焱，《民法債編總論（下）》，2004，頁 618–619。

[106] 孫森焱，《民法債編總論（下）》，2004，頁 621；鄭玉波、陳榮隆，《民法債編總論》，2002，頁 384。

[107] 鄭玉波、陳榮隆，《民法債編總論》，2002，頁 384；孫森焱，《民法債編總論（下）》，2004，頁 623。

例如代位債務人聲請登記、中斷消滅時效或報明破產債權等**⑩**。

㈡**客體（標的）**：債權人代位行使債務人的權利，須為不具專屬性之債務人的現有權利。因此，專屬於債務人本身的權利，不得代位行使（民法242但書），例如身分上或親屬法上權利、禁止扣押的權利、不得讓與的權利等**⑩**。而得代位行使的權利應以屬於私法上權利（私權）的財產權為限，例如債權、物權（包括物上請求權）、形成權、繼承回復請求權（民法1146），而不包括公法上權利（公權）**⑩**。

　　　至於「權能」，並不是權利本身，不是代位權的客體，例如對要約的承諾（所謂的承諾適格）、對所有物的使用、收益等權能。

㈢**行使範圍**：民法第 242 條規定代位權行使的範圍，就同法第 243 條但書規定旨趣推之，並不以保存行為為限，凡以權利的保存或實行為目的之一切審判上或審判外的行為，諸如假扣押、假處分、聲請強制執行、實行擔保權、催告、提起訴訟等，債權人皆得代位行使**⑪**。

　　　雖然代位權行使的範圍，包括提起訴訟的行為在內，惟在訴訟程序進行中的行為，則僅訴訟當事人或訴訟法規定的關係人始得為之，債務人如已提起訴訟或被訴，該已由債務人進行的訴訟程序，唯有債務人始得續行，所以債權人對該債務人所受法院的不利判決，無代位提起上訴的權利**⑫**。

---

⑩　孫森焱，《民法債編總論（下）》，2004，頁 624；鄭玉波、陳榮隆，《民法債編總論》，2002，頁 385。

⑩　史尚寬，《債法總論》，1990，頁 450，謂民法第 242 條但書係指「行使」的專屬權，與民法第 1148 條但書的「享有」的專屬權不同，後者有部分仍得代位行使，例如終身定期金。鄭玉波、陳榮隆，《民法債編總論》，2002，頁 386，結論相同。

⑩　不同見解，孫森焱，《民法債編總論（下）》，2004，頁 626，認為不論「私權」或「公權」皆可。

⑪　最高法院 69 年臺抗字第 240 號判例。

⑫　最高法院 92 年臺上字第 1886 號判例。

案例分析

　　在上述案例事實中，債務人甲與第三人丙簽訂有信託契約，基於該信託關係將其所有的 L 地讓與登記予丙，信託利益由甲單獨享有。嗣後，甲向乙借貸 100 萬元，在約定的清償期屆至，卻無力清償該對乙的債務。因甲未能如期清償，對債權人乙應負遲延責任（民法 239 I）；另債務人的總財產為其所負債務的擔保，而甲為上開信託關係的全部信託利益之享有人，其得隨時終止與丙間的信託契約（信託法 63），並請求受託人丙將 L 地返還並移轉登記予自己。如甲怠於終止該信託關係，並請求受託人丙將 L 地返還且移轉登記予自己，乙得依民法第 242 條第 1 項本文規定，代位債務人甲行使其與丙間的信託關係之終止權（形成權），並請求丙將 L 地返還並移轉登記予債務人暨信託人甲。乙得透過此代位權的行使，使 L 地回復為甲所有，以保全其對甲的債權。

結論　乙得代位債務人甲行使其與丙間的信託關係之終止權，並請求丙將
　　　　L 地返還並移轉登記予甲，以保全其對甲的債權。

相關法條

▶民法第 242 條

債務人怠於行使其權利時，債權人因保全債權，得以自己之名義，行使其權利。但專屬於債務人本身者，不在此限。

▶民法第 243 條

前條債權人之權利，非於債務人負遲延責任時，不得行使。但專為保存債務人權利之行為，不在此限。

▶信託法第 63 條

信託利益全部由委託人享有者，委託人或其繼承人得隨時終止信託。
前項委託人或其繼承人於不利於受託人之時期終止信託者，應負損害賠償責任。但有不得已之事由者，不在此限。

一、乙邀丙為連帶保證人，向甲借款 300 萬元，嗣後乙未依約清償，經甲聲請對乙進行強制執行後，仍剩餘本金 200 萬元未受清償。丙為規避該連帶債務，與其母親丁為通謀虛偽意思表示，將其所有 H 屋及 L 地出賣予丁，並以買賣為原因，將 H 及 L 移轉登記予丁所有。試問：債權人甲得否代位丙，請求丁塗銷該 H 及 L 的移轉登記？❶❸

二、甲對乙有 100 萬元的債權，尚未到期。但乙對丙的 40 萬元債權之請求權即將罹於消滅時效，卻未見乙有任何積極的實現債權行為。試問：甲為保全自己的債權將來能實現，目前有何可主張的權利？

問題 3-13

債務人的法律行為有害及債權時，民法賦予債權人什麼權利以為救濟？

債務人甲對債權人乙負有 200 萬元債務，卻仍將僅有的財產 L 地贈與第三人丙，並完成 L 地的所有權移轉。請問乙在民法上有何權利可行使以保全其債權？

提　示

一、債權人得否撤銷債務人的詐害債權行為？

二、債權人得否請求回復原狀？

---

❶❸　高雄高分院 96 年上字第 182 號判決。

🧠 解　析

一、債權人的撤銷權

民法第 244 條第 1、2 項規定：「債務人所為之無償行為，有害及債權者，債權人得聲請法院撤銷之。債務人所為之有償行為，於行為時明知有損害於債權人之權利者，以受益人於受益時亦知其情事者為限，債權人得聲請法院撤銷之。」賦予債權人撤銷債務人之有害債權的行為之權利，即為債權人的撤銷權。

民法第 244 條所規定債權人撤銷權的行使方法，與一般撤銷權不同，一般撤銷權僅依一方的意思表示為之為已足，而民法第 244 條所規定的撤銷權，則必須聲請法院判決撤銷，因此在學說上稱之為「撤銷訴權」；債權人的撤銷權雖必須以起訴的方式行使，但其性質仍是實體法上的權利，而非訴訟法上的權利[114]。

債務人所為有害債權人債權的行為，如果是信託行為，信託法第 6 條亦設有撤銷規定：「信託行為有害於委託人之債權人權利者，債權人得聲請法院撤銷之。前項撤銷，不影響受益人已取得之利益。但受益人取得之利益未屆清償期或取得利益時明知或可得而知有害及債權者，不在此限。信託成立後六個月內，委託人或其遺產受破產之宣告者，推定其行為有害及債權。」此信託法第 6 條撤銷權規定，解釋上應不排除民法第 244 條撤銷權規定的適用，債權人得選擇其一或合併二者（客觀的競合合併之訴）為訴訟上主張，請求法院撤銷債務人之有害債權的信託行為[115]。

二、債權人的回復原狀請求權

債權人行使撤銷權，使債務人的行為溯及消滅其效力後，可能發生回復原狀返還給付物等問題，債權人得否於聲請撤銷時，並為回復原狀的聲

---

[114] 最高法院 56 年臺上字第 19 號判例。

[115] 最高法院 97 年臺上字第 1462 號判決。

請，抑或必須另依民法第 242 條代位權規定代位行使，實務上及多數說皆認為如有必要，並得聲請命受益人返還財產權及其他財產的回復原狀。另債權人得否對轉得人聲請回復原狀，通說認為轉得人於轉得時，知悉債務人與受益人之間的行為有撤銷的原因（惡意），債權人撤銷的效力始及於該轉得人；如轉得人於轉得時，不知債務人與受益人之間的行為有撤銷的原因（善意），即應依物權法上善意受讓的規定而取得權利，不得令其回復原狀。民法債編乃將上述見解明文化，期保護交易安全並兼顧善意轉得人的利益，增訂民法第 244 條第 4 項規定：「債權人依第一項或第二項之規定聲請法院撤銷時，得並聲請命受益人或轉得人回復原狀。但轉得人於轉得時不知有撤銷原因者，不在此限。」⑯在同條第 1 項、第 2 項的撤銷權外，進一步賦予債權人回復原狀請求權，使回復原債務人的權利狀態，以求債權人債權的實現能獲確實保全；惟對轉得人，則限於其為惡意者。

🔍 案例分析

在上述案例事實中，債務人甲對債權人乙負有 200 萬元債務，卻仍將僅有的財產 L 地贈與第三人丙，並完成 L 地的所有權移轉。依民法第 244 條第 1 項規定：「債務人所為之無償行為，有害及債權者，債權人得聲請法院撤銷之。」甲對丙的贈與行為（負擔行為）及移轉行為（處分行為），因丙無對待的給付，均為無償行為，此等行為使甲陷於無資力，無法清償對乙所負的債務，乙得依民法第 244 條第 1 項規定訴請法院，撤銷甲、丙間關於 L 地的贈與行為及移轉行為，並命受益人丙回復原狀，即將 L 地返還予乙，以保全其債權。

結論　乙得訴請法院，撤銷甲、丙間關於 L 地的贈與行為及移轉行為，並命受益人丙回復原狀，即將 L 地返還予乙，以保全其債權。

📁 相關法條

▶民法第 244 條

---

⑯　參閱 1999 年民法債編修正之行政院、司法院民法第 244 條草案條文說明。

債務人所為之無償行為，有害及債權者，債權人得聲請法院撤銷之。

債務人所為之有償行為，於行為時明知有損害於債權人之權利者，以受益人於受益時亦知其情事者為限，債權人得聲請法院撤銷之。

債務人之行為非以財產為標的，或僅有害於以給付特定物為標的之債權者，不適用前二項之規定。

債權人依第一項或第二項之規定聲請法院撤銷時，得並聲請命受益人或轉得人回復原狀。但轉得人於轉得時不知有撤銷原因者，不在此限。

▶民法第 245 條

前條撤銷權，自債權人知有撤銷原因時起，一年間不行使，或自行為時起，經過十年而消滅。

▶信託法第 6 條

信託行為有害於委託人之債權人權利者，債權人得聲請法院撤銷之。

前項撤銷，不影響受益人已取得之利益。但受益人取得之利益未屆清償期或取得利益時明知或可得而知有害及債權者，不在此限。

信託成立後六個月內，委託人或其遺產受破產之宣告者，推定其行為有害及債權。

練習題

一、繼承人乙應繼受被繼承人其母甲名下的 L 地應有部分二分之一，惟甲於辦妥繼承登記後，先後以贈與、交換為原因，將 L 地移轉登記與知情的丙。試問：乙得否以甲與丙間的上開債權及物權行為，有害於乙以給付特定物為標的之債權，聲請法院予以撤銷？⑪

二、甲將登記為其所有的 L 地及其上的 H 屋以總價 800 萬元售與丙，丙已付清全部價款，於申辦所有權移轉登記手續時，甲的父親乙突以「甲向其借款簽發 100 萬元本票」為由，向臺中地院聲請假扣押 L

---

⑪　最高法院 94 年臺上字第 645 號判決。

地及 H 屋，致所有權移轉登記的申請遭駁回。乙旋持該本票，向臺中地院訴請甲返還借款，經判決乙敗訴後，改以 L 地為其所購買，H 屋為其所建造，而信託登記為甲的名義，並已終止信託關係為由，訴請甲移轉 L 地及 H 屋的所有權登記與乙，嗣雙方於第二審程序中成立「訴訟上和解」，甲同意將 L 地及 H 屋的所有權移轉登記與乙。因甲與乙間實際上就 L 地及 H 屋並無信託關係存在，丙遂以其和解有害於丙本於 L 地及 H 屋買賣關係所生的債權，起訴甲、乙，求為撤銷該和解行為的判決。試問：有無理由？❶❶❽

問題 3-14

債權人聲請撤銷債務人的詐害債權行為，是否因該詐害行為是無償或有償而有所不同？

債務人甲對乙欠款 320 萬元，其僅有的財產為一塊繼承而得的 L 地，市價約 400 萬元。請問如甲與第三人丁就 L 地有下列行為，乙得否聲請法院予以撤銷：

㈠甲將 L 地贈與給丁，並完成所有權移轉。

㈡甲將 L 地以 120 萬元賣給不知情的丁，並完成所有權移轉。

提 示

一、債權人的撤銷權有何要件？

二、詐害債權行為是否因其為有償或無償，而有不同的撤銷權要件？

解 析

依民法第 244 條得撤銷的行為，依通說應以法律行為為限❶❶❾，且民法

---

❶❶❽ 最高法院 91 年臺上字第 1512 號判決。

第 244 條依債務人的行為係有償行為或無償行為，分別設有不同規定，即各有不同的撤銷權要件。此所稱的無償或有償行為，係以債務人與第三人間的行為，是否互為對價關係的給付為其區別之標準⑳。處分行為雖屬無因行為，惟其在判斷有償或無償時，如有原因行為，仍應與其原因行為合併觀察，例如將設定抵押權行為（處分行為）與其原因的消費借貸（負擔行為）合併觀察㉑。

一、有償行為的撤銷權之要件

㈠**客觀要件**：債務人須有詐害債權之有償的法律行為（有償行為），且其行為以財產為標的。

　　1.**有償行為**：謂該法律行為有對價，因當事人一方的給付，他方亦須對其給付，不論為負擔行為或處分行為㉒，例如買賣、互易、附利息的消費借貸、租賃、訴訟上和解、設定抵押權行為、所有權移轉行為。

　　2.**以財產為標的**：此有償行為須以財產為標的（民法 244 III），蓋撤銷權規定，係為保障全體債權人的利益，不是為確保特定債權，因而得撤銷者，限於非以債務人人格的法益為基礎的財產上行為（民法 244 III 第一種情形：非以財產為標的之行為）㉓。故身分行為，例如認領、拋棄繼承㉔，非撤銷權行使對象。雖為財產行為，但只能間接影響財產利益

---

⑲　最高法院 42 年臺上字第 323 號判例；最高法院 97 年臺上字第 2332 號判決；王澤鑑，《民法概要》，2010，頁 276；孫森焱，《民法債編總論（下）》，2004，頁 651–652，但認為非法律行為之法律上的適法行為，亦可類推適用，例如對債務承擔的承認（民法 301）；林誠二，《民法債編總論（下）》，2001，頁 183–186。
　　不同見解，史尚寬，《債法總論》，1990，頁 462–463，認為凡是適法行為均包括，不限於法律行為。

⑳　最高法院 95 年臺上字第 2609 號判決。

㉑　最高法院 51 年臺上字第 3528 號判例；孫森焱，《民法債編總論（下）》，2004，頁 668。

㉒　最高法院 42 年臺上字第 323 號判例；最高法院 48 年臺上字第 1750 號判例。

㉓　最高法院 69 年臺上字第 1271 號判決。

㉔　通說，司法院 71 年 9 月 14 日⑺廳民一字第 0672 函覆臺高院；最高法院 73 年第 2 次（73 年 2 月 28 日）民事庭會議決議㈠；鄭玉波、陳榮隆，《民法債編總論》，2002，頁

之行為，例如債務人的不作為、以債務人的勞務為目的的行為，或其須委諸債務人的自由意思者，例如贈與或遺贈的拒絕，亦非撤銷權的對象❽。此外，債權人的債權以給付特定物為標的（民法 244 III 第二種情形：僅有害於以給付特定物為標的之債權之行為），亦不得行使撤銷權，僅得主張債務不履行。

3.有害債權：債務人的該法律行為必須有害債權，其於債務成立後為詐害行為，使債權人的債權不能受完全的清償，且依通說此法律行為須使債務人陷於無資力❾。債務人的行為有害及債權之事實，必須於其行為時存在，倘債務人於行為時仍有足以清償債務的財產，僅因日後的經濟變動，致其財產減少不足清償債務情形，尚不足以認定其行為係有害及債權的行為❿。

所謂有害於債權，除減損債務人之一般支付能力的情形外，也包括雖無義務❽，但卻對一部分無擔保債權人提供擔保，以致其他無擔保債權人的債權之總擔保發生減損情形❾。然而，債務人所為的法律行為雖減損其支付能力，但若是債權人的債權有充足的物上擔保，對於此債權人而言，該法律行為仍非屬詐害行為❿。

債權人得依民法第 244 條規定行使撤銷權，以其債權於債務人為詐害行為時，業已存在者為限，若債務人為詐害行為時，其債權尚未發生，

393。

❽　鄭玉波、陳榮隆，《民法債編總論》，2002，頁 393。

❾　最高法院 67 年臺上字第 1564 號判例；史尚寬，《債法總論》，1990，頁 467；孫森焱，《民法債編總論（下）》，2004，頁 657–658；黃茂榮，〈二重買賣與撤銷訴權〉，《植根雜誌》第 16 卷第 7 期，2000 年 7 月，頁 11–12。

❿　最高法院 90 年臺上字第 2194 號判決；92 年臺上字第 821 號判決；孫森焱，《民法債編總論（下）》，2004，頁 661。

❽　最高法院 70 年臺上字第 453 號判例。

❾　最高法院 51 年臺上字第 3528 號判例；黃茂榮，〈二重買賣與撤銷訴權〉，《植根雜誌》第 16 卷第 7 期，2000 年 7 月，頁 12–13。

❿　最高法院 59 年臺上字第 313 號判例。

自不許當時尚非債權人的人，於嗣後取得債權時，溯及地行使撤銷權[131]。

㈡**主觀要件**：債務人及受益人雙方須皆為惡意，即明知該行為有害於債權人的權利。此受益人應僅指由債務人的行為而直接受到利益的人，不包括間接受益人，民法債編則稱為「轉得人」。例如債務人乙將其所有 L 地以賤價售讓給丙（直接受益人），丙再將該 L 地贈與丁，並完成移轉登記，丁為轉得人（間接受益人）。

二、無償行為的撤銷權之要件

有別於有償行為，無償行為的撤銷，僅須具備客觀要件，即債務人有詐害債權之無償的法律行為（無償行為），且其行為以財產為標的；至於債務人或受益人主觀意思如何，債務人是否知有損害債權人的債權，在所不問[132]。

此所謂無償行為，指僅債務人一方給付，受益人無須對其給付，即債務人的給付係無對價，例如贈與、無償的消費借貸、保證、遺贈、債務免除、請求權的承認（民法 129 I ②）或對已存在的債權嗣後設定抵押權行為[133]。例如債務人甲以所有的不動產為乙設定抵押權，同時向乙借貸 200 萬元，此設定抵押行為屬於有償行為（民法 244 II）；若是債務人甲先對丙借款 200 萬元，不久之後復為丙設定抵押權，此設定抵押權行為並無對價關係，則為無償行為（民法 244 I）[134]。

三、撤銷權的客體

依通說，得訴請撤銷（之有償或無償）的法律行為，為債務人所為以財產權為目的之處分行為（物權行為及準物權行為）及負擔行為（債權行為）[135]。例如乙對債權人甲負有 800 萬元的債務，卻將僅有的財產 L 地（無

---

[131] 最高法院 62 年臺上字第 2609 號判例。

[132] 最高法院 42 年臺上字第 323 號判例；最高法院 93 年臺上字第 176 號裁定。

[133] 最高法院 51 年臺上字第 3528 號判例；孫森焱，《民法債編總論（下）》，2004，頁 668。

[134] 最高法院 51 年臺上字第 3528 號判例。

償）贈與並移轉登記予第三人丙，因此陷於無資力，乙之無償贈與的詐害行為，已有物權的移轉行為，則甲得請求撤銷，包括贈與的債權行為及物權的移轉行為在內（民法 244 I、III）❶。夫妻於協議離婚時約定給付他方一定的金錢，該關於給付金錢的約定，係以財產權為目的，亦得為撤銷權的客體❶。

🔍 案例分析

㈠如甲將 L 地贈與給丁，並完成所有權移轉，該贈與契約為無償的債權行為（負擔行為），L 地的所有權移轉行為是無償的物權行為（處分行為），此二個無償行為使債務人甲陷於無資力，債權人乙對甲的債權之擔保財產因之減少，所以對乙的債權顯有損害。故乙得依民法第 244 條第 1 項規定聲請法院撤銷甲與丁間就 L 地所為的贈與契約及所有權移轉契約，使 L 地回復為債務人甲所有。

㈡甲將其僅有的 L 地以 120 萬元賣給不知情的丁，並完成所有權移轉，此買賣契約與所有權移轉行為雖均有對價，而為有償行為；但 L 地市價 400 萬元，甲以 120 萬元的價金售讓與第三人丁，使甲的總財產減少，而不足以清償債權人乙的債權，因此對乙的債權亦顯有損害；惟因受益人丁對於甲的行為有害於乙之事實，並不知情。故乙不得依民法第 244 條第 2 項規定，聲請法院撤銷甲與丁間就 L 地所為的買賣契約及所有權移轉契約。

結論 ㈠甲的債權人乙得依民法第 244 條第 1 項規定，聲請法院撤銷甲與丁間就 L 地所為的贈與契約及所有權移轉契約。

㈡甲的債權人乙不得依民法第 244 條第 2 項規定，聲請法院撤銷甲與丁間就 L 地所為的買賣契約及所有權移轉契約。

---

❶ 最高法院 42 年臺上字第 323 號判例；最高法院 48 年臺上字第 1750 號判例；最高法院 88 年臺上字第 259 號判決；最高法院 92 年臺上字第 1988 號判決；最高法院 97 年臺上字第 2332 號判決；鄭玉波、陳榮隆，《民法債編總論》，2002，頁 393；孫森焱，《民法債編總論（下）》，2004，頁 668。

❶ 最高法院 92 年臺上字第 1988 號判決；最高法院 98 年臺上字第 1647 號判決。

❶ 最高法院 97 年臺上字第 2332 號判決。

▌▌▌▌相關法條

▶民法第 244 條

債務人所為之無償行為，有害及債權者，債權人得聲請法院撤銷之。

債務人所為之有償行為，於行為時明知有損害於債權人之權利者，以受益人於受益時亦知其情事者為限，債權人得聲請法院撤銷之。

債務人之行為非以財產為標的，或僅有害於以給付特定物為標的之債權者，不適用前二項之規定。

債權人依第一項或第二項之規定聲請法院撤銷時，得並聲請命受益人或轉得人回復原狀。但轉得人於轉得時不知有撤銷原因者，不在此限。

練習題

一、甲向乙買受乙所有的 L 地（約 200 坪）的 A 部分（40 坪），雙方簽訂買賣契約書後，尚未辦理該土地分割移轉登記。惟乙卻將其僅有的財產 L 地全部贈與其孫丙，並隨即辦理移轉登記。試問：如乙已無其他財產，甲對於乙上述有害其債權的行為，在法律上得如何尋求救濟？❶❸❽

二、債務人丁對 A、B、C 等公司各有數十萬元的欠款，無力清償。其僅有的資產為對戊的一筆 100 萬元借款債權。如丁將對戊的 100 萬元債權，以 30 萬元售讓予 C 公司，並以此 30 萬元價金債權與 C 對丁自己的 30 萬元債權抵銷，致丁對 C 完全無負債。試問：A、B 公司覺得自己的債權完全不能受到清償，其能否聲請法院撤銷丁之哪些有害其債權的行為？

❶❸❽　最高法院 99 年臺上字第 297 號判決。

債務人的行為有害於以給付特定物為標的之債權，債權人得否行使撤銷權？

甲基於信託關係，將其所有的 L 地移轉登記予受託人乙，甲享有全部的信託利益。嗣後，甲終止與乙間的信託關係，乙卻未將 L 地移轉登記予甲，而與丙成立 L 地的贈與契約，並基於此贈與關係，將 L 地移轉登記予受贈人丙。因乙別無其他財產，甲遂以乙、丙二人為共同被告，向管轄法院起訴，請求撤銷乙、丙間的贈與契約及 L 地的移轉契約，並塗銷 L 地的移轉登記。請問甲的請求有無理由？

提　示

一、何謂以給付特定物為標的之債權？

二、詐害以給付特定物為標的之債權之行為，其債權人得否請求法院撤銷該詐害行為？

解　析

一、以給付特定物為標的之債權

　　民法第 244 條第 3 項規定：「債務人之行為非以財產為標的，或僅有害於以給付特定物為標的之債權者，不適用前二項之規定。」此所謂以給付特定物為標的之債權，指依該債權，債權人得請求債務人為特定物的給付，而債務人有給付特定物的義務，例如某特定的一輛車、某特定的一棟房屋或某一地號的土地[139]。

---

[139]　最高法院 95 年臺上字第 1908 號判決。

二、以給付特定物為標的之債權的詐害行為之撤銷

民法第 244 條第 3 項規定：「債務人之行為非以財產為標的，或僅有害於以給付特定物為標的之債權者，不適用前二項之規定。」明文將之排除在前二項的適用範圍。依此規定，債務人所為的無償行為或有償行為，僅有害於以給付特定物為標的之債權，債權人原不得聲請法院撤銷❿。惟最高法院有採限縮解釋的傾向，其曾表示：「八十八年增訂民法第二百四十四條第三項之規定，乃係基於債務人之全部財產為全體債權人之總擔保，債權人應於債權之共同擔保減少，致害及全體債權人之利益時，方得行使撤銷權，即撤銷權之規定，旨在保障全體債權人之利益為目的。此觀之其修法意旨自明。準此，於給付特定物為標的債權（特定債權）之履行被侵害，而得轉換為損害賠償之債，倘債務人之資力不足賠償損害時，仍屬債權之共同擔保減少而害及全體債權人之利益，債權人自得行使民法第二百四十四條之撤銷權。」⓮如依此解釋，所有給付具有財產價值的特定物為標的之債權，因均得轉換為損害賠償債權，而有撤銷權規定的適用；惟有給付不具有財產價值的特定物為標的之債權，才有不得轉換為損害賠償債權的可能，但會詐害此種債權之債務人的行為，通常非以財產為標的，已有該第 244 條第 3 項第一種情形「非以財產為標的」規定可適用，第二種情形「或僅有害於以給付特定物為標的之債權者」規定，形同具文。

🔍 案例分析

在上述案例事實中，甲既為委託人，同時也是享有全部的信託利益的受益人。嗣後，當甲終止與乙間的信託關係時（信託法 63 I），信託財產歸屬於委託人暨受益人甲，受託人乙應將全部信託財產移轉予甲（信託法 65）。然乙卻與丙成立 L 地的贈與契約，並將 L 地移轉登記予受贈人丙。因可歸責於乙而致其給付不能，乙對甲應負債務不履行的損害賠償（民法

---

❿ 最高法院 95 年臺上字第 1908 號判決。

⓮ 最高法院 96 年臺上字第 2714 號判決。同旨，最高法院 98 年臺上字第 1647 號判決。

226 I)。

　　乙原應將 L 地移轉登記予甲，乃屬於給付特定物為標的之債務。乙將 L 地贈與並移轉登記予丙的行為，雖構成民法第 244 條第 1 項規定之詐害債權的無償行為，原受到同條第 3 項規定的排除適用。惟因乙的給付不能而轉換為損害賠償債務，且乙別無其他財產可供賠償，依實務見解，甲得依民法第 244 條第 1 項、第 4 項規定，請求法院撤銷乙、丙間的贈與契約及 L 地所有權移轉契約，並塗銷 L 地的移轉登記。所以，甲以乙、丙二人為共同被告，向管轄法院起訴，請求撤銷乙、丙間的贈與契約及 L 地的移轉契約，並塗銷 L 地的移轉登記，有理由。

結論　甲以乙、丙二人為共同被告，向管轄法院起訴，請求撤銷乙、丙間的贈與契約及 L 地的移轉契約，並塗銷 L 地的移轉登記，有理由。

相關法條

▶民法第 244 條

債務人所為之無償行為，有害及債權者，債權人得聲請法院撤銷之。

債務人所為之有償行為，於行為時明知有損害於債權人之權利者，以受益人於受益時亦知其情事者為限，債權人得聲請法院撤銷之。

債務人之行為非以財產為標的，或僅有害於以給付特定物為標的之債權者，不適用前二項之規定。

債權人依第一項或第二項之規定聲請法院撤銷時，得並聲請命受益人或轉得人回復原狀。但轉得人於轉得時不知有撤銷原因者，不在此限。

▶信託法第 6 條

信託行為有害於委託人之債權人權利者，債權人得聲請法院撤銷之。

前項撤銷，不影響受益人已取得之利益。但受益人取得之利益未屆清償期或取得利益時明知或可得而知有害及債權者，不在此限。

信託成立後六個月內，委託人或其遺產受破產之宣告者，推定其行為有害及債權。

丁與戊約定，丁將其所有的 L 地借名登記在戊的名下。丁過世後，丁（僅有）的共同繼承人庚、辛對戊表示終止上開借名關係；然戊不僅未將 L 地返還於庚、辛，反而將 L 地贈與並移轉登記予其子壬。試問：

㈠庚、辛得否訴請法院撤銷戊、壬父子間的贈與及 L 地所有權移轉契約？

㈡如戊別無其他財產，庚、辛訴請法院撤銷戊、壬父子間的贈與及 L 地所有權移轉契約，有無理由？⓴

第四節　契　約

問題 3-16

為準備或商議訂立契約過程中，當事人一方因故意或過失造成他方損害，若嗣後契約未成立或無效，有無賠償責任？

甲欲出售其所有的 H 屋，乙有意購買，經幾次看屋及多次的商議，雙方約定於 4 月 1 日簽訂書面的 H 屋買賣契約，當日乙應同時支付買賣價金的一部分 100 萬元。為能順利以好價格賣出 H 屋，甲對乙隱匿 H 屋是海砂屋的事實。乙從銀行 B 貸得 100 萬元，充作買屋的頭期款；4 月 1 日在友人丙的陪同下，攜帶 100 萬元支票赴 H 屋。到達後，乙、丙在甲的引領下，再次檢視 H 屋一回，丙表示 H 可能是海砂屋，甲始坦承 H 屋確為海砂屋，乙因而拒絕簽訂買賣契約。請問乙因貸款而受有利息及費用的損失，得否向甲請求賠償？

⓴　最高法院 96 年臺上字第 2714 號判決；最高法院 98 年臺上字第 1647 號判決。

提 示

一、在契約成立前，當事人間有無一定的法律義務？

二、如洽訂的契約最後未能順利訂立，當事人是否完全不會發生任何法律關係？

三、在準備或商議訂立契約中，因可歸責一方的事由致他方受損害，如最終契約不成立或無效，受損害的一方有何權利？

解 析

一、締約前的注意義務

當有意締結契約的雙方當事人就締約事項為準備或商議階段，雖尚未進入所謂的契約關係，惟已進入一種特別的關係，在此一特別關係下，當事人相互負有相當的照顧、保護或通知之注意義務，以使彼此能達成順利締結契約之目的。

二、締約過失

㈠**概念：** 如一方未盡上述締約前之照顧、保護或通知的注意義務，致使他方信賴可順利締結契約之目的不能達成，在學說上稱為「締約過失」或「締約上過失」(culpa in contrahendo)，該有締約過失的一方應對他方負一定的法律責任，稱為締約過失責任。申言之，所謂的締約過失責任，係於締結契約前的準備階段，當事人於接觸、磋商或締結契約之際，因一方未盡相當的照顧、保護或通知的注意義務，致使他方信賴可順利締結契約之目的不能達成，或發生不預期的損害，該未盡注意義務的一方所應負的責任。締約過失責任的基礎，在於當事人間的信賴關係與誠實信用原則。

民法第 91 條撤銷意思表示賠償信賴損害責任、第 110 條無權代理人的損害賠償責任、第 113 條因無效法律行為的賠償責任，以及第 247 條

契約因標的給付不能而無效的賠償責任等，性質上亦屬於特殊情形的締約責任過失規定，且均只有適用於「契約無效」情形；於契約有效情形，因債務人未盡（非獨立的）附隨義務，有民法第 227 條不完全給付的規定可資適用。此外，於準備締約階段，一方侵害他方身體、健康或財產等，有時符合適用侵權行為規定；但因有些情形的締約過失，尤其是契約未成立，則有時既不符合侵權行為規定，亦不符合債務不履行要件，所以有獨立承認其責任類型的必要。民法第 245 條之 1❸就其文義觀察，似僅就「契約未成立」的締約過失責任為規定❹，此責任係獨立於契約責任與侵權責任外的第三種責任，屬於法定的債之關係。

㈡**要件**：民法第 245 條之 1 第 1 項規定：「契約未成立時，當事人為準備或商議訂立契約而有左列情形之一者，對於非因過失而信契約能成立致受損害之他方當事人，負賠償責任：一、就訂約有重要關係之事項，對他方之詢問，惡意隱匿或為不實之說明者。二、知悉或持有他方之秘密，經他方明示應予保密，而因故意或重大過失洩漏之者。三、其他顯然違反誠實及信用方法者。」依此，締約過失責任有如下要件：

1.**契約未成立時**：關於民法第 245 條之 1 締約過失的規定的適用範圍，國內學說上有不同見解，多數說謂僅於契約「不成立」時始有適用；如契約「無效」時，僅得依其情形適用民法第 91 條、第 110 條、第 113 條、第 247 條等規定❺。少數說則認為，不管契約不成立或無效，均應有其適用❻；最高法院過去曾表示：「民法第二百四十五條之一之立法意

---

❸ 立法意旨略以：「近日工商發達，交通進步，當事人在締約前接觸或磋商之機會大增。當事人為訂立契約而進行準備或商議，即處於相互信賴之特殊關係中，如一方未誠實提供資訊；嚴重違反保密義務或違反進行締約時應遵守之誠信原則，致他方受損害，既非侵權行為，亦非債務不履行之範疇，現行法對此並未設有賠償責任之規定，有失周延。為保障締約前雙方當事人間因準備或商議訂立契約已建立之特殊信賴關係，並維護交易安全，爰增訂第一項規定。」

❹ 王澤鑑，《債法原理㈠》，2005，頁 263-270，因而批評民 245 之 1 規定過於狹隘、保守。

❺ 鄭玉波、陳榮隆，《民法債編總論》，2002，頁 403；孫森焱，《民法債編總論（下）》，2004，頁 693-694。

旨，係對從事締結契約之當事人課適當之注意義務，如因可歸責於一造當事人之事由，致契約『無效、不成立』時，始對他造當事人負損害賠償責任。」❼此見解與少數說同。多數說採文義解釋，如採歷史解釋或目的論解釋❽，可得與少數說一致的結論，且民法對於契約的不成立與無效，概念上並未嚴謹區分，此可以民法第 73 條及第 166 條為證。因此本書亦贊同契約無效或不成立情形，均得適用締約過失責任的規定。

　　所謂契約不成立，例如當事人意思表示不合致，即未合意（民法 153 I）、要物契約未交付標的物（民法 464、474）、要式契約未踐行其（法定或約定）方式（民法 73、166）等情形❽。

　　至於契約無效，例如契約違反強制或禁止規定（民法 71）、違反公序良俗（民法 72）等；另外，不動產債權契約未依民法第 166 條之 1 第 1 項【按：此規定尚未施行】作成公證書，一般認為是契約無效，非契約不成立，因而依上述多數說即無民法第 245 條之 1 的適用❿。

　　2. 當事人一方有民法第 245 條之 1 第 1 項所列三款情形之一：並非所有的契約不成立（或無效）情形，當事人一方皆應負締約過失責任，而是僅有於商議契約之際，其有致他方信賴契約有締結的可能，使產生締結契約的預期，或誘導他方陷於錯誤而未及時指正（告知義務），或他方信賴其不至於違反誠信原則等情形，始應承認其締約過失責任。因此，民法第 245 條之 1 第 1 項規定，當事人一方須有該項所列三款情形之一，

❹ 王澤鑑，《債法原理㈠》，2005，頁 269–270。

❼ 最高法院 94 年臺上字第 315 號判決。

❽ 立法理由中僅強調「一方不誠實提供資訊、嚴重違反保密義務或違反進行締約時應遵守之誠信原則」，以及「為保障當事人間因準備或商議訂立契約已建立之特殊信賴關係，並維護交易安全」，而前述締約過失所可能對契約的影響，可能導致其不成立、得撤銷或無效，如此締約過失責任規定均有適用，才能真正達到周全保障締約當事人間的特殊信賴關係，以及維護交易安全的立法目的。

❾ 孫森焱，《民法債編總論（下）》，2004，頁 694。

❿ 鄭玉波、陳榮隆，《民法債編總論》，2002，頁 403。
　 反對見解，王澤鑑，《債法原理㈠》，2005，頁 269–270。

始應負締約過失責任。

⑴就訂約有重要關係的事項，對他方的詢問，惡意隱瞞或為不實的說明：當事人於締結契約時，應誠實提供資訊給他方的義務，乃屬於先契約義務，違反此一義務，因其時契約尚未成立，不會構成債務不履行。

⑵知悉或持有他方的秘密，經他方明示應予保密，因故意或重大過失予以洩漏：當事人洩漏他方明示應保密事項，係違反對於他方的保密義務。

⑶其他顯然違反誠實信用方法：概括而言，締約上過失的責任，係基於當事人間為準備或商議訂立契約而建立的特別信賴關係，因遭受一方以違背誠實信用方法致生損害而發生。此款就締約過失的原因，作一概括性規定。是否顯然違反誠實信用方法，應依通常社會觀念為具體評斷❶。例如 5 月 10 日，住臺北的甲通知住高雄的乙，願將其名貴跑車 F 廉售予乙，雙方約定於 5 月 20 日看車並決定售價；後甲於 5 月 15 日將 F 車賣給第三人丙，並完成交付及移轉所有權，然卻未通知乙已將 F 車售讓予丙一事，致使有意購買的乙仍於 5 月 20 日徒勞往返而受損害。甲顯然違反基於誠實信用原則所生之對乙的通知義務。

3.他方信賴契約能成立而致受損害：他方對於契約能成立的信賴，必須與其受損害間，有因果關係存在。所受損害，常見者例如費用的支出、勞力的耗費，或其他訂約機會的喪失等。

4.他方的信賴係無過失：有學者主張該當事人一方須有行為能力，因未成年人原則上不能單獨締結有效契約,基於保護未成年人的立法原則，負此賠償責任自應以有行為能力者為限❷；尤其締約過失責任規定如果也適用於法律行為的「無效」或「不生效力」時，則未成年人更會有受到保護的需要。

---

❶ 孫森焱，《民法債編總論（下）》，2004，頁 698。

❷ 王澤鑑，《債法原理㈠》，2005，頁 277–278。

㈢**效力：** 依民法第 245 條之 1 第 1 項規定，有締約過失者應對於非因過失而信賴契約能成立致受損害的他方當事人，負賠償責任，此是一種信賴損害的賠償責任。

民法第 245 條之 1 未規定，負締約過失責任的當事人，以有行為能力為必要，因此行為能力非締約過失責任的要件之一。國內少數學者有基於貫徹保護無行為能力人及限制行為能力人的立法意旨，認為應同於德國通說，以加害人有行為能力為賠償責任的要件❸。

就締約過失的損害賠償請求權，民法第 245 條之 1 第 2 項規定 2 年的短期消滅時效期間❹。

🔍 **案例分析**

在上述案例事實中，依民法第 245 條之 1 第 1 項，H 屋是海砂屋，不僅影響該屋的價值甚鉅，亦影響該屋結構上的安全，基於誠實信用原則，縱使相對人未主動詢問，甲仍有告知乙該事實的義務，然甲卻為能順利以好價格賣出 H 屋而隱匿事實。甲隱匿該事實之情形，雖尚不構成民法第 245 條之 1 第 1 項第 1 款規定的「就訂約有重要關係之事項，對他方之詢問，惡意隱匿」，但已經構成同條項第 3 款規定的「其他顯然違反誠實及信用方法」。乙在不知 H 屋為海砂屋的情形下，有意購買該屋，並為備妥買該屋的頭期款而貸款，因之受有利息及費用的損失。

所以，於該 H 屋的買賣契約未成立時，當事人甲為準備或商議訂立契約而有「其他顯然違反誠實及信用方法」，應依民法第 245 條之 1 第 1 項第 3 款規定，對於非因過失而信契約能成立致受損害的他方當事人乙，負賠償責任。

結論 乙因貸款而受有利息及費用的損失，得依民法第 245 條之 1 第 1 項第 3 款規定，向甲請求賠償。

---

❸　王澤鑑，《債法原理㈠》，2005，頁 277–278。
❹　此規定仿自希臘民法第 198 條，是否過短而不合理，尚待斟酌。

相關法條

▶民法第 245 條之 1

契約未成立時，當事人為準備或商議訂立契約而有左列情形之一者，對於非因過失而信契約能成立致受損害之他方當事人，負賠償責任：

一、就訂約有重要關係之事項，對他方之詢問，惡意隱匿或為不實之說明者。

二、知悉或持有他方之秘密，經他方明示應予保密，而因故意或重大過失洩漏之者。

三、其他顯然違反誠實及信用方法者。

前項損害賠償請求權，因二年間不行使而消滅。

 練習題

一、5 月 10 日甲通知乙，有意將所珍藏的過世名畫家丙的遺作 P 油畫售讓，雙方約定於 5 月 20 日鑑賞 P 畫並決定售價。惟甲於 5 月 15 日將 P 畫賣給第三人丁，並完成交付及移轉所有權，卻未通知乙已將 P 畫出讓一事，致使有意購買的乙仍於約定的 5 月 20 日聘請鑑畫家戊遠程趕往甲的住所，而因徒勞往返受有損害。試問：乙得否向甲主張如何內容的權利？

二、丙欲購買一透天屋供自己居住及開設商店，透過廣告得知丁所有的 H 屋地點及價格可接受。丙向丁表明購買 H 屋意願及未來用途，經多次看屋及談價，雙方就價格取得相當的共識，約定 5 月 5 日在 H 屋簽訂書面買賣契約，並同意由丙約地政士戊。至約定簽約日，在簽約前丙詳問下，丁始告知該 H 屋位於純住宅區，依規定不得供作營業之用，也因 H 不能符合預定用途而終未簽約。丙為準備簽約款而向親友及銀行貸款籌得 300 萬元，一切白費。試問：丙得否對丁主張任何民事上的損害賠償請求權？

三、V 別墅所有權人甲與 A 仲介公司簽訂「專賣契約」，約定將 V 委由

A 公司獨家仲介買賣，報酬為成交價的 3%。A 公司為 V 別墅強打各種廣告，並派出多位職員為許多的客戶作帶看、介紹及議價服務，其中客戶乙有強烈購買意願，願出價 2000 萬元。甲為省下仲介費，私下設法與乙取得聯繫，故意不讓 A 公司仲介成功，而在與 A 的上開「專賣契約」到期後，自己立即與乙簽訂 V 的買賣契約，價金 2000 萬元。A 公司為仲介 V 屋而付出的人力及金錢，卻因為未仲介成交，無法自買賣雙方取得仲介費。試問：A 得否向甲或乙主張何種民事上請求權？

問題 3-17

如債權契約以不能的給付為標的，該契約效力如何？其契約當事人有何法律責任？

甲為 A 祭祀公業下之一房，自認為對公業財產 L 地有 1% 比例的房份，並與第三人丙約定，將自己對 L 地之 1% 比例的房份，以 500 萬元售讓與丙；丙依約已先支付 50 萬元定金。請問：

(一)甲、丙之間關於 L 地有 1% 比例的房份之買賣契約，是否有效？

(二)丙對甲得主張什麼請求權？

提　示

一、債權契約是否以其標的之可能為要件？

二、如債權契約之標的為不能時，是否影響該契約的效力？

三、債權契約之標的為不能，該不能給付的一方當事人有無法律責任？

解　析

一、標的可能為契約的一般生效要件

基於私法自治原則，私人得藉由法律行為，自主地決定涉及自己的法律關係，而發生一定的權利與義務。法律行為，乃以意思表示為要素，因意思表示而發生一定私法上效果的法律事實。惟法律行為要發生當事人所欲的一定私法上效果，必須具備一定的要件，此為法律行為的要件。國內通說將法律行為的要件，分為成立要件與生效要件二類；成立要件再分為一般的與特別的成立要件，生效要件亦再分為一般的與特別的生效要件[155]。

其中，標的（內容）之適當為法律行為一般生效要件之一，而所謂標的適當，指法律行為之標的（內容）必須確定（民法 200、208）、可能（民法 246）、合法（民法 71）及妥當（民法 72、74）。

債權契約屬於法律行為中的一種，因而標的之適當亦為其一般的生效要件之一，尤其就債權契約標的之可能，民法第 246 條第 1 項本文規定：「以不能之給付為契約標的者，其契約為無效。」將標的之可能（或給付可能）明列為債權契約之一般的生效要件之一。[156]

二、債權契約標的之不能

民法第 246 條第 1 項規定：「以不能之給付為契約標的者，其契約為無效。但其不能情形可以除去，而當事人訂約時並預期於不能之情形除去後為給付者，其契約仍為有效。」依此規定，如以不能的給付作為債權契約之標的（所謂之標的不能），該契約原則上無效。

民法第 246 條及第 247 條規定之給付的不能，指自始永久不能，且依多數說尚須限於客觀不能[157]。惟給付是否為不能，在以社會觀念為判斷標

---

[155] 王澤鑑，《民法總則》，2014，頁 277–278；施啟揚，《民法總則》，2009，頁 239–240；邱聰智，《民法總則（上）》，2005，頁 457；最高法院 92 年臺上字第 1174 號判決。

[156] 參閱問題 1–05【解析】二、法律行為的要件及其分類一表。

準的前提下，已無區別客觀不能與主觀不能的必要❸。

三、債權契約標的不能之效力

對於債權契約標的之不能，民法第 246 條及第 247 條分別規定其法律效果，前者為該契約無效，後者為當事人的損害賠償責任。

㈠**契約無效**：民法第 246 條規定：「以不能之給付為契約標的者，其契約為無效。但其不能情形可以除去，而當事人訂約時並預期於不能之情形除去後為給付者，其契約仍為有效。附停止條件或始期之契約，於條件成就或期限屆至前，不能之情形已除去者，其契約為有效。」依此規定，以不能的給付為契約標的，該契約原則上為無效（民法 246 I 本文）；惟有二個例外情形如下：

1.**一時不能**：契約之標的雖原為不能，如該不能可以除去，且當事人於訂約時也預期於不能的情形除去後始為給付，則該契約仍為有效（民法 246 I 但書）。此即所謂一時不能，例如當事人約定一方應於該年 7 月間載送他方遊客乙等遊覽中部橫貫公路各景點，中橫公路當時雖因坍方暫時封閉，但約定於預計的修復通車日後出發；或一方應給付一輛某外國公司製造的高級房車，該種房車目前禁止進口，而政府已經公告三個月後開放進口，且約定於該開放日後給付，該等契約均得為有效❺。

2.**契約附停止條件或始期**：附停止條件或始期的契約，債務人於條件成就或期限屆至時，始有給付義務，如其給付不能的情形，於條件成就或期限屆至前已除去，其契約仍為有效（民法 246 II）。例如當事人於年初簽訂承攬契約中約定，承攬人應在今年終了前，為定作人於「禁建」範圍的 L 地上起造一棟建築物，而該禁建於年中時已經解除。

---

❺ 史尚寬，《債法總論》，1990，頁 488；鄭玉波、陳榮隆，《民法債編總論》，2002，頁 405；王澤鑑，《民法學說與判例研究㈠》，1998，頁 418–420。

❸ 相同觀點，孫森焱，《民法債編總論（下）》，2004，頁 514、701。過去關於主觀不能與客觀不能的區分，學說見解不一，徒增法律適用的不安定，弊多於利。

❺ 參閱最高法院 70 年臺上字第 4537 號判例，關於過去農地移轉問題。

雖然民法第 246 條第 1 項本文規定，以不能的給付為契約標的，該契約應為無效。雖然「不存在」的權利亦不可能移轉，惟最高法院曾基於買賣契約的有償性，並為保護善意的買受人，民法第 350 條特設有權利瑕疵擔保的規定，而認為以不存在的債權或其他權利為買賣標的（物）時，出賣人應負權利瑕疵擔保責任，買受人得依民法第 350 條規定行使權利，其買賣契約並非無效❿。

㈡損害賠償責任：

1.信賴損害的賠償：民法第 247 條第 1 項規定：「契約因以不能之給付為標的而無效者，當事人於訂約時知其不能或可得而知者，對於非因過失而信賴契約為有效致受損害之他方當事人，負賠償責任。」課予該於訂約時知其不能（惡意）或可得而知（善意但有過失）的契約當事人一方以損害賠償責任。惟該請求賠償的他方當事人必須非因過失而信賴契約為有效致受損害，如其有過失，即不得請求賠償。他方當事人所得請求賠償的範圍，以因信賴契約有效所受的損害為限，為信賴損害，或稱信賴利益（消極的契約利益）的損害，例如訂約費用、準備履行所需費用或另失訂約機會的損害等。至於履行利益（積極的契約利益）的損害，即因契約履行所可得的利益，不在此得為請求賠償之列⓫。惟若信賴損害大於履行利益的損害，仍應以履行利益的損害為其限制⓬。

有疑義的是，國內通說將過失區分為重大過失、具體輕過失與抽象輕過失⓭，則民法第 247 條第 1 項規定中的「過失」，應作何解釋，當事人的注意義務之程度如何，多數說認為，法律對於訂約時的訂約人，較之訂約後並無要求為更高程度注意的理由，而謂應負與履行該（若有效之）契約債務相同的注意義務；亦即該契約債務人依法應負如何的過失，

❿ 最高法院 91 年臺上字第 2076 號判決。

⓫ 最高法院 51 年臺上字第 2101 號判例；史尚寬，《債法總論》，1990，頁 343。

⓬ 通說，史尚寬，《債法總論》，1990，頁 343。

　　不同見解，林誠二，《民法理論與問題研究》，1991，頁 324–325。

⓭ 最高法院 93 年臺上字第 851 號判決；96 年臺上字第 35 號判決；史尚寬，《債法總論》，1990，頁 343；孫森焱，《民法債編總論（下）》，2004，頁 497。

即為民法第 247 條第 1 項的過失。例如無效契約的贈與人，亦僅就其重大過失負損害賠償責任❶；而一般有償契約的當事人，原則上應負善良管理人的注意義務，而應就其抽象輕過失負責。

2.一部不能：契約的給付為一部不能，若除去該無效部分亦可成立，則契約仍有效（民法 111 但書），而就該不能部分，於訂約時明知其不能或可得而知的一方當事人，對於非因過失而信該部分為有效的他方當事人，準用民法第 247 條第 1 項規定，負信賴損害的賠償責任（民法 247 II）。

3.選擇之債一宗給付不能：選擇之債數宗給付中，有自始不能的情形，債的關係僅存在於餘存的給付上（民法 211），其契約仍有效。就該宗不能的給付，於訂約時明知其不能（惡意）或可得而知（善意但有過失）的一方當事人，對於非因過失而信該不能的一宗為有效的他方當事人，民法第 247 條第 1 項規定，負信賴損害的賠償責任（民法 247 II）。

4.二年的消滅時效期間：信賴的損害賠償請求權，適用二年的短期消滅時效期間（民法 247 II）。

案例分析

在上述案例事實中，甲為 A 祭祀公業下一房。按祭祀公業派下各房對於公業財產並無確定的應有部分，僅有潛在的房份，因此派下不得處分其房份❶。惟甲卻自認為對公業財產 L 地有 1% 比例的房份，並與第三人丙約定，將自己對 L 地之 1% 比例的房份，以 500 萬元售讓與丙。

㈠依民法第 246 條第 1 項本文規定，因甲並無其自認之對 L 地的 1% 比例的房份，無法就之為處分，其將此潛在房份出售予丙，係以不能的給付為其買賣契約之標的，所以該買賣契約無效❶。

㈡甲不知自己僅有潛在的房份，而不得處分，因此可認為甲對於該契

---

❶　史尚寬，《債法總論》，1990，頁 490；孫森焱，《民法債編總論（下）》，2004，頁 704。
❶　最高法院 91 年臺上字第 2107 號判決。
❶　最高法院 91 年臺上字第 2107 號判決。

約將因給付不能而無效的情形為不知，但其不知為甲有過失。

相對地，丙亦應知道祭祀公業派下各房對於公業財產並無確定的應有部分，僅有潛在的房份，派下不得處分其房份。故亦應認為丙對於該買賣契約的給付，即 L 地有 1% 比例的房份的移轉在法律上為不能，乃可得而知。因此，丙雖信賴契約為有效致受損害，為有過失，故不得依民法第 247 條第 1 項規定向甲請求信賴損害的賠償，而僅得主張民法第 113 條規定回復原狀請求權，或依民法第 179 條前段規定的不當得利返還請求權，請求返還已經給付的定金 50 萬元。

結論 ㈠甲、丙之間關於 L 地有 1% 比例的房份之買賣契約，無效。

㈡丙對甲不得依民法第 247 條第 1 項規定向甲請求信賴損害的賠償，而僅得主張民法第 113 條規定回復原狀請求權，或依民法第 179 條前段規定的不當得利返還請求權，請求返還已經給付的定金 50 萬元。

相關法條

▶民法第 246 條

以不能之給付為契約標的者，其契約為無效。但其不能情形可以除去，而當事人訂約時並預期於不能之情形除去後為給付者，其契約仍為有效。
附停止條件或始期之契約，於條件成就或期限屆至前，不能之情形已除去者，其契約為有效。

▶民法第 247 條

契約因以不能之給付為標的而無效者，當事人於訂約時知其不能或可得而知者，對於非因過失而信契約為有效致受損害之他方當事人，負賠償責任。
給付一部不能，而契約就其他部分仍為有效者，或依選擇而定之數宗給付中有一宗給付不能者，準用前項之規定。
前二項損害賠償請求權，因二年間不行使而消滅。

一、H 醫院（財團法人）向藥商 A（公司）訂購 M、N 二種藥品各 1 萬
　　單位，其中 N 藥品仍未取得衛生署許可。試問：

　　㈠ H 與 A 間的關於 M、N 藥品的買賣契約，效力如何？

　　㈡ 假設衛生署已經發布將於近期許可 N 藥品的販售及使用，上開買
　　　 賣契約的效力有無差別？

二、甲、乙約定，甲應給付乙一隻狼犬 D 或波斯貓 C，乙有選擇權。惟
　　該狼犬於訂約前晚已經染病死亡，因甲不知情，故也未曾告知乙。
　　乙意欲選擇該狼犬 D，因此訂約後立即定作高級狗屋一間，造價 3
　　萬元，完工後，甲才通知乙該狼犬在訂約前晚已經死亡。試問：乙
　　是否得對甲主張什麼請求權？

三、建商 C 公司明知所建的 H 屋因使用建材有嚴重的輻射污染，受主管
　　機關檢測中，卻趕在檢測結果出爐前，將 H 屋以 800 萬元賣予不知
　　情的客戶丙，丙同時向 B 銀行借貸購屋款的 7 成。在 H 屋所有權將
　　辦理過戶登記前，主管機關依檢測結果禁止 H 屋的使用、買賣與轉
　　讓，並將擇期拆除。試依民法相關規定分析 C 與丙間的法律關係。

問題 **3-18**

對於定型化契約的不公平約款，民法有何限制規定？

甲以定型化契約僱用乙，其定型化條款載明：乙應定期參與甲指定的教
育訓練課程，並履行甲分派的任務；甲應支付乙每月報酬 6 萬元；本契
約不適用勞動基準法規定。嗣後甲未經預告，以乙工作表現未符合其要
求，片面終止雙方的契約關係。乙主張雙方為僱傭關係，該排除勞動基
準法規定適用的定型化條款為無效；因此，甲未經預告，僅以乙工作表
現未符合其要求，片面終止雙方的契約關係的行為，因違反勞動基準法
相關規定而無效，當事人間的僱傭關係仍存續。請問此主張是否有理由？

💡 提　示

一、何謂定型化契約及定型化契約條款？
二、民法對於定型化契約條款有何限制規定？

🧠 解　析

一、定型化契約及其條款

定型化契約，又稱附合契約，指依照當事人一方預定用於同類契約的條款，而訂定的契約（民法247之1），而該預定用於同類契約的條款，即為定型化契約條款或附合契約條款。

對於定型化契約，消費者保護法第11條至第17條及民法第247條之1分別設有規定。消費者保護法僅適用於企業經營者與消費者間的「消費關係」，即消費者與企業經營者間就商品或服務所發生的法律關係（消費者保護法2③），其為民法的特別法，而消費關係是定型化契約適用的主要範圍，且消費者保護法規定亦較詳細明確。因此，僅於無消費者保護法適用的情形，民法第247條之1始有適用的實益或可能。例如貿易公司與銀行間訂立進口遠期信用狀借款契約，由公司向銀行循環融資，以供開發信用狀，向國外進口物資，其間借貸是以公司的資金周轉為目的而為交易，或工程的承攬，均非消費關係，無消費者保護法的適用❶，其定型化契約約款即（僅）受民法規範。

二、民法對定型化契約條款的限制

民法第247條之1列舉四款有關他方當事人利害的約定，為原則上的規定，明定定型化契約（附合契約）的意義，及各款約定按其情形顯失公平時，其約定為無效。

㈠條款內容的限制：民法第247條之1規定：「依照當事人一方預定用於同

---

❶　最高法院92年臺上字第2110號判決；92年臺上字第1395號判決。

類契約之條款而訂定之契約，為左列各款之約定，按其情形顯失公平者，
該部分約定無效：一、免除或減輕預定契約條款之當事人之責任者。二、
加重他方當事人之責任者。三、使他方當事人拋棄權利或限制其行使權
利者。四、其他於他方當事人有重大不利益者。」此所稱「按其情形顯失
公平者」，則係指依契約本質所生的主要權利義務，或按法律規定加以綜
合判斷，有顯失公平的情形而言❶❻❽。

　1.免除或減輕預定契約條款之當事人之責任：指該預定條款的一方當
事人免除或減輕其通常應負的民法上責任，例如預定承攬條款的承攬人
免除其完成工作的瑕疵擔保或債務不履行責任，或預定信託條款的受託
人減輕其債務不履行責任，而按其情形顯失公平。

　2.加重他方當事人之責任：應指一方預定的契約條款加重他方當事人
的法律責任，而為他方所不及知或無磋商變更的餘地❶❻❾，例如預定承攬
條款的定作人強加他方的無過失責任。

　3.使他方當事人拋棄權利或限制其行使權利：謂令他方當事人拋棄法
律上應有的權利或限制其行使該權利，而為他方所不及知或無磋商變更
的餘地，例如預定買賣條款的出賣人使買方拋棄其因商品瑕疵所生的權
利（民法 353、359–360），或預定保證條款的債權人使保證人預先拋棄
抗辯權或抵銷權（民法 742 之 1、334），或加重其債務不履行的責任或
限制其行使催告權、抵銷權、終止權（民法 754 I）❶❼❶。

　4.其他於他方當事人有重大不利益：此為一概括規定，凡不屬於前三
款的定型化契約條款，而對他方當事人有重大不利益效果的內容，均得
有本款規定的適用。

---

❶❻❽　最高法院 91 年臺上字第 2336 號判決；最高法院 92 年臺上字第 1395 號判決；最高法
　　　院 96 年臺上字第 168 號判決。

❶❻❾　最高法院 91 年臺上字第 2336 號判決；最高法院 92 年臺上字第 1395 號判決；最高法
　　　院 94 年臺上字第 2340 號判決。

❶❼❶　最高法院 97 年臺上字第 1680 號判決。並比較最高法院 96 年臺上字第 1246 號判決。

㈡**違反限制的法律效果**：依民法第 247 條之 1 規定，定型化契約中的部分約定（條款），有該條列舉四款情形之一，而按其情形顯失公平者，該部分約定無效。此謂原則上僅有造成不公平的約定條款部分無效，並非契約全部無效[171]；惟除去該無效部分，依當事人意思將不訂立該契約時，此時則應解為全部契約無效（民法 110）。

值得注意的是，最高法院曾對於定型化契約條款的限制規定之適用範圍，採限縮解釋，謂「定型化契約應受衡平原則限制，係指締約之一方之契約條款已預先擬定，他方僅能依該條款訂立契約，否則，即受不締約之不利益，始應適用衡平原則之法理，以排除不公平之『單方利益條款』，避免居於經濟弱勢之一方無締約之可能，而忍受不締約之不利益，是縱他方接受該條款而締約，亦應認違反衡平原則而無效，俾符平等互惠原則。查保證人既係擔保他人間之債務清償責任，並非經濟之弱者，且未自保證契約獲取任何利益，如認保證契約有違民法保護保證人之任意規定，自可不訂定保證契約，並不因其未為保證人而生不利益，或經濟生活受制於銀行不得不為保證之情形。是保證人如因同意某條款而訂定保證契約，該條款又屬當事人得依特約排除之任意規定，除另有其他無效之原因外，保證人即不得任指該契約條款為無效。又銀行與連帶保證人間所訂定之保證契約，乃保證人擔保借款人對銀行債務之清償責任，銀行對保證人並不負任何義務，保證人亦無從因保證契約自銀行獲取報償，其性質上屬單務、無償契約，並非屬消費之法律關係，保證人亦非消費者，自無消費者保護法之適用，亦無民法第二百四十七條之一規定之適用，當亦無類推適用民法第七百五十五條規定之餘地。」[172]此見解顯未考量一方有為保證的事實上需要，例如為近親的債務保證，而其訂約能力及地位與提出定型化契約條款的一方之不平等，無法達到此定型化契約條款的限制規定，防止契約自由的濫用及維護交易的公平的積極功能，不值得贊同[173]。

---

[171] 最高法院 91 年臺上字第 1999 號判決。

[172] 最高法院 96 年臺上字第 1246 號判決；最高法院 93 年臺上字第 710 號判決。

🔍 案例分析

　　在上述案例事實中，甲、乙間所簽訂的契約，依其內容定其性質，應屬於僱傭契約（民法482）或勞動契約（勞動基準法2⑥）。勞動基準法賦予受僱人或勞工特別的法律保護，所以甲、乙間的僱傭關係原則上應有勞動基準法的適用，以保障受僱人即勞工乙的權益。

　　甲以定型化契約僱用乙，因甲、乙間非消費關係（消費者保護法2③），其定型化契約不適用消費者保護法規定，而應適用民法規定。甲以定型化條款明訂該契約「不適用勞動基準法規定」，將導致僱用人甲依勞動基準法應負較重的法律責任因而免除或減輕，並使受僱人乙無法享受依勞動基準法應有的權利或利益，例如受僱人方終止契約的限制，此等效果對於受僱人乙顯然不公平，法律保障勞工權益的目的將無法達到。因此，該「不適用勞動基準法規定」的定型化契約條款，依民法第247條之1第1款及第3款規定，應為無效，該契約仍有勞動基準法規定的適用。

　　甲、乙間的契約，依題示並無得推論為定期僱傭契約的基礎，故認定為不定期的僱傭契約，甲僅得依勞動基準法第11條規定「預告終止契約」；惟依題示，甲未經預告，僅以乙工作表現未符合其要求，即片面終止雙方的契約關係，並不符合該第11條規定。故甲終止雙方的契約關係的行為，因違反勞動基準法相關規定而無效，甲、乙間的僱傭關係因未經有效終止，應仍存續，故乙的主張有理由。

結論　乙主張雙方為僱傭關係，該排除勞動基準法規定適用之定型化條款無效，甲未經預告，僅以乙工作表現未符合其要求，片面終止雙方的契約關係的行為，因違反勞動基準法相關規定而無效，當事人間的僱傭關係仍存續，有理由。

---

❸　最高法院97年臺上字第1680號判決及臺中高分院97年重上更㈠字第36號判決，均不排除民法第247條之1適用於（連帶）保證契約。

🗄 相關法條

▶民法第 247 條之 1

依照當事人一方預定用於同類契約之條款而訂定之契約，為左列各款之約定，按其情形顯失公平者，該部分約定無效：

一、免除或減輕預定契約條款之當事人之責任者。

二、加重他方當事人之責任者。

三、使他方當事人拋棄權利或限制其行使權利者。

四、其他於他方當事人有重大不利益者。

▶消費者保護法第 12 條

定型化契約中之條款違反誠信原則，對消費者顯失公平者，無效。

定型化契約中之條款有下列情形之一者，推定其顯失公平：

一、違反平等互惠原則者。

二、條款與其所排除不予適用之任意規定之立法意旨顯相矛盾者。

三、契約之主要權利或義務，因受條款之限制，致契約之目的難以達成者。

 練習題

甲與 A 公司簽立由 A 公司提供的定型化連帶保證書，雙方約定就乙對 A 公司的一切債務，在 1 千萬元範圍內負連帶保證責任；保證人在債務未清償前不自行退保，A 公司無主動告知主債務情事的義務。嗣後乙向 A 公司先後借款 200 萬元及 400 萬元，清償期限屆至未清償，A 公司向甲依連帶保證關係清償 600 萬元。甲主張該定型化保證契約顯失公平，應為無效，而拒絕清償。試問：甲的主張有無理由？❼

---

❼ 最高法院 97 年臺上字第 1680 號判決、臺中高分院 97 年重上更㈠字第 36 號判決；最高法院 91 年臺上字第 1999 號判決。

問題 3-19

契約當事人一方已付定金，契約履行或不能履行時，得否請求返還該定金？

甲男、乙女計畫於 4 月 8 日結婚，二人共同向承做禮服的丙訂作白紗禮服一套，價金 22 萬元，定金 6 萬元，約定於 4 月 1 日試穿及 4 月 6 日取貨。請問：

㈠丙因出國旅遊而忽略了約定禮服取貨日期，未完成禮服的製作，導致甲、乙於婚禮前一日，臨時向第三人租用相當的白紗禮服一套，租金 1 萬元。甲、乙得否向丙請求已經支付的定金及請求其他給付？

㈡假設甲、乙二人在激烈爭吵後取消婚約。甲、乙得否向丙要求中止製作，並退回全部或一部的定金？

提　示

一、何謂定金？

二、定金有哪些種類？

三、依民法規定，定金有何效力？

解　析

一、定金的概念

　　為確保契約的履行，亦即為確保基於契約所生債務的履行及債權的實現，民法設有關於定金、違約金及準違約金的規定（民法 248–253）。

　　所謂定金，指為確保契約的履行，而由當事人一方交付他方的金錢或其他代替物。

　　當事人間收受定金的合意，為定金契約，至於當事人是否使用「定金」的稱呼，並無影響。定金契約，性質上為要物契約、從契約。

二、定金的種類

定金，依其主要作用的不同，可作如下分類：

(一)**成約定金**：以定金的交付，為契約的成立要件，因定金的交付，契約始能成立，其與要物契約之物的交付有相同的作用❶❼❺。

(二)**證約定金**：以定金的交付，為契約成立的證明，此種定金不屬於契約的成立要件❶❼❻。

(三)**違約定金**：以定金作為債務不履行的損害賠償，例如民法第 249 條第 2款、第 3 款所規定的定金，屬此違約定金的性質。

(四)**解約定金**：以定金作為任意解除契約或保留解除權的代價，授與人得拋棄其定金而解除契約，收受人得加倍償還而解除契約❶❼❼。雖然當事人原則上得以解約定金為代價，而任意解除契約，惟就該解除權的行使，實務上設有時間限制，必須在契約相對人著手履行之前；如相對人已著手履行時，即不得任意解除契約❶❼❽。此限制見解有背於解約定金之目的，有待商榷。

(五)**猶豫定金或立約定金**：關於如買賣、租賃契約的訂立，預定一定的考慮期間（猶豫期間），而交付定金，授與人若不在該期間內訂立（正式的）契約，收受人得沒收其定金。

究竟當事人間交付的定金，其性質（作用、種類）為何，應由當事人合意決定；如當事人未約定時，民法第 248 條規定：「訂約當事人之一方，由他方受有定金時，推定其契約成立。」明確採證約定金為原則的見解。

---

❶❼❺ 例如德國普通法的手金 (Handgeld)，參閱史尚寬，《債法總論》，1990，491 頁。

❶❼❻ 羅馬法、德國民法、瑞士債務法的定金，原則上屬於此證約定金性質，參閱史尚寬，《債法總論》，1990，頁 491。

❶❼❼ 法國民法、日本民法上的定金，原則上屬於此解約定金的性質，參閱史尚寬，《債法總論》，1990，頁 491–492。

❶❼❽ 最高法院 72 年臺上字第 85 號判例。

三、定金的效力

　　關於定金的效力，除當事人有特別訂定外，民法第 249 條設有四款規定（補充規定），層次上可先分為契約的履行（民法 249 ①）與不履行（民法 249 ②–④）二種情形，而後者再依其是否可歸責於當事人的一方，分別賦予不同的效力。

㈠**契約履行時**：定金應返還或作為給付的一部（民法 249 ①）。

㈡**契約因可歸責於付定金當事人的事由，致不能履行**：定金不得請求返還（民法 249 ②），除當事人另有約定外，即以該定金作為法定損害賠償總額，此定金有損害賠償額預定的性質。定金受領人無庸證明其損害額，依多數說亦不得更請求超出定金數額以外的損害賠償[179]。

㈢**契約因可歸責於受定金當事人的事由，致不能履行時**：該受定金當事人應加倍返還其所受領的定金（民法 249 ③），此時加倍返還為損害賠償性質，屬於法定的賠償預定額。

　　民法第 249 條第 3 款規定的加倍返還定金，以契約因可歸責於受定金當事人的事由致不能履行為其前提，與民法第 259 條第 9 款規定的附加利息償還所受領的金額，須以解除契約為前提者不同[180]。然最高法院亦以民法第 249 條第 3 款所定的「加倍返還定金」，係損害賠償性質，進而認為主契約縱已解除，參照民法第 260 條規定，亦得請求加倍返還定金[181]。

　　契約當事人的一方，為確保其契約的履行，而交付他方的定金，依民法第 249 條第 3 款規定，除當事人另有約定外，只於契約因可歸責於受定金當事人的事由，致不能履行時，該當事人始負加倍返還其所受定金的義務，若給付可能，而僅為遲延給付，即無此條款的適用[182]。該條

---

[179]　史尚寬，《債法總論》，1990，頁 495；鄭玉波、陳榮隆，《民法債編總論》，2002，頁 412。

[180]　最高法院 63 年臺上字第 2367 號判例。

[181]　最高法院 67 年度第 9 次（67 年 8 月 29 日）民庭庭推總會決議㈢。

款雖僅就履行不能而為規定，於給付遲延或受領遲延不適用之；惟如因給付遲延或受領遲延致履行不能時，則仍在適用之列**⑱**。

㈣**因不可歸責於雙方當事人的事由，致不能履行時：**應返還所受定金（民法 249 ④），蓋依民法第 225 條第 1 項及第 266 條第 1 項規定，此時雙方當事人均應免責，即任何一方均不負賠償責任，其所給付的定金自應返還。此時返還定金並無須附加利息，與民法第 213 條第 2 項及第 259 條第 2 款的附加利息規定有別。

如定金過高而與當事人所受損害不成比例，實為預付的違約金，因避免民法第 252 條的適用而使用定金名義的情形，可依民法第 87 條第 2 項規定，其定金契約因通謀虛偽意思表示而無效，視之為預付的違約金（隱藏行為），或依民法第 71 條但書規定不以之為無效，而準用民法第 252 條規定，得由法院減至相當的數額**⑱**。

契約狀態	事由		定金效力
履行			應返還或作為給付的一部（民法 249 ①）
不履行	可歸責的當事人	付定金一方	不得請求返還（民法 249 ②）
		受定金一方	應加倍返還其所受的定金（民法 249 ③）
	不可歸責於雙方		定金應返還（民法 249 ④）

▲民法第 249 條關於定金效力

案例分析

㈠如丙因出國旅遊而忽略了約定禮服取貨日期，導致甲、乙於婚禮前一日，臨時向第三人租用白紗禮服一套，租金 1 萬元。因該白紗禮服係作為結婚典禮穿用，絕對必須在結婚前給付才有意義，故該給付屬於依契約的性質，非於一定時期為給付不能達其契約之目的（民法 255），且為絕對定期行為，在結婚典禮後給付，已不能達其契約之目的，成為給付不能**⑱**

---

⑱ 最高法院 71 年臺上字第 2992 號判例。

⑱ 最高法院 28 年滬上字第 239 號判例。

⑱ 史尚寬，《債法總論》，1990，頁 496。

此給付不能，乃丙出國旅遊而忽略了約定禮服取貨日期所導致，可歸責於受領定金的丙。依民法第 249 條第 3 款規定，甲、乙得向丙請求加倍返還丙所受的定金。

另外，甲、乙也可依民法第 255 條規定逕行解除契約，並依最高法院見解，亦得請求加倍返還定金[186]。

㈡如甲、乙二人在激烈爭吵後取消婚約，則該白紗禮服的給付，其契約之目的亦已經不存在。甲、乙取消婚約而導致其給付禮服之目的不存在，乃可歸責於付定金的甲、乙，惟其是否構成民法第 249 條第 2 款規定的履行不能，不無疑問。因此契約目的為契約內容的一部分，取消婚約通常亦導致預定婚禮的取消，原訂製的禮服（縱使如期完成）已無意義，故宜認為構成民法第 249 條第 2 款的履行不能。除當事人另有約定外，該條款即以該定金作為法定損害賠償總額，此定金有損害賠償額預定的性質。因此，在當事人未有特別約定的前提下，甲、乙不得向丙要求中止製作，並退回全部或一部的定金。

結論 ㈠甲、乙得向丙請求加倍返還丙所受的定金。

㈡甲、乙不得向丙要求中止製作，並退回全部或一部的定金。

相關法條

▶民法第 248 條

訂約當事人之一方，由他方受有定金時，推定其契約成立。

▶民法第 249 條

定金，除當事人另有訂定外，適用左列之規定：

一、契約履行時，定金應返還或作為給付之一部。

二、契約因可歸責於付定金當事人之事由，致不能履行時，定金不得請求返還。

---

[185] 史尚寬，《債法總論》，1990，頁 521。

[186] 最高法院 67 年度第 9 次（67 年 8 月 29 日）民庭庭推總會決議㈢。

三、契約因可歸責於受定金當事人之事由，致不能履行時，該當事人應加倍返還其所受之定金。

四、契約因不可歸責於雙方當事人之事由，致不能履行時，定金應返還之。

▶民法第 252 條

約定之違約金額過高者，法院得減至相當之數額。

▶民法第 254 條

依契約之性質或當事人之意思表示，非於一定時期為給付不能達其契約之目的，而契約當事人之一方不按照時期給付者，他方當事人得不為前條之催告，解除其契約。

一、甲、乙簽訂 A 物的買賣契約，價金 100 萬元，買受人甲交付乙「違約定金」5 萬元，並約定於 5 月 5 日付清價金。甲遲延於 10 月 5 日至 10 月 25 日間，始分四筆匯款至乙的帳戶中，乙則於 11 月 5 日對甲加倍返還定金，並表示解除契約。試問：乙是否有效解除該 A 物的買賣契約？

二、甲、乙雙方於 10 月 28 日簽立定金收據，約定甲以 1200 萬元購買乙所有的 L 地，並給付定金 100 萬元，雙方應於 11 月 30 日前簽訂本約。嗣甲擬定買賣本約部分約款，並授權丙於 11 月 30 日以該契約書為準，代為簽訂本約，遭乙所拒，甲於 12 月 8 日發函通知乙解除該買賣契約，請求乙於 7 日內返還定金 100 萬元；乙則主張依民法第 249 條第 2 款規定，甲不得請求返還，因此拒絕返還。試問：乙得否拒絕返還該筆定金？[187]

----

[187] 最高法院 100 年臺上字第 2076 號判決。

問題 3-20

債權契約的雙方當事人約定,債務人不於適當時期履行其債務,即必須支付違約金。若債權人因債務人的給付遲延受有損害, 得否另行請求賠償其損害?

A 營造公司向 B 公司承攬 P 工程, 雙方簽訂的承攬契約約定, 工程總價含追加部分預計 1200 萬元, 結算金額則按實做數量計算, 施工期限連同展期在內為 300 天; 因重大遲延而終止契約的違約金為 120 萬元。嗣後因 A 公司發生財務危機, 致工程進度嚴重落後, 確定無法如期完工, B 公司遂依雙方承攬契約的約定, 終止該契約, 並請求給付違約金 120 萬元及賠償重新發包的價差損失 50 萬元。就請求賠償重新發包的價差損失 50 萬元部分, A 公司主張, 該違約金應為賠償總額預定的性質, B 公司除該約定的違約金外, 不得再為其他發包價差的賠償請求, 因此拒絕給付。請問 A 公司的主張, 有無理由? ⓲

 提　示

一、何謂違約金?

二、違約金有哪些種類?

三、違約金有何效力?

解　析

一、違約金的概念

　　民法第 250 條第 1 項規定:「當事人得約定債務人於債務不履行時, 應支付違約金。」違約金, 係為確保 (主) 債務的履行, 由當事人約定, 債務人於債務不履行時所應支付的金錢。雙方約定的違約金債權, 於約定的原

⓲　最高法院 95 年臺上字第 627 號判決。

因事實發生時，已獨立存在，故違約金債權人即得請求債務人給付違約金[189]。

違約金契約，性質上為從契約、諾成契約。違約金債務，係以主債務不履行為停止條件的債務。至於主債務的發生原因，或為法律規定，或為法律行為（契約、單獨行為），其中又以承攬契約最為常見。至於身分契約，原則上不得附有違約金約定，否則將因違反善良風俗而無效（民法72）。

二、違約金的種類

違約金，學理上一般依其「性質」不同，區分為懲罰性違約金與賠償額預定性違約金二種。

㈠**懲罰性違約金**：此乃當事人對於債務不履行，所約定之一種私的制裁，亦稱違約罰，為固有意義的違約金[190]。當事人約定有懲罰性違約金，債務人於債務不履行時，除需支付該違約金外，其他因債的關係所應負的所有責任，如債務的履行，或因債務不履行所生的損害賠償及遲延利息等，並不受影響[191]。

㈡**賠償額預定性違約金**：此是當事人所預先約定，債務人於債務不履行時應賠償的金錢數額，乃以預定債務不履行之損害賠償額為目的。此種預定，可避免債權人難以證明損害的發生及其數額。至於債務人是否得舉證債權人無損害而免責，應依當事人約定；如未約定，基於我民法上「無損害即無賠償」原則，宜採肯定說[192]。此賠償額預定性違約金與上述的懲罰性違約金不同，債權人僅得在賠償額預定性違約金與債務履行或不履行損害賠償及遲延利息二者之間，擇一行使[193]。

---

[189] 最高法院 88 年臺上字第 1724 號判決。

[190] 在契約自由原則下，當事人得自由約定違約金，而有所謂民事罰自由原則。

[191] 最高法院 62 年臺上字第 1394 號判例；鄭玉波、陳榮隆，《民法債編總論》，2002，頁415。

[192] 不同見解，鄭玉波、陳榮隆，《民法債編總論》，2002，頁 416，傾向否定說。

[193] 最高法院 62 年臺上字第 1394 號判例；鄭玉波、陳榮隆，《民法債編總論》，2002，頁

原來債的關係所生債務 違約金	懲罰性違約金	賠償額預定性違約金
債務履行，或債務不履行所生的損害賠償及遲延利息	並存關係：互不影響	擇一關係：互相排斥

▲違約金與原來債的關係所生債務的關係

民法第 250 條第 2 項前段規定：「違約金，除當事人另有訂定外，視為因不履行而生損害之賠償總額。」因此，當事人如有約定違約金的性質，依當事人意思決定；若未約定違約金的性質，民法即擬制其為「賠償額預定性違約金」❶❾❹。

此外，實務上又將民法所定違約金，依其「目的」區分為二種：一為以預定債務不履行之損害賠償額為目的，此種違約金於債務人不履行債務時，債權人僅得就原來的給付或違約金「擇一請求」❶❾❺；二為以強制債務之履行為目的，此種違約金於債務人不履行債務時，債權人除得請求違約金外，「並得請求」原來的給付❶❾❻。至於當事人所約定之違約金究屬何性質，亦依當事人的意思為決定，倘當事人未約定，則依民法第 250 條第 2 項前段規定視為以預定債務不履行之損害賠償額為目的❶❾❼。

三、違約金的效力

民法第 250 條第 2 項規定：「違約金，除當事人另有訂定外，視為因不履行而生損害之賠償總額。其約定如債務人不於適當時期或不依適當方法履行債務時，即須支付違約金者，債權人除得請求履行債務外，違約金視為因不於適當時期或不依適當方法履行債務所生損害之賠償總額。」依此，民法上違約金以損害賠償額預定性為原則，並有二個例外情形：一為當事

416。

❶❾❹　最高法院 86 年臺上字第 3397 號判決；最高法院 86 年臺上字第 1620 號判決。

❶❾❺　此即上述的賠償額預定性違約金。

❶❾❻　上述懲罰性違約金常有此目的。

❶❾❼　最高法院 86 年臺上字第 3397 號判決；最高法院 86 年臺上字第 1620 號判決。

人特別訂定；二為當事人（僅）就債務不適當履行而約定。

　　若當事人約定，債務人不於適當時期或不依適當方法履行債務，亦即雙方約定債務人給付遲延或給付不完全時，就必須支付違約金，則債權人除得請求債務人履行債務外，該違約金視為因不於適當時期（給付遲延）或不依適當方法履行債務（給付不完全）所生損害的賠償總額（民法250 II 後段）。

違約金 債務不履行	無約定	賠償額預定性違約金	懲罰性違約金
給付不能	全部不能：替補賠償（民法226 I）； 一部不能：替補賠償（民法226 II）	僅違約金（民法250 II 前段）	違約金與替補賠償並存
不完全給付	能補正：補正與積極侵害的賠償並存； 不能補正：替補賠償與積極的侵害賠償並存	能補正：違約金與補正並存； 不能補正：違約金與替補賠償並存（民法250 II 後段）	同左
給付遲延	遲延賠償與履行債務並存（民法231）；或僅替補賠償（民法232）	違約金與履行債務並存；違約金與替補賠償並存（民法250 II 後段）	同左

▲違約金與債務不履行的關係

　　民法第253條規定：「前三條之規定，於約定違約時應為金錢以外之給付者準用之。」此所謂約定違約時應為金錢以外的給付，稱為「準違約金」，其係為確保債務的履行，由當事人約定債務人於債務不履行時，所應給付之金錢以外的物。

　　準違約金，依民法第253條準用第250條，亦可區分為懲罰性準違約金或賠償額預定性準違約金二種。其以損害賠償額預定性為原則，並有二個例外情形：一為當事人特別訂定；二為當事人（僅）就債務不適當履行而約定。若當事人約定，債務人不於適當時期或不依適當方法履行債務，

亦即雙方約定債務人給付遲延或給付不完全時，就必須支付準違約金，則債權人除得請求債務人履行債務外，該準違約金視為因不於適當時期（給付遲延）或不依適當方法履行債務（給付不完全）所生損害的賠償總額（民法 253 準用 250 II 後段）。

🔍 案例分析

在上述案例事實中，依民法第 250 條第 1 項規定，A、B 間之違約金為 120 萬元的約定，應為合法而有效。

嗣後因 A 公司發生財務危機，致工程進度嚴重落後，確定無法如期完工，B 公司遂依雙方承攬契約約定，終止該契約，並請求給付違約金 120 萬元及賠償重新發包的價差損失 50 萬元。依民法第 250 條第 2 項規定，民法上違約金，除有二個例外情形外（一為當事人特別訂定；二為當事人（僅）就債務不適當履行而約定），以損害賠償額預定性為原則。在此案例事實中，並不屬於上述二種例外情形，因此當事人 A、B 公司間之約定「因重大遲延而終止契約的違約金為 120 萬元」，依該規定應「視為不履行而生損害之賠償總額」，擬制為賠償額預定性違約金，除此約定違約金外，債權人不得另行請求其他損害的賠償。所以就請求賠償重新發包的價差損失 50 萬元部分，A 公司主張，該違約金應為賠償總額預定的性質，B 公司除違約金外，不得再為其他發包價差的賠償請求，有理由。

結論 A 公司主張，該違約金應為賠償總額預定的性質，B 公司除違約金外，不得再為其他發包價差的賠償請求，有理由。

📁 相關法條

▶民法第 250 條

當事人得約定債務人於債務不履行時，應支付違約金。

違約金，除當事人另有訂定外，視為因不履行而生損害之賠償總額。其約定如債務人不於適當時期或不依適當方法履行債務時，即須支付違約金者，債權人除得請求履行債務外，違約金視為因不於適當時期或不依適當方法

履行債務所生損害之賠償總額。

▶民法第 253 條

前三條之規定，於約定違約時應為金錢以外之給付者準用之。

A 公司與 B 公司於 2011 年間訂立 F 食品經銷契約，約定自 2011 年 8
月 1 日起至 2012 年 7 月 31 日止，由 A 公司將所生產 F 食品委由 B 公
司獨家全權經銷，A 公司並以 1 公斤 200 元的價格將 F 食品出售予 B 公
司，B 公司則依約交付 A 公司「保證金」150 萬元；B 公司每年度應負
責包銷 12 萬公斤的 F 食品。嗣 B 公司於期滿前發函予 A 公司表明不再
續約。至期滿，B 公司計僅銷售 5 萬公斤的 F 食品。試問：

㈠該 150 萬元保證金的性質是否屬違約金？

㈡B 公司向 A 公司主張，已合法終止契約，A 應返還 B 公司所交付的保
證金 150 萬元，是否有理由？❶⑨⑧

問題 3-21

契約的違約金過高時，債務人得否嗣後請求減少？

甲僱用乙為餐廳服務生，約定每月薪水 2 萬元；遲到在 30 分鐘內一次
扣薪水 1 千元，逾 30 分鐘一次扣薪水 2 千元；損壞餐具，以該餐具的
買價 10 倍為違約賠償金。經工作滿一個月，甲告訴乙，乙遲到數次均
在 30 分鐘內，另摔破餐盤 2 個，違約金總計 1 萬 8 千元，該月薪水經
扣除違約金後，僅剩 2 千元；因月中已經發給薪水 1 萬 2 千元，乙尚
應支付（退還）甲違約金 1 萬元。請問若乙認為其違約金過高時，得如
何尋求救濟？

❶⑨⑧　臺灣高院 99 年上易字第 39 號判決。

一、當事人約定的違約金是否過高，如何認定？

二、如法院認定當事人約定的違約金過高，得否為如何的減少？

⚙ 解 析

　　民法第 252 條規定：「約定之違約金額過高者，法院得減至相當之數額。」⑲賦予法院得將當事人約定之過高的違約金額，減至相當的數額之裁量權，此規定亦準用於當事人約定違約時應為金錢以外的給付（所謂的準違約金）之情形。

　　民法第 252 條規定有二個關鍵問題，一為如何認定違約金是否過高，二為於過高時如何減少。

一、約定的違約金過高之認定

　　法院認定當事人約定的違約金是否過高，應依一般客觀事實、社會經濟狀況、當事人所受損害情形及債務人如能依約履行時，債權人可享受的一切利益為衡量標準⑳；倘該違約金係損害賠償總額預定（民法 250 I 前段）的性質時，尤應衡酌債權人實際上所受的積極損害及消極損害，以決定其約定的違約金是否過高，且就所斟酌的依據，尤應於判決中為具體認定，不宜籠統敘述㉑。

　　當事人約定有違約金，如有債務不履行情事發生時，債權人不待舉證證明其所受損害係因債務不履行所致及損害額的多寡，原則上得按約定的違約金，請求債務人支付；惟於約定的違約金過高情形，債務人得依民法

---

⑲　民法第 252 條係摹仿德國民法、瑞士債務法的法院酌減主義，不採法國民法、日本民法的法院不干涉主義。參閱鄭玉波、陳榮隆，《民法債編總論》，2002，頁 421。

⑳　最高法院 51 年臺上字第 19 號判例；最高法院 100 年臺上字第 1037 號判決；臺灣高院 99 年上易字第 39 號判決；孫森焱，《民法債編總論（下）》，2004，743 頁。

㉑　最高法院 100 年臺上字第 1037 號判決。

第 252 條規定，請求法院減至相當的數額，而就約定違約金過高的事實，則由主張此項有利於已事實的債務人負舉證責任[202]。

二、金額過高的酌減

如法院認定當事人約定的違約金額過高時，得予以減至相當的數額，此為法院的減低權[203]，法院得依職權減低，不以當事人的請求減低為必要。此減低權亦準用於約定違約時應為金錢以外的給付，即所謂的準違約金（民法 253）。

另關於金錢借貸，如當事人間的約定違約金與約定利率合計，已經超過法定利率限制（民法 205），其違約金約定的效力如何，依最高法院見解，債務人不得主張其約定為無效或無請求權，而是僅得適用民法第 252 條規定，就過高部分請求法院行使其減低權而已[204]。

如係債權人一方乘他方的急迫、輕率或無經驗，使其為違約金額過高的約定，依當時情形顯失公平時（所謂的暴利行為），該債務人得依民法第 74 條第 1 項規定，請求法院撤銷該約定或減輕其違約金的給付；縱使已逾民法第 74 條第 2 項規定的一年除斥期間，法院仍得依民法第 252 條規定酌減其違約金額。

案例分析

在上述案例事實中，受僱人乙月薪僅有 2 萬元，如遲到在 30 分鐘內一次扣一個月僱傭報酬即月薪的 1/20、逾 30 分鐘一次扣月薪的 1/10，損害餐具應賠償該餐具買價的 10 倍，與僱用人因受僱人的遲到或損壞餐具所受損害相衡，顯然過高；事實上乙遲到數次、摔破餐盤 2 個，甲固然因此受有損害，但乙工作一個月所得，扣除約定違約金後僅剩 2000 元，顯不相當而有失公平。

---

[202] 最高法院 92 年臺上字第 697 號判決。

[203] 最高法院 68 年度第 9 次（68 年 6 月 26 日）民庭庭推總會決議。

[204] 最高法院 68 年度第 9 次（68 年 6 月 26 日）民庭庭推總會決議。

　　由上述得知，甲、乙間所約定的違約金顯然過高。如乙認為其違約金過高時，得於訴訟中為主張，促使法院依民法第 252 條規定，行使其違約金減低權，將該違約金減至相當的金額。不過，乙應就約定違約金過高的事實，負舉證責任[205]。

結論　如乙認為其違約金過高時，得於訴訟中為主張，促使法院依民法第 252 條規定，行使其違約金減低權，將該違約金減至相當的金額。

相關法條

▶民法第 250 條

當事人得約定債務人於債務不履行時，應支付違約金。

違約金，除當事人另有訂定外，視為因不履行而生損害之賠償總額。其約定如債務人不於適當時期或不依適當方法履行債務時，即須支付違約金者，債權人除得請求履行債務外，違約金視為因不於適當時期或不依適當方法履行債務所生損害之賠償總額。

▶民法第 251 條

債務已為一部履行者，法院得比照債權人因一部履行所受之利益，減少違約金。

▶民法第 252 條

約定之違約金額過高者，法院得減至相當之數額。

▶民法第 253 條

前三條之規定，於約定違約時應為金錢以外之給付者準用之。

練習題

一、甲向乙商借稻穀 2 公噸，並於稻穀借據內載明逾期不還，其逾期利息穀按「每百公斤二公斤」計付。嗣後甲未能如期償還，乙向甲要

---

[205]　最高法院 92 年臺上字第 697 號判決。

求償還稻穀 2 公噸及約定的逾期利息穀；甲以約定逾期利息穀過高不合理，而拒絕給付。如乙起訴甲，請求甲償還稻穀 2 公噸及約定的逾期利息穀。試問：就約定的逾期利息穀部分，如法院亦認為確實過高，其應如何裁判？ [206]

二、丙向丁借款 100 萬元，約定借款期間一年，依年息 15% 計算利息；逾期 3 個月以內者，按上開利息 20% 加計違約金，逾期超過 6 個月者，按上開利率 30% 加計違約金。今逾清償期已經整整 7 個月，丙未依約償還任何款項。試問：丁得否向丙請求支付任何款項？

問題 **3-22**

契約解除權發生的原因有哪些？

甲、乙簽訂承攬契約，約定乙應於今年 6 月 30 日前為甲完成 W 工作，報酬合計 100 萬元，甲應分別於契約生效後 5 日內支付乙 20 萬元，及完成 W 工作後 3 日內支付乙 80 萬元。請問：

㈠乙因可歸責於己的事由，至 6 月 30 日仍未能為甲完成 W 工作，甲得否解除該承攬契約？

㈡甲、乙雙方得否於簽訂承攬契約後，再次合意將該承攬契約予以解除？

提 示

一、何謂契約解除？

二、何謂契約解除權？

三、契約解除權的發生、消滅之原因為何？

---

[206] 最高法院 52 年臺上字第 3602 號判例。

🎬 解 析

一、概 念

㈠**解除契約**: 解除契約，謂當事人一方行使解除權，使契約溯及地喪失其效力。因契約溯及地喪失其效力，當事人間的法律關係回復到訂定契約前的狀態，即與未訂立契約相同，故當事人負有回復原狀的義務 (民法 259)。

㈡**契約解除權**: 契約解除權，乃契約當事人一方得單方面解除契約的權利，其性質上屬於形成權，應以單方的意思表示行使，此乃一單獨行為。解除權係基於債權契約而發生，屬於從權利，應附隨於契約而存在，不得單獨轉讓；惟僅將因契約所生的債權或債務轉讓他人時，其解除權不隨同移轉，仍與契約關係結合。

二、契約解除權的發生與消滅原因

㈠**發生原因**: 解除權，依其發生的基礎為法律規定或當事人約定，區分為法定解除權與意定解除權。

意定解除權	基於當事人的合意	
法定解除權	一般的法定解除權	民法 254–256
	特殊的法定解除權	民法 359、363、494、495、502、503、506、507

▲ 解除權的種類

　　法定解除權，是基於法律規定而發生的解除權，通常以當事人一方有債務不履行的情事為原因。此即為在契約原則下，利用解除權的賦予，而例外地承認其相對人得以一方意思表示 (單獨行為)，溯及地使該契約失效的實質理由[207]。民法第 254 條至第 256 條規定一般契約共同適用的

---

[207] 黃茂榮，〈解除契約及其損害之賠償〉，《植根雜誌》第 16 卷第 7 期，2000 年 7 月，頁 31。

解除權，學說上稱為一般的法定解除權；另外，民法於個別的契約類型中，設有僅適用於各該契約之特殊的法定解除權，例如民法第 359 條、第 363 條、第 494 條、第 495 條、第 502 條、第 503 條、第 506 條及第 507 條規定等。

所謂的一般的法定解除權，又可依其發生原因分為二種類型：

1.給付遲延時的解除權：契約當事人的一方給付遲延，他方當事人得定相當期限催告其履行，如於期限內仍不履行時，得解除其契約（民法 254）。故於雙務契約，須一方履行遲延，經定期催告，仍不履行者，他方始得依該條規定行使契約解除權；倘契約當事人之一方尚無遲延給付情形，縱他方當事人已為定期催告，仍不得解除其契約❷⓿❸。如依契約的性質，或依當事人的意思表示，非於一定時期為給付不能達其契約之目的（所謂的定期行為），而契約當事人的一方不按照時期給付，他方當事人得不為民法第 254 條規定之催告，而逕行解除其契約（民法 255）。

2.給付不能時的解除權：如有民法第 226 條規定的情形，即因可歸責債務人的事由而致給付不能時，債權人得解除其契約（民法 256）。惟此類的解除契約，以雙務契約對解除權人較具實益。

在契約自由原則下，當事人得於所訂立的契約中，賦予當事人的一方或雙方以解除權，即為意定解除權。

如當事人於訂立契約後再合意解除契約，則是「以後約廢止前約」，不是解除權的行使。基於契約自由原則，當事人亦得於訂立契約後，再合意將該契約予以解除，使該契約溯及地失其效力，當事人間的關係回復到未簽訂契約前的狀態。

❷⓿❸ 最高法院 85 年臺上字第 1822 號判決。

給付遲延 （民法 254）	遲延給付對債權人仍有利益：契約當事人一方遲延給付，他方當事人得定相當期限催告其履行，如於期限內不履行時，得解除契約（民法 254）
	遲延給付對債權人已無利益：依契約性質或當事人意思表示，非於一定時期為給付不能達其契約之目的（定期行為），而契約當事人一方不按照時期給付，他方得不為民法 254 的催告，而逕行解除契約（民法 255）
給付不能 （民法 256）	債權人於有民法 226 情形，亦即有可歸責於債務人的給付不能時，得解除其契約（民法 256）
不完全給付 （民法 227 I、 254、256）	依民法 227 I，可歸責於債務人的不完全給付，債權人得依關於給付遲延或給付不能的規定行使權利。因此，債權人於不完全給付情形，亦得享有民法 254–256 規定以給付遲延及給付不能為原因的解除權

▲一般的法定解除權之發生原因

㈡**消滅原因**：解除權因下舉原因而消滅：逾越約定或法定行使期間而未行使（民法 365、514）；經依法催告仍不行使（民法 257）；受領物不能返還或種類變更（民法 262）。例如甲向乙購買木材，買受人甲有解除買賣契約原因，但自己已將出賣人乙所交付的一部分木材，用於裝潢及製成家具，而不能返還。

🔍 案例分析

　　㈠乙因可歸責於己的事由，至 6 月 30 日仍未能為甲完成 W 工作，依民法第 229 條第 1 項規定：「給付有確定期限者，債務人自期限屆滿時起，負遲延責任。」乙對所負的債務，並無民法第 255 條所規定「依契約之性質或當事人之意思表示，非於一定時期為給付不能達其契約之目的」之情形，亦無第 502 條第 2 項所規定「如以工作於特定期限完成或交付為契約之要素」之情形。故甲不得適用該二規定逕行解除契約，而應適用民法第 254 條規定，即甲得定相當期限催告乙履行，如乙於期限內仍不履行時，甲始得解除其契約。

　　㈡當事人於訂立契約後，再行合意解除契約，是「以後約廢止前約」，此不是解除權的行使。基於契約自由原則，當事人得於訂立契約後，再合

意將該契約予以解除，使該契約溯及地失其效力，當事人間的關係回復到未簽訂契約前的狀態。所以，甲、乙雙方當然得於簽訂承攬契約後，再次合意將該承攬契約予以解除。

結論 ㈠甲應先定相當期限催告乙履行，如乙於期限內仍不履行時，甲始得解除其契約。

　　　㈡甲、乙雙方當然得於簽訂承攬契約後，再次合意（解除契約的契約）將該承攬契約予以解除。

相關法條

▶民法第 229 條第 1 項

給付有確定期限者，債務人自期限屆滿時起，負遲延責任。

▶民法第 254 條

契約當事人之一方遲延給付者，他方當事人得定相當期限催告其履行，如於期限內不履行時，得解除其契約。

▶民法第 255 條

依契約之性質或當事人之意思表示，非於一定時期為給付不能達其契約之目的，而契約當事人之一方不按照時期給付者，他方當事人得不為前條之催告，解除其契約。

▶民法第 256 條

債權人於有第二百二十六條之情形時，得解除其契約。

▶民法第 502 條

因可歸責於承攬人之事由，致工作逾約定期限始完成，或未定期限而逾相當時期始完成者，定作人得請求減少報酬或請求賠償因遲延而生之損害。前項情形，如以工作於特定期限完成或交付為契約之要素者，定作人得解除契約，並得請求賠償因不履行而生之損害。

▶民法第 503 條

因可歸責於承攬人之事由，遲延工作，顯可預見其不能於限期內完成而其遲延可為工作完成後解除契約之原因者，定作人得依前條第二項之規定解除契約，並請求損害賠償。

練習題

一、甲、乙間於 K 買賣契約明訂，一方給付遲延時，在他方定 15 日期限催告後仍不履行時，他方得解除契約。出賣人甲於乙給付遲延後僅定 10 日期限催告履行，而於催告後逾 15 日，乙仍未給付，甲當面對乙口頭表示解除 K 買賣契約。試問：甲、乙的買賣契約是否已經解除？

二、丙口頭答應將收藏品 P 瓷器以 50 萬元售讓予丁，雙方約定於 5 月 5 日付價金及交付買受物 P。5 月 3 日，丙在整理收藏品時，不慎將 P 打破。試問：丁得否解除 P 的買賣契約？

問題 3-23

因債務人給付遲延而解除契約，是否因其為定期行為，在程序上有差別？

甲於 1 月 2 日，以 8 萬元價金向藝術家乙訂購一個琉璃藝術品 G，明白表示要送給瑞士來的訪客丙，因丙即將於 1 月 15 日搭機返回瑞士，乙最遲須於 1 月 14 日將 G 送至甲的住所，乙同意。至 1 月 15 日，乙仍未完成 G 的製作，臨時電話通知甲，表示因最近訂單過多，以致無法按時交貨，將於 2 月 18 日送交並致歉；甲壓抑心中的不滿，清楚地表示解除契約。請問甲是否已經解除 G 的買賣契約？

提　示

一、何謂定期行為？

二、於定期行為，債務人給付遲延時，債權人可否逕行解除契約？

解　析

一、定期行為

　　民法第 255 條規定：「依契約之性質或當事人之意思表示，非於一定時期為給付不能達其契約之目的，而契約當事人之一方不按照時期給付者，他方當事人得不為前條之催告，解除其契約。」此「依契約之性質或當事人之意思表示，非於一定時期為給付不能達其契約之目的」之契約，學說上稱定期行為。前者（依契約的性質，非於一定時期為給付不能達其契約目的之契約）稱為絕對的定期行為或真正的定期行為，指就契約本身，自客觀上觀察，即可認識非於一定時期為給付不能達契約目的之情形而言，例如定製慶祝國慶牌坊[209]、為宴會訂定酒席、為婚娶租賃結婚禮服或禮車、旅客的機場接送等；後者（依當事人的意思表示，非於一定時期為給付不能達其契約之目的）稱相對的定期行為或不真正的定期行為，必須契約當事人間有嚴守履行期間的合意，並對此期間的重要（契約之目的所在）有所認識，例如定製手工藝品一套，並告以係為本月 5 日出國贈送親友之用，必須於本月 4 日交付[210]，或例如配合吉日遷入而定期交屋的房屋買賣、為轉賣他人而定期交貨的訂購貨物。

　　相對的定期行為之成立，必須在當事人間賦予履行期對該法律行為具有決定性意義，意思表示一致（合意），當事人間須就履行期之特別重要成立合意；如債權人僅有此動機，或其僅表示有此動機，則尚不足以成立。換句話說，必須當事人間以之為前提訂立契約，並且如果強求債權人受領

---

[209]　最高法院 64 年臺再字第 177 號判例。

[210]　最高法院 64 年臺再字第 177 號判例。

該遲延的履行（給付），在交易觀念上為不當時，始得成立相對的定期行為[211]。就承攬房屋建築，實務上認為，當事人約定的一定完工期限，僅為通常約定完成工程的期限，原與民法第 255 條所謂非於一定時期為給付不能達其目的者有間，且依兩造訂立的合約之內容，又未就此項履行期間有特別重要的合意表示，即無適用民法第 255 條逕行解除契約的餘地[212]。

二、非定期行為與定期行為的契約解除

㈠**非定期行為的解除**：民法第 254 條規定：「契約當事人之一方遲延給付者，他方當事人得定相當期限催告其履行，如於期限內不履行時，得解除其契約。」對於定期行為於給付遲延情形，及通常給付不能情形的解除契約，民法第 255 條及第 266 條分別規定解除契約的要件，故民法第 254 條規定僅適用於非定期行為於給付遲延情形的解除契約，該遲延給付對債權人而言仍有利益。他方當事人得定相當期限催告遲延的一方履行給付，如其於該期限內仍未履行，他方當事人始得解除契約。依實務見解，當事人約定債務人遲延給付時，須經債權人定一定之期限催告其履行，而債務人於期限內仍不履行，債權人始得解除契約者（所謂的意定解除權），債權人催告所定期限雖較約定期限為短，但如自催告時起，已經過該約定之期限，債務人仍不履行，基於誠實信用原則，應解為債權人得解除契約[213]。於法定解除權情形時，亦應解為債權人催告所定期限雖較相當期限為短，如該債務人於相當期限仍未履行，債權人亦得解除契約。

㈡**定期行為的解除**：通常給付不能，無須催告，債權人得逕行解除契約（民法 256）；定期行為，因遲延的履行不能達契約之目的，其遲延給付對債權人而言已無利益，如不按期給付即生給付不能，所以亦無須催告，得逕行解除契約。故民法第 255 條規定：「依契約之性質或當事人之意思表

---

[211]　最高法院 31 年上字第 2840 號判例要旨；史尚寬，《債法總論》，1990，頁 521。

[212]　最高法院 45 年臺上字第 1718 號判例。

[213]　最高法院 90 年臺上字第 1231 號判例。

示，非於一定時期為給付不能達其契約之目的，而契約當事人之一方不按照時期給付者，他方當事人得不為前條之催告，解除其契約。」不論其為絕對的定期行為，或為相對的定期行為，當事人一方不按照時期給付，均無須催告，而得逕行解除契約。

定期行為的解除契約，亦得基於通常給付不能或給付遲延發生解除權，如其因給付本身不能而發生通常的給付不能，此時解除權的發生，不適用民法第 255 條規定，而是適用民法第 256 條規定。

案例分析

在上述案例事實中，該甲、乙間 G 琉璃藝術品買賣契約，符合民法第 255 條所規定之依當事人的意思，非於一定時期為給付不能達其契約之目的，為所謂之「相對的定期行為」，依該條規定，他方當事人得不為民法第 255 條的催告，而逕為解除契約。甲已在電話中以對話的意思表示，對乙清楚地表示解除契約，當乙了解時（民法 94），已經有效解除該 G 買賣契約。

結論 當甲在電話中對乙清楚地表示解除契約，已經有效解除該 G 買賣契約。

相關法條

▶民法第 254 條

契約當事人之一方遲延給付者，他方當事人得定相當期限催告其履行，如於期限內不履行時，得解除其契約。

▶民法第 255 條

依契約之性質或當事人之意思表示，非於一定時期為給付不能達其契約之目的，而契約當事人之一方不按照時期給付者，他方當事人得不為前條之催告，解除其契約。

▶民法第 256 條

債權人於有第二百二十六條之情形時，得解除其契約。

▶民法第 258 條

解除權之行使，應向他方當事人以意思表示為之。

契約當事人之一方有數人者，前項意思表示，應由其全體或向其全體為之。

解除契約之意思表示，不得撤銷。

練 習 題

一、甲向蛋糕店老闆乙訂製一個大蛋糕 C，表示將用於 5 月 5 日慶祝其祖母的 80 歲生日，並約定於該日下午 5 時前送達甲的住處。因乙記錯日期，指示店員丙於 5 月 6 日下午 4 時整開車將蛋糕送至甲的住處。試問：當丙到達時，甲表示解除 C 蛋糕買賣契約，並要求乙負損害賠償責任，有無理由？

二、丁向車商戊訂購暢銷新車 A 一輛，約定 2 月 10 日由戊將 A 車送至丁的住處交付，價金 108 萬元，付定金 8 萬元。因訂單太多，製造商生產及運送不及，戊於 2 月 9 日通知丁延後交車，並請求諒解。丁於 2 月 11 日要求最遲於 2 月 25 日交車，否則將解除契約。試問：因戊於 2 月 25 日仍無法交車，丁於當日向戊表示解除買賣契約，是否合法？

問題 3-24

解除契約會產生哪些法律效果？

甲向乙購買 T 貨車，價金 80 萬元。雙方約定，甲應於 3 月 15 日支付乙車款 30 萬元，餘款 50 萬元於 4 月 15 日付清；乙應於 3 月 15 日將 T 車交付並移轉所有權予甲。雙方於 3 月 15 日各自履行義務後，甲卻未依約定支付餘款 50 萬元，乙於 4 月 16 日催告甲，要求甲在 4 月 30 日前付清餘款 50 萬元，否則將解除 T 車買賣契約。因甲仍未付款，乙

於 5 月 1 日向甲表示解除 T 車買賣契約，要求甲返還 T 車，並賠償乙所受損害。請問有無理由？

提　示

一、關於契約解除的效力，有哪些學說？

二、解除契約會發生哪些法律效果？

解　析

一、關於契約解除效力的學說

關於契約解除的效力，有下列三種不同學說：

㈠**直接效力說：** 主張契約的效力因解除而溯及地消滅，未履行的債務不存在，已履行的債務應回復原狀。

㈡**間接效力說：** 認為契約解除僅有阻止契約所生債的關係發生效力，就未履行的債務發生拒絕履行的抗辯權，就已履行的債務發生新的返還請求權。

㈢**清算說（折衷說）：** 以解除權的目的，不僅在於使解除權人自契約約束中解除而已，通常亦使他方負有返還給付的義務，而認為未履行的債務消滅，但已履行債務則發生新的返還請求權，亦即原債的關係內容上變更為清算關係❷¹⁴。

民法第 259 條規定：「契約解除時，當事人雙方回復原狀之義務，除法律另有規定或契約另有訂定外，依左列之規定：一、由他方所受領之給付物，應返還之。二、受領之給付為金錢者，應附加自受領時起之利息償還之。三、受領之給付為勞務或為物之使用者，應照受領時之價額，以金錢償還之。四、受領之給付物生有孳息者，應返還之。五、就返還之物，已支出必要或有益之費用，得於他方受返還時所得利益之限度內，請求其返還。六、應返還之物有毀損、滅失或因其他事由，致不能返還者，應償還

❷¹⁴　黃立，《民法債編總論》，1999，頁 515–516。

其價額。」概括而言，契約解除時，當事人雙方互負回復原狀的義務；另民法第 263 條亦規定：「第二百五十八條及第二百六十條之規定，於當事人依法律之規定終止契約者準用之。」因此，通說認為我民法係採直接效力說[215]。

二、契約解除所生的法律效果

因解除的客體為債權契約，不包括物權契約，所以契約的解除，僅會生債權的效力，而不生物權的效力。契約解除可能發生下列的法律效果：

㈠回復原狀義務：民法第 259 條規定契約解除時，當事人雙方回復原狀義務的方法（或具體內容）。關於回復原狀義務的性質，有二種不同見解：一為「不當得利義務說」，主張回復原狀義務性質上屬於不當得利的返還義務，僅其返還範圍與一般不當得利有異。依此說，回復原狀義務與原本的契約債務，是各別的債務，並非同一，蓋該請求權自契約解除時起才可行使，因此回復原狀請求權的消滅時效，應自解除時起始開始進行（民法 128）[216]。另一為「特殊義務說」，則謂回復原狀義務性質上非屬於不當得利，而是一種法定的特殊義務，其得與不當得利返還義務並存[217]。除返還範圍不同之外，此回復原狀義務與不當得利返還義務的發生原因亦有差異，故以採「特殊義務說」為宜。

關於回復原狀的義務，應依下列順序決定其方法（民法 259）：

1.法律另有規定：依民法第 259 條文義，即應依該法律規定。惟該條所稱的「法律另有規定」，究何所指，不無疑義[218]，學者有舉保險法第 25

---

[215] 最高法院 23 年上字第 3968 號判例謂：「契約經解除者溯及訂約時失其效力，與自始未訂契約同」；史尚寬，《債法總論》，1990，頁 532；王伯琦，《民法債篇總論》，1962，頁 211；鄭玉波、陳榮隆，《民法債編總論》，2002，頁 437；孫森焱，《民法債編總論（下）》，2004，頁 772。

不同見解，黃立，《民法債編總論》，1999，頁 516，贊成清算說（折衷說）。

[216] 鄭玉波、陳榮隆，《民法債編總論》，2002，頁 438；孫森焱，《民法債編總論（下）》，2004，頁 773。

[217] 史尚寬，《債法總論》，1990，頁 532–533。

條為例者❷⓳。

2.契約另有訂定：基於契約自由原則，如當事人間契約就回復原狀義務另有訂定，則依其約定。

3.民法第259條所列六款規定：如既無法律另有規定，契約亦無訂定，則應依民法第259條所列六款規定的方法：一、由他方所受領的「給付物」，應返還。二、受領的給付為「金錢」時，應附加自受領時起的利息償還。三、受領的給付為「勞務」或為「物之使用」，應照受領時的價額，以金錢償還。四、受領的給付物生有「孳息」，應返還；此所指之孳息，包括天然孳息及法定孳息（民法69）。五、就返還的物，已支出「必要或有益之費用」，得於他方受返還時所得利益的限度內，請求返還。六、應返還的物有毀損、滅失或因其他事由，致「不能返還」時，應償還其價額，而此不能返還的事由，須非可歸責於行使解除權的一方，並不問返還義務人（他方）有無過失❷⓴。

㈡**損害賠償請求權：**民法第260條規定，解除權的行使，不妨礙損害賠償的請求，因此原有之債務不履行（給付不能、給付遲延）的損害賠償請求權，不因行使解除權而受妨礙❷㉑。此項損害賠償，不包括民法第259條第2款所定應返還自受領時起的利息，因為此項利息的支付，為回復原狀的方法，而非民法第260條規定的損害賠償，所以行使解除權人依第259條第2款請求返還自受領時起的利息外，仍得另依約定請求給付違約金以為賠償❷㉒。

此損害賠償的範圍，亦有民法第216條規定的適用，原則上以填補

---

❷⓲ 梅仲協，《民法要義》，1970，頁199。

❷⓳ 鄭玉波、陳榮隆，《民法債編總論》，2002，頁438。

❷⓴ 鄭玉波、陳榮隆，《民法債編總論》，2002，頁438。

❷㉑ 我國民法第260條仿法國、日本之契約解除與債務不履行損害賠償的「兩立主義」，而與德國舊民法債編的「選擇主義」（§§325–326 BGB a.F.）不同，德國2001年民法債編修正已改採「兩立主義」（§325 BGB a.F.）。就債務不履行損害賠償屬替補賠償性質而言，選擇主義較為符合法律邏輯。

❷㉒ 最高法院72年臺上字第4365號判例。

債權人所受損害及所失利益為限。

　　在給付不能，債權人不解除契約本得請求替補賠償，而解除契約後也僅得請求替補賠償。在給付遲延，債權人不解除契約，原則上僅得請求遲延賠償，而不得請求替補賠償❷❸；惟在解除契約後，則並得請求替補賠償。由此可知，解除契約在給付遲延情形較具有實益。

㈢**準用雙務契約規定**：依民法第 261 條規定，當事人間除因契約解除而生的相互義務，準用民法第 264 條至第 267 條規定，即準用同時履行抗辯、不安抗辯、雙務契約因給付不能的危險負擔的規定。

案例分析

　　在上述案例事實中，雙方於 3 月 15 日各自履行義務後，甲卻未依約定支付餘款 50 萬元，構成給付遲延。

　　因甲遲延的給付，並無「依契約之性質或當事人之意思表示，非於一定時期為給付不能達其契約之目的」之情形，不適用民法第 255 條得逕行解除契約的規定，而應適用民法第 254 條規定得定相當期限催告其履行，如於期限內不履行時，得解除其契約。

　　乙於 4 月 16 日催告甲，要求甲在 4 月 30 日前付清餘款 50 萬元，否則將解除 T 車買賣契約。於此，乙定十四天期限催告甲給付餘款 50 萬元，應認為已相當期限催告其履行。因甲仍未付款，乙於 5 月 1 日向甲表示解除 T 車買賣契約，乃已經合法解除與甲的 T 車買賣契約。乙得依民法第 259 條第 1 款規定，向甲請求其給付物即 T 車；另依民法第 260 條規定：「解除權之行使，不妨礙損害賠償之請求。」所以在乙已經合法解除與甲的 T 貨車買賣契約後，得要求甲返還 T 車，並賠償乙所受損害。

結論 乙於 5 月 1 日向甲表示解除 T 車買賣契約，並要求甲返還 T 車，並賠償乙所受損害，有理由。

---

❷❸ 民法第 232 條規定：「遲延後之給付，於債權人無利益者，債權人得拒絕其給付，並得請求賠償因不履行而生之損害。」則為其例外情形。

▦ 相關法條

▶民法第 259 條

契約解除時，當事人雙方回復原狀之義務，除法律另有規定或契約另有訂定外，依左列之規定：

一、 由他方所受領之給付物，應返還之。

二、 受領之給付為金錢者，應附加自受領時起之利息償還之。

三、 受領之給付為勞務或為物之使用者，應照受領時之價額，以金錢償還之。

四、 受領之給付物生有孳息者，應返還之。

五、 就返還之物，已支出必要或有益之費用，得於他方受返還時所得利益之限度內，請求其返還。

六、 應返還之物有毀損、滅失或因其他事由，致不能返還者，應償還其價額。

▶民法第 260 條

解除權之行使，不妨礙損害賠償之請求。

▶民法第 261 條

當事人因契約解除而生之相互義務，準用第二百六十四條至第二百六十七條之規定。

▶民法第 263 條

第二百五十八條及第二百六十條之規定，於當事人依法律之規定終止契約者準用之。

練習題

一、甲將 A 物出賣給乙，並已經移轉所有權。因乙仍有一半價金未支付，經甲定期催告後仍未支付，甲於行使解除權後，向乙合併主張所有物返還請求權及不當得利返還請求權，要求返還 A 物。試問：

是否均有理由？

二、丙向丁購買 H 屋，雙方已簽訂 H 屋買賣契約並交屋。在丙使用該 H 屋 2 個月後，丁合法解除該買賣契約。嗣後，丁向丙要求返還 H 屋，並賠償與租金相當的損害。試問：丙表示可以返還 H 屋予丁，但無義務賠償丁的損害，是否有理由？

三、甲向乙購買 C 車，已完成交付及所有權移轉；乙隨即將該 C 車轉賣給丙，嗣後甲解除與乙的 C 車買賣契約時，C 車已不能返還。試問若乙不能返還 C 車是基於下列原因之一，則甲、乙間產生何種權利義務：

　㈠如乙已將 C 車交付及移轉所有權予丙。

　㈡如因甲的使用人丁過失已將 C 車損毀。

問題 3-25

契約終止的效力，與契約解除有何不同？

甲向乙承租 H 屋，約定租期自今年元旦起至 12 月 31 日止，租金每月 2 萬元，承租人應分別於元旦及 7 月 1 日給付 6 個月租金 12 萬元。於梅雨季節期間，H 屋出現嚴重「壁癌」，難以去除，對有過敏體質的甲造成明顯傷害。甲依法於 5 月 20 日終止 H 屋的租賃契約。請問甲得否要求乙返還於元旦給付予乙的全部 12 萬元租金？

提　示

一、何謂契約終止？

二、契約終止有何效力？與契約解除的效力有無不同？

🧠 解　析

一、契約終止的概念

　　契約終止，指當事人本於終止權，使繼續性契約關係，向將來 (ex nunc) 消滅之一方的意思表示❷❷④。終止權，亦稱告知權，其性質上屬於形成權，因其發生原因不同，區分為法定終止權與約定終止權；基於法律規定而生法定終止權，民法僅就個別契約有特別規定❷❷⑤，而未設一般規定。契約的終止，與契約的解除有別，其主要異同點如下表：

比較點 ＼ 概念		契約的終止	契約的解除
同	意思表示	行使形成權的一方意思表示	行使形成權的一方意思表示
異	對象	繼續性契約	雙務契約為主（但不為限）
	效力	向將來消滅契約關係	溯及消滅契約關係
	效果	不生回復原狀的問題	生回復原狀的問題

▲ 契約的終止與解除之比較

二、契約終止的效力

　　終止權人為終止，使契約關係向將來消滅❷❷⑥，此與契約解除使契約關係溯及消滅不同；而其原有的損害賠償請求權並不受影響（民法 263 準用 260），則與契約解除相同，例如依民法第 489 條第 2 項、第 511 條、第 549 條的損害賠償請求權，在終止契約後仍得行使。

---

❷❷④　最高法院 96 年臺上字第 153 號判決；最高法院 100 年臺上字第 1632 號判決。

❷❷⑤　例如租賃（民法 424、435 I、436、438、440、443 II、447 II、450 II、452、458、459、463 之 1）；僱傭（民法 484 II、485、489 I）；承攬（民法 511）；旅遊（民法 514 之 3 II–III、514 之 5 III–IV、514 之 7、514 之 9）；委任（民法 549）。

❷❷⑥　最高法院 100 年臺上字第 1632 號判決。

三、終止權的行使與消滅

契約的終止，由有終止權的當事人，或其代理人、繼受人，向他方當事人，或其代理人、繼受人行使其終止權。就法定終止權而言，應向他方當事人，或其代理人、繼受人以意思表示為終止，且終止的意思表示亦不得撤銷（民法 263、258 I、III）；若契約當事人一方有數人時，該意思表示並應由其全體或向其全體為之（民法 263、258 II），否則不生效力，此為終止權行使的不可分性。

終止權，因行使或契約終期屆滿而消滅。至於其是否因拋棄而消滅，有學者以其拋棄將使債權關係永久存續，即有悖於公序良俗，其拋棄即無效❷❷；本書認為（繼續性）債權關係的消滅不僅止於終止權的行使一端，其拋棄難謂有悖於公序良俗，故無禁止的必要。

🔍 案例分析

在上述案例事實中，終止權人為契約的終止，僅使契約關係向將來消滅，此與契約解除使契約關係溯及消滅不同。因此自今年元旦至 5 月 20 日終止契約之時止，甲、乙間的 H 屋租賃契約關係仍有效存在，不受該終止的影響，甲仍有給付租金的義務；僅有終止後，才無給付租金的義務。因此，依民法第 454 條規定：「租賃契約，依前二條之規定終止時，如終止後始到期之租金，出租人已預先受領者，應返還之。」甲得依此規定或不當得利規定，向乙請求「終止後始到期之租金」，即已預先給付之 5 月 21 日至 6 月 30 日的租金，而已支付之終止租約前的租金，則不得請求返還。

結論　甲得向乙請求「終止後始到期之租金」，即已預先給付之 5 月 21 日至 6 月 30 日的租金；至於已支付之終止租約前的租金，則不得請求返還。

---

❷❷　鄭玉波、陳榮隆，《民法債編總論》，2002，頁 450。

▓▓▓ 相關法條

▶民法第 258 條

解除權之行使，應向他方當事人以意思表示為之。

契約當事人之一方有數人者，前項意思表示，應由其全體或向其全體為之。

解除契約之意思表示，不得撤銷。

▶民法第 260 條

解除權之行使，不妨礙損害賠償之請求。

▶民法第 263 條

第二百五十八條及第二百六十條之規定，於當事人依法律之規定終止契約者準用之。

▶民法第 424 條

租賃物為房屋或其他供居住之處所者，如有瑕疵，危及承租人或其同居人之安全或健康時，承租人雖於訂約時已知其瑕疵，或已拋棄其終止契約之權利，仍得終止契約。

▶民法第 454 條

租賃契約，依前二條之規定終止時，如終止後始到期之租金，出租人已預先受領者，應返還之。

▶民法第 455 條

承租人於租賃關係終止後，應返還租賃物；租賃物有生產力者，並應保持其生產狀態，返還出租人。

練習題

一、甲、乙、丙三人以同一租賃契約，共同向丁承租 H 屋。嗣後，因三人未依約定方法，為租賃物的使用、收益，經出租人丁阻止而仍繼

續為之，丁僅向乙、丙表示終止該租賃契約行使終止權（民法
436）❷❷。隨之，丁向甲、乙、丙三人請求返還 H 屋。試問：有無
理由？

二、A 公司與 B 公司簽訂「B 公司土地地上權設定協議書」，約定由 B
提供所有 L 地，以設定地上權的方式，供 A 設立「D 工業區」。A 於
簽訂協議書後，即依約繳納履約保證金 720 萬元，並隨即投入大量
人力、經費辦理規劃、土地變更等事宜，並於取得主管機關核發的
雜項建造執照後，積極辦理雜項工程施工事宜，已繳納使用費約
550 萬元，並支出工程款約 2400 萬元。因土地變更編定事宜，須
各機關的審核，且雜項建造工程完工後尚須經主管機關審核並核發
雜項使用執照，方得繼續辦理土地變更編定作業；A 曾於原定契約
期限屆期前，數次向 B 聲請展延契約履行期限，均經 B 同意，A 亦
依約及 B 的指示，繳納土地使用費。最後一次，B 同意展延至去年
6 月 30 日，A 於同年 7 月 1 日繳納該期使用費完畢。嗣因 A 無法
於同年 6 月 30 日前如期取得土地變更作業，遂再向 B 聲請展延契
約履行期限至今年 6 月 30 日，為 B 所拒。A 於去年 7 月 1 日繳納
使用費，雖與 B 通知的日期遲延一天，但 B 已收受該使用費，並通
知伊繳納遲延利息完畢。嗣後，B 以此主張 A 遲誤履行契約，依上
開協議書第 8 條規定，表示終止兩造間的契約。試問：A、B 間的
L 地上權設定契約關係是否已經消滅？❷❷

---

❷❷ 最高法院 33 年上字第 5294 號判例；最高法院 64 年臺上字第 2294 號判例；最高法院
64 年臺再字第 2394 號判例。

❷❷ 最高法院 100 年臺上字第 1632 號判決。

問題 3-26

雙務契約當事人一方得否以他方尚未給付為理由,拒絕自己的給付?

甲、乙於 9 月 1 日約定,甲以 2 萬元向乙購買 D 犬,乙應於 9 月 9 日交付 D 犬予甲。請問當 9 月 6 日乙向甲要求先付 D 犬價金 2 萬元時,甲得否以乙尚未交付 D 犬而拒絕付款?

提　示

一、何謂雙務契約?

二、何謂同時履行抗辯權?此抗辯權的行使有何效力?

解　析

一、雙務契約的概念

　　雙務契約,係契約當事人間互負對價關係的債權債務之契約,即契約當事人雙方所負的債務,彼此互為對價,具有兩足相償的性質。例如特定物的買賣契約,出賣人對買受人負有「交付其物於買受人,並使其取得該物所有權之義務」(民法 348 I),而買受人對於出賣人負有「交付約定價金及受領標的物之義務」(民法 367),雙方互負對價關係的債務,彼此的債務互為代價,因此為一雙務契約。

二、雙務契約債務的牽連性

　　因當事人互負的債務有對價關係,而有其牽連性,此可就三方面觀察[230]:

---

[230] 史尚寬,《債法總論》,1990,頁 553;鄭玉波、陳榮隆,《民法債編總論》,2002,頁 450–451。

㈠**成立上的牽連性**：雙務契約的一方債務，因為不能、不法而不成立，或因撤銷而無效，則他方的對價債務也不成立或歸於無效。例如甲與乙簽訂買賣契約，甲應移轉原有的 P 跑車所有權並交付予乙，乙應支付甲 500 萬元，而該車早在訂約前就因火災焚燬，故給付 P 車為自始不能，該買賣契約無效（民法 246），雙方的給付義務皆不成立。

㈡**履行上的牽連性**：雙務契約的債務，在一方債務未履行前，他方亦得拒絕履行。關於此牽連性的立法例，有絕對的牽連主義[231]與相對的牽連主義[232]。我民法採「相對的牽連主義」，債權人無須先為給付，即可要求對方履行，惟對方得以請求人未履行而拒絕履行，此拒絕權稱為同時履行抗辯權或不履行抗辯權（民法 264）。

㈢**存續上的牽連性**：當事人一方的債務因給付不能而消滅時，他方債務是否受影響，此同時是雙務契約的牽連性及給付不能的效力之問題。若給付不能係不可歸責於雙方當事人，則其損失負擔的歸屬，則為「危險負擔」的問題，其歸債務人負擔的「債務人主義」，因兩債務同歸消滅，而有存續上牽連性（民法 266）；反之，「債權人主義」的兩債務則無牽連性。由此可知，存續上的牽連性之問題，可得同時為給付不能效力的問題，以及危險負擔的問題。

給付不能的效力	不可歸責雙方當事人	生（狹義）危險負擔問題	債務人主義	有牽連性
			債權人主義	無牽連性
	僅可歸責債權人	生（廣義）危險負擔問題		
	僅可歸責債務人	不生危險負擔問題		無牽連性
	可歸責雙方當事人			

▲給付不能效力、危險負擔與存續上牽連性三問題間的關係

　　上述三種牽連性中，履行上與存續上的牽連性，乃屬雙務契約特有的

---

[231]　瑞士債務法第 82 條採絕對的牽連主義，債權人須先履行自己的債務，或已提出給付，才能強制請求他方履行。

[232]　德國民法第 320 條、第 322 條及日本民法第 533 條採相對的牽連主義。

效力，即同時履行是雙務契約在「履行」上特有的效力，而危險負擔則為雙務契約在「不履行」上特有的效力。

三、同時履行抗辯權

(一)**概念**：同時履行抗辯權，指雙務契約的各當事人，於他方當事人未為對待給付前，得拒絕自己履行的權利，即民法第 264 條第 1 項本文規定：「因契約互負債務者，於他方當事人未為對待給付前，得拒絕自己之給付。」

同時履行抗辯權僅使他方債權的行使延期，非永久的抗辯權，而僅是一個於延期（或暫時性）的抗辯權，於他方為對待給付後即消滅。

就此抗辯權經由拒絕履行，保留自己的給付之功能而言，與留置權（民法 928-939）有類似之處；除此之外，兩權利間有極大差異。

差異點　　　　權利	權利性質	成立	內容（客體）	債務人得否供擔保使其消滅
同時履行抗辯權	債權	基於雙務契約	無限制	否，民法 265 例外
留置權	物權	所擔保債權與留置物有牽連關係	他人動產	可（民法 937）

▲同時履行抗辯權與留置權的差異

(二)**要件**：民法第 264 條規定：「因契約互負債務者，於他方當事人未為對待給付前，得拒絕自己之給付。但自己有先為給付之義務者，不在此限。他方當事人已為部分之給付時，依其情形，如拒絕自己之給付有違背誠實及信用方法者，不得拒絕自己之給付。」依此規定，同時履行抗辯權有下列的成立要件：

1.**因雙務契約互負債務**：當事人雙方基於同一的雙務契約，各對他方負有互為對價關係的債務。例如買賣契約的支付價金與移轉並交付買受物（民法 348、367）。

2.他方當事人未為對待給付而請求此一方（抗辯權人）給付：縱為請求的他方雖已提出對待給付，但不符合債的本旨，原則上被請求人仍有抗辯權；惟他方已提部分對待給付，而依其情形，如拒絕自己的給付有違誠實信用原則時，即無同時履行抗辯權（民法 264 II），例如購買 A 公司某種一級米 100 公斤，已經交付 90 公斤，買受人不得以出賣人未完全給付，而拒絕給付全部 100 公斤的價金。

此外，他方當事人未為對待給付，須與自己拒絕的對待給付之間有對價關係，如他方未給付者僅係無對價關係的義務，即不得對之主張同時履行抗辯。例如承攬人將工作物剩餘材料返還於定作人的義務與定作人的承攬報酬給付義務之間、土地所有人對地上權人的補償義務與地上權人的塗銷地上權登記義務之間，均無對價關係，無同時履行抗辯規定的適用❷❸❸。

另雙務契約當事人的一方雖負（債權人）受領遲延責任（民法 234），於他方再為請求時，不因其曾受領遲延而喪失其同時履行抗辯權❷❸❹。

3.此被請求一方（抗辯權人）無先為給付的義務：不論基於當事人約定，或基於法律規定，或因交易習慣，雙務契約的一方有先為給付的義務，此方即無同時履行抗辯權。法律規定者，例如民法第 486 條規定僱傭報酬的給付：有交易習慣者，例如旅館的先住宿後付費、先買票後入展演場或搭車。

有先為給付義務的一方，原則上不得因對方未為對待給付而拒絕自己的給付，即無同時履行抗辯權。惟在例外情形，如他方財產於「訂約後」顯形減少，有難為對待給付之虞時，在他方未為對待給付或提出擔保前，仍得拒絕給付，此為「不安抗辯權」（民法 265）；若是在「訂約

---

❷❸❸　最高法院 63 年臺上字第 2327 號判例；最高法院 79 年臺上字第 2623 號判例；最高法院 83 年臺上字第 2400 號判例。

❷❸❹　通說，最高法院 75 年臺上字第 534 號判例；史尚寬，《債法總論》，1990，頁 561；鄭玉波、陳榮隆，《民法債編總論》，2002，頁 450。

前」他方財產已經減少，而難於為對待給付，只是此方不知該情事，則無民法第 265 條規定的適用[235]。同時履行抗辯權係以同時履行的債務為前提，而不安抗辯權則以異時履行的債務為前提，因此二者不能並存[236]。

依實務見解，有先為給付義務的一方，其給付雖因他方未盡必要的協力義務（民法 235 但書），致未完成給付，雖該他方並不因此喪失其同時履行抗辯權[237]。

㈢**效力**：同時履行抗辯權的效力，係被請求的一方債務人得暫時拒絕自己的給付。此抗辯權在訴訟上必須經權利人加以主張，法院始得予以斟酌。在實務上，被請求人（被告）主張同時履行抗辯權時，法院並不因之而為原告敗訴的判決，而是為原告提出對待給付時，被告即向原告為給付的判決[238]，學說上稱「對待給付判決」，其性質上是一個附條件的原告勝訴判決。此種命被告為本案給付及命原告同時履行，兩者之間在性質上有不可分割的關係，不得單獨確定，無論係對判決命本案給付部分或對命同時履行的對待給付部分，只要其中之一上訴有理由而應廢棄時，即應將全部判決廢棄[239]。

🔍 案例分析

在上述案例事實中，甲、乙間成立一 D 犬的買賣契約，為一雙務契約，雙方因契約而互負債務，甲負有給付價金 2 萬元的債務，乙負有給付 D 犬的債務（民法 348、367）。

甲、乙未約定任何一方有先為給付的義務，亦無其他相關法律規定或

---

[235] 最高法院 66 年臺上字第 2889 號判例。

[236] 最高法院 57 年臺上字第 3049 號判例，認為不能並存的理由是其性質相異。
不同見解，鄭玉波、陳榮隆，《民法債編總論》，2002，頁 492，則認為係因為成立要件不同，二者則是同一性質。

[237] 最高法院 71 年臺上字第 82 號判例。

[238] 最高法院 29 年上字第 895 號判例；最高法院 37 年上字第 6217 號判例；最高法院 39 年臺上字第 902 號判例。

[239] 最高法院 97 年臺上字第 2478 號判決。

交易習慣，因此雙方應同時履行各自所負的債務。當 9 月 6 日乙向甲要求先付 D 犬價金 2 萬元時，乙自己猶未交付 D 犬並移轉其所有權予甲，即未為對待給付。所以，甲得對乙行使民法第 264 條第 1 項規定的同時履行抗辯權，而拒絕先付 D 犬價金 2 萬元。

結論 因乙自己猶未為對待給付，甲得對乙行使民法第 264 條第 1 項規定的同時履行抗辯權，而拒絕先付 D 犬價金 2 萬元。

相關法條

▶民法第 264 條

因契約互負債務者，於他方當事人未為對待給付前，得拒絕自己之給付。但自己有先為給付之義務者，不在此限。

他方當事人已為部分之給付時，依其情形，如拒絕自己之給付有違背誠實及信用方法者，不得拒絕自己之給付。

▶民法第 265 條

當事人之一方，應向他方先為給付者，如他方之財產，於訂約後顯形減少，有難為對待給付之虞時，如他方未為對待給付或提出擔保前，得拒絕自己之給付。

練習題

一、甲委託乙建造木屋 H 一間並為裝潢，乙於施工完畢後，向甲請求支付尚欠 1/2 的工程款 50 萬元。試問：甲以因 H 屋有一角落漏未粉刷，而拒絕該剩餘工程款 50 萬元全額，有無理由？

二、丙、丁訂立 H 屋的買賣契約後，出賣人丙雖已將該 H 房屋及所有權狀交付買受人丁，丁亦為丙墊付銀行貸款的分期給付，惟丙未將 H 房地所有權移轉登記於丁。試問：當丙向丁要求給付 H 屋價金時，丁得否主張同時履行抗辯權，而拒絕給付？[240]

---

[240]　最高法院 80 年臺上字第 276 號判決。

問題 3-27

雙務契約當事人的一方應向他方先為給付,是否得以他方尚未給付為理由, 而拒絕自己的給付?

甲向乙購買 L 地, 價金 600 萬元, 並約定分 3 次付款, 首次 100 萬元、第二次 200 萬元、尾款 300 萬元; 當甲已付款 2 次共 300 萬元, 乙應於 10 日內將 L 地移轉登記予甲, 甲應於 5 日內付清剩餘的 300 萬元。請問:

㈠如甲僅付給乙 100 萬元後即未再付款, 當乙要求甲續付 200 萬元時, 甲以乙尚未辦理 L 地的移轉登記為由而拒絕付款, 是否合法?

㈡雖甲已付款 2 次共 300 萬元, 隨即因生意失敗, 經濟情況惡化, 暫時舉債度日。乙得否以甲顯無能力支付剩餘款 300 萬元為由, 而拒絕將 L 地移轉登記予甲?

提 示

一、 雙務契約當事人的一方應向他方先為給付之原因為何?

二、 有先為給付義務的一方, 於何種情形得拒絕自己的給付?

解 析

一、先為給付的義務

　　於雙務契約, 當事人雙方各對對方負有互為對價的給付義務, 而原則上應同時給付; 於他方當事人未為對待給付前, 得拒絕自己之給付(民法 264 I 前段)。惟於特別情形, 雙務契約當事人一方有先為給付的義務, 此先為給付的義務, 或基於當事人約定, 或基於法律規定, 或基於交易習慣。

㈠**基於當事人約定**: 基於私法自治及契約自由原則, 雙務契約當事人得自由約定任何一方有先為給付的義務; 惟此約定仍應受到定型化條款的法

律管制。例如單就網路購物而言，除受領貨物時同時付款外，亦有約定買方先付款後出貨，偶亦見有收受貨物後始付款的情形。

㈡**基於法律規定**：法律亦可能針對一定的雙務契約，規定當事人一方有先為給付的義務，例如民法第 439 條規定於租賃期滿時支付租金；第 486 條第 2 項規定於每期屆滿時或於勞務完畢時給付僱傭的報酬；第 505 條第 1 項規定承攬報酬於工作交付時給付，無須交付者，於工作完成時給付；第 548 條第 1 項規定，受任人應受報酬者，除契約另有訂定外，非於委任關係終止及為明確報告顛末後，不得請求給付等，均是。

㈢**基於交易習慣**：另基於交易習慣亦可能發生一方之先為給付的義務，例如一般旅館的先住宿後付費㉔、先買票後入展演場或搭車、在餐館先用餐後付費等。此交易習慣亦得基於當事人的特別約定而予以變更，例如當事人約定先付費後住宿旅館。

二、拒絕先為給付的事由

雙務契約當事人一方有先為給付的義務，即應先為給付，而不得以他方當事人未為對待給付，而拒絕自己的給付，原則上不得主張同時履行抗辯權（民法 264 I）。惟民法第 265 條規定：「當事人之一方，應向他方先為給付者，如他方之財產，於訂約後顯形減少，有難為對待給付之虞時，如他方未為對待給付或提出擔保前，得拒絕自己之給付。」此為有先為給付義務的當事人之不安抗辯權。此不安抗辯權的要件有三：㈠他方的財產於訂約後顯形減少；㈡他方的財產有難為對待給付之虞；㈢他方未為對待給付或提出擔保。具備上述要件，有先為給付義務的一方當事人即得拒絕自己的先為給付，免負給付遲延的責任，而他方並不因此而負給付遲延責任。

民法第 265 條的規定，乃予先為給付義務人以不安抗辯權，此項抗辯權，與同法第 264 條的同時履行抗辯權之性質不同，既有不安抗辯權，即不能仍認同時履行抗辯權的存在㉕。

㉔　惟就汽車旅館而言，先付費後住宿已成為常態。
㉕　最高法院 57 年臺上字第 3049 號判例。

🔍 案例分析

在上述案例事實中，當事人間成立 L 地的買賣契約，為一雙務契約，甲有價金給付義務，乙有交付並移轉 L 地所有權的義務。

㈠就甲的價金給付義務而言，分三次付款的首次 100 萬元及第二次 200 萬元，依約定應先於土地所有權移轉，故甲有先為給付的義務。依民法第 264 條第 1 項規定，甲對乙並無同時履行抗辯權。故甲僅付給乙 100 萬元後即未再付款，當乙要求甲續付 200 萬元時，甲以乙尚未辦理 L 地的移轉登記為由而拒絕付款，違反民法第 264 條第 1 項但書規定，不合法。

㈡就乙的 L 地給付義務而言，相對於甲的尾款 300 萬元給付，其亦有先為給付的義務，依民法第 264 條第 1 項但書規定，亦無同時履行抗辯權，原不得拒絕自己的給付。惟因甲在付款二次共 300 萬元後，隨即因生意失敗，經濟情況惡化，暫時舉債度日，可推論甲顯無能力依約支付剩餘款 300 萬元。依民法第 265 條規定，甲必須舉債度日，顯無能力依約支付剩餘款 300 萬元，在甲未為對待給付支付剩餘款 300 萬元或提出擔保前，乙得拒絕將 L 地移轉登記予甲。

結論 ㈠如甲僅付給乙 100 萬元後即未再付款，當乙要求甲續付 200 萬元時，甲以乙尚未辦理 L 地的移轉登記為由而拒絕付款，違反民法第 264 條第 1 項但書規定，不合法。

㈡雖甲已付款二次共 300 萬元，隨即因生意失敗，經濟情況惡化，暫時舉債度日。依民法第 265 條規定，在甲未為對待給付支付剩餘款 300 萬元或提出擔保前，乙得拒絕將 L 地移轉登記予甲。

📚 相關法條

▶民法第 264 條

因契約互負債務者，於他方當事人未為對待給付前，得拒絕自己之給付。但自己有先為給付之義務者，不在此限。

他方當事人已為部分之給付時，依其情形，如拒絕自己之給付有違背誠實

及信用方法者，不得拒絕自己之給付。

▶民法第 265 條

當事人之一方，應向他方先為給付者，如他方之財產，於訂約後顯形減少，有難為對待給付之虞時，如他方未為對待給付或提出擔保前，得拒絕自己之給付。

一、甲受僱於乙多年，過去乙均於次月 5 日將前一個月報酬直接匯入甲在 B 銀行的帳戶。近 3 個月來，乙因經濟情況日漸惡化而有不正常付款情形。甲擔心乙無法支付報酬，乃停止依約對乙提供勞務。試問：甲對乙是否須因之負給付遲延（債務不履行）的責任？

二、丙與 A 公司訂立合建契約，約定由 A 公司在丙所有的 L 地上建築 H1 及 H2 二屋，俟建築完成後，A 將 H2 的所有權移轉予丙，丙即將 L 中的 H1 基地所有權移轉予 A 公司。試問：

㈠當丙向 A 請求移轉 H2 的所有權，A 得否以丙尚未將 L 中的 H1 基地所有權移轉予 A，而拒絕將 H2 的所有權移轉予丙？

㈡假設 H2 的一樓部分因 A 的債權人行使抵押權，由第三人丁經拍賣取得所有權。當 A 向丙要求轉讓 L 中的 H1 基地所有權時，丙得否依民法第 265 條規定拒絕轉讓？[243]

問題 3-28

因不可歸責於契約當事人一方的事由，致一方不能給付時，他方是否仍然必須為對待給付？

甲、乙於 6 月 20 日口頭約定，甲以其 A 車與乙的 B 車互易，並於 7 月

---

[243]　最高法院 85 年臺上字第 1378 號判決。

10 日互為交車。7 月 1 日，甲如常將 A 車停放在住戶共用的社區露天停車場，當晚因颱風來襲，強風吹倒樹木將 A 車壓毀。請問：

㈠乙須否給付甲其 B 車？

㈡假設 A 車在 I 保險公司保有全險，依約 I 公司應賠償甲 52 萬元，乙得否請求甲將該保險金請求權讓與給自己？

提　示

一、何謂危險負擔？

二、在雙務契約，當一方給付不能時，是否因其可否歸責於當事人之一方而有不同效力？

解　析

一、危險負擔

　　危險負擔有廣、狹二義，所謂之狹義的危險負擔，指雙務契約因「不可歸責於雙方」當事人的事由，致一方債務給付不能，對該因給付不能所生損失（危險）的負擔。在立法例上，有採債權人主義而由債權人負擔者❷❹❹，有採債務人主義而由債務人負擔者❷❹❺；另亦有採所有人主義而規定由標的所有人負擔者。我國民法仿德國民法，關於一般雙務契約採債務人主義（民法 266），關於買賣契約則有時兼採所有人主義（民法 373）。

　　所謂之廣義的危險負擔，指除上述之狹義的危險負擔外，還包括因「可歸責」於債權人的事由，致一方債務給付不能，對該因給付不能所生損失（危險）的負擔（民法 267）。換句話說，即指雙務契約因「不可歸責於債務人」的事由，因致一方債務給付不能，對該因給付不能所生損失（危險）

---

❷❹❹　例如羅馬法關於以特定物權設定、移轉為標的的雙務契約；法國民法第 1138 條；瑞士債務法第 185 條；日本民法第 534 條、第 536 條。

❷❹❺　例如羅馬法關於租賃契約；德國民法第 323 條、第 446 條。

的負擔。

廣義的危險負擔	不可歸責於債務人	1.狹義的危險負擔：雙務契約因不可歸責於雙方當事人的事由，致一方債務給付不能，對該因給付不能所生損失（危險）的負擔（民法266）
		2.（雙務、單務）契約因可歸責於債權人的事由，致一方債務給付不能，對該因給付不能所生損失（危險）的負擔（民法267、225）

▲危險負擔的意義

因危險負擔係由給付不能所引起，而給付不能的原因，有不可歸責於雙方當事人、可歸責於債權人、可歸責於債務人及可歸責於雙方當事人四種情形。若給付不能問題解決，危險負擔問題亦隨之解決。

二、雙務契約給付不能的效力

可歸責的當事人	1.無
	2.僅債權人
	3.僅債務人
	4.雙方當事人

▲雙務契約的不能給付之歸責情形

雙務契約給付不能的效力，依其不能給付的原因是否可歸責何一方當事人或雙方而有差別，依可能四種歸責情形分述如下：

㈠因不可歸責於雙方當事人：民法第266條第1項規定：「因不可歸責於雙方當事人之事由，致一方之給付全部不能者，他方免為對待給付之義務；如僅一部不能者，應按其比例減少對待給付。」當一方（債務人）的給付全部不能時，他方（該不能給付債務的債權人）即免去其對待給付義務；當一方的給付一部不能時，則應按其比例減少他方的對待給付。

當雙務契約當事人一方的給付全部不能時，該一方（債務人）依民

法第 225 條第 1 項規定免給付義務，而他方則依民法第 266 條第 1 項規定，亦免去為對待給付的義務，結果由債務人負擔因給付不能所生的損失，即由該債務人負擔其給付不能的危險；若是一方的給付僅一部不能時，依民法第 225 條第 1 項規定免去該一部給付義務，而他方依民法第 266 條第 1 項後段規定，亦按比例減少其對待給付。由此可知，關於給付不能的危險負擔，民法第 266 條第 1 項規定採債務人（負擔）主義。

如該他方免為對待給付或應按比例減少對待給付，而其卻已為該免為之全部或一部的對待給付，則得依關於不當得利的規定，請求返還（民法 266 II）。

民法第 266 條第 1 項規定所稱的「給付不能」，除必須是永久不能外，還須是在契約成立後的嗣後不能，以及基於自然法則的事實上不能或該給付為法律所禁止的法律上不能㊽。

因不可歸責於雙方當事人的事由，致一方給付不能，而他方已就該部分為對待給付時，該他方得依不當得利的規定，請求返還（民法 266 II），無須契約當事人另外行使解除權㊾。

另外，關於買賣契約的危險負擔，民法第 373 條設有特別規定，即除契約另有訂定外，概自標的物交付時起，移轉於買受人，至於買受人已否取得該物的所有權，在所不問。故物的買賣，除契約另有訂定外，標的物苟已交付，雖所有權尚未移轉，其危險亦由買受人負擔，而排除民法第 266 條規定的適用㊿。

㈡因可歸責於債權人：當事人的一方，因可歸責於他方⒁的事由，致給付不能時，得請求對待給付；但其因免給付義務所得的利益，或應得的利益，均應由其所得請求的對待給付中扣除（民法 267），則其損失（危

㊽ 最高法院 88 年臺上字第 155 號判決。

㊾ 最高法院 85 年臺上字第 1009 號判決。

㊿ 最高法院 77 年臺上字第 1220 號判決。

⒁ 按就該不能的給付義務言，即債權人。民法第 267 條所以規定為可歸責於「他方」，而不規定為可歸責於「債權人」，是因為在雙務契約，當事人雙方同時互為債權人，以及互為債務人，不管任何一方發生給付不能，皆可得適用。

險）歸由債權人負擔，此屬於廣義的危險負擔。

關於可歸責於債權人的事由，民法未設明確規定❷，一般認為債權人的侵權行為、受領遲延、就給付物基於特種關係所生義務的違反，例如因監護關係所生的財產管理義務，均為可歸責於債權人的事由❷。

㈢**因可歸責於債務人**：因可歸責於一方債務人的事由，致其給付「全部不能」，他方債權人得請求損害賠償（民法 226）；亦得解除契約後，再請求損害賠償（民法 256、260、226）❷。他方債權人解除契約，自己的對待給付義務即消滅；若其不行使解除權，雖得向對方債務人請求損害賠償，但自己仍須履行對待給付，此時，（一方）債權人的損害賠償請求權與（他方）債務人的對待給付請求權，其關係如何，有二種不同理論：

1. **交換說 (Austauschtheorie)**：以債務人的損害賠償債務為原債務的延長，與（他方）債權人的對待給付債務仍處於對立關係，因而彼此應互相交換。

2. **差額說 (Differenztheorie)**：債權人僅得請求自己對待給付與損害賠償間的差額。

就我民法規定，通說採交換說❷。

案件事實	學說	結論
甲、乙二人約定，將各自所有的 F、P 跑車互易，F 市價 500 萬元，P 市價 510 萬元。在交車前夕，乙開 P 車超速，轉彎失控而撞上橋墩，致 P 車全毀。甲不行使解除權，僅欲請求損害賠償	交換說	甲須將 F 車所有權移轉並交付予乙，才得向乙請求 510 萬元的損害賠償（通說）
	差額說	甲僅得向乙請求 10 萬元的損害賠償，而乙不得向甲請求 F 車所有權移轉與交付

▲交換說與差額說就同一案例的不同結論

❷　比較民法第 220 條、第 224 條、第 231 條第 1 項。

❷　鄭玉波、陳榮隆，《民法債編總論》，2002，頁 462–463。

❷　民法第 226 條、第 256 條、第 260 條等規定，於單務、雙務契約均有適用。

❷　史尚寬，《債法總論》，1990，頁 518；鄭玉波、陳榮隆，《民法債編總論》，2002，頁 464；孫森焱，《民法債編總論（下）》，2004，頁 841。

若因可歸責於一方債務人的事由，僅致其給付「一部不能」，他方債權人原則上僅得就該不能部分，請求損害賠償（民法 226），或解除契約後，再請求損害賠償（民法 256、260、226）；對其他可能部分的給付，不得任意拒絕[254]。但該可能部分的履行於一方債權人無利益時，該債權人即得拒絕其他可能部分的給付[255]，進而請求全部不履行的損害賠償（民法 226 II），或解除全部契約（民法 256）。

㈣**因可歸責於雙方當事人：**因可歸責於契約的雙方當事人之事由，致一方的給付不能時，效力如何，民法未設明確規定。其可能的效果有如下四種：一、依不可歸責於雙方當事人規定；二、依可歸責於債權人規定；三、依可歸責於債務人規定；四、依當事人雙方歸責的輕重，比例分擔其損失（民法 226、217），而債權人應不得解除契約[256]。本書認為第三說在過失相抵下，不失公允；如採第二說，亦可得到相同的結論。

可歸責者	不能給付的一方（債務人）		對待給付的他方（債權人）	
非雙方當事人 — 無 / 第三人	債務人免給付義務（民法 225 I）	債務人因給付不能的事由，對第三人有損害賠償請求權，債權人得向債務人請求讓與其損害賠償請求權，或交付其所受領的賠償物（民法 225 II）	他方（債權人）免對待給付義務；僅一部不能，應按其比例減少對待給付（民法 266 I）	已為全部或一部的對待給付，得依關於不當得利規定，請求返還（民法 266 II）
不能給付的債權人	債務人免給付義務（民法 225 I）	（同上）	債務人得請求對待給付。但其因免給付義務所得的利益或應得的利益，均應由其所得請求的對待給付中扣除之（民法 267）	
不能給付的債務人	債務人負損害賠償責任（民法 226）		他方（債權人）仍有對待給付義務；惟得解除契約以免對待給付，而仍得請求債務不履行的損害賠償（民法 256–260）	

[254] 最高法院 76 年臺上字第 118 號判決。

[255] 例如一對耳環的一只、一副手套的一個、一套小說的一冊。

[256] 鄭玉波、陳榮隆，《民法債編總論》，2002，頁 465。

雙方當事人	債務人負損害賠償責任（民法226)；得主張與有過失（民法227 I）	他方（債權人）仍有對待給付義務；惟得解除契約以免對待給付，而仍得請求債務不履行的損害賠償（民法256–260），債務人得主張與有過失（民法217 I）

▲雙務契約之給付不能與歸責對象的關係

案例分析

在上述案例事實中，甲、乙於 6 月 20 日口頭約定，甲以其 A 車與乙的 B 車互易，並於 7 月 10 日互為交車。依此互易契約，甲對乙負有交付 A 車並移轉所有權的義務，乙對甲負有交付 B 車並移轉所有權的義務（民法 398、348 I），二者立於互為對待給付的關係。

7 月 1 日，甲如常將 A 車停放在住戶共用的社區露天停車場，當晚因颱風來襲，強風吹倒樹木將 A 車壓毀。因 A 車的毀損，致甲對乙的給付不能。此給付不能，乃因颱風吹倒樹木壓毀 A 車，除有特別情形可認定甲可預見該樹會被颱風吹倒而壓毀 A 車，即甲有過失為可歸責外，應認為 A 車的毀損係因事變所致，所以甲並無過失而為不可歸責。依民法第 225 條第 1 項規定，甲免其給付 A 車的義務。

如前述，甲的 A 車給付已全部不能，且不可歸責於甲，亦無可歸責於債權人乙的情形，故該 A 車的給付不能，為不可歸責於雙方當事人的事由所致，乙依民法第 266 條第 1 項規定的前段，免為對待給付的義務，無須給付甲其 B 車。

如 A 車在 I 保險公司保有全險，依約 I 公司應賠償甲 52 萬元，則依民法第 225 條第 2 項規定，乙得向甲請求讓與對 I 公司的損害賠償請求權；惟乙如請求甲讓與該損害賠償請求權，即不能適用民法第 266 條第 1 項規定而免其對待給付義務，而仍須將 B 車交付予甲並移轉其所有權。

結論 ㈠乙依民法第 266 條第 1 項前段規定，免為對待給付的義務，故無須給付甲其 B 車。

㈡乙得依民法第 225 條第 2 項規定，請求甲將該保險金請求權讓與給自己，但仍須對甲給付 B 車。

相關法條

▶民法第 225 條

因不可歸責於債務人之事由，致給付不能者，債務人免給付義務。

債務人因前項給付不能之事由，對第三人有損害賠償請求權者，債權人得向債務人請求讓與其損害賠償請求權，或交付其所受領之賠償物。

▶民法第 266 條

因不可歸責於雙方當事人之事由，致一方之給付全部不能者，他方免為對待給付之義務；如僅一部不能者，應按其比例減少對待給付。

前項情形，已為全部或一部之對待給付者，得依關於不當得利之規定，請求返還。

練習題

一、甲將其所有的 H 屋以 600 萬元售予乙，於移轉該 H 屋所有權及為移轉登記（過戶）與乙前，H 屋因地震倒塌。試問：甲、乙相互間是否負有任何的給付義務？

二、丙將畫家戊所繪 5 幅市價相當的國畫，以總價金 150 萬元出賣給丁（一個買賣契約），於交付前夕因颱風來襲，其中 2 幅毀於因豪大雨造成的洪水。試問：丙、丁相互間是否各負有如何內容的給付義務？

問題 3-29

契約當事人一方因可歸責於他方的事由，致不能給付時，得否請求對待給付？

甲將國畫大師丙所繪 P 國畫，以 100 萬元出賣給乙，約定甲應於 7 月

1 日下午將 P 送至乙的住處交付。甲於 7 月 1 日下午將 P 送至乙的住處時，因乙外出旅遊而未能受領，甲只好帶回 P 畫，7 月 4 日因嚴重淹水，甲的住家遭水淹沒，P 畫亦泡水毀損。請問：

(一)甲對乙的給付義務是否因 P 畫毀損而消滅？

(二)甲得否仍對乙請求給付 P 畫的買賣價金 100 萬元？

提　示

一、給付義務是否因給付不能而消滅？

二、民法第 267 條規定之可歸責於他方的事由，究何所指？

三、因受領遲延而致給付不能，就該不能是否為可歸責？

解　析

一、雙務契約之給付不能的效力[257]

二、因可歸責於他方的事由致給付不能

民法第 267 條本文規定：「當事人之一方因可歸責於他方之事由，致不能給付者，得請求對待給付。」謂在雙務契約，如一方的給付不能，而其不能的原因，係可歸咎於他方當事人（就該不能的給付而言為債權人），且不可歸咎於該不能為給付的當事人（就該不能的給付而言為債務人），該不能為給付的當事人仍得向該可歸責的一方當事人請求對待給付。如其不能給付不可歸責於雙方當事人，不適用該民法第 267 條規定。有疑義的是，如其不能給付係可歸責於雙方當事人，有無民法第 267 條規定的適用。如上所述，此時宜認為其給付不能係可歸責債務人，並有過失相抵原則（民法 217）的適用。

---

[257] 參閱上述問題 3–28【解析】二。

如因債權人的受領遲延，以致最後該給付成為不能，通說主張其屬於可歸責債權人（該給付債務的他方當事人），而不區分該受領遲延究為該給付不能的直接或間接原因，甚或僅為其條件而已；惟在此至少應限制，該給付於最終不能，必須是不可歸責於其債務人本身，並且此債務人依民法第 234 條規定：「在債權人遲延中，債務人僅就故意或重大過失，負其責任。」❷如該給付在債權人受領遲延後，因其債務人的輕過失而陷於不能，通說認為有民法第 267 條規定的適用，該不能給付的債務人仍得請求對待給付，此結論有待商榷。

🔍 案例分析

在上述案例事實中，甲將國畫大師丙所繪 P 國畫，以 100 萬元出賣給乙，約定甲應於 7 月 1 日下午將 P 送至乙的住處交付。對甲而言，此為一赴償債務，其應於乙的住處履行債務。

㈠甲依約於 7 月 1 日下午將 P 送至乙的住處時，因乙外出旅遊而未能受領，依民法第 234 條規定：「債權人對於已提出之給付，拒絕受領或不能受領者，自提出時起，負遲延責任。」乙對於甲的提出給付未能受領，應負債權人遲延責任。在債權人遲延中，依民法第 237 條規定：「在債權人遲延中，債務人僅就故意或重大過失，負其責任。」甲因乙不能受領而只好帶回 P 畫，7 月 4 日因嚴重淹水，甲的住家遭水淹沒，P 畫亦泡水毀損。就此事實而論，甲對於 P 畫因自然災害而毀損應至少無重大過失。故甲就其給付不能為不可歸責。依民法第 225 條第 1 項規定：「因不可歸責於債務人之事由，致給付不能者，債務人免給付義務。」甲對乙的給付義務因 P 畫毀損而消滅。

㈡如在債權人受領遲延中，因不可歸責於該債務人的事由致其給付不能，依通說認定為可歸責於該債權人，適用民法第 267 條規定：「當事人之一方因可歸責於他方之事由，致不能給付者，得請求對待給付。但其因免

---

❷ 最高法院 99 年臺上字第 1753 號判決；史尚寬，《債法總論》，1990，頁 575；鄭玉波、陳榮隆，《民法債編總論》，2002，頁 462–463。

給付義務所得之利益或應得之利益，均應由其所得請求之對待給付中扣除之。」甲因可歸責於乙的事由而給付不能，得仍對乙請求給付 P 畫的買賣價金 100 萬元，且無該條但書可扣除規定的情形。

結論 ㈠甲對乙的給付義務因 P 畫毀損而消滅。

㈡甲得仍對乙請求給付 P 畫的買賣價金 100 萬元。

相關法條

▶民法第 225 條

因不可歸責於債務人之事由，致給付不能者，債務人免給付義務。

債務人因前項給付不能之事由，對第三人有損害賠償請求權者，債權人得向債務人請求讓與其損害賠償請求權，或交付其所受領之賠償物。

▶民法第 234 條

債權人對於已提出之給付，拒絕受領或不能受領者，自提出時起，負遲延責任。

▶民法第 237 條

在債權人遲延中，債務人僅就故意或重大過失，負其責任。

▶民法第 267 條

當事人之一方因可歸責於他方之事由，致不能給付者，得請求對待給付。但其因免給付義務所得之利益或應得之利益，均應由其所得請求之對待給付中扣除之。

一、A 公司不合法終止與 B 公司間所訂電影檔期專映權合約後，拒絕將其發行的中西影片交由 B 公司排映，致 B 公司的給付陷於不能的狀態；惟 B 公司亦因該給付不能的事由而減省費用。試問：B 公司得否對 A 公司請求對待給付？如得為請求，應否扣除其減省的費

用？❀

二、丙向丁訂購新鮮豬肉 100 公斤，丁依約於上午送達丙住處，丙因不在其住處而不能受領，丁載該批豬肉回程途中，冷藏系統突然故障，導致該 100 公斤豬肉全數敗壞而須銷毀。試問：丁得否向丙請求支付原定的豬肉價金？

問題 3-30

契約當事人的一方，約定由第三人向他方為給付，而第三人不為給付時，應負何責任？

甲為裝潢新家，到乙經營的燈具店選購燈具。甲選中店中吊掛展示的 C1 進口水晶燈，但因 C1 燈已經有其他客戶選購，故乙表示，其友人丙的店中尚有一具完全相同的進口水晶燈 C2。甲、乙約定，甲以 8 萬 8 千元向乙購買 C2 燈，乙並約定由丙於 10 月 10 日將 C2 燈送至甲的新家及安裝。10 月 10 日丙以電話通知甲，丙在數日前已經將僅有的 C2 出售他人後，乙才告知他送貨予甲一事，一直設法向同業調貨不成，以致無法送貨。請問甲得向何人主張債務不履行的責任？

💡 提 示

一、涉他契約有哪幾種類型？

二、由第三人給付的涉他契約有何效力？

⊗ 解　析

一、涉他契約的種類

　　涉他契約，指當事人雙方所簽訂的債權契約（負擔契約），而其內容涉及當事人以外的第三人，主要有「由第三人給付」的契約與「向第三人給付」的契約二種類型。債權契約在其相對性原則下，契約效力應不及於第三人；惟基於實際需要及契約自由原則，有承認涉他契約的必要，各國立法例不同，我國則仿瑞士債務法就二種契約分設規定（民法 268–270）。

二、由第三人給付的涉他契約

㈠**概念：**此所謂的由第三人給付的涉他契約，即民法第 268 條所規定之「契約當事人之一方，約定由第三人對於他方為給付」之債權契約。因其是契約當事人一方約定，由第三人向他方給付的契約，故又稱第三人負擔的契約，或擔保第三人給付的契約，乃當事人雙方合意簽訂，以第三人的給付為標的（內容）的契約，其關係人圖示如下：

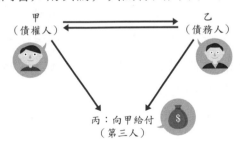

甲
（債權人）
乙
（債務人）

丙：向甲給付
（第三人）

　　由第三人給付的契約，雖亦稱擔保第三人給付的契約，而有擔保給付的性質，但與保證契約（民法 739）有別，主要差異表列如下：

差別點 契約種類	契約當事人	涉及的第三人	主要效力
由第三人給付的契約	債權人、債務人	非債務人	該第三人不為給付時，債務人負債務不履行責任（獨立債務）
保證契約	債權人、保證人	主債務人	主債務人不履行主債務時，保證人負代為履行責任（從債務）

㈡效力：民法第 268 條規定：「契約當事人之一方，約定由第三人對於他方為給付者，於第三人不為給付時，應負損害賠償責任。」明定債務人之債務不履行的損害賠償責任。蓋由第三人給付的契約，係當事人約定，一方當事人應使第三人對他方為特定給付，該第三人不因當事人的約定而成為債務人，故不負給付義務，而得自由決定是否為給付。如該第三人不為給付時，即由債務人負損害賠償責任，但其並無為該契約本來約定之（由第三人）給付的義務；惟若原約定的給付不具專屬性，債務人得代（該第三人）為履行，債權人不得拒絕（民法 148 II、311 II 但書）。

🔍 案例分析

在上述案例事實中，C2 燈的買賣契約之雙方當事人為甲、乙二人，出賣人乙約定由第三人丙對買受人甲為給付，此乃民法第 268 條規定的由第三人給付的涉他契約。丙不因當事人的約定而成為債務人，故不負給付義務，而得自由決定是否為給付。

10 月 10 日丙以電話通知甲，丙數日前已經將僅有的 C2 出售他人後，乙才告知他送貨予甲一事，一直設法向同業調貨不成，以致無法送貨。因丙對甲不為給付，即由出賣人乙負損害賠償責任，但其並無為該契約本來約定之（由丙）給付的義務；但因原約定的給付 C2 燈不具專屬性，乙得設法取得一具同於 C2 的燈，而代丙為履行，買受人甲不得拒絕（民法 148 II、311 II 但書）。

結論 甲得向乙主張債務不履行的責任，但僅得請求損害賠償。

相關法條

▶民法第 268 條

契約當事人之一方，約定由第三人對於他方為給付者，於第三人不為給付時，應負損害賠償責任。

一、甲、乙二人約定，甲付乙 60 萬元現金，由乙（債務人、諾約人、約束人）負責使知名藝人丙（第三人）為候選人甲（債權人、要約人、受約人）的競選活動進行二次表演。嗣後丙以排不出時間為由，事實上係因政治理念不合，婉拒參與甲的競選活動或表演。後乙表示自己願意替代丙，惟甲認為無法達到相當效果而拒絕，結果當天引起部分到場民眾失望的抱怨或抗議。試問：甲對乙有何法律上的請求權？

二、甲為裝潢新家，到乙經營的燈具店選購燈具。甲選中店中吊掛展示的 C1 進口水晶燈，但因 C1 燈已經有其他客戶選購；乙表示，其友人丙的店中尚有一具完全相同的進口水晶燈 C2。甲、乙約定，甲以 8 萬 8 千元向乙購買 C2 燈，並由丙於 10 月 10 日將 C2 燈送至甲的新家及安裝。丙如期將 C2 送至甲的新家並安裝完成，但未注意其有結構及安裝上瑕疵。10 月 18 日發生芮氏 2 級地震，C2 因前述瑕疵無法承受搖晃而摔落，C2 碎裂，並砸毀甲的餐桌 T，T 市價 12 萬元。試問：甲得依何規定向何人請求賠償其所受損害？

問題 3-31

如契約訂定應向第三人為給付，何人有請求為該給付的權利?

甲以 800 萬元向乙購買 H 屋及其基地 L，雙方約定乙應將買受物所有權移轉予甲的兒子丙，而甲應將 800 萬元分 2 次給付第三人丁。請問:

(一)何人有請求乙移轉 H 及 L 所有權予丙的權利?

(二)何人得向甲請求如何給付丁 800 萬元?

提 示

一、債權契約得否訂定向第三人為給付?

二、向第三人給付的涉他契約有何效力?

解 析

一、向第三人給付的涉他契約

涉他契約，指當事人雙方所簽訂的債權契約（負擔契約），而其內容涉及當事人以外的第三人，主要有「由第三人給付」的契約與「向第三人給付」的契約二種類型。

向第三人給付的契約，亦稱利他契約、為第三人的契約，或使第三人取得債權的契約，係當事人雙方約定，一方（債務人）向第三人為給付的契約。民法第 269 條第 1 項規定:「以契約訂定向第三人為給付者，要約人得請求債務人向第三人為給付，其第三人對於債務人，亦有直接請求給付之權。」即為向第三人給付的涉他契約之規定。

此類契約相當常見，例如運送契約使受貨人取得提貨的權利（民法 644）；保險契約使受益人取得保險金請求權（保險法 110 I、5）。關於發票行為的性質[269]，最高法院採「契約說」，進而認為支票發票人簽發一定的金

額，委託金融業者，於見票時無條件支付與受款人或執票人的行為，屬於民法第 269 條第 1 項規定之向第三人給付的契約，而支票的受款人或執票人則係委託付款契約的第三人[261]。

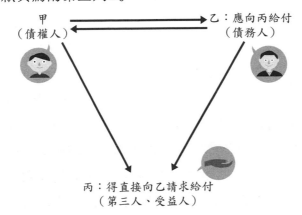

甲
（債權人）

乙：應向丙給付
（債務人）

丙：得直接向乙請求給付
（第三人、受益人）

二、向第三人給付的涉他契約之效力

當事人以契約訂定向第三人（受益人）為給付，要約人（債權人）得請求債務人向第三人給付，該第三人對於債務人直接請求給付的權利（民法 269 I）。此效力可分三方面：

(一)**對於第三人的效力**：債務人給付對象的該第三人（受益人）取得直接請求的債權[262]；然因該第三人非契約當事人，不得享有契約當事人才能享有的撤銷權、解除權。

第三人未表示受益的意思表示前，猶未確定，當事人得「變更」或「撤銷」[263]該契約（民法 269 II）。此受益的意思表示，具有民法第 77 條

---

[260] 在諸多不同學說中，以「單獨行為說」及「契約說」較具說服力與影響力，德國、日本通說採前者，英美法系則普遍採後者；我國學者則多採「單獨行為說」。

[261] 最高法院 65 年臺上字第 2164 號判例。

[262] 該第三人非契約當事人卻享有直接請求的債權，其理論基礎有下列諸說：一、承諾說：基於其承諾；二、代理說：因債權人（要約人）代理；三、讓與說：由債權人所讓與；四、直接取得說。民法第 269 條第 1 款顯係採直接取得說。

[263] 契約若無瑕疵，為何得「撤銷」，不無疑義。梅仲協，《民法要義》，1955，頁 196，認為應以廢止取代撤銷一詞，值得贊同。

但書「純獲法律上利益」的性質，若該第三人為限制行為能力人，亦得單獨為此表示❷❷❹。

如該第三人對於當事人的一方表示不欲享受該契約的利益，則視為自始未取得其權利（民法 269 III），即其債權溯及地消滅。

如契約當事人雖約定向第三人給付，但不使該第三人取得直接請求給付的權利，則非此所指向第三人給付的契約，而是所謂的「不純正的向第三人給付契約」或僅為當事人與第三人間的「指示給付關係」❷❷❺，例如甲向乙店訂製生日蛋糕（或花圈、花籃、喜幛等），並約定直接送到第三人丙住所。至於契約當事人約定向第三人給付，是否使該第三人取得直接請求給付的權利，則應依民法第 98 條規定解釋契約當事人的意思。就此，最高法院曾謂：「審認契約是否有以使第三人取得該債權為標的，並不以明示為必要，祇要依契約之目的及周圍之情況，可推斷當事人有此法效之意思為已足。於此情形，除審究其契約是否為第三人利益而訂立外，尚可考量契約訂定之本旨，是否由第三人自己行使權利，較諸僅由要約人行使權利，更能符合契約之目的，債務人對第三人為給付是否基於要約人亦負擔相當之給付原因暨要約人與第三人間之關係，並分就具體事件，斟酌各契約內容、一般客觀事實、工商慣例、社會通念等相關因素，探究訂約意旨之所在及契約目的是否適合於使第三人取得權利，以決定之。」❷❷❻可供參酌。

㈡**對於債權人的效力**：債權人得請求債務人向該第三人（受益人）為給付，而不得請求向自己為給付，故其債權的內容與第三人債權的內容，並不相同。該第三人有向債務人直接請求給付的權利，因而衍生不履行給付的損害賠償請求權；另一方面，債權人亦有請求債務人向第三人為給付的權利，若債權人因債務人不履行其向第三人為給付的義務，致受有損害時，例如支付第三人約定的違約金，亦得請求債務人賠償自己所受損

---

❷❷❹ 鄭玉波、陳榮隆，《民法債編總論》，2002，頁 471。

❷❷❺ 最高法院 92 年臺上字第 2581 號判決；最高法院 93 年臺上字第 1704 號判決。

❷❷❻ 最高法院 97 年臺上字第 2694 號判決。

害[267]。債權人得依法律規定或當事人約定而取得撤銷權；惟原則上無解除權，除非經該第三人同意[268]。

　　第三人對於民法第 269 條第 1 項所規定之向第三人給付的契約，未表示享受其利益的意思前，當事人得變更或撤銷其契約（民法 269 II）；反面解釋，如第三人已表示享受其利益的意思後，當事人即不得變更或撤銷其契約。此表示享受其利益的意思，性質上為一有相對人的意思表示[269]。

㈢**對於債務人的效力**：債務人基於契約，對第三人直接負擔債務，並得以由該契約所生的一切抗辯，對抗該第三人（民法 270），例如契約不成立、無效、消滅時效完成；惟當事人得在該第三人表示享受其利益的意思前，變更或撤銷其契約（民法 269 II）。

　　如第三人對於當事人的一方表示不欲享受其契約的利益，則視為自始未取得其權利（民法 269 III）。因此，該第三人約款之標的乃成為自始給付不能，該契約無效（民法 246）。此第三人之不欲享受其契約利益的表示，性質上亦為一有相對人的意思表示。

　　債務人雖亦得主張同時履行抗辯，但不得對第三人請求履行債權人（要約人）應為的對待給付，因為第三人並非契約當事人[270]。

三、原因關係

　　債務人所以願意與債權人約定向第三人為給付，通常應有其原因關係，稱為「補償關係」；另債權人欲債務人向第三人為給付，與該第三人間亦有其原因關係，則稱為「對價關係」或「兌價關係」。

---

[267]　最高法院 66 年臺上字第 1204 號判例。
[268]　鄭玉波、陳榮隆，《民法債編總論》，2002，頁 472。
[269]　孫森焱，《民法債編總論（下）》，2013，頁 844。
[270]　最高法院 71 年臺上字第 1498 號判例。

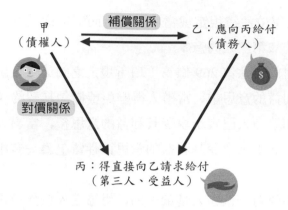

例如丙向甲訂購 A 貨物一批（買賣契約），甲委託乙公司（運送契約）運送到臺南丙住所交付予丙（向第三人給付的契約）。就此向第三人丙給付的契約，其補償關係為甲、乙間的運送契約，基於該契約乙得向甲請求運費；其對價關係則為丙、甲間的買賣契約。

補償關係（行為）與向第三人給付的契約相牽連，前者的存在直接影響後者的效力。對價關係的存否，對於向第三人給付契約的效力，並無影響；惟對價關係不存在，則可能發生不當得利的效果。

🔍 案例分析

在上述案例事實中，甲以 800 萬元向乙購買 H 屋及其基地 L，雙方約定乙應將買受物所有權移轉予甲的兒子丙，而甲應將 800 萬元分二次給付第三人丁。在無其他特殊情形下，解釋甲、乙間的契約，應認為丙與丁均對契約的一方有直接的給付請求權[271]。因此，甲、乙間 H、L 買賣契約，乃是民法第 269 條第 1 項所指向第三人給付的契約或利他契約，依其規定，契約當事人甲（要約人）得請求出賣人乙（債務人）向第三人丙為給付，丙對於出賣人乙（債務人）亦有直接給付請求權。故甲及丙均有請求乙移轉 H 及 L 所有權予丙的權利。相對地，依民法第 269 條第 1 項規定，出賣人乙得請求甲分二次向丁給付 800 萬元，丁亦得直接請求甲分二次給付其 800 萬元。

---

[271] 最高法院 53 年臺上字第 1456 號判例。

結論 ㈠甲及丙均有請求乙移轉 H 及 L 所有權予丙的權利。

㈡乙及丁均得請求甲分二次向丁給付 800 萬元。

相關法條

▶民法第 269 條

以契約訂定向第三人為給付者，要約人得請求債務人向第三人為給付，其第三人對於債務人，亦有直接請求給付之權。

第三人對於前項契約，未表示享受其利益之意思前，當事人得變更其契約或撤銷之。

第三人對於當事人之一方表示不欲享受其契約之利益者，視為自始未取得其權利。

▶民法第 270 條

前條債務人，得以由契約所生之一切抗辯，對抗受益之第三人。

甲與 A 公司（負責人乙）約定，A 公司應於 H 屋建造完成後 1 個月內將之移轉登記為甲所有，甲則應將其所有的 L 地移轉登記予乙。H 屋已建造完成逾 1 個月，乙向甲要求完成 L 地的移轉登記，甲則以 A 公司尚未將 H 屋移轉登記為甲所有為由，而拒絕乙的請求。試問：

㈠乙得否直接向甲要求完成 L 地的移轉登記？

㈡甲拒絕乙的請求，是否有理由？[272]

㈢甲得否向 A 公司或乙請求給付遲延的損害賠償？[273]

---

[272] 最高法院 100 年臺上字第 1679 號判決。

[273] 最高法院 89 年臺上字第 2048 號判決。

第 4 章

多數債務人
與債權人

第一節　可分的債

複數主體的債	可分的債	可分債務	同一債務的給付為可分
		可分債權	同一債權的給付為可分
	連帶的債	連帶債務	數債務人對同一債務各負全部給付責任
		連帶債權	數債權人對同一債權各得請求全部給付
	不可分的債		同一債權或債務的給付為不可分
	準共有的債		按應有部分同享一債權
	公同共有的債	共同債權	基於公同關係同享一債權

▲民法所規定之複數主體的債

問題 4-01

數人有同一的可分債權，則各自如何享受其權利？

甲與乙二人共有對債務人丙一個 20 萬元的債權，當事人未約定各債權人享受權利範圍。請問甲、乙各得向丙請求多少金額的給付？

💡 提　示

一、何謂可分債權？

二、可分債權的效力如何？

🎬 解　析

一、可分債權的概念

一個給付可以分為數個給付，仍無損其性質或價值，稱為可分給付，例如其客體為金錢、米、酒、砂石等。可分債權係以同一的可分給付為標的，而由數個債權人分受的債權。可分債權的可分給付無須自始存在，即其給付原為不可分，而後變為可分，亦成立可分債權（民法 271 後段）。

二、可分債權的效力

㈠**對外效力（外部關係）**：依民法第 271 條規定，數人有同一債權，而其給
付可分者，除法律另有規定或契約另有訂定外，應各平均分受；其給付
本不可分而變為可分者，亦同。因此，除法律另有規定或契約另有訂定
外，可分債權的各債權人應平均分受其債權，彼此互不相涉。

㈡**對內效力（內部關係）**：可分債權人間的關係，為對內關係，應依其間的
約定，如未有約定，則依其法律行為性質為決定，而類推適用民法第
271 條規定❶。債權人間對內關係的約定，除經他方當事人參與該約定
外，不生對外的效力，因而對內關係與對外關係的分受比率，非必相同。
可分債權人中一人的受領，超出其內部關係應分受部分時，應將超過部
分移轉給其他債權人❷。

㈢**就一債權人所生事項的效力**：可分債權，在性質上為複數的獨立債權，
各債權人的債權各自獨立。因此，就一債權人所生的債務不履行（給付
不能、給付不完全、給付遲延）、受領遲延、債務免除、混同、消滅時效
等事項，對其他債權人並無影響。

🔍 案例分析

　　在上述案例事實中，甲與乙二人共有對債務人丙一個 20 萬元的債權，
因當事人未約定各債權人享受權利範圍，亦無法律特別規定的情形下，依
民法第 271 條前半段規定，各債權人應平均分受。因此，甲、乙應平均分
受該 20 萬元債權，而各得向丙請求 10 萬元的給付。

結論 甲、乙各得向丙請求 10 萬元的給付。

---

❶ 通說，最高法院 87 年臺上字第 2360 號判決；最高法院 92 年臺上字第 245 號判決；孫
森焱，《民法債編總論（下）》，2004，頁 878。

❷ 鄭玉波、陳榮隆，《民法債編總論》，2002，頁 506。

相關法條

▶民法第 271 條

數人負同一債務或有同一債權，而其給付可分者，除法律另有規定或契約另有訂定外，應各平均分擔或分受之；其給付本不可分而變為可分者，亦同。

戊、庚二人共同對辛有同一的 200 萬元債權，未有對外分受的特別約定，僅其內部關係約定，戊分受 140 萬元，庚分受 60 萬元。試問：辛分別對戊、庚各清償 100 萬元後，戊得否對庚請求給付 40 萬元的超出分受部分？

問題 4-02

數人所共負的同一不可分債務，變為可分債務後，各自如何負擔其債務？

甲、乙二兄弟共同繼承父親丙的 C 跑車，並共同以 300 萬元出售予丁，同時約定丁先各匯款 150 萬元予甲、乙二人後，甲、乙應在第 3 日交付 C 車並移轉所有權予丁。在丁完成匯款後第 2 日，甲、乙二人一起駕 C 車赴酒宴，宴後由輕微酒醉的甲開車載酩酊大醉的乙回家，途中因反應不及而撞上路中安全島及路燈柱，致 C 車全毀。請問甲、乙應各自對丁負如何範圍的債務？

提　示

一、何謂不可分債務與可分債務？

二、不可分債務是否可變為可分債務？

三、數人共負一可分債務，各債務人如何負擔其債務？

🧠 解　析

一、概　念

㈠**不可分債務**：謂多數債務人以不可分給付為標的之債務。不可分債務雖依民法第 292 條規定，準用連帶債務的規定，然因其給付為不可分，所以各債務人必須負全部給付的義務，債務人既無從為一部給付，債權人亦無從請求一部給付，此與連帶債務的債權人得請求債務人為一部給付，有所不同❸。

㈡**可分債務**：與（上述之）可分債權相對應，可分債務是以同一的可分給付為標的，而由數債務人分擔的債務。可分給付指一個給付可以分為數個給付，仍無損其性質或價值，例如其客體為金錢、米、酒、砂石等。

二、不可分債務變成為可分債務

　　數人所負一債務的給付原為不可分，因法律行為或法律規定，原給付有所改變，即變成可分給付，例如 H 屋或 B 船，變為應給付 1000 萬元。

　　可分的債之可分給付並無須自始存在，即其給付原為不可分，而後變為可分，亦成立可分的債。故債務的給付原為不可分，而後變為可分，即由不可分債務變為可分債務。

三、可分債務的效力

㈠**對外效力（外部關係）**：依民法第 271 條規定，數人有同一債務，而其給付可分者，除法律另有規定或契約另有訂定外，應各平均分擔；其給付本不可分而變為可分者，亦同。因此，除法律另有規定或契約另有訂定外，可分債務的各債務人應平均分擔其債務，彼此互不相涉；其應於平

---

❸　最高法院 100 年臺上字第 1037 號判決。

均分擔後，各就其分擔部分負清償責任，不能就他人於平均分擔後已清償的餘額，再主張平均分擔❹。可分債務的債務人間對於債務的分擔，既以平均分擔為原則，則如有主張其間已另有約定者，自應由主張該事實存在的人，負舉證責任❺。

(二)**對內效力（內部關係）**：可分債務人間的關係，為對內關係，應依其間的約定，如未有約定，依其法律行為性質為決定，而類推適用民法第 271 條規定❻。債務人之間對內關係的約定，除經他方當事人參與該約定外，不生對外的效力，因而對內關係與對外關係的分擔比率，非必相同。

(三)**就債務人一人所生事項的效力**：可分債務，在性質上為複數獨立的債務，即各債務人的債務各自獨立。因此，就一債務人所生的債務不履行（給付不能、給付不完全、給付遲延）、受領遲延、債務免除、混同、消滅時效等事項，對其他債務人並無影響。

　　若可分債務基於一個契約而生，關於契約的解除，學說上一致認為應共同解除（民法 258 II）；惟對於同時履行抗辯的行使，則有爭議，部分學者認為應共同抗辯❼，另部分學者則認為，除非因其一方的對待給付為不可分而應共同抗辯外，原則上各得就各自獨立部分為抗辯❽。例如甲、乙二人共同向丙購買 N 筆記型電腦（不可分的對待給付），價金二萬元（可分債務），各分擔一萬元。甲已經支付丙一萬元，乙仍未付款，丙得拒絕移轉 N 電腦所有權及交付。

案例分析

　　在上述案例事實中，甲、乙二兄弟共同以 300 萬元出售 C 跑車予丁，

---

❹ 最高法院 62 年臺上字第 2673 號判例。

❺ 最高法院 95 年臺上字第 2494 號判決。

❻ 通說，最高法院 87 年臺上字第 2360 號判決；最高法院 92 年臺上字第 245 號判決；最高法院 95 年臺上字第 2494 號判決；孫森焱，《民法債編總論（下）》，2004，頁 878。

❼ 胡長清，《中國民法債篇總論》，1964，頁 438；史尚寬，《債法總論》，1990，頁 610。

❽ 鄭玉波、陳榮隆，《民法債編總論》，2002，頁 504；孫森焱，《民法債編總論（下）》，2004，頁 877。

依該買賣汽車契約對丁負有交付 C 車並移轉所有權債務，此為一不可分債務。甲、乙二人因酒後駕車反應不及而撞上路中安全島及路燈柱，致 C 車全毀，造成甲、乙對丁的買賣標的給付成為不可能，即給付不能。因此給付不能係可歸責於債務人甲、乙，依民法第 226 條第 1 項規定，因可歸責於債務人的事由，致給付不能，債權人得請求賠償損害。此賠償損害應以金錢賠償，是為一可分債務。甲、乙對丁的不可分債務，因給付不能轉變為金錢的損害賠償債務，亦即變為可分債務，依民法第 271 條規定，甲、乙應平均分擔對丁的損害賠償債務，例如造成丁 320 萬元的損害，則甲、乙應各自分擔 160 萬元賠償。

　　附帶一提，丁亦得依民法第 256 條規定解除契約，且依民法第 260 條規定，解除權的行使，不妨礙其損害賠償的請求。

結論 甲、乙應平均分擔對丁的損害賠償債務。

相關法條

▶民法第 271 條

數人負同一債務或有同一債權，而其給付可分者，除法律另有規定或契約另有訂定外，應各平均分擔或分受之；其給付本不可分而變為可分者，亦同。

▶民法第 256 條

債權人於有第二百二十六條之情形時，得解除其契約。

▶民法第 260 條

解除權之行使，不妨礙損害賠償之請求。

練習題

一、債權人甲、乙二人共同借予丙、丁、戊三人 12 萬元。當事人間未約定各人分擔或分受的額度。試問：當事人間誰得向誰請求多少金額以償還借款債務？

二、甲、乙二人應共同給付 H 馬（市價 150 萬元）予債權人丙，卻因
　　甲、乙疏於餵食導致 H 馬餓死。試問：當事人間誰得向誰請求多少
　　金額以作為債務不履行的損害賠償？

問題 4－03

可分債務的債務人之一，清償超出自己分擔額部分，得否向何人請求償還？

甲、乙二人共同向丙借貸 50 萬元，甲於約定清償期交付給丙一張面額
30 萬元支票作為清償之用，乙則以現金 20 萬元清償剩餘債務，嗣後該
支票獲指定銀行兌現。請問甲是否對乙有何請求權？

提　示

一、可分債務的內部與外部關係為何？
二、債務人之一超出其分擔部分為清償，法律性質為何？

解　析

一、可分債務的內部與外部關係❾

二、超出分擔部分的清償之法律性質

　　在可分債務，債權人對各債務人只能請求給付其（外部）分擔部分，
就超過部分，債務人並無清償義務；若一債務人超過其應分擔部分而為清
償時，對其他債務人言，係屬第三人清償，應依民法第 311 條定其效力；
如其清償係為消滅債權人的解除權，則應有民法第 312 條代位清償規定的

---

❾　參閱上述問題 4–02【解析】三。

適用❿。除適用民法第 312 條情形外，第三人清償，對於他債務人僅得依清償人有無為該他債務人清償的意思（即管理意思），而分別依無因管理或不當得利規定為請求⓫。

另外，可分債務人對債權人清償的結果，若超過其內部的分擔部分，就該超過部分，對他債務人有求償權，並得按其限度，就債權人之權利，以自己之名義代位行使，復因其得代位行使之結果，債權人之債權及該債權之擔保，當然移轉於該清償債務人，並不消滅；惟債權人依民法第 271 條規定行使權利，仍不受影響⓬。

案例分析

在上述案例事實中，甲、乙二人共同向丙借貸 50 萬元，負有一項 50 萬元的借用物返還債務（民法 478）。該 50 萬元的給付為可分，甲、乙對丙負同一的可分債務。因無法律特別規定，當事人間亦未特別約定，依民法第 271 條規定，債務人甲、乙二人應平均分擔該 50 萬元的債務，亦即各自分擔 25 萬元債務，丙亦僅得分別向甲、乙二人各請求清償 25 萬元。

甲於約定清償期交付給丙一張面額 30 萬元支票作為清償之用，乙則以現金 20 萬元清償剩餘債務，嗣後該支票獲指定銀行兌現，丙的借用物返還債權因全部獲得清償而消滅。甲原僅分擔 25 萬元債務，卻給付 30 萬元，超出分擔額 5 萬元。甲對於分擔額 25 萬元以外的部分，並無利害關係，因此該超額部分的清償性質上為第三人清償，應視甲有無為另一債務人乙清償債務的意思，即有無民法第 172 條的管理意思，若無，甲得依不當得利規定（民法 179）向乙請求返還所得利益；若有，甲得依無因管理規定（民法 172、176）向乙請求償還費用。

---

❿ 孫森焱，《民法債編總論（下）》，2004，頁 878；最高法院 87 年臺上字第 2360 號判決。鄭玉波、陳榮隆，《民法債編總論》，2002，頁 505，認為並無民法第 312 條的「利害關係」存在，因此超額清償的一債務人，僅是一般的第三人清償，非為民法第 312 條「代位清償」。

⓫ 最高法院 91 年臺上字第 2544 號判決。

⓬ 最高法院 87 年臺上字第 2360 號判決；最高法院 92 年臺上字第 245 號判決。

結論 就超額清償 5 萬元部分，視甲有無為乙清償債務的意思（管理意思），若無，甲對乙有不當得利返還請求權（民法 179）；若有，甲對乙基於無因管理有費用償還請求權（民法 172、176）。

相關法條

▶民法第 271 條

數人負同一債務或有同一債權，而其給付可分者，除法律另有規定或契約另有訂定外，應各平均分擔或分受之；其給付本不可分而變為可分者亦同。

▶民法第 311 條

債之清償，得由第三人為之。但當事人另有訂定或依債之性質不得由第三人清償者，不在此限。

第三人之清償，債務人有異議時，債權人得拒絕其清償。但第三人就債之履行有利害關係者，債權人不得拒絕。

▶民法第 312 條

就債之履行有利害關係之第三人為清償者，於其清償之限度內承受債權人之權利。但不得有害於債權人之利益。

▶民法第 478 條

借用人應於約定期限內，返還與借用物種類、品質、數量相同之物，未定返還期限者，借用人得隨時返還，貸與人亦得定一個月以上之相當期限，催告返還。

練習題

甲、乙、丙三人於去年共同向丁購買 L 地，四人僅約定買賣價金 600 萬元，L 地應移轉買受人共有。試問：

㈠甲、乙、丙三人應如何分擔其債務？

㈡假設因丙一時欠缺資金，而由甲、乙分別給付出賣人丁 300 萬元後，甲、乙二人是否得向丙請求償還多少的金額？❸

第二節　連帶債務

連帶的債	連帶債務	以同一給付為標的，依當事人明示或法律規定，各債務人發生連帶關係之複數主體的債（被動地連帶）❶❹
	連帶債權	以同一給付為標的，依法律規定或法律行為，各債權人間發生連帶關係之複數主體的債（主動地連帶）❶❺

▲連帶的債之種類

問題 4-04

何謂連帶債務？其有哪些成立原因？

甲、乙二人聯手，將丙所有之市價 60 萬元的 C 車搗毀。請問甲、乙是否因此對丙負有連帶債務？若丁、戊二人共同向丙借貸 10 萬元，除就清償日外，當事人未就該借貸關係有任何約定，丁、戊二人是否因此對丙負有連帶債務？

💡 提　示

一、何謂連帶債務？

二、連帶債務是否僅得因法律規定而成立？

🧠 解　析

一、連帶的債與連帶債務

　　以同一給付為標的，各債務人或各債權人間具有連帶關係之複數主體的債，稱為連帶的債。所謂連帶關係，指其債務或債權各具有共同目的，

---

❶❸　最高法院 95 年臺上字第 2494 號判決。

❶❹　鄭玉波、陳榮隆，《民法債編總論》，2002，頁 507，稱「受動之連帶」。

❶❺　鄭玉波、陳榮隆，《民法債編總論》，2002，頁 507，稱「自動之連帶」。

在債的效力上及消滅上互相牽連，例如就當事人一人所生事項，效力及於他當事人；一債務人（或一債權人）為全部給付（或受領）後，則他債務人（或他債權人）同免責任（同消滅權利）。

連帶的債，依其連帶關係是存在於數債務人或數債權人之間，區分為連帶債務與連帶債權。

所謂連帶債務，係以同一給付為標的，依當事人明示或法律規定，各債務人發生連帶關係之複數主體的債（被動的連帶）；各債務人對於同一給付，各負全部給付的責任，因一人為全部給付，該債務全歸消滅。連帶債務因具有擔保機能，對債權人較有利，實務上十分常見。

二、連帶債務成立的原因

民法第 272 條規定：「數人負同一債務，明示對於債權人各負全部給付之責任者，為連帶債務。無前項之明示時，連帶債務之成立，以法律有規定者為限。」依此規定，連帶債務成立的原因有二：一為當事人明示的意思；二為法律規定。

㈠**當事人明示的意思**：蓋連帶債務對債務人相當不利，立法目的在期當事人慎重。常見的法律行為為契約，但亦得基於單獨行為，例如遺囑[16]。而因連帶責任是就債務人對債權人的關係而言，明示的意思必須在債務人與債權人間表示，不得僅於數債務人間表示[17]。

㈡**法律規定**：依民法第 272 條第 2 項規定，除明示的法律行為外，成立連帶債務須有法律的明文規定，例如民法第 28 條、第 185 條、第 187 條第 1 項、第 188 條第 1 項、第 1153 條；公司法第 23 條第 2 項、第 60 條、第 70 條、第 150 條、第 155 條；票據法第 5 條第 2 項等均是連帶債務的明文規定。

---

[16] 法律行為，依一致見解得分類為單獨行為、契約及共同行為。發生連帶債務的法律行為種類，民法第 272 條僅要求明示，並未限制其種類，惟多數學者通常僅論及單獨行為、契約，對共同行為卻多略而不談，就我國目前法制而言，事實上並無可能經由共同行為而發生連帶債務。

[17] 孫森焱，《民法債編總論（下）》，2004，頁 885。

案例分析

在上述案例事實中，甲、乙二人聯手，將丙所有之市價 60 萬元的 C 車搗毀，是共同不法侵害丙的 C 車所有權，依民法第 185 條第 1 項規定，共同侵權行為人甲、乙二人對被害人丙所受損害，負連帶賠償責任，此為法律規定的連帶債務。

丁、戊二人共同向丙借貸 10 萬元，對丙負有 10 萬元的返還義務，雖依民法第 722 條第 1 項得基於當事人間明示的意思成立連帶債務，惟當事人僅就清償日有約定，並無明示丁、戊二人對該借款返還債務各負全部的給付責任，且因金錢債務為可分債務，依民法第 271 條，丁、戊二人平均分擔返還該 10 萬元的債務。

結論 甲、乙二人對丙負賠償損害的連帶債務；丁、戊二人不對丙負有連帶債務，而是平均分擔該 10 萬元的可分債務。

相關法條

▶民法第 185 條第 1 項

數人共同不法侵害他人之權利者，連帶負損害賠償責任；不能知其中孰為加害人者，亦同。

▶民法第 271 條

數人負同一債務或有同一債權，而其給付可分者，除法律另有規定或契約另有訂定外，應各平均分擔或分受之；其給付本不可分而變為可分者亦同。

▶民法第 272 條

數人負同一債務，明示對於債權人各負全部給付之責任者，為連帶債務。

無前項之明示時，連帶債務之成立，以法律有規定者為限。

一、甲、乙二人共同向丙借貸 20 萬元。試問如有下列情形之一，是否成立連帶債務：

　　㈠甲、乙二人相互約定，二人均就該對丙的 20 萬元債務負全部清償的責任。

　　㈡甲、乙對丙口頭表示，二人均就該對丙的 20 萬元債務負全部清償的責任。

二、丁生前對戊負有 100 萬元的借款債務未清償，其死亡後由庚、辛一同繼承。試問：庚、辛是否對戊負有連帶債務?【提示：民法第 1153 條第 1 項】

問題 4–05

債權人得對連帶債務人依如何比例請求給付?連帶債務人中一人是否因清償其內部應分擔部分，而免除其連帶責任?

債務人甲、乙、丙三人對債權人丁負有 240 萬元的連帶債務。請問：

㈠丁得對何人請求清償該債務?

㈡甲對丁清償該債務的 1/3 即 80 萬元後，丁得對何人請求清償該債務剩餘的 160 萬元債務?

提　示

一、債權人得對各連帶債務人為如何的請求?

二、連帶債務人的連帶關係是否因連帶債務的部分清償而消滅?

解 析

一、債權人得對於債務人中的一人或數人或其全體，同時或先後請求全部或一部的給付

民法第 273 條第 1 項規定：「連帶債務之債權人，得對於債務人中之一人或數人或其全體，同時或先後請求全部或一部之給付。」依此，連帶債務的債權人在行使其債權時，有極大的選擇彈性，可自由選擇向債務人中的任何一人、部分人或全體，請求清償連帶債務的全部或一部，直到該連帶債務因全部清償而消滅為止。

二、連帶關係因連帶債務的全部清償而消滅

民法第 274 條規定：「因連帶債務人中的一人為清償、代物清償、提存、抵銷或混同而債務消滅，他債務人亦同免其責任。」蓋連帶債務有一共同目的，連帶債務人中的一人為全部或一部清償而使債務消滅時（民法 309），共同目的即因之全部或一部達到，他債務人即同免其全部或該一部的責任。民法第 273 條第 2 項規定：「連帶債務未全部履行前，全體債務人仍負連帶責任。」因此，在連帶債務的一部清償情形，僅就該清償部分，全體連帶債務人同免其責任；就剩餘未清償的部分，全體連帶債務人仍負連帶責任，即債權人仍得依民法第 273 條第 1 項規定，得對於債務人中的一人或數人或其全體，同時或先後請求就該剩餘部分為全部或一部的給付。連帶債務人中的一人僅清償其內部分擔的部分，並不因而免除其連帶責任。

案例分析

㈠債務人甲、乙、丙三人對債權人丁負有 240 萬元的連帶債務，依民法第 273 條規定，債權人丁得對債務人甲、乙、丙三人中的一人、二人或三人，請求清償該 240 萬元的連帶債務之全部或一部，例如僅請求甲清償 240 萬元，或僅請求乙、丙各清償 120 萬元。

㈡甲對丁清償該債務的 1/3 即 80 萬元後，雖已經清償其內部應分擔部分，但依民法第 274 條第 1 項規定，甲、乙、丙三人仍對剩餘未清償的 160 萬元債務，對丁負連帶清償責任。因此，丁仍得依民法第 273 條規定，對債務人甲、乙、丙三人中的一人、二人或三人，請求清償該剩餘的 160 萬元連帶債務之全部或一部，例如仍得僅請求甲清償該剩餘的 160 萬元全部，或僅請求乙、丙各清償 80 萬元。

結論 債權人丁得對債務人甲、乙、丙三人中的一人或二人或三人，請求清償該 240 萬元的連帶債務之全部或一部。在甲清償 80 萬元後，丁仍得對債務人甲、乙、丙三人中的一人或二人或三人，請求清償該剩餘的 160 萬元連帶債務之全部或一部。

相關法條

▶民法第 273 條

連帶債務之債權人，得對於債務人中之一人或數人或其全體，同時或先後請求全部或一部之給付。

連帶債務未全部履行前，全體債務人仍負連帶責任。

▶民法第 274 條

因連帶債務人中之一人為清償、代物清償、提存、抵銷或混同而債務消滅者，他債務人亦同免其責任。

一、A 公司的職員甲於執行職務時，因重大過失侵害乙的所有權，乙因而受到 150 萬元的損害。試問：乙得否向何人及如何請求賠償該 150 萬元的損害？【提示：民法第 188 條】

二、丙、丁二人共同向戊借貸 10 萬元，三人口頭約定，丙、丁二人應於 6 個月後連帶清償戊借款本金及利息共 12 萬元。試問：6 個月後，戊要求丙單獨給付 12 萬元，在法律上有無理由？【提示：民法第 205 條、第 323 條】

問題 4-06

連帶債務人中的一人與債權人間所生事項，是否對於他債務人亦生效力？

債務人甲、乙、丙三人對債權人丁負有 240 萬元的連帶債務，丁僅對甲表示免除其應分擔部分的債務。請問乙、丙二人的債務是否亦因該債務免除而受影響？若嗣後丁僅對丙請求而中斷消滅時效，此時效中斷的效力是否亦及於其他債務人？

提 示

一、連帶債務有何效力？

二、就債務人一人所生事項，依法有哪些具有絕對效力？哪些具有相對效力？

🧠 解　析

一、連帶債務的效力

　　連帶債務的效力，可分為對外效力與對內效力，前者指債權人與債務人的關係，後者則指債務人相互間的關係。

㈠**對外效力**：連帶債務之債權人與債務人的關係，又可細分為二類，一為債權人的權利，此即上述民法第 273 條規定：「連帶債務之債權人，得對於債務人中之一人或數人或其全體，同時或先後請求全部或一部之給付。連帶債務未全部履行前，全體債務人仍負連帶責任。」二為就債務人一人所生事項的效力，此留待後面再敘述。

㈡**對內效力**：連帶債務人間的對內法律關係（權利義務），主要為求償權。連帶債務的各債務人，雖就外部關係各負全部給付的義務（民法 273），但在內部關係上則仍各有其應分擔部分（民法 280）。因此，一債務人的給付（清償）若超過其應分擔部分，致他債務人始同免其責任時，為求公平，法律上即應賦予對他債務人，依其各自應分擔部分請求償還的權利（民法 281 I）。

二、就債務人一人所生事項的效力

　　就連帶債務人一人所生事項，民法賦予二種不同的效力，其中足以達成連帶債務共同目的之事項，或為避免循環求償、簡化法律關係之事項，有絕對效力；除此之外，就連帶債務人一人所生事項，不論利益或不利益，對他債務人不生效力，即有相對效力。

㈠**絕對效力**：就連帶債務人一人所生事項，若對其他債務人亦有效力，為絕對效力。依民法第 274 條至第 278 條規定，有九種事項在限制的條件下有絕對效力，分別列述如下：

　　1.清償：因連帶債務有一共同目的，連帶債務人中的一人為全部或一部清償而債務消滅時（民法 309），共同目的即全部或一部達到，他債務

人同免其全部或一部的責任（民法 274）。

2.代物清償：連帶債務因代物清償而消滅時（民法 319），他債務人亦同免其責任（民法 274）。

3.提存：連帶債務因提存而消滅時（民法 326–333），他債務人亦同免其責任（民法 274）。

4.抵銷：連帶債務因抵銷而消滅時（民法 334–342），他債務人亦同免其責任（民法 274）。惟抵銷有三種情形：

⑴一債務人以自己的（主動）債權主張抵銷。

⑵債權人向一債務人主張抵銷。此二種抵銷情形，與清償同，他債務人亦同免其責任（民法 274）。

⑶民法允許其他的債務人以一債務人對於債權人的債權主張抵銷，惟僅限於此一債務人應分擔的部分為限（民法 277），即超出其應分擔部分，其他債務人不得主張抵銷，此為限制的絕對效力❶❽。

5.混同：連帶債務因混同而消滅時（民法 344），他債務人亦同免其責任（民法 274）。

6.確定判決：連帶債務人中的一人受確定判決，而其判決非基於該債務人的個人關係情形，為他債務人的利益，亦生效力，此為確定判決之限制的絕對效力（民法 275）。

7.債務免除：債權人向連帶債務人中之一人免除債務，而無消滅全部債務的意思表示，除該債務人應分擔的部分外，他債務人仍不免其責任（民法 276 I）。

---

❶❽ 民法第 277 條允許一債務人以他債務人的債權主張抵銷，即處分他債務人的債權，學理上雖有待商榷，惟其目的在於簡化法律關係，可藉此避免循環求償。鄭玉波、陳榮隆，《民法債編總論》，2002，頁 515–516，持肯定態度。

免除的客體（範圍）		效力
全部連帶債務		全部債務消滅，全體債務人同免全部責任（民法 276 I 反面解釋）
僅一債務人的債務部分		該部分債務消滅，他債務人僅就該債務人應分擔部分，同免全部責任（民法 276 I）（絕對效力）
連帶	絕對的免除	連帶債務變成「可分債務」
	相對的免除	被免除連帶責任的債務人，僅就其應分擔部分負責任；其他債務人不受影響

▲連帶債務之免除的客體（範圍）與效力

8.**消滅時效完成**：因民法第 276 條第 2 項準用同條第 1 項關於債務免除效力的規定，連帶債務人中的一人有消滅時效已經完成情形，除該債務人應分擔的部分外，他債務人仍不免其責任，亦即僅就該債務人應分擔的部分，他債務人始同免其責任。至於該債務人是否援用（或在訴訟上主張）消滅時效，對他債務人的免責並無影響。此規定之目的，亦在於避免循環求償，以簡化法律關係[19]。

9.**受領遲延**：債權人對於連帶債務人中的一人有受領遲延（民法 234–241）時，為他債務人的利益，亦生效力（民法 278），即有限制的絕對效力。

上述九種生絕對效力事項，除其可滿足共同目的，生絕對效力乃基於連帶債務的本質，而屬強行規定外，其僅為避免循環求償，以簡化法律關係的規定，則屬於任意（便宜）規定，當事人得以特約予以變更[20]。

㈡**相對效力**：除上述九種生（限制的）絕對效力事項（民法 274–278），或契約另有訂定外，就連帶債務人中的一人所生事項，其利益或不利益，對他債務人不生效力（民法 279），此即就連帶債務人中的一人所生事

---

[19]　鄭玉波、陳榮隆，《民法債編總論》，2002，頁 519–520，認為將消滅時效完成列為生絕對效力事項之一，有欠妥當。

[20]　使全債務消滅的清償、代物清償、提存、抵銷之發生絕對效力規定，為強行規定，其他事項的效力規定，為任意規定。參閱史尚寬，《債法總論》，1990，頁 629；鄭玉波、陳榮隆，《民法債編總論》，2002，頁 520。

項，以生相對效力為原則，例如請求、給付遲延、給付不能、連帶的免除、消滅時效的中斷❷及不完成、債權讓與、債務承擔、契約的解除與終止等情形。

🔍 案例分析

在上述案例事實中，債務人甲、乙、丙三人對債權人丁負有 240 萬元的連帶債務，丁僅對甲表示免除其應分擔部分的債務。依民法第 276 條第 1 項規定，除甲應分擔的部分外，乙、丙仍不免其責任。甲依民法第 280 條本文規定與其他連帶債務人乙、丙相互間，平均分擔義務，即甲應分擔其中 80 萬元債務。案例中未提及丁有消滅全部債務的意思表示，因此他債務人乙、丙就該債務人甲應分擔的部分 80 萬元一同免除責任，但就其餘部分仍不免其連帶債務的責任，亦即乙、丙仍就剩餘（非甲應分擔）的 160 萬元債務部分，負連帶責任。

就連帶債務人一人所生時效中斷的效力，民法未設特別規定，依民法第 279 條規定，就連帶債務人中的一人所生之事項，除民法第 274 條至第 278 條規定或契約另有訂定者外，其利益或不利益，對他債務人不生效力，亦即原則上僅有相對效力，而不及於其他債務人❷。因此，在上述案例事實中，丁嗣後僅對連帶債務人中的一人丙請求而中斷消滅時效，對於其他債務人乙不生中斷時效的效力。

結論 ㈠乙、丙就該債務人甲應分擔的部分 80 萬元免除責任，而就剩餘的 160 萬元債務部分仍負連帶責任。

㈡丁嗣後僅對連帶債務人中的一人丙請求而中斷消滅時效，對於其他債務人乙不生中斷時效的效力。

---

❷ 最高法院 56 年臺上字第 1112 號判例，謂時效中斷，限於當事人、繼承人、受讓人之間始有效力（民法 138），故時效之中斷僅有相對的效力。所謂當事人者，係關於致時效中斷行為之人，故連帶債務人中之一人對債權人承認債務，對該債務人債權之消滅時效雖因而中斷，但對其他債務人，債權之消滅時效並不中斷。

❷ 最高法院 56 年臺上字第 1112 號判例。

相關法條

▶民法第 274 條

因連帶債務人中之一人為清償、代物清償、提存、抵銷或混同而債務消滅者，他債務人亦同免其責任。

▶民法第 275 條

連帶債務人中之一人受確定判決，而其判決非基於該債務人之個人關係者，為他債務人之利益，亦生效力。

▶民法第 276 條

債權人向連帶債務人中之一人免除債務，而無消滅全部債務之意思表示者，除該債務人應分擔之部分外，他債務人仍不免其責任。

前項規定，於連帶債務人中之一人消滅時效已完成者準用之。

▶民法第 277 條

連帶債務人中之一人，對於債權人有債權者，他債務人以該債務人應分擔之部分為限，得主張抵銷。

▶民法第 278 條

債權人對於連帶債務人中之一人有遲延時，為他債務人之利益，亦生效力。

▶民法第 279 條

就連帶債務人中之一人所生之事項，除前五條規定或契約另有訂定者外，其利益或不利益，對他債務人不生效力。

▶民法第 280 條

連帶債務人相互間，除法律另有規定或契約另有訂定外，應平均分擔義務。但因債務人中之一人應單獨負責之事由所致之損害及支付之費用，由該債務人負擔。

練習題

一、連帶債務人甲、乙、丙對債權人丁負債 120 萬元，而丙對丁則有 60 萬元已到期債權。試問：丁向甲請求全部給付 120 萬元，甲得否僅給付 80 萬元，並就剩餘的 40 萬元部分以丙應分擔部分的 40 萬元的債權主張抵銷？

二、甲、乙、丙三人合夥經營商業失敗，對合夥人中的一人丙負債 200 萬元，合夥財產僅有 80 萬元供清償，不足 120 萬元。試問：丙得否請求甲、乙連帶清償該 120 萬元債務？❷❸【提示：民法第 281 條、第 282 條、第 344 條、第 677 條】

三、甲、乙、丙三人對債權人丁負 300 萬元的連帶債務，丁向甲一人免除債務，而無消滅全部債務的意思表示。試問：丁免除甲的債務後，甲、乙、丙三人對丁是否仍存在何債務關係？

問題 4-07

連帶債務人中的一人所受確定判決，其效力是否亦及於他債務人？

甲、乙、丙向 A 公司承租 H 屋，當事人簽訂的租賃契約書中載明，甲、乙、丙三人應自契約簽訂日起，於每月的月初連帶給付 A 公司租金 5 萬元，租賃期限 1 年。嗣後，A 主張甲、乙、丙三人積欠租金 20 萬元未支付，因其中甲未曾實際給付租金，遂起訴甲請求支付該 20 萬元租金及遲延利息。請問：

㈠最後法院以該租金債權因甲已經抵銷而不存在為理由，判決 A 公司敗訴確定，A 再對乙、丙請求給付該 20 萬元租金，乙、丙得否拒絕給付？

---

❷❸　最高法院 29 年臺上字第 1105 號判例。

(二)若法院以該租金債權因甲當時係受監護宣告而無行為能力，因此該租賃契約對甲無效為理由，判決 A 公司敗訴確定，A 再對乙、丙請求給付該 20 萬元租金，乙、丙得否拒絕給付？

提 示

一、連帶債務人中的一人受確定判決的效力，是否及於他債務人？

二、何謂判決非基於該債務人的個人關係？

三、為他債務人的利益，亦生效力，此效力是否指既判力？

解 析

一、連帶債務人中的一人受確定判決

民法第 275 條規定：「連帶債務人中之一人受確定判決，而其判決非基於該債務人之個人關係者，為他債務人之利益，亦生效力。」此為確定判決之限制的絕對效力。連帶債務人中的一人受確定判決，指連帶債務人中的一人為該確定判決的當事人之一，而僅有在該確定判決非基於該債務人的個人關係情形，為他債務人的利益，亦生效力；反面解釋，若該判決係基於該債務人的個人關係情形，對於他債務人不論利益與否，均不生效力。

判決結果	判決理由	判決效力
利於債務人	基於該債務人的個人關係	不及於其他債務人
	非基於該債務人的個人關係	及於其他債務人（絕對效力）
不利於債務人	不論是否基於該債務人的個人關係	不及於其他債務人

▲確定判決之限制的絕對效力

二、判決非基於該債務人的個人關係

因連帶債務性質上仍屬多數的債務關係，若判決基於該債務人的個人關係，即與他債務人無直接關係，不涉及共同目的，而不發生絕對效力，

例如該連帶債務人因無行為能力而不發生債務關係，或因其被詐欺、被脅迫而撤銷意思表示，導致其債務溯及地消滅。

判決非基於該債務人的個人關係，即與他債務人有直接關係，涉及共同目的，而發生絕對效力，例如債務內容違反公序良俗而無效（民法72）、該債務已經因其清償而消滅。

三、為他債務人的利益，亦生效力

所謂「為他債務人的利益，亦生效力」，有學者主張得以該確定判決為既判力的抗辯。惟關於既判力的主觀效力範圍，民事訴訟法第401條設有明文規定僅及於當事人及特定關係人，不宜再以民法第275條予以不當擴張❷，而應認為其僅是實體法上規定，即他債務人於另案訴訟，僅得援用該確定判決所載有利的事由，為其實體上的抗辯事由，請求法院為勝訴判決，不得以之為程序上抗辯（既判力）的基礎❷，簡言之，該確定判決的既判力並不及非當事人的其他債務人。

🔍 案例分析

在上述案例事實中，依此租賃契約明示約定，甲、乙、丙就該契約所生債務，尤其是就租金債務，為連帶債務人（民法272 I）。依民法第273條規定，A得單獨起訴甲請求履行連帶債務，即未支付的租金及其利息。但法院以該租金債權因甲已經抵銷而不存在為理由，判決A公司敗訴確定，此時因連帶債務已經抵銷而消滅，此一確定判決即非基於該債務人個人關係，涉及共同目的，依民法第275條應生絕對效力，故其他債務人乙、丙得以該確定判決作為實體法上抗辯A的事由，以該債務已經消滅而拒絕給付。

如果甲因受監護宣告而無行為能力，是僅基於該債務人的個人關係，

---

❷ 民法第275條規定在學理與實務運作產生極大的問題，詳閱呂太郎等，〈連帶債務之判決效力及相關問題〉，民訴法研究會《民事訴訟法之研討㈡》，2004，頁121–188。

❷ 孫森焱，《民法債編總論（下）》，2004，頁892。

與他債務人無直接關係，不涉及共同目的，因此不發生絕對效力，對他債務人丙、丁不生效力。故 A 再對乙、丙請求給付該 20 萬元租金，乙、丙不得（僅）以該確定判決作為拒絕給付的抗辯基礎。

結論 （一）他債務人乙、丙得以該確定判決作為實體法上抗辯 A 的事由，以該債務已經消滅而拒絕給付。

　　　（二）乙、丙不得（僅）以該確定判決作為拒絕給付的抗辯基礎。

相關法條

▶民法第 275 條

連帶債務人中之一人受確定判決，而其判決非基於該債務人之個人關係者，為他債務人之利益，亦生效力。

練習題

甲、乙對債權人丙負有連帶債務 100 萬元。丙在曾對乙表示免除其債務後，卻又起訴債務人乙，請求給付連帶債務 100 萬元，受訴法院以丙已對乙免除債務為理由，判決原告丙敗訴確定，丙乃轉而向另一債務人甲請求給付全部的連帶債務 100 萬元。試問：甲得否對丙拒絕全部或一部的給付？❷⑥

問題 4-08

連帶債務人中的一人應分擔部分消滅時效已完成，他債務人是否可免責？

甲、乙對債權人丙負有 120 萬元的連帶債務，其中甲應分擔的 60 萬元部分之消滅時效已經完成。請問丙向乙請求給付 120 萬元，乙得否拒絕給付？

---

❷⑥　最高法院 31 年上字第 2683 號判例。

提　示

債務人應分擔部分的消滅時效完成，是否對其他債務人亦有效力？

解　析

民法第 276 條第 2 項規定：「前項規定，於連帶債務人中之一人消滅時效已完成者準用之。」依此，連帶債務人中的一人有消滅時效已經完成情形，其效力準用同條第 1 項的規定：「債權人向連帶債務人中之一人免除債務，而無消滅全部債務之意思表示者，除該債務人應分擔之部分外，他債務人仍不免其責任。」即除該債務人應分擔的部分外，他債務人仍不免其責任。換句話說，僅就該債務人應分擔的部分，他債務人始同免其責任，屬於限制的絕對效力❷⁷。至於該債務人是否援用或在訴訟上主張消滅時效，對他債務人的免除責任並無影響。此規定的目的，在於避免循環求償，以簡化法律關係。

案例分析

在上述案例事實中，甲、乙對債權人丙負有 120 萬元的連帶債務，其中甲應分擔的 60 萬元部分之消滅時效已經完成。適用民法第 276 條第 2 項準用同條第 1 項規定，除該債務人甲應分擔的 60 萬元部分他債務人乙同免其責任外，就其餘不屬甲分擔部分的 60 萬元債務，乙仍不免其責任。因此，當丙向乙請求給付 120 萬元，乙僅就甲的 60 萬元分擔部分，得主張消滅時效完成而拒絕給付；就其餘不屬甲分擔部分的 60 萬元債務，乙不得拒絕給付。

結論　乙僅就甲的 60 萬元分擔部分得主張消滅時效完成而拒絕給付，就其餘不屬甲分擔部分的 60 萬元債務，乙不得拒絕給付。

---

❷⁷　鄭玉波、陳榮隆，《民法債編總論》，2002，頁 519–520，認為將消滅時效完成列為生絕對效力事項之一，有欠妥當。

相關法條

▶民法第 276 條

債權人向連帶債務人中之一人免除債務,而無消滅全部債務之意思表示者,除該債務人應分擔之部分外，他債務人仍不免其責任。

前項規定，於連帶債務人中之一人消滅時效已完成者準用之。

甲的受僱人乙於執行職務時，因過失侵害丙的權利並造成損害。惟因丙一直未向乙求償，以致損害賠償請求權的消滅時效完成。試問：嗣後丙得知乙是受僱於甲，轉而向甲主張連帶損害賠償，甲得否拒絕賠償？❷❸

問題 4—09

連帶債務人相互間應如何分擔其債務?

請問下列情形，各連帶債務人各對債務負多少比例的分擔部分:

㈠甲、乙、丙三人對債權人丁負 300 萬元的連帶債務，甲、乙、丙三人間約定甲分擔 200 萬元，乙分擔 100 萬元，丙不分擔。

㈡戊的受僱人庚於執行僱傭的職務過失侵害辛的權利，並因而造成辛 60 萬元的損害，戊與庚對辛負有賠償損害 60 萬元的連帶債務。

---

❷❸　最高法院 95 年臺上字第 1235 號判決要旨:「連帶債務人中之一人消滅時效已完成者，依民法第二百七十六條第二項規定，固僅該債務人應分擔之部分，他債務人同免其責任，惟民法第一百八十八條第三項規定，僱用人賠償損害時，對於侵權行為之受僱人有求償權，則僱用人與受僱人間並無應分擔部分可言，倘被害人對為侵權行為之受僱人之損害賠償請求權消滅時效業已完成，僱用人自得援用該受僱人之時效利益，拒絕全部給付，不以該受僱人已為時效抗辯為必要。」

提　示

一、連帶債務人間如何分擔債務？
二、民法就連帶債務人間分擔債務，是否設有特別規定？

解　析

一、連帶債務人間債務的分擔

就對外關係而言，連帶債務人各負全部的債務；就對內關係而言，連帶債務人相互間則是按一定的比例，共同分擔全部的債務。各債務人依此一定比例分擔的債務，即為其分擔部分。此分擔部分並非就債務總額，按一定比例計算所得的特定數額；而是連帶債務人中的一人，因清償、其他行為或混同，致他債務人同免責任時，就該免責範圍的債務，按一定比例計算所得的數額，始為該債務人的分擔部分。因此，決定實際的分擔部分，應先決定該一定的分擔比例。

民法第 280 條規定：「連帶債務人相互間，除法律另有規定或契約另有訂定外，應平均分擔義務。但因債務人中之一人應單獨負責之事由所致之損害及支付之費用，由該債務人負擔。」依此規定，連帶債務人相互間債務的分擔比例，有三種決定標準：㈠原則上平均分擔債務；㈡依法律特別規定；㈢依連帶債務人之間的契約訂定。

除法律另有規定或契約另有訂定外，連帶債務人相互間應平均分擔義務（平均分擔原則）；但如果因債務人中的一人應單獨負責的事由，其所致的損害及支付的費用，則由該債務人單獨負擔，而不由全體債務人平均分擔，例如債務人中一人為清償連帶債務，而為高利借貸的過高利息支出之損害。

債務人間的契約有無約定，應探求其真意而決定，例如數人共同買受土地，約定連帶負擔價金，則其對內關係的求償權，則應依各債務人取得所有權的應有部分，定其分擔部分，而非平均分擔❷❾。

二、法律另有規定

　　民法就連帶債務人間分擔債務，設有少數特別規定，例如依民法第188 條第 3 項規定，負連帶債務的僱用人與受僱人之間，由受僱人負擔全部的連帶債務，僱用人並無須分擔。因此，僱用人清償連帶債務後，得全數向受僱人求償。民法第 681 條規定：「合夥財產不足清償合夥之債務時，各合夥人對於不足之額，連帶負其責任。」依此合夥人全體對外負連帶債務，而在內部的債務分擔比例，則應依民法第 677 條規定：「分配損益之成數，未經約定者，按照各合夥人出資額之比例定之。僅就利益或僅就損失所定之分配成數，視為損益共通之分配成數。以勞務為出資之合夥人，除契約另有訂定外，不受損失之分配。」而為決定。

🔍 案例分析

　　㈠甲、乙、丙三人對債權人丁負 300 萬元的連帶債務，甲、乙、丙三人間約定甲分擔 200 萬元，乙分擔 100 萬元，丙不分擔，依民法第 280 條本文規定，不適用平均分擔原則，而是應依當事人間的契約訂定，即甲分擔 200 萬元，乙分擔 100 萬元，丙則無分擔部分。

　　㈡戊的受僱人庚於執行僱傭的職務過失侵害辛的權利，並因而造成辛60 萬元的損害，依民法第 188 條第 1 項本文規定，戊與庚對辛負有賠償損害 60 萬元的連帶債務，惟同條第 3 項規定：「僱用人賠償損害時，對於為侵權行為之受僱人，有求償權。」即是規定該損害賠償的連帶債務，在內部關係上應由為侵權行為的受僱人負擔全部債務,即該全部的 60 萬元損害賠償債務，僱用人戊並無應分擔部分。

結論 ㈠依當事人間的契約訂定，甲分擔 200 萬元，乙分擔 100 萬元，丙
　　　則無分擔部分。

　　　㈡受僱人負擔全部債務，即該全部的 60 萬元損害賠償債務，僱用人
　　　並無應分擔部分。

㉙　孫森焱，《民法債編總論（下）》，2004，頁 903。

📁 相關法條

▶民法第 188 條

受僱人因執行職務，不法侵害他人之權利者，由僱用人與行為人連帶負損害賠償責任。但選任受僱人及監督其職務之執行，已盡相當之注意或縱加以相當之注意而仍不免發生損害者，僱用人不負賠償責任。

如被害人依前項但書之規定，不能受損害賠償時，法院因其聲請，得斟酌僱用人與被害人之經濟狀況，令僱用人為全部或一部之損害賠償。

僱用人賠償損害時，對於為侵權行為之受僱人，有求償權。

▶民法第 280 條

連帶債務人相互間，除法律另有規定或契約另有訂定外，應平均分擔義務。但因債務人中之一人應單獨負責之事由所致之損害及支付之費用，由該債務人負擔。

練習題

一、甲、乙共同向丙承租廠房 H，月租 6 萬元，當事人約定甲、乙連帶負給付租金義務，該廠房 H 由甲、乙共同使用。試問：甲、乙之間就給付租金債務應依何比例分擔？

二、丁、戊共同為庚對辛的 80 萬元借貸債務為保證。試問：丁向辛清償該全部 80 萬元債務後，得否向戊求償？❸⓿

問題 4-10

連帶債務人中的一人，因清償全部債務致他債務人同免責任，是否得向他債務人求償？

---

❸⓿　史尚寬，《債法各論》，1973，頁 890；孫森焱，《民法債編總論（下）》，2004，頁 903。

(一)甲、乙、丙三人對債權人丁負 300 萬元的連帶債務，內部關係約定甲分擔 200 萬元，乙分擔 100 萬元，丙不分擔。請問若乙給付丁 300 萬元以清償該債務，乙得否向何人求償？

(二)戊僱用的工人庚於執行職務時，因過失侵害辛的權利而致其損害，經法院判決戊應連帶賠償辛 50 萬元。請問戊給付辛 50 萬元後，得否向庚求償？

💡 提　示

一、連帶債務人應如何分擔債務？

二、一債務人清償超出自己的分擔部分，得否向其他債務人求償？

🧠 解　析

一、連帶債務人間債務的分擔❸❶

二、超出分擔部分為清償所生的求償權

民法第 281 條第 1 項規定：「連帶債務人中之一人，因清償、代物清償、提存、抵銷或混同，致他債務人同免責任者，得向他債務人請求償還各自分擔之部分，並自免責時起之利息。」

關於求償權的成立，是否以同免責任的數額，超過該債務人自己應分擔的部分為必要，有二學說對立：積極說（肯定說）以超過該債務人自己應分擔的部分為必要，未超過則無求償權❸❷。消極說（否定說）不以超過該債務人自己應分擔的部分為必要，縱未超過仍有求償權。

例如甲、乙、丙三人對債權人丁負 300 萬元的連帶債務，內部平均分擔各 100 萬元債務（民法 280 I），甲清償丁 90 萬元。如果依積極說，甲清

---

❸❶　參閱上述問題 4-09【解析】一。

❸❷　瑞士債務法 Art. 148 II 採積極說。

償未超過自己應分擔的 100 萬元，無求償權；若是依消極說，甲清償雖未超過自己應分擔的 100 萬元，仍得向乙、丙各求償 30 萬元。

國內多數學者為避免法律關係趨於複雜，採取積極說（肯定說）❸，在此積極說的前提下，求償範圍以超過該債務人自己應分擔的部分為限，並得請求該數額自免責時起的利息。

此外，因連帶債務人中的一人應單獨負責的事由所致生損害及費用，由該債務人自行負擔（民法 280 但書）。反面解釋，若非其應單獨負責的事由所致生損害及費用，則其清償或賠償後，亦得向他債務人求償，並得請求該數額自免責時起的利息。

三、求償權人的代位權

民法第 281 條第 2 項規定：「前項情形，求償權人於求償範圍內，承受債權人之權利。但不得有害於債權人之利益。」此為求償權人的「代位權」❸，亦為法定的債權移轉。綜而言之，求償權人除求償權外，同時取得代位權，而得承繼原債權人的地位，若原債權附有擔保，求償權人亦得主張該擔保。求償權與代位權基於同一目的而並存，權利人得擇一行使，而其債權的請求權消滅時效則各自分別計算。

代位權的行使，不得有害於債權人的利益（民法 281 II 但書），例如未全部清償前，該債權所負擔保應由原債權人優先行使，而不得由求償權人代位行使全部的擔保權。

例如甲、乙、丙三人對債權人丁負 300 萬元的連帶債務，內部平均分擔各 100 萬元債務（民法 280 I），該丁的債權附有在 L 地上設定的抵押權。甲清償丁 180 萬元僅取得求償權及代位權，仍不得行使丁的抵押權（民法 281 I）。

---

❸　鄭玉波、陳榮隆，《民法債編總論》，2002，頁 527；孫森焱，《民法債編總論（下）》，2004，頁 904，二者卻同時認為消極說較符合平均分擔原則，在理論上較優。

❸　注意！此求償權人的代位權，與民法第 242 條債權人的代位權不同。

🔍 案例分析

㈠依民法第 280 條本文規定，應依當事人契約訂定分擔比例，因此乙分擔部分為 100 萬元。嗣後乙給付丁 300 萬元以清償該債務，超出其分擔部分為 100 萬元，且該全部連帶債務因乙的清償而消滅，甲、丙同免對債權人丁的（連帶）清償責任。乙得依民法第 281 條第 1 項規定，向其他的債務人甲、丙請求償還各自分擔的部分及自免責時起的利息。因甲分擔 200 萬元，丙無分擔部分，乙得對甲求償 200 萬元及自免責時起的利息；對丙則無求償權。乙並於其對甲的求償權範圍內，承受債權人丁的權利。

㈡依民法第 188 條第 1 項前段，僱用人戊與受僱人庚應對被害人負連帶損害賠償責任，即負連帶賠償債務。經法院判決戊應連帶賠償辛 50 萬元，而戊給付辛 50 萬元後，依同條第 3 項規定，僱用人戊對為侵權行為的受僱人庚，有求償權。依此規定，該損害賠償的連帶債務 50 萬元，應全部由受僱人庚負擔，僱用人戊得向庚請求償還全部的 50 萬元，及自其給付（免責）時起的利息（民法 281 I）。

結論　㈠乙得對甲求償 200 萬元，並自免責時起的利息；對丙則無求償權。
　　　　㈡戊得向庚請求償還全部的 50 萬元，並自其給付（免責）時起的利息。

📁 相關法條

▶民法第 188 條

受僱人因執行職務，不法侵害他人之權利者，由僱用人與行為人連帶負損害賠償責任。但選任受僱人及監督其職務之執行，已盡相當之注意或縱加以相當之注意而仍不免發生損害者，僱用人不負賠償責任。

如被害人依前項但書之規定，不能受損害賠償時，法院因其聲請，得斟酌僱用人與被害人之經濟狀況，令僱用人為全部或一部之損害賠償。

僱用人賠償損害時，對於為侵權行為之受僱人，有求償權。

▶民法第 280 條

連帶債務人相互間，除法律另有規定或契約另有訂定外，應平均分擔義務。但因債務人中之一人應單獨負責之事由所致之損害及支付之費用，由該債務人負擔。

▶民法第 281 條

連帶債務人中之一人，因清償、代物清償、提存、抵銷或混同，致他債務人同免責任者，得向他債務人請求償還各自分擔之部分，並自免責時起之利息。

前項情形，求償權人於求償範圍內，承受債權人之權利。但不得有害於債權人之利益。

甲、乙、丙三人對債權人丁負 300 萬元的連帶債務，無內部分擔的約定。丁請求甲全數清償，甲不得已低價出售自己所有的 H 屋，因此致生的損害及費用共計 20 萬元。試問：甲是否對乙或丙有求償權？

問題 4–11

連帶債務人中的一人不能償還其分擔額，則求償權人得否向何人求償？

甲、乙、丙三人對債權人丁負 300 萬元的連帶債務，各人分擔部分均等。嗣後，甲對丁為全部清償，其向乙、丙各求償 100 萬元，乙卻不能償還其所分擔數額 100 萬元。請問甲得否向丙為多少金額的求償？

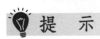 提　示

一、何謂連帶債務的求償權？

二、連帶債務人的求償權如何成立？

三、連帶債務人不能償還其分擔額，則求償權人得否向其他債務人求償？

解　析

一、連帶債務的求償權

　　如前所述，連帶債務的效力可分為對外效力與對內效力。其對內效力即連帶債務人間的對內法律關係（權利義務），主要為求償權。

　　求償權，通常指因為清償他人實質上應負擔的債務，而為財產給付的人，得向該他人請求償還的權利；亦即各當事人間因確定對外的法律關係，而有所給付致生不公平的結果時，法律上授與內部清算的權利❸⑤。

　　連帶債務的各債務人，雖就外部關係各負全部給付的義務（民法273），但在內部關係則仍各有其應分擔部分（民法280）。因此，一債務人的給付若超過其應分擔部分，致他債務人始同免其責任時，為求公平，民法第 281 條第 1 項賦予該一債務人對他債務人，依其各自應分擔部分請求償還的權利，此即為連帶債務的求償權。

二、求償權的成立

　　求償權的成立，依民法第 281 條第 1 項規定，必須連帶債務人中的一人，因清償、代物清償、提存、抵銷或混同，以致他債務人同免責任。其要件可歸納為三：㈠須連帶債務人中的一人，因清償、代物清償、提存、抵銷等有償行為，或混同；㈡須致他債務人同免責任；㈢須同免責任的數額，超過該債務人自己應分擔的部分（積極說）。

　　至於求償的範圍，包括二者：㈠超過自己分擔部分的給付額；㈡自免責起的利息（民法 281 I 後半段）。惟在計算各連帶債務人的債務分擔部分

---

❸⑤　發生求償權情形，例如無因管理人對於本人（民法 176 I）、僱用人對為侵權行為的受僱人（民法 188 III）、清償債務的一連帶債務人對於他債務人（民法 281）、清償債務的保證人對於主債務人（民法 542 或 176、177）。

時，應注意民法第 280 條但書規定：「因債務人中之一人應單獨負責之事由所致之損害及支付之費用，由該債務人負擔。」

三、求償權的擴張

如對求償權人負有償還責任的他連帶債務人中，有不能償還其分擔額時，對此民法第 282 條第 1 項規定：「連帶債務人中之一人，不能償還其分擔額者，其不能償還之部分，由求償權人與他債務人按照比例分擔之。但其不能償還，係由求償權人之過失所致者，不得對於他債務人請求其分擔。」該不能償還的分擔額部分，除是因求償權人的過失所致的不能償還以外，原則上由求償權人與他債務人按照比例而分擔，因而求償權人得對其他債務人請求增加按照比例分擔的部分，此在學說上稱為「求償權的擴張」❸❻。此所謂比例分擔，指按其各自分擔部分的比例，而分擔該不能償還的部分。

例如甲、乙、丙三人對債權人丁負 300 萬元的連帶債務，未約定內部分擔比例，則應平均分擔債務（民法 280 I），即各有 100 萬元的分擔部分。甲對丁為全部清償，乙、丙因而同免責任，甲得向乙、丙各求償 100 萬元。若是乙不能償還其所分擔數額 100 萬元，則由甲、丙二人按比例分擔（民法 282 I 本文），即各分擔 50 萬元，甲得對丙增加求償 50 萬元。

連帶債務人的不能償還，如果是因求償權人的過失所致，則不得對於他債務人請求按比例分擔（民法 282 I 但書），即應由該有過失的求償權人自己負擔該不能償還部分。

民法第 282 條第 2 項進一步規定：「前項情形，他債務人中之一人應分擔之部分已免責者，仍應依前項比例分擔之規定，負其責任。」因此，他債務人中的一人縱然其應分擔的部分已免責，例如因清償、債務免除或消滅時效完成，其仍應與求償權人及他債務人按照比例分擔，即不受該免責而影響其分擔部分。

---

❸❻ 鄭玉波、陳榮隆，《民法債編總論》，2002，頁 528；孫森焱，《民法債編總論（下）》，2004，頁 908。

案例分析

　　在上述案例事實中，乙不能償還其所分擔數額 100 萬元，依民法第 282 條第 1 項本文規定，求償權人甲與他債務人丙按照比例分擔該乙不能償還的分擔數額 100 萬元，因甲、丙分擔部分均等，甲、丙二人按比例分擔，即各分擔 50 萬元。所以甲除得向丙請求其原來的分擔部分 100 萬元，及自甲償還丁時起的利息，另得請求乙不能償還而由丙比例分擔的 50 萬元及其利息。

結論 甲除得向丙請求償還其分擔部分 100 萬元，及自甲償還丁時起的利息外，另增加請求償還因乙不能償還而由丙所比例分擔的 50 萬元及其利息。

相關法條

▶民法第 281 條

連帶債務人中之一人，因清償、代物清償、提存、抵銷或混同，致他債務人同免責任者，得向他債務人請求償還各自分擔之部分，並自免責時起之利息。

前項情形，求償權人於求償範圍內，承受債權人之權利。但不得有害於債權人之利益。

▶民法第 282 條

連帶債務人中之一人，不能償還其分擔額者，其不能償還之部分，由求償權人與他債務人按照比例分擔之。但其不能償還，係由求償權人之過失所致者，不得對於他債務人請求其分擔。

前項情形，他債務人中之一人應分擔之部分已免責者，仍應依前項比例分擔之規定，負其責任。

甲向 B 銀行借貸 120 萬元，由乙、丙、丁三人為連帶保證人。嗣後因甲未能於約定期限清償借款，B 銀行聲請執行法院查封丁的不動產，丁不得已代為清償本息共 132 萬元。試問：因甲及乙均已無其他財產可供清償債務，丁是否得向丙請求償還多少金額？❸⓲

問題 4-12

何謂不真正連帶債務？一債務人清償全部債務後，對其他債務人有無求償權？

甲以其所有的 H 屋，向 S 產物保險公司投保全額火災險。在保險期間內，H 屋遭到鄰居乙不慎釀致火災燒毀，甲因此受到 500 萬元的損害。請問若 S 賠償甲 500 萬元後，對乙有無任何請求權？若乙賠償甲 500 萬元後，對 S 有無任何請求權？

提　示

一、何謂不真正連帶債務？

二、不真正連帶債務的對內效力為何？

解　析

一、不真正連帶債務的概念

多數債務人基於不同的債務發生原因，就同一內容的給付，各負全部履行的義務，而因一債務人的履行，則全體債務消滅，此一多數債務人所

---

❸⓲　最高法院 71 年臺上字第 5054 號判決。

負的債務，稱為不真正連帶債務❸；其因債權人對多數債務人的多數請求權發生競合而成立，例如因一人的侵權行為與他人的侵權行為的競合，或因一人侵權行為與他人契約上損害賠償債務的競合❸。

二、不真正連帶債務的效力

㈠**對外效力：**

1.債權人的權利：與連帶債務相同，不真正連帶債務的債權人得對於債務人的一人或數人或全體，同時或先後為全部或一部的請求。

惟不真正連帶債務與連帶債務在性質上並不相同，民法有關連帶債務的規定，並非當然得（類推）適用於不真正連帶債務，判決如命多數不真正連帶債務人為給付時，其主文不得逕以「被告應連帶給付」的記載方式為記載，否則即與不真正連帶債務的本旨不符❹。

2.就債務人一人所生事項的效力：因不真正連帶債務有客觀上「單一目的」，凡滿足此目的之事項，例如清償、代物清償、提存、抵銷等，生絕對效力；其餘事項，例如免除、混同、受領遲延等，皆僅生相對效力。

㈡**對內效力：**不真正連帶債務中，各債務發生的原因既有不同，僅因相關法律關係偶然競合，致對同一債權人負同一內容的給付，原則上不生民法第 280 條所定連帶債務人間內部分擔求償的問題；不真正連帶債務人中一人所受的確定判決，其利益自不及於他債務人，無民法第 275 條的

---

❸　最高法院 92 年臺上字第 1540 號判決；最高法院 93 年臺上字第 1899 號判決；王澤鑑，《民法概要》，2010，頁 292；孫森焱，《民法債編總論（下）》，2004，頁 912。

❸　關於成立不真正連帶債務的主要型態，參閱孫森焱，《民法債編總論（下）》，2004，頁 914–915；鄭玉波、陳榮隆，《民法債編總論》，2002，頁 558–559，謂不真正連帶債務幾乎全依法規競合而成立。按此使用法規競合概念不妥當，蓋法規競合應依特別法與普通法的關係，僅適用特別法。但在上述不真正連帶債務關係，依通說大多形成請求權競合的結果。

❹　最高法院 93 年臺上字第 1899 號判決；王澤鑑，《民法概要》，2010，頁 292，指出不真正連帶債務與連帶債務相類似的，僅在於給付目的之實現，實務類推適用連帶債務（規定）的餘地。

適用❹。綜上所述，除有可認為一債務人應負終局責任，則其他債務人清償後可對之求償外，通常不生求償問題。且此之求償，並非因有共同免責的給付行為而請求償還各自分擔部分，此亦與連帶債務不同。

🔍 案例分析

在上述案例事實中，甲將所有 H 屋向 S 產物保險公司投保火災險後。在保險期間內，H 屋遭到鄰居乙不慎釀致火災燒毀。因此，甲對乙有民法第 184 條第 1 項的侵權行為損害賠償請求權；另一方面，甲基於與 S 保險公司的保險契約，亦有保險金的給付請求權。惟就 H 屋的燒毀致生甲的損害，應由有過失的乙負終局責任。

所以，如果 S 保險公司依該保險契約賠償甲的損害，得依保險法第 53 條第 1 項規定，代位被保險人甲向釀致火災的乙請求賠償；相反地，若是乙賠償甲的損害，因乙與 S 乃屬不真正連帶債務人關係，不生民法第 280 條所定連帶債務人間內部分擔求償的問題，故不得向 S 保險公司請求賠償。

結論 如果 S 保險公司賠償甲的損害，得依保險法第 53 條第 1 項規定代位被保險人甲，向失火人乙請求賠償；相反地，若是乙賠償甲的損害，則不得向 S 保險公司請求賠償。

📑 相關法條

▶民法第 273 條

連帶債務之債權人，得對於債務人中之一人或數人或其全體，同時或先後請求全部或一部之給付。

連帶債務未全部履行前，全體債務人仍負連帶責任。

▶民法第 280 條

連帶債務人相互間，除法律另有規定或契約另有訂定外，應平均分擔義務。但因債務人中之一人應單獨負責之事由所致之損害及支付之費用，由該債務人負擔。

---

❹ 最高法院 92 年臺上字第 1540 號判決。

▶保險法第 53 條

被保險人因保險人應負保險責任之損失發生，而對於第三人有損失賠償請求權者，保險人得於給付賠償金額後，代位行使被保險人對於第三人之請求權；但其所請求之數額，以不逾賠償金額為限。

前項第三人為被保險人之家屬或受僱人時，保險人無代位請求權。但損失係由其故意所致者，不在此限。

一、甲向建材商乙購買建材，並委由建商丙建造樓房 H 一棟，因乙的建材有瑕疵，且丙亦未遵守建築規程施工，導致後來 H 倒塌，造成甲 200 萬元損害。試問：甲得對何人請求賠償？

二、甲剛購買一輛價值 500 萬元 C 新跑車，2 天後即遭乙偷走。乙偷 C 車後開回家途中，於十字路口等紅燈時，遭闖紅燈的丙駕車追撞致 C 車全毀。試問：丙賠償甲的全部損害後，得否向乙求償？

第三節　連帶債權

問題 4–13

何謂連帶債權？其債務人應向何人給付？

A、B 及 C 三銀行聯合貸款 3000 萬元予 D 股份有限公司（以下稱 D 公司），年利率 8%，其聯合貸款契約中訂明 A、B 及 C 三銀行對 D 公司的貸款及利息債權為連帶債權。請問 D 公司欲清償債權時，應或得向何銀行為給付？

提　示

一、何謂連帶債權? 其成立原因為何?

二、連帶債權有何對外效力?

解　析

一、連帶債權的概念與成立原因

㈠**概念**: 民法第 283 條規定:「數人依法律或法律行為,有同一債權,而各得向債務人為全部給付之請求者,為連帶債權。」依此規定,連帶債權係有多數債權人,此多數債權人對債務人有同一債權,而各得向債務人請求為全部給付之債權。

　　在性質上,連帶債權屬複數債權,特徵為有數個債權人,而數債權的給付內容同一,且其目的亦同一。

㈡**成立原因**: 民法第 283 條規定連帶債權成立原因有二: 一為法律規定,二為法律行為。

　　依法律規定成立連帶債權者,例如民法第 539 條規定:「受任人使第三人代為處理委任事務者,委任人對於該第三人關於委任事務之履行,有直接請求權。」依此規定,關於委任事務的履行,委任人及受任人對於該第三人均有直接請求權,即屬連帶債權。

　　依法律行為成立連帶債權者,以契約為常見;惟亦可能基於單獨行為而成立連帶債權,例如遺囑。連帶債權依法律行為而成立,其意思不以明示為必要,與連帶債務(民法 272 I)有別。

二、連帶債權的效力

　　連帶債權的法律上效力,因所涉及的關係人之不同,區分對外效力(外部關係)與對內效力(內部關係)。

㈠**對外效力**: 就債權人的權利,民法第 283 條規定:「數人依法律或法律行

為，有同一債權，而各得向債務人為全部給付之請求者，為連帶債權。」各債權人得向債務人請求全部的給付，亦各有受領全部給付的權利；另一方面，民法第 284 條規定：「連帶債權之債務人，得向債權人中之一人，為全部之給付。」而使債權全部消滅。

　　就債務人一人所生事項的效力，民法第 290 條規定：「就連帶債權人中之一人所生之事項，除前五條規定或契約另有訂定者外，其利益或不利益，對他債權人不生效力。」即以生相對效力為原則，而以民法第 285 條至第 289 條所規定生絕對效力情形為例外。

㈡**對內效力**：民法第 291 條規定：「連帶債權人相互間，除法律另有規定或契約另有訂定外，應平均分受其利益。」此為連帶債權的對內效力規定，依此，各連帶債權人原則上各有平等的分受部分；但若是法律另有規定或契約另有訂定，則依該法律規定或該契約訂定。

案例分析

　　在上述案例事實中，依民法第 283 條規定，A、B 及 C 三銀行與借用人間已成立連帶債權。就連帶債權的對外效力，除債權人各得向債務人為全部給付的請求外，民法第 284 條亦規定：「連帶債權之債務人，得向債權人中之一人，為全部之給付。」依此，借用人即債務人 D 公司欲清償債權時，得向債權人 A、B 及 C 三銀行中之一銀行，為全部的給付，以使債務關係消滅。

結論　債務人 D 公司欲清償債權時，得向債權人 A、B 及 C 三銀行中之一銀行，為全部的給付。

相關法條

▶民法第 283 條
數人依法律或法律行為，有同一債權，而各得向債務人為全部給付之請求者，為連帶債權。

▶民法第 284 條

連帶債權之債務人，得向債權人中之一人，為全部之給付。

▶民法第 539 條

受任人使第三人代為處理委任事務者，委任人對於該第三人關於委任事務之履行，有直接請求權。

練 習 題

甲、乙二人因友人丙周轉資金需要，依請託湊足 100 萬元現金予丙，於借貸契約中約定，借期 1 年，年利率 10%，到期後貸與人甲、乙各得向借用人丙為全部償還本金及利息的請求。惟甲、乙二人於該借貸契約到期前，已經依法協議離婚。試問：丙於借貸到期時想要清償借款，他應向或得向何人清償？

問題 4-14

連帶債權人中的一人與債務人間所生事項，是否對於他債權人亦生效力？

甲、乙對丙有一連帶債權 50 萬元，在該債權的請求權消滅時效將要完成時，甲起訴丙請求全部給付。請問此起訴是否亦對乙生消滅時效中斷的效力？

💡 提 示

一、連帶債權人之一的給付請求，是否也對其他債權人發生消滅時效中斷的效力？

二、民法第 285 條的給付請求，是否限於訴訟上請求或訴訟外請求？

解　析

一、連帶債權人之一的給付請求及其效力

　　依民法第 129 條第 1 項規定：「消滅時效，因左列事由而中斷：一、請求。二、承認。三、起訴。」連帶債權的請求權，亦因債權人的請求或起訴而中斷。有疑問的是，連帶債權人之一的請求或起訴，是否僅對該債權人發生消滅時效中斷的效力，或者亦對其他債權人生同一效力。依民法第 285 條規定：「連帶債權人中之一人為給付之請求者，為他債權人之利益，亦生效力。」就連帶債權人之一的給付請求，賦予絕對效力，在為他債權人的利益之前提下，亦生效力。而消滅時效的中斷，得使債權的效力，避免因債務人行使民法第 144 條第 1 項的抗辯權而減損，係對債權人有利益的效力。因此，連帶債權人之一的請求給付，其對該請求的債權人及對其他債權人，均生中斷消滅時效的效力。

二、訴訟外或訴訟上給付請求

　　民法第 285 條僅規定「為給付之請求」，此請求並未限定訴訟上請求或訴訟外請求，解釋上應兼括二者❷。訴訟上請求，例如提起給付訴訟或以反訴為請求；至於訴訟外請求，亦無方式的限制，不論口頭或書面請求均可。因此，只要連帶債權人中一人對債務人為給付的請求，不論訴訟上請求或訴訟外請求，其中斷消滅時效的效力，同時及於該債權人及其他債權人。

案例分析

　　在上述案例事實中，甲、乙對丙有一連帶債權 50 萬元，在該債權的請求權消滅時效將要完成時，甲起訴丙請求全部給付。依民法第 129 條第 1 項規定，起訴有使請求權的消滅時效中斷之效力，對甲發生該中斷效力固

---

❷　通說，孫森焱，《民法債編總論（下）》，2004，頁 924；鄭玉波、陳榮隆，《民法債編總論》，2002，頁 534；黃立，《民法債編總論》，1999，頁 580。

無疑問。再依民法第 285 條規定，連帶債權人中之一人為給付的請求，為他債權人的利益，亦生效力。此給付請求，毫無疑問包括訴訟上請求，而消滅時效中斷可避免債權效力因債務人行使民法第 144 條第 1 項的抗辯權而減損，因此對他債權人亦生中斷效力，符合為其利益的要件。所以，甲的起訴，亦對乙生消滅時效中斷的效力。

結論 甲的起訴，亦對乙生消滅時效中斷的效力。

相關法條

▶民法第 129 條第 1 項

消滅時效，因左列事由而中斷：

一、請求。

二、承認。

三、起訴。

▶民法第 285 條

連帶債權人中之一人為給付之請求者，為他債權人之利益，亦生效力。

練 習 題

甲、乙對丙有一連帶債權 50 萬元，在該債權的請求權消滅時效將要完成時，甲立即對丙口頭請求全部給付。試問：甲對丙口頭請求全部給付，對乙的債權是否有所影響？

問題 4-15

連帶債權人中的一人，已受領清償而債權消滅，對其他債權人的權利有無影響？

甲、乙對丙有一連帶債權 30 萬元，當債權到期時，丙在甲的要求清償下，給付甲 30 萬元。請問他債權人乙對丙的債權是否因而消滅？

💡 提　示

一、連帶債權的對外效力為何？

二、連帶債權的對外效力中，何種情形生絕對效力？

解　析

一、連帶債權的對外效力[43]

二、債權消滅

民法第 286 條規定：「因連帶債權人中之一人，已受領清償、代物清償、或經提存、抵銷、混同而債權消滅者，他債權人之權利，亦同消滅。」因此，連帶債權人中的一人，已受領清償或其他行為而使債權消滅，在外部關係上生絕對效力，即他債權人的權利也隨之消滅。

🔍 案例分析

在上述案例事實中，甲、乙對丙有一連帶債權 30 萬元，當債權到期時，丙在甲的要求清償下，給付甲 30 萬元。因債務人對甲為給付，甲受領清償，使甲對丙的債權（或丙對甲的債務）消滅（民法 309 I），而依民法

---

[43] 參閱上述問題 4-13【解析】二、(一)。

第286條規定，因連帶債權人中的一人，已受領清償而債權消滅，他債權人的權利亦同消滅。因甲的受領清償使甲對丙的債權消滅，因此他債權人乙對丙的債權即隨同消滅。

結論 乙對丙的債權，因甲的受領清償使甲對丙的債權消滅，而隨同消滅。

相關法條

▶民法第286條

因連帶債權人中之一人，已受領清償、代物清償、或經提存、抵銷、混同而債權消滅者，他債權人之權利，亦同消滅。

▶民法第309條第1項

依債務本旨，向債權人或其他有受領權人為清償，經其受領者，債之關係消滅。

甲、乙對丙有一連帶債權50萬元，另一方面，丙對乙有一買賣價金債權80萬元，當丙的債權到期時，丙對乙主張抵銷。試問：當甲對丙請求清償而要求給付50萬元時，丙得否拒絕？

問題4-16

連帶債權人中的一人所受確定判決，其效力是否及於其他債權人？

甲、乙對丙有一連帶債權50萬元，另一方面，丙對乙有一買賣價金債權80萬元，當丙的債權到期時，丙即對乙為抵銷的表示。嗣後，當乙起訴丙請求給付50萬元時，丙主張債權已經抵銷而消滅。最後，法院以債權已因抵銷而消滅為由，判決駁回乙的起訴確定。請問此確定判決對甲有無效力？

提　示

連帶債權人中的一人所受確定判決，於何種情形效力及於他債權人，又於何種情形不及於他債權人？

解　析

　　如前所述，連帶債權的對外效力中，就債務人一人所生事項的效力，以生相對效力為原則（民法 290），而生絕對效力情形為例外（民法 285-289）。在生絕對效力的例外情形中，包括民法第 287 條規定：「連帶債權人中之一人，受有利益之確定判決者，為他債權人之利益，亦生效力。連帶債權人中之一人，受不利益之確定判決者，如其判決非基於該債權人之個人關係時，對於他債權人，亦生效力。」依此，連帶債權人中的一人所受確定判決，於二種情形生絕對效力，而此二種情形均涉及其共同目的關係❹：一、受有利益的確定判決，而為他債權人的利益之情形（民法 287 I）；二、受不利益的確定判決，如其判決非基於該債權人的個人關係時（民法 287 II）。在受有利益的確定判決時，只要為他債權人的利益，而不管是否非基於該債權人的個人關係，該確定判決效力均及於他債權人。相對地，受不利益的確定判決時，僅限於其判決非基於該債權人的個人關係時，該確定判決效力均及於他債權人；若是判決基於該債權人的個人關係時，該確定判決效力不及於他債權人。此與連帶債務人中一人所受確定判決的效力，有所差別。

---

❹　孫森焱，《民法債編總論（下）》，2004，頁 925。

法條	確定判決的效力
連帶債務（民法275）	連帶債務人中的一人受確定判決，而其判決非基於該債務人的個人關係，為他債務人的利益，亦生效力⟹不因判決是否有利而區別
連帶債權（民法287）	I 連帶債權人中的一人受「有利益」的確定判決，為他債權人的利益，亦生效力
	II 連帶債權人中的一人受「不利益」的確定判決，如其判決非基於該債權人的個人關係時，對於他債權人，亦生效力

▲連帶債務人中一人與連帶債權人中一人受確定判決的效力之比較

案例分析

在上述案例事實中，甲、乙對丙有一連帶債權 50 萬元，另一方面，丙對乙有一買賣價金債權 80 萬元，當丙的債權到期時，丙即對乙為抵銷的表示。依民法第 334 條第 1 項本文規定：「二人互負債務，而其給付種類相同，並均屆清償期者，各得以其債務，與他方的債務，互為抵銷。」而抵銷的方式及效力，規定於民法第 335 條第 1 項：「抵銷，應以意思表示，向他方為之。其相互間債之關係，溯及最初得為抵銷時，按照抵銷數額而消滅。」因此，當丙的債權到期時，丙對乙為抵銷的表示，在抵銷的數額 50 萬元部分，當事人乙、丙間債權債務消滅。另民法第 286 條規定，因連帶債權人中的一人，已經抵銷而債權消滅者，他債權人的權利，亦同消滅。所以他債權人甲的權利也隨同消滅。

嗣後，當乙起訴丙請求給付 50 萬元時，丙主張債權已經抵銷而消滅，法院也以債權已因抵銷而消滅為由，判決駁回乙的起訴確定。此確定判決為非基於乙的個人關係，所受的不利益駁回確定判決，因此依民法第 287 條規定，對他債權人甲亦生效力。

結論 乙所受的該確定判決對甲亦有效力。

相關法條

▶民法第 287 條

連帶債權人中之一人，受有利益之確定判決者，為他債權人之利益，亦生

效力。

連帶債權人中之一人，受不利益之確定判決者，如其判決非基於該債權人之個人關係時，對於他債權人，亦生效力。

▶民法第 334 條第 1 項

二人互負債務，而其給付種類相同，並均屆清償期者，各得以其債務，與他方之債務，互為抵銷。但依債之性質不能抵銷或依當事人之特約不得抵銷者，不在此限。

▶民法第 335 條第 1 項

抵銷，應以意思表示，向他方為之。其相互間債之關係，溯及最初得為抵銷時，按照抵銷數額而消滅。

練 習 題

甲起訴丁，請求清償借款 50 萬元，並主張自己與訴外人乙、丙共同對丁有該 50 萬元的連帶債權。最後法院判決該 50 萬元債權因不成立而不存在並確定。試問：此確定判決的效力是否及於他債權人乙、丙？

問題4-17

連帶債權人中的一人的受領遲延，他債權人是否亦負遲延責任？

債務人丙對連帶債權人甲、乙有交付 D 犬並移轉所有權的債務，丙依當事人約定的履行期，通知甲要立即將 D 犬送到甲的住所，甲表示因狗屋尚未裝置完成，尚無法受領 D 犬。另乙則因出國，目前也無法受領。請問債權人甲、乙是否負有受領遲延的責任？

提　示

一、債權人何時負受領遲延責任?

二、受領遲延有何效力?

三、連帶債權人中一人的遲延,對他債權人有無影響?

解　析

一、債權人的受領遲延

　　所謂受領遲延,指對於履行上需要債權人受領的債務,債務人已經合法提出的給付,而債權人拒絕受領或不能受領的事實。民法第 234 條規定:「債權人對於已提出之給付,拒絕受領或不能受領者,自提出時起,負遲延責任。」債務的履行,須經債權人協力始得完成,如債務人依債務本旨「現實提出」給付(民法 235 本文),債權人拒絕受領或不能受領,則應負受領遲延責任。除現實提出外,若是債權人預示拒絕受領的意思,或給付兼需債權人的行為,則債務人得僅以準備給付的事情,通知債權人,以代提出,此在學說上稱「言詞提出」。

二、受領遲延的效力

　　債權人受領遲延的效力,可分別從當事人的一方(債權人、債務人)為觀察。

㈠**對債權人而言**:債權人自提出時起,負遲延責任。關於此遲延責任的性質之學說有二:

　　1.**義務說[45]**:以受領為義務,遲延責任屬於債務不履行的責任,原則上以有歸責事由(故意、過失等)為要件。

　　2.**權利說[46]**:以受領為權利(德國通說),遲延僅為權利不行使,致債

[45]　法國的通說。

[46]　德國的通說。

務人責任減輕的結果，因此，只須有遲延的事實，不以有歸責事由（故意、過失等）為要件。

　　我國民法採「權利說」（民法 237–241）❼，除法律有特別規定外❽，原則上受領給付為權利而非義務。因此，債權人受領遲延，僅是權利的不行使，除有依民法第 240 條規定，債務人得請求賠償提出及保管給付物的必要費用，或當事人間另有特別約定外，並不負任何賠償責任❾。

㈡**對債務人而言:**

　　1.**債務人責任的減輕:** 債權人受領遲延後，債務人僅就故意或重大過失負責（民法 237）、利息支付的停止（民法 238）與孳息返還的縮減，僅以已經收取的孳息為限（民法 239）。而依民法第 237 條，債務人就輕過失所致給付不能不必負責，因此其輕過失所致給付不能，即是不可歸責於債務人，債務人因此免給付義務（民法 225 I）。

　　2.**債務人的費用賠償請求權:** 債權人受領遲延，債務人得請求賠償提出及保管給付物的必要費用（民法 240）。

　　3.**債務人的自行免責:** 有交付不動產義務的債務人，於債權人遲延後，得拋棄其占有。此占有的拋棄，除不能通知者外，應預先通知債權人（民法 241）。應給付者若為動產，得將該動產為債權人提存或拍賣（民法 326、331）。

㈢**雙務契約的危險負擔:** 多數說認為因債權人的受領遲延而致給付不能，屬可歸責於債權人的事由，不可歸責於債務人，因此債務人免給付義務（民法 225），卻仍得向債權人請求對待給付（民法 267），故其危險負擔移轉於債權人❿。

---

❼　最高法院 29 年上字第 965 號判例；鄭玉波、陳榮隆，《民法債編總論》，2002，頁 378；孫森焱，《民法債編總論（下）》，2004，頁 554。

❽　例如民法第 367 條規定受領買受物為買受人的義務、民法第 512 條第 2 項規定受領工作為定作人的義務。

❾　最高法院 59 年臺上字第 3662 號判例；最高法院 92 年臺上字第 656 號判決。

❿　鄭玉波、陳榮隆，《民法債編總論》，2002，頁 381–382；孫森焱，《民法債編總論（下）》，2004，頁 561。此見解並不符合相當因果關係說，而是接近條件說，理論上有

債權人受領遲延，僅生減輕債務人責任的效果，於雙務契約情形，該債權人是否應履行契約上對待給付義務，仍應依契約或法律規定為決定，非謂債權人受領遲延，債務人即得請求債權人為對待給付❺。

三、連帶債權人中一人有遲延，他債權人亦負遲延責任

連帶債權的債權人各得向債務人為全部給付的請求（民法 283），而其債務人亦得向債權人中的一人為全部的給付（民法 284）。若是連帶債權人中的一人有受領遲延時，應負遲延責任（民法 234），固無疑問；至於其他債權人是否亦應負遲延責任，不無疑問。對此，民法第 289 條明文規定：「連帶債權人中之一人有遲延者，他債權人亦負其責任。」

🔍 案例分析

在上述案例事實中，債務人丙對連帶債權人甲、乙有交付 D 犬並移轉所有權的債務。丙依民法第 284 條規定，得向債權人中的一人為全部的給付，因此得向甲或乙中的一人為 D 犬的給付。

在此案例中，甲對丙的準備給付 D 犬通知表示無法受領，依民法第 235 條為預示拒絕受領的意思，則丙的準備給付 D 犬通知得取代現實提出。債權人甲表示不能受領即構成受領遲延，而甲的受領遲延，依民法第 289 條規定，他債權人乙亦同負受領遲延的責任。

結論 甲、乙均負（債權人）受領遲延的責任。

📚 相關法條

▶民法第 234 條
債權人對於已提出之給付，拒絕受領或不能受領者，自提出時起，負遲延責任。

瑕疵。
❺ 最高法院 85 年臺上字第 436 號判決。

▶民法第 235 條

債務人非依債務本旨實行提出給付者，不生提出之效力。但債權人預示拒絕受領之意思，或給付兼需債權人之行為者，債務人得以準備給付之事情，通知債權人，以代提出。

▶民法第 289 條

連帶債權人中之一人有遲延者，他債權人亦負其責任。

練習題

債務人丙對連帶債權人甲、乙有交付 D 犬並移轉所有權的債務，丙依當事人約定的履行期，對甲通知要將 D 犬送到甲的住所，甲表示因狗屋尚未裝置完成，尚無法受領 D 犬；另乙則因出國，目前也無法受領。在丙繼續留養 D 犬期間，一日帶 D 犬出外散步，D 在附近巷口遭丁駕駛的送貨車輾斃。試問：丙是否對甲或乙負債務不履行的損害賠償責任？

問題**4－18**

連帶債權人彼此間應如何分受該其債權的利益？

債務人丙原應給付連帶債權人甲、乙二人 50 萬元，後徵得債權人甲、乙二人的同意，丙得以其所有的 C 車作為替代而清償。請問當丙將 C 車交付並移轉所有權予甲，甲受領 C 車後，對乙是否有何給付義務？

💡 **提　示**

一、連帶債權人中一人受領代物清償的效力如何？

二、連帶債權的對內效力為何？

🧠 **解 析**

一、連帶債權人中一人受領代物清償的效力

連帶債權的債務人，得向債權人中的一人，為全部的給付（民法 284 本文）。民法第 286 條規定：「因連帶債權人中之一人，已受領清償、代物清償、或經提存、抵銷、混同而債權消滅者，他債權人之權利，亦同消滅。」依此，債權人中的一人，已受領代物清償而消滅時，其他債權人的權利也隨同消滅，即發生絕對的效力，蓋各債權具有共同目的，債權人中的一人，已受領代物清償，其債權既得實質上滿足而消滅（民法 319），其他債權人的債權亦因達其目的而同歸於消滅。

二、連帶債權的對內效力

連帶債權的對內效力即連帶債權人相互間的關係，就此，民法第 291 條規定：「連帶債權人相互間，除法律另有規定或契約另有訂定外，應平均分受其利益。」即債權人平等分受原則。

所謂法律另有規定，例如當事人之間為委任關係，即受領清償或代物清償的債權人係受他債權人的委任，在受領清償或代物清償後，應依民法第 541 條規定，將其利益移轉於為委任的他債權人（委任人）。

契約另有訂定，原則上連帶債權人間得自由約定內部利益的分配比例或方法。

🔍 **案例分析**

在上述案例事實中，依民法第 319 條規定：「債權人受領他種給付以代原定之給付者，其債之關係消滅。」甲的債權因丙的代物清償而消滅。而依民法第 286 條規定，乙的債權因甲受領丙的代物清償後，亦同歸於消滅。至於甲因受領代物清償而取得的利益，依民法第 291 條規定決定其分受比例。因無法律另有規定或契約另有訂定的情形，債權人甲、乙間應平均分

受其利益。惟甲所受領的給付係 C 車所有權，性質上不可分，甲並無交出
該 C 車的義務，而得依債權額比例，償還原定的給付❺❷，即償還 25 萬元；
但亦不排除當事人間得約定共有該 C 車。

結論 甲對乙有償還 25 萬元的義務。

📁 相關法條

▶民法第 286 條

因連帶債權人中之一人，已受領清償、代物清償、或經提存、抵銷、混同
而債權消滅者，他債權人之權利，亦同消滅。

▶民法第 291 條

連帶債權人相互間，除法律另有規定或契約另有訂定外，應平均分受其利益。

甲、乙、丙三人為合夥人，其出資額比為 3：2：1。基於合夥事務的經
營，三人取得對債務人丁的一筆連帶債權 120 萬元。屆清償期，丁交付
予甲 1 張面額 120 萬元劃線支票作為清償之用，經甲委託 B 銀行取得票
款，並轉入甲在 B 銀行的存款帳戶。試問：甲應否對乙、丙償還任何金
額？【提示：民法第 677 條】

第四節　不可分的債

問題 4-19

數人有同一的不可分債務，則債務人與債權人的關係如何？

甲、乙二人對丙負有交付 D 導盲犬 1 隻的債務。請問甲、乙應如何履
行其債務，及丙應如何行使其債權？

---

❺❷　孫森焱，《民法債編總論（下）》，2004，頁 928。

提 示

一、何謂不可分債務?

二、對於當事人間的關係,不可分債務有何效力?

解 析

一、不可分債務的概念

　　所謂不可分債務,係以「同一不可分給付」為標的之複數主體的債務(民法 292);其數個債務可以分別附有不同的條件或擔保。

　　不可分債務,與連帶債務同樣具有擔保的功能,並因其就債務人一人所生事項中,生絕對效力的事項較少,故擔保力更強。

二、效　力

　　民法第 292 條規定:「數人負同一債務,而其給付不可分者,準用關於連帶債務之規定。」依此,不可分債務準用關於連帶債務的規定,因而其效力除性質上不同而不可準用外,一律準用關於連帶債務的規定。

㈠對外效力:

　　1.債權人的權利:不可分債務的債權人得對債務人中的一人或數人或其全體,同時或先後請求全部給付(民法 292 準用 273) ❸;就債務人而言,其各人均得單獨清償(限於)全部,以消滅全體債務。

　　2.就債務人一人所生事項的效力:就債務人一人所生事項,依其性質準用關於連帶債務的規定(民法 292),原則上生相對效力,僅於例外生絕對效力。惟民法第 277 條關於抵銷規定,無從準用,即不得以他債務人的債權主張抵銷❺。其生絕對效力事項,包括清償、代物清償、提存、

---

❸　因給付不可分,因此民法第 273 條的請求一部給付規定,不得準用。

❺　鄭玉波、陳榮隆,《民法債編總論》,2002,548 頁。

　　不同見解,戴修瓚,《民法債編總論(下)》,1955,頁 379,則認為生相對效力。

抵銷、混同（民法 292、274）、非基於該債務人個人關係的利益判決（民
法 292、275）、受領遲延（民法 292、278）等；其生相對效力事項，例
如債務免除❺❺；消滅時效完成❺❻、其他於連帶債務生相對效力事項，例如
請求、給付遲延、給付不能、消滅時效中斷、債權讓與、債務承擔、契
約的解除或終止等。

㈡**對內效力：** 不可分債務的對內效力，亦依其性質準用關於連帶債務的規
定，原則上債務人間平均分擔其義務（民法 292、280）。債務人中一人
因清償或其他行為，致他債務人同免責任，對他債務人有求償權，且求
償權人於求償範圍內，承受債權人的權利。惟不得有害於債權人的利益
（民法 292、281 I–II）。債務人不能償還其分擔額時，原則上由求償權
人與其他債務人按照比例分擔（民法 292、282 I）。

🔍 案例分析

　　在上述案例事實中，甲、乙二人對丙負有交付 D 導盲犬一隻的債務，
因此甲、乙對丙所負的債務為一不可分債務。依民法第 292 條規定，不可
分債務原則上準用關於連帶債務的規定。而依民法第 273 條規定，不可分
債務的債權人，得對於債務人中之一人或數人或其全體，同時或先後請求
全部或一部之給付；在債務未全部履行前，全體債務人仍負連帶責任。因
為其給付不可分，各債務人均僅得對債權人為全部給付，以使其債的關係
消滅（民法 292、274）。故甲、乙中任何一人均得對債權人丙為全部給付，
而丙得對債務人甲、乙二人中的一人或數人或其全體，同時或先後請求全
部的給付。

結論 債務人甲、乙中任何一人均得對債權人丙為全部給付，而丙得對債
　　　務人甲、乙二人中的一人或數人或其全體，同時或先後請求全部的
　　　給付。

---

❺❺　不準用民法第 276 條第 1 項，因給付不可分，無從扣除應分擔部分，他債務人亦無從
　　就該分擔部分免責。

❺❻　亦因給付不可分而不準用民法第 276 條第 2 項。

相關法條

▶民法第 273 條

連帶債務之債權人，得對於債務人中之一人或數人或其全體，同時或先後請求全部或一部之給付。

連帶債務未全部履行前，全體債務人仍負連帶責任。

▶民法第 274 條

因連帶債務人中之一人為清償、代物清償、提存、抵銷或混同而債務消滅者，他債務人亦同免其責任。

▶民法第 292 條

數人負同一債務，而其給付不可分者，準用關於連帶債務之規定。

練習題

甲、乙二人對債權人丙負有給付某 P 油畫（市價 30 萬元）債務，當約定履行期屆至，丙向乙要求給付，乙表示尚未取得該 P 油畫，因此以自己收藏的 S 雕塑（市價 32 萬元）為給付，丙無異議接受。試問：

㈠甲對丙的債務是否消滅？

㈡乙是否因自己的給付而對甲有任何債權？

問題4-20

數人有同一的不可分債權，則各自如何享受其權利？

甲、乙二人共同向藝術品收藏家丙購買其收藏品 S，當事人約定價金 30 萬元，甲、乙各分擔 15 萬元，甲或乙均得為買受人全體向丙請求給付 S，丙亦僅得向甲、乙二人為給付。請問在丙履行債務前及履行債務後，甲、乙二人在內部關係應如何享受其利益？

提　示

一、何謂不可分債權?

二、不可分債權有何效力?

解　析

一、不可分債權的概念

不可分債權，係以「同一不可分給付」為標的之複數主體的債權（民法 293 I）；其數個債權，亦可以分別附有不同的條件或擔保。

二、效　力

就不可分債權的效力，民法第 293 條規定:「數人有同一債權，而其給付不可分者，各債權人僅得請求向債權人全體為給付，債務人亦僅得向債權人全體為給付。除前項規定外，債權人中之一人與債務人間所生之事項，其利益或不利益，對他債權人不生效力。債權人相互間，準用第二百九十一條之規定。」

㈠對外效力:

1.債權人的權利: 依民法第 293 條第 1 項規定，不可分債權的各債權人僅得請求向「債權人全體」為給付，債務人亦僅得向債權人全體為給付❺❼。因此，各債權人雖各自有單獨的給付請求權，但並不得請求向「自己一人」給付，而必須請求向「債權人全體」為給付；債務人亦必須向「債權人全體」履行，才能免其債務，而不得選擇債權人其中一人而對之給付。

2.就債權人一人所生事項的效力: 除民法第 293 條第 1 項情形外，債

---

❺❼ 此規定仿自德國民法第 432 條、瑞士債務法第 70 條第 1 項。與此不同的法國民法第 1224 條、日本民法第 428 條，則採與連帶債權作相同處理方式，各債權人得單獨為請求及受領，而債務人亦得選擇任一債權人而履行。

權人中一人與債務人間所生事項，不管利益或不利益，對他債權人不生效力（民法 293 II）。因此，其生絕對效力事項，限於一債權人為全體債權人請求（民法 293 I），包括因一債權人為全體請求而中斷消滅時效、債權人受領遲延、債務人給付遲延等。除上述生絕對效力的事項外，其餘皆僅生相對效力，例如對一債權人為清償、代物清償抵銷、確定判決、消滅時效完成、債權讓與或債務承擔等。

㈡**對內效力**：不可分債權的對內效力，即債權人相互間的關係，就此，民法第 293 條第 3 項規定：「債權人相互間，準用第二百九十一條之規定。」依此準用結果，債權人相互間，除法律或契約另定外，應平均分受其利益（債權人平等分受原則）。

因其給付不可分，則其利益的分受，區分為下列二種情況：

1.**其給付原屬可分，僅因當事人意思而定為不可分**：在債權人全體受領給付後，當事人間按其應得比例而分受。

2.**其給付性質上屬不可分**：在債權人全體受領給付後，其可選擇依共有關係而分受其應有部分，或由其中一人取得該全部給付的所有權，在以金錢補償他債權人分受的部分，或是將受領的給付變賣後，以變賣的價金為分受❺❽。

🔍 案例分析

在上述案例事實中，依民法第 293 條第 1 項規定，甲、乙對丙的給付收藏品 S 債權為不可分債權。就不可分債權的債權人相互間關係，而依同條第 3 項規定，債權人相互間，除法律或契約另定外，應平均分受其利益（債權人平等分受原則）。因此，在丙履行債務前，債權人甲、乙平均享有該債權，惟其各僅得向債務人丙請求向債權人全體為給付。在丙履行債務後，甲、乙二人除法律或契約另定外，應平均分受其利益。

結論 甲、乙二人應平均分受其利益。

---

❺❽ 孫森焱，《民法債編總論（下）》，2004，頁 937。

相關法條

▶民法第 291 條

連帶債權人相互間，除法律另有規定或契約另有訂定外，應平均分受其利益。

▶民法第 293 條

數人有同一債權，而其給付不可分者，各債權人僅得請求向債權人全體為給付，債務人亦僅得向債權人全體為給付。

除前項規定外，債權人中之一人與債務人間所生之事項，其利益或不利益，對他債權人不生效力。

債權人相互間，準用第二百九十一條之規定。

練 習 題

一、甲、乙二人共同向丙、丁購買二人共有的 H 屋，當事人約定價金
　　1200 萬元，甲、乙應連帶給付丙、丁該價金，而甲或乙均得為買受
　　人全體向丙、丁請求給付 H 屋，丙、丁亦僅得向甲、乙二人為給
　　付。試問：
　　㈠在甲、乙履行債務前及履行債務後，丙、丁二人在內部關係應如
　　　何享受其利益？
　　㈡在丙、丁履行債務前及履行債務後，甲、乙二人在內部關係應如
　　　何享受其利益？
二、甲、乙、丙、丁對戊有一不可分債權，甲先單獨受領債務人戊的清
　　償，嗣後在他債權人乙、丙、丁的堅持下，戊再對債權人全體為清
　　償。試問：戊是否得向甲請求返還前次清償的給付？❺❾

───────

❺❾　鄭玉波、陳榮隆，《民法債編總論》，2002，頁 544。

第 **5** 章

債之移轉

第一節　債權讓與

問題 5-01

債權人得否將其債權讓與第三人？有無限制？

甲與小提琴教師乙女約定，乙每週在自己開設的音樂教室，教授甲學琴1 小時，甲付給乙 1 年的學費。3 個月後，甲將自己向乙學琴的債權讓與友人丙後告知乙，乙表示反對。請問甲、丙間的債權讓與效力如何？

提　示

一、何謂債的移轉？何謂債權讓與？

二、債權讓與有無限制？

解　析

一、概　念

㈠**債的移轉：** 債的變更，即債的要素有改變，包括主體與客體的變更。而債的移轉，指債的關係不失其同一性，而其主體有所變更的法律事實，係以新主體取代舊主體。債的移轉，又可分為債權移轉、債務移轉，以及債權及債務移轉三種情形。

　　債的移轉，其債的效力不變，原有的利益及瑕疵❶，皆不受該移轉的影響；其從屬權利，例如擔保，原則上繼續存在。與此有別的是債的更改，此乃消滅舊的債的關係，而成立新的債的關係❷。

---

❶　例如時效利益、消滅時效完成或同時履行等各種抗辯。

❷　鄭玉波、陳榮隆，《民法債編總論》，2002，頁 686–692。

變更要素	型態	變更原因	種類	
主體	債權人變更：債權移轉	法律規定	法定代位	
		法律行為	債權讓與契約（民法 294–299）	
			債權遺贈（單獨行為）	
		裁判命令	轉付命令	
	債務人變更：債務移轉	法律行為	債務承擔契約	免責的債務承擔（民法 300）
				並存的債務承擔
	債權人、債務人變更：債權及債務移轉	法律規定	概括承受（民法 305–306、1148）	
		法律行為	概括承受	
客體	質的變更	法律規定		
	量的變更	法律行為		
	其他變更	裁判命令		

▲債的變更之型態及原因

㈡**債權移轉：** 債權移轉，屬於債的移轉之一種類型，係債權主體的變更，由新債權人取代舊債權人。債權移轉的原因有下列三者：

　　1.**法律規定：** 例如連帶債務人為求償權人，於求償範圍內承受債權人的權利（民法 281 II 連帶債務人的代位權）；就債的履行有利害關係之第三人為清償，於其清償的限度內承受債權人的權利（民法 312 第三人清償的承受權）；保證人向債權人為清償後，於其清償的限度內承受債權人對於主債務人的債權（民法 749 保證人的代位權）。

　　2.**法律行為：** 例如債權讓與契約（民法 294–299）、債權的遺贈（民法 1187）。

　　3.**裁判命令：** 例如於強制執行程序，執行法院以命令將債務人對於第三人的金錢債權移轉於執行債權人（強制執行法 115 II）。

　　債權移轉，通常謂僅有債權的移轉，而債務並不同時移轉的情形；如債權、債務一併移轉，則另稱為「概括承受」，其原因或為法律規定，例如因財產或營業的概括承受（民法 305）、營業合併（民法 306）、繼承（民法 1148），或為法律行為，例如因買受人或出賣人（雙務契約當事

人一方）將其債的關係讓與第三人。

㈢ **債權讓與：** 債權讓與，即債權讓與契約（民法 294–299），係以移轉「指名債權」❸為內容（標的）的契約。其性質上屬於處分行為中的準物權契約❹，因此與該契約生效的同時，即發生該債權移轉的效果。

債權讓與契約為不要式契約；惟於有債權證書時，讓與人有交付證書予受讓人的附隨義務。因其為準物權契約，屬於處分行為，亦為無因行為。

二、債權讓與的限制

民法第 294 條第 1 項規定：「債權人得將債權讓與於第三人。但左列債權，不在此限：一、依債權之性質，不得讓與者。二、依當事人之特約，不得讓與者。三、債權禁止扣押者。」此條項於本文明訂「債權自由讓與原則」，並以但書規定三種不得讓與的例外情形：

㈠ **依債的性質不能讓與（民法 294 I 但書①）：** 此所稱依債的性質不能讓與，指債權如變更主體（讓與），即失去債權的同一性或不能達成債權之目的。其主要情形如下：

1. **給付內容因債權人變更：** 即完全改變。例如甲對小提琴教師乙有受彈奏教學的債權，依其性質不能讓與。因若債權人甲變更，則其給付內容將完全改變。

2. **債權的行使因債權人變更：** 即發生顯著差異。例如房屋承租人如將其租賃權讓與第三人，債權將發生顯著差異❺。

3. 特定債權人間有定期決算的關係。

4. **法律禁止轉讓。** 例如民法第 195 條第 2 項、第 977 條第 3 項、第

---

❸ 債權依其表示債權人的方法，可分為指名債權、指示債權與無記名債權三種，後二者為證券債權，其或以背書為轉讓（民法 716 II；票據法 30 I 前段），或以交付為轉讓（票據法 30 I 後段）。

❹ 最高法院 88 年臺上字第 1447 號判決；最高法院 97 年臺上字第 1213 號判決。

❺ 最高法院 88 年臺上字第 1447 號判決，謂承租人租賃權性質上不得讓與。

979 條、第 1030 條之 1 第 3 項、勞動基準法第 52 條第 1 項等。

㈡**依當事人的特約不得讓與**（民法 **294 I 但書②**）：基於契約自由原則，當事人雙方得依特約限制彼此間債權的讓與；惟不得以此限制讓與的特約，對抗善意第三人（民法 294 II），以保護交易安全。最高法院即明白表示：「違反禁止債權讓與契約所為之讓與，依民法第二百九十四條第一項第二款之規定固屬無效，惟此項不得讓與之特約，不得以之對抗善意第三人，為同法條第二項所明定，若第三人不知有此特約，其讓與應為有效。」❻例如甲對乙有 A 債權，雙方特約不得將 A 債權讓與第三人，然嗣後甲仍將 A 債權讓與給丙。若丙明知（惡意）甲、乙間限制轉讓特約，其讓與無效；若丙不知（善意）甲、乙間有禁止轉讓與特約，丙即得主張其讓與有效，且不論丙就其不知是否有過失❼。

國內通說基於債權的無體性而無權利的外在公示表徵，否認債權得善意取得；有學者試圖將民法第 294 條第 2 項解釋為債權善意取得的（例外）規定❽，此見解忽略傳統上善意取得制度的意旨與要件，故宜採通說見解。

㈢**禁止扣押的債權**（民法 **294 I 但書③**）：債權禁止扣押，指該債權為維持其債權人（即強制執行程序的債務人）及與之共同生活的親屬所必需，而不得供強制執行（強制執行法 122），例如養老金債權、扶養費債權、軍公教職人員的實物配給債權等❾。

違反民法第 294 條第 1 項但書規定的債權讓與，其讓與無效，債權不發生移轉的效果❿。

---

❻ 最高法院 50 年臺上字第 539 號判例。

❼ 最高法院 50 年臺上字第 539 號判例；最高法院 87 年臺上字第 195 號判決；最高法院 93 年臺上字第 253 號判決。

❽ 劉昭辰，〈債權之善意取得——兼論擔保物權的從屬性〉，《台灣本土法學雜誌》第 60 期，2004 年 7 月，頁 38-39、47。

❾ 比較最高法院 57 年臺抗字第 162 號判例。

❿ 最高法院 50 年臺上字第 539 號判例。

案例分析

在上述案例事實中，因其當事人互負給付義務，性質上屬於雙務契約，甲、乙雙方互為債權人與債務人。就小提琴的教授而言，甲為債權人，乙為債務人。三個月後，甲將自己向乙學琴的債權讓與友人丙後，告知乙，乙表示反對。依民法第 294 條第 1 項規定，原則上債權人得將債權讓與於第三人；惟教授與學習小提琴，其效果、方法及報酬通常因人而異，如債權人變更，其給付內容將完全改變，因此屬於民法第 294 條第 1 項但書第 1 款所規定的「依債權之性質，不得讓與者」，其違背此轉讓禁止應為無效，不生債權移轉的效果。

結論 甲、丙間的債權讓與為無效。

相關法條

▶民法第 294 條

債權人得將債權讓與於第三人。但左列債權，不在此限：

一、依債權之性質，不得讓與者。

二、依當事人之特約，不得讓與者。

三、債權禁止扣押者。

前項第二款不得讓與之特約，不得以之對抗善意第三人。

甲向乙承租 H 屋，於該租賃契約書中明定租期 2 年，並禁止轉租。因甲到期無法清償對其債權人丙的欠款，甲、丙 2 人遂約定，甲將 H 屋的租賃權讓與丙。試問：丙對於甲、乙間禁止讓與租賃權的特約知情與否，對於該租賃權讓與的效力有無影響？ ⓫

⓫　最高法院 50 年臺上字第 539 號判例。

問題 5-02

債權人將金錢債權讓與第三人，對其利息債權有無影響？

甲貸與乙 100 萬元，借期 1 年，約定月息 1 分。至屆滿 5 個月時，乙尚未支付甲任何利息，甲將該對乙的 100 萬元借款債權讓與丙，並立即通知乙。請問如甲、丙間就該本金債權的利息債權歸屬，未有特別約定，則其利息債權應歸屬於何人？

提　示

一、債權讓與有何效力？

二、金錢債權所生的利息債權，是否隨著該金錢債權的讓與而移轉？

解　析

一、債權讓與的效力

債權原則上得自由讓與（民法 294 I 本文），因此得以債權讓與契約而讓與（民法 294-299）。債權讓與契約，係以移轉指名債權為內容（標的）的契約，性質上屬於處分行為中的準物權契約[12]。

債權讓與的效力，可區分為發生讓與人與受讓人之間的對內效力，及對債務人或對第三人發生的對外效力。

㈠**對內效力**：債權讓與契約係以移轉特定債權為其標的，屬於處分行為，債權讓與契約發生效力時，債權即移轉於相對人，為準物權契約[13]。亦即債權讓與契約成立且生效時，債權即因而移轉（債權變動），原債權人脫離其債權人地位，而由新債權人承繼取得同一債權，並發生從權利隨同移轉、證明文件交付與告知的義務（民法 294-299）。

---

[12]　最高法院 88 年臺上字第 1447 號判決；最高法院 97 年臺上字第 1213 號判決。

[13]　最高法院 97 年臺上字第 1213 號判決。

1.從權利隨同移轉：民法第 295 條第 1 項規定：「讓與債權時，該債權之擔保及其他從屬之權利，隨同移轉於受讓人。但與讓與人有不可分離之關係者，不在此限。」讓與的債權之擔保，例如保證債權、抵押權等；其他從屬權利，例如違約金請求權、損害賠償請求權、利息債權等，原則上均隨同移轉於受讓人。惟與讓與人有不可分離關係的權利，例如商人間為擔保因基於營業關係所生債權而發生的留置權（民法 929）❶、服務於船舶人員基於僱傭契約所生期間未滿一年的優先債權（海商法 24 I ①）、原告因於我國有住所而無庸提供訴訟費用擔保的權利（民事訴訟法 96 I）等，均不隨同債權轉讓而移轉。

民法第 295 條第 2 項規定：「未支付之利息，推定其隨同原本移轉於受讓人。」乃因為已經到期而未支付的利息，已具有獨立性，並不當然隨同移轉（民法 70 II），故僅推定隨同原本移轉於受讓人，而得舉反證予以推翻。

2.證明文件交付與告知的義務：民法第 296 條規定：「讓與人應將證明債權之文件，交付受讓人，並應告以關於主張該債權所必要之一切情形。」證明債權的文件，例如契約書、帳簿、債權證書或認證書（或函）等；主張債權所必要的一切情形，例如債權的清償期、履行地或清償方法等。

3.相關利益與瑕疵的承繼：除上述民法第 295 條、第 296 條規定者外，有關債權的一切利益及瑕疵，均由受讓人即新債權人承繼，例如原債權請求權的短期消滅時效，不因債權讓與而改變❶。惟債權的讓與人對於債務人的資力，除契約另有訂定外，原則上不負擔保責任（民法 352 前半段）。

㈡對外效力：

1.對債務人的效力：

⑴讓與通知：除法律另有規定外，債權讓與未經讓與人或受讓人通知

---

❶　史尚寬，《債法總論》，1990，頁 684。

❶　最高法院 26 年渝上字第 1219 號判例。

債務人，對債務人不生效力（民法 297 I）。蓋民法為保護債務人，以債權讓與的通知為其對債務人的生效要件。最高法院認為民法設此規定的本旨，無非使債務人知有債權讓與的事實，如受讓人對於債務人主張受讓事實而行使債權時，既足使債務人知有債權讓與的事實，即應認為兼有通知的效力[16]。所謂法律另有規定者，例如記名票據債權依背書、無記名票據債權依交付而轉讓，不以通知票據債務人為生效要件（票據法 30 I、124、144）。

惟實務認為，債的讓與，依民法第 297 條第 1 項非經讓與人或受讓人通知債務人不生效力，此項通知不過為觀念通知，使債務人知有債權移轉的事實，免誤向原債權人清償而已，如債務人既知債權已移轉於第三人，而向之請求返還擔保債務履行的契據，即不得再藉詞債權的移轉尚未通知，拒絕對受讓人履行此項債務，而僅向之請求返還擔保債務的契據[17]。此見解似與第 297 條第 1 項規定文義不符。

債權讓與的通知，性質上為觀念通知，乃一通知債權讓與事實的準法律行為，準用意思表示的規定，其為非對話者，以達到債務人時；為對話者，以債務人所了解時，發生效力（準用民法 95、94）[18]，並無須得到債務人的承諾[19]。

債權讓與的通知，由讓與人或由受讓人對債務人（或其代理人、繼承人）通知。通知的方式，並無限制，以書面、口頭通知均可。若受讓人將讓與人所立的讓與字據[20]對債務人為提示，則與通知有

---

[16] 最高法院 22 年上字第 1162 號判例；最高法院 98 年臺上字第 56 號判決。

[17] 最高法院 39 年臺上字第 448 號判例。

[18] 最高法院 28 年上字第 1284 號判例；最高法院 88 年臺上字第 1135 號判決；孫森焱，《民法債編總論（下）》，2013，頁 949。最高法院 97 年臺上字第 2701 號判決中，有「債權讓與通知之意思表示」之字句，應係不慎的錯誤表達。

[19] 最高法院 20 年上字第 58 號判例；鄭玉波、陳榮隆，《民法債編總論》，2002，頁 575-576。

[20] 即證明債權讓與的證書。

同一的效力（民法 297 II）❷❶。有疑義的是，受讓人提示字據，究竟與讓與人通知或與受讓人通知何者有同一效力。就文義表面而言，其似僅有與受讓人通知有同一效力；惟如該字據確為讓與人所立情形，應解釋為其係讓與人與受讓人的「共同通知」，因而也發生讓與人通知的特殊效力（表見讓與）❷❷。

　　債權讓與契約成立且生效，債權即因而移轉；惟在通知債務人前，對債務人不生效力（民法 297 I），理論上受讓人應不得對債務人主張債權；惟依最高法院見解，受讓人對債務人主張受讓事實行使債權時，足以使債務人知道債權讓與事實，即兼有讓與通知的效力❷❸。在通知債務人前，債務人自動承認讓與效力而清償，該清償有效。債權讓與的通知，有由讓與人或由受讓人所為的通知兩種，其有一般與特殊的效力。

a.一般效力：乃由讓與人與由受讓人為通知的共通效力，謂債權讓與一經其中任一人通知，即對債務人生效。債權讓與，依民法第 297 條第 1 項前段規定的反面解釋，苟經讓與人或受讓人通知債務人，對於債務人，即發生效力，此項通知如未經合法撤銷（民法 298 II），則債務人自受債權讓與的通知時起，僅得以受讓人為債權人，不得再向讓與人為清償或其他免責的行為❷❹。

b.特殊效力：讓與人已將債權的讓與通知債務人，縱使事實尚未為讓與，或讓與無效，債務人仍得以其對抗受讓人的事實，對抗讓與人（民法 298 I）；對抗受讓人的事實，例如清償、抵銷，或其他免責事由。此即一般所謂的「表見讓與」❷❺，惟此不管債務人善意或惡意，皆有適用，而與民法第 169 條的「表見代理」有

---

❷❶　最高法院 42 年臺上字第 626 號判例。

❷❷　鄭玉波、陳榮隆，《民法債編總論》，2002，頁 579。

❷❸　最高法院 22 年上字第 1162 號判例；最高法院 98 年臺上字第 56 號判決。

❷❹　最高法院 75 年臺上字第 478 號判決。

❷❺　史尚寬，《債法總論》，1990，頁 699。

別❷。此特殊效力，僅讓與人的通知才有，受讓人的通知並無相同的效力。

通知方式	立字據人	讓與契約	通知的效力
受讓人提示讓與字據	讓與人	生效	共通效力（民法 297 I）
		不生效	特殊效力（民法 297 II、298 I）
	非讓與人	生效	共通效力（民法 297 I）
		不生效	不生通知的效力（民法 298 I 反面解釋）

▲提示讓與字據的效力

　　民法第 298 條第 2 項規定，讓與人的通知，非經受讓人同意，不得「撤銷」。此撤銷，學者有認為應是「撤回」❷；本書不贊同此觀點，蓋讓與通知既然屬於「觀念通知」，乃準法律行為的一種，已經生效後，即應同於已經生效的意思表示，不再有撤回問題，所以用「撤銷」並無錯誤，其使原來有效的通知失去效力。

(2)原有抗辯的援用：債務人於受通知時，所得對抗讓與人的事由，皆得用以對抗受讓人（民法 299 I），此乃「債權所在，抗辯隨之」原則，其原因在於債權的主體雖有變更，並未喪失債的同一性。此所謂抗辯，應作廣義解釋，凡債務人在訴訟法上或實體法上得妨礙權利行使者，均屬之❷。前者例如仲裁協議或管轄合意等，後者則可分為下列三種：

　a.權利障礙抗辯：指債權未有效成立的抗辯，又稱權利障礙異議或否認的抗辯，例如其債權契約未成立或無效的抗辯。

　b.權利消滅抗辯：指債權雖曾經有效成立，但已經消滅的抗辯，又稱權利消滅異議，例如債權已因清償或抵銷而消滅的抗辯。

---

❷　王伯琦，《民法債篇總論》，1962，頁 262；孫森焱，《民法債編總論（下）》，2013，頁 951。

❷　鄭玉波、陳榮隆，《民法債編總論》，2002，頁 579。

❷　最高法院 98 年臺上字第 2363 號判決；孫森焱，《民法債編總論（下）》，2013，頁 952-953。

c.權利防阻抗辯：或稱權利受制抗辯，指債務人雖不否認（或承認）
債權存在，但有相當理由得拒絕給付的抗辯，例如民法第 144 條
第 1 項之請求權的消滅時效已完成的抗辯；民法第 198 條規定的
惡意抗辯；民法第 264 條規定的同時履行抗辯。

(3)抵銷的主張：如債務人於受通知時，對於讓與人有債權，而其債權
的清償期先於所讓與的債權或同時屆至，則債務人得對受讓人主張
抵銷（民法 299 II），即原得對讓與人（原債權人）已發生的抵銷權
（民法 334-342），不因債權讓與而喪失。此項抵銷規定，亦適用
（或至少準用）於權利質權的設定（民法 902），因此，為質權標的
（物）之債權，其債務人於受質權設定的通知時，對於出質人有債
權，如其債權的清償期，先於為質權標的之債權，或同時屆至，債
務人得於同額內主張抵銷❷❾。

2.對第三人的效力：就債權讓與對於第三人的關係，民法未設明確規
定❸⓿。其主要問題是，當發生在債權二重讓與，或有利害關係的第三人
為清償時，對該第三人有何效力。

(1)債權二重讓與：債權讓與，除以通知債務人為生效要件外，並無類
似於物權讓與的公示方法（不動產物權的登記或動產的交付），因此
可能發生二重讓與。此時，對受讓人而言，僅第一讓與有效；惟對
於債務人而言，則因通知先後而有不同效力，舉例列表如下：

---

❷❾　最高法院 86 年臺上字第 1473 號判例。

❸⓿　立法例上，如法國民法第 1690 條、日本民法第 467 條均規定，以對債務人通知或經債
務人承諾，為對抗第三人的要件。

案件事實	通知債務人?	對債務人的效力	對受讓人的效力
原債權人甲將對乙債權讓與丙後，又再讓與丁	僅通知讓與丙	僅讓與丙有效，並對丙清償	丁受讓無效，向甲請求賠償
	僅通知讓與丁	僅讓與丁有效；惟得選擇對丙或丁清償	丙對受清償的丁主張不當得利
	讓與丁的通知先於讓與丙的通知	1.第二通知到達前已清償丁，有效 2.第二通知到達前未清償丁，得選擇對丙或丁清償	丙受讓有效，丁受讓無效；丁若受清償，對丙構成不當得利
	皆未通知	二讓與皆未對之生效，仍得向甲清償	丙受讓有效，丁受讓無效。丙對受清償的甲主張不當得利；丁對甲請求賠償

▲債權二重讓與的通知及效力

(2)有利害關係的第三人為清償：債務人自己清償，即使表見讓與，亦為有效（民法 297、298 I），此清償的效力，亦適用於就債的履行有利害關係的第三人，例如保證人、提供物的擔保的第三人；若無利害關係的第三人為清償，原則上不適用債務人特別保護的規定❸。

清償人	債權讓與	效力
債務人	事實讓與、表見讓與	有清償效力（債務人保護）（民法 297、298 I）
有利害關係的第三人	事實讓與、表見讓與	亦有清償效力（受相同的保護）
無利害關係的第三人	表見讓與	原則上無清償效力（不受相同的保護）

▲第三人清償的效力

二、利息債權

未到期的利息債權，屬於從權利，依民法第 295 條第 1 項本文規定，隨同讓與的債權移轉於受讓人。相對地，已經到期而未支付的利息，因具有獨立性而並不當然隨同移轉（民法 70 II），僅是「推定」隨同原本移轉於受讓人（民法 295 II），此推定得舉反證予以推翻。

---

❸ 鄭玉波、陳榮隆，《民法債編總論》，2002，頁 583。

案例分析

在上述案例事實中，甲貸與乙 100 萬元，借期一年，約定月息 1 分。該 100 萬元的債權為借貸契約的主債權，其利息債權則為從債權。至屆滿 5 個月時，乙尚未支付甲任何利息，甲將該對乙的 100 萬元借款債權讓與丙，並立即通知乙。依民法第 294 條第 1 項本文規定，甲得將其對乙的債權讓與第三人丙，並依民法第 297 條第 1 項本文規定，甲對債務人乙為通知，該讓與對乙生效。

該借款債權的利息債權，性質上為從債權，並無與讓與人甲有不可分離的關係，民法第 298 條第 1 項規定原則上應隨同移轉於受讓人丙。惟其已經到期而未支付的前五個月利息，因具有獨立性而不當然隨同移轉（民法 70 II），依民法第 295 條第 2 項規定，僅「推定」隨同原本移轉於受讓人（民法 295 II），此推定得舉反證予以推翻。

結論 甲、丙間就該本金債權的利息債權，未到期的利息債權歸屬於受讓人丙；已到期的前 5 個月利息則（僅）推定隨同原本移轉於受讓人丙，即推定歸屬於丙。

相關法條

▶民法第 294 條

債權人得將債權讓與於第三人。但左列債權，不在此限：

一、依債權之性質，不得讓與者。

二、依當事人之特約，不得讓與者。

三、債權禁止扣押者。

前項第二款不得讓與之特約，不得以之對抗善意第三人。

▶民法第 295 條

讓與債權時，該債權之擔保及其他從屬之權利，隨同移轉於受讓人。但與讓與人有不可分離之關係者，不在此限。

未支付之利息，推定其隨同原本移轉於受讓人。

▶民法第 296 條

讓與人應將證明債權之文件，交付受讓人，並應告以關於主張該債權所必
要之一切情形。

▶民法第 297 條

債權之讓與，非經讓與人或受讓人通知債務人，對於債務人不生效力。但
法律另有規定者，不在此限。

受讓人將讓與人所立之讓與字據提示於債務人者，與通知有同一之效力。

▶民法第 298 條

讓與人已將債權之讓與通知債務人者，縱未為讓與或讓與無效，債務人仍
得以其對抗受讓人之事由，對抗讓與人。

前項通知，非經受讓人之同意，不得撤銷。

▶民法第 299 條

債務人於受通知時，所得對抗讓與人之事由，皆得以之對抗受讓人。

債務人於受通知時，對於讓與人有債權者，如其債權之清償期，先於所讓
與之債權或同時屆至者，債務人得對於受讓人主張抵銷。

練 習 題

甲貸與乙 100 萬元，借期 1 年，約定月息 1 分。至屆滿 5 個月時，乙尚
未支付甲任何利息，因甲對丙有 98 萬元買賣貨款到期，遂將該對乙的
100 萬元借款債權讓與丙，卻忽略約定該借貸本金債權的利息債權歸屬；
丙隨後通知乙該債權讓與一事。試問：甲得否向乙請求給付前 5 個月的
借款利息，並請求債權讓與後每個月的借款利息？

債權讓與，何時生效？

甲對乙有 120 萬元借貸債權，月息 1 分半，清償期為明年 1 月 15 日。今年 4 月 1 日，甲、丙二人以書面約定，甲將該對乙的 120 萬元借貸債權出賣並讓與給丙。然至 8 月 1 日，丙始將甲、丙間的債權買賣及讓與契約書出示予乙，並要求乙支付應付利息及如期償還本金。請問甲、丙間的債權讓與，於當事人間何時生效？

提　示

一、債權讓與，在讓與當事人雙方之間何時發生效力？

二、債權讓與，對該債權的債務人何時發生效力？

解　析

　　如前述，債權讓與，涉及到讓與當事人雙方及該債權的債務人，其讓與當事人雙方之間發生的效力，為對內效力；其對債務人或其他第三人所生效力，為對外效力。

一、在讓與當事人雙方之間發生效力

　　債權讓與契約係以移轉特定債權為其標的，屬於處分行為，債權讓與契約發生效力時，債權即行移轉於相對人，為準物權契約❸❷。亦即債權讓與契約成立且生效時，債權即因而移轉（債權變動），原債權人脫離其債權人地位，而由新債權人承繼取得同一債權，並發生從權利隨同移轉、證明文件交付與告知的義務（民法 294–299）。因此，債權讓與，在讓與當事人雙方之間，於該讓與契約生效時，發生效力（對內效力）。

---

❸❷　最高法院 97 年臺上字第 1213 號判決；最高法院 95 年臺上字第 713 號判決。

二、對該債權的債務人發生效力

債權讓與雖在讓與當事人雙方之間，已發生效力，惟依民法第 297 條第 1 項規定，除法律另有規定外，債權讓與未經讓與人或受讓人通知債務人，對債務人不生效力。民法為保護債務人，以債權讓與的通知為其對債務人的生效要件，原則上債權讓與應於其債務人受「讓與人或受讓人」的通知時，始對該債務人發生效力，此乃讓與通知的一般效力。此項通知如未經合法撤銷，則債務人自受債權讓與的通知時起，僅得以受讓人為債權人，不得再向讓與人為清償或其他免責的行為[33]。

最高法院認為民法第 297 條第 1 項規定的本旨，無非使債務人知有債權讓與的事實，如受讓人對於債務人主張受讓事實而行使債權時，既足使債務人知有債權讓與的事實，即應認為兼有通知的效力[34]。所謂法律另有規定者，例如記名票據債權依背書、無記名票據債權依交付而轉讓，不以通知票據債務人為生效要件（票據法 30 I、124、144）。

此外，如「讓與人」已將債權的讓與通知債務人，縱使事實尚未為讓與，或讓與無效，債務人仍得以其對抗受讓人的事實，對抗讓與人（民法 298 I），此乃讓與通知的特殊效力，且僅限於讓與人的通知才有此效力，受讓人的通知並無相同的效力。對抗受讓人的事實，例如清償、抵銷，或其他免責事由。此乃所謂的表見讓與，不管債務人善意或惡意，皆有適用，而與民法第 169 條的表見代理有別[35]。僅讓與人的通知才有此特殊效力，受讓人的通知並無相同的效力。

民法第 297 條第 2 項規定受讓人提示讓與人所立的讓與字據，如在該字據確為讓與人所立，應解為認為是讓與人與受讓人的共同通知，亦發生讓與人通知的特殊效力（表見讓與）[36]。

---

[33] 最高法院 75 年臺上字第 478 號判決。

[34] 最高法院 22 年上字第 1162 號判例；最高法院 98 年臺上字第 56 號判決。

[35] 王伯琦，《民法債篇總論》，1962，頁 262。

[36] 鄭玉波、陳榮隆，《民法債編總論》，2002，頁 579。

案例分析

　　在上述案例事實中,甲將該對乙的 120 萬元借貸債權出賣並讓與給丙,該 120 萬債權於甲、丙間的債權讓與契約（處分行為）生效時發生變動,即由甲移轉至丙;然依民法第 297 條第 1 項規定,甲、丙間的債權讓與雖已經生效,但在讓與人甲或受讓人丙通知債務人乙之前,該債權讓與對乙不生效力。8 月 1 日,丙將甲、丙間的債權買賣及讓與契約書出示予乙,構成受讓人丙通知債務人乙,此時甲、丙間的債權讓與對乙發生效力,丙得要求乙支付應付利息及如期償還本金。

結論 甲、丙間的債權讓與,在甲、丙間,於 4 月 1 日當事人訂立讓與契約並生效時,發生效力;惟該債權讓與,當丙於 8 月 1 日將甲、丙間的債權買賣及讓與契約書出示予乙,始對乙發生效力。

相關法條

▶民法第 295 條

讓與債權時,該債權之擔保及其他從屬之權利,隨同移轉於受讓人。但與讓與人有不可分離之關係者,不在此限。

未支付之利息,推定其隨同原本移轉於受讓人。

▶民法第 296 條

讓與人應將證明債權之文件,交付受讓人,並應告以關於主張該債權所必要之一切情形。

▶民法第 297 條

債權之讓與,非經讓與人或受讓人通知債務人,對於債務人不生效力。但法律另有規定者,不在此限。

受讓人將讓與人所立之讓與字據提示於債務人者,與通知有同一之效力。

▶民法第 298 條

讓與人已將債權之讓與通知債務人者,縱未為讓與或讓與無效,債務人仍

得以其對抗受讓人之事由，對抗讓與人。

前項通知，非經受讓人之同意，不得撤銷。

一、甲將對乙之月息 1 分的 100 萬元借款債權，轉讓與丙後，立即通知乙該債權轉讓。甲、丙間未就該債權的未到期的利息債權及已到期而尚未支付的 12 萬元利息有任何約定。試問：此二種利息債權應歸屬於何人？

二、丁對庚有一移轉 S 物所有權的債權，然附有 B 停止條件。2 月 1 日，丁與戊約定，將該對庚之移轉 S 物所有權的債權讓與戊。戊於 2 月 5 日以書面通知庚該債權讓與事實；B 停止條件於 2 月 28 日成就後，戊於 3 月 3 日再次以口頭通知庚該讓與債權一事。試問：

㈠丁與戊間的債權讓與，何時於其二人間生效？

㈡丁與戊間的債權讓與，何時對庚生效？ ❸❼

問題 5-04

債權讓與人已通知債務人將自己的債權讓與第三人，債務人對該第三人清償後，讓與人得否以讓與無效，請求債務人對己為清償？

甲對乙有 F 債權，於 3 月 1 日以讓與契約將該 F 債權讓與第三人丙。甲於 3 月 5 日通知乙後，得知自己受到丙的詐欺而為該債權讓與，遂於 3 月 22 日對丙撤銷其讓與的意思表示，並隨即請求乙於 10 日內對甲本人履行其債務。乙因已經在 3 月 20 日對受讓人丙清償完畢，而拒絕甲的請求，請問有無理由？

❸❼ 最高法院 95 年臺上字第 713 號判決；最高法院 97 年臺上字第 1213 號判決。

提　示

一、債權讓與是否以通知債務人為生效要件？

二、債務人得否以其對抗受讓人的事由，對抗讓與人？

解　析

一、債權讓與的生效

　　債權讓與契約係以移轉特定債權為其標的，屬於處分行為，於契約成立且生效時，在契約當事人間發生債權的移轉效果（對內效力）。讓與契約何時生效，取決其契約的成立要件及生效要件。

　　惟債權讓與契約雖已在當事人間生效，卻未必即對債務人生效，蓋民法為保護債務人，於民法第 297 條規定：「債權之讓與，非經讓與人或受讓人通知債務人，對於債務人不生效力。但法律另有規定者，不在此限。受讓人將讓與人所立之讓與字據提示於債務人者，與通知有同一之效力。」因此，債權讓與契約，除其本身應具備的成立要件及生效要件外，要對債務人生效，原則上尚須經讓與人或受讓人通知債務人，始能對於債務人發生效力（對外效力）。簡言之，讓與人或受讓人通知債務人，為債權讓與對債務人生效要件之一。

　　債權讓與的通知，性質上為觀念通知，乃一通知債權讓與事實的準法律行為，準用意思表示的規定，其為非對話者，以達到債務人時，或為對話者，以債務人所了解時，發生效力（準用民法 95、94）[38]，並無須得到債務人的承諾[39]。

---

[38]　最高法院 28 年上字第 1284 號判例；最高法院 88 年臺上字第 1135 號判決；孫森焱，《民法債編總論（下）》，2013，頁 949。最高法院 97 年臺上字第 2701 號判決中，有「債權讓與通知之意思表示」之字句，應係不慎的錯誤表達。

[39]　最高法院 20 年上字第 58 號判例；鄭玉波、陳榮隆，《民法債編總論》，2002，頁 575–576。

二、債務人得以其對抗受讓人的事由，對抗讓與人

民法第 298 條第 1 項規定:「讓與人已將債權之讓與通知債務人者，縱未為讓與或讓與無效，債務人仍得以其對抗受讓人之事由，對抗讓與人。」❹此乃債權讓與通知的特殊效力，惟僅限於讓與人的讓與通知，才有此特殊效力；受讓人的通知，並無此效力。所謂對抗受讓人的事由，指凡是得減輕或免除債務人責任而得對受讓人主張的事由，例如受領遲延、消滅時效完成、清償、抵銷、債務免除等。如債務人已經對受讓人清償，即得以對受讓人主張債權債務因清償消滅，即使讓與人（原債權人）事實上未為讓與或讓與無效，債務人仍得對讓與人主張債權債務因清償消滅，而毋庸再對讓與人為清償。學說上雖稱此為表見讓與，惟民法第 298 條第 1 項規定並不管債務人善意或惡意，皆有適用，與民法第 169 條所規定的表見代理有別❹。

讓與人的讓與通知，依民法第 298 條第 2 項規定，非經受讓人的同意，不得撤銷。此所稱撤銷，學者有認為應是「撤回」之誤❹；本書認為讓與通知為觀念通知，屬於準法律行為的一種，已經生效後，即不應再有撤回問題，因此該規定用「撤銷」一詞並無錯誤，其使原來的通知失去通知的效力。

🔍 案例分析

在上述案例事實中，甲在對乙為債權讓與的通知後，得知自己受到丙的詐欺而為該債權讓與，雖於 3 月 22 日對丙撤銷其讓與的意思表示，而使其債權讓與溯及無效。然因乙已經在 3 月 20 日對受讓人丙清償完畢，得對

---

❹ 注意區別: 民法第 298 條第 1 項規定債務人得以對抗受讓人的事由，對抗讓與人；相反地，民法第 299 條第 1 項則規定債務人得以對抗讓與人的事由，對抗受讓人，且不限於受到讓與人的通知。

❹ 王伯琦，《民法債篇總論》，1962，頁 262。

❹ 鄭玉波、陳榮隆，《民法債編總論》，2002，頁 579。

丙主張其債權已因清償消滅，依民法第 298 條第 1 項規定：「讓與人已將債權之讓與通知債務人者，縱未為讓與或讓與無效，債務人仍得以其對抗受讓人之事由，對抗讓與人。」乙亦得以此清償的抗辯事由對抗讓與人甲。所以，乙得以因甲的債權讓與通知，自己已經在 3 月 20 日對受讓人丙清償完畢，而拒絕甲的請求。

結論　乙因已經在 3 月 20 日對受讓人丙清償完畢，而拒絕甲的請求，有理由。

相關法條

▶民法第 297 條

債權之讓與，非經讓與人或受讓人通知債務人，對於債務人不生效力。但法律另有規定者，不在此限。

受讓人將讓與人所立之讓與字據提示於債務人者，與通知有同一之效力。

▶民法第 298 條

讓與人已將債權之讓與通知債務人者，縱未為讓與或讓與無效，債務人仍得以其對抗受讓人之事由，對抗讓與人。

前項通知，非經受讓人之同意，不得撤銷。

▶民法第 299 條

債務人於受通知時，所得對抗讓與人之事由，皆得以之對抗受讓人。

債務人於受通知時，對於讓與人有債權者，如其債權之清償期，先於所讓與之債權或同時屆至者，債務人得對於受讓人主張抵銷。

練 習 題

A 公司計畫向 B 公司購買貨物一批，價金 120 萬元，並先通知 A 的債務人甲，將 A 對甲的 100 萬元債權 F1 讓與 B，該債權 F1 即將到期。因甲對 B 亦有 70 萬元債權 F2，且已經到期，遂通知 B 以其 F1 債權全額抵銷 F2 債權，剩餘 30 萬元。試問：若事後 A 與 B 間的買賣計畫因故取消，A 得否仍對甲請求清償該 F1 債權？

債權讓與人得否撤銷或撤回其債權讓與的通知?

甲與乙簽訂債權讓與契約,約定甲將其對丙的 F 債權讓與乙。甲將該債權讓與通知丙後數日,得知該讓與契約為無效,在未告知乙的情況下,逕向丙表示撤銷其通知。請問甲的債權讓與通知是否因其撤銷而歸於無效?

提　示

一、讓與通知的撤銷與撤回,有無差別?

二、債權讓與人得否撤銷或撤回其債權讓與的通知?

解　析

一、意思表示的撤銷與撤回

意思表示,乃表意人把要發生一定私法上效果的意思,表示於外部的行為。意思表示有效,即發生表意人所想要發生的法律效果。表意人得於作出第一個意思表示後,如不欲其發生原應有的效果,得再以第二個意思表示使其第一個意思表示不發生效力,其可能方法有二:一為撤銷,一為撤回。

意思表示的撤銷,謂表意人行使撤銷權,使其已經生效的意思表示溯及地歸於無效的行為,例如民法第 88 條、第 89 條、第 92 條規定;意思表示的撤回,謂表意人行使撤回權,阻止尚未生效的意思表示生效的行為,例如民法第 82 條、第 95 條、第 162 條、第 163 條、第 171 條規定❸。

---

❸　惟民法中有時稱法律行為或契約的撤銷、撤回,例如民法第 82 條、第 171 條、第 244 條。

二、債權讓與人撤銷或撤回其讓與通知

關於意思表示的撤銷或撤回之規定，原則上得類推適用（準用）於準法律行為，包括觀念通知、感情表示及意思通知。債權讓與的通知，為觀念通知，屬於準法律行為的一種，原則上得類推適用關於意思表示的撤銷或撤回之規定，而為撤銷或撤回。

民法第 298 條第 2 項規定，讓與人的通知，非經受讓人同意，不得「撤銷」。此所稱撤銷，學者有認為應是「撤回」之誤❹；本書認為讓與通知既為觀念通知，屬於準法律行為的一種，得類推適用意思表示的規定或法理，其已經生效後，即不應再有撤回問題，因此該規定用「撤銷」一詞應無錯誤，其使原來有效的通知，失去通知的效力。然意思表示的撤銷係單方面的意思表示，原則上無須得相對人或第三人同意，民法第 298 條第 2 項規定以受讓人同意為其特別生效要件，藉以保護受讓人。讓與人未經受讓人同意所為之讓與通知的撤銷，無效，不能使該讓與通知溯及地喪失效力。

🔍 案例分析

在上述案例事實中，甲與乙簽訂債權讓與契約，約定甲將其對丙的 F 債權讓與乙，如此契約生效，即發生 F 債權由甲移轉於乙的效力；惟該讓與契約無效，因此並無移轉債權的效力。然因甲已經將該債權讓與通知丙，依民法第 298 條規定，甲在未告知乙的情況下，逕向丙表示撤銷其通知，此撤銷乃使已經生效的債權讓與通知歸於無效，且係以經受讓人的同意為特別生效要件，讓與人未經受讓人同意所為之讓與通知的撤銷，無效，不能使該讓與通知溯及地喪失效力。因此，甲對丙的債權讓與通知已經生效，並不因其無效的撤銷而使之歸於無效。

結論 甲的債權讓與通知，不因其為撤銷通知而歸於無效。

---

❹ 鄭玉波、陳榮隆，《民法債編總論》，2002，頁 579。

相關法條

▶民法第 298 條

讓與人已將債權之讓與通知債務人者，縱未為讓與或讓與無效，債務人仍得以其對抗受讓人之事由，對抗讓與人。

前項通知，非經受讓人之同意，不得撤銷。

A 公司將其對甲的 150 萬元債權讓與 B 公司，並於 5 月 2 日通知甲。5 月 10 日，甲對 B 公司清償 100 萬元。5 月 20 日，A 公司以書面告知甲，撤銷 5 月 2 日的 150 萬元債權讓與的通知，並附上 B 公司的同意函。惟甲仍於 5 月 25 日匯款 50 萬元至 B 公司的帳戶，以清償 B 公司剩餘的債權。試問：若嗣後 A 公司向甲請求清償 150 萬元，甲抗辯其債務已經因清償 B 公司而消滅，有無理由？ ㊺

問題 5-06

債務人得否以其對抗債權讓與人的清償或消滅時效完成等抗辯事由，對抗受讓人？

3 月 1 日，甲將對乙的 80 萬元買賣價金債權讓與給丙。不知該債權讓與的債務人乙，於 3 月 15 日對甲為 80 萬元的清償，並為甲受領。3 月 20 日，丙對乙為債權讓與的通知，並要求清償，乙以已經清償甲為由而拒絕丙的請求。請問有無理由？

㊺ 最高法院 75 年臺上字第 478 號判決。

一、債務人對抗債權讓與人的事由為何?

二、債務人得否以對抗債權讓與人的事由，對抗受讓人?

一、債務人對抗債權讓與人的事由

債務人主張對抗債權人的事由，稱為債務人的抗辯，其廣義而言包括債務人所有在訴訟法上或實體法上得妨礙權利行使的事由。

(一)**訴訟法上抗辯**：如債權人與債務人間有仲裁協議（仲裁法 4）、管轄合意、違反一事不再理（民事訴訟法 24、249 I ⑦）等，債務人得在訴訟上主張。

(二)**實體法上抗辯：**

1.**權利障礙抗辯**：指債權未有效成立的抗辯，又稱權利障礙異議或否認的抗辯，例如其債權契約未成立或無效的抗辯。

2.**權利消滅抗辯**：指債權雖曾經有效成立，但已經消滅的抗辯，又稱權利消滅異議，例如債權已因清償或抵銷而消滅的抗辯。

3.**權利防阻抗辯**：或稱權利受制抗辯，指債務人雖不否認（或承認）債權存在，但有相當理由得拒絕給付的抗辯，例如民法第 144 條第 1 項之請求權的消滅時效已完成的抗辯；民法第 198 條規定的惡意抗辯；民法第 264 條規定的同時履行抗辯。

二、債務人以對抗債權讓與人的事由，對抗受讓人

民法第 299 條第 1 項規定：「債務人於受通知時，所得對抗讓與人之事由，皆得以之對抗受讓人。」此乃「債權所在，抗辯隨之」原則，其原因在於債權的主體雖有變更，並未喪失債的同一性。此所謂所得對抗讓與人之事由，即為債務人的抗辯，通說作廣義解釋，兼指前述訴訟法上抗辯與實

體法上抗辯❹。最高法院即明白表示：「民法第二百九十九條第一項規定，債務人於受通知時，所得對抗讓與人之事由，皆得以之對抗受讓人。所謂得對抗讓與人之事由，不以狹義之抗辯權為限，應廣泛包括凡足以阻止或排斥債權之成立、存續或行使之事由在內，且兼指實體法上及訴訟法上之抗辯權而言。」❼債務人於受通知時，所得對抗讓與人的事由，不論是訴訟法上抗辯或實體法上抗辯，皆得以之對抗受讓人。

🔍 案例分析

在上述案例事實中，3月1日，甲將對乙的80萬元買賣價金債權讓與給丙。甲、丙間的債權讓與契約生效，即發生甲的債權移轉於丙的效力。惟為保護債務人，依民法第297條第1項規定，在債務人乙受債權讓與的通知之前，該債權讓與對乙尚未生效，乙仍得對讓與人甲為清償。不知該債權讓與的債務人乙，於3月15日對甲為80萬元的清償，並為甲受領，生清償的效力，乙對甲所負債務因其清償而消滅，即甲的債權因乙清償而消滅。3月20日，丙對乙為債權讓與的通知，依民法第299條第1項規定，乙得對讓與人甲主張其債權已經消滅，亦得以此事由對抗受讓人丙。故丙要求乙清償，乙以已經清償甲為由而拒絕丙的請求，有理由。

結論 乙以已經清償甲為由而拒絕丙的清償請求，有理由。

📑 相關法條

▶民法第 299 條

債務人於受通知時，所得對抗讓與人之事由，皆得以之對抗受讓人。

債務人於受通知時，對於讓與人有債權者，如其債權之清償期，先於所讓與之債權或同時屆至者，債務人得對於受讓人主張抵銷。

---

❹ 最高法院 98 年臺上字第 2363 號判決；孫森焱，《民法債編總論（下）》，2013，頁 952–953。

❼ 最高法院 98 年臺上字第 2363 號判決。

練習題

甲對丙有 120 萬元的 A 債權，2 月 5 日到期；丙對甲亦有 90 萬元的 B 債權，2 月 20 日到期。3 月 1 日，甲將 A 債權讓與乙。乙於 3 月 3 日通知丙該債權讓與，丙立即以 Line 對甲表示以 B 債權抵銷 A 債權，並為甲所讀取。3 月 6 日，乙向丙要求清償 A 債權。試問：如不考慮利息，丙應為多少金額的清償？

問題 5–07

債務人對讓與人亦有債權，得否以此債權對受讓人主張抵銷？

債權人甲對債務人乙有一筆 150 萬元的 A 債權，於 2 月 1 日到期，甲將該 A 債權讓與給第三人丙；另乙對甲亦有一筆 120 萬元的 B 債權，於 2 月 15 日到期，仍未受清償。當 2 月 18 日，丙向乙提示甲所開立的 A 債權讓與聲明書，並向乙要求清償該 150 萬元債務時，乙主張以 B 債權與 A 債權抵銷，僅願意對丙清償 30 萬元。請問有無理由？

提　示

一、抵銷的要件為何？抵銷有何效力？

二、債務人得否以對讓與人的債權，對受讓人主張抵銷？

解　析

一、抵銷的要件及效力

民法第 334 條第 1 項規定：「二人互負債務，而其給付種類相同，並均

屆清償期者，各得以其債務，與他方之債務，互為抵銷。但依債之性質不能抵銷或依當事人之特約不得抵銷者，不在此限。」此為抵銷要件的規定，綜而言之，抵銷的要件包括：

㈠**適合抵銷的狀態**：即具備所謂的抵銷適狀，乃抵銷的積極要件，可再細分為下列三項：1.二人互負債務；2.雙方債務種類相同；3.雙方債務均屆清償期（民法 334 I 本文）。

㈡**雙方債務均有抵銷能力**：此抵銷能力，可再細分為二項：1.性質上能抵銷；2.無抵銷的禁止（民法 334 I 但書）。

　　民法第 335 條第 1 項規定：「抵銷，應以意思表示，向他方為之。其相互間債之關係，溯及最初得為抵銷時，按照抵銷數額而消滅。」抵銷的方法，為有相對人之單方的意思表示（單獨行為）；其效力為債的關係雙方當事人相互間債之關係，溯及最初得為抵銷時按照抵銷數額而消滅。

二、債務人以對讓與人的債權，對受讓人主張抵銷

　　債權人將其債權有效讓與受讓人，即成為受讓人對債務人的債權。如債務人對該受讓人亦有債權，而此債權符合民法第 334 條規定的抵銷要件，債務人或受讓人固均得向對方為抵銷的表示，而使雙方相互間之債的關係，溯及於最初得為抵銷時，按照抵銷數額而消滅。惟有疑問的是，如債務人對讓與人（舊債權人）有債權，得否以此債權對於該受讓人（新債權人）主張抵銷。就此問題，民法第 299 條規定：「債務人於受通知時，所得對抗讓與人之事由，皆得以之對抗受讓人。債務人於受通知時，對於讓與人有債權者，如其債權之清償期，先於所讓與之債權或同時屆至者，債務人得對於受讓人主張抵銷。」該條第 2 項明文允許抵銷的規定，限於「債務人於受通知時，對於讓與人有債權者，如其債權之清償期，先於所讓與之債權或同時屆至者」，債務人得對於受讓人主張抵銷；但債務人得以對讓與人的債權而向受讓人主張抵銷者，應不限於該第 2 項所規定的情形。就如最高法院指出：「按民法第二百九十九條第一項規定，債務人於受通知時，所得對抗讓與人之事由，皆得以之對抗受讓人。所謂得對抗讓與人之事由，不

以狹義之抗辯權為限，應廣泛包括凡足以阻止或排斥債權之成立、存續或行使之事由在內，且兼指實體法上及訴訟法上之抗辯權而言。是債務人於受讓與通知時，對於讓與人之債權，倘已符合同法第三百三十四條第一項所定要件而適於行使抵銷權者，自得為抵銷之意思表示，並以消滅債務之效果對抗受讓人，於此情形，初無同法第二百九十九條第二項『債務人於受通知時，對於讓與人有債權者，如其債權之清償期，先於所讓與之債權或同時屆至者，債務人得對於受讓人主張抵銷』規定之適用。蓋該條項所規定之抵銷權，係專指債務人於受債權讓與之通知時，尚未具備抵銷適狀，為保護債務人之抵銷利益，及兼顧受讓人之利益，特設其抵銷權發生要件有別於同法第三百三十四條第一項有關抵銷適狀之規定，兩者各有其規範之目的，不可不辨。」[48]此從兼顧債務人與受讓人雙方利益而言為合理。綜而言之，債務人得為抵銷的利益，不因債權讓與而受影響；民法第 299 條第 2 項規定，僅係針對債務人於受債權讓與的通知時，尚未處於適合抵銷的狀態（抵銷適狀），而特別准許債務人主張抵銷所設的特別規定，而其前提為「其債權之清償期，先於所讓與之債權或同時屆至」。

🔍 案例分析

在上述案例事實中，依民法第 334 條第 1 項本文規定，二人互負債務，而其給付種類相同，並均屆清償期者，各得以其債務，與他方的債務，互為抵銷。甲、乙間的 A、B 二債權於 2 月 15 日即符合該規定抵銷的要件，甲、乙各得以其債權（或債務），與他方的債權（債務），互為抵銷。

惟甲將該債權讓與給第三人丙，丙 2 月 18 日向乙提示甲所開立的 A 債權讓與聲明書，並向乙要求清償該 150 萬元債務。依民法第 297 條規定，債權的讓與，非經讓與人或受讓人通知債務人，對於債務人不生效力；受讓人將讓與人所立的讓與字據提示於債務人者，與通知有同一的效力。當丙 2 月 18 日向乙提示甲所開立的 A 債權讓與聲明書，與債權讓與的通知有同一效力，該 A 債權讓與丙即對乙生效。

---

[48]　最高法院 98 年臺上字第 2363 號判決。

　　當 2 月 18 日，丙向乙提示甲所開立的 A 債權讓與聲明書，並向乙要求清償該 150 萬元債務時，乙主張以 B 債權與 A 債權抵銷，僅願意對丙清償 30 萬元。因丙對乙提示 A 債權讓與聲明書而發生與通知同一的效力時，A、B 二債權均已到期而處於適合抵銷的狀態（抵銷適狀），並不適用民法第 299 條第 2 項的規定，雖 B 債權晚於 A 債權的到期，並不影響乙依民法第 299 條第 1 項及第 334 條第 1 項規定，對受讓人丙主張抵銷，而使 A 債權於相同數額（即 120 萬元）的範圍內消滅，僅餘下 A 債權的 30 萬元部分。所以，乙主張以 B 債權與 A 債權抵銷，僅願意對丙清償 30 萬元，有理由。

結論 乙主張以 B 債權與 A 債權抵銷，僅願意對丙清償 30 萬元，有理由。

相關法條

▶民法第 297 條

債權之讓與，非經讓與人或受讓人通知債務人，對於債務人不生效力。但法律另有規定者，不在此限。

受讓人將讓與人所立之讓與字據提示於債務人者，與通知有同一之效力。

▶民法第 299 條

債務人於受通知時，所得對抗讓與人之事由，皆得以之對抗受讓人。

債務人於受通知時，對於讓與人有債權者，如其債權之清償期，先於所讓與之債權或同時屆至者，債務人得對於受讓人主張抵銷。

▶民法第 334 條

二人互負債務，而其給付種類相同，並均屆清償期者，各得以其債務，與他方之債務，互為抵銷。但依債之性質不能抵銷或依當事人之特約不得抵銷者，不在此限。

前項特約，不得對抗善意第三人。

債權人甲對債務人乙有一筆 15 萬元的 A 債權，於 8 月 1 日到期，甲於 6 月 10 日將該 A 債權讓與給第三人丙；另乙對甲亦有一筆 12 萬元的 B 債權，於 9 月 15 日到期，仍未受清償。試問：

㈠當 6 月 16 日，丙向乙提示甲所開立的 A 債權讓與字據，並向乙要求清償該 15 萬元債務時，乙得否主張以 B 債權與 A 債權抵銷？

㈡假如 B 債權的清償期為 7 月 17 日，乙得否主張以 B 債權與 A 債權抵銷？

第二節　債務承擔

問題 5－08

何謂債務承擔？第三人與債務人的債務承擔契約，是否對債權人亦生效力？

甲對乙負有 200 萬元承攬報酬債務，第三人丙與甲訂立契約，約定丙承擔甲對乙所負的 200 萬元承攬報酬債務，甲通知乙該甲、丙間的債務承擔契約。請問：

㈠乙受通知後，仍向甲要求履行該 200 萬元承攬報酬債務，甲得否拒絕？

㈡乙受通知後，得否向丙要求履行該 200 萬元承攬報酬債務？

提　示

一、何謂債務承擔？

二、債務承擔有幾種？債務人是否一概因債務承擔而免責？

三、債務承擔自何時對債權人生效？

解　析

一、債務承擔的概念

債務承擔，係以移轉債務為標的（內容）的契約，即債務承擔契約，性質上屬準物權契約❹（處分行為）、不要因契約。因債務承擔為準物權契約，僅「準用」民法債編關於契約的規定（民法 153 以下），並適用民法總則編關於法律行為的規定（民法 71 以下）。

二、債務承擔的種類及其對債權人生效

債務承擔的種類，以在承擔後，原債務人是否免責為標準，區分為免責的債務承擔（民法 300）與併存的債務承擔（民法 305-306）二種，各發生不同的效力❺。

㈠**免責的債務承擔：**免責的債務承擔，為狹義的債務承擔，謂由承擔人代替原債務人負擔其債務，原債務人脫離該債務關係而免除責任，又稱脫退的債務承擔❺。

債務承擔契約，可成立於承擔人（新債務人）與債權人之間（民法 300），或成立於承擔人（新債務人）與債務人（原債務人）之間（民法 301），或成立於承擔人、債權人與債務人三人之間，民法僅就前二種情形明文規定。

1.承擔人與債權人間的承擔債務契約：民法第 300 條規定：「第三人與債權人訂立契約承擔債務人之債務者，其債務於契約成立時，移轉於該第三人。」蓋原則上債權人得處分自己的債權，債務亦得由第三人清償，因此第三人（承擔人）與債權人間的債務承擔契約一經成立，無須債務人的同意，債務即同時移轉，原債務人免其責任，而改由該第三人負擔

---

❹　最高法院 87 年臺上字第 258 號判決。

❺　最高法院 73 年臺上字第 2531 號判決；最高法院 95 年臺上字第 2032 號判決。

❺　最高法院 73 年臺上字第 2531 號判決；最高法院 95 年臺上字第 2032 號判決。

其債務❺❷。

　　民法第 300 條規定的債務承擔，係以移轉債務為其內容的契約。第三人與債權人間，一經有此項契約的成立並生效，其債務即移轉於第三人，該第三人乃因而加入既存的債務關係之內成為債務人；若僅約定為債務人履行債務，而自己仍立於既存的債務關係之外，並未成為債務人者，尚不能指為債務承擔❺❸。

　　2.承擔人與債務人間的承擔債務契約：民法第 301 條規定：「第三人與債務人訂立契約承擔債務人的債務，非經債權人同意，對於債權人，不生效力。」蓋債權以債務人的資力為最後保障，債務人的變更直接影響債權的實現可能性。因此，第三人與債務人雖得自由訂立承擔債務契約，但要對債權人生效，必須經債權人的承認。

　　雖然通說將承擔人與債務人間的契約，以其須經債權人（第三人）的承認才對之生效，在性質上亦劃歸為無權處分契約（無權處分說）（民法 118）❺❹。惟二者仍有差異，因為第三人與債務人訂立的承擔債務契約，在當事人間仍可生效，只是在經債權人承認前，對債權人相對地不生效力而已（對抗要件說）。就如最高法院表示：「第三人與債務人訂立債務承擔契約，如未經債權人承認，僅對債權人不生效力而已，非謂訂約之當事人不受其拘束，債務人或承擔人如欲撤銷此項承擔契約，必須踐行民法第三百零二條第一項所定定期催告債權人承認之程序，待債權人拒絕承認後，始得撤銷其承擔契約。」❺❺因在該承擔債務契約經債權人同意之前，對於債權人不生效力，該項契約雖已成立，債權人仍可向原債務人主張其債權❺❻。

　　由於第三人與債務人間的承擔債務契約，在經債權人承認前，對債

---

❺❷　最高法院 52 年臺上字第 925 號判例。

❺❸　最高法院 77 年臺上字第 725 號判決。

❺❹　鄭玉波、陳榮隆，《民法債編總論》，2002，頁 587。

❺❺　最高法院 68 年臺上字第 1346 號判例。同旨，最高法院 86 年臺上字第 710 號判決。

❺❻　最高法院 98 年臺上字第 1693 號判決。

權人相對地不生效力，即屬於效力未定的不確定狀態，承擔人與債務人具有盡早確定其法律關係的利益。故民法賦予契約當事人以催告權，使承擔人與債務人雙方均得定相當期限，催告債權人於該期限內確答是否承認；若逾期不為確答，視為拒絕承認（民法 302 I）❺❼。倘債權人於受通知後逕向承擔人請求清償者，即應認為已為承認❺❽。

此承擔債務契約若經債權人承認，其效力即完全，亦對債權人發生效力，原債務人脫離債務關係而免除責任，承擔人取替原債務人成為新債務人，債權人只能請求承擔人履行債務。

第三人與債務人訂立債務承擔契約，如未經債權人承認，僅對債權人不生效力而已，非謂訂約的當事人不受其拘束，債務人或承擔人如欲撤銷此項承擔契約，必須踐行民法第 302 條第 1 項所定定期催告債權人承認的程序，待債權人拒絕承認後，始得撤銷其承擔契約❺❾。債權人拒絕承認，則該契約仍處於內、外效力不一的狀態。因此，民法第 302 條第 1 項賦予契約當事人以撤銷權，承擔人與債務人雙方俱得撤銷該承擔債務契約。此即以債權人拒絕承認，為當事人撤銷權的法定（停止）條件❻⓪。

㈡**併存的債務承擔**：廣義之併存的債務承擔，包括約定之併存的債務承擔與法定之併存的債務承擔。約定之併存的債務承擔，為狹義之併存的債務承擔，屬於債務承擔契約的一種；法定之併存的債務承擔，則屬於法定概括承受的一種。

---

❺❼ 民法第 302 條第 1 項的催告，與民法第 80 條、第 170 條第 2 項的催告有相同的立法目的及效力。

❺❽ 最高法院 86 年臺上字第 710 號判決。

❺❾ 最高法院 68 年臺上字第 1346 號判例。

❻⓪ 鄭玉波、陳榮隆，《民法債編總論》，2002，頁 588。

併存的債務承擔	種類	屬性
廣義之併存的債務承擔	約定之併存的債務承擔（狹義）	債務承擔契約的一種
	法定之併存的債務承擔	法定概括承受的一種

▲併存的債務承擔之種類與屬性

　　民法未就約定之併存的債務承擔作規定，卻僅對在狹義之併存的債務承擔之外，屬於法定之併存的債務承擔之財產或營業的概括承受、營業合併二者設有規定（民法 305–306）。

　　所謂約定之併存的債務承擔，指第三人（承擔人）加入債務關係，而與原債務人併負同一責任（連帶責任）的契約，又稱附加的或重疊的債務承擔[61]。對並存的債務承擔契約，民法未設規定，學說認為其成立與免責的債務承擔契約同，得由承擔人與債權人，或與債務人簽訂債務承擔契約，且無須經債權人的承認[62]。

　　因約定之併存的債務承擔，係由承擔人加入債務關係，而與債務人併負同一責任，則其性質應屬連帶債務，而適用連帶債務的相關規定（民法 272 以下）[63]。另外，因原債務人並未脫離該一債務關係，故其由第三人所提供的擔保，有別於免責的債務承擔，不因債務承擔而原則上消滅，即不適用民法第 304 條第 2 項規定[64]。

🔍 案例分析

　　在上述案例事實中，甲對乙負有 200 萬元承攬報酬債務，甲為債務人，

---

[61]　最高法院 23 年上字第 1377 號判例；最高法院 73 年臺上字第 2531 號判決；最高法院 85 年臺上字第 1168 號判決。

[62]　承擔人與債務人所訂立併存之債務承擔契約，使債權人取得利益，性質上屬民法第 269 條的利他契約，無須經債權人的承認即對之生效。亦參閱鄭玉波、陳榮隆，《民法債編總論》，2002，頁 592–593。

[63]　最高法院 23 年上字第 1377 號判例；最高法院 85 年臺上字第 1168 號判決；鄭玉波、陳榮隆，《民法債編總論》，2002，頁 593。

[64]　最高法院 77 年臺上字第 96 號判決；最高法院 93 年臺上字第 364 號判決。

乙為債權人。第三人丙與甲訂立契約，約定丙承擔甲對乙所負的 200 萬元承攬報酬債務。此契約為第三人丙與債務人甲所訂立之免責的債務承擔契約，民法第 300 條規定：「第三人與債務人訂立契約承擔其債務者，非經債權人承認，對於債權人不生效力。」該債務承擔契約雖在當事人丙與甲之間，於訂立契約時即生效，但在債權人乙承認該債務承擔之前，對於乙尚不生效力。

㈠當債務人甲通知債權人乙該甲、丙間的債務承擔契約，此契約尚不因此即對乙生效，乙仍得對其債務人甲請求履行債務。換句話說，乙受通知後仍向甲要求履行該 200 萬元承攬報酬債務，甲應履行而不得拒絕。

㈡當債務人甲通知債權人乙該甲、丙間的債務承擔契約，乙受通知後，如此承擔債務契約經債權人承認，其效力即完全，亦對債權人發生效力，原債務人脫離債務關係而免除責任，承擔人取替原債務人成為新債務人，債權人只能請求承擔人履行債務。如債權人逕向該第三人（承擔人）要求履行債務，應解釋為債權人默示承認該債務承擔[65]，而使該債務承擔亦對債權人生效，債權人只能請求承擔人履行債務。故乙受債務承擔通知後，當然得向丙要求履行該 200 萬元承攬報酬債務，同時亦發生民法第 301 條債權人（默示）承認的效力。

結論 ㈠乙受通知後，仍向甲要求履行該 200 萬元承攬報酬債務，甲不得拒絕。

　　　　㈡乙受通知後，得（逕）向丙要求履行該 200 萬元承攬報酬債務。

相關法條

▶民法第 300 條

第三人與債權人訂立契約承擔債務人之債務者，其債務於契約成立時，移轉於該第三人。

▶民法第 301 條

---

[65] 最高法院 86 年臺上字第 710 號判決。

第三人與債務人訂立契約承擔其債務者，非經債權人承認，對於債權人不生效力。

▶民法第 302 條

前條債務人或承擔人，得定相當期限，催告債權人於該期限內確答是否承認，如逾期不為確答者，視為拒絕承認。

債權人拒絕承認時，債務人或承擔人得撤銷其承擔之契約。

甲對乙負有 200 萬元承攬報酬債務，第三人丙與甲訂立契約，約定丙承擔甲對乙所負的 200 萬元承攬報酬債務，甲通知乙該甲、丙之間的債務承擔契約。乙受通知後，因未有任何表示，甲遂定 20 日期限，催告乙於該期限內確答是否承認丙的承擔債務。試問：

㈠乙受通知後，於該期限內向丙請求清償 200 萬元，仍否同時也向甲請求履行債務？

㈡乙受通知後，逾該期限未確答承認，甲得否以債務移轉而拒絕對乙清償該筆 200 萬元債務？

問題 5-09

債務承擔人得否以債務人對債權人的債權，向債權人主張抵銷？

甲對乙負有 100 萬元的債務，乙對甲亦負有 168 萬元債務。第三人丙與乙約定，由丙承擔乙的該 168 萬元債務，並取得甲的承認。嗣後，當甲於該 168 萬元債權到期而向丙請求清償時，丙主張以乙對甲的上開 100 萬元債權為抵銷，並表示僅願意清償剩餘的 68 萬元。請問有無理由？

提　示

一、免責的債務承擔之主要效力為何？

二、債務承擔人得否以債務人因其法律關係所得對抗債權人之事由，對抗債權人？

三、債務承擔人得否以債務人的債權，對債權人主張抵銷？

解　析

免責的債務承擔，在於使債務保持同一性，而由原債務人移轉於承擔人（新債務人），亦即僅有債務人變更，至於債務本身則不變，因此民法規定有下列二主要效力：

一、原來抗辯的援用

㈠**得援用原債務人的抗辯：**民法第 303 條第 1 項規定：「債務人因其法律關係所得對抗債權人之事由，承擔人亦得以之對抗債權人。但不得以屬於債務人之債權為抵銷。」此規定依體系解釋，僅適用於免責的債務承擔，惟不妨類推適用於併存的債務承擔。依該條項規定，原債務人因其法律關係（即債權債務關係）所得對抗債權人的事由（原債務人的抗辯），承擔人皆得援用，以對抗債權人。

民法第 303 條第 1 項本文所定：「債務人因其法律關係所得對抗債權人之事由，承擔人亦得以之對抗債權人」，係指承擔人得以訂立承擔契約以前的事由，對抗未發生新事由的債權人而言，非謂承擔人得以承擔債務前的事由，對抗承擔債務後另行約定新事由的債權人，所以承擔人承擔的原債務雖無利息的約定，並無解於其依新約支付利息的義務❻❻。

該第 303 條第 1 項但書規定，本質上僅屬注意規定，蓋屬於（原）債務人的債權，與承擔人所承擔的債務，並無關係，自不得由承擔人任意處分，而與自己的債務為抵銷。

---

❻❻　最高法院 79 年臺上字第 624 號判決。

所謂得對抗事由，應與民法第 299 條第 1 項規定作相同解釋，包括訴訟法上與實體法上抗辯，後者包括債務之成立、存續或履行上的阻礙事由，無論為權利不發生（債之原因違法或無效）或權利消滅（業經清償、免除或拋棄）或拒絕給付（同時履行或消滅時效）的抗辯事由均屬之；此項規定，於併存的債務承擔的情形，亦得類推適用❻❼。

㊁**不得援用原因關係的抗辯**：民法第 303 條第 2 項規定：「承擔人因其承擔債務之法律關係所得對抗債務人之事由，不得以之對抗債權人。」此所謂承擔債務的法律關係，指承擔人與原債務人間的原因法律關係，例如金錢借貸關係、承攬關係、買賣關係。蓋債務承擔契約屬於不要因契約，效力不受其原因關係的影響。

二、從權利的存續

從屬於債權的權利（從權利），例如利息債權、違約金債權、擔保該債權的抵押權（注意民法 304 II 的特別規定！），原則上不因債務的承擔而妨礙其存在（民法 304 I 本文），債權人即不因債務承擔而受不利益。惟有下舉二個例外，對於債權人相對不利，故債權人於簽訂債務承擔契約或為承認時（民法 300–301），應仔細權衡而後決定：

㊀**與原債務人有不可分離關係的從權利**（民法 304 I 但書）：例如利息債權應由債務人以服勞務充之，蓋債務人的服勞務本身具有專屬性。

㊁**由第三人就債權所為的擔保**（民法 304 II）：債權所擁有的擔保，亦屬於其從權利，債務承擔後本亦應存續（民法 304 I 本文），但如果是由第三人所提供的擔保，係以原債務人的信用為基礎，債務移轉後，該第三人對於承擔人（新債務人）並無信用關係，因此其擔保，除其承認而不消滅外，即因債務承擔而消滅（民法 304 II）。民法第 304 條第 2 項規定不適用於併存的債務承擔，蓋此係第三人加入債務關係與原債務人併負同一之債務，原債務人並未脫離債務關係❻❽。

---

❻❼　最高法院 95 年臺上字第 2032 號判決。

❻❽　最高法院 77 年臺上字第 96 號判決。

🔍 案例分析

在上述案例事實中，甲對乙負有 100 萬元的債務，乙對甲亦負有 168 萬元債務，雙方互為債權人及債務人。就該 168 萬元債務而言，甲為債權人，乙為債務人；當第三人丙與乙約定，由丙承擔乙的該 168 萬元債務，係免責的債務承擔，並取得甲的承認，丙為該債務的承擔人，即成為新債務人。依民法第 303 條第 1 項規定：「債務人因其法律關係所得對抗債權人之事由，承擔人亦得以之對抗債權人。但不得以屬於債務人之債權為抵銷。」因此，當甲於該 168 萬元債權到期而向丙請求清償時，丙不得以乙的債權對甲為抵銷（民法 303 I 但書），故丙主張以乙對甲的上開 100 萬元債權為抵銷，並表示僅願意清償剩餘的 68 萬元，無理由。

結論 丙對甲主張，以乙對甲的上開 100 萬元債權為抵銷，並表示僅願意清償剩餘的 68 萬元，無理由。

📚 相關法條

▶民法第 303 條

債務人因其法律關係所得對抗債權人之事由，承擔人亦得以之對抗債權人。但不得以屬於債務人之債權為抵銷。

承擔人因其承擔債務之法律關係所得對抗債務人之事由，不得以之對抗債權人。

▶民法第 304 條

從屬於債權之權利，不因債務之承擔而妨礙其存在。但與債務人有不可分離之關係者，不在此限。

由第三人就債權所為之擔保，除該第三人對於債務之承擔已為承認外，因債務之承擔而消滅。

一、甲向乙購買 C 車一輛，雙方約定甲承擔乙對丙的 30 萬元債務，代替支付車款。債務因承擔而有效移轉後，乙卻遲未交付 C 車。試問：當債權人丙向甲要求支付 30 萬元債款時，甲得否援用原買賣契約所生之對出賣人的同時，對丙行使履行抗辯權？

二、甲向乙承攬製作 M 機器，約定報酬 250 萬元。乙支付 100 萬元後，由丙承擔乙對甲之剩餘的 150 萬元債務，並通知該債務的承擔。嗣後，因甲製造的 M 機器規格及品質不符約定，為乙所拒收。試問：當甲向丙要求履行其承擔乙的債務（即支付 150 萬元時），丙得否以上述甲製造的 M 機器規格及品質不符約定為乙所拒收為由，對抗甲的請求？ ⑥⑨

問題 5-10

債權的擔保，是否因其債務的承擔而受到影響？

甲向乙借款 300 萬元，並以自己的 L 地為乙設定擔保該債權的抵押權。嗣後，第三人丙與甲約定，由丙承擔甲的該 300 萬元債務，並取得乙的承認。請問乙在該 L 地上的抵押權，是否因丙的承擔債務而消滅？

提　示

一、債權的從權利，是否因債務的承擔而受影響？

二、由第三人就債權所為的擔保，是否因債務的承擔而消滅？

⑥⑨　最高法院 48 年臺上字第 482 號判例。

解　析

一、從權利存續原則

民法第 304 條第 1 項規定：「從屬於債權之權利，不因債務之承擔而妨礙其存在。但與債務人有不可分離之關係者，不在此限。」依此，從屬於債權的權利（從權利），除民法第 304 條第 1 項但書及第 2 項規定的特別情形外，原則上不因債務的承擔而妨礙其存在，蓋債權人不因債務承擔而受不利益。所謂從屬於債權的權利，例如利息債權、違約金債權、擔保該債權的抵押權等。

二、從權利的消滅

債權人不因債務承擔而受不利益，從屬於債權的權利（從權利），原則上不因債務的承擔而妨礙其存在。惟有下舉二個例外，對於債權人相對不利，故債權人於簽訂債務承擔契約或為承認時（民法 300–301），應仔細權衡而後決定：

㈠與原債務人有不可分離關係的從權利（民法 **304 I 但書**）：例如利息債權應由債務人以服勞務充之，蓋債務人的服勞務本身具有專屬性。

㈡由第三人就債權所為的擔保：民法第 304 條第 2 項規定：「由第三人就債權所為之擔保，除該第三人對於債務之承擔已為承認外，因債務之承擔而消滅。」債權所擁有的擔保，亦屬於其從權利，債務承擔後本亦應存續（民法 304 I 本文），但如果是由第三人所提供的擔保，係以該第三人與（原）債務人間的特別信賴關係為基礎，債務移轉後，該第三人對於承擔人（新債務人）未必有相同的信賴關係，其擔保，除其承認因而不消滅外，因債務承擔而消滅[70]。如提供擔保者為承擔債務人，所提供者係物上擔保，擔保責任應繼續存在；如提供者為人的擔保（保證人），因該債務承擔將成為債務人為自己債務的保證人，法律上並無意義，因此應

---

[70] 最高法院 93 年臺上字第 364 號判決。

解釋為該保證亦隨之消滅。

民法第 304 條第 2 項規定，於併存的債務承擔並不適用，蓋此係第三人加入債務關係，而與原債務人併負同一的債務，原債務人並未脫離債務關係❼。

在此應予區別的是公司的變更組織，因公司的變更組織只是改變其組織形態，並非另行設立新公司，其法人人格的存續，不受影響（司法院大法官會議釋字第 167 號解釋），原屬變更組織前公司的權利或義務，當然應由變更組織後的公司繼續享有或負擔。其與民法的債務承擔，係由第三人承受債務人的債務或加入債的關係而為債務人之情形，並不相同。故公司法第 107 條第 2 項規定，變更組織後的公司，應承擔變更組織前公司的債務，與民法債務承擔的情形並不相同，民法第 304 條第 2 項關於債務承擔後擔保權利消滅的規定，於公司變更組織並不適用❼❷。

附帶一提，如最高限額抵押的抵押物所有權，由原抵押人移轉於第三人，抵押權人與該第三人（現所有人）約定抵押權義務人及債務人變更為該第三人並辦理登記，此後該第三人對抵押權人的債務，固依其間的約定，為該最高限額抵押所擔保；至於其原來擔保的原債務亦因之確定，依民法第 867 條規定，其抵押權擔保法效並不因此而受影響，然抵押權所擔保的原債務，並不當然隨同移轉於不動產的現所有人，應視現所有人是否承擔原債務而定；倘現所有人未承擔原債務，該債務仍由原債務人負擔，抵押權人僅可就抵押物追及行使抵押權而已，不得謂現所有人為該原債務的債務人❼❸。

🔍 案例分析

在上述案例事實中，甲向乙借款 300 萬元，並以自己的 L 地為乙設定擔保該債權的抵押權。甲為債務人及抵押人（民法 863），乙為債權人及抵

---

❼　最高法院 77 年臺上字第 96 號判決；最高法院 93 年臺上字第 364 號判決。

❼❷　最高法院 92 年臺上字第 1348 號判決。

❼❸　最高法院 88 年臺上字第 444 號判決。

押權人（民法860）。嗣後，第三人丙與甲約定，由丙承擔甲對乙所負300萬元債務，並取得乙之承認。依民法第301條規定：「第三人與債務人訂立契約承擔其債務者，非經債權人承認，對於債權人不生效力。」丙的承擔債務，因已取得債權人乙的承認，亦對甲生效。民法第304條第1項規定：「從屬於債權之權利，不因債務之承擔而妨礙其存在。但與債務人有不可分離之關係者，不在此限。」依此，從屬於債權的權利（從權利），除民法第304條第1項但書及第2項規定的特別情形外，原則上不因債務的承擔而妨礙其存在。乙在該L地上的抵押權，係由原債務人甲就該債權所為的擔保，不符前述的特別情形，適用民法第304條第1項本文規定，不因債務之承擔而妨礙其存在，亦即不因丙的承擔債務而消滅。

結論 乙在該L地上的抵押權，不因丙的承擔債務而消滅。

📚 相關法條

▶民法第304條

從屬於債權之權利，不因債務之承擔而妨礙其存在。但與債務人有不可分離之關係者，不在此限。

由第三人就債權所為之擔保，除該第三人對於債務之承擔已為承認外，因債務之承擔而消滅。

練 習 題

甲向乙承攬製作M機器，約定報酬250萬元，並由丁任乙的保證人。乙支付100萬元後，由丙承擔乙對甲之剩餘的150萬元債務，並通知該債務的承擔。嗣後，甲向丙要求清償無效果，轉而向保證人丁請求履行。丁則以其保證責任已因債務承擔而消滅，不須再負履行責任。試問：丁的主張有無理由？

就他人的營業或財產概括承受其資產及負債，何時生讓與債權、承擔債務的效力？

A 公司對甲負有 200 萬元債務，B 公司就 A 公司的營業概括承受其資產及負債。甲間接獲知 B 概括承受 A 公司此一事實，逕向 B 公司要求清償 A 公司所負該 200 萬元債務。請問 B 公司得否拒絕？

提　示

一、何謂就他人之財產或營業，概括承受其資產及負債？

二、就他人的財產或營業，概括承受其資產及負債，有何效力？分別於何時發生效力？

解　析

一、就他人之財產或營業，概括承受其資產及負債

　　民法第 305 條第 1 項規定：「就他人之財產或營業，概括承受其資產及負債者，因對於債權人為承受之通知或公告，而生承擔債務之效力。」所謂概括承受，指除具有專屬性或其他法律特別限制而不得移轉外，承受他人財產上的權利及義務之全部（資產及負債）；概括承受資產及負債，即財產上權利及義務的一併移轉，包括債權及債務的一併移轉。概括承受的相對概念為特別承受，此指僅承受他人之特定的權利或義務。

　　就他人的營業概括承受其資產及負債，指就他人的營業上財產，包括資產，如存貨、債權、營業生財、商號信譽等，以及營業上債務，概括承受之意；亦即以營業為目的組成營業財產的集團，移轉於承擔人。營業的概括承受為多數的債權或債務，包括讓與人的經濟上地位之全盤移轉❼。

❼　最高法院 98 年臺上字第 1286 號判決。

民法第 305 條第 1 項規定的概括承受，分為二種情形：一為就他人的「財產」概括承受其資產及負債；二為就他人的「營業」概括承受其資產及負債，例如甲、丙二人合夥經營 A 營業，丁概括承受該全部 A 營業（俗稱營業出頂）。

公司法為民法的特別法，民法第 305 條第 1 項規定「就他人之財產或營業概括承受其資產及負債」，與公司法第 185 條第 1 項第 2 款所定「股份有限公司讓與全部或主要部分之營業或財產」，二者同其範疇。故股份有限公司的概括讓與其營業或財產，自應優先適用公司法之規定[75]。

二、就他人的財產或營業，概括承受其資產及負債的效力

概括承受資產及負債，會發生資產（含債權）及債務一併移轉的效力。依體系解釋，民法第 305 條規定應僅適用於債權、債務的移轉，而不及於其他權利，例如物權、智慧財產權等。就債權移轉而言，即使其為免責的債務承擔，本即無須經債務人的承認；就債務移轉而言，民法第 305 條第 1 項規定僅（由承受人）對債權人通知或公告，即生效力，並無須經其承認[76]，亦無須經債務人的承認，其理由在於對債權人並無不利（同條 II）且避免繁瑣，同時確定移轉時間點，使當事人間的法律關係明確。就他人的財產或營業概括承受其資產及負債，因對於債權人為承受的通知或公告，而生承擔債務的效力，是承受人未對於債權人為概括承受資產及負債的通知或公告，則承擔債務的效力尚未發生，債權人自不得以未發生承擔效力的債務，向承受人為清償的請求[77]。

民法第 305 條規定「就他人之財產或營業，概括承受其資產及負債者，因對於債權人為承受之通知或公告，而生承擔債務之效力。」此僅就財產或營業承受時之債務承擔為規定；若與此結合有債權移轉時，應依民法第

---

[75] 最高法院 79 年臺上字第 2247 號判決。

[76] 有別於民法第 301 條規定：「第三人與債務人訂立契約承擔其債務者，非經債權人承認，對於債權人不生效力。」。

[77] 最高法院 23 年上字第 2136 號判例；最高法院 88 年臺上字第 1468 號判決。

294 條至第 299 條之規定，亦須經讓與人或受讓人通知債務人始生效力。此通知為觀念通知，為通知概括承受事實的行為，得任以言詞或文書為之，不需何等之方式。倘承受人對於債的相對人主張受讓事實行使債權時，足使知有概括承受的事實，自應認為兼有通知的效力⑱。

　　為保護債權人，民法第 305 條第 2 項又規定：「前項情形，債務人關於到期之債權，自通知或公告時起，未到期之債權，自到期時起，二年以內，與承擔人連帶負其責任。」此二年期間為除斥期間，二年期間屆滿前，原債務人與承擔人負連帶責任，乃一法定的連帶債務。因民法第 305 條第 2 項的規定，使就他人的財產或營業，概括承受其資產及負債，實質上是一種「有限期」之併存的債務承擔；該二年期間屆滿後，原債務人始脫離關係，而僅由承擔人單獨負責。依民法第 305 條第 1 項規定，（原）債務人與承擔人連帶負其責任，該債務人負責的範圍，係以發生承擔債務的效力當時，已經存在的債務為限；如係發生承擔債務的效力以後始發生的債務，則不在其負責範圍之內⑲。

🔍 案例分析

　　在上述案例事實中，A 公司對甲負有 200 萬元債務，甲為債權人。B 公司就 A 公司的營業概括承受其資產及負債，B 公司為承受人，依民法第 305 條第 1 項規定：「就他人之財產或營業，概括承受其資產及負債者，因對於債權人為承受之通知或公告，而生承擔債務之效力。」由甲間接獲知 B 公司概括承受 A 公司的事實，推知承受人 B 公司未對債權人甲為承受的通知或公告，所以尚未生承擔債務的效力，債權債務尚未移轉，故 B 公司尚未成為債務人，甲僅得向（原）債務人 A 請求清償債務。當甲間接獲知 B 公司概括承受 A 公司此一事實，逕向 B 公司要求清償 A 公司所負該 200 萬元債務，B 公司並非債務人而不須清償，故得拒絕。

結論 B 公司並非債務人而不須清償，故得拒絕。

---

⑱　最高法院 88 年臺上字第 1135 號判決。

⑲　最高法院 98 年臺上字第 1286 號判決。

相關法條

▶民法第 305 條

就他人之財產或營業，概括承受其資產及負債者，因對於債權人為承受之通知或公告，而生承擔債務之效力。

前項情形，債務人關於到期之債權，自通知或公告時起，未到期之債權，自到期時起，二年以內，與承擔人連帶負其責任。

▶民法第 306 條

營業與他營業合併，而互相承受其資產及負債者，與前條之概括承受同，其合併之新營業，對於各營業之債務，負其責任。

練習題

A 公司對甲負有 500 萬元債務，B 公司就 A 公司的營業概括承受其資產及負債，並立即以掛號信函通知甲。甲接獲 B 的掛號通知 1 個月後，仍向 A 公司要求清償前開該 500 萬元債務。試問：A 公司得否以債務移轉而拒絕清償？

第 6 章

債之消滅

第一節　概　說

問題 6-01

債的消滅原因有哪些？

甲對乙負有 10 萬元的買賣價金債務，於今年 4 月 1 日到期；另一方面，乙對甲則負有 6 萬元的借貸債務，亦同樣地於 4 月 1 日到期。請問：

(一)如乙對甲表示，以自己對甲的債務與甲對自己的債務抵銷，隨後，甲再以現金 4 萬元清償乙。甲、乙相互間的債務是否消滅？

(二)如甲、乙互相表示免除對他方的債權，甲、乙彼此間的債務是否消滅？

提　示

一、何謂債的消滅？

二、清償與抵銷能否使債的關係消滅？

解　析

一、債的消滅

所謂債的消滅，指債的關係客觀地失其存在，亦即債權及債務的消滅。

債的關係（債權、債務）得基於多種原因而消滅，民法債編第一章第六節規定有五種主要的原因：清償、提存、抵銷、免除、混同（民法 309–344）。

此外，就債的消滅原因，學說上有依不同標準而作如下分類❶：

---

❶　鄭玉波、陳榮隆，《民法債編總論》，2002，頁 602–604。

分類標準	種　類		舉　例
消滅理由	基於目的消滅	目的達成	給付；強制執行；給付不能且目的達成❷
		目的不能達成	不可歸責於債務人的給付不能
	基於其他事由		免除、混同、更改
原因事實的法律性質	法律行為		代物清償、抵銷、免除、更改
	準法律行為		清償（有爭議！）❸
	事件		混同

　　應注意的是，債權的請求權罹於消滅時效，並不會使債權、債務消滅，只是債務人因之取得拒絕給付的抗辯權而已（民法 144 I）。因此，消滅時效的完成不是債的消滅原因。

二、清償、抵銷、免除

　　清償，乃債務人依債務本旨，實現債務內容，致使債的關係消滅之事實行為❹（民法 309 I）；抵銷，係使互負債務雙方，其債務的對等額同歸消滅的單獨行為（民法 335 I）；免除，乃債權人使債務人的債務消滅的單獨行為（民法 343）。綜而言之，清償、抵銷與免除，皆屬債的消滅原因，其均得使債的關係（債權債務）消滅。

案例分析

　　在上述案例事實中，甲對乙負有 10 萬元的買賣價金債務，於今年 4 月 1 日到期；另一方面，乙對甲則負有 6 萬元的借貸債務，亦同樣地於 4 月 1 日到期。

---

❷　例如承攬人甲應為乙拆除 H 屋，於實施拆屋前夕，H 屋已經遭土石流沖走。

❸　本書認為清償本身應是一「事實行為」，只不過此一事實行為的構成部分，可能包含有「法律行為」，例如標的物所有權的移轉；亦得能為「事實行為」，例如單純之占有的返還。相同見解，孫森焱，《民法債編總論（下）》，2004，頁 1026–1027。

❹　相同見解，孫森焱，《民法債編總論（下）》，2004，頁 1026–1027。
　　不同見解，鄭玉波、陳榮隆，《民法債編總論》，2002，頁 604，採「準法律行為說」。

(一)如乙對甲表示，以自己對甲的已經到期的 6 萬元債務與甲對自己的 10 萬元中的同等額 6 萬元債務抵銷，則彼此間的債務依該 6 萬元的抵銷數額而消滅，僅甲對乙仍負有剩餘的 4 萬元債務；隨後，甲再以現金 4 萬元清償乙，則甲對乙所負剩餘的 4 萬元債務，即因該清償而消滅。因此，甲、乙二人相互間之債的關係（債權、債務），因抵銷及清償而全部歸於消滅。

(二)如甲、乙互相表示免除對他方的債權，依民法第 343 條規定，甲對乙所負的債務，因債權人乙的表示免除而消滅；同樣地，乙對甲所負的債務，因債權人甲的表示免除而消滅。因此，甲、乙彼此間的債務均消滅。

結論 (一)甲、乙二人相互間之債的關係，因乙的抵銷 6 萬元，以及甲的清償 4 萬元，全部歸於消滅。

　　　 (二)甲、乙互相表示免除對他方的債權，甲、乙彼此間的債務亦皆歸於消滅。

相關法條

▶民法第 309 條第 1 項

依債務本旨，向債權人或其他有受領權人為清償，經其受領者，債之關係消滅。

▶民法第 334 條第 1 項

二人互負債務，而其給付種類相同，並均屆清償期者，各得以其債務，與他方之債務，互為抵銷。但依債之性質不能抵銷或依當事人之特約不得抵銷者，不在此限。

▶民法第 335 條第 1 項

抵銷，應以意思表示，向他方為之。其相互間債之關係，溯及最初得為抵銷時，按照抵銷數額而消滅。抵銷，應以意思表示，向他方為之。其相互間債之關係，溯及最初得為抵銷時，按照抵銷數額而消滅。

▶民法第 343 條

債權人向債務人表示免除其債務之意思者，債之關係消滅。

甲對乙負有買賣價金債務 5 萬元，而甲對乙則有 3 萬元的借貸債權，且已經到期。試問：

(一)甲得如何使其對乙的債務消滅？

(二)乙得如何使其對甲的債權消滅？

問題 6-02

主債權的消滅，對其從債權有無影響？

甲向乙借貸 100 萬元，約定月息 1 分，雙方未約定清償期。借貸屆滿 2 個月時，債務人甲即提出 100 萬元向債權人乙清償。請問如乙受領後，得否繼續向甲請求按月息 1 分計算的利息？

提　示

一、借貸債權與其利息債權的關係為何？

二、借貸債權消滅，其利息債權是否隨同消滅？

解　析

一、主債權與其從債權

　　兩個債權間如果具有主從關係，其得獨立存在者為主債權，而附從於主債權而發生或存在者，稱為從債權（或從屬債權），例如附利息的借貸債權，為主債權，基此主債權而發生的利息債權，為從債權。從債權的命運，

通常取決於主債權，民法第 307 條規定，債的關係消滅，則其債權（主債權，或稱基本債權）的擔保及其他從屬的權利（從權利），亦同時消滅，此即從債權附從於其主債權的命運之具體規定。

　　所謂債權的擔保，包括擔保物權，例如抵押權、質權、留置權，以及保證債權。其他從屬的權利，例如利息債權、違約金債權；但已經具體發生的利息債權或違約金債權，並不隨其主債權的消滅而消滅，蓋其已具獨立性。

　　惟與此所謂（主）債權消滅應嚴格區分的是，債權的請求權罹於消滅時效之情形。依國內通說，債權的請求權罹於消滅時效，僅債務人取得拒絕給付的抗辯權而已（民法 144 I），債權本身及其請求權均不消滅，亦即債的關係並不因此而消滅❺。所以民法第 145 條第 1 項規定：「以抵押權、質權或留置權擔保之請求權，雖經時效消滅，債權人仍得就其抵押物、質物或留置物取償。」而同法第 880 條規定：「以抵押權擔保之債權，其請求權已因時效而消滅，如抵押權人，於消滅時效完成後，五年間不實行其抵押權者，其抵押權消滅。」則係就抵押權的存續期間所設的特別規定，其性質上屬於除斥期間，與上述的消滅時效期間有別。

二、借貸債權與其利息債權的關係

　　借貸債權乃基於借貸契約所生的主債權，在消費借貸關係，民法第 478 條規定：「借用人應於約定期限內，返還與借用物種類、品質、數量相同之物，未定返還期限者，借用人得隨時返還，貸與人亦得定一個月以上之相當期限，催告返還。」返還與借用物種類、品質、數量相同之物予貸與人，此乃借用人（債務人）的主債務，對貸與人而言則為主債權。如當事人間約定有利息，則為附有利息的消費借貸關係，貸與人對借用人除了享有借貸債權外，還有利息債權，其支付依民法第 477 條規定：「利息或其他報償，應於契約所定期限支付之；未定期限者，應於借貸關係終止時支付

❺　司法院院字第 2424 號解釋；最高法院 29 年上字第 1195 號判例；王澤鑑，《民法總則》，2009，頁 581。

之。但其借貸期限逾一年者，應於每年終支付之。」

利息是比例「原本」數額及其存續期間，而依一定比率，以金錢或其他代替物為給付的一種法定孳息（民法 69 II）；利息為原本債權的收益，依原本的數額及債權人不能使用原本的期間，按一定的比率計算之金錢或其他代替物。

在附有利息的消費借貸關係，利息債權係基於借貸債權而發生，因此具有從屬性，當借貸債權不存在，即不再衍生新的利息債權。就此點而言，利息債權可謂是借貸債權（主債權）的從債權。惟應注意的是，其從屬於主債權（原本債權），僅指所謂的「基本權的利息之債」。

按利息之債，依其法律性質，可再區分為「基本權的利息之債」與「支分權的利息之債」。前者指抽象的可於每期依一定的比率，取得利息之債，亦即指未屆清償期的利息債權，乃請求定期給付利息的抽象權利，其具有從屬性，從屬原本債權（主債權）存在。後者則是本於基本權的利息之債，於每期已發生之一定數額的利息之債，亦即指已屆清償期的利息債權，乃請求給付已生利息的具體權利；其已具有獨立性，而與原本債權分離而獨立存在（民法 125、126、323、295 II）❻。

🔍 案例分析

在上述案例事實中，甲向乙借貸 100 萬元，約定月息一分，雙方未約定清償期。甲、乙雙方所訂立的是附利息的消費借貸契約（民法 474 I），甲為借用人，乙為貸與人，甲對乙負有清償原本及支付約定利息的義務（民法 477-478）。因當事人未約定清償期，依民法第 478 條規定，借用人甲得隨時返還與借用物種類、品質、數量相同之物。甲、乙間借貸屆滿二個月時，債務人甲即提出 100 萬元向債權人乙清償，因甲得隨時清償，如乙受領後，甲、乙間的 100 萬元的消費借貸之原本債權（主債權）即歸於消滅，其已生的「支分權的利息之債」已具有獨立性，雖不隨同消滅，惟應注意的是民法第 323 條規定：「清償人所提出之給付，應先抵充費用，次充利

❻ 鄭玉波、陳榮隆，《民法債編總論》，2002，頁 370-371。

息，次充原本；其依前二條之規定抵充債務者亦同。」相對地，具有從屬性之「基本權的利息之債」，已隨原本債權（主債權）因清償消滅，亦同歸於消滅。因此，乙不得繼續向甲請求按月息一分計算的利息。

結論 乙不得繼續向甲請求按月息一分計算的利息。

相關法條

▶民法第 145 條第 1 項

以抵押權、質權或留置權擔保之請求權，雖經時效消滅，債權人仍得就其抵押物、質物或留置物取償。

▶民法第 307 條

債之關係消滅者，其債權之擔保及其他從屬之權利亦同時消滅。

▶民法第 477 條

利息或其他報償，應於契約所定期限支付之；未定期限者，應於借貸關係終止時支付之。但其借貸期限逾一年者，應於每年終支付之。

▶民法第 478 條

借用人應於約定期限內，返還與借用物種類、品質、數量相同之物，未定返還期限者，借用人得隨時返還，貸與人亦得定一個月以上之相當期限，催告返還。

▶民法第 880 條

以抵押權擔保之債權，其請求權已因時效而消滅，如抵押權人，於消滅時效完成後，五年間不實行其抵押權者，其抵押權消滅。

練 習 題

一、甲對債權人乙負有 200 萬元債務，由第三人丙提供 L 地為乙設定抵押權，作為擔保。試問：嗣後該債務已因抵銷而消滅（民法 334），丙得否以乙對 L 地的 200 萬元抵押權已經消滅為由，要求乙塗銷抵

押權登記？ ❼

二、丁向 B 銀行借款 300 萬元，以其所有的 L 地為 B 設定 300 萬元的最高限額抵押權。在第三人戊為丁清償該 300 萬元債務後，丁將 L 地移轉登記為戊所有。試問：戊得否對抵押權人 B 主張其抵押權已消滅，請求塗銷該抵押權登記？ ❽

第二節　清　償

問題 6–03

債務人向持有債權人簽名的收據之第三人為清償，該債權是否因之消滅？

甲因急需向乙借款 20 萬元，約明甲應於 5 月 10 日支付乙本金及利息合計 21 萬元以為清償，屆時由乙派人至甲的居所收取。5 月 10 日中午，第三人丁持有乙簽名並蓋章的 21 萬元收據，至甲的居所向甲要求付款，甲如數付款並收下該收據。嗣後乙主張其所派取款之受任人丙遺失該收據，甲未付款給丙，應不生清償效力，要求甲仍應對其清償 21 萬元。請問乙的要求有無理由？

提　示

一、何謂清償？清償的性質為何？

二、清償的效力為何？

三、清償的對象是否僅限債權人？

---

❼　最高法院 82 年臺上字第 354 號判決。

❽　屏東地院 90 年訴字第 638 號判決。

解　析

一、清償的概念與性質

　　所謂清償，乃債務人依債務本旨，實現債務內容，致債的關係消滅之行為。至於清償的法律性質為何，眾說紛紜；依國內通說，清償乃一準法律行為，但此所指準法律行為，非一般所稱的狹義的準法律行為，其包括知、情、意的表示行為三者，而是指屬於「廣義的準法律行為」之非表示行為❾。本書則認為清償本身應屬於「事實行為」❿，只是構成清償內容的部分，取決於債務內容，可能有法律行為，例如所有權的移轉、簽發票據等，亦可能為事實行為，例如動手術、保管寄託物等❶。

學說		主要內容
法律行為說	契約說	清償意思與受領意思的合致，始成立清償
	單獨行為說	清償僅以清償意思為要件，受領意思非必要
	契約或單獨行為說	給付需債權人協力，為契約；不需協力，為單獨行為
非法律行為說	準法律行為說	無須意思的合致，與給付行為之間有區別。不當然準用法律行為之行為能力、意思表示及代理等規定
	事實行為說	清償為單純的事實行為
折衷說	法律行為或事實行為說	依給付行為本身的性質
		依給付的實行是否需要債權人的承諾

▲關於清償法律性質的學說⓬

---

❾　通說，鄭玉波、陳榮隆，《民法債編總論》，2002，頁 609–611。

❿　相同見解，孫森焱，《民法債編總論（下）》，2004，1026–1027 頁。
　　不同見解，鄭玉波、陳榮隆，《民法債編總論》，2002，頁 604，採「準法律行為說」。

❶　就如同無因管理本身性質上為事實行為，而管理行為可能為法律行為，亦可能為事實行為。

⓬　孫森焱，《民法債編總論（下）》，2004，頁 1025–1027；鄭玉波、陳榮隆，《民法債編總論》，2002，頁 604。

清償、履行與給付三者，實屬一事的三面，使用不同的表示，乃著眼於其不同的效果，就債的消滅言，謂清償；就債的效力言，謂履行；就債務人的行為言，謂給付。

二、清償的效力

民法第 309 條第 1 項規定：「依債務本旨，向債權人或其他有受領權人為清償，經其受領者，債之關係消滅。」此乃清償的對象與效力之規定。由此可知，清償的效力為債的關係之消滅，即債權人的債權因清償而得到滿足，債務人的債務因給付而履行，債的關係（債權債務同時）歸於消滅。

三、清償的對象

清償的主體，包括為清償行為的一方當事人（清償人），及清償的對象，即受領清償的他方當事人（受領清償人）。

民法第 309 條第 1 項規定：「依債務本旨，向債權人或其他有受領權人為清償，經其受領者，債之關係消滅。」清償，原則上應向有受領權人為之；對於無受領權人為清償，原則上不生清償效力，僅於例外情形可能生清償效力。因此，受領清償的人是否有受領權，通常是判斷是否生清償效力的先決問題。

債權人，原則上有受領權，但在某些特殊情形，債權人不得有效受領清償，例如債權人為限制行為能力或無行為能力、債權已經出質（民法907）、受法院強制執行（強制執行法115），或債權人已被宣告破產（破產法75-76）或開始清算程序（消費者債務清理條例94 I、96）。至於其他有受領權人，例如債權人的代理人、代位權人（民法242）❸、收據持有人（民法309 II）、受任人、質權人（民法907、909 I 後段）、破產管理人（破產法65 I ④）或清算管理人（消費者債務清理條例86 I ③）。

另外，民法第 309 條第 2 項規定：「持有債權人簽名之收據者，視為有受領權人。但債務人已知或因過失而不知其無權受領者，不在此限。」依此

---

❸　最高法院 21 年上字第 305 號判例。

規定的收據持有人，其為擬制有受領權人，須具備二要件：㈠持有由債權人簽名的收據，即該收據必須為真正；㈡債務人須為善意並無過失。若未具備此二個要件，債務人雖已對持有收據的人為清償，仍不生清償的效力。

🔍 案例分析

在上述案例事實中，當事人間成立附利息的消費借貸關係，借用人甲（債務人）應於約定的 5 月 10 日為清償，有受領權人為貸與人乙（債權人），或其受任人（丙）。甲對原無受領權的第三人丁為清償，本不生清償的效力；惟因丁持有乙簽名並蓋章的 21 萬元收據，至甲的居所向甲要求付款，依民法第 309 條第 2 項本文「視為有受領權人」，且無該條項但書的情形，因此債務人甲對擬制有受領權人丁為清償，有清償的效力，而使甲、乙之間債的關係消滅。乙不得主張其所派取款之受任人丙雖遺失該收據，甲未付款給丙，應不生清償效力，亦不得請求甲仍應對其清償 21 萬元。故乙的請求無理由。

結論 乙對甲要求仍應對其清償 21 萬元，無理由。

📁 相關法條

▶民法第 309 條

依債務本旨，向債權人或其他有受領權人為清償，經其受領者，債之關係消滅。

持有債權人簽名之收據者，視為有受領權人。但債務人已知或因過失而不知其無權受領者，不在此限。

練　習　題

一、甲對乙負有 20 萬元債務。2 月 1 日，甲將 20 萬元現金交給乙的受僱人丙，請其代為轉交予乙供清償之用。豈知丙私吞該 20 萬元潛逃。當乙又向甲索討 20 萬元的清償時，甲主張已向乙的受僱人丙

為清償，而經丙收領，債的關係已經消滅。試問：甲的主張是否有理由？ ❶❹

二、債權人丁於其簽名的收據遺失後，迅速以電子郵件通知債務人戊，戊收到該電子郵件，卻一直忽略而多日未開啟閱讀，數日後戊對持有該收據的丙為給付。試問丁得否仍要求戊清償債務？

問題 6-04

債務人向準占有人為清償而經其受領，有無清償的效力？

甲向乙借貸 20 萬元，雙方就此簽訂書面消費借貸契約一式二份，雙方各持一份，其內載明借貸金額、利息、清償日期、清償地等事項。債權人乙於清償期將屆之前，臨時出國處理事務。出國前將一批文件暫交第三人丙保管，文件中包括上開借貸契約書。丙於整理文件時發現該消費借貸契約書，在清償期到期後，私自持該契約書向甲索取借款，甲付款予丙。嗣復乙回國向甲催討該筆借款，甲表示該債務已因清償而消滅。請問甲的主張有無理由？

提 示

一、何謂債權的準占有人？

二、債務人是否因知或不知準占有人不是債權人，而有所差別？

解 析

一、債權的準占有人

就向債權人以外的第三人為清償，經其受領的情形，民法第 310 條第

---

❶❹ 最高法院 48 年臺上字第 190 號判例。

2 款規定：「受領人係債權之準占有人者，以債務人不知其非債權人者為限，有清償之效力。」此所謂之債權的準占有人，指雖不是債權人，但以為自己的意思，事實上行使債權，依一般交易觀念，足以使人相信其為債權人之人（民法 966 I）**⓯**。

　　債權的準占有人，雖以持有債權證書為常見，但並不限於持有債權證書的人，其他可能成為債權的準占有人者，例如債權人的表見繼承人、債權無效讓與的受讓人（民法 298）。僅持有偽造或變造的債權證書或收據之第三人，如未具備債權準占有人的其他要件時，則尚不足以成為債權的準占有人**⓰**。

二、對於無受領權人為清償

　　債務人原則上應對債權人或其他有受領權人為清償。如對於無受領權人為清償，通常不生清償效力。惟依民法第 310 條規定，於下列三種情形，對於第三人清償而經其受領，亦生清償的效力（民法 310）：

㈠**經債權人承認或受領人於受領後取得其債權**：民法第 310 條第 1 款規定：「經債權人承認或受領人於受領後取得其債權者，有清償之效力。」。

　　　此款規定的立法意旨，同於民法第 118 條第 1 項、第 2 項關於無權處分的規定。該受領的第三人原來欠缺的受領權，經債權人承認而補正，其清償自應發生溯及的效力。另受領人於受領後取得其債權，清償自始有效，目的在求法律關係的簡明，其取得債權情形，例如第三人繼承或受讓原債權人的該債權。

㈡**受領人係債權的準占有人**：民法第 310 條第 2 款規定：「受領人係債權之準占有人者，以債務人不知其非債權人者為限，有清償之效力。」所謂債權的準占有人，係以為自己的意思，事實上行使債權的人（民法 966 I）**⓱**，例如無效的債權讓與之受讓人、表見繼承人、銀行存摺與印章的

⓯　鄭玉波、陳榮隆，《民法債編總論》，2002，頁 615；孫森焱，《民法債編總論（下）》，2004，頁 1043。

⓰　孫森焱，《民法債編總論（下）》，2004，頁 1044–1045。

持有人、受有無效的移轉債權命令的人等❸。債務人善意對於債權的準占有人為清償，有清償的效力，其債務因而消滅，而真正債權人僅得依不當得利的規定，向受領人主張請求返還。至於債務人是否因過失而不知，就文義解釋而言，應無影響；惟亦有學者認為，民法第 310 條第 2 款與民法第 309 條第 2 項但書的立法意旨相同，均在保護債務人動的安全，民法第 309 條第 2 項但書以清償人善意並無過失為限，民法第 310 條第 2 款亦應作相同解釋❹。

㈢**於債權人受利益的限度內**：民法第 310 條第 3 款規定：「除前二款情形外，於債權人因而受利益之限度內，有清償之效力。」本款的適用，只要其清償與債權人受利益間，有因果關係即可，而不論債權人是直接或間接受有利益。

於上述三種情形，債務人雖對無受領權的人清償，仍發生清償的效力，使債權人與債務人間之債的關係，在發生清償效力的範圍內消滅。

🔍 案例分析

在上述案例事實中，甲、乙間發生消費借貸關係，債權人乙於清償期將屆之前，臨時出國處理事務。出國前將一批文件暫交第三人丙保管，丙於整理文件時發現該消費借貸契約書，在清償期到期後，私自持該契約書向甲索取借款。丙雖非該 20 萬元債權的債權人，卻以為自己的意思，事實上行使該債權，為該債權的準占有人（民法 966 I）。債務人甲向該債權的準占有人丙清償，案例事實中未提及甲知悉丙並無受領權，因此其清償經丙受領後，應依民法第 310 條第 2 款規定，發生清償的效力。所以當乙回國後，向甲催討該筆借款，甲表示該債務已因清償而消滅，有理由。至於乙得依其他規定，例如不當得利的規定，向丙求償，不影響甲的債務之消滅。

---

❸ 最高法院 42 年臺上字第 288 號判例；劉春堂，《民商法論集㈡》，1990，頁 149。

❸ 鄭玉波、陳榮隆，《民法債編總論》，2002，頁 615-616；劉春堂，《民商法論集㈡》，1990，頁 149-150。

❹ 劉春堂，《民商法論集㈡》，1990，頁 151-152。

結論 甲表示該 20 萬元債務已因清償而消滅，有理由。

相關法條

▶民法第 118 條第 1 項、第 2 項

無權利人就權利標的物所為之處分，經有權利人之承認始生效力。

無權利人就權利標的物為處分後，取得其權利者，其處分自始有效。但原權利人或第三人已取得之利益，不因此而受影響。

▶民法第 310 條

向第三人為清償，經其受領者，其效力依左列各款之規定：

一、經債權人承認或受領人於受領後取得其債權者，有清償之效力。

二、受領人係債權之準占有人者，以債務人不知其非債權人者為限，有清償之效力。

三、除前二款情形外，於債權人因而受利益之限度內，有清償之效力。

▶民法第 966 條

財產權，不因物之占有而成立者，行使其財產權之人，為準占有人。

本章關於占有之規定，於前項準占有準用之。

練　習　題

一、甫受監護宣告的債權人甲，將對丙的 20 萬元借貸債權讓與不知甲受監護宣告之乙，並交付債務人原開立的借據，乙持該借據，自以債權人名義向債務人丙請求清償。因丙亦不知甲已經受監護宣告，於是支付乙 20 萬元。試問：甲、丙間的該 20 萬元債權債務是否消滅？

二、甲對乙負債 10 萬元，乙對丙負債 20 萬元，惟彼此間皆誤以為甲、乙各欠丙 10 萬元，當甲、乙各對丙清償 10 萬元後，丙表示三人間的債權債務都已因清償而消滅。試問：實際上在當事人間是否仍有債權債務關係存在？

問題 6-05

第三人得否代債務人為清償？債權人得否拒絕？

L 地所有人甲與乙簽訂買賣契約，約定甲將 L 地以 1200 萬元賣予乙。乙給付甲 800 萬元後，與第三人丙簽訂買賣契約，將 L 地以 1300 萬元出售予丙，丙支付定金 100 萬元。因乙尚有 400 萬元價款未付，甲拒絕辦理移轉登記。請問丙得否代乙清償對甲所負的該 400 萬元價金債務？甲得否拒絕丙的清償？[20]

提　示

一、何人應清償債務？

二、第三人得否清償債務？

三、債權人得否拒絕第三人的清償？

解　析

一、債務的清償人

　　債權之目的在於其滿足，而債權的滿足，通常係透過債務的清償。至於債務由何人清償，宜分別就清償人有無義務二種情形為觀察。

㈠**有清償義務人**：債務人負有履行債務的義務，當然得為清償；惟有時債務人並不能單獨有效清償，例如因清償所為的給付行為係法律行為，而債務人欠缺必要的行為能力，或因清償所為的給付行為以財產處分為必要，而債務人的財產處分權被限制。

　　除債務人外，其他有清償資格者，如代理人、破產管理人或履行承擔人，均得為有效的清償，例如甲對乙負有支付或移轉 L 地所有權的債務，但因甲被宣告破產，不能為移轉 L 地所有權的處分行為，此時即得

---

[20]　最高法院 84 年臺上字第 1288 號判決。

由破產管理人依破產程序為清償（破產法 75）。

㈡**無清償義務人**：民法第 311 條第 1 項規定：「債之清償，得由第三人為之。但當事人另有訂定或依債之性質不得由第三人清償者，不在此限。」依此，清償債務，原則上亦得由第三人為之，除非當事人訂定或依債的性質，不得由第三人清償。

　　基於契約自由原則，當事人得約定，其債務禁止由第三人清償。

　　至於依債的性質，不得由第三人清償的債務，乃於其給付性質具有一身專屬性時，因注重債務人之人的要素，而不得由第三人代為給付。惟所謂的專屬性，仍有絕對的與相對的專屬性之分。絕對的專屬性之債務，不得由第三人清償，例如名歌星的演唱、名嘴的站臺助選、名畫家的畫人像、學者專家的演講等；相對的專屬性之債務，如債權人同意，則得由第三人清償，例如受僱人應服一般的勞務（民法 484 I）、受寄人的保管寄託物（民法 592）等[21]。

二、第三人清償

　　依民法第 311 條第 1 項規定，債務原則上得由第三人為清償；惟民法第 311 條第 2 項又規定：「第三人之清償，債務人有異議時，債權人得拒絕其清償。但第三人就債之履行有利害關係者，債權人不得拒絕。」依此規定，第三人清償，如其就債的履行有利害關係，不管債務人有無異議，債權人均不得拒絕其清償；如該第三人無利害關係，債務人亦無異議，債權人不得拒絕其清償，若是債務人有異議，債權人得拒絕或受領其清償。

第三人	債務人	債權人
就債的履行有利害關係	有異議，或無異議	不得拒絕（代位清償）
就債的履行無利害關係	無異議	不得拒絕
	有異議	得選擇拒絕或受領

[21]　鄭玉波、陳榮隆，《民法債編總論》，2002，頁 615–616。

第三人就債務的履行有利害關係而為清償，學說上稱為代位清償，或清償代位。所謂「就債之履行有利害關係」，狹義解釋限於因清償而有法律上利害關係的情形，例如保證人、物上保證人、擔保物的第三取得人[22]、連帶債務人、不可分債務人、共有人、後次序的擔保權人等[23]；惟實務上有時採廣義解釋[24]，認為連身分上、感情上或社交上利害關係，例如父母對於未成年子女的債務[25]、借款時在場非保證人的中人等[26]，均有適用。

案例分析

在上述案例事實中，依民法第 311 條第 1 項規定：「債之清償，得由第三人為之。但當事人另有訂定或依債之性質不得由第三人清償者，不在此限。」乙對甲的 400 萬元債務，並無該但書不得由第三人清償的情形，原則上得由丙代位清償。此外，丙支付定金 100 萬元，乙因此有義務將 L 地移轉登記予買受人丙，在甲將 L 地移轉登記予乙之前，乙無法將 L 地移轉登記予丙。所以就 L 地的移轉登記而言，丙為利害關係人，其代乙清償對甲所負的該 400 萬元價金債務，依民法第 311 條第 2 項但書規定，不論債務人乙是否有異議，債權人甲均不得拒絕其清償。

結論 丙得代乙清償對甲所負的該 400 萬元價金債務，且債權人甲不得拒絕其清償。

相關法條

▶民法第 311 條

債之清償，得由第三人為之。但當事人另有訂定或依債之性質不得由第三人清償者，不在此限。

---

[22] 最高法院 65 年臺上字第 796 號判例。

[23] 孫森焱，《民法債編總論（下）》，2004，頁 1031。

[24] 最高法院 91 年臺上字第 2544 號判決。

[25] 史尚寬，〈論清償代位〉，收錄於鄭玉波主編《民法債編論文選集（中）》，1984，頁935，乃持懷疑態度。

[26] 最高法院 29 年上字第 1354 號判例。

第三人之清償，債務人有異議時，債權人得拒絕其清償。但第三人就債之履行有利害關係者，債權人不得拒絕。

▶民法第 312 條
就債之履行有利害關係之第三人為清償者，於其清償之限度內承受債權人之權利，但不得有害於債權人之利益。

一、女歌手甲與 A 公司約定，在今年尾牙，為該公司的尾牙活動獻唱 5 首特定歌曲。到尾牙當天，因演唱場次過多而無暇分身，甲的妹妹乙趕到 A 公司尾牙活動會場，表示要代其姊甲獻唱該 5 首選定歌曲。試問：A 公司得否拒絕由乙代甲獻唱，作為清償甲所負的債務？

二、甲以其所有的 L 地，設定本金最高限額 500 萬元的抵押權登記予乙，擔保甲為發票人的 360 萬元本票債務。甲將 L 地移轉登記予丙，丙再將 L 地移轉登記予丁。試問：

㈠丁得否代甲清償其對乙上開本票債務？

㈡如甲對於丁的清償表示異議時，乙得否拒絕丁為清償？

㈢如丁代甲清償其對乙上開本票債務，是否取得乙對甲的 360 萬元本票債權或該本金最高限額 500 萬元的抵押權？[27]

---

[27] 最高法院 84 年臺上字第 1688 號判決。

問題 6-06

第三人是否因代債務人為清償而取得該債權？

甲以其所有的 L 地，設定本金最高限額 500 萬元的抵押權登記予乙，擔保甲為發票人的 360 萬元本票債務。甲將 L 地移轉登記予丙，丙再將 L 地移轉登記予丁。請問丁代甲清償其對乙上開本票債務後，是否取得乙對甲的 360 萬元本票債權或該本金最高限額 500 萬元的抵押權？

提　示

一、代位清償的要件為何？
二、代位清償有何效力？

解　析

一、代位清償的要件

　　第三人就債務的履行有利害關係而為清償，學說上稱為代位清償，或清償代位。就代位清償，民法第 312 條規定：「就債之履行有利害關係之第三人為清償者，於其清償之限度內承受債權人之權利。但不得有害於債權人之利益。」依此規定，代位清償有下列三個要件：

(一)**第三人已為清償：** 因法律並未明文規定，該為清償的第三人須以一定的方式向債權人表明自己係清償他人的債務，則以言詞或其他足以令債權人知悉的方式，均可[28]。

(二)**該第三人就債的履行有利害關係：** 如第三人就債的履行無利害關係，縱為清償且有求償權，亦無民法第 312 條規定的適用，而不發生代位權。

(三)**清償人對於債務人有求償權：** 關於代位清償的性質，學說紛紜，有債權買賣說、擬制移轉說、賠償請求權說、債權移轉說等，民法第 312 條規

---

[28]　最高法院 91 年臺上字第 2544 號判決。

定採「債權移轉說」，債權人的債權，因第三人清償而於債權人與債務人之間，相對地消滅，而於清償的限度內，移轉於該為清償的第三人❷。

第三人清償的代位權，係為確保求償權的效力而存在，因此，代位權的發生，以清償人有求償權為前提；若清償人無求償權，例如基於贈與而代為清償，則亦不生代位權❸。此清償的第三人既有求償權（新發生的債權），又有代位權（原債權的移轉），兩個權利發生競合，此第三人得擇一行使❸。

第三人其他與清償相當的行為，例如代物清償、提存，可類推適用民法第 312 條而承受債權❸。

二、代位清償的效力

代位清償，在代位人（第三人）與債務人間、代位人（第三人）與債權人間，分別發生一定的效力。

代位人與債務人間	民法 313：準用民法 297 I, 299	297 I: 債權之讓與，非經讓與人或受讓人通知債務人，對於債務人不生效力
		299: 債務人得以對抗讓與人的事由對抗受讓人；債務人得對於受讓人主張抵銷
代位人與債權人間	債權人的債權，在清償限度內移轉於代位人（法定移轉）；類推民法 299	

㈠**在代位人與債務人間：** 民法第 313 條規定：「第二百九十七條及第二百九十九條之規定，於前條之承受權利準用之。」準用民法第 297 條，第三人

❷ 通說，參閱史尚寬，〈論清償代位〉，收錄於鄭玉波主編《民法債編論文選集（中）》，1984，頁 932-933；鄭玉波、陳榮隆，《民法債編總論》，2002，頁 620；孫森焱，《民法債編總論（下）》，2004，頁 1034。

❸ 史尚寬，〈論清償代位〉，收錄於鄭玉波主編《民法債編論文選集（中）》，1984，頁 935、937。

❸ 相同見解，鄭玉波、陳榮隆，《民法債編總論》，2002，頁 625。

❸ 鄭玉波、陳榮隆，《民法債編總論》，2002，頁 621-622。

代位清償,非經債權人或代位(清償)人通知債務人,對於債務人不生效力;且代位人將債權人所立字據提示於債務人,亦與通知有同一效力。準用民法第 299 條,債務人受通知時,所得對抗債權人的事由,皆得以之對抗代位人;或其對於債權人亦有債權而符合抵銷的要件,債務人得對於代位人主張抵銷。

㈡**在代位人與債權人間:** 依民法第 313 條本文規定,債權人的債權,在清償限度內移轉於代位人,此屬權利的法定移轉。除債權移轉外,該債權原有的利益(尤其是從屬權利❸❸)及瑕疵,亦一併移轉於代位人;惟應注意的是,因代位而移轉的只有債權,至於與契約當事人地位有關的契約解除權、撤銷權,並不當然隨同移轉❸❹。

此外,債權人應將證明債權的文件交付於代位人,並告知主張該債權的必要情形(類推民法 299)❸❺。

應與此代位清償區別的是,第三人「誤認」他人的債務為自己的債務而為清償,為所謂誤信管理的一種情形,性質上為非債清償。如該他人確實有彼項應負責的債務,因第三人的清償而受有利益,該第三人得依不當得利規定請求返還,不適用無因管理規定;若明知自己無清償義務,但有為他人管理的意思並以自己的名義為他人清償,而清償不違反他人的意思並利於該他人,得成立無因管理(民法 172、176 I)❸❻。

三、代位權的行使

為清償的第三人行使代位權,因其已經承受債權移轉而成為(新)債權人,必須以自己的名義。學說上雖習慣稱之為「代位行使」,實際上係行使自己的債權,此與民法第 242 條所規定債權人的代位權有異。

---

❸❸ 例如擔保債權的抵押權、質權。

❸❹ 鄭玉波、陳榮隆,《民法債編總論》,2002,頁 626;孫森焱,《民法債編總論(下)》,2004,頁 1035。

❸❺ 比較鄭玉波、陳榮隆,《民法債編總論》,2002,頁 627。

❸❻ 最高法院 91 年臺上字第 2544 號判決。

代位權行使的範圍，應按其清償的限度（民法 312 本文），若全部清償時，得行使債權人的全部債權，以及有關的一切權利；若一部清償時，僅得行使其清償限度內的該一部債權；且代位權之行使不得有害於債權人的利益（民法 312 但書），債權人就其剩餘債權，應優先於清償人的代位取得權利而行使，例如清償人取得擔保物權的次序，則應後於債權人❸⑦。

🔍 案例分析

在上述案例事實中，甲以其所有的 L 地，設定本金最高限額 500 萬元的抵押權登記予乙，擔保甲為發票人的 360 萬元本票債務。甲將 L 地移轉登記予丙，丙再將 L 地移轉登記予丁。L 地所有權雖已經移轉予丁，乙的本金最高限額 500 萬元的抵押權卻不因此而消滅。因此，依民法第 311 條規定，丁得以就債的履行有利害關係的第三人之身分，為債務人甲清償對乙的 360 萬元本票債務，且不論甲對丁的清償是否有異議，債權人乙均不得拒絕丁的清償。當丁代甲清償其對乙上開的本票債務，依民法第 313 條規定，於其清償的限度內，承受債權人的權利，因丁對乙清償全部的債務，所以承受乙的全部債權及從屬權利，即該 360 萬元的本票債權及本金最高限額 500 萬元的抵押權。附帶一提，因該抵押權與 L 地所有權歸屬於丁一人，除該抵押權的存續，於所有人丁或第三人有法律上的利益外，原則上因混同而消滅（民法 762）。

結論 丁因清償而取得乙對甲的 360 萬元本票債權或該本金最高限額 500 萬元的抵押權。

📚 相關法條

▶民法第 297 條

債權之讓與，非經讓與人或受讓人通知債務人，對於債務人不生效力。但

---

❸⑦ 多數說，史尚寬，〈論清償代位〉，收錄於鄭玉波主編《民法債編論文選集（中）》，1984，頁 935–936；史尚寬，《債法總論》，1990，頁 767；鄭玉波、陳榮隆，《民法債編總論》，頁 626。

法律另有規定者，不在此限。

受讓人將讓與人所立之讓與字據提示於債務人者，與通知有同一之效力。

▶民法第 299 條

債務人於受通知時，所得對抗讓與人之事由，皆得以之對抗受讓人。

債務人於受通知時，對於讓與人有債權者，如其債權之清償期，先於所讓與之債權或同時屆至者，債務人得對於受讓人主張抵銷。

▶民法第 312 條

就債之履行有利害關係之第三人為清償者，於其清償之限度內承受債權人之權利。但不得有害於債權人之利益。

▶民法第 313 條

第二百九十七條及第二百九十九條之規定，於前條之承受權利準用之。

練習題

一、甲向乙借貸 100 萬元，並約定由丙為保證人。清償期屆至時，丙代甲清償對乙的 100 萬元債務。試問：丙是否因對乙清償而取得該 100 萬元的借貸債權？

二、丁對法人 A 成立無因管理，並因該無因管理而對戊負有 20 萬元債務。試問：如 A 清償丁對戊因該無因管理所生的 20 萬元債務，是否承受戊對丁的該 20 萬元債權？

問題 6-07

清償地應如何決定？

居住彰化縣員林鎮的甲收藏有數量可觀的民俗古物，基隆市民乙參觀甲居住處的收藏後，對於其中的 1 個「石磨」S 甚感興趣。翌日，乙以電

話向甲出價 10 萬元購買 S，甲在電話中表示同意，3 日後，甲收到乙雙掛號郵寄的 1 張面額 10 萬元的臺銀支票（俗稱臺支❸❽）。請問因雙方在電話中未約定清償地，甲應在何地交付 S 予乙？

提　示

一、何謂清償地？

二、清償地如何決定？

三、清償地有何效力？

解　析

一、清償地的概念

　　清償地，是債務人應為清償行為的地方，也就是指一給付行為而履行債務，使債的關係消滅之地點，因此又稱給付地、履行地。清償地，常以最小的行政區域劃分為表示，例如村、里，但不以此為限，例如某住戶的信箱。

二、清償地的決定

　　債的履行，若未於應為清償行為的地方實施，即非合乎債的本旨，而不能發生清償的效力。因為清償地對債的履行至關重要，民法第 314 條對於清償地的決定，設明文規定。

　　民法第 314 條規定：「清償地，除法律另有規定或契約另有訂定，或另有習慣，或得依債之性質或其他情形決定者外，應依左列各款之規定：一、以給付特定物為標的者，於訂約時，其物所在地為之。二、其他之債，於

---

❸❽　臺支是指由「臺灣銀行」所開出的支票，付款人為臺灣銀行，而發票人是一般金融單位。欲購買臺支者，應先付款予某一金融行庫，則該行庫就會開立以自己為發票人，以臺灣銀行為付款人的支票。

債權人之住所地為之。」依此，清償地的決定標準，依照下列順序：

(一)**法律另有規定**：法律就特定的債務規定有清償地之情形，例如民法第
371條規定：「標的物與價金應同時交付者，其價金應於標的物之交付處
所交付之。」、第600條第1項規定：「寄託物之返還，於該物應為保管之
地行之。」。

(二)**契約另有訂定**：基於契約自由原則，當事人自得於契約中訂定清償地，
並遵守約定。如當事人約定的清償地，依一般社會觀念為不能時，原則
上應解為該約定無效❸。

(三)**另有習慣**：習慣得補充法律或契約的不足，例如購買桶裝瓦斯、瓦斯熱
水器、冷氣機、冰箱等，由出賣人送至買受人的住居所「標準安裝」；對
於一般商店的供貨，貨物送至該商店；大型家具的零售，送至買方的居
住地（或其他指定地點）。

(四)**得依債的性質決定**：依債的性質決定清償地，例如婚宴攝影或錄影，在
婚宴舉行的地點；修繕房屋，在該房屋所在地。

(五)**得依其他情形決定**：例如對訂戶遞送訂閱的報紙或雜誌，將之放置大樓
或社區管理室，或投入其信箱。

(六)**依民法第314條規定**：如不能依上述五種方法決定清償地時，民法第
314條明訂二種決定標準：1.以給付特定物為標的的情形（特定物的債），
於訂約時其標的物的所在地。2.其他的債，於債權人的住所地（債權人
住所地主義）❹；如債權人於債的發生後，變更其住所，因而增加清償
人的費用時，此增加費用則應由債權人負擔（民法317）。

三、清償地有何效力

清償債務，必須於清償地實施，否則不是合法清償。清償地主要效力

---

❸ 孫森焱，《民法債編總論（下）》，2004，1061頁。

❹ 以債權人的住所地為清償地的債務，稱為赴償債務，民法第314條第2款規定以赴償
債務為原則，與日本民法第484條後段同；相對地，德國民法第269-270條、瑞士債
務法第74條、法國民法第1247條等，俱採債務人住所主義，以往取債務為原則。

如下：

㈠債務人應依債務本旨於清償地提出給付；債權人亦應於清償地受領給付，如拒絕受領或不能受領，即構成受領遲延（民法 234）。

㈡於貨幣債務或借貸契約，清償地得決定給付內容（民法 202、479）。

㈢因契約涉訟，或本於票據有所請求而涉訟，清償地得決定該訴訟事件的管轄法院或審判籍（民事訴訟法 12、13）。

㈣提存應於清償地的法院提存所為之（民法 327），因此清償地決定提存所。

㈤清償地決定民法第 308 條公認證書的認證機關（民法債編施行法 19）。

案例分析

在上述案例事實中，甲、乙雙方成立 S 的買賣契約，買受物為 S，價金 10 萬元（民法 345 II）。買賣契約為雙務契約，買受人對出賣人負有支付價金債務，出賣人對買受人負有交付標的物並移轉所有權的債務。

就本案中買受人乙所負的支付價金債務，其清償地並無法律另有規定或契約另有訂定，或另有習慣，或得依債之性質或其他情形決定，因此依民法第 314 條第 2 款規定，應於債權人的住所為清償（所謂的赴償債務）。乙雙掛號郵寄予出賣人甲 1 張面額 10 萬元的臺支，甲受領該支票，性質上為代物清償，於甲受領後，乙的支付價金債務消滅（民法 319）。

有疑問的是，甲對乙的給付買受物 S 債務，其清償地在何處。因雙方在電話中未約定清償地，而其清償地亦無法依前述 5 種方法決定，因此依民法第 314 條第 1 款規定：「以給付特定物為標的者，於訂約時，其物所在地為之。」甲、乙訂約時，S 收藏在甲的員林居住處，其清償地應於甲的員林居住處。對乙而言，是為往取債務；對甲而言，應在其員林居住處為清償，將 S 交付予乙。

結論 甲應在其員林居住處將 S 交付予乙。

相關法條

▶民法第 314 條

清償地，除法律另有規定或契約另有訂定，或另有習慣，或得依債之性質或其他情形決定者外，應依左列各款之規定：

一、以給付特定物為標的者，於訂約時，其物所在地為之。

二、其他之債，於債權人之住所地為之。

一、甲在網路上向 A 公司訂購商品 G，並點選在其住處附近的 S 便利商店付款及取貨。試問：甲與 A 之間債務的清償地位於何處？

二、7 月 7 日，甲於乙（住所）在臺北市南港區經營的家具店，向乙租用小貨車 A 1 週，雙方未約定應在何地返還該 A 車。試問：

　㈠租用期屆至時，甲應於何地返還 A 車？

　㈡如 7 月 8 日深夜甲駕駛 A 車，因天雨路滑且視線不良，撞上路邊電線桿，車頭全毀。甲應於何地對乙賠償其損害？

問題 6-08

清償期應如何決定？

甲委任有會計專長的乙為其處理去年度個人綜合所得稅申報及繳納事務，兩人僅約定乙應依規定如期申報，甲則應於今年 7 月 15 日支付乙報酬 5 萬元及代為繳納的稅款。請問何時為甲、乙相互間債務的清償期？

提　示

一、何謂清償期？

二、清償期應如何決定？

解　析

一、清償期的概念

清償期，係債務人應為清償行為的時期，其為某一確定的期日，又稱給付期、履行期。與此清償期有別的，另有所謂的「清償時間」，其指清償期內的各小時，例如票據法第 21 條的營業時間；另如依誠信原則，不得於午夜叩門清償。

二、清償期的決定

就清償期的決定，民法第 315 條規定：「清償期，除法律另有規定或契約另有訂定，或得依債之性質或其他情形決定者外，債權人得隨時請求清償，債務人亦得隨時為清償。」由此可知，民法就清償期與清償地的決定，採類似的規定，依下列順序決定：

㈠**法律另有規定**：法律就清償期設有規定者，例如租金於租期屆滿時支付（民法 439）；租賃物於租賃關係終止後返還（民法 455）；僱傭的報酬，應依約定的期限給付；無約定者，依習慣；無約定亦無習慣者，依下列規定：1. 報酬分期計算者，應於每期屆滿時給付；2. 報酬非分期計算者，應於勞務完畢時給付（民法 486）；見票即付的匯票，以提示日為到期日（票據法 66 I）。

㈡**契約另有訂定**：基於契約自由原則，當事人得以契約訂定清償期，並遵守該約定清償期為清償，例如買賣房屋時，當事人通常事先約定付款日期及交屋日期。

㈢**依債之性質決定**：例如給付物為尚未收成的農作物，以收成季節為清償期；承製新娘禮服，應於結婚日期（或婚禮日期）前交付；承購滿月禮盒，應於該嬰孩滿月前交付。

㈣**依其他情形決定**：例如員工的秋節、年終獎金，應於中秋節前、春節前支付。

㈤**債權人得隨時請求清償，債務人亦得隨時為清償：** 不能依上述方法決定清償期時，債權人得隨時請求清償，債務人亦得隨時為清償。債權人得隨時請求清償，或債務人得隨時為清償的債務，稱為「未定期債務」，此種債的關係，自成立時起其清償期即屆至，亦稱「即時債務」。因其請求權自債權成立時即可行使，例如一般情形的損害賠償債務，則其消滅時效，亦自債權成立時起算（民法 128）❹。

🔍 案例分析

在上述案例事實中，甲、乙間成立一有償的委任契約（民法 528、535），屬於雙務契約，受任人乙對委任人甲，負有為甲處理今年度個人綜合所得稅申報及繳納事務的債務;甲對乙負有於今年 7 月 15 日支付乙報酬 5 萬元及代為繳納的稅款之債務。

就乙對甲的債務而言，當事人僅約定乙應依規定如期申報。依所得稅法第 71 條第 1 項規定，納稅義務人應於每年 5 月 1 日起至 5 月 31 日止，填具結算申報書，向該管稽徵機關，申報其上一年度內構成綜合所得總額。因此，當事人間雖未約定明確的清償期，惟依上述規定，乙應為甲在今年 5 月 1 日起至 5 月 31 日止申報個人綜合所得稅，如須補繳稅款，並應於收到補繳通知書後按照指定期限補繳。此屬於民法第 315 條所規定「依其他情形決定」的清償期。

就甲對乙的債務而言，當事人已經約定，甲應於今年 7 月 15 日支付乙報酬 5 萬元及代為繳納的稅款，其清償期為今年 7 月 15 日。此屬於民法第 315 條所規定「契約另有訂定」的清償期。

結論 ㈠乙對甲的債務清償期有二:一是在今年 5 月 1 日起至 5 月 31 日止為甲申報個人綜合所得稅; 二是如甲須補繳稅款，並應於收到補繳通知書後按照指定期限補繳。

㈡甲對乙的債務清償期為今年 7 月 15 日。

---

❹ 最高法院 28 年上字第 1760 號判例。

▨▨▨ 相關法條

▶民法第 315 條

清償期，除法律另有規定或契約另有訂定，或得依債之性質或其他情形決定者外，債權人得隨時請求清償，債務人亦得隨時為清償。

一、甲借給乙 50 萬元，雙方約定，當甲將自己的確定婚期通知乙後，乙應於通知到達後第 10 日清償債務。當甲與未婚妻確定將於今年 10 月 10 日舉行婚禮，遂於今年 8 月 8 日將婚期以掛號信通知乙，此通知函於 8 月 10 日到達乙。試問：何時為乙對甲所負債務的清償期？

二、丙借給朋友丁 20 萬元，未約定何時清償。試問：

　　㈠丙何時得向丁請求清償？

　　㈡丙對丁的請求權之消滅時效，自何時開始起算？ ❷

問題 **6-09**

債權人得否於清償期前請求清償?債務人得否於清償期前為清償?

甲於去年 11 月 8 日向乙借貸 100 萬元，雙方月息 1 分，借期 1 年，清償地為乙現在設於臺北市的住所。請問：

㈠若今年 5 月 1 日，乙向甲表示自己有急需資金，要求甲提早於 5 月 8 日清償。甲得否以借期未至而拒絕？

㈡若今年 6 月 8 日，甲持現金 100 萬元及利息至乙的住所，向乙表示要提前清償。乙得否以清償期尚未屆至，拒絕受領？

---

❷　最高法院 28 年上字第 1760 號判例。

提 示

一、清償期有何效力？

二、債權人得否於清償期前請求清償？

三、債務人得否於清償期前為清償？

解 析

一、清償期的效力

清償期，係債務人應為清償行為的時期，其為某一確定的期日，又稱給付期、履行期；其為行使債權、履行債務的期日，此時間標準，有下述主要效力：

(一)**清償期日**：清償期屆至，債權人得請求清償，債務人則應為清償。惟民法第 316 條規定：「定有清償期者，債權人不得於期前請求清償，如無反對之意思表示時，債務人得於期前為清償。」因此，如債務訂有清償期，債權人不得在該清償期前請求清償；相對地，債務人在無反對的意思表示前提下，卻得於「期前」為清償。除依該規定之有反對的意思表示情形外，另外有些債務的性質，債務人亦不得期前清償，尤其是絕對的「定期債務」❹。

(二)**給付遲延**：民法第 229 條規定：「給付有確定期限者，債務人自期限屆滿時起，負遲延責任。給付無確定期限者，債務人於債權人得請求給付時，經其催告而未為給付，自受催告時起，負遲延責任。其經債權人起訴而送達訴狀，或依督促程序送達支付命令，或為其他相類之行為者，與催告有同一之效力。前項催告定有期限者，債務人自期限屆滿時起負遲延責任。」如清償期為確定期限，債務人自「期限屆至」時起，負遲延責任；若為不確定期限或未定期限，原則上自「經債權人催告」時起，負遲延責任。

---

❹ 例如婚喪喜慶的提供酒席、生日蛋糕的承製、元宵節鹽水蜂炮的提供等。

㈢**受領遲延**：民法第 234 條規定：「債權人對於已提出之給付，拒絕受領或不能受領者，自提出時起，負遲延責任。」依此，如清償期屆至，債務人提出給付，而債權人拒絕受領或不能受領，則債權人應自該提出時起，負受領遲延責任。

㈣**消滅時效**：依民法第 128 條前段規定：「消滅時效，自請求權可行使時起算。」如債務的清償期屆至，其債權人的請求權即可行使，因而請求權的消滅時效亦開始進行。

㈤**債務不履行的效果**：因契約所生的債務，清償期屆至而債務人未給付，債權人得定相當期限催告其履行，如於期限內不履行時，得解除其契約（民法 254）；若是依契約的性質或當事人的意思表示，非於一定時期為給付（即清償債務）不能達其契約之目的（所謂的絕對的定期債務），而契約當事人的一方（債務人）不按照時期給付者，他方當事人（債權人）得不為催告，而逕行解除其契約（民法 255）。

㈥**抵銷的要件**：依民法第 334 條規定，債務的抵銷，以雙方的債務均屆清償期為要件。

二、清償期前的清償

對於未定有清償期的債務（未定期債務），民法第 315 條允許債權人得隨時請求清償，債務人亦得隨時為清償。對於定有清償期的債務（定期債務），民法第 316 條規定：「定有清償期者，債權人不得於期前請求清償，如無反對之意思表示時，債務人得於期前為清償。」限制債權人於清償屆至前請求清償，相對地原則上容許債務人於清償屆至前為清償。此規定將清償期的利益（期限利益）劃歸於債務人，債務人因此得拋棄其期限利益而期前清償。惟應注意的是，民法第 316 條規定非強行規定，而是任意規定❹，當事人得為與此規定不同效果的約定。

---

❹　孫森焱，《民法債編總論（下）》，2004，頁 1065。

🔍 案例分析

在上述案例事實中，甲、乙之間成立付利息的消費借貸契約（民法 474 I），性質上屬於有償的單務契約。因當事人約定有借期，借用人甲應於約定期限內，返還貸與人乙 100 萬元（民法 478）。當事人約定有利息，因未約定利息的支付期，依民法第 477 條本文後半段規定，利息或其他報償，未定期限者，應於借貸關係終止時支付之，故甲應於借貸關係終止時支付利息。

㈠今年 5 月 1 日，乙向甲表示自己有急需資金，要求甲提早於 5 月 8 日清償。因甲、乙間的 100 萬元借貸契約約定有借期，即定有清償期，且無債權人得期前請求清償的特別約定，依民法第 316 條規定，債權人乙不得於期前請求清償。所以當乙要求甲提早於 5 月 8 日清償，甲得以借期未至而拒絕期前清償。

㈡今年 6 月 8 日，甲持現金 100 萬元及應付利息至乙的住所，向乙表示要提前清償。雖然甲、乙間的 100 萬元借貸契約約定有借期，即定有清償期，但因無債務人不得期前清償的特別約定，依民法第 316 條規定，債務人甲得於清償期屆至前為清償。所以當甲於 6 月 8 日要提前清償，乙不得以清償期尚未屆至，而拒絕受領；否則，其將構成債權人受領遲延（民法 234）。

結論 ㈠當乙要求甲提早於 5 月 8 日清償，甲得以借期未至而拒絕期前清償。

㈡當甲於 6 月 8 日要提前清償，乙不得以清償期尚未屆至，而拒絕受領。

📚 相關法條

▶民法第 315 條

清償期，除法律另有規定或契約另有訂定，或得依債之性質或其他情形決定者外，債權人得隨時請求清償，債務人亦得隨時為清償。

▶民法第 316 條

定有清償期者，債權人不得於期前請求清償，如無反對之意思表示時，債務人得於期前為清償。

甲與建商 A 公司於民國 97 年 12 月 12 日簽訂 H 屋的買賣契約，A 將其建造中的 H 屋及其地基 L 地以 1200 萬元出售予甲，雙方未就契約的履行期為約定。試問：

㈠ A 公司何時得請求甲支付價金？

㈡ A 公司對甲的價金給付請求權，何時消滅時效完成？❹⑤【提示：民法第 127 條、第 128 條】

問題 6－10

債務人得否為一部清償？

甲對乙負有 80 萬元的損害賠償債務，已屆清償期。嗣後甲對乙提出 30 萬元表示要清償時，乙表示金額不足而拒絕受領。請問是否生受領遲延的效力？如甲將該 30 萬元在管轄法院提存所為債權人乙提存，是否生清償的效力？

提　示

一、何謂一部清償？

二、債務人得否為一部清償？

---

❹⑤　最高法院 28 年上字第 1760 號判例；最高法院 77 年台上字第 2295 號判決；最高法院 78 年台上字第 1170 號判決。

🧠 解　析

一、概　念

　　民法第 318 條第 1 項規定：「債務人無為一部清償之權利。」如債務人所提出清償的客體（給付內容），足以清償債務的全部，為全部清償；如債務人所提出清償的客體（給付內容），不足以清償債務的全部，而僅得清償債務的一部之情形，為一部清償，例如債務人負有 100 萬元的債務，僅提出 60 萬元為清償，或負有交付並移轉 A、B 二車的債務，僅提出 A 車為清償。僅於可分之債，才有一部清償的問題；不可分之債，不生一部清償的問題，而僅有緩期清償的問題（民法 318 III），例如租賃房屋的返還❹❻。

二、全部清償的原則

　　民法第 318 條規定：「債務人無為一部清償之權利。但法院得斟酌債務人之境況，許其於無甚害於債權人利益之相當期限內，分期給付，或緩期清償。」清償的客體，即債務的內容，原則上債務人應依債的本旨，實現債的內容，不得任意變更，因此民法第 318 條第 1 項規定，原則上債務人無為一部清償之權利，應為全部清償；僅於該條項但書所規定的條件下，法院得例外地允許債務人為分期（或緩期）清償（民法 318 I），其立法理由，或基於保護債務人，或謀求交易的便利。

　　民法第 318 條第 1 項但書的規定，僅賦予法院有斟酌債務人境況，許其分期給付或緩期清償的職權，並未賦予債務人有要求分期給付（或緩期清償）的權利，如法院斟酌債務人境況的結果，認為不應許其分期給付（或緩期清償）時，債務人不得以法院認定不當而以此作為上訴理由❹❼。法院准許債務人分期給付，即許其先為一部清償，前提為法院必須斟酌債務人的境況有必要，並僅限於無甚害債權人利益的相當期限內。法院斟酌債務

---

❹❻　最高法院 30 年滬上字第 206 號判例。
❹❼　最高法院 23 年上字第 224 號判例。

人的境況，應以債務人的經濟狀況為客觀依據，並於判決中明定分期的期數及其期間長短。

於法院民法第 318 條第 1 項但書的規定，准許債務人為分期給付，如債務人一期遲延給付時，債權人得請求全部清償（民法 318 II）。此時，債務人即喪失其一部清償的權利。

除民法第 318 條第 1 項但書外，另有其他例外情形，債務人得為一部清償，例如當事人間的特約允許、債權人自願受領、債權人拒絕受領一部清償有違誠信原則（民法 148 II）或法律有特別規定❹⓼。

債務人原則上無為一部清償的權利（民法 318 I），而債務人非依債務本旨實行提出給付，亦不生提出的效力（民法 235）。若債務人僅提出給付的一部，除別有規定外，不得謂為依債務本旨提出，自不生提出的效力；債權人拒絕受領，即不負遲延責任❹⓽；雖依民法第 326 條規定，如債權人受領遲延，清償人得將其給付物提存；惟不依債務本旨的提存，仍不生清償的效力❺⓪。

🔍 案例分析

在上述案例事實中，甲對乙負有 80 萬元的損害賠償債務，已屆清償期。甲應依債務本旨提出給付，其須提出所負的 80 萬元才符合債務本旨。依民法第 318 條第 1 項但書規定，債務人甲原則上無為一部清償的權利。因此，當甲對乙提出 30 萬元表示要清償時，由於甲提出 30 萬元並不符合債務本旨，依民法第 235 條本文規定不生提出的效力，乙表示金額不足而拒絕受領就不生受領遲延的效力。

如上所述，乙並無受領遲延，且甲在管轄法院提存所為債權人乙提存 30 萬元，亦不符民法第 326 條規定，故甲的提存不生清償的效力。

結論　乙拒絕受領，不生受領遲延的效力；甲為乙提存 30 萬元，亦不生清償的效力。

---

❹⓼　例如民法第 271 條、票據法第 70 條。

❹⓽　最高法院 23 年上字第 98 號判例。

❺⓪　最高法院 83 年臺上字第 903 號判決。

相關法條

▶民法第 235 條

債務人非依債務本旨實行提出給付者，不生提出之效力。但債權人預示拒絕受領之意思，或給付兼需債權人之行為者，債務人得以準備給付之事情，通知債權人，以代提出。

▶民法第 318 條

債務人無為一部清償之權利。但法院得斟酌債務人之境況，許其於無甚害於債權人利益之相當期限內，分期給付，或緩期清償。

法院許為分期給付者，債務人一期遲延給付時，債權人得請求全部清償。

給付不可分者，法院得比照第一項但書之規定，許其緩期清償。

▶民法第 326 條

債權人受領遲延，或不能確知孰為債權人而難為給付者，清償人得將其給付物，為債權人提存之。

練 習 題

經營旅館業的甲向乙借款 100 萬元，依約定應於 9 月 1 日清償。但因 7、8 月間多次颱風，不僅使甲的旅館受損害，客房的住房率也嚴重減少。至 9 月 1 日時，甲勉強湊集 50 萬元向乙為清償。試問：乙得否拒絕受領？甲有無得合法先清償 50 萬元的可能性？

問題 6-11

債務人以他種給付代替原定給付，是否亦生清償的效力？

甲欠乙 300 萬元債款，約定月息 1 分，清償期屆至，仍無法籌湊足夠

的款項清償債務。甲開著自己心愛的 P 跑車到乙的住處，向乙表示要用 P 車抵償所欠的 300 萬元及利息。乙表示同意並收下 P 車及其鑰匙與相關證件。請問甲、乙間的 300 萬元及利息的債權債務，是否因此而消滅？

提　示

一、何謂代物清償？
二、代物清償的效力為何？

解　析

一、代物清償的概念

代物清償，係債權人受領他種給付，以代替原定的給付，而使債的關係消滅之契約（民法 319）。代物清償契約，性質上為要物契約[51]，亦為有償契約[52]，因此準用關於買賣的規定（民法 347）。

因代物清償，非提出原定的給付，債權人不負當然受領的義務，而是必須經其同意受領，方為成立[53]；若債權人以增加擔保或其他的意思而受領給付，則不成立代物清償，債的關係不因此而消滅[54]。

因代物清償契約為要物契約，所以不論其給付的種類，而必須有現實的給付，始得成立[55]；若僅有給付的「約定」而尚未給付，則不足以成立代物清償。

---

[51] 最高法院 65 年臺上字第 1300 號判例；鄭玉波，《民法債編論文選集（中）》，1984，頁 947。

[52] 惟鄭玉波，《民法債編論文選集（中）》，1984，頁 951–953，認為通說的「有償契約說」有諸多問題，而贊同「無色（無因）性契約說」。

[53] 最高法院 52 年臺上字第 3696 號判例。

[54] 最高法院 28 年上字第 1977 號判例。

[55] 最高法院 65 年臺上字第 1300 號判例；最高法院 97 年臺上字第 52 號判決。

二、代物清償的效力

　　民法第 319 條規定:「債權人受領他種給付以代原定之給付者，其債之關係消滅。」因此，代物清償的主要效力，為債的關係消滅，而其從屬權利亦隨之消滅。代物清償經成立後，無論他種給付與原定的給付其價值是否相當，債的關係均歸消滅[56]。

　　如上述，因代物清償契約為有償契約，準用關於買賣的規定（民法347），清償人對於其作為給付標的之物或權利，亦須對受領的債權人負出賣人之（物的或權利）瑕疵擔保責任（民法 349–355）。

🔍 案例分析

　　在上述案例事實中，當甲開著自己心愛的 P 跑車到乙的住處，向乙表示要用 P 車抵償所欠的 300 萬元及利息，此為代物清償的要約。當乙表示同意，此為承諾[57]，並因收下 P 車及其鑰匙與相關證件，甲、乙間的代物清償契約即因而成立並生效。甲、乙間的 300 萬元及利息之債的關係消滅。

結論 甲、乙間的 300 萬元及利息的債權債務，因代物清償而消滅。

📁 相關法條

▶民法第 319 條

債權人受領他種給付以代原定之給付者，其債之關係消滅。

練 習 題

一、甲積欠債權人乙 25 萬元，乃將其所有的市價 20 多萬的鑽錶 P 交付給乙，表示以該 P 錶代替清償；乙卻明白表示，以設定質權的意思，而收受該 P 錶。試問：甲、乙間的 25 萬元債權債務，是否已經消滅?

[56] 最高法院 52 年臺上字第 3696 號判例。
[57] 最高法院 28 年上字第 1977 號判例。

二、丙先支付5千元予丁，購買丁飼養的C貓。當丙於約定日期到丁的住處，欲領取C貓。因丁不在，丁的受僱人戊告知C貓在治療中，丙見到另一D狗可愛，就表示要以D狗取代C貓。惟丙未得到戊的同意，即自行抱走D。試問：丙、丁間有何債的關係？ 🅰

問題6-12

債務人為清償債務而對債權人負擔新債務，其債務是否因而消滅？

甲積欠債權人乙25萬元借貸債務，未約定有清償期。某日，乙以電子郵件向甲表示自己最近需用資金，要求甲近日內清償。數日後，乙收到甲所掛號郵寄的發票人為甲的25萬元面額本票一張。請問甲對乙的25萬元借貸債務，是否因乙收受甲寄送該本票而消滅？

提　示

一、何謂新債清償？

二、新債清償有何效力？

解　析

一、新債清償的概念與性質

民法第320條規定：「因清償債務而對於債權人負擔新債務者，除當事人另有意思表示外，若新債務不履行時，其舊債務仍不消滅。」此所指的「因清償債務而對於債權人負擔新債務」，學說上稱為新債清償、新債抵舊或間接給付🅱。

🅰　最高法院28年上字第1977號判例。

新債清償，是債權人與債務人之間，因債務人清償舊債務，而對債權人負擔新債務，並因新債務的履行，而使舊債務消滅的契約（民法320）。此新債清償契約，是債務人以負擔新債務為清償舊債務的方法，當新債清償契約成立時，債務人即負擔新債務。有學者主張新債清償與代物清償契約同屬要物契約⑥，茲不贊同，蓋就其契約成立而言，並不以物的交付為必要；惟不可否認的是，新債清償的重點在於對新債的給付（異於舊債的給付），因新債務的履行，而使舊債務亦一併消滅。

二、新債清償的效力

依民法第320條規定，新債清償除當事人另有意思表示外，若新債務不履行，原則上其舊債務仍不消滅，即發生新、舊債務並存的情形。新債清償契約的成立，並不會使債權歸於消滅，此點與代物清償契約使債的關係消滅（民法319）有別。依民法第320條規定的反對解釋，如新債務已經履行，則舊債務即歸於消滅。

所以，新債清償的效力有二：一為舊債務仍不消滅，而發生新、舊債務並存；二為新債務的履行，使舊債務同歸於消滅。

新債清償，雖使新、舊債務並存，惟債權人卻不能擇舊債務請求，除非新債務為無效或被撤銷，或不能履行。

因清償債務而對於債權人負擔新債務，由於當事人間亦可約定為代物清償或債的更改。所以，究竟是為新債清償、代物清償或債的更改，首先應探求當事人意思（民法98）；如當事人意思不明時，再依民法第320條認定為新債清償（間接給付），而使新、舊債務並存。新債清償與代物清償的主要差別，在於前者除當事人另有意思表示外，若新債務不履行時，其舊債務仍不消滅；後者則是一種消滅債的方法，且為要物契約，其成立除當事人的合意外，必須現實為他種給付，始生消滅債務關係的效力⑥。

---

⑤ 另史尚寬，《債法總論》，1990，頁778，稱之為「為清償之給付」，係從其最終結果觀察。惟此稱呼與一般的「給付」實難區別，不宜使用。

⑥ 孫森焱，《民法債編總論（下）》，2004，頁1053。

案例分析

在上述案例事實中，甲積欠債權人乙 25 萬元借貸債務，未約定有清償期。乙以電子郵件向甲表示自己最近將需用資金，要求甲近日內清償，性質上為清償的催告（民法 229 II、315）。乙收到甲所掛號郵寄的發票人為甲的 25 萬元面額本票一張，甲郵寄予乙該本票，而未有其他意思表示，應解為訂立新債清償契約的要約，而乙收受該本票亦未有其他的意思表示，可解釋為對甲的要約為默示的承諾[62]。甲、乙間因而成立民法第 320 條的新債清償契約，甲對乙的 25 萬元借貸債務並不因此而消滅，而是與該 25 萬元本票債務並存。

結論 甲對乙的 25 萬元借貸債務，不因乙收受甲寄送該本票而消滅。

相關法條

▶民法第 320 條

因清償債務而對於債權人負擔新債務者，除當事人另有意思表示外，若新債務不履行時，其舊債務仍不消滅。

練 習 題

一、甲對乙負有 50 萬元承攬報酬債務。甲簽發一張面額 50 萬元支票交給乙收受。試問：

　㈠假設當事人間未有任何約定，甲的舊報酬債務是否因支票的交付而消滅？

　㈡假設當事人間約定，甲的舊報酬債務是因支票的交付而消滅，則當事人間的債權債務關係有何變動？

---

[61]　最高法院 97 年臺上字第 52 號判決。

[62]　就此，亦可解釋為民法第 161 條的意思實現，而使新債清償契約成立。因其對本案例的解答結果無不同結論，於此不進一步探究。

二、丙積欠丁 25 萬元賭債。當事人雙方約定，以丙對丁負擔新的 23 萬元債務，作為履行該舊 25 萬元賭債的方法。試問：現在丁對丙是否有 25 萬元或 23 萬元的給付請求權？[63]

問題 6-13

債務人對同一人負數宗同種類債務，其所提給付不足清償全部債務時，如何確定其抵充順序？

甲對乙負有借貸債務 60 萬元及約定利息 6 萬元，因到期後仍未清償，並因未如期清償，依約定甲應另支付違約金 2 萬元。經乙的一再催討，甲前、後兩次分別給付乙 20 萬元及 25 萬元。請問甲對乙所付款項應如何抵充債務？

提　示

一、何謂清償抵充？

二、清償抵充的要件及方法為何？

三、清償抵充須否依一定的順序？

解　析

一、清償抵充的概念

　　對於同一債權人負擔數宗債務，而其給付的種類相同，如清償人所提出的給付，不足以清償全部債額時，決定其應充償何宗債務的辦法，稱為清償抵充。

---

[63]　最高法院 44 年臺上字第 421 號判例。

二、要件及方法

民法第 321 條規定:「對於一人負擔數宗債務而其給付之種類相同者,如清償人所提出之給付,不足清償全部債額時,由清償人於清償時,指定其應抵充之債務。」依此,清償抵充必須具備下列三要件:

　1.同一債權人負擔數宗債務。

　2.數宗債務之給付的種類相同。

　3.清償人所提出的給付,不足以清償全部債額。

清償抵充的方法,當事人得自由約定,稱為約定抵充。若未約定,民法則設有指定抵充與法定抵充二種方法。

民法第 321 條規定,由清償人於清償時,指定其應抵充的債務的情形,稱為指定抵充,其指定權歸於清償人,並不論該清償人是否為債務人,或是其他第三人。抵充的指定,應以意思表示為之,而其債務若有不同性質(原本、利息、費用),其指定亦應受民法第 323 條抵充次序規定的限制。惟民法第 323 條並非強行規定,其所定費用、利息及原本的抵充順序,得以當事人的契約予以變更[64]。

如清償人不依民法第 321 條規定為抵充的指定,則依民法第 322 條規定方法抵充,一般稱之為法定抵充。其方法如下:

　1.債務已屆清償期,儘先抵充。

　2.債務均已屆清償期或均未屆清償期,以擔保最少者,儘先抵充;擔保相等者,以債務人因清償而獲益最多者,儘先抵充;獲益相等者,以先到期的債務,儘先抵充。

　3.獲益及清償期均相等者,各按「比例」,抵充其一部。

所以,對於一人負擔數宗債務而其給付的種類相同,如清償人所提出的給付不足以清償全部債額時,依民法第 321 條規定,原應由清償人於清償時指定其應抵償的債務(指定抵充);如未為指定,即應依同法第 322 條規定,定其應抵充的債務(法定抵充),而非債權人所得任意充償某宗債務[65]。

[64]　最高法院 27 年上字第 3270 號判例。

如數債權均已屆清償期後，清償人所為一部分清償，並未指明先抵充何部分債權，而其債權擔保又屬相等，契約上及法律上又無違約金債權應先於原本債權抵充的規定，則依民法第 322 條第 2 款中段規定，自應先抵充於債務人獲益最多之有違約金約定的原本債權❻❻。

民法第 323 條規定：「清償人所提出之給付，應先抵充費用，次充利息，次充原本；其依前二條之規定抵充債務者亦同。」依此，清償人所提出的給付，應依債務的性質，先抵充費用，次充利息，最後充原本；此亦適用於民法第 321 條及第 322 條所規定的指定抵充與法定抵充。

所謂費用，指由債權人為成立或實現債權而墊付、支出的金錢，例如訂約費用、訴訟費用、執行費用等。

所謂利息，包括已經具體發生的法定利息與約定利息；實務上認為，超過法定利率限制的利息（民法 205），無此條的適用❻❼。

民法第 323 條並非強行規定，其所定費用、利息及原本的抵充順序，得以當事人的契約予以變更❻❽。

有學者於法定抵充下，區分「同性質債務之抵充順序」與「異性質債務之抵充順序」，後者則引用民法第 323 條前段；並將民法第 323 條後段解釋為民法第 321 條指定抵充與民法第 322 條法定抵充的限制規定❻❾。

對於違約金的抵充，實務上曾認為，違約金的性質則與利息不同，民法既無違約金儘先抵充的規定，其抵充的順序，應在原本之後；從而除當事人另有特別約定外，債權人不得以違約金優先於原本抵充而受清償❼⓪。

---

❻❺ 最高法院 44 年臺上字第 923 號判例。

❻❻ 最高法院 71 年臺上字第 1463 號判決。

❻❼ 最高法院 41 年臺上字第 807 號判例。不同見解，王伯琦，《民法債篇總論》，1962，頁 285，則認為民法第 204 條為民法第 323 條的特別規定。

❻❽ 最高法院 27 年上字第 3270 號判例。

❻❾ 鄭玉波、陳榮隆，《民法債編總論》，2002，頁 646–649。

❼⓪ 最高法院 80 年臺上字第 390 號判決。

決定因素	債務性質	屆清償期	擔保多寡	債務人獲益多寡	到期先後	比例抵充
考量先後順序	1	2	3	4	5	前五種因素無區別

▲決定抵充次序的因素及其考量先後

案例分析

　　在上述案例事實中，甲前後兩次分別給付乙 20 萬元及 25 萬元。依民法第 316 條規定，甲對乙所提出的二筆給付，應依債務的性質，先抵充費用，次充利息，最後充原本；至於違約金，實務上曾以民法既無違約金儘先抵充的規定，其抵充的順序，應在原本之後。因此，第一次給付的 20 萬元應先抵充約定利息 6 萬元，其餘抵充借貸債務；第二次給付的 25 萬元，抵充剩餘的借貸債務，仍有不足，故尚不能抵充違約金。

結論 第一次給付的 20 萬元應先抵充約定利息 6 萬元，其餘抵充借貸債務；第二次給付的 20 萬元，抵充剩餘的借貸債務，仍有不足，故尚不能抵充違約金。

相關法條

▶民法第 321 條

對於一人負擔數宗債務而其給付之種類相同者，如清償人所提出之給付，不足清償全部債額時，由清償人於清償時，指定其應抵充之債務。

▶民法第 322 條

清償人不為前條之指定者，依左列之規定，定其應抵充之債務：

一、債務已屆清償期者，儘先抵充。

二、債務均已屆清償期或均未屆清償期者，以債務之擔保最少者，儘先抵充；擔保相等者，以債務人因清償而獲益最多者，儘先抵充；獲益相等者，以先到期之債務，儘先抵充。

三、獲益及清償期均相等者，各按比例，抵充其一部。

▶民法第 323 條

清償人所提出之給付，應先抵充費用，次充利息，次充原本；其依前二條之規定抵充債務者亦同。

 練習題

一、甲先後分別向乙購買 A、B、C、D 四機器，價金分別為 1 萬 5 千元、2 萬元、1 萬元、1 萬 2 千元，均未支付任何款項。今甲委託第三人丙拿 1 萬元現金給乙，僅表示要清償債務。試問：

　㈠此 1 萬元應先抵充哪一筆債務？

　㈡如丙依甲的指示，同時向乙表示清償第三筆的 1 萬元債務，有何效力？

二、丙對丁負有二筆借貸債務，其一 20 萬元，並生有約定利息 2 萬元；其二 30 萬元，並生約定利息 4 萬元。如丙給付丁 30 萬元，並指定先抵充 30 萬元那筆借貸債務。試問：丙對丁的債務，哪一部分已經因丙的給付 30 萬元而消滅？哪一部分仍繼續存在？

問題 6-14

債權是否因債權證書的返還而消滅？

甲先後向乙借款 20 萬元及 5 萬元，當甲清償該筆 20 萬元及其利息時，乙疏忽竟將兩筆借款的借據一併交還予甲。請問乙得否向甲要求清償該筆 5 萬元借款？

 提　示

一、清償人得否請求給予受領證書？

二、債權證書的返還有何效力？

解　析

一、受領證書

　　民法第 324 條規定：「清償人對於受領清償人，得請求給與受領證書。」賦予清償人受領證書的給與請求權。受領證書，係證明清償事實的證書，即社會上一般慣用的收據，性質上為觀念通知。由於受領證書的給與屬於債權人的義務，因此其作成費用，例如印花稅、郵寄費用，應歸債權人負擔[71]。

　　清償人對於受領清償人，依民法第 324 條得請求給與受領證書，受領人如拒絕給與受領證書，清償人得主張同時履行抗辯權（民法 264），不為自己的給付，而受領人則應負受領遲延的責任[72]。

　　受領證書既然是證明清償事實的證書，通常應在清償後債權人才會給與，未清償而給與清償證書必屬罕見。因此，民法第 325 條第 1 項及第 2 項設有受領證書之下述二種效力推定的規定：

㈠**定期給付的受領證書：**關於利息或其他定期給付，如債權人給與受領「一期」的證書，而未為其他的保留，則推定「以前各期」的給付已為清償（民法 325 I）。所謂定期給付，指於一定期間的間隔，為規則的反復給付，利息為其例示，其他如紅利、租金、贍養費、退職金、終身定期金等，均是[73]。例如出租人甲給與承租人乙今年 5 月的租金受領證書，其中註記 3 月的租金尚未支付，則推定 1 月、2 月及 4 月的租金已經支付。

　　如債權人主張「以前各期」尚未清償，應負舉證責任（舉證責任倒置）。

---

[71]　相同見解，鄭玉波、陳榮隆，《民法債編總論》，2002，頁 651。

[72]　最高法院 86 年臺上字第 2951 號判決；鄭玉波、陳榮隆，《民法債編總論》，2002，頁 651。

[73]　參閱民法第 126 條。

⑵**受領原本的受領證書**：如債權人給與受領「原本」的證書，推定其「利息」亦已受領（民法 325 II）。例如金錢貸與人甲給與借用人乙借款 20 萬元（原本）的受領證書，則推定其利息亦已經受領。

依民法第 323 條前半段規定，清償人所提出的給付，應先抵充費用，次充利息，次充原本。依此，利息債權應先於原本債權消滅；但因民法第 323 條並非強行規定，其所定費用、利息及原本的抵充順序，得以當事人的契約予以變更❼。所以仍有原本已經受領，而利息尚未受領的情形。

若債權人主張利息尚未受領，應負舉證責任（舉證責任倒置）。

二、債權證書的返還

民法第 308 條第 1 項規定：「債之全部消滅者，債務人得請求返還或塗銷負債之字據，其僅一部消滅或負債字據上載有債權人他項權利者，債務人得請求將消滅事由，記入字據。」此負債字據，即民法第 325 條第 3 項的債權證書。如債權人將債權證書返還予債務人，民法第 325 條第 3 項規定推定其債的關係消滅，此推定得舉反證予以推翻。

就土地所有權狀的交付，最高法院曾以「債權證書，乃債權人與債務人間債之關係之證明文件，債權證書之返還，通常係在清償債務之後；而土地所有權狀，則為土地所有人對於土地權利之證明文件，土地所有權狀之交付，未必與土地買賣有關。兩者性質並不相同，亦非類似」，認為不得類推適用民法第 325 條第 3 項規定❼。

案例分析

在上述案例事實中，甲先後向乙借款 20 萬元及 5 萬元，當甲清償該筆 20 萬元及其利息時，乙疏忽而將兩筆借款的借據一併交還予甲。清償為債的消滅原因（民法 309 I），而債權證書的返還，並非債的消滅原因，依民法第 325 條第 3 項規定，僅有推定債的關係消滅之效力。就 5 萬元借款部

---

❼ 最高法院 27 年上字第 3270 號判例。

❼ 最高法院 88 年臺上字第 2737 號判決。

分，甲並未清償，其尚未消滅，但因乙已將其債權證書的借據返還予債務人甲，如乙要在訴訟上請求法院命甲給付（清償），而乙為抗辯，必須舉反證將該債的關係消滅的推定推翻，法院才會判決乙勝訴，命甲為清償。

結論 乙得向甲要求清償該筆 5 萬元借款；惟在訴訟上負有債的關係未消滅之舉證責任。

▮▮▮相關法條

▶民法第 324 條

清償人對於受領清償人，得請求給與受領證書。

▶民法第 325 條

關於利息或其他定期給付，如債權人給與受領一期給付之證書，未為他期之保留者，推定其以前各期之給付已為清償。

如債權人給與受領原本之證書者，推定其利息亦已受領。

債權證書已返還者，推定其債之關係消滅。

練習題

一、甲將 H 屋出租予乙，後因乙工作不順，租金支付不正常。某日甲給與乙今年 8 月的租金受領證書，其中註記 6 月的租金尚未支付。試問：此 8 月的租金受領證書有何效力？

二、丙向丁借貸 50 萬元，並約定年息 2 分，清償時先抵充本金。1 年到期，丙以現金 50 萬元償付丁，丁開立一張 50 萬元借款原本的受領證書。試問：丁得否再向丙索討丙尚未給付的借款利息？

第三節　提　存

問題 6-15

何謂提存? 提存有何效力?

甲對乙負有 50 萬元的借貸債務,依約定應於 5 月 5 日在乙的住所,以現金為清償。5 月 5 日,甲依約持現金 50 萬元至乙的住所,才知乙出國旅遊,無法探知歸期,隨後向管轄法院為乙提存 50 萬元。請問甲對乙的 50 萬元債務是否因甲的提存而消滅?

提　示

一、何謂提存?

二、提存的要件為何?

三、提存有何效力?

解　析

一、概　念

所謂提存,乃債務人以消滅債務為目的,將其給付物為債權人寄託於(法院)提存所的行為。

關於提存性質,學說見解不一,主要有公法行為說,與私法行為說的單獨行為說(清償要約)、契約說。依多數所採的契約說,提存人的請求提存(要約)與提存所允為保管(承諾)意思表示合致,再加上提存物的交付,而成立提存契約,其性質上屬於寄託契約[76]。

關於提存的程序及其他相關事項,應遵照「提存法」及「提存法施行

---

[76] 鄭玉波、陳榮隆,《民法債編總論》,2002,654 頁。

　　不同見解,孫森焱,《民法債編總論(下)》,2004,頁 1092-1093。

細則」的規定。

二、要　件

民法第 326 條規定:「債權人受領遲延,或不能確知孰為債權人而難為給付者,清償人得將其給付物,為債權人提存之。」依此,提存應具備下列要件:

㈠**具有提存的原因**: 提存的原因有二,一為債權人受領遲延;二為不能確知孰為債權人而難為給付。

依民法第 234 條規定,債權人對於已提出的給付,拒絕受領或不能受領,構成受領遲延,債務人的責任因而減輕(民法 237–239),依民法第 326 條規定,更可藉由提存而免其責任。

此外,債務人不能確知孰為債權人而難為給付,例如不知何人為死亡債權人的繼承人,或何人為不當得利應返還的對象,或何人確為無因管理的本人(民法 173 II、541–542)。此時唯有透過提存,才能消滅其債務,至於債務人的不能確知,其有無過失,並無影響㊆。

㈡**提存關係的當事人**: 包括提存人、提存所及債權人三方。

凡得為清償的人,皆得為提存人,不以債務人為限。

提存契約的當事人,一方為提存人,另一方則為清償地之地方法院附設的提存所(民法 327;提存法 1、4)。清償人必須向合法的提存所為提存,才能發生提存的效力㊇。

因提存契約具有向第三人為給付契約(利他契約)的性質,此給付對象的第三人即為債權人,為該契約效力所及的人;但並不以該債權人有受益的意思表示為必要㊈。

㈢**提存物**: 可分為原給付物及價金二種類。

原則上提存人應依債務本旨,以原給付物為提存。如給付物不適於

㊆　孫森焱,《民法債編總論(下)》,2004,頁 1094。

㊇　最高法院 33 年上字第 3558 號判例。

㊈　與民法第 269 條規定有異。

提存，或有毀損滅失之虞，或提存需費過鉅時，清償人得聲請清償地的法院拍賣[80]，而提存其價金（民法 331）；如該給付物有市價，該管法院亦得許可清償人照市價出賣，而提存其價金（民法 332）。

提存物，依提存法第 6 條規定，提存物以金錢、有價證券或其他動產為限；提存物不適於提存，或有毀損滅失之虞，或提存需費過鉅者，提存所得不准許其提存。至於不動產，既不適於提存，且債務人得依拋棄占有方式而免責（民法 241），亦無提存的必要[81]。

三、效　力

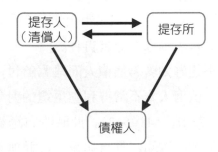

㈠**提存人與提存所間的效力**：提存人（清償人）與提存所間，成立寄託契約，原則上適用關於寄託契約的規定。惟提存與一般寄託仍有所不同，一般寄託專以保管為目的，因此寄託人有寄託物返還請求權（民法 597、602 I、603 之 1）；提存則以消滅債的關係為目的，債務人因適法提存而免其債務。所以除非有提存法第 17 條、第 18 條第 1 項第 6 款所明列的情形，提存人不能再請求返還提存物，即使債權人的受取權因十年間不行使而消滅，該提存物應歸屬於國庫（民法 330），提存人亦不能取回。

㈡**提存人與債權人間的效力**：提存人依債務本旨提存，主要效力為債的關係（債權、債務）消滅，債務人因而免責，債權人僅能向提存所受取提存物；如非依債務本旨或向無受領權人所為的清償提存，其債的關係不

---

[80]　民法債編所定的拍賣，在「拍賣法」尚未公布施行前，得經公證人、警察機關、商業團體或自治機關的證明，照市價變賣（民法債編施行法 28）。

[81]　依提存法第 6 條第 1 項規定，提存物以「金錢、有價證券或其他動產」為限。

消滅（提存法 22）。債的關係消滅，債務人免責，則更發生下列二效力：

1.危險負擔的移轉：提存後，給付物毀損、滅失的危險，移轉由債權人負擔（民法 328 前半段）。

2.支付利息，或賠償為收取孳息損害義務的免除：提存後，債務人亦無須支付利息，或賠償其孳息未收取的損害（民法 328 後半段），因其已無收取孳息義務。

至於提存拍賣及出賣的費用，由債權人負擔（民法 333）。蓋提存係由於債權人受領遲延，或由於不能確知債權人而難為給付（民法 326），因可歸責於債權人事由所導致的無法清償[82]。

關於提存物所有權的移轉，因其為代替物或特定物而有不同。

提存物為代替物，依消費寄託規定（民法 602、603），提存物於提存時，所有權先移轉於提存所；再由提存所以相同種類、品質及數量的物，交付於債權人。

提存物為特定物，由提存所取得占有，並以提存所為媒介，在提存人與債權人間移轉所有權（指示交付），原則上於債權人表示「承認受取」時，取得提存物的間接占有及所有權；若未表示承認受取，則於債權人請求交付提存物時。不論債權人有無承認受取，只要十年內未實際受取，提存物的所有權歸屬於國庫（民法 330）。

㈢**債權人與提存所間的效力**：提存具有向第三人為給付契約（利他契約）的性質，債權人因提存契約，對提存所取得直接請求交付提存物的請求權，此即民法第 329 條前段所規定「債權人得隨時受取提存物」。債權人提存物交付請求權，受有下列二限制：

1.受取權的阻止：如債務人的清償，係對債權人的給付而為，則在債權人未為對待給付，或提出相當的擔保前，得阻止其受取提存物（民法 329 後段）[83]。

2.受取權的消滅：債權人關於提存物的權利，應於提存後十年內行使，

---

[82]　鄭玉波、陳榮隆，《民法債編總論》，2002，頁 661。

[83]　參閱提存法第 21 條。

逾期則該提存物即歸屬於國庫（民法 330），此十年期間，為除斥其間。

提存物除為金錢外，提存物保管人（提存所）對於有受取權人，得請求交付保管費用（提存法 14 I），因而在債權人交付該保管費前，其就提存物有留置權。

🔍 案例分析

在上述案例事實中，依民法第 234 條規定，債權人對於已提出的給付，拒絕受領或不能受領者，自提出時起，負遲延責任。乙因出國而不能受領甲依約所提出的給付，為可歸責，應負受領遲延責任。依民法第 326 條規定，債權人受領遲延，清償人得將其給付物，為債權人提存之，甲隨後向管轄法院為乙提存 50 萬元，符合該規定提存的要件。提存人依債務本旨提存，主要效力為債的關係（債權、債務）消滅，債務人因而免責，債權人僅能向提存所受取提存物。故甲對乙的 50 萬元債務因甲的提存而消滅。

結論 甲對乙的 50 萬元債務因甲的提存而消滅。

📁 相關法條

▶民法第 326 條

債權人受領遲延，或不能確知孰為債權人而難為給付者，清償人得將其給付物，為債權人提存之。

▶民法第 327 條

提存應於清償地之法院提存所為之。

▶民法第 328 條

提存後，給付物毀損、滅失之危險，由債權人負擔，債務人亦無須支付利息，或賠償其孳息未收取之損害。

▶民法第 329 條

債權人得隨時受取提存物，如債務人之清償，係對債權人之給付而為之者，

在債權人未為對待給付或提出相當擔保前，得阻止其受取提存物。

▶民法第 330 條

債權人關於提存物之權利，應於提存後十年內行使之，逾期其提存物歸屬國庫。

▶民法第 331 條

給付物不適於提存，或有毀損滅失之虞，或提存需費過鉅者，清償人得聲請清償地之法院拍賣，而提存其價金。

▶民法第 332 條

前條給付物有市價者，該管法院得許可清償人照市價出賣，而提存其價金。

▶提存法第 6 條

提存物以金錢、有價證券或其他動產為限。

提存物不適於提存，或有毀損滅失之虞，或提存需費過鉅者，提存所得不准許其提存。

▶提存法第 22 條

非依債務本旨或向無受領權人所為之清償提存，其債之關係不消滅。

練習題

甲對乙負有 20 萬元債務，當清償期屆至時，雖甲已準備好供清償的現金，卻不見債權人乙索討，亦無從探聽乙之所蹤。試問：甲得如何使自己對乙的債務早日消滅？

第四節 抵 銷

抵銷的方法為何？抵銷何時發生效力？

甲對乙負有 10 萬元的買賣價金債務，而乙對甲負有 6 萬元的借貸債務。於雙方債務均屆清償期後，甲對乙為抵銷的表示。請問甲、乙雙方的債的關係有何變動？

提 示

一、何謂抵銷？

二、抵銷的要件及其方法為何？

三、抵銷有何效力？抵銷的效力何時發生？

解 析

一、概 念

抵銷，係使互負債務雙方，其債務的對等額同歸消滅的行為。抵銷依發生的原因，可分為法定抵銷與約定抵銷，前者係基於法律規定所為的抵銷，民法第 334 條至第 342 條所規定的抵銷即是；後者則基於當事人的約定，所為的抵銷，該契約稱為抵銷契約。

㈠**法定抵銷：** 民法所規定的抵銷，謂二人互負債務，而其給付種類相同，並均屆清償期，其中一方使其債務與他方債務的對等額，同歸於消滅的單獨行為（民法 334 I）。抵銷為一方的意思表示，性質上屬於單獨行為，其效力可使債的關係消滅，為獨立之債的消滅原因。因此，抵銷不但具有與清償相同的效果，又可減省交換履行的勞費，實屬便利當事人的制度。

㈡**約定抵銷：** 基於契約自由原則，互負債務的雙方當事人，亦得以契約訂

定雙方的債務依對等額而消滅，此契約即為抵銷契約，屬於有償契約。民法第 400 條至第 405 條所規定的交互計算，即為抵銷契約的典型；另票據交換所的票據交換，則是當事人雙方與第三人間依三面契約而為抵銷的情形。

抵銷契約的效力，為債的關係消滅，至於其消滅範圍，是否有溯及效力，皆依契約內容決定；抵銷契約與法定抵銷不同，其不受民法抵銷要件（民法 334 I）❽❹、禁止抵銷（民法 338、339）、禁止附條件、期限（民法 335 II）的限制。

二、要件及方法

此抵銷要件的限制，僅適用於民法第 334 條至第 342 條所規定的「法定抵銷」；至於約定抵銷，不受其限制。抵銷，乃行使抵銷權的一方意思表示，故屬於單獨行為❽❺。其以有抵銷權為要件，抵銷權屬於形成權。法定抵銷，必須具備下列抵銷要件：

㈠**適合抵銷的狀態（積極要件）**：抵銷須有適合抵銷的狀態，又稱抵銷適狀，亦即「二人互負債務，而其給付種類相同，並均屆於清償期」的狀態（民法 334 I）。

　1.**二人互負債務**：就債務方面觀察，為債務的對立，而就債權方面觀察，則為債權的對立。其主張抵銷一方（抵銷人）所擁有的債權，稱為主動債權（或動方債權、能動債權），而他方（被抵銷人）所擁有的對立債權，稱為被動債權（或受方債權、反對債權）。

　　原則上主張抵銷的主動債權，及其抵銷對象的被動債權，必須分別屬於抵銷雙方當事人對他方所有，而不得以第三人的債權或對第三人的債權，或對屬於第三人的債權，主張抵銷。蓋抵銷屬於權利的特別「處分」方法，原則上僅有權利的所有人，才得有效為抵銷及被抵銷❽❻；法

---

❽❹　最高法院 50 年臺上字第 1852 號判例。

❽❺　最高法院 47 年臺上字第 335 號判例；最高法院 50 年臺上字第 291 號判例；最高法院 93 年臺上字第 1091 號判決。

律設有例外規定者，例如甲、丙為債權人乙的連帶債務人，甲得以「丙對乙」所有的債權（第三人的債權），就丙所應分擔的部分向乙主張抵銷（民法 277 I）；丙將自己對乙的債權讓與給甲，債務人乙得以自己對讓與人丙所有的債權（第三人的債權），向甲主張抵銷（民法 299 II）。

民法第 299 條第 2 項規定，亦適用於權利質權的設定（民法 902），因而為質權標的物之債權，其債務人於受質權設定的通知時，對於出質人有債權，如其債權的清償期，先於為質權標的物之債權，或同時屆至情形，債務人得於同額內主張抵銷[87]。

2. 雙方債務種類相同：必須雙方債務的給付種類相同，才得抵銷。若給付種類不同，即不得抵銷，因為不同種類的給付，有不同的經濟價值或目的，不宜抵銷。惟於破產情形，則為例外，破產債權人於破產宣告時，對於破產人負有債務，「無論給付種類是否相同」，得不依破產程序而為抵銷（破產法 113 I）。

3. 雙方債務均屆清償期：原則上雙方債務均須屆清償期，始得抵銷；其有二種例外情形，其一，被動債權尚未屆清償期，抵銷人（即此被動債權的債務人）拋棄其期限利益而為抵銷；其二，破產債權人的債權附有期限，得為抵銷（破產法 113 I）。雖然債的請求權已經罹於消滅時效，如在時效未完成前，其債權已適於抵銷，仍得為抵銷（民法 337）。

(二)**雙方債務均有抵銷能力：** 所謂抵銷能力，指依債的性質得為抵銷，且無禁止抵銷的情形。

1. **性質上能抵銷：** 債務（或債權）依其性質不能抵銷者，指互相抵銷，即反於成立債的本旨，例如彼此不競業的債務、相互提供勞務的債務、主動債權附有同時履行抗辯權等[88]，皆欠缺抵銷能力；但有擔保的債務

---

[86] 最高法院 49 年臺上字第 125 號判例；鄭玉波、陳榮隆，《民法債編總論》，2002，頁 668–669。

[87] 最高法院 86 年臺上字第 1473 號判例。

[88] 最高法院 92 年臺上字第 118 號判決，謂主動債權之附有同時履行抗辯權者，性質上即不許抵銷，否則無異剝奪對方之抗辯權。

與無擔保的債務，則有抵銷能力❽。

　2.無抵銷的禁止：除雙方債務具有適合抵銷的狀態（抵銷適狀）外，尚須其抵銷不被禁止，才得有效抵銷，此屬消極要件。抵銷的禁止，依其原因區分，有意定禁止與法定禁止二種：

　⑴意定禁止，指當事人對於抵銷有反對的意思表示，即禁止抵銷的特約，則不得抵銷（民法 334 I 但書），其或透過單獨行為，或透過契約；此禁止抵銷的特約，不得對抗善意第三人（民法 334 II）。

　⑵法定禁止，指法律所規定禁止抵銷的情形，例如：

　　a.禁止扣押的債，其債務人不得主張抵銷（民法 338）。禁止扣押的債，即依強制執行法第 122 條規定，債務人依法領取之社會保險給付或其對於第三人之債權，係維持債務人及其共同生活之親屬生活所必需者，例如公務人員的退休金請求權（公務人員退休法 14）或撫卹金債權（公務人員撫卹法 13）、士兵的薪餉債權等❿。

　　b.因故意侵權行為而負擔的債，其債務人不得主張抵銷（民法 339）；至於因過失侵權行為或因債務不履行而負擔之債，則不受限制。

　　c.受債權扣押命令的第三債務人，於扣押後，始對其債權人取得債權者，不得以其所取得的債權與受扣押的債權為抵銷（民法 340）。

　　d.約定應向第三人為給付的債務人，不得以其債務，與他方當事人對於自己的債務為抵銷（民法 341），因該第三人取得直接給付請求權，債務人僅對該第三人而不對他方當事人負債務。

㈢**抵銷的意思表示**（**抵銷方法**）：民法第 335 條第 1 項規定：「抵銷，應以意思表示，向他方為之。其相互間債之關係，溯及最初得為抵銷時，按照抵銷數額而消滅。」抵銷的法定方式，為抵銷的意思表示，其乃形成權的行使❺，屬有相對人的單獨行為❻，若其為對話，於相對人了解時發生

---

❽　最高法院 26 年渝上字第 450 號判例。

❿　鄭玉波、陳榮隆，《民法債編總論》，2002，頁 668–669。

效力（民法 94）；若為非對話，於達到相對人時發生效力（民法 95）。不論在訴訟外，或在訴訟上（所謂訴訟上抵銷），皆得為抵銷❸。

抵銷的意思表示，不得附有條件或期限，否則為無效（民法 335 II）。

三、效　力

抵銷的主要效力，為債的關係之消滅。抵銷雙方當事人相互間債的關係，經抵銷後，溯及於最初得為抵銷時，按照抵銷數額而消滅（民法 335 I 後段）。

因法律行為的無效，乃自始、當然、確定不生效力，因此，經抵銷的債務所由發生之法律行為若屬無效，致該債務自始不存在，即無從與另一債務互為抵銷，該另一債務的效力雖不受影響，但原已抵銷而消滅之債的關係，當然應回復至未經抵銷前的狀態❹。

債的關係之消滅範圍，以抵銷額為準，即債的關係，按抵銷數額而消滅，例如甲欠乙 10 萬元，乙欠甲 12 萬元，甲有效主張抵銷，則在 10 萬元的數額部分消滅，僅有乙尚欠甲 2 萬元。

抵銷有溯及效力，其使債的關係溯及於（該主張抵銷一方）最初得為抵銷時而消滅。因此，在雙方債務的清償期相同時，任何一方主張抵銷，債的關係之消滅時間點均相同；在雙方債務的清償期不相同時，則其債的關係之消滅時間點，將依主張抵銷人的不同而有差異，原則上為該主張抵銷人最初得為主張抵銷的日期，為債的關係消滅之日期，茲舉下例以說明：

例：甲欠乙 10 萬元，4 月 1 日到期（此為乙最初得為主張抵銷的日期，因為乙得拋棄其期限利益）；乙欠甲 12 萬元，10 月 1 日到期（此為甲最初得為主張抵銷的日期）。若是甲於 12 月 30 日主張抵銷，則其債的關係

---

❶ 鄭玉波、黃宗樂，《民法總則》，2003，頁 55。

❷ 史尚寬，《債法總論》，1990，頁 803；鄭玉波、陳榮隆，《民法債編總論》，2002，頁 676–677。

❸ 最高法院 22 年上字第 627 號判例。

❹ 最高法院 92 年臺上字第 2479 號判決。

在 10 萬元的數額部分，溯及於 10 月 1 日消滅；若是乙於 12 月 30 日主張抵銷，則其債的關係在 10 萬元的數額部分，溯及於 4 月 1 日消滅。

債的關係，溯及於最初得為抵銷時而消滅，則自該時點起，支付利息的義務[95]、給付遲延的責任，均告消滅。

清償地不同的債務，亦得為抵銷；但是為抵銷的人，應賠償他方因抵銷而生的損害（民法 336）。

至於抵銷的抵充方法及順序，準用清償的抵充規定（民法 342 準用 321–323）。

🔍 案例分析

在上述案例事實中，甲對乙負有 10 萬元的買賣價金債務，而乙對甲負有 6 萬元的借貸債務。雙方債務均屆清償期後，依民法第 334 條第 1 項規定：「二人互負債務，而其給付種類相同，並均屆清償期者，各得以其債務，與他方之債務，互為抵銷。」甲、乙雙方的債務，符合抵銷的要件。民法第 335 條第 1 項規定：「抵銷，應以意思表示，向他方為之。其相互間債之關係，溯及最初得為抵銷時，按照抵銷數額而消滅。」甲對乙為抵銷的表示，為合法的抵銷，發生抵銷的效力，使甲、乙間債的關係，溯及於最初得為抵銷時，按照抵銷額而消滅。其最初得為抵銷時，為甲對乙的債權的清償期；抵銷額為 6 萬元。

結論　甲對乙為抵銷的表示，甲、乙雙方的債的關係，溯及於「甲對乙的 6 萬元債權」的清償期起，各消滅 6 萬元的債權，而僅剩下乙對甲有 4 萬元債權。

📁 相關法條

▶民法第 334 條

二人互負債務，而其給付種類相同，並均屆清償期者，各得以其債務，與他方之債務，互為抵銷。但依債之性質不能抵銷或依當事人之特約不得抵

---

[95]　最高法院 18 年上字第 316 號判例。

銷者，不在此限。

前項特約，不得對抗善意第三人。

▶民法第 335 條

抵銷，應以意思表示，向他方為之。其相互間債之關係，溯及最初得為抵銷時，按照抵銷數額而消滅。

前項意思表示，附有條件或期限者，無效。

▶民法第 336 條

清償地不同之債務，亦得為抵銷。但為抵銷之人，應賠償他方因抵銷而生之損害。

一、丙將自己對乙擁有的 10 萬元的買賣價金債權讓與給甲，而乙另對讓與人丙有 6 萬元的借貸債權，雙方債權（債務）均已到期。試問：當甲向乙請求給付該 10 萬元的買賣價金時，乙得否以自己對丙所有的 6 萬元的借貸債權（對第三人的債權）主張抵銷？如乙為抵銷的表示後，當事人間的債權債務是否有所變動？

二、A、B 二公司皆位於桃園縣，A 向 B 購買 M 原料 1000 公噸，約定 B 應負擔運費將該原料運送至高雄港。其後 B 向 A 購買 M 原料 1500 公噸，約定在 B 公司交貨，A 無須負擔運費。試問：若 B 向 A 表示抵銷 M 原料 1000 公噸，則當事人間的法律關係如何？【提示：民法第 336 條】

三、甲向乙購買 A 類水稻肥料 100 包，應送至雲林，欲施用於當地的稻田；乙向甲購買 A 類水稻肥料 120 包，則應送至花蓮，作為該地水稻肥料。試問：若乙向甲表示以其對甲的 120 包肥料債權，與對方的債權抵銷，此表示的效力如何？

問題 6–17

請求權已罹於消滅時效的債權，其債權人得否以之為抵銷？

甲對乙有商品價金 10 萬元的債權，民國 97 年 1 月 1 日為清償期；乙對甲有 15 萬元的借貸債權，清償期為 96 年 2 月 1 日。雙方一直都未向對方要求給付，直到 99 年 5 月 1 日，乙向甲要求清償 15 萬元借款。請問甲對乙主張抵銷 10 萬元，是否有任何效力？

提　示

一、抵銷的要件及效力為何？

二、債權的請求權已經罹於消滅時效，是否仍得以之主張抵銷？

解　析

一、抵銷的要件及效力❾❻

二、請求權的消滅時效已完成之債權

　　民法第 144 條第 1 項規定：「時效完成後，債務人得拒絕給付。」債權的請求權消滅時效已經完成，雖債權及請求權均不因之而消滅，但債務人因之而取得拒絕給付的抗辯權。對於請求權的消滅時效已完成之債權，其債權人是否仍得以該債權，與其債務人對自己的另一同種類給付債權為抵銷，不無疑問，為免爭議，民法第 337 條明文規定：「債之請求權雖經時效而消滅，如在時效未完成前，其債權已適於抵銷者，亦得為抵銷。」仍允許其債權人主張抵銷，其特別要件為「在時效未完成前，其債權已適於抵銷」，即在時效未完成前，已具備上述抵銷的二要件：㈠適合抵銷的狀態；㈡雙方債務均有抵銷能力。

❾❻　參閱上述問題 6–16【解析】二、三。

以請求權的消滅時效已完成之債權主張抵銷，其方法及效力，仍適用民法第 335 條第 1 項規定：「抵銷，應以意思表示，向他方為之。其相互間債之關係，溯及最初得為抵銷時，按照抵銷數額而消滅。」該債權的清償期，為債的關係消滅時間點，該債的關係亦按照抵銷數額而消滅。

案例分析

在上述案例事實中，甲對乙有商品價金 10 萬元的債權，民國 97 年 1 月 1 日為清償期；乙對甲有 15 萬元的借貸債權，清償期為 96 年 2 月 1 日。雙方的債權均為金錢債權，給付種類相同。甲最初得主張抵銷的日期為其債權的清償期，即 97 年 1 月 1 日；乙最初得主張抵銷的日期亦為其債權的清償期，即 96 年 2 月 1 日。因雙方一直都未向對方要求給付，而甲對乙的商品價金 10 萬元的債權，其請求權消滅時效期間，依民法第 127 條第 1 款規定為二年，並自其清償期的翌日起算（民法 120–121、128 前段），至 99 年 1 月 1 日下午 12 時時效完成。故當 99 年 5 月 1 日，乙向甲要求清償 15 萬元借款時，甲對乙有商品價金 10 萬元的債權的請求權之消滅時效已經完成，乙依民法第 144 條第 1 項規定原得拒絕給付；惟民法第 337 條規定：「債之請求權雖經時效而消滅，如在時效未完成前，其債權已適於抵銷者，亦得為抵銷。」且應溯及於甲最初得主張抵銷時，即為甲對乙的商品價金 10 萬元的債權的清償期。當於其債權的請求權已經消滅時效完成，甲仍得對乙主張抵銷 10 萬元，使乙對甲的債權在相同數量及範圍的前提下，歸於消滅。

結論 甲仍得對乙主張抵銷 10 萬元，使乙對甲的債權在相同數量及範圍的前提下，歸於消滅。

相關法條

▶民法第 144 條第 1 項
時效完成後，債務人得拒絕給付。

▶民法第 334 條

二人互負債務，而其給付種類相同，並均屆清償期者，各得以其債務，與他方之債務，互為抵銷。但依債之性質不能抵銷或依當事人之特約不得抵銷者，不在此限。

前項特約，不得對抗善意第三人。

▶民法第 335 條

抵銷，應以意思表示，向他方為之。其相互間債之關係，溯及最初得為抵銷時，按照抵銷數額而消滅。

前項意思表示，附有條件或期限者，無效。

▶民法第 337 條

債之請求權雖經時效而消滅，如在時效未完成前，其債權已適於抵銷者，亦得為抵銷。

練習題

民國 95 年 3 月 5 日，A 公司對其職員甲取得 20 萬元的不當得利返還請求權，而至 94 年 5 月 5 日止，A 公司積欠甲加班費計 12 萬元未付。99 年 9 月 1 日，當 A 公司向甲請求返還不當得利 20 萬元時，甲表示以該 12 萬元加班費債權與之抵銷。試問：A 公司主張甲的該筆 12 萬元加班費債權之請求權已經罹於消滅時效而不得抵銷，有無理由？❼

問題6-18

因侵權行為而負擔的債務，債務人得否主張抵銷？

甲對乙負有 200 萬元到期債務未清償，經多次催討未果，乙遂教唆丙、

---

❼　臺中地院 94 年簡上字第 182 號判決。

丁二人將甲的價值 50 萬元轎車搗毀，並強押甲至山區毆打，致甲受重傷。請問若甲對乙就甲上述侵權行為所生的損害請求賠償 120 萬元，乙得否以其對甲的 200 萬元債權，主張與甲的損害賠償債權抵銷？

提　示

一、民法規定禁止抵銷的情形有哪些？

二、因侵權行為而負擔的債務，其債務人得否主張抵銷？

解　析

一、抵銷的要件

民法第 334 條第 1 項規定：「二人互負債務，而其給付種類相同，並均屆清償期者，各得以其債務，與他方之債務，互為抵銷。但依債之性質不能抵銷或依當事人之特約不得抵銷者，不在此限。」如上所述，抵銷必須具備以下要件：

(一)**適合抵銷的狀態（積極要件）：**

　　1.二人互負債務；

　　2.雙方債務種類相同；

　　3.雙方債務均屆清償期；

(二)**雙方債務均有抵銷能力：**

　　1.性質上能抵銷；

　　2.無抵銷的禁止（消極要件）。

債的關係具備上述抵銷要件，其當事人一方才得以意思表示向他方表示抵銷，而使債的關係按照抵銷額而消滅（民法 335 I）。

二、抵銷的禁止

上述屬消極要件之抵銷的禁止，包括意定禁止及法定禁止。前者指依

當事人約定而禁止抵銷（民法 334 I 但書、II），後者則指依法律規定而禁止抵銷。

　　下列的債，民法明文禁止抵銷：

(一)民法第 338 條規定，禁止扣押的債，其債務人不得主張抵銷。禁止扣押的債，指依強制執行法第 122 條規定，債務人依法領取之社會保險給付或其對於第三人之債權，係維持債務人及其共同生活之親屬生活所必需者，例如公務人員的退休金請求權（公務人員退休法 14）或撫卹金債權（公務人員撫卹法 13）、士兵的薪餉債權等❾❽。

(二)民法第 339 條規定，因故意侵權行為而負擔的債，其債務人不得主張抵銷。此僅限制故意侵權行為所生的債務，至於因過失侵權行為或因債務不履行而負擔之債，則不受限制。另外，該因故意侵權行為而取得債權的一方（債權人），亦不受此抵押的限制。

(三)民法第 340 條規定，受債權扣押命令的第三債務人，於扣押後，始對其債權人取得債權者，不得以其所取得的債權，與受扣押的債權為抵銷。

(四)民法第 341 條規定，約定應向第三人為給付的債務人，不得以其債務，與他方當事人對於自己的債務為抵銷。因該第三人取得直接給付請求權，債務人僅對該第三人負債務，而不對他方當事人負債務。

🔍 案例分析

　　在上述案例事實中，如甲對乙就甲上述侵權行為所生的損害請求賠償 120 萬元，雖然雙方當事人之債的關係，符合民法第 334 條第 1 項本文規定：「二人互負債務，而其給付種類相同，並均屆清償期者，各得以其債務，與他方之債務，互為抵銷。」似乎得為抵銷；惟民法第 339 條規定：「因故意侵權行為而負擔之債，其債務人不得主張抵銷。」明文禁止該故意侵權的債務人主張抵銷；至於債權人則不在限制之列。因乙故意對甲為侵權行為，應負損害賠償債務，不得對被害人甲主張抵銷；但如甲主張抵銷，則不在限制的範圍。

---

❾❽　鄭玉波、陳榮隆，《民法債編總論》，2002，頁 668–669。

結論 乙不得以其對甲的 200 萬元債權，主張與甲的損害賠償債權為抵銷。

相關法條

▶民法第 334 條

二人互負債務，而其給付種類相同，並均屆清償期者，各得以其債務，與他方之債務，互為抵銷。但依債之性質不能抵銷或依當事人之特約不得抵銷者，不在此限。

前項特約，不得對抗善意第三人。

▶民法第 339 條

因故意侵權行為而負擔之債，其債務人不得主張抵銷。

依確定給付判決，債務人甲應給付債權人乙 50 萬元，乙聲請法院強制執行，執行標的之一為甲對第三人丙的 20 萬債權，法院扣押此債權（強制執行法 115）。丙於扣押後，對其債權人甲新取得 15 萬元債權。試問：丙得否就此 15 萬元的債權，主張與上開甲對丙的 20 萬債權抵銷？

第五節　免　除

問題 6-19

債務的免除，對該債務有何影響？債權人向連帶債務人中的一人，或連帶債權人中的一人向債務人為免除，是否會使所有的債權債務關係歸於消滅？

甲對乙有一筆債權 100 萬元，對連帶債務人乙、丙有另一筆債權 120 萬元。甲對乙表示，免除乙對甲所負的債務。請問：

㈠甲嗣後得否再向乙請求清償上述二筆債務,各為 100 萬元及 120 萬元?

㈡甲向丙請求清償該筆 120 萬元債務,丙以甲已經免除連帶債務為由,而拒絕任何清償,有無理由?

提　示

一、何謂債務的免除?

二、債務免除有何要件?

三、債務免除有何效力?

解　析

一、免除的概念

免除,指債務的免除,係債權人對於債務人所為,使債的關係消滅之一方的意思表示(民法 343)。民法第 343 條規定的(債務)免除,為單獨行為,其性質屬於一種拋棄債權的「準物權行為」或處分行為,且為不要式行為[99]。基於契約自由原則,當事人雙方亦得以契約為債務的免除[100]。

因為免除為無償行為,債務人接受免除的意思表示,屬於民法第 77 條但書所規定「純獲法律上之利益」之行為,限制行為能力人可單獨接受而有效,無須事前經法定代理人的允許。

免除為不要因行為,不因其原因行為例如和解、贈與契約的不成立或無效,而影響其生效,僅債權人取得不當得利返還請求權而已[101]。

---

[99] 最高法院 81 年臺上字第 2871 號判決;鄭玉波、陳榮隆,《民法債編總論》,2002,頁 680;孫森焱,《民法債編總論(下)》,2004,頁 1135–1136。

[100] 關於免除的性質,近代各國立法例多承襲羅馬法的(要式)免除契約制度,規定免除為契約,例如法國民法第 1285 條、德國民法第 397 條、瑞士債務法第 115 條;日本民法第 519 條則規定為單獨行為,我民法第 343 條採日本立法例,規定免除為單獨行為。

[101] 多數說,史尚寬,《債法總論》,1990,頁 830;鄭玉波、陳榮隆,《民法債編總論》,2002,頁 680。

二、債務免除的要件

民法第 343 條規定:「債權人向債務人表示免除其債務之意思者,債之關係消滅。」依此規定,有效的債務免除須具備下列要件:

㈠**有處分權人為免除**: 因免除為處分行為,所以為免除的人,對於該債權(就相對人而言為債務)須有處分的權限。有處分權人,原則上為債權人,惟於例外情形,債權人的處分權受限制,其甚或無處分權,例如其債權人行使代位權(民法 242)、該債權為質權的標的(民法 903)、該債權受扣押(強制執行法 115 I)、債權人受破產宣告(破產法 75),而不能為免除。

因免除為法律行為,不妨由代理人代理為免除[102]。此外,債權亦得由信託讓與債權的受讓人(受託人)為免除。

㈡**向債務人為免除債務的意思表示**: 債務免除,係債權人向債務人免除其債務的單獨行為,為有相對人的意思表示,於其免除的意思表示為相對人了解(對話的意思表示)或達到債務人時(非對話的意思表示)(民法 94 或 95),即生免除效力。債務免除,僅以債權人有向債務人免除債務的意思表示為必要,而無待於債務人的承諾,或另與債務人為免除的協議(契約)[103]。

免除債務,須債權人向債務人表示免除其債務的意思,債的關係始歸消滅;若僅向其他第三人為免除的意思表示,債的關係並不消滅[104]。

免除,亦得附條件(包括停止條件及解除條件),或附始期[105]。免除債務應不得附終期,否則將與上述的拋棄債權性質不相容;如免除附有終期,解釋上應認為該所附終期無效[106]。

---

[102] 最高法院 25 年上字第 2510 號判例。

[103] 最高法院 81 年臺上字第 2871 號判決。

[104] 最高法院 98 年臺上字第 2245 號判決。

[105] 鄭玉波、陳榮隆,《民法債編總論》,2002,頁 682。

[106] 孫森焱,《民法債編總論(下)》,2004,頁 1143;洪遜欣,《中國民法總則》,1982,頁 434。

㈢可供免除的債務存在：免除債務，當然必須有可供免除的債務存在，若債務已經消滅，即無庸免除，亦無從免除；惟多數說亦認為對於「將來的債務」，亦得（預先）為免除，並將之解釋為附條件的免除❶❶。

三、債務免除的效力

民法第 343 條規定：「債權人向債務人表示免除其債務之意思者，債之關係消滅。」因此免除的效力，即債之關係消滅。如債權人為全部的免除，債的關係即全部消滅，則其從權利，例如擔保物權或保證債權，亦同歸於滅。

關於連帶債務的免除，有三種類型：一為全部連帶債務的免除；二為僅對其中一債務人的債務之免除；三為連帶的免除。民法第 276 條第 1 項規定：「債權人向連帶債務人中之一人免除債務，而無消滅全部債務之意思表示者，除該債務人應分擔之部分外，他債務人仍不免其責任。」此規定僅適用於上述前二種類型，如債權人向全體債務人表示免除全部債務時，則全部債務消滅（絕對效力）；如債權人僅對其中一債務人的債務之免除，此即該第 276 條第 1 項所規定的「債權人向連帶債務人中之一人免除債務，而無消滅全部債務之意思表示者」，則僅就該被免除的債務人應分擔之部分，其他債務人同免責任外，其他債務人就未被免除部分仍負有連帶債務（限制的絕對效力）。至於第三種類型連帶的免除，非此所謂之債務的免除，而只是連帶責任的免除❶❶。

🔍 案例分析

在上述案例事實中，甲對乙有一筆債權 100 萬元，對連帶債務人乙、丙有另一筆債權 120 萬元。對債務人乙、丙而言，該 100 萬元債務為單一債務，而 120 萬元債務則為連帶債務。甲對乙表示，免除乙對甲所負的債務，即為債權人甲對債務人乙為免除的意思表示，依民法第 343 條規定，

---

❶❶　鄭玉波、陳榮隆，《民法債編總論》，2002，頁 682。
❶❶　連帶的免除，可再區分為絕對的免除與相對的免除，參閱鄭玉波、陳榮隆，《民法債編總論》，2002，頁 522。

甲、乙間債的關係消滅。惟從甲的免除表示的對象及內容觀之，甲並無免除丙的債務之意思表示，亦即無消滅該全部 120 萬元連帶債務的意思表示，依民法第 276 條第 1 項規定，除該債務人應分擔的部分外，他債務人仍不免其責任。換句話說，該連帶債務因免除而消滅的，只有乙應分擔的部分，其餘部分並不消滅。

乙、丙所負的連帶債務 120 萬元，乙應分擔的部分，依民法第 280 條本文規定，在無法律另有規定或契約另有訂定的情形下，應平均分擔義務，因此乙分擔 60 萬元，而此乙應分擔的 60 萬元債務，因甲的免除而消滅；至於丙應分擔的另一半 60 萬元債務，仍應由丙為清償。

所以，關於問題㈠，甲嗣後不得再向乙請求清償上述二筆債務，各為 100 萬元及 120 萬元，因乙對甲的債務，因甲對乙之免除債務的意思表示而消滅。

就問題㈡，甲向丙請求清償該筆 120 萬元債務，丙以甲已經免除連帶債務為由，而拒絕任何清償，無理由。蓋如上所述，丙應分擔的部分 60 萬元仍不消滅，丙應清償。

結論 ㈠就上述二筆債務，甲嗣後不得再向乙為任何清償的請求。

㈡丙以甲已經免除連帶債務為由，而拒絕任何清償，無理由。

相關法條

▶民法第 276 條

債權人向連帶債務人中之一人免除債務，而無消滅全部債務之意思表示者，除該債務人應分擔之部分外，他債務人仍不免其責任。

前項規定，於連帶債務人中之一人消滅時效已完成者準用之。

▶民法第 280 條

連帶債務人相互間，除法律另有規定或契約另有訂定外，應平均分擔義務。但因債務人中之一人應單獨負責之事由所致之損害及支付之費用，由該債務人負擔。

▶民法第 343 條

債權人向債務人表示免除其債務之意思者，債之關係消滅。

練習題

甲於 99 年 5 月 23 日向乙承租 H 房屋作為營業之用，並約定租金每月 8 萬元，第二年調漲為 8 萬 5 千元，保證金 16 萬元。甲訂約時給付押租金 16 萬元及 99 年 6 月份租金 8 萬元。後因他人施工而影響甲使用 H 屋，延至 99 年 8 月始得營業。當事人協議以支付的 6 月租金 8 萬元轉換為 8 月租金。試問：乙嗣後再向甲要求支付 7、8 兩月份租金計 16 萬元，有無理由？[109]

第六節　混　同

問題 6-20

債權與債務混同，有何效力？

A 公司向 B 公司借款 200 萬元，後來，A 公司與 B 公司合併，A 公司存續。請問對原 A、B 公司間的 200 萬元借貸債權、債務，有何影響？若是 B 公司先以其對 A 公司的 200 萬元債權，向 C 銀行設定權利質權（民法 900）後，A 公司才與 B 公司合併，且 A 公司存續。則該原 B 公司的對 A 公司的 200 萬元債權，是否因該 200 萬元借貸債權、債務同歸於 A 公司而消滅？

提　示

一、何謂混同？

---

[109]　臺中地院 96 年簡上字第 265 號判決。

二、債權與債務同歸屬於一人（混同）時，是否發生消滅的效果？

三、債權與債務混同，何種情形不發生消滅的效果？

解　析

一、混　同

混同，有狹義與廣義二種涵義，狹義的混同，僅指債權與其債務同歸於一人的情形，即民法第 344 條所規定「債權與其債務同歸一人」的情形。至於廣義的混同，則包括所有的權利或義務同歸於一人之情形，具體而言，除狹義的混同外，還包括權利與權利的混同及義務與義務的混同，前者如所有權與其他物權的混同（民法 762）；後者如主債務與保證債務的混同❶。

二、債權與債務混同

債權與其債務同歸於一人，為狹義的混同，依民法第 344 條本文規定，其債的關係原則上因而消滅。因此，債權與債務混同，為債的消滅原因之一。換句話說，混同原則上具有使債的關係消滅的效力。

混同的原因有二：一為概括繼受，另一為特定繼受。前者如債權人與債務人之間的相互繼承（自然人）或合併（法人）；後者如債務人自債權人受讓債權，或債權人自債務人承擔債務。

債權與其債務混同，原則上債的關係消滅，是因為已無存在必要；但若有「其債權為他人權利之標的」，或是「法律另有規定」的情形，債的關係仍然存在，因為仍有其法律上意義及存在必要，而例外地不消滅。所謂其債權為他人權利之標的，例如甲對乙有 A 債權，甲以該 A 債權為丙設定權利質權（民法 900），甲、乙間該 A 債權與其債務即使發生混同，為質權人丙的利益，該 A 債權仍不因混同而消滅；另所謂法律另有規定的情形，例如 E 無記名匯票的執票人（債權人）甲將 E 讓與承兌人（債務人）乙，

---

❶ 鄭玉波、陳榮隆，《民法債編總論》，2002，頁 683；孫森焱，《民法債編總論（下）》，2004，頁 1143。

其匯票債權債務同歸於乙一人，但乙仍得在匯票到期日前再為轉讓（票據法 34），匯票債權債務不因混同而消滅。

案例分析

在上述案例事實中，A 公司向 B 公司借款 200 萬元，後來，A 公司與 B 公司合併，A 公司存續，因為 A 公司概括繼受 B 公司的權利、義務，該筆 200 萬元的債權與債務同歸於 A 公司，已無存在必要，依民法第 344 條本文規定，其債的關係原則上因混同而消滅。

惟若是 B 公司先以其對 A 公司的 200 萬元債權，向 C 銀行設定權利質權（民法 900）後，A 公司才與 B 公司合併，且 A 公司存續，則該原 B 公司的對 A 公司的 200 萬元債權，因為 A 公司概括繼受 B 公司的權利、義務，該筆 200 萬元的債權與債務雖然同歸於 A 公司，但因該債權為 C 銀行權利質權的標的，依民法第 344 條但書規定，其債權為他人 C 銀行權利質權之標的，其債的關係即不因混同而消滅。

結論 該筆 200 萬元的債權與債務同歸於 A 公司，依民法第 344 條本文規定，其債的關係原則上因混同而消滅。若是該 200 萬元債權為 C 銀行權利質權的標的，依民法第 344 條但書規定，其債的關係即不因混同而消滅。

相關法條

▶民法第 344 條

債權與其債務同歸一人時，債之關係消滅。但其債權為他人權利之標的或法律另有規定者，不在此限。

▶民法第 762 條

同一物之所有權及其他物權，歸屬於一人者，其他物權因混同而消滅。但其他物權之存續，於所有人或第三人有法律上之利益者，不在此限。

▶民法第 900 條

稱權利質權者，謂以可讓與之債權或其他權利為標的物之質權。

▶票據法第 34 條

匯票得讓與發票人、承兌人、付款人或其他票據債務人。

前項受讓人，於匯票到期日前，得再為轉讓。

練　習　題

一、父親甲向其兒子乙借款 100 萬元，甲在未清償該對乙的借貸債務
　　前，因意外死亡，乙為唯一的繼承人。試問：該筆借貸之債的關係，
　　是否因而消滅？

二、承上題，若是乙為四位法定繼承人之一，則其該筆甲向乙借貸 100
　　萬元之債的關係，是否因而消滅？

▶ 公司法實例研習

曾淑瑜　著

　　公司法乃是兼具理論與實務之一部法律，除法律人外，不論是會計師、公司負責人，或者是企業從業人員，若能事先釐清相關問題，靈活運用，在商場上就如同手持利器，開天闢地，無往不利。本書不採傳統教科書模式，而以實例導引出各章、節重點。除仍保留系統化之特色外，亦增加思考問題之空間。本書共設計了一百二十四個問題，每一個問題之後還有二個練習題，可以讓對國家考試實例題頭痛之學子於課後練習。當然，本書亦將題目列舉於目錄上，讓實務從業者在遇到相關問題時，可迅速從目錄中找到爭議問題之所在，翻閱解答。

▶ 勞動基準法論

林豐賓、劉邦棟　著

　　勞動基準法不像憲法是基本而空泛的大法，也不像刑法、民法是有些人在某些時候才用得上，它是一部關係千萬人在工作職場上的法律。對於一部這樣重要的法律，坊間縱有許許多多研究文獻充斥，總還是不夠，而且現有的相關書籍，或求實用，或講法理，很難滿足大眾需求。本書作者長期服務於公職及學界，以其法律專業素養和豐富的勞工行政經歷，兼顧法理與實務，撰寫這本《勞動基準法論》，希望能讓有心鑽研這部實用法者，不論是為準備考試、實務運用或學科研習，都可從中獲益，收事半功倍之效。

▶ 法律與生活

潘維大、黃心怡　著

　　本書的寫作秉持生活化與趣味化的理念，儘量避免艱澀或專門的法律術語，而以口語的方式，說明法律概念。在法律生活化的部分，主要是以日常生活中常見的法律糾紛為例，藉以吸引讀者注意這些與自身相關的法律問題，並於每章之後就該章節相關案例之問題作一解析，避免單純理論的闡述。在法律趣味化的部分，則輔以生動活潑的漫畫，以期讀者們能在輕鬆愉快的心情下認識法律。

▶ 法學概論
陳惠馨　著

　　本書分為二編共十八章，第一編主要由第一章到第十章組成；討論法學的基本概念，例如如何學習法律、法律與生活的關係、民主與法制的關係、法律的意義、法律的訂定、法律的制裁、法律的適用與解釋等議題。第二編由第十一章到十八章組成；主要介紹目前在臺灣重要的法律，例如憲法、民法、商事法、刑法與少年事件處理法、行政法、智慧財產權法、勞動法規範、家庭暴力防治法及教育法規等。希望讀者可以透過本書瞭解臺灣現行重要法律及重要法律理念。為確實反映社會現況並加強理論與實務的結合，本書以生活實際發生案例，說明法律規範在實際生活的運作情形。讀者透過本書，能全面掌握我國法制最新狀態。本書並附錄近年公務人員考試中「法學緒論」之相關考題及命題大綱，以期符合讀者的需要。